Ein Handbuch der amerikanischen Literatur

Theodore Stanton

Writat

Diese Ausgabe erschien im Jahr 2023

ISBN: 9789359254234

Herausgegeben von
Writat
E-Mail: info@writat.com

Inhalt

VORWORT DES HERAUSGEBERS

Dieses Buch wurde zur Veröffentlichung als Nr. 4000, einem „Memorial Volume", der „Tauchnitz Edition" vorbereitet. Vielleicht ist es sinnvoll, den amerikanischen Lesern zu erklären, was die „Tauchnitz Edition" ist und was ein „Memorial Volume" in dieser Sammlung ist.

Die „Sammlung britischer Autoren" oder, wie sie auf dem europäischen Kontinent im Volksmund auch genannt wird, die „Tauchnitz-Ausgabe" wurde 1841 in Leipzig von einem der bedeutendsten deutschen Verleger, dem verstorbenen Baron Bernhard Tauchnitz, gegründet , dessen Sohn jetzt an der Spitze des Hauses steht. Der Vater berichtet, dass er „zu diesem Unterfangen durch die hohe Meinung und enthusiastische Vorliebe, die ich jemals für die englische Literatur hegte, angeregt wurde: eine Literatur, die denselben Wurzeln entspringt wie die Literatur Deutschlands und am Anfang von derselben sächsischen Rasse gepflegt wurde." .... Als Deutsch-Sachse war es mir eine besondere Freude, das literarische Interesse meiner angelsächsischen Cousins zu fördern, indem ich die englische Literatur über die Grenzen des britischen Empire hinaus so allgemein bekannt wie möglich machte." An anderer Stelle beschreibt Baron Tauchnitz die „Mission" seiner Sammlung als „die Verbreitung und Stärkung der Liebe zur englischen Literatur außerhalb Englands und seiner Kolonien".

Baron Tauchnitz hatte schon früh das Gefühl, dass der allgemeine Titel der Reihe, „Sammlung *britischer* Autoren", eine Fehlbezeichnung sei, die sogar einen wichtigen Zweig der englischsprachigen Rasse beleidigen könnte; Denn obwohl Bulwer und Dickens in der Sammlung den Anfang machten, war „Pelham" der erste herausgegebene Band und „The Pickwick Papers" der zweite. Der vierte Band, der zu Beginn des zweiten Erscheinungsjahres im Jahr 1842 hinzugefügt wurde, stammte von Fenimore Cooper „The Spy", im selben Jahr folgte ein zweiter Band desselben Autors. Darüber hinaus begann das Jahr 1843 mit Washington Irvings „Sketch Book", unmittelbar gefolgt von einem dritten Roman von Cooper, und obwohl erst 1850 ein weiteres amerikanisches Werk in diesen bezaubernden Kreis aufgenommen wurde, folgten in einem einzigen Jahr nicht weniger als drei von Irvings Büchern aufeinander. Im Jahr 1852 wurde Hawthorne mit „The Scarlet Letter" und Mrs. Stowe mit „Onkel Toms Hütte" begrüßt; Von diesem Zeitpunkt an verging kaum ein Jahr, ohne dass ein neues amerikanisches Buch in die Sammlung aufgenommen wurde, und nach der derzeitigen Routine enthält jede Jahresausgabe, die etwa fünfundsiebzig Bände umfasst, mehrere amerikanische Werke.

Tatsächlich ist die Repräsentation amerikanischer Autoren in der „Tauchnitz Edition" mittlerweile so umfangreich, dass die Liste einen eigenen Platz am Ende dieses Bandes einnimmt, wo sie einen interessanten Beweis für die wachsende Popularität amerikanischer Literatur darstellt Europa. Dem Leser wird auffallen , dass es Fälle gibt, in denen einige der besten Werke eines Autors nicht in der „Tauchnitz-Ausgabe" enthalten sind. Die Ursache für diese Auslassungen ist manchmal anders als Geschmack oder Wahl. Aber der Katalog ist schon in seiner jetzigen Form suggestiv.

Die „Memorial Volumes" bilden eine kleine Reihe von Sonderheften, die zu Wendepunkten erscheinen. Dieses Handbuch wurde als Andenken an die amerikanische Literatur zu einem Gedenkband gemacht und ist mit seiner Genehmigung Präsident Roosevelt gewidmet. Der jetzige Baron Tauchnitz war auf diese Weise bestrebt, der Gruppe amerikanischer Autoren in der Edition seine hohe Wertschätzung zum Ausdruck zu bringen und in die Fußstapfen seines hochgesinnten Vaters zu treten.

In seinem Vorwort zum ersten Gedenkband Nr. 500 mit dem Titel „Fünf Jahrhunderte der englischen Sprache und Literatur", einer Sammlung charakteristischer Exemplare britischer Schriftsteller von Wycliffe bis Thomas Gray, bezieht sich der erste Baron Tauchnitz auf die Literatur „auf auf der anderen Seite des Atlantiks", und in einer Fußnote zu diesem Vorwort heißt es: „Ein Blick auf meine Autorenliste zeigt, dass Amerika keinen geringen Teil zu meiner Sammlung beigetragen hat." Dennoch hielt ich es nicht für notwendig, den Titel zu ändern, unter dem mein Unternehmen begonnen hatte, da ich der Meinung war, dass der Begriff „britische Autoren" nicht zu Unrecht auf Schriftsteller angewendet werden könnte, die die Sprache verwenden, die den beiden Nationen auf beiden Seiten des Atlantiks gemeinsam ist. " Nr. 1000 – Tischendorfs Ausgabe des Neuen Testaments – ist „meinen englischen und amerikanischen Autoren" gewidmet, während in Nr. 2000 – „Der englischen Literatur in der Herrschaft Victorias, mit einem Blick in die Vergangenheit" – der Autor, der Der verstorbene Professor Henry Morley, der lange Zeit den Lehrstuhl für Englische Literatur an der Universität London innehatte, beginnt sein Vorwort mit den Worten: „Als Baron Tauchnitz mich bat, dieses kleine Buch zu schreiben, wünschte er mir auch, dass ich einige Aufzeichnungen darüber beifüge." Literatur Amerikas. Aber Baron Tauchnitz stimmte herzlich einem Vorschlag zu, dass die verwandte Literatur Amerikas, obwohl wir in England stolz darauf sind, engste Brüderlichkeit mit unseren Landsleuten der Vereinigten Staaten zu beanspruchen, ein ausgeprägtes eigenes Interesse hat, das groß genug für das gesamte Thema ist ein weiterer Gedenkband, und dass ein amerikanischer Autor am besten die Geschichte seines Aufstiegs und Fortschritts erzählen würde."

Ein weiteres Werk der „Tauchnitz Edition", allerdings kein Gedenkband, bot eine gute Gelegenheit, amerikanische Literatur dem europäischen Publikum bekannt zu machen. Ich beziehe mich auf die beiden Bände des verstorbenen George L. Craik, ehemaliger Professor für englische Literatur am Queen's College in Belfast, mit dem Titel „A Manual of English Literature, and of the History of the English Language, from the Norman Conquest; mit zahlreichen Exemplaren." Auch hier wird unseren Autoren kein Platz eingeräumt, obwohl sie einmal in einem Verweis auf „die führenden poetischen Schriftsteller, die in der amerikanischen Abteilung der englischen Rasse entstanden sind, von denen zwei oder drei als zweitrangig angesehen werden können," erwähnt werden. wenn auch sicherlich nicht einer von Anfang an."

Gegen Ende des Jahres 1893, als die Zeit für die Herausgabe der Nr. 3000 näher rückte, und noch einmal im Jahr 1900, als die Nr. 3500 bald erreicht werden sollte, deutete ich meinen Leipziger Freunden an, dass es besonders sinnvoll sei, eine davon herauszugreifen mögliche Gedenkbände zu veröffentlichen und daraus einen Abriss unseres literarischen Lebens zu machen, in Übereinstimmung mit dem Versprechen, das Professor Morley in seinem Vorwort gegeben hat. Ich schlug sogar vor, Professor Moses Coit Tyler, der damals gerade seine großartige Arbeit über unsere Literatur abgeschlossen hatte, einzuladen, diese Aufgabe auszuführen. Der letzte Brief, den ich jemals von diesem genialen Geist erhalten habe, datiert von der Isle of Wight, 5. September 1897, enthält diese Passage: „Ich schätze die Ehre, die Sie mir erwiesen haben, indem Sie Baron Tauchnitz meinen Namen im Zusammenhang mit einem geplanten Band erwähnt haben über amerikanische Literatur." Daraus wurde jedoch nichts; und als ich etwa zehn Jahre später gebeten wurde, den vorliegenden Band vorzubereiten, war mein erster Gedanke, das *Hauptwerk* des inzwischen verstorbenen Professors Tyler zu verwenden. Mein Hauptanliegen galt daher den ersten beiden Kapiteln, die ich mit freundlicher Genehmigung der Herausgeber, der Herren G. P. Putnam's Sons, und der Familie von Professor Tyler aus seinen vier maßgeblichen Bänden „Eine Geschichte der amerikanischen Literatur während der Kolonialzeit" entnommen habe Periode" und „Die Literaturgeschichte der Amerikanischen Revolution", auf die sich Sir George Otto Trevelyan in seiner „Amerikanischen Revolution" als „ein bemerkenswertes Beispiel der historischen Fähigkeit" bezieht.

Die Hauptarbeit bei der Vorbereitung dieses Bandes lag bei meinen Freunden und Mitarbeitern der Abteilung für Englisch und der Sage School of Philosophy meiner Alma Mater. Der Dank gilt außerdem insbesondere den Professoren J. M. Hart und M. W. Sampson, ebenfalls von der Cornell University, für ihre wertvollen Anregungen und ihre beträchtliche Hilfe. Die

Arbeit, die amerikanische Ausgabe durch die Presse zu bringen, wurde von den Professoren Northup und Cooper übernommen.

THEODORE STANTON.

PARIS , September 1908.

KOLONIALE LITERATUR

I. ERSTE PERIODE (1607–1676)

Der Anfang. – Die heutige Rasse der Amerikaner, die englischer Abstammung ist – das heißt der zahlreichste und entschieden dominierende Teil des heutigen amerikanischen Volkes – ist die direkten Nachkommen der Scharen von Engländern, die im 17. Jahrhundert nach Amerika kamen. Unsere erste literarische Periode füllt daher den größten Teil des Jahrhunderts aus, in dem die amerikanische Zivilisation ihren Anfang nahm; Auch wenn es die Aufgabe des 18. und 19. Jahrhunderts war, ihn zu einer gewissen Reife und Macht zu erziehen. Natürlich waren auch die meisten Männer, die in dieser Zeit amerikanische Literatur produzierten, eingewanderte Autoren englischer Herkunft und englischer Kultur; während die meisten derjenigen, die in der Folgezeit amerikanische Literatur produzierten, Autoren amerikanischer Abstammung und amerikanischer Kultur waren. Ungeachtet ihrer englischen Herkunft waren diese ersten Schriftsteller in Amerika Amerikaner: Wir dürfen sie nicht aus unserer Geschichte der amerikanischen Literatur ausschließen. Sie begründeten diese Literatur; sie sind seine Väter; sie prägten ihm ihre spirituellen Züge ein; und wir werden nie tief in die Bedeutung der amerikanischen Literatur in ihren späteren Formen eintauchen, ohne sie liebevoll bis zu ihren Anfängen mit ihnen zurückzuverfolgen. Gleichzeitig weist unsere erste literarische Epoche Spuren der Tatsache auf, dass fast alle Männer, die sie hervorbrachten, Engländer waren, die allein durch ihren Umzug nach Amerika Amerikaner geworden waren. Tatsächlich wirkte sich das amerikanische Leben sofort auf ihre Gedanken aus und begann, ihren Worten seinen Ton und seine Farbe zu verleihen; und aus jedem Grund behaupten wir zu Recht, dass das, was sie hier geschrieben haben, Teil der amerikanischen Literatur ist; aber England hat das Recht, es ebenfalls als Teil der englischen Literatur zu beanspruchen. Tatsächlich sind England und Amerika gemeinsame Eigentümer dieses ersten Abschnitts des großen literarischen Territoriums, das wir zu untersuchen versucht haben.

Da die ersten englischen Kolonisten an diesen Küsten gleich nach ihrer Ankunft damit begannen, Literatur zu schreiben, können wir daraus schließen, dass wir das genaue Geburtsdatum der amerikanischen Literatur bestimmen können. Es ist das Jahr 1607, als die Engländer, indem sie sich nach Amerika verpflanzten, erstmals begannen, Amerikaner zu sein. Auf diese Weise kann die Geschichte unserer Literatur von der heutigen Stunde an zurückverfolgt werden, während sie entlang der Spur unseres nationalen Lebens verläuft, über die frühen Tage der Republik, durch fünf Generationen kolonialer Existenz, bis in das erste Jahrzehnt des 17.

Jahrhunderts Jahrhundert verschmilzt es mit seiner großartigen Abstammung – der schriftlichen Rede Englands.

Der erste Schriftsteller. – Unter den ersten Engländern, die 1607 in Jamestown hinter Palisaden zusammengedrängt wurden, befanden sich einige, die den Grundstein für die amerikanische Literatur legten, und es gab einen, der in der Welt immer noch einen bedeutenden Namen hat. Als Kapitän John Smith zum ersten Mal Virginia betrat, war er erst siebenundzwanzig Jahre alt; Aber schon damals hatte er sich in England als mutiger Reisender in Südeuropa, in der Türkei und im Osten einigermaßen einen Namen gemacht. Dieser äußerst lebendige und entschlossene Mann tritt uns zum Studium vor, nicht weil er die auffälligste Person in der ersten erfolgreichen amerikanischen Kolonie war, sondern weil er der Autor des ersten Buches der amerikanischen Literatur war. „*A True Relation of Virginia*" ist für uns von großem Interesse, nicht nur wegen seines grafischen Stils und des starken Lichts, das es auf die Anfänge unserer nationalen Geschichte wirft, sondern auch, weil es zweifellos das früheste Buch der amerikanischen Literatur ist. Es wurde während der ersten dreizehn Lebensmonate der ersten amerikanischen Kolonie geschrieben und gibt einen einfachen und malerischen Bericht über die bewegenden Ereignisse, die sich dort in dieser Zeit unter seinen eigenen Augen abspielten. Nach all den Abstrichen, die eine faire Kritik aus dem Lob von Kapitän John Smith entweder als Handelnder oder als Erzähler machen muss, machen seine Schriften auf uns immer noch den Eindruck einer gewissen persönlichen Größe, Großzügigkeit, Wohlstand, Verstand und Führungskraft Gewalt. Als Schriftsteller sind seine Verdienste wirklich groß – Klarheit, Kraft, Lebendigkeit, malerische und dramatische Energie, eine rassige und klare Diktion; und in den ersten beiden Jahrzehnten des 17. Jahrhunderts tat er mehr als jeder andere Engländer, um eine amerikanische Nation und eine amerikanische Literatur zu ermöglichen.

William Strachey. – Während des ersten Jahrzehnts der amerikanischen Literatur wurde in Virginia ein kleines Buch geschrieben, das, wie einige Autoren glauben, der englischen Literatur bald einen ruhmreichen Dienst erwies, indem es Shakespeare auf die Idee eines seiner edelsten Meisterwerke, *Der Sturm , hinwies .* Im Mai 1610 hatte Sir Thomas Gates mit zwei kleinen Schiffen und 150 Begleitern nach einer Reise voller schier unglaublicher Schwierigkeiten und Gefahren endlich den Weg in den James River gefunden. Zu denen, die an dieser schrecklichen und fast wundersamen Expedition teilgenommen hatten, gehörte William Strachey, über den außer dem, was in seinen eigenen Schriften offenbart wird, nur wenig bekannt ist. Er war ein Mann von ausgeprägter literarischer Begabung. Bald nach seiner Ankunft hier wurde er zum Sekretär von Virginia ernannt, und im Juli 1610 schrieb er in Jamestown und schickte ihn nach England. *Ein wahrer Bericht über den Untergang und die Erlösung von Sir Thomas Gates, Kt., auf und von den Inseln der Bermudas* . Wer dieses kleine Buch liest, wird durchaus glauben, dass es selbst dem Genie William Shakespeare Anregung und Inspiration gebracht haben könnte. Es ist ein Buch von wunderbarer Kraft. Der Bericht über Virginia ist gut gemacht; Aber sein größtes Verdienst ist die Schilderung seiner schrecklichen Seereise und insbesondere des Sturms, der sie nach dem Schrecken und der Qual tausender Todesopfer auf die Felsen der Bermudas trieb. Hier wird sein Stil großartig; Es enthält einige Sätze, die an fantasievoller und erbärmlicher Schönheit, an lebendigen Andeutungen entsetzlicher Gefahr und Katastrophe in der gesamten englischen Prosa kaum zu übertreffen sind.

George Sandys. – Der letzte aus dieser Gruppe früher Schriftsteller, George Sandys, war vielleicht der einzige seiner Kollegen hier, der sich als Literat bezeichnete. Er war als Reisender in den Ländern des Ostens, als Gelehrter, als bewundernswerter Prosaschriftsteller, vor allem aber als Dichter bekannt. Sein Anspruch auf den Dichtertitel beruhte damals hauptsächlich auf seiner feinen metrischen Übersetzung der ersten fünf Bücher von Ovids *Metamorphosen* . Dieses Fragment war ein in vielerlei Hinsicht glaubwürdiges Beispiel literarischer Kunstfertigkeit; und dass es ihm gelang, in den nächsten Jahren, indem er den Schlaf seiner Rechte beraubte, seine edle Übersetzung der fünfzehn Bücher fertigzustellen, ist es wert, zu den Heldentaten der Autorschaft gezählt zu werden. 1626 brachte er in London die erste Ausgabe seines fertigen Werkes in einem Folioband heraus. Die Schriften, die diesem Buch in unserer Literaturgeschichte vorausgehen, wurden alle für einen unmittelbaren praktischen Zweck verfasst und nicht mit erklärten literarischen Absichten. Dieses Buch mag für uns durchaus eine Art Heiligkeit haben, da es das erste Denkmal der englischen Poesie, der klassischen Gelehrsamkeit und der bewussten literarischen Kunst ist, die an diesen Ufern entstanden sind. Und wenn wir das Buch aufschlagen und es im Hinblick auf seine Vorzüge untersuchen, erstens als getreue Wiedergabe des lateinischen Textes und zweitens als Beispiel fließender, idiomatischer und musikalischer englischer Poesie, stellen wir fest, dass dies in beiden Einzelheiten der Fall ist Es ist ein Werk, das wir in gewissem Sinne mit Stolz als unser eigenes bezeichnen und als Morgenstern der Poesie und der Wissenschaft in der Neuen Welt ehren dürfen.

Die Burwell-Papiere. – Im Jahr 1676 kam es in Virginia zu einem Ausbruch öffentlicher Aufregung, der hundertfünfzig Jahre später von den Historikern grotesk falsch dargestellt wurde und der sich erst in den letzten Jahren von der traditionellen Perversion zu lösen begann. Diese Aufregung wird immer noch durch den finsteren Namen angezeigt, der zunächst dafür verwendet wurde: Bacons Rebellion. Mit diesem bemerkenswerten Ereignis wird die Literaturgeschichte Virginias nun auf seltsame Weise verwickelt.

Im Frühjahr 1676, genau in dem Moment, als die Menschen von Ängsten über den gesetzlosen Eingriff des Königs und des Parlaments in ihre wertvollsten Rechte zerrissen wurden, überkam sie plötzlich der Schrecken eines aggressiven Indianerkrieges. Das Volk forderte den königlichen Gouverneur Sir William Berkeley auf, die notwendigen Maßnahmen zur Abwehr dieser Angriffe zu ergreifen. Aus Eifersucht, Trägheit, Selbstsucht und vor allem aus Geiz machte dieser Gouverneur dem Volk Hilfeversprechen, und zwar nur Versprechungen. Dann erhob sich das Volk in seinem Zorn, und da sein Gouverneur es nicht in den Krieg führen wollte, forderten sie einstimmig einen aus ihrer Mitte auf, ihr Anführer zu sein, Nathaniel Bacon, einen erst dreißigjährigen Mann mit beträchtlichem Grundbesitz Reichtum, gute soziale Verbindungen, ein Anwalt, der in den Inns of Court in London ausgebildet wurde, ein Redner von beeindruckender Beredsamkeit, ein Mann, der aufgrund seiner Begabung an Gehirn, Auge und Hand ein natürlicher Anführer und König der Menschen war. Er gehorchte dem Ruf des Volkes und führte es gegen die Indianer, die er mit schrecklicher Strafe zurücktrieb. Aber der eifersüchtige und hochmütige Despot am Gouverneursstuhl erklärte ihn sofort zum Rebellen; Auf seinen Kopf wurde ein Preis festgesetzt; und die Leute, die ihm folgten, wurden mit einem Verbot belegt. Dann folgte eine Reihe rascher militärischer und politischer Konflikte zwischen Bacon und dem Gouverneur; und schließlich starb Bacon selbst im selben Jahr plötzlich und auf mysteriöse Weise, und 25 Personen wurden gehängt oder erschossen.

Kurz nach unserem Unabhängigkeitskrieg wurde entdeckt, dass in einer alten und ehrenwerten Familie im nördlichen Teil von Virginia einige Manuskripte erhalten geblieben waren, die offensichtlich aus dem 17. Jahrhundert stammten und offensichtlich von einem oder mehreren Anhängern von Nathaniel Bacon verfasst worden waren. Diese Manuskripte werden manchmal „Burwell Papers" genannt, nach dem Namen einer Familie im King William County, von der sie erstmals der Öffentlichkeit zugänglich gemacht wurden. Der Autor des Prosateils dieser Manuskripte spiegelt auf dieser Seite des Ozeans die literarischen Schwächen wider, die auf der anderen Seite des Ozeans in Mode waren. Aber abgesehen von der unangenehmen Aura verbaler Affektiertheit und Anstrengung in diesen Schriften sind sie unbestreitbar temperamentvoll; sie erzeugen vor uns verstorbene Szenen mit nicht wenig Energie und Leben; und der heitere Geschmack, der sie würzt, ist nicht unangenehm.

So wie die Todesursache Bacons ein Geheimnis war, so war auch der Ort seiner Beerdigung ein Geheimnis; denn seine Freunde, die seinen leblosen Körper vor der Misshandlung durch die siegreiche Partei retten wollten, legten ihn heimlich in die Erde. Und die Liebe von Bacons Anhängern, die sich zu seinen Lebzeiten in Diensten leidenschaftlicher Hingabe gezeigt hatte und die nach seinem Tod so wie schützendes Schweigen über seinem verborgenen Grab schwebte, fand auch in einigen traurigen Versen ihren Ausdruck, die im Großen und Ganzen , sind von erstaunlichem poetischem Wert. Wer der Autor dieser Verse war, lässt sich heute vielleicht nicht mehr herausfinden. Ihnen geht die kuriose Bemerkung voran, dass Bacon, nachdem er gestorben war, „in Zeilen von dem Mann beklagt wurde, der ihn bediente, wie es heißt, und der seinen Leichnam zu ihrer Grabstätte begleitete". Natürlich ist diese Aussage nur eine Blindheit; Der Autor einer solchen Lobrede auf den toten Rebellen konnte sich nicht sicher bekennen. Aber sicherlich hätte kein Diener von Bacon, kein bloßer „Mann, der auf seine Person wartete", dieses edle Klagelied schreiben können, das eine Erhabenheit, eine komprimierte Energie und eine traurige Beredsamkeit besitzt, die an die Gedenkverse von Ben Jonson erinnern.

Frühe Literatur in Virginia und Neuengland. – Während der ersten Epoche in der Geschichte der amerikanischen Literatur gab es nur zwei Orte, die in englischer Sprache alles hervorbrachten, was man Literatur nennen kann: Virginia und Neuengland. Wie wir gesehen haben, gab es in Virginia in den ersten zwanzig Jahren seines Bestehens Autoren, die Schriften verfassten, die noch leben und lebenswert sind. Doch am Ende dieses Zeitraums und für den Rest des Jahrhunderts wurden fast alle literarischen Aktivitäten in Virginia eingestellt; Die einzige Ausnahme von dieser Aussage bilden die kurzen anonymen literarischen Denkmäler, die uns aus dem Volksaufstand unter Nathaniel Bacon überliefert sind. Sogar von den Schriftstellern der ersten zwei Jahrzehnte huschten alle bis auf einen, Alexander Whitaker, „den Apostel von Virginia", nach einem kurzen Aufenthalt in Virginia nach England zurück: so dass es in der Kolonie während dieser ganzen Zeit außer Whitaker keinen Schriftsteller gab gab ihr seinen Namen als Zeichen dafür, dass er bereit war, sich dauerhaft mit ihrem Schicksal zu identifizieren und in ihrem unmittelbaren Dienst zu leben und zu sterben. Dies steht, wie wir sehen werden, in verblüffendem Kontrast zur zeitgenössischen Geschichte Neuenglands, wo es schon in dieser frühen Zeit eine große Schar von Schriftstellern gab, von denen fast alle in ihrem Land Wurzeln schlugen.

Neuengland-Merkmale im 17. Jahrhundert. —Begannen die Menschen in Neuengland in ihrem frühesten Alter, Literatur zu produzieren? Wer kann daran zweifeln? Bei ihrer unaufhörlichen Gehirnaktivität, bei so viel gemeinsamer und ungewöhnlicher Kultur unter ihnen, bei so erhabenen und starken intellektuellen Interessen, bei so vielen äußeren Gelegenheiten, ihre tiefsten Leidenschaften in dieselben großen Strömungen zu lenken, wäre es schwer zu erklären es hätten sie tatsächlich keine Literatur produziert. Darüber hinaus verfügten sie, anders als gemeinhin behauptet wird, nicht über eine literarische Klasse. In einem ebenso großen Verhältnis zur Gesamtbevölkerung wie damals im Mutterland gab es in Neuengland viele Männer, die im Gebrauch von Büchern geschult waren, die es gewohnt waren, sich fließend mit Stimme und Feder auszudrücken, und die nicht so sehr in die Bücher vertieft waren körperlichen Aufgaben des Lebens, so dass ihnen die Muße für das Schreiben entzogen wird, zu dem sie aufgefordert werden. Es war eine literarische Klasse, die sich aus Geschäftsleuten, Landherren, Lehrern und vor allem aus Geistlichen zusammensetzte; Literaten, die für ihren Lebensunterhalt nicht von Briefen abhängig waren und daher ihre Arbeit unter Bedingungen geistiger Unabhängigkeit verrichteten.

Für das Studium der Literatur wandten sie sich mit Eifer den antiken Klassikern zu; Lesen Sie sie frei; zitierte sie mit treffender Leichtigkeit. Obwohl ihre neue Heimat nur eine Provinz war, waren ihre Gedanken nicht provinziell: Sie hatten einen so unerschütterlichen und keuschen Glauben an die Ideen, die sie nach Amerika brachten, dass sie glaubten, dass dort, wo diese Ideen in die Praxis umgesetzt würden, die Metropole sei. Im öffentlichen Ausdruck ihrer Gedanken schränkten sie sich durch Beschränkungen ein, die, obwohl sie damals in allen Teilen der zivilisierten Welt vorherrschten, heute beschämend und unerträglich erscheinen: Die Druckerpresse in Neuengland lag im 17. Jahrhundert in Ketten. Die erste wurde 1639 in Cambridge unter der Schirmherrschaft des Harvard College gegründet; und in den folgenden dreiundzwanzig Jahren war der Präsident dieses Kollegiums tatsächlich für das gute Verhalten der schrecklichen Maschine verantwortlich. Seine Kontrolle darüber erwies sich als nicht wachsam genug. Die Befürchtungen des Klerus wurden durch die Milde geweckt, die es bestimmten Büchern ermöglicht hatte, in die Welt zu gelangen, die dazu neigten, „der Ketzerei Tür und Tor zu öffnen"; deshalb wurden 1662 zwei offizielle Lizenzgeber ernannt, ohne deren Zustimmung nichts gedruckt werden durfte. Selbst das ließ die Welt nicht sicher erscheinen; und zwei Jahre später wurde das Gesetz verschärft. Weitere Lizenzgeber wurden ernannt; Mit Ausnahme der in Cambridge war in der Kolonie keine Druckpresse erlaubt; und wenn von der erlaubten Druckerpresse irgendetwas ohne die Erlaubnis der Lizenzgeber gedruckt werden sollte, sollte die Peccant-Maschine an die Regierung verfallen und dem Drucker selbst die Ausübung seines Berufs verboten werden. Aber selbst die neuen Lizenzgeber waren nicht streng genug. In der führenden Kolonie Neuengland wurden die rechtlichen Beschränkungen des Buchdrucks erst etwa einundzwanzig Jahre vor der Unabhängigkeitserklärung vollständig aufgehoben.

Die größten literarischen Nachteile Neuenglands bestanden darin, dass seine Schriftsteller weit entfernt von den großen Büchersammlungen und den zentralen Strömungen der besten Denker der Welt lebten; dass es nur wenige Linien ihrer eigenen literarischen Tätigkeit gab; und dass sie, obwohl sie sich auf die Hebräischen Schriften und die Klassiker der römischen und griechischen Literatur stützten, mit einer Art Abscheu von den reichhaltigsten und aufregendsten Arten klassischer Schriften in ihrer eigenen Sprache fernstanden. In vielerlei Hinsicht wurde ihre literarische Entwicklung durch die Engstirnigkeit des Puritanismus gehemmt und versteift. Was ihnen jedoch an Symmetrie der Kultur und an der Bandbreite literarischer Bewegungen fehlte, war etwas, das sie sich aufgrund der Integrität ihrer Natur unbedingt aneignen mussten, entweder in sich selbst oder in ihren Nachkommen.

William Bradford. – William Bradford aus *Mayflower* und Plymouth Rock verdient den Vorrang, als Vater der amerikanischen Geschichte bezeichnet zu werden. Nachdem er zehn Jahre in Amerika gewesen war und den Beweis für den dauerhaften Erfolg der Heldenbewegung gesehen hatte, deren Anführer er war, schien er von der historischen Bedeutung dieser Bewegung besessen zu sein; und von da an widmete er zwanzig Jahre lang seine Muße der Abfassung eines Werkes, in dem die Geschichte der Besiedlung Neuenglands auf ruhige, gerechte und authentische Weise erzählt werden sollte. Das Ergebnis war seine *Geschichte der Plymouth Plantation* . Es gibt kein anderes Dokument zur Geschichte Neuenglands, das dem zeitlich oder inhaltlich vorausgehen könnte. Gouverneur Bradford schrieb über Ereignisse, die unter seinen eigenen Augen stattfanden und die von seiner eigenen Hand geprägt waren; und er hatte alle Voraussetzungen für einen vertrauenswürdigen Erzähler. Sein Geist war ruhig, ernst und ausgeglichen; er war ein Schüler vieler Bücher und vieler Sprachen; und da er sowohl durch Briefe als auch durch Erfahrung so weit entwickelt war, war er in der Lage, die Wahrheit der Geschichte, wie sie sich während seiner eigenen anstrengenden und gütigen Karriere entfaltet hatte, gut zu erzählen. Seine Geschichte ist ein geordnetes, klares und äußerst lehrreiches Werk; es enthält viele Zeichen der Wertschätzung seines Autors für die Natur und die Anforderungen des Geschichtsschreibens; und obwohl es erst vor kurzem – 1855 – in perfekter Form veröffentlicht wurde, muss es von nun an seinen wahren Platz an der Spitze der amerikanischen historischen Literatur einnehmen und seinem Autor die patristische Würde erringen, die wir ihm zugeschrieben haben.

John Winthrop. – Im Frühjahr 1630 segelte eine Flotte von vier Schiffen von einem wunderschönen Hafen auf der Isle of Wight ins Meer hinaus, ihr Bug zeigte nach Westen. An Bord dieser Flotte befand sich die größte Gruppe wohlhabender und gebildeter Personen, die jemals auf einer Reise von England nach Amerika ausgewandert ist. Sie waren wohlhabende englische Puritaner. Der Spitzenreiter unter ihnen an intellektueller Kraft und charakterlichem Gewicht war John Winthrop, bereits zum Gouverneur der Massachusetts Company gewählt und aufgrund aller persönlichen Eigenschaften zum Dirigenten und Staatsmann der neuen puritanischen Kolonie Massachusetts Bay qualifiziert. Unmittelbar nachdem er an Bord des Schiffes gegangen war, begann er mit einer Schrift, an der er nicht nur während der restlichen Reise, sondern auch den Rest seines Lebens weiter arbeitete und die unter unseren frühen historischen Denkmälern einen unbezahlbaren Schatz darstellt: *Die Geschichte Neuenglands* . Sein Plan war es, bedeutende Erlebnisse aus dem täglichen Leben seines Unternehmens aufzuschreiben, nicht nur während der Seefahrt, sondern auch nach ihrer Ankunft in Amerika. Fast zwanzig Jahre lang wurde die Geschichte weitergeschrieben, von 1630 bis wenige Wochen vor dem Tod des Autors im Jahr 1649. Es ist ziemlich offensichtlich, dass Winthrop das, was er tat, mit dem alleinigen Ziel schrieb, es als Geschichte zu veröffentlichen; Aber er schrieb es inmitten der Eile und Erschöpfung seines trägen Lebens, ohne auf den Stil zu achten, mit keinem anderen Zweck, als die Wahrheit auf schlichte und ehrliche Weise zu sagen. Es gibt einen Teil dieser Geschichte, der große Berühmtheit erlangt hat: Es handelt sich um den Teil, der Winthrops Rede im Jahr 1645 vor dem Generalgericht verkörpert, als er vom Vorwurf freigesprochen wurde, seine Autorität als stellvertretender Gouverneur überschritten zu haben. Eine Passage daraus, die Winthrops Aussage über das Wesen der Freiheit enthält, ist von herausragendem Wert und verdient es, neben die gewichtigsten und großzügigsten Sätze von John Locke oder Algernon Sidney gestellt zu werden. Ein angesehener amerikanischer Publizist hat erklärt, dass dies die beste Definition von Freiheit in der englischen Sprache sei und dass im Vergleich dazu das, was Blackstone über Freiheit sagt, kindisch erscheint. 1

Beschreibungen der Natur. – Eine entzückende Gruppe von Schriften aus unserer frühesten Zeit besteht aus solchen, die für uns in den Worten der Männer selbst die Neugier, die Ehrfurcht, die Verwirrung und die frische Freude bewahren, mit denen die amerikanischen Kirchenväter konfrontiert wurden sich zum ersten Mal mit den verschiedenen Formen der Natur und des Lebens in der Neuen Welt auseinanderzusetzen. Beispiele dieser Art von Schriften wurden von den frühen Männern Virginias verfasst; und unter den Gründern Neuenglands mangelte es nicht an der gleichen Sensibilität für die weiten, malerischen und neuartigen Aspekte der Natur, denen sie auf ihren ersten Reisen hierher auf dem Meer und an Land begegneten. Der Beweis dieser Tatsache ist in all ihren Schriften verstreut, in Briefen, Predigten, Geschichten, Gedichten; während es noch mehrere Bücher gibt, die sie unmittelbar nach ihrer Ankunft hier geschrieben haben und in denen sie im ersten Glanz begeisterter Gefühle die Vision der neuen Existenzbereiche beschreiben, die sich vor ihnen entfaltete, in die sie eintraten.

Theologische Schriftsteller. – Ohne Zweifel sind die Predigten, die während der Kolonialzeit und insbesondere im 17. Jahrhundert in Neuengland gehalten wurden, die authentischsten und charakteristischsten Offenbarungen des Geistes Neuenglands in dieser wunderbaren Epoche. Die theologischen und religiösen Schriften des frühen Neuenglands sind heute möglicherweise nicht mehr lesbar; aber sie sind sicherlich nicht verabscheuungswürdig. Sie repräsentieren eine enorme Menge subtiler, nachhaltiger und robuster Gehirnleistung. Sie sind natürlich ernst, trocken, abstrus, schrecklich; Für unsere geschwächte Aufmerksamkeit ist es schwierig, ihnen zu folgen. im Stil sind sie oft unhöflich und schwerfällig; sie sind äußerst technisch; Sie widmen sich einer Theologie, die im Gedächtnis der Menschheit nur durch bestimmte Worthüllen haften bleibt, die ihre ursprüngliche Bedeutung längst verloren haben. Dennoch sind diese Schriften Denkmäler enormer Gelehrsamkeit und einer erstaunlichen intellektuellen Energie sowohl in den Männern, die sie verfasst haben, als auch in den Männern, die ihnen zugehört haben. Natürlich können sie niemals auf ein lebenswichtiges menschliches Interesse zurückgeführt werden. Sie haben ihre Arbeit längst getan, indem sie die Gedanken der Menschen bewegt haben. Nur wenige davon können als Literatur zitiert werden. In der Masse können sie nur von Antiquaren mit Etiketten versehen und in Regalen weggelegt werden, um gelegentlich als Kuriositäten des verbalen Ausdrucks und als Relikte eines für immer verschwundenen intellektuellen Zustands betrachtet zu werden. Sie wurden von edlen Köpfen erdacht; sie selbst sind edel. Sie sind unseren Scherzen überlegen. Wir können sie verspotten, wenn wir wollen; aber sie werden nicht verspottet.

Von allen großen Predigern, die in unserem ersten Zeitalter nach Neuengland kamen, gab es drei, die nach der allgemeinen Meinung ihrer Zeitgenossen alle anderen überragten: Thomas Hooker, Thomas Shepard und John Cotton. Diese drei könnten miteinander verglichen werden; aber mit ihnen konnte niemand verglichen werden. Sie standen abseits, über Rivalität, über Neid. In ihren persönlichen Merkmalen unterschieden sie sich; Sie waren alle gleich im kühnen und energischen Denken, in der enormen Gelehrsamkeit, in einer gewissen überwältigenden persönlichen Überzeugungskraft, in der Gabe einer faszinierenden und unwiderstehlichen Kanzelrede.

„ *Der einfache Schuster von Agawam.* „Kurz nach seiner Ankunft in Massachusetts wurde Nathaniel Ward Pfarrer einer reinen Puritanersiedlung in Agawam, dem schönen indianischen Namen dieses Bezirks, der später törichterweise mit Ipswich vertauscht wurde. Anfang 1645 begann er mit dem Schreiben des bemerkenswerten Buches „ *The Simple Cobbler of Agawam* " , das für ihn einen festen Platz in der frühen amerikanischen Literatur behalten wird. Es hatte das Glück, der Zeit und den Leidenschaften der

Menschen zu entsprechen; Es wurde sofort bekannt gemacht und erlebte innerhalb des ersten Jahres vier Auflagen. *„The Simple Cobbler of Agawam"* kann als eine Prosa-Satire über das beschrieben werden, was dem Autor als schreckliche Zügellosigkeit neuer Meinungen zu seiner Zeit erschien, sowohl in Neuengland als auch zu Hause; über die Frivolität der Frauen und die langen Haare der Männer; und schließlich im tobenden Sturm der englischen Politik, im damals fortschreitenden Streit zwischen Sekten, Parteien, dem Parlament und dem König. Es ist eine gewaltige Partisanenbroschüre. Schließlich ist das eine große Merkmal dieses Buches, das uns am meisten willkommen sein dürfte, seine Überlegenheit gegenüber der zögernden, nachahmenden und schleichenden Art, die das sichere Zeichen einer Provinzliteratur ist. Die ersten Akzente der literarischen Sprache in den amerikanischen Wäldern scheinen nicht provinziell, sondern frei, furchtlos und natürlich gewesen zu sein. Zumindest unsere frühesten Schriftsteller haben die englische Sprache spontan und kraftvoll geschrieben, wie ehrliche Männer. Wir werden in einer späteren Periode unserer Geistesgeschichte suchen müssen, um, wenn überhaupt, eine Rasse von literarischen Snobs und Nachahmern zu finden – Schriftsteller, die in ihren dünnen und schüchternen Ideen, ihrer nervenlosen Diktion und ihrer sklavischen Simulation des vermeintlichen literarischen Akzents des Mutterlandes, bekennen Sie die angeborene Schwäche und Bettlerhaftigkeit literarischer Provinziale.

Roger Williams. – Von seinem frühen Mannesalter bis zu seinem späten Alter steht Roger Williams in Neuengland in einer mächtigen und gütigen Gestalt und fleht immer um eine großmütige Idee, eine zärtliche Barmherzigkeit, die Wiedergutmachung von Unrecht, die Ausübung einer Art Nachsicht gegenüber Körper oder Seelen von Männern. Er wurde ein kompromissloser Separatist. Durch das Schauspiel der weißen Männer, die sich frei in die Ländereien der roten Männer einmischten, wurde er zu einem Gegner der Gültigkeit der Neuengland-Chartas in dieser Hinsicht. Roger Williams meinte außerdem, es sei eine schockierende Sache – eine der Abscheulichkeiten der Zeit –, dass Männer, die nicht einmal vorgaben, Religion in ihrem Herzen zu haben, öffentlich die Worte der Religion mit ihrem Mund murmelten; und dass solche Personen nicht zu gottesdienstlichen Handlungen, nicht einmal zum Ablegen eines Eides, aufgefordert werden sollten. Schließlich vertrat er eine andere Doktrin, dass sich die Macht des Zivilrichters „nur auf den Körper und das Vermögen und den äußeren Zustand der Menschen erstreckt" und überhaupt nicht auf ihren inneren Zustand, ihr Gewissen, ihre Meinungen. Wegen dieser vier Verbrechen, die Gouverneur Haynes bei der Urteilsverkündung besonders erwähnte, hielt Massachusetts es für unsicher, einem so schändlichen Wesen wie Roger Williams den Aufenthalt irgendwo innerhalb seiner Grenzen zu gestatten.

Die berühmte Westminster Assembly of Divines tagte seit Juli 1643. Die dortigen Presbyterianer hatten sich bereits heftig mit den Kongregationalisten gestritten, was die Form der Kirchenregierung betraf, die in England auf den Ruinen des Episkopats errichtet werden sollte . Zu diesem Thema hatte Roger Williams eine sehr klare Meinung. Während einige dafür waren, eine neue Nationalkirche nach diesem Muster zu haben, andere dagegen, war Roger Williams seiner Zeit mutig zwei oder drei Jahrhunderte voraus und bekräftigte, dass es überhaupt keine Nationalkirche geben sollte. Er brachte seine Argumentation in die differenzielle Form bloßer Fragen und veröffentlichte 1644 das, was er *Queries of Highest Consideration nannte* . Das war natürlich eine krasse und schreckliche Ketzerei; Aber es war Ketzerei, für die Roger Williams bereits Verluste und Schmerzen erlitten hatte und bereit war, noch mehr zu erleiden. Vor allem war sein Wesen in der Umsetzung bestimmter großer Ideen, deren wichtigstes die Freiheit der Seele war, völlig klar geworden. Im Namen dieser Idee, da er nun Gelegenheit hatte, seinen Geist zu befreien, beschloss er, dies zu tun und nichts zurückzuhalten; und dementsprechend schickte er fast im Anschluss an das kleine Buch, das gerade erwähnt wurde, ein weiteres heraus – kein kleines; ein Buch voller starker, klarer und leidenschaftlicher Argumente, das sich durch seine Ahnungen von der künftigen Weisheit der Welt auszeichnet und schon im Titel eine herausfordernde Herausforderung für alle darstellt. Er nannte es *„Der blutige Grundsatz der Verfolgung aus Gewissensgründen“*. Sein Buch erreichte zu gegebener Zeit die Bibliothek von John Cotton und regte ihn zu einer Antwort an, die einen Titel trug, der an den Titel erinnerte, den Roger Williams seinem Buch gegeben hatte: *„ Der blutige Grundsatz, gewaschen und weiß gemacht im Blut des Lammes“*. Cottons Buch fand Roger Williams schnell in seinem Haus in Rhode Island und regte ihn natürlich dazu an, eine Gegenerwiderung zu schreiben. Sein Titel ist eine Wiederholung dessen, was er seinem früheren Werk gegeben hat, und ist zugleich eine charakteristische Erwiderung auf die Modifikation, die sein Gegenspieler daran vorgenommen hat: *„ The Bloody Tenet Yet More Bloody“, durch Mr. Cottons Bestreben, es im Blut des Blutes weiß zu waschen Lamm* . Dieses Buch ist das kraftvollste Werk von Roger Williams. Darin werden drei Hauptthemen erörtert: die Art der Verfolgung, die Grenzen der Macht des Zivilschwertes und die vom Parlament bereits gewährte Toleranz.

Bei Roger Williams scheint die Kompositionsstimmung in Schüben gekommen zu sein. Seine Schriften sind zahlreich; aber sie wurden krampfhaft und in Gruppen erzeugt, inmitten langer Pausen der Stille. Es ist bekannt, dass er zwei oder drei Werke geschrieben hat, die nie gedruckt wurden und heute verschollen sind. Im Jahr 1652 veröffentlichte er zusätzlich zu seiner Gegenerwiderung an John Cotton zwei kleine Abhandlungen. Von diesem Zeitpunkt an wurde kein Buch von ihm mehr an die Presse weitergegeben, bis er im Jahr 1676 in Boston einen Quartband mit fast 350 Seiten veröffentlichte, der seinen eigenen Bericht über eine Reihe stürmischer öffentlicher Debatten enthielt, die er in Rhode Island geführt hatte , nicht lange zuvor, mit einigen starken Befürwortern des Quäkertums. Dieses Buch trägt den witzigen Titel „ *George Fox Digged out of his Burrows*". Neben seinen Schriften, die für Bücher bestimmt waren, gibt es viele davon in Form von Briefen, einige davon an die Öffentlichkeit, die meisten an seine persönlichen Freunde. In diesen Briefen, die sein gesamtes Leben von der Jugend bis ins hohe Alter abdecken, scheinen wir dem Mann selbst sehr nahe zu kommen.

Puritanismus und Poesie. – Eine glückliche Überraschung erwartet diejenigen, die sich zum Studium der frühen Literatur Neuenglands mit der Erwartung begeben, sie völlig gefühllos oder ohne den Geist und Duft der Poesie vorzufinden. Der Neuengländer des 17. Jahrhunderts war tatsächlich ein typischer Puritaner; und man kann kaum sagen, dass irgendein typischer Puritaner dieses Jahrhunderts eine poetische Persönlichkeit gewesen sei. Im Verhältnis zu seiner Hingabe an die Ideen, die ihm die spöttische Ehre seines Namens einbrachten, befand er sich im Krieg mit fast jeder Form des Schönen. Er selbst glaubte, dass zwischen Religion und Kunst ein unüberwindbarer Konflikt bestehe; und daher war die Pflicht, die Kunst zu unterdrücken, in seiner Seele mit dem Hauptzweck der Förderung der Religion verbunden . Daher wandte er sich ganz natürlich auch von bestimmten großen und großartigen Arten der Literatur ab – vom Drama, von den verspielten und sinnlichen Versen Chaucers und seiner unzähligen Söhne, von den weltlichen Prosaschriften seiner Zeitgenossen und von allen Formen der Literatur moderne Lyrik mit Ausnahme der calvinistischen Hymne. Dennoch gelang es dem Puritaner nicht, die Poesie aus seinem Wesen auszurotten. Natürlich war die Poesie dort zu tief verwurzelt, als dass selbst seine theologischen Haken sie ausrotten könnten. Obwohl ihm auf die eine Art der Ausdruck verwehrt blieb, drängte sich die Poesie, die in ihm steckte, auf eine andere Art zum Ausdruck. Während seine Theologie die Poesie aus vielen Formen verdrängte, in denen sie gewohnt war, übte die Poesie selbst eine edle Rache, indem sie ihren Wohnsitz in seiner Theologie einnahm. Obwohl er voller Entsetzen und Verachtung auf viele exquisite und köstliche Arten literarischer Kunst stampfte, war die Idee, die seine Seele erfüllte und begeisterte, in jeder Hinsicht erhaben, unermesslich, phantasievoll und poetisch. Wie strahlend und großartig die Poesie war, die das Herzstück des Puritanismus bildete, konnten die blinden Augen von John Milton sehen, dessen großes Epos tatsächlich das Epos des Puritanismus ist.

Wenn wir uns dem Puritanismus zuwenden, wie er in Neuengland existierte, können wir uns vielleicht vorstellen, dass er die Besuche der Musen der Poesie feierlich ablehnte und ihnen die unverblümte, aber ehrliche

Botschaft übermittelte: „Sonst engagiert." Nichts ist weiter von der Wahrheit entfernt. Es ist eine außergewöhnliche Tatsache bei diesen ernsten und bedeutenden Männern Neuenglands, insbesondere in unserem frühesten literarischen Zeitalter, dass sie alle eine lauernde Neigung hatten, das zu schreiben, was sie aufrichtig für Poesie hielten – und dies in den meisten Fällen unter unbewusstem Trotz der Gebote der Natur und einer vorherbestimmenden Vorsehung. Es ist beeindruckend, bei der Betrachtung unserer ersten Periode festzustellen, dass weder fortgeschrittenes Alter, noch hohe Ämter, noch geistige Unfähigkeit, noch früherer Zustand der Seriosität ausreichten, um jemanden vor dem poetischen Laster zu schützen. Hier und da schmückte sogar ein Stadtschreiber die zutiefst prosaischen Vorgänge der Auserwählten zu Protokoll und schmückte sie mit dem heiligen Kostüm der Poesie. Wenn wir uns an ihre ablehnende Haltung gegenüber der Kunst im Allgemeinen erinnern, muss uns ihre universelle Manie für bestimmte Formen der poetischen Kunst – diese ungezügelte Neigung zur „Lust am Versifizieren" – als seltsame psychologische Frechheit erscheinen. Oder sollten wir lieber sagen, dass es sich überhaupt nicht um einen Freak handelte, sondern um eine normale Anstrengung der Natur, die, wenn sie in einer Richtung übermäßig unterdrückt wird, in einer anderen Richtung alle Barrieren zu durchbrechen pflegt? Was die Poesie unserer Vorfahren betrifft, muss erwähnt werden, dass eine gütige Vorsehung ihre eigenen Methoden hat, um die Menschheitsfamilie vor unerträglichem Unglück zu schützen; und dass der größte Teil dieser Poesie untergegangen ist.

Anne Bradstreet. – Allerdings gab es in dieser ursprünglichen literarischen Periode einen Dichter, der in gewisser Weise in der Poesie eine Berufung sah. Die erste professionelle Dichterin Neuenglands war eine Frau. Im Jahr 1650 wurde in London ein Gedichtband veröffentlicht, der von einer begabten jungen Frau aus der Wildnis Neuenglands namens Anne Bradstreet geschrieben wurde. Sie wurde 1612 in England geboren. Sie war die arbeitsame Ehefrau eines Bauern aus Neuengland, Mutter von acht Kindern und von Kindheit an von einer empfindlichen Konstitution. Die meisten ihrer Gedichte entstanden zwischen 1630 und 1642, also bevor sie dreißig Jahre alt war; und während dieser Jahre hatte sie weder Muße, noch eine elegante Umgebung, noch Freiheit von ängstlichen Gedanken, noch nicht einmal eine überreiche Gesundheit. Irgendwie gelang es ihr in ihrem geschäftigen Leben, Kompositionen auf Platte zu bringen, die zahlreich genug waren, um einen königlichen Oktavband von 400 Seiten zu füllen – Kompositionen, die unsere Lektüre zweihundert Jahre nach ihrem Leben verlocken und belohnen.

II. ZWEITE PERIODE (1676–1765)

Die zwei Perioden. —Ich habe das Jahr 1676 als das Jahr der Teilung zwischen den beiden Perioden angesehen, in die unser Kolonialzeitalter zu fallen scheint. Vor 1676 befand sich die neue Zivilisation in Amerika hauptsächlich in den Händen der in England geborenen Amerikaner; Nach 1676 befand es sich hauptsächlich in den Händen von in Amerika geborenen Amerikanern und den Subjekten der hier stattfindenden Ausbildung. Unsere erste Kolonialzeit überliefert uns daher eine Reihe von Schriften, die von amerikanischen Einwanderern verfasst wurden; die Ideen, die Stimmungen, die Bemühungen, ja sogar die Phrasen der Männer, die die amerikanische Nation gründeten, für uns zu bewahren; stellt für uns auch die frühesten literarischen Ergebnisse dar, die sich aus den Reaktionen des Lebens in der Neuen Welt auf eine in der Alten Welt gebildete intellektuelle Kultur ergeben. Unsere zweite Kolonialperiode leistet mehr: Sie übermittelt uns eine Reihe von Schriften, die größtenteils von den amerikanischen Kindern dieser Einwanderer verfasst wurden und die frühesten literarischen Ergebnisse darstellen, die sich aus den Reaktionen des Lebens in der Neuen Welt auf eine damalige intellektuelle Kultur ergaben selbst entstand in der Neuen Welt.

Unsere erste Kolonialzeit, die gerade einmal siebzig Jahre dauerte, haben wir nun kurz beleuchtet. Ich für meinen Teil kann mich dafür nicht entschuldigen: Ich denke, es bedarf keiner. Es war eine Zeit, in der er sich hauptsächlich mit anderen Aufgaben als den Aufgaben der Feder beschäftigte; Es legte ruhig und gut den Grundstein für eine neue soziale Struktur, die eine Hemisphäre umfassen sollte, unzähligen Menschen der Menschheit Schutz und Trost bieten sollte und Jahrhunderte überdauern sollte, weit über die Grenzen unserer Vermutungen hinaus. Hätte es diese Tat allein getan und überhaupt kein geschriebenes Wort hinterlassen, hätte sich seitdem kein Mensch mehr darüber wundern können; noch weniger hätte irgendjemand ihr den Vorwurf der intellektuellen Lethargie oder Vernachlässigung machen können. Aber wenn wir zusätzlich zu dem, was es bei der Gründung eines neuen Staates getan hat, bedenken, was es auch bei der Gründung einer neuen Literatur getan hat – die Größe dieses besonderen Werks, den geradezu verdienstvollen Charakter –, wird es uns schwer fallen, davon Abstand zu nehmen dieser Zeit die Hommage unserer Bewunderung.

Vom Jahr 1676 an, als unsere erste Kolonialperiode endete, vergingen nur neunundachtzig Jahre, an deren Ende die amerikanischen Kolonien einen raschen und bedeutungsvollen Wandel erlebten – sie verloren mit einem Schlag ihren kolonialen Inhalt. und plötzlich in die frühere und intellektuelle Phase ihres Unabhängigkeitskampfes übergingen. Dieser Zeitraum von 89 Jahren bildet natürlich unsere zweite Kolonialperiode.

Versschreiber aus Neuengland. —Urian Oakes, geboren 1631, wuchs in den Wäldern von Concord auf. Die großartigen literarischen Fähigkeiten dieses frühen Amerikaners – dieses Produkts unserer Pionier- und autochthonen Kultur – zeigen sich darin: Da seine Predigten zu den edelsten Prosaexemplaren gehören, die in dieser Klasse von Schriften während der Kolonialzeit zu finden waren, gilt dies auch Das einzige uns erhaltene Beispiel seiner Verse erreicht den Höhepunkt, den die amerikanische Poesie derselben Epoche erreichte. Das so genannte Gedicht ist eine Elegie auf den Tod eines Mannes, mit dem der Dichter offenbar durch die zärtlichste Freundschaft verbunden war – ein Gedicht in zweiundfünfzig sechszeiligen Strophen; nicht ohne einige mechanische Mängel; auch durch einige Flecken des vorherrschenden theologischen Jargons verwischt; doch im Großen und Ganzen wohlhabend, stattlich, erbärmlich; schön und stark mit der Schönheit und Stärke wahrer fantasievoller Vision.

Zu seiner Zeit war Michael Wigglesworth weit über allen anderen Versautoren der Kolonialzeit bekannt, der explizite und unerschütterliche Reim der Fünf Punkte des Calvinismus; ein Dichter, der den religiösen Glauben und die Emotionen des puritanischen Neuenglands so perfekt in Versen zum Ausdruck brachte, dass seine Schriften dort mehr als hundert Jahre lang weltweit verbreitet waren und einen populären Einfluss hatten, der nur geringer war als der der Bibel und des kürzeren Katechismus. Niemand, der eine andere Theologie vertritt als Michael Wigglesworth, kann ihm als Dichter gerecht werden, ohne die größte intellektuelle Katholizität an den Tag zu legen. Seinen Versen mangelt es an Kunst; Seine gewöhnliche Form ist ein grober, schwungvoller Balladetakt mit einer Art billiger Melodie, einem schrillen, nachhallenden Klappern, das das populäre Ohr sofort fesseln und erfreuen würde, das damals taub für feinere und subtilere Effekte in der Poesie war. In der Vielzahl seiner Verse übertrifft Michael Wigglesworth alle anderen Dichter der Kolonialzeit, mit Ausnahme von Anne Bradstreet. Neben zahlreichen kleineren Gedichten ist er Autor von drei poetischen Werken von beträchtlichem Umfang. Eines davon, *God's Controversy with New England*, wurde „in der Zeit der großen Dürre" im Jahr 1662 geschrieben. Das Argument des Gedichts lautet: „Neuengland wurde gepflanzt, gedieh, ging unter, bedrohte, bestrafte." Der Dichter vertritt die zu seiner Zeit weit verbreitete Meinung, dass dieser Kontinent vor der Ankunft der Engländer in Amerika der ausgewählte und besondere Wohnsitz des Teufels und seiner Engel gewesen sei. Ein weiteres großes Gedicht von Wigglesworth ist *Meat out of the Eater; oder Meditationen über die Notwendigkeit, das Ende und den Nutzen von Bedrängnissen für Gottes Kinder, die alle darauf abzielen, sie auf das Kreuz vorzubereiten und sie zu trösten* . Hier haben wir einfach die christliche Lehre vom Trost in der Trauer, übersetzt in metrische Jingles. Es wurde wahrscheinlich erstmals 1669 veröffentlicht; zehn Jahre später hatte es mindestens vier Auflagen erlebt; und während der gesamten Kolonialzeit war es ein vielgelesenes Handbuch zum Trost in der Not. Aber das Meisterwerk von Michael Wigglesworths Genie und sein köstlichstes

Geschenk an ein bewunderndes Publikum war dieses flammende und schwefelhaltige Gedicht „ *The Day of Doom* "; *oder: Eine poetische Beschreibung des großen und jüngsten Gerichts* . Dieses große Gedicht, das dem göttlichen Wesen völlig unbewusst den abscheulichsten und abscheulichsten Charakter zuschreibt, den man vielleicht in keiner christlichen oder heidnischen Literatur findet, erfreute sich hundert Jahre lang einer Beliebtheit, die die aller anderen bei weitem übertraf Werk in Prosa oder Versform, das vor der Revolution in Amerika verfasst wurde. Die 1800 Exemplare der Erstausgabe wurden innerhalb eines Jahres verkauft; was bedeutet , dass damals in Neuengland mindestens jede fünfunddreißigste Person ein Exemplar von *„The Day of Doom" kaufte — ein Beispiel für den kommerziellen Erfolg eines Buches, der in diesem Land nie wieder erreicht wurde.* Seitdem wurde das Buch wiederholt veröffentlicht; mindestens einmal in England und mindestens acht Mal in Amerika — das letzte Mal im Jahr 1867.

Die Dynastie der Mathers. — Zum Zeitpunkt seiner Ankunft in Boston — August 1635 — war Richard Mather neununddreißig Jahre alt; ein Mann mit umfassenden und präzisen Kenntnissen in den Klassikern, in der Heiligen Schrift und in der Göttlichkeit; bereits ein berühmter Prediger. Dieser Mann, „der Stammvater aller Mathers in Neuengland" und der erste einer Reihe großer Prediger und großer Literaten, die dort während der gesamten Kolonialzeit weiterhin Einfluss hatten, hatte in sich selbst die Hauptmerkmale, die ihn auszeichneten Familie über einen so langen Zeitraum; — große körperliche Ausdauer, ein unersättlicher Appetit auf das Lesen von Büchern, eine alarmierende Neigung zum Schreiben von Büchern, eine Liebe zur politischen Führung in Kirche und Staat, die Fähigkeit zur persönlichen Auffälligkeit und schließlich die Homiletik Geschenk. Seine zahlreichen Schriften entsprachen natürlich den Anforderungen seiner Zeit und Umgebung: Predigten, ein Katechismus, eine Abhandlung über die Rechtfertigung, öffentliche Briefe über die Kirchenleitung, mehrere kontroverse Dokumente, das Vorwort zum Old Bay Psalm Book und vieles mehr der Wunder des metrischen Ausdrucks, die in diesem Werk zu sehen sind.

Von den sechs Söhnen von Richard Mather wurden vier berühmte Prediger, zwei davon in Irland und in England, zwei weitere in Neuengland; Der Größte von allen war der Jüngste, geboren am 21. Juni 1639 in Dorchester und wurde bei seiner Geburt mit dem Namen „Vermehrung" geschmückt, in anmutiger Anerkennung „der Vermehrung jeglicher Art, mit der Gott das Land zu seiner Zeit begünstigte." Geburt." Schon in seiner Kindheit begann er, die starken und eifrigen Eigenschaften zu zeigen, die seinem ganzen Leben Vorrang und Macht verliehen und die ihn ungestüm durch den Kampf von vierundachtzig Lebensjahren trugen. 1657, an seinem achtzehnten Geburtstag, hielt er auf der Kanzel seines Vaters seine erste

Predigt. Von 1661 bis 1664 teilte er seine Gottesdienste zwischen der Kirche seines Vaters in Dorchester und der North Church of Boston auf. Schließlich stimmte er 1664 der Ernennung zum Pfarrer der letztgenannten Kirche zu, die von da an bis zum Ende seines eigenen Lebens und bis zum Ende des Lebens seines berühmteren Sohnes weiterhin der Turm und die Festung war der Mathers in Amerika. Hier war also eine Person, in Amerika geboren, in Amerika aufgewachsen – ein klares Beispiel dafür, was Amerika für sich tun konnte, um den tapferen Bestand seiner ersten importierten Bürger aufrechtzuerhalten. Was die Gelehrsamkeit anbelangt, übertraf er sogar alle anderen Neu-Engländer der Kolonialzeit, mit Ausnahme seines eigenen Sohnes Cotton. Seine Macht als Kanzelredner war sehr groß. Unter seinen Zeitgenossen hieß es häufig, Thicken Mather sei „ein vollkommener Prediger" gewesen. Aus literarischer Sicht sind seine Schriften sicherlich von großem Wert. Die Veröffentlichungen von Creating Mather dürfen nicht erwähnt werden, außer in Form eines Katalogs. Vom Jahr 1669, als er das dreißigste Lebensjahr vollendete, bis zum Jahr 1723, als er starb, verging kaum ein Jahr, in dem er nicht durch die Presse die öffentliche Aufmerksamkeit erregte. Eine authentische Liste seiner Werke würde mindestens zweiundneunzig Titel umfassen. Von der großen Schar von Veröffentlichungen von Creating Mather kann man vielleicht nur von einer sagen, dass sie noch die Kraft besitzt, lebendig auf der Erde zu wandeln – das Buch, das allgemein unter einem Namen bekannt ist, den ihm der Autor nicht gegeben hat: *Remarkable Providences*. Es lässt sich nicht leugnen, dass die Konzeption des Buches durch und durch wissenschaftlich ist; denn es geht darum, durch Induktion die tatsächliche Anwesenheit übernatürlicher Kräfte in der Welt zu beweisen. Sein Hauptfehler ist natürlich das Fehlen jeglicher Kreuzverhöre der Zeugen und jeglicher kritischer Prüfung ihrer Aussagen, zusammen mit der spürbaren Bereitschaft des Autors, Menschen aus allen Teilen der Erde, des Meeres oder des Himmels willkommen zu heißen , jeder Bote, der mit dem Mund voller Wunder nach Boston eilen sieht.

In der intellektuellen Besonderheit der Familie Mather schien es seit mindestens drei Generationen eine gewisse kumulative Glückseligkeit zu geben. Die allgemeine Anerkennung dieser Tatsache ist in einem alten Epitaph festgehalten, das für den Gründer des berühmten Stammes verfasst wurde:

Unter diesem Stein liegt Richard Mather, der einen Sohn hatte, der größer war als sein Vater, und einen Enkel, der größer war als beide.

Dieser überragende Enkel war natürlich kein anderer als Cotton Mather, der literarische Gigant Neuenglands in unserer Kolonialzeit; der Mann, dessen Ruhm als Schriftsteller in späteren Zeiten und insbesondere im Ausland den aller anderen vorrevolutionären Amerikaner außer Jonathan Edwards und Benjamin Franklin übertrifft. Das berühmteste von ihm produzierte Buch –

das berühmteste Buch, das jemals von einem Amerikaner während der Kolonialzeit produziert wurde – ist *Magnalia Christi Americana; oder Die Kirchengeschichte Neuenglands von seiner ersten Pflanzung im Jahr 1620 bis zum Jahr unseres Herrn 1698*. Die Magnalia ist in der Tat, wie der Autor sie nannte, „ein sperriges Ding" – die beiden Bände der neuesten Ausgabe umfassen mehr als dreizehnhundert Seiten. Die *Magnalia* hat große Vorzüge; es hat auch fatale Mängel. In seinem gewaltigen Chaos aus Fabeln, Fehlern und Falschdarstellungen sind natürlich viele Einzelfakten von größtem Wert enthalten, persönliche Erinnerungen, gesellschaftlicher Klatsch, Gesprächsfetzen, kurze Beschreibungen, Charakter- und Lebenszüge, die nirgendwo sonst zu finden sind. und das hilft uns, für uns selbst ein lebendiges Bild der großen Männer und der großen Tage des frühen Neuenglands zu zeichnen; Doch auch hier sind Geschichte und Fiktion so durcheinander und vermischt, dass es ohne andere Hilfe als die des Autors nie möglich ist, genau zu sagen, wo die Fiktion endet und die Geschichte beginnt. In Bezug auf keine umstrittene Tatsachenfrage ist die ungestützte Aussage von Cotton Mather von großem Gewicht. Der wahre Platz von Cotton Mather in unserer Literaturgeschichte wird deutlich, wenn wir sagen, dass er der letzte, energischste und daher unangenehmste Vertreter der Phantastischen Schule in der Literatur war; und dass er in Neuengland die Methoden dieser Schule fortsetzte, selbst nachdem seine gebildetsten Zeitgenossen dort ihnen entwachsen waren und sie nicht mehr mochten. Die Vertreibung des Schönen aus dem Denken, aus dem Gefühl, aus der Sprache; eine gesetzlose und gnadenlose Wut auf das Seltsame, das Ungeordnete, das Groteske, das Gewalttätige; angespannte Analogien, unerwartete Bilder, Pedanterie, Unfeinheit, Anspielungen, monströse Phrasen – das sind die Merkmale von Cotton Mathers Schriften, ebenso wie sie die gemeinsamen Merkmale jener perversen und abscheulichen literarischen Stimmung sind, die in verschiedenen Ländern der Christenheit herrschte im 16. und 17. Jahrhundert. Sein Geburtsort war Italien; Neuengland war sein Grab; Cotton Mather war sein letzter großer Apostel.

Samuel Mather, der Sohn von Cotton Mather, wurde 1706 geboren. In ihm war das Feuer der Vorfahren offenbar fast erloschen. Er verfügte über reichlich Wissen; war äußerst fleißig; veröffentlichte viele Dinge; aber es war nicht in ihnen, wie auch in ihm, die siegreiche Energie eines originellen Geistes oder auch nur die siegreiche Glückseligkeit eines nachahmenden Geistes. Er war ein robuster und würdiger Mann. Er hinterließ keinen Nachfolger, um die einst prächtige Dynastie seines Stammes fortzuführen. Er war der Letzte und Geringste der Mathers.

Die Laien in der Literatur Neuenglands. – In der Geschichte der Literatur in Neuengland während der Kolonialzeit sticht eine Tatsache vor allen anderen hervor: die intellektuelle Führung des Klerus, und zwar unter einer

Laie, die weder unwissend noch schwach ist. Diese Führung war in jeder Hinsicht ehrenhaft, sowohl für die Führer als auch für die Geführten. Dies war nicht allein auf die hohe Autorität des geistlichen Amtes in Neuengland zurückzuführen; es war noch mehr der persönlichen Größe der Männer zu verdanken, die dieses Amt innehatten und die das Amt selbst groß machten. Sie waren intellektuelle Führer, weil sie es verdienten; Denn da sie unter einem gebildeten und temperamentvollen Volk lebten, wussten sie mehr, waren klüger und fähiger als alle anderen Personen in der Gemeinschaft. Unter einer solchen Führung war es eine Ehre, überhaupt zu den Anhängern zu gehören. Und in den literarischen Errungenschaften Neuenglands in der Kolonialzeit nahm der Klerus den mit Abstand größten Raum ein, weil er in allen Bereichen des Schreibens bei weitem den größten Arbeitsaufwand leistete . Nach dem ersten halben Jahrhundert des Lebens in Neuengland wird eine weitere Tatsache deutlich: der Fortschritt der Laien in der literarischen Tätigkeit. Zu dieser Zeit begannen viele starke und gute Männer, die dort in allen Gelehrsamkeiten der Zeit ausgebildet worden waren und entweder nicht in den geistlichen Beruf eintraten oder nicht darin blieben, die anderen gelehrten Berufe – den juristischen und den medizinischen – zu organisieren und weiterzuentwickeln und Unterricht – und indem man die Öffentlichkeit durch verschiedene Formen der Literatur ansprach, um die Führung des menschlichen Geistes immer mehr mit dem Klerus zu teilen. Darüber hinaus wurde im letzten Jahrzehnt des 17. Jahrhunderts versucht, in Neuengland eine Zeitung zu gründen. Der Versuch scheiterte. Im ersten Jahrzehnt des 18. Jahrhunderts wurde ein weiterer Versuch unternommen, der nicht scheiterte. und lange vor dem Ende unserer Kolonialepoche war ein neuer Beruf entstanden, der stärker als jeder andere auf die Gedanken der Menschen einwirken konnte: der Beruf des Journalisten.

Der Almanach. – Niemand, der zum Kern der frühen amerikanischen Literatur vordringen und darin die geheime Geschichte der Menschen lesen würde, in deren Köpfen sie Wurzeln geschlagen hat und aus deren Köpfen sie hervorgegangen ist, kann sich auf irgendeine Weise in erhabener literarischer Verachtung abwenden, aus dem Almanach. Die früheste Aufzeichnung dieser Art von Literatur in Amerika führt uns zurück zu den Anfängen der gedruckten Literatur in Amerika; Denn nach einem Blatt mit *„The Freeman's Oath“* war die erste Produktion, die in diesem Land aus der Druckpresse kam , *„An Almanac“, berechnet für Neuengland von Mr. Pierce* und 1639 in Cambridge gedruckt. Von da an für lange Zeit Kaum ein Jahr verging an dieser einsamen Druckerei in Cambridge, ohne dass sie einen ähnlichen Gruß von ihr erhielt. Im Jahr 1676 wurde Boston selbst klug genug, einen eigenen Almanach herauszugeben. Zehn Jahre später begann Philadelphia, Almanache zu versenden – ein Gewerbe, das im folgenden Jahrhundert besonderen Ruhm erlangte. Im Jahr 1697 betrat New York das gleiche verlockende Geschäftsfeld. Der erste in Rhode Island produzierte Almanach stammt aus dem Jahr 1728; Der erste Almanach wurde 1731 in Virginia herausgegeben. Im Jahr 1733 begann Benjamin Franklin mit der Veröffentlichung dessen, was er „ *Poor Richard's Almanac*" *nannte* . Sein persönlicher Ruf hat ihm eine Berühmtheit beschert, die alle anderen auf der Welt veröffentlichten Almanache übertrifft. So gab es Jahr für Jahr mit der Vermehrung der Menschen und der Druckmaschinen in diesem Land eine Vermehrung der Almanache, von denen einige von bemerkenswertem intellektuellem und sogar literarischem Wert waren. Während unserer gesamten Kolonialzeit, als es nur wenige und kostspielige größere Bücher gab, fand der Almanach überall großen Anklang und wurde häufig gelesen.

Geschichte und Biographie in Neuengland. – Die einzige Form weltlicher Literatur, für die die Schriftsteller Neuenglands während der gesamten Kolonialzeit die authentischste Berufung hatten, ist die Geschichte. Unsere zweite literarische Periode brachte vier bedeutende Historiker hervor: William Hubbard, Cotton Mather, Thomas Prince, Thomas Hutchinson: Die ersten beiden übertrafen an Popularität alle anderen Historiker der Kolonialzeit; Die letzten beiden übertreffen alle anderen durch eine spezifische Ausbildung für den Geschichtsberuf und durch die bewusste Ansammlung von Materialien für historische Arbeiten. Von dieser Art von Geschichte, die sich eher dem Leben von Individuen als von Gemeinschaften widmet, wurden in der Kolonialzeit viele Exemplare produziert. Es ist jedoch eine einzigartige Tatsache, dass die im kolonialen Neuengland verfassten Biografien ihrer literarischen Qualität weit unterlegen sind.

Kanzelliteratur in Neuengland. – Auf unserem Weg durch die verschiedenen Bereiche der Literatur Neuenglands während der Kolonialzeit stoßen wir auf keine einzige Form des Schreibens, bei der wir die Geistlichkeit Neuenglands aus den Augen verlieren dürfen – ihre unermüdliche und vielseitige Tätigkeit, ihre Gelehrsamkeit, ihre Geisteskraft, ihre Charakterstärke. Die eingewanderten Geistlichen Neuenglands – die Begründer dieses edlen und brillanten Ordens – gehörten in fast allen Eigenschaften ihres persönlichen Wertes und ihrer Größe zu den Größten und Würdigsten ihrer Zeit im Mutterland – mächtige Gelehrte, Redner, Weise, Heilige. Und das bei weitem Wunderbarste an diesen Männern ist, dass sie in der Lage waren, alle wesentlichen Elemente der alten Zivilisation, aus der sie kamen, über den Atlantik in die nackte Wildnis zu transportieren; und sofort in der Neuen Welt eine Reihe mächtiger Nachfolger in ihrem heiligen Amt zu erziehen und auszubilden, ohne die geringste Unterbrechung in der Reihenfolge, ohne die geringste Beeinträchtigung der Gelehrsamkeit, der Beredsamkeit, der intellektuellen Energie, der Moral Leistung.

Jonathan Edwards. —Jonathan Edwards, der originellste und scharfsinnigste Denker, den Amerika je hervorgebracht hat, wurde 1703 geboren; 1758 wurde er zum Präsidenten des College of New Jersey ernannt und starb einige Wochen später. Sowohl von seinem Vater als auch von seiner Mutter stammte er aus der sanftesten und intellektuellsten Familie Neuenglands. Schon in seiner frühen Kindheit zeigte er jene kraftvollen, erhabenen und schönen geistigen und charakterlichen Begabungen, die ihn später auszeichneten: Spiritualität, Gewissenhaftigkeit, Sanftmut, Einfachheit, Selbstlosigkeit und eine wunderbare Fähigkeit, sich Wissen anzueignen und zu handeln die Verfolgung unabhängigen Denkens. Es ist vielleicht unmöglich, irgendeinen Bereich intellektueller Anstrengung zu nennen, in dem er mit entsprechenden äußeren Fähigkeiten nicht die höchste Auszeichnung erreicht hätte. Sicherlich hat er genug getan, um zu zeigen, dass er einer der Meister der Welt geworden wäre, wenn er sich der Mathematik, den Naturwissenschaften, den Sprachen oder der Literatur – insbesondere der Literatur der Fantasie und des Witzes – gewidmet hätte. Die Traditionen seiner Familie, die Umstände seines Lebens, die Impulse, die sich aus seiner Ausbildung und den Vorbildern persönlicher Größe vor seinen Augen ergaben, führten ihn alle dazu, sich der Geisteswissenschaft und der Göttlichkeit hinzugeben; und in der Geisteswissenschaft und der Göttlichkeit werden seine Errungenschaften bis ans Ende der Zeit in Erinnerung bleiben.

III. ALLGEMEINE LITERARISCHEN KRÄFTE IN DER KOLONIALZEIT

Koloniale Isolation. – Das Studium der amerikanischen Literatur in der Kolonialzeit ist das Studium einer Literatur, die in isolierten Teilen an den verschiedenen lokalen Sitzen der englischen Zivilisation in Amerika produziert wurde. Vor dem Jahr 1765 gab es in diesem Land nicht nur ein amerikanisches Volk, sondern viele amerikanische Völker. In den verschiedenen Zentren unseres Koloniallebens – Georgia, den Carolinas, Virginia, Maryland, Pennsylvania, New York, Connecticut, Rhode Island, Massachusetts – gab es tatsächlich Bevölkerungsgruppen derselben englischen Abstammung; aber diese Bevölkerungsgruppen unterschieden sich stark in persönlichen und sozialen Besonderheiten – im Geist, in der Meinung, in den Bräuchen. Die Keime einer zukünftigen Nation waren hier, nur waren sie weit voneinander entfernt, unsympathisch, manchmal sogar unfreundlich. Es herrschte kein zusammenhängendes Prinzip, kein zentralisierendes Leben; Jede kleine Nation gestaltete ihr eigenes Schicksal auf ihre eigene Weise. Im Allgemeinen ist die charakteristische Note der amerikanischen Literatur in der Kolonialzeit für Neuengland wissenschaftlich, logisch, spekulativ, weltfremd, rau und düster; und wenn man entlang der Küste nach Süden geht und andere spirituelle Zonen durchquert, ändert sich diese literarische Note schnell in Richtung Leichtigkeit und Helligkeit, bis sie die sinnliche Fröhlichkeit, die Satire, die Persiflage, die vornehme Anmut, die Annehmlichkeit, die scherzhafte Grobheit der Literatur erreicht in Maryland, Virginia und weiter südlich.

Koloniale Gemeinschaft. - Andererseits darf nicht übersehen werden, dass sich zwar die Tendenz zur kolonialen Isolation durch die gesamte Kolonialzeit hindurch durchsetzte, es aber auch eine entgegengesetzte Tendenz, eine Tendenz zur kolonialen Gemeinschaft, gab, die sich schon von Beginn an durchsetzte , und doch zunächst schwach, aber danach mit der Zeit immer stärker; Bis schließlich im Jahr 1765, unterstützt durch einen glücklichen Fehler in der Staatskunst Englands, diese Tendenz plötzlich vorherrschend wurde und zu jenem geeinten und großen nationalen Leben führte, ohne das eine geeinte und große nationale Literatur hier für immer unmöglich gewesen wäre. Diese erhabene Tatsache der Gemeinschaft zwischen den verschiedenen englischen Bevölkerungsgruppen in Amerika – eine Gemeinschaft, die aufrechterhalten und sogar gestärkt wurde, nachdem der ursprüngliche Anlass dazu vorbei war – hat die englische Sprache in Amerika vielleicht davor bewahrt, schließlich in eine Vielzahl sich gegenseitig abstoßender Dialekte zu zerfallen; Es hat die amerikanische Literatur sicherlich vor der Kleinlichkeit permanenter lokaler Unterschiede, vor der Unbeständigkeit in ihrer Entwicklung und vor entmutigenden Einschränkungen bei ihrem Publikum bewahrt. Neben diesen allgemeinen Ursachen, die zur Kolonialunion führten – Verwandtschaft, Religion, Handel, Abhängigkeit vom selben Souverän, Gefahr durch dieselben Feinde – gab es drei weitere Ursachen, die man als rein intellektuelle Ursachen bezeichnen kann: den Aufstieg des Journalismus, die Gründung des Journalismus Hochschulen und das Studium der Naturwissenschaften. Sie setzten sich intensiv für die Entwicklung dieser interkolonialen Gemeinschaft ein, ohne die hier niemals eine nationale Literatur entstanden wäre, und waren darüber hinaus selbst literarische Kräfte von außerordentlicher Bedeutung.

Früher amerikanischer Journalismus. – Die erste jemals in Amerika veröffentlichte Zeitung erschien 1690 in Boston und hieß *Public Occurrences* . Wegen des Verbrechens, „Überlegungen sehr hoher Art" geäußert zu haben, wurde es von den Behörden von Massachusetts sofort ausgelöscht, ohne dass es sogar die Würde einer zweiten Nummer erlangte. Unter diesem harten Schlag zögerte die eigentliche Geburt des amerikanischen Journalismus vierzehn Jahre lang. Am 4. April 1704 erschien in Boston die erste Nummer einer lebenden amerikanischen Zeitung. Es hieß *The Boston News-Letter* . Fünfzehn Jahre lang blieb sie die einzige Zeitung in Amerika. Schließlich wurde am 21. Dezember 1719 eine Konkurrenzzeitung namens

The Boston Gazette gegründet ; und am zweiundzwanzigsten Tag desselben Monats, im selben Jahr, erschien in Philadelphia die erste Zeitung, die in diesem Land außerhalb von Boston veröffentlicht wurde. Dies wurde *The American Weekly Mercury genannt* . Von da an verbreitete sich die Mode, Zeitungen zu haben, rasch. Fast alle dieser Zeitungen erschienen einmal pro Woche; viele davon befanden sich auf winzigen Blättern; und lange Zeit hielten sie alle an dem klugen Plan fest, nur Nachrichten und Anzeigen zu veröffentlichen, verzichteten gänzlich auf die Kühnheit einer redaktionellen Meinung oder verschleierten diesen gefährlichen Luxus unter vorgetäuschten Briefen von Korrespondenten. Nachrichten aus Europa — sofern sie verfügbar waren — und besonders Nachrichten aus England nahmen in diesen kleinen Zeitungen einen herausragenden Platz ein; Aber zwangsläufig waren für jede einzelne die Angelegenheiten ihrer eigenen Kolonie und dann die Angelegenheiten der anderen Kolonien die wichtigsten Punkte von Interesse. So begann der frühe amerikanische Journalismus, obwohl er schwach, träge und schüchtern war, die Bevölkerung jeder Kolonie auf eine Ebene zu heben, die etwas höher als ihre eigenen Grenzen lag, und ihnen durch den Blick ins Ausland dies und jenes zu ermöglichen die Handlungen anderer Menschen in diesem Land und andere Interessen, die so wertvoll sind wie ihre eigenen, um die Kleinlichkeit und den Egoismus bloßer Lokalisierung im Denken zu korrigieren. Der Kolonialjournalismus war ein notwendiger und wichtiger Faktor im langsamen Prozess der Kolonialunion. Darüber hinaus wurde unser Kolonialjournalismus bald selbst zu einer wirklich wichtigen literarischen Kraft. Es konnte nicht für immer ein bloßer Verbreiter von öffentlichem Klatsch oder ein Plakat für die Anzeige von Reklame bleiben. Der Instinkt für kritische und mutige Debatten war selbst bei diesen schwächlichen Redakteuren stark ausgeprägt und kämpfte ständig darum, Ausdruck zu finden. Darüber hinaus war jeder Redakteur von einem Kreis von Freunden umgeben, die über einen aktiven Verstand und einen Hang zur Äußerung verfügten; und diese stellten eine Art unbezahltes Team von Redaktionsmitarbeitern dar, die in verschiedenen Formen – Briefen, Essays, Anekdoten, Epigrammen, Gedichten, Schmähschriften – dazu beitrugen, der Zeitung Lebendigkeit und sogar literarischen Wert zu verleihen.

Unser früher Journalismus umfasste ebenfalls Veröffentlichungen mit einer expliziteren literarischen Absicht als die Zeitungen; Veröffentlichungen, in denen die Originalarbeit mit weitaus größerer Sorgfalt durchgeführt wurde und in denen literarischen Nachrichten und Literaturkritik sowie der Ausübung vielfältiger literarischer Talente viel mehr Raum eingeräumt wurde. Der generische Name für diese Veröffentlichungen ist das Magazin; und die erste in diesem Land herausgegebene wurde 1741 von Benjamin Franklin in Philadelphia herausgegeben. Das mit Abstand bewundernswerteste Beispiel unserer literarischen Zeitschriften in der

Kolonialzeit war *The American Magazine* , das von Oktober 1757 bis Oktober 1758 in Philadelphia erschien , und laut eigener Ankündigung „von einer Gesellschaft von Herren" durchgeführt.

Frühe amerikanische Colleges. – Keine anderen Tatsachen in der amerikanischen Geschichte sind für das amerikanische Volk glaubwürdiger als diejenigen, die sich auf seine frühe und stetige Wertschätzung für die höhere Bildung und insbesondere auf seine Bemühungen und Opfer bei der Gründung von Colleges beziehen. Vor dem Jahr 1765 wurden hier sieben Colleges gegründet: Harvard im Jahr 1636; Wilhelm und Maria, 1693; Yale, im Jahr 1700; New Jersey, im Jahr 1746; King's – heute Columbia – im Jahr 1754; Philadelphia – heute die University of Pennsylvania – im Jahr 1755; Rhode Island – heute Brown University – im Jahr 1764. Obwohl alle diese kleinen Einrichtungen den Namen Colleges trugen, gab es zwischen ihnen erhebliche Unterschiede hinsichtlich der Qualität und des Umfangs der von ihnen erteilten Lehrinhalte; das rudimentärste. Dennoch herrschte bei allen ein edles Ziel vor: das Studium der antiken Klassiker. Diese außergewöhnliche Ausbildung in den alten Sprachen führte zu Formen der Beherrschung, die heute an amerikanischen Colleges ihresgleichen suchen. Bereits 1649 schrieb Präsident Dunster an Ravius, den berühmten Orientalisten, dass einige der Studenten in Harvard „mit Leichtigkeit Hebräisch und Chaldäisch ins Griechische übersetzen könnten". Im Jahr 1678 gab es an diesem College sogar einen indischen Studenten, der lateinische und griechische Gedichte schrieb; und diese Leistung war dort bis zum Unabhängigkeitskrieg weiterhin eine gewöhnliche; während der oberflächliche Gebrauch des Lateinischen, sei es für Konversationen oder für Reden, unter den Gelehrten von Harvard und Yale so üblich war, dass er kein Aufsehen erregte. Fast alle überlegenen Männer im öffentlichen Leben nach der Einwanderergeneration wurden an diesen kleinen Colleges ausgebildet; und in allen Studien, die damals die Aufmerksamkeit der Gelehrten in der Alten Welt erregten, verfügten diese Männer, insbesondere wenn es sich um Geistliche handelte, über eine Gelehrsamkeit, die in Umfang und Vielfalt völlig auf dem neuesten Stand der Wissenschaft der Zeit war. Die Existenz dieser frühen Colleges war in vielerlei Hinsicht ein Mittel der kolonialen Gemeinschaft. Jedes College selbst war in allen Teilen des Landes ein Unterscheidungsmerkmal für seine eigene Kolonie; An jedem College waren einige Studenten aus anderen Kolonien versammelt. zwischen allen Colleges wuchs ein Gefühl der Brüderlichkeit im Lernen und in der Literatur, und dies verstärkte das allgemeine Gefühl der Brüderlichkeit in den bürgerlichen Schicksalen; Schließlich wurde an diesen Hochschulen nicht wenig von der meisterhaften Staatskunst unserer späteren Kolonialzeit geschult, die auf einen Blick die Gefahr erkannte, die 1765 am Horizont hing, die unmittelbare Notwendigkeit einer Kolonialunion verkündete und sie schnell herbeiführte. Der enorme Einfluss, den unsere frühen Hochschulen auf die literarische Kultur hatten, kann kaum hoch genug eingeschätzt werden. Unter allen Menschen nährten sie jene spirituellen Bedingungen, aus denen allein jede gesunde und echte Literatur entstehen muss; und durch ihre besondere Hingabe an die klassischen Studien vermittelten sie einer beträchtlichen Anzahl von Männern die beste Ausbildung für literarische Arbeit, die die Welt bisher besaß. Es war von unschätzbarem Nutzen für die amerikanische Literatur, dass uns selbst in diesen wilden Regionen der Erde die Akzente von Homer, Thukydides und Cicero von Anfang an vertraut gemacht wurden; dass ein Bewusstsein für das ästhetische Prinzip im verbalen Ausdruck hier durch ständiges und leidenschaftliches Studium der höchsten Meister der literarischen Form lebendig gehalten und entwickelt wurde; und dass die großen, uralten Traditionen der Literatur von ihren alten Sitzen über den Atlantik hierher getragen wurden und hier in ewigen Tempeln untergebracht waren, für deren Errichtung die Menschen gerne große Kosten auf sich nahmen. Die äußerst beredte Hommage, die der Earl of Chatham 1775 im House of Lords der intellektuellen Kraft, der literarischen Symmetrie und dem Anstand der Staatspapiere erwies, die damals kürzlich aus Amerika übermittelt wurden und auf denen sie ruhte Der Tisch dieses Hauses war praktisch eine Ankündigung der erstaunlichen Nachricht an Europa, dass Amerika durch eine intellektuelle Ausbildung, die in Amerika in seinen eigenen kleinen Colleges nach den besten Vorbildern alter und moderner Gelehrsamkeit entwickelt wurde, bereits zu einer Welt geworden war nicht nur ein integraler Bestandteil der zivilisierten Welt, sondern sogar Mitglied der Republik der Gelehrten.

Das Studium der Physik in Amerika. —Das Studium der Naturwissenschaften in diesem Land begann bereits mit der Besiedlung des Landes. Die Schriften der ersten Amerikaner sind übersät mit scharfen Beobachtungen zur Geographie Amerikas, zu seinen Mineralien, Böden, Gewässern, Pflanzen und Tieren; über sein Klima, Stürme, Erdbeben; über seine wilden Bewohner, seine Krankheiten, seine Medikamente; und über die Phänomene des Himmels, wie sie diesem Teil der Erde erschienen. Schon in unserem frühesten Alter gab es hier mehrere Männer mit besonderer wissenschaftlicher Neigung, wie William Wood, John Josselyn, John Sherman, John Winthrop aus Massachusetts und John Winthrop aus Connecticut. Tatsächlich wurde Letzterer selbst unter den zeitgenössischen Physikern Englands als herausragender Physiker anerkannt; und in Connecticut, wo er die Stadt New London gründete und wo er viele Jahre lang Gouverneur war, verfolgte er mit großem Eifer seine wissenschaftlichen Forschungen und führte sie sogar bis zur verhängnisvollen Jagd nach dem Stein der Weisen fort. Er pflegte eine liebenswerte Vertrautheit mit Watkins, Robert Boyle und anderen großen Wissenschaftlern Englands; und es heißt, dass diese Männer unter der Bedrohung durch die dortigen öffentlichen Katastrophen und ebenso angezogen von ihrer Freundschaft zu Winthrop vorgeschlagen hatten, England zu verlassen und in der amerikanischen Kolonie, der Winthrop vorstand, „eine Gesellschaft zur Förderung des Naturwissens" zu gründen ." Sie wurden jedoch von Karl II. veranlasst. in England bleiben; und dementsprechend gründeten sie in Zusammenarbeit mit Winthrop, der sich zu dieser Zeit zufällig in London aufhielt, dort, statt in New London, die Vereinigung, die bald in der ganzen Welt als Royal Society bekannt wurde. Vielleicht gab es keinen dieser frühen amerikanischen Naturforscher, an den man sich heute besser erinnern kann als an den Quäker-Naturforscher John Bartram. Er wurde 1701 in Pennsylvania geboren und gründete in der Nähe von Philadelphia den ersten botanischen Garten in Amerika. Er wurde von Georg III. zum amerikanischen Botaniker ernannt und erhielt von Linné das Lob, „der größte Naturbotaniker der Welt" zu sein. So wie John Bartram für hohe wissenschaftliche Leistungen steht, die unter allen äußeren Nachteilen erreicht wurden, so repräsentiert John Winthrop vom Harvard College noch höhere wissenschaftliche Leistungen, die unter allen äußeren Vorteilen erreicht wurden. Als Nachkomme des ersten Gouverneurs von Massachusetts diente er von 1738 bis zu seinem Tod im Jahr 1779 seiner Alma Mater mit großer Auszeichnung als Professor für Mathematik und Naturphilosophie. Was den Umfang und die Tiefe des Lernens in seinen Spezialabteilungen angeht, war er wahrscheinlich der herausragendste Amerikaner seiner Zeit. Alles in allem war er wahrscheinlich das symmetrischste Beispiel sowohl der wissenschaftlichen als auch der literarischen Kultur, die in Amerika während der Kolonialzeit hervorgebracht wurde; Darstellen dessen, was darin am höchsten und breitesten, am robustesten und zartesten war; ein Denker und Schriftsteller, der in einer Provinz geboren und aufgewachsen ist, aber weder im Denken noch in der Sprache provinziell ist; Ein amerikanischer Natur- und Menschenforscher, der zu Hause blieb und Europa und das Universum vor seine Haustür brachte, machte sich zum Kosmopoliten.

So gab es in diesem Land seit den Anfängen der amerikanischen Zivilisation hier und da eifrige und eifrige Naturforscher, deren Zahl im Laufe der Jahre stark zunahm. Aber es gehört zum Wesen solcher Studien, dass diejenigen, die sie betreiben, die Gemeinschaft ihrer eigenen Brüder suchen sollten, entweder um Hilfe bei der Lösung von Schwierigkeiten oder um Freude an der Bekanntgabe von Entdeckungen zu haben; und es steht außer Frage, dass die Vereinigung der amerikanischen Kolonien ihren Ursprung in der freundschaftlichen Korrespondenz und der intellektuellen Sympathie von Studenten der Naturwissenschaften hatte, die von Anfang an über diese Kolonien verstreut waren. Bis zum Jahr 1740 waren die amerikanischen Naturforscher zahlreich geworden; Und von diesem Jahr bis zum Jahr 1765 gipfelte der Ruhm der physikalischen Forschung unter uns in den brillanten Leistungen von Benjamin Franklin, dessen Glück es damals war, seinem Land zu ermöglichen, sofort und für einige wenige an die Spitze der wissenschaftlichen Entdeckungen zu gelangen Jahre, um der Lehrer der Welt zu dem einzigen Thema der physikalischen Forschung zu sein, das damals in den Gedanken der Menschen an erster Stelle stand. Mit dem Vorschlag zur Gründung der American Philosophical Society hatte dieser wunderbare Mann seinen eigenen Landsleuten verkündet, dass die Zeit für sie gekommen sei, neue und größere Anstrengungen zur Erweiterung des menschlichen Wissens zu unternehmen. Angeregt durch den edlen Enthusiasmus Franklins, dessen Stellung ihn in allen Kolonien zu großer persönlicher Bekanntschaft machte, wurden die Aktivität und das Spektrum der wissenschaftlichen Studien in Amerika dann stark ausgeweitet – ein Band der wissenschaftlichen Gemeinschaft, das dazu beitrug, den Weg für die Politik zu bereiten Kommunion, wann immer die Stunde dafür kommen sollte. Der direkte Impuls, den all dieses eifrige Studium der Naturwissenschaften für die Entwicklung der amerikanischen Literatur gab, ist nicht nur in wissenschaftlichen Schriften wie denen von Winthrop und Franklin zu sehen, die einen hohen und besonderen literarischen Wert haben, sondern auch in der allgemeinen Belebung der amerikanischen Literatur Denken, in der Entwicklung eines starken rationalen Geistes und in einer Erweiterung des Feldes unserer intellektuellen Vision.

Aber trotz all dieser Einflüsse, die auf eine koloniale Gemeinschaft hinwirkten, herrschte im amerikanischen Leben bis zum Jahr 1765 die koloniale Isolation vor. Mit diesem Jahr kam das gewaltige Ereignis, das plötzlich fast alle Geister in den verschiedenen Kolonien in den gleichen großen Strom fesselnder Gedanken riss und sie dort fast zwanzig Jahre lang festhielt. Von diesem Ereignis an beschäftigen wir uns nicht mehr mit der amerikanischen Literatur im Osten oder Süden, in dieser oder jener Kolonie. Von nun an fließt die amerikanische Literatur in einem großen, gemeinsamen Strom und nicht in kleinen Bächen geographischer Unterscheidung – der Literatur eines einzigen, vielfältigen Volkes, zwar vielfältig in seinen persönlichen Merkmalen, aber einheitlich in seinen beherrschenden Ideen und seinem nationalen Schicksal.

DIE REVOLUTIONÄRE ZEIT

I. EINE ALLGEMEINE ANSICHT

Die drei Stufen. – Im intellektuellen Prozess der Amerikanischen Revolution sind drei klar definierte Entwicklungsstadien seitens der Männer zu beobachten, die dieses bemerkenswerte Unternehmen begannen und durchführten. Die erste Phase – die sich vom Frühjahr 1763 bis zum Frühjahr 1775 erstreckt – stellt die edle Angst dar, die tapfere Männer empfinden müssen, wenn ihre politische Sicherheit gefährdet ist, wobei diese Angst in ihrem Fall jedoch durch einen aufrichtigen und sogar leidenschaftlichen Wunsch vertieft wird , während sie sich grob einer offensiven Ministerpolitik widersetzten, innerhalb der Grenzen der verfassungsmäßigen Opposition zu bleiben und die Verbindung mit dem Mutterland, die sie damals als eines ihrer wertvollsten irdischen Besitztümer betrachteten, weder aufzugeben noch einzubüßen. Die zweite Phase – die sich vom Frühjahr 1775 bis zum Frühsommer 1776 erstreckte – stellt einen sich schnell ausbreitenden Zweifel dar, und doch zunächst nur einen Zweifel an der Möglichkeit, dass sie weiterhin freie Männer sein könnten, ohne aufzuhören, englische Kolonisten zu sein . Diesen Zweifel hatten natürlich nicht wenige von ihnen lange vor dem Tag der Kämpfe in Lexington und Concord gespürt; Aber unter der entsetzlichen Logik dieses Tages der Brutalität wurde es plötzlich mit einer Macht bewaffnet, die bloße Worte niemals hatten – der Macht, in den Herzen einer Vielzahl von Lehnsmännern schnell die Rassenbande, den Charme einer Antike aufzulösen nationale Tradition, die Loyalität, die Liebe und der Stolz von Jahrhunderten. Die dritte Phase – die sich vom Frühsommer 1776 bis zum Ende des gesamten Kampfes erstreckt – stellt zumindest seitens einer arbeitenden Mehrheit des amerikanischen Volkes die endgültige Überzeugung dar, dass es für sie unmöglich sein würde, ihre politische Position aufrechtzuerhalten Rechte zu wahren und gleichzeitig innerhalb des Britischen Empire zu bleiben – diese Überzeugung geht auch mit der Entschlossenheit einher, diese Rechte zu wahren, ob oder nicht, und um jeden Preis an Zeit, Mühe oder Schmerz.

Natürlich korrelierte die intellektuelle Haltung der Loyalisten der Revolution – in dieser Zeit immer eine riesige und sehr gewissenhafte Minderheit – mit der der Revolutionisten in jeder dieser drei Entwicklungsstufen: in der ersten Stufe durch eine Position von qualifizierte Meinungsverschiedenheit über die Schwere der Gefahr und über die richtige Methode, mit ihr umzugehen; in der zweiten und dritten Phase durch eine Position uneingeschränkter Meinungsverschiedenheit und unversöhnlicher Feindseligkeit gegenüber dem Ziel, dem Motiv und der Methode der Opposition, die damals von ihren überlegeneren Landsleuten geführt wurde.

Die vorherrschende Note. – Das Hauptmerkmal der amerikanischen Literatur in der hier betrachteten Zeit ist folgendes: ihre Beschäftigung mit den Problemen der amerikanischen Gesellschaft und der amerikanischen Gesellschaft in einem besonderen Zustand – aufgeweckt, entflammbar, in einem Zustand der Sorge um ihre eigene Existenz, aber auch in einem Zustand entschlossenen Kampfes dafür. Die Literatur, die wir auf diese Weise untersuchen sollen, ist also keine Literatur der Ruhe, sondern hauptsächlich eine Literatur des Streits oder, wie die Griechen gesagt hätten, der Qual; und natürlich muss es die Formen annehmen, in denen eine intellektuelle und leidenschaftliche Debatte am effektivsten geführt werden kann. Die Literatur unserer Revolution hat fast überall die kämpferische Note; seine übliche Methode ist argumentativ, überzeugend, appellierend, krächzend, vergeltend; das Gehirn des Menschen scheint gepanzert zu sein; Sein Witz liegt in der Offensiv- und Verteidigungshaltung des Gladiators. Es ist eine Literatur, die sich Grimassen, Spott und finsteren Blicken hingibt: eine Literatur, die durch ernsthafte Gesten, die die Menschen überzeugen sollen, oder durch heftige Schläge, die sie niederschlagen sollen, akzentuiert ist. Wir dürfen in dieser Literatur nicht damit rechnen, Kunst um der Kunst willen zu finden.

Unsere nächste Entdeckung ist die ziemlich bemerkenswerte, dass diese Periode tatsächlich ein literarisches Produkt von sehr beträchtlichem Umfang hervorgebracht hat. Selbst in den unruhigen Jahren zwischen 1763 und 1783 wurde in Amerika eine große Menge an Literatur produziert. Mehr als die meisten anderen Epochen revolutionärer Auseinandersetzungen war unsere Epoche revolutionärer Auseinandersetzungen ein Streit der Ideen: ein langer Krieg der politischen Logik; eine Abfolge von jährlichen Feldzügen, bei denen die Aufstellung der Argumente nicht nur der Aufstellung der Armeen vorausging, sondern diese oft auch an Einfluss auf das Endergebnis übertraf. Eine Epoche wie diese also – eine Epoche, in der für fast alles, was im Leben des Menschen auf der Erde großartig und teuer ist, argumentiert und gekämpft werden muss und in der Ideen eine ebenso wichtige Arbeit zu leisten haben und genauso effektiv wie die von Kugeln – kann kaum umhin, eine Epoche zu sein, in der es von Literatur wimmelt, natürlich von Literatur in den besonderen Formen, die für die Zwecke politischer Zusammenarbeit und Konflikte geeignet sind.

Es wird uns sehr helfen, wenn wir uns die Unterscheidung zwischen zwei Klassen von Schriften vor Augen halten, die damals unter uns entstanden: erstens jene Schriften, die das Ergebnis bestimmter allgemeiner intellektueller Interessen und Aktivitäten außerhalb der revolutionären Bewegung waren, und zweitens jene Schriften, die dies waren das Ergebnis intellektueller Interessen und Aktivitäten, die direkt durch diese Bewegung geweckt und aufrechterhalten wurden. Die Anwesenheit der ersten Klasse entdecken wir hauptsächlich in den früheren Jahren dieser Periode, bevor die revolutionäre Idee vollständig entwickelt und völlig vorherrschend geworden war; und wiederum in den späteren Jahren der Periode, als der Erfolg der Revolution gesichert war, begann die revolutionäre Idee in den Hintergrund zu treten und die Gedanken der Menschen konnten sich wieder den üblichen Themen menschlicher Besorgnis zuwenden, insbesondere denen, die sie betrafen sollten sie nach der Erlangung der Unabhängigkeit und des Friedens besetzen.

Literaturzentren. – Wir werden innerhalb des ersten Jahrzehnts dieser Periode und vor ihrem Höhepunkt in der endgültigen Gewalt der revolutionären Kontroverse die Anfänge eines neuen und wahreren Lebens in Amerika finden. Dieses neue literarische Leben hatte im Allgemeinen zwei Hauptzentren, eines in Neuengland, eines in den Mittelkolonien. Das literarische Zentrum Neuenglands befand sich in New Haven und wurde vom Einfluss des Yale College dominiert, in dem sich vor allem zwischen 1767 und 1773 eine Gruppe brillanter junger Männer befand, die sich leidenschaftlich den griechischen und römischen Klassikern widmeten und mit ihnen in Kontakt kamen den Geist der modernen Literatur durch ihr einfühlsames Studium der späteren Meister der englischen Prosa und Verse. Der wichtigste Mann in dieser Gruppe war John Trumbull.

Das neue literarische Leben der Mittelkolonien hatte seinen Sitz in der Nachbarschaft von New York und Philadelphia und wurde durch den Einfluss ihrer beiden Colleges und auch durch den des College of New Jersey unter dem starken Mann – Witherspoon – stark angeregt trat 1768 seine Präsidentschaft an. Der bedeutendste Vertreter dieser neuen literarischen Tendenz war Philip Freneau, ein wahrer Mann von Genie, der einzige Dichter von unbestreitbarer Originalität, der Amerika vor dem 19. Jahrhundert zuteil wurde. Von ihm und seinem Dichterbruder in Neuengland ist zu sagen, dass beide bereits in jungen Jahren mit der Arbeit begannen; beide schienen eine Vorliebe für uneigennützige Literatur sowohl in Prosa als auch in Versen zu haben; beide wurden durch den unerträglichen politischen Sturm, der dann über das Land hereinbrach, widerwillig von dieser Berufung vertrieben; beide wurden in die revolutionäre Bewegung hineingezogen, und von da an war die Hauptliteratur beider die Arbeit als politische Satiriker. Etwa ab dem Jahr 1774 sind in den amerikanischen Briefen bis nach dem Ende der Revolution kaum Spuren eines ästhetischen Zwecks zu entdecken.

Klassifikation der revolutionären Schriften. – Das charakteristische Leben der Zeit, die wir jetzt im Blick haben, war politisch und nicht nur politisch, sondern polemisch und heftig polemisch und schließlich revolutionär; und sein wahrer literarischer Ausdruck ist in den Schriften zu erkennen, sei es in

Prosa oder in Versen, die diesem Leben Ausdruck verliehen. Solche Schriften lassen sich naturgemäß in neun Hauptklassen einteilen.

Zunächst sei hier die Korrespondenz der Zeit genannt; insbesondere die Briefe über öffentliche Angelegenheiten, die zwischen Personen in verschiedenen Teilen Amerikas ausgetauscht wurden und in denen Männer ähnlicher Meinung einander kennenlernten, einander informierten, einander anregten, anleiteten und einander im gemeinsamen Kampf unterstützten. Tatsächlich stellt die offizielle und inoffizielle Korrespondenz unserer Revolution einen umfangreichen, faszinierenden und bedeutenden Zweig ihrer Literatur dar. Zweifellos war Franklin der beste aller Briefschreiber seiner Zeit; und neben ihm waren vielleicht John Adams und Abigail Adams, seine Frau. Tatsächlich gehören die Briefe von Frau Adams, die größtenteils an ihren Mann gerichtet sind und diesen gesamten Zeitraum abdecken, zu den schönsten Beispielen solcher Arbeiten, die ein Amerikaner je geleistet hat. Nicht weit hinter diesen ersten drei Briefschreibern, wenn sie überhaupt hinter ihnen standen, müssen Jefferson und John Dickinson erwähnt werden; und was scharfsinnige Beobachtungsgabe, Humor, Leichtigkeit der Berührung, das anmutige *Negligée* einer kultivierten Sprache anging, war keiner von ihnen weit hinter einem von ihnen zurück, ein heute fast unbekannter Briefschreiber, Richard Peters aus Philadelphia. Natürlich geht niemand zu den Briefen Washingtons, in der Erwartung, dort lebhafte Gedanken, Flexibilität oder Leichtigkeit der Bewegung zu finden; dennoch war er in puncto Fleiß und Produktivität einer der großen Briefschreiber seiner Zeit.

Die zweite Form der Literatur, die das charakteristische Leben unserer revolutionären Ära verkörpert, besteht aus jenen Schriften, die in fast jeder kritischen Phase des langen Wettbewerbs vorgelegt wurden, entweder von den örtlichen Parlamenten, vom Generalkongress oder von prominenten Männern in öffentliches Amt, die nun umfassend als Staatspapiere bezeichnet werden können. Es ist wahrscheinlich, dass wir die außergewöhnlichen intellektuellen Verdienste dieser großen Gruppe von Schriften noch nie ausreichend berücksichtigt haben oder den erstaunlichen praktischen Dienst, den sie durch diese Verdienste für die kämpfende Sache der amerikanischen Selbstverwaltung leisteten, insbesondere bei der Beschaffung den aufständischen Kolonisten zunächst die respektvolle Anerkennung und dann das moralische Vertrauen der zivilisierten Welt.

Die dritte Klasse von Schriften, die den Geist und das Leben der Revolution direkt zum Ausdruck bringen, besteht aus mündlichen Ansprachen, sei es weltlicher oder heiliger Natur, also aus Reden, formellen Reden und politischen Predigten. „In Amerika, wie bei der Großen Rebellion in England", sagte ein loyalistischer Schriftsteller – Boucher – unserer Revolutionszeit, „wurden viele Hinrichtungen durch Predigten vollzogen."

Wäre es anders gewesen, gäbe es jetzt Grund zum Staunen. Tatsächlich waren die Prediger damals im vollen Besitz jener immensen intellektuellen und moralischen Führung, die zu ihrem Orden gehörte, in Amerika seit seiner Ansiedlung, in England seit der Mitte des 16. Jahrhunderts; und obwohl diese Führungstradition unter der Rivalität der Druckerpresse und unter den immer heftiger werdenden Schlägen des Rationalismus zu leiden begann, übten sie dennoch, wenn sie geweckt und auf irgendein Ziel konzentriert wurden, immer noch einen enormen Einfluss auf die Meinungen und Handlungen von aus Männer – auch was die Angelegenheiten dieser Welt betrifft. Ohne die Hilfe „des schwarzen Regiments", wie er es scherzhaft nannte, erklärte James Otis, er sei nicht in der Lage, seine Punkte durchzusetzen. Ende des Jahres 1774 räumte der Loyalist Daniel Leonard in einem Aufsatz, der das schnelle und besorgniserregende Anwachsen des Geistes des Widerstands und sogar der Revolution in Amerika darlegte, der Rolle, die „unsere abweichende Meinung" damals in der Agitation spielte, einen herausragenden Platz ein Minister." „Welche Wirkung muss es auf das Publikum gehabt haben", sagte er, „die gleichen Gefühle und Grundsätze zu hören, die sie zuvor in einer Zeitung gelesen hatten, sonntags vom heiligen Pult aus mit religiöser Ehrfurcht und höchst feierlich vorgetragen." Appelle an den Himmel, von den Lippen, von denen ihnen von der Wiege an beigebracht worden war, dass sie nichts als ewige Wahrheiten ausdrücken könnten!" Die literarische Geschichte der Kanzel der Amerikanischen Revolution ist praktisch eine Geschichte der Kanzel-Verfechter dieser Bewegung; denn die Prediger, die sich nicht dafür einsetzten, fanden selten einen Drucker, der mutig genug war, ihre Predigten zu drucken, oder auch nur die Gelegenheit, sie von der Kanzel aus zu sprechen. Es war auch nicht notwendig, dass die Minister den Eindruck erweckten, dass sie sich alle Mühe gaben, um über diese bitteren säkularen Themen zu diskutieren: Tatsächlich wären sie gezwungen gewesen, sich alle Mühe zu geben, um dies zu vermeiden. Fasttage, Erntedanktage, Wahltage, die Jahrestage von Schlachten und wichtigen Kongressakten und anderen bedeutsamen Ereignissen im Verlauf des Kampfes brachten solche Themen direkt an die Türen ihrer Studien und legten sie sogar auf die aufgeschlagenen Bibeln auf ihren Kanzeln. Darüber hinaus würde ein Geistlicher, der sich von politischen Predigten zurückhielt, wahrscheinlich einer mehr oder weniger sanften Erinnerung daran entgehen, was von ihm in dieser Zeit schrecklichen Stresses und Gefahren erwartet wurde. „Predigt Herr Wibird gegen Unterdrückung und die anderen Hauptlaster der Zeit?" schrieb John Adams kurz nach der Schlacht von Bunker Hill aus Philadelphia an seine Frau. „Sag ihm, den Geistlichen hier aller Konfessionen, nicht mit Ausnahme der Episkopalkirche, donnere und erleuchte jeden Sabbat. Sie beten für Boston und Massachusetts. Sie danken Gott ganz ausdrücklich und innig für unsere bemerkenswerten Erfolge. Sie beten für die amerikanische Armee."

Mehr als in allen anderen Veröffentlichungen brachte das amerikanische Volk auf beiden Seiten der großen Kontroverse in der vierten Klasse von Schriften, nämlich den politischen Essays dieser Zeit, seine wahren Gedanken, seine wahren Absichten und seine Ziele zum Ausdruck Ängste, ihre Hoffnungen, ihr Hass berührten die bitteren Fragen, die sie dann trennten. Der politische Aufsatz, ob in Form eines Zeitungsartikels oder einer Broschüre, stellt für uns den charakteristischsten Typus amerikanischer Literatur für diesen Teil des 18. Jahrhunderts dar.

Eng verbunden mit dem politischen Essay als der kraftvollsten Prosaform in der Literatur der Amerikanischen Revolution sollte die politische Satire erwähnt werden, die ebenfalls die kraftvollste Versform dieser Zeit war und die fünfte Klasse von Schriften bildete direkter Ausdruck seiner Gedanken und Leidenschaft. Die besten Beispiele für Satire, die wir unter uns fanden, bevor der Revolutionsstreit seinen Höhepunkt erreicht hatte, können in den früheren und unpolitischen Versen von Freneau und John Trumbull gesehen werden. Es ist wahr, dass der Satire bis etwa zum Jahr 1775 kein großer Platz eingeräumt wurde – das heißt, bis die Debatte fast über das Stadium der Argumentation hinausgegangen war. Von diesem Zeitpunkt an jedoch und bis kurz vor dem Ende der Revolution konkurrierte diese Form der Literatur mit dem politischen Essay als Instrument leidenschaftlicher politischer Auseinandersetzungen und stellte ihn zeitweise fast in den Hintergrund. Auf der Seite der Revolutionäre waren Francis Hopkinson, John Trumbull und Philip Freneau die wichtigsten Meister der politischen Satire. Auf der Seite der Loyalisten war Jonathan Odell der satirische Dichter, der an Kunst und Macht alle seine Kollegen übertraf.

Für die sechste Klasse von Schriften, die für diese Zeit charakteristisch sind, können wir die populäre Lyrik der Revolution nehmen – die zahllosen Verse, meist recht unausgearbeitet und schmucklos, die geschrieben wurden, um am Herdstein oder am Lagerfeuer gesungen zu werden , auf dem Marsch, auf dem Schlachtfeld, an allen Orten feierlicher Anbetung.

Unsere siebte Klasse versammelt die zahlreichen literarischen Denkmäler des langen Kampfes als bloßen Witzkampf, als eine riesige Mischung humorvoller Produktionen in Versen und Prosa. Die Zeitungen der Revolutionszeit sind übersät mit solchen Produktionen – satirische Gedichte, lange und kurze, fast aller Grade von Verdienst und Verdienst, einige davon grob und obszön, einige einfach nur albern und dumm, andere absolut brutal in ihrer Parteilichkeit Wildheit, einige wirklich klug – knapp, geschliffen und voller Witz.

In der achten Klasse, teilweise in Prosa, hauptsächlich in Versen, sind die dramatischen Kompositionen dieser Zeit zusammengestellt – eine Klasse, die an Zahl, Vielfalt und Kraft nicht unerheblich ist und sowohl den Humor als auch die tragische Stimmung von durchaus repräsentativ darstellt die Periode. Obwohl fast alle diese Schriften vorläufig und grob sind, sind sie doch nicht unwürdig, erstens ein wenig Aufmerksamkeit zu schenken, da sie die Entstehung eines Teilbereichs amerikanischer Literatur darstellen, der inzwischen beträchtlich geworden ist; aber vor allem als Wiedergabe der Ideen, Leidenschaften, Motive und Stimmungen dieser stürmischen Zeit unserer Geschichte, mit einer Offenheit, einer Lebendigkeit und einem unerschütterlichen Realismus, die von keiner anderen Art revolutionärer Literatur erreicht werden können.

Zur neunten Klasse schließlich gehören jene Prosaerzählungen, die aus den tatsächlichen Erfahrungen der Revolution hervorgegangen sind und diese Erfahrungen in verschiedenen Formen von persönlichen Tagebüchern, Militärtagebüchern, Abenteuergeschichten zu Lande oder zur See und insbesondere Aufzeichnungen von Ereignissen verkörpert haben Leiden in den Militärgefängnissen. Darüber hinaus gibt es mehrere ausführliche Zeitgeschichten der Revolution.

Vielleicht hat kein Aspekt des Unabhängigkeitskrieges die Vorstellungskraft und das Mitgefühl des amerikanischen Volkes stärker berührt als der, der sich auf die Leiden ihrer eigenen Seeleute und Soldaten bezieht, die zufällig als Gefangene in die Hände des Feindes fielen; und viele Jahre nach dem Krieg wurde die Bitterkeit, die er in die Herzen der Menschen brachte, lebendig gehalten und durch die Geschichten, die von den Überlebenden der britischen Gefängnisse und insbesondere von den Briten erzählt wurden, zu einer dauerhaften Rassentradition verfestigt Gefängnisschiffe.

II. DIE HAUPTSCHREIBER

James Otis. – Nach seinem Abschluss in Harvard verbrachte James Otis im Alter von achtzehn Jahren eineinhalb Jahre zu Hause mit dem Studium der Literatur und Philosophie; dann widmete er sich der Anwaltschaft und begann 1748 in Plymouth mit deren Ausübung; Nach zweijährigem Aufenthalt dort war er nach Boston gezogen und hatte trotz seiner Jugend schnell den höchsten Rang in seinem Beruf erreicht. Während seiner gesamten Karriere hielt er an seiner frühen Liebe zu den römischen und griechischen Klassikern fest, insbesondere zu Homer; während sein literarischer Geschmack im Englischen gleichermaßen robust und gesund war. Er war ein bedeutender Schriftsteller, und er schrieb viel; aber in der

Struktur und Form seiner Schriften finden sich kaum Spuren jener Begeisterung für klassische Literatur, die wir bei ihm kennen. Vielleicht war seine Natur zu hart, zu leidenschaftlich und unausgeglichen, um sich der Kultur auch nur einer literarischen Perfektion hinzugeben, die er in anderen voll und ganz erkennen und genießen konnte. Er war vor allem ein Redner; und seine Reden waren von der stürmischen Art – kühn, vehement, unregelmäßig, überwältigend.

Im Juli 1764 veröffentlichte er seine ernsteste und gemäßigtste Broschüre, *The Rights of the British Colonies Asserted and Proved* . Von all seinen politischen Schriften ist dies die ruhigste. Es hat sogar einen feierlichen Ton. Tatsächlich erregte die Mäßigung des Tons seinerzeit bei manchen seiner eigenen Mitarbeiter erheblichen Anstoß. Die Broschüre soll niemanden zufrieden gestellt haben. Dennoch gab es allen Anlass zum Nachdenken; und es ist das einzige Werk von Otis, auf dem sein Ruf als ernsthafter politischer Denker beruht. Das eigentliche Ziel von Otis in dieser kraftvollen Broschüre war nicht, eine Revolution herbeizuführen, sondern sie abzuwenden. Aber seine tatsächliche Wirkung bestand darin, den Ausgangspunkt für die gesamte Bewegung revolutionärer Vernunft zu liefern, mit der sich in den kommenden Jahren etwa zwei Millionen Menschen rechtfertigen sollten, während sie ihren stürmischen und stürmischen Weg in Richtung Unabhängigkeit beschritten. Es wurde eine Zeit lang zu einem der juristischen Lehrbücher der Gegner des Ministeriums; Es war ein Rechtsarsenal, aus dem andere Kämpfer auf dieser Seite einige ihrer besten Waffen schöpften. Es legte mit vollkommener Klarheit, wenn auch mit etwas Zurückhaltung, die Verfassungsphilosophie des gesamten Themas dar; und es gab den Mitgliedern einer konservativen und gesetzestreuen Rasse einen konservativen und rechtmäßigen Vorwand, sich dem Gesetz zu widersetzen und die Regierung zu revolutionieren.

John Adams. – Eine der auffälligsten literarischen Reaktionen auf die Nachricht, dass das Stamp Act trotz aller Appelle aus Amerika zum Gesetz geworden sei, war die eines Schriftstellers mit außergewöhnlicher Argumentationskraft und außerordentlichem Reichtum an Beschimpfungen, der sich dazu entschloss Ich bin der Ansicht, dass das gesamte Problem weitaus umfassendere logische und historische Zusammenhänge aufweist, als damals allgemein angenommen wurde. Dieser Autor war John Adams, damals erst dreißig Jahre alt, ein aufstrebendes Mitglied der Anwaltschaft von Massachusetts, in der Gegend bereits bekannt für seine Scharfsinnigkeit, Furchtlosigkeit und ruhelose Energie als Denker und für eine gewisse widerspenstige und sarkastische Pracht in seinem Stil Rede. Bis zum Ende seines langen Lebens lassen selbst seine beiläufigsten Schriften, wie Tagebücher und Briefe aus dem Inland, einen Zug spekulativer Aktivität und Kühnheit erkennen. Mit Ausnahme von Jefferson ist er der lesenswerteste

Staatsmann der Revolutionszeit. Eine Reihe von vier Essays von John Adams, die erstmals, allerdings ohne seinen Namen und ohne beschreibenden Titel, im August 1765 in *der Boston Gazette veröffentlicht wurden* und sich durch ihr breites Spektrum an Anspielungen, ihre Neuheit, Kühnheit und Beredsamkeit auszeichneten Die scherzhafte Wildheit ihrer Sarkasmen über heilige Dinge erregte leicht und schnell großes Aufsehen und erlangte beträchtliche Berühmtheit. Im Jahr 1768 wurden sie zu einem einzigen Dokument zusammengefasst und als solches in London unter dem etwas irreführenden Titel „ *A Dissertation on the Canon and the Federal Law*" *veröffentlicht* .

Francis Hopkinson. – Am 5. September 1774 machten sich vierundvierzig angesehene Herren, die zwölf „Kolonien und Provinzen in Nordamerika" repräsentierten, auf den Weg nach Carpenters' Hall, Philadelphia, und begannen dort, „über den gegenwärtigen Zustand der Kolonien zu beraten". So entstand der erste Kontinentalkongress und mit ihm die dauerhafte politische Union des amerikanischen Volkes. Als sie den Saal verließen, dürften einige von ihnen, als sie Mr. John Dunlaps Laden nicht weit entfernt betraten, ein lebhaft aussehendes kleines Buch gefunden haben – „ *A Pretty Story*" , das gerade aus den Händen des Druckers stammte Durch den Schleier der spielerischen Allegorie konnten sie in wenigen Minuten eine anschauliche und tatsächlich gewaltige Geschichte der Ereignisse lesen, die sie an diesem Ort zusammengeführt hatten. Selbst ein Blick auf dieses kleine Buch zeigt, dass es hier endlich einen Schriftsteller gab, der sich für die koloniale Sache engagierte und in der Lage war, diese Sache zu verteidigen und ihre Feinde mit einer schönen und sehr seltenen Waffe anzugreifen – der des Humors. In *A Pretty Story sind nur wenige* Persönlichkeiten enthalten ; seine Themen sind einfach und greifbar und bedürfen auch jetzt noch kaum einer Erläuterung; Die Handlung und die Ereignisse der Fiktion folgen den tatsächlichen Spuren der bekannten Geschichte. während die Geschicklichkeit, die Zartheit und der Humor der Allegorie dem Leser die entzückendsten Überraschungen bescheren und bis zum Ende gut erhalten bleiben. Tatsächlich beleuchtet der Witz des Autors jede damals zur Debatte stehende Rechtsfrage; und die strenge und sogar technische Debatte zwischen den Kolonien und dem Mutterland wird hier in eine pikante und bezaubernde Novelle übersetzt. Bald wurde bekannt, dass der Autor Francis Hopkinson war.

Durch dieses nette und aufschlussreiche Werk nahm Hopkinson seinen wahren Platz als einer der drei führenden Satiriker auf der Whig-Seite der Amerikanischen Revolution ein – die anderen beiden waren John Trumbull und Philip Freneau. In der langen und leidenschaftlichen Kontroverse, in der diese drei Satiriker eine so wirkungsvolle Rolle spielten, zeichnete sich jeder durch seine eigene besondere Note aus. Die politische Satire von Freneau und Trumbull ist im Allgemeinen düster, bitter, vehement und unerbittlich. Hopkinsons Satire ist genauso scharfsinnig wie ihre, aber ihre charakteristische Note ist die Verspieltheit. Sie stellten sich den zornigen Kritikern und Angreifern des Feindes entgegen, konfrontierten ihn mit einem heißen und ehrlichen Hass und waren bereit, ihn mit einer bitteren und erbarmungslosen Schärfe zu überwältigen. Hopkinson hingegen war zu sanft, zu sanftherzig – sein persönlicher Ton war zu voller Annehmlichkeiten – für diese Art von Kriegsführung. Als Satiriker vollbrachte er seine Wirkung ohne Bitterkeit oder Gewalt. Niemand erkannte deutlicher als er, was an der Stellung und dem Verhalten des Feindes schwach, verabscheuungswürdig oder grausam war; aber als er es zur Schau stellte, war seine Methode die der gut gelaunten Lächerlichkeit. Niemals die Beherrschung verlierend, fast nie extrem in seinen Gefühlen oder im Ausdruck, mit einer Urbanität, die stets die Sympathien seiner Leser auf seiner Seite hielt, verstand er es, den Feind mit einem Spott zu zerschmettern und zu verunsichern, der umso wirksamer war, als er schien aus der Absurdität des Falles hervorzugehen und, wie Ben Jonson es forderte, „ohne Bosheit oder Hitze" zu sein.

Francis Hopkinson wurde 1737 in Philadelphia geboren. Schon damals galt er als ein Mann von ungewöhnlicher Bildung, der in der Tat viele solide und glänzende Leistungen vorweisen konnte. Er war ein angesehener Anwalt; er wurde ein bedeutender Richter; er war ein durch viel Studium und Erfahrung ausgebildeter Staatsmann; Er war ein Mathematiker, ein Chemiker, ein Physiker, ein Mechaniker, ein Erfinder, ein Musiker und Musikkomponist, ein Mann mit literarischem Wissen und Praxis, ein Autor luftiger und anmutiger Lieder, ein geschickter Künstler mit Bleistift und Pinsel und ein Humorist von unverkennbarer Kraft. Für uns Amerikaner lebt der Name Francis Hopkinson – wenn er überhaupt lebt – vor allem aufgrund seiner Anwesenheit beim erhabenen Appell der Unterzeichner der Unabhängigkeitserklärung. Er war ein Anhänger des Gesetzes, der sich nie von den Musen verabschiedete. Und so geschah es, dass die Sache der Revolution vom Herbst 1774 an bis zum Ende des langen Kampfes in fast jedem Stadium und in jedem Notfall aus der Depression gerettet, beschleunigt und vorangetrieben wurde gegebene Kraft, durch die Lebhaftigkeit dieses entzückenden Schriftstellers.

Damit sich bei den Amerikanern im Jahr 1776 der starke politische Mut entwickelte, den ihre neue Doktrin der nationalen Trennung hervorrief, war es notwendig, dass die liebenswürdige Note des Provinzialismus – die kindliche Stumpfheit des kolonialen Geistes – aufgebrochen wurde und dass die Engländer dies tun Wer in Amerika lebte, sollte beginnen, in den Eigenheiten der in England lebenden Engländer Nahrung für Heiterkeit und sogar Spott zu finden. Zu diesem wichtigen politischen Ergebnis leistete Hopkinson in seinem sogenannten „ *Brief eines Ausländers über den Charakter der englischen Nation" einen Beitrag* . Hopkinson stellt hier einen kultivierten Ausländer dar, der in der zweiten Hälfte des Jahres 1776 einige Zeit in England verbrachte und einem Freund in seinem eigenen Land eine kühle, aber sehr satirische Analyse der angeblichen Vorwürfe lieferte, um sich ein unvoreingenommenes Urteil über nationale Besonderheiten zu sichern Laster, Schwächen und Absurditäten des englischen Volkes und die schwachen und falschen Dinge im Umgang mit seinen verstorbenen Kolonisten in Amerika. Anhand dieser Charakterskizzen des vermeintlichen Ausländers im London des Jahres 1776, der selbst keineswegs wegen seiner sauberen Arbeit und seiner humorvollen Kraft verabscheuungswürdig ist, ist es nicht schwer zu erkennen, wie Hopkinsons spielerische Schriften an die Erzielung ernsthafter politischer Ergebnisse angepasst wurden , indem es kolonial gesinnte Amerikaner von der intellektuellen Zurückhaltung befreit, die ihnen fast unbewusst durch ihre alte provinzielle Ehrfurcht vor England auferlegt wurde, und ihnen hilft, die Rasse der Metropolen einem bissigen und sogar verächtlichen Umgang zu unterwerfen, als notwendige Voraussetzung für nationale Freigeistigkeit und kühnen Widerspruch zu Fragen politischer Autorität und Kontrolle.

Die Expedition im Jahr 1777 unter dem Kommando von Sir William Howe führte zu einer vorübergehenden erheblichen Katastrophe für die amerikanische Sache. Dennoch war es genau diese für die Briten so erfolgreiche Expedition, die Hopkinson in seiner Fortsetzung den Anlass zu seinem erfolgreichsten Erfolg als humorvoller Schriftsteller gab. Nachdem Sir William eine kurze Reihe von Siegen errungen hatte und Philadelphia als angenehmen Ruheort empfand, beschloss er, sich in dieser Stadt niederzulassen. Die umliegenden Bewohner, die ihn und seine Armee zunächst mit nicht geringem Schrecken betrachtet hatten, betrachteten beide bald mit einigem Spott und kamen auf die Idee, an beiden bestimmte Experimente zu praktizieren, die ein Element verdeckter Fröhlichkeit in sich trugen war. Durch eine sehr einfallsreiche und sehr ausgelassene Erweiterung der tatsächlichen Fakten dieser kleinen Angelegenheit wurde Hopkinson in die Lage versetzt, seine berühmte Ballade „ *The Battle of the Kegs"* zu *komponieren* . Der tatsächliche Sachverhalt des Falles ist laut seiner eigenen späteren Aussage in Prosa wie folgt: „Bestimmte Maschinen in Form von Fässern, beladen mit Schießpulver, wurden den Fluss hinuntergeschickt, um die britische Schifffahrt in Philadelphia zu ärgern. Angesichts der Gefahr, dass diese Maschinen entdeckt würden, besetzten die Briten die Kais und die Schifffahrt und feuerten ihre Kleinwaffen und Kanonen auf alles ab, was sie bei Ebbe im Fluss treiben sahen." Diese klimpernde kleine Geschichte *der Schlacht um die Fässer* – obwohl sie nur ein Blödsinn ist – verbreitete sich von Kolonie zu Kolonie und bescherte den müden und ängstlichen Menschen den Luxus eines echten und herzlichen Lachens, obwohl sie den Feind sehr verachteten. Für die Sache der Revolution war es als emotionale Stärkung und militärische Inspiration vielleicht gerade so viel wert wie der Sieg in einer bedeutenden Schlacht. Aus literarischer Sicht ist *„Die Schlacht um die Fässer"* bei weitem nicht die beste von Hopkinsons Werken.

Dennoch wurde es zu seiner Zeit aufgrund seines Inhalts und seiner Art sowie der Adaption beider zum unmittelbaren Vergnügen der Vielzahl von Lesern das bekannteste Werk seines Autors, auch wenn es seitdem das einzige ist das hat in unserer Literatur keine allgemeine Erinnerung behalten.

Philip Freneau. – Das Werk von Philip Freneau als Dichter und Satiriker in direktem Kontakt mit der Amerikanischen Revolution war in zwei Perioden unterteilt, wobei diese Perioden durch einen Abstand von etwa zwei Jahren voneinander getrennt waren. Die erste Periode umfasst jene Monate des Jahres 1775, in denen seine eigenen heftigen Leidenschaften, wie die Leidenschaften seiner Landsleute, durch den Ausbruch der Feindseligkeiten entfacht wurden. Danach kam es zu einem geheimnisvollen Absturz seiner Tätigkeit als Schriftsteller über Themen im Zusammenhang mit dem großen Kampf, zu dem er seine unsterbliche Hingabe erklärt hatte; er war bis zu einem bestimmten Zeitpunkt im Jahr 1778 vom Land abwesend. Mit der Mitte des Jahres 1778 begann die zweite Periode seiner Arbeit als revolutionärer Dichter und Satiriker, die erst mit dem Ende der Revolution selbst zu Ende ging.

Nach einer sorgfältigen Untersuchung der Schriftsteller und Schriften unserer Revolutionszeit werden die meisten Leser wahrscheinlich geneigt sein, Philip Freneau als den einzigen amerikanischen Dichter aller Zeiten zu bezeichnen, der, obwohl er in schlimme Zeiten geraten war und von seinem wahren Weg abgekommen war etwas von stürmischem Wetter überstanden, hatte aber dennoch eine hohe und zweifelsfreie Berufung zur Poesie. Er war sich seines Anspruchs auf Anerkennung stolz bewusst. Auch war ihm nicht alles bewusst, was seinem dichterischen Schicksal sowohl in der Zeit als auch an dem Ort, an dem sein Los fiel, abträglich war. Sogar in den größeren Beziehungen, die ein amerikanischer Dichter im 18. Jahrhundert zur Entwicklung der englischen Poesie überall haben könnte, hat Freneau einiges geleistet, sowohl früh als auch spät, so frisch, so originell, so unverfälscht, so trotzig gegenüber den Traditionen, die ihn damals behinderten und abgestumpfte englische Verse, die so entzückend in ihrer furchtlosen Aneignung gewöhnlicher Dinge für den göttlichen Dienst der Poesie waren, dass man ihn als Pionier des neuen poetischen Zeitalters bezeichnen konnte, das damals über die Welt hereinbrach, und daher mit Cowper gleichgesetzt werden konnte , Burns, Wordsworth und ihre mächtigen Kameraden – diese poetischen Bilderstürmer, die, als sie den Tempel der englischen Verse des 18. Abschließend bleibt noch zu sagen, dass Freneau in gewisser Weise der erste amerikanische Dichter der Demokratie war; und dass er vom Anfang bis zum Ende seiner Karriere und allen Versuchungen zum Trotz der

Überzeugung treu geblieben ist, dass es seine Rolle und sein Los in der Welt sei, ein Protagonist im Namen der bloßen Natur zu sein Die menschliche Natur gegenüber all ihren Angreifern, sei es in der Kirche oder im Staat. Im Jahr 1795 veröffentlichte der kampfbegeisterte Dichter eine zweite und erweiterte Ausgabe seiner sieben Jahre zuvor erstmals erschienenen Gedichte; und in einigen Versen, die er dort mit dem Titel „An mein Buch" einfügte, kann man immer noch die stolze Stimme hören, mit der er für sich selbst behauptete, dass er, ob auf andere Weise erfolgreich oder nicht, zumindest ein kämpferischer Dichter war, der immer kämpfte auf der Seite des Volkes.

John Trumbull. – John Trumbull, der in seinem Innern zu einem Leben als Schriftsteller berufen war, wandte sich einer Berufung zu, die ihn viel eher mit Brot versorgen würde – dem Beruf des Gesetzes. Im November 1773 wurde er als Rechtsanwalt in Connecticut zugelassen. Als er damals erst 23 Jahre alt war, schrieb er in Versen einen ewigen Abschied vom Versmachen. Trotz all seiner Treuegelübde gegenüber der neuen Geliebten, der er dienen sollte, konnte Trumbull seine frühere Liebe nicht vergessen. Von nun an sollen all seine hervorragenden literarischen Leistungen, seine Subtilität, sein Witz, seine Fähigkeit zum Spott und seine Ausbildung in der Satire in den Dienst der Volkssache gestellt werden und in *M'Fingal* eines der weltmeisterlichen politischen Meisterwerke hervorbringen badinage. Die Entstehungszeit des Gedichts ist kurz nach April 1775. Die Szene spielt in einer namenlosen Stadt in Neuengland, offenbar nicht weit von Boston. Keine literarische Produktion war jemals eine authentischere Verkörperung des Geistes und Lebens eines Volkes inmitten eines aufwühlenden und weltberühmten Konflikts als *M'Fingal* eine Verkörperung des Geistes und Lebens des amerikanischen Volkes dieses gewaltigen Konflikts, der unsere große Epoche der nationalen Befreiung prägte. Hier werden uns mit der Lebendigkeit einer zeitgenössischen Erfahrung genau die Probleme präsentiert, die damals Freunde, Familien und die Nachbarschaft trennten, ebenso wie ganze Kolonien und schließlich das Reich selbst; die eigentlichen Personen und Leidenschaften der gegnerischen Parteien; der Geist, der Akzent und die Methode der politischen Kontroverse zu dieser Zeit; und schließlich diese ausgelassenen Ausgelassenheiten und diese urkomische Gesetzlosigkeit, mit denen die revolutionären Patrioten gern ihre Missbilligung der Politik ihrer Gegner zum Ausdruck brachten.

Satire ist natürlich eine der weniger edlen Formen des literarischen Ausdrucks; und in der Satire, die sich durch Burleske ausdrückt, besteht die besondere Gefahr, dass Qualitäten vorhanden sind, die geradezu unedel sind. Doch nie wurde Satire für eine bessere Sache, für höhere Ziele oder in einem desinteressierteren Geist eingesetzt. Der Autor von *M'Fingal* schrieb seine Satire ohne persönliche oder kleinliche Motive. Sein Gedicht war ein schrecklicher Angriff auf Männer, die seiner Meinung nach die Staatsfeinde seines Landes waren; und er verzögerte diesen Angriff nicht, bis sie nicht mehr in der Lage waren, zurückzuschlagen. *M'Fingal* gehört in der Tat zu einer Art von Literatur, die hart, bitter, rachsüchtig und oft würdelos ist; Aber die Härte von *M'Fingal*, seine Bitterkeit, seine rachsüchtige Kraft richten sich gegen Personen, die der Autor für die Feinde – die modischen und mächtigen Feinde – der menschlichen Freiheit hält; Wenn es manchmal seine eigene Würde aufgibt, tut es dies im Namen der größeren Würde der menschlichen Natur. Dass *M'Fingal* auf seinem eigenen Gebiet ein Meisterwerk ist und dass es eine Art Macht in sich trägt, die niemals an eine bloße Nachahmung gebunden ist, zeigt der enorme und anhaltende Eindruck, den es auf das amerikanische Volk gemacht hat. Gleich nach seiner Erstveröffentlichung fing es die Aufmerksamkeit der Öffentlichkeit perfekt ein und fesselte sie. Es wurde überall gelesen. Wahrscheinlich sind in diesem Land und in England bis zu vierzig Ausgaben davon erschienen. Sie war eine der Kräfte, die jene enorme Bewegung menschlichen Denkens und Leidenschaft vorangetrieben hat, die wir als die Amerikanische Revolution bezeichnen; und in jeder der großen Aufregungen des amerikanischen Denkens und der amerikanischen Leidenschaft, die seit dieser Zeit stattgefunden haben, ausgelöst durch die Französische Revolution, durch den Krieg von 1812 und durch den Krieg, der die amerikanische Sklaverei auslöschte, diese glühende Satire gegen die soziale Reaktion, diese höhnische Burleske über politische Obstruktion, wurde immer wieder in die Welt gesandt, um ihre fröhliche und verächtliche Tätigkeit im immer neuen Kampf um den menschlichen Fortschritt zu erneuern.

John Dickinson. – Unter all den politischen Schriften, die unmittelbar aus dem unheilvollen Streit um das Briefmarkengesetz hervorgingen, ragen bestimmte Aufsätze von höchster Bedeutung heraus, die in der zweiten Hälfte des Jahres 1767 in einer Zeitung in Philadelphia zu erscheinen begannen. Diese Essays wurden auf beiden Seiten des Atlantiks sehr bald unter dem Kurztitel „ *Farmer's Letters* " berühmt. Ihr vollständiger Titel war *Letters from a Farmer in Pennsylvania to the Inhabitants of the British Colonies*. Obwohl sie ohne den Namen des Autors veröffentlicht wurden, wurden sie sofort als das Werk von John Dickinson erkannt; und ihr Erscheinen kann vielleicht mit Fug und Recht als insgesamt das brillanteste Ereignis in der literarischen Geschichte der Revolution bezeichnet werden. Ein besonderer Unterschied besteht darin, dass sie von einem Mann geschrieben wurden, der die allgemeine Aufregung über den neuen Angriff auf die Kolonialrechte teilte, der aber den Wunsch hatte, ihn zu verfassen, anstatt ihn zu verstärken, und vor allem seine Landsleute davon zu überzeugen, ihren Teil dazu beizutragen in dem neuen Streit darum, ihre Rechte als Männer zu retten, ohne ihr Glück als britische Untertanen zu verlieren. Hier war ein Mann von starkem und kultiviertem Intellekt, mit all seinen Interessen und all seinen

Vorlieben auf der Seite der Ordnung, des Konservatismus und des Friedens, wenn nur damit politische Sicherheit und Ehre erreicht werden könnten. Kein anderer ernsthafter politischer Aufsatz aus der Revolutionszeit konnte den „*Farmer's Letters*" an literarischen Werten, einschließlich inhaltlicher und formaler Qualität, in nichts nachstehen. und mit Ausnahme der politischen Essays von Thomas Paine, die erst neun Jahre später zu erscheinen begannen, kam keiner den *Farmer's Letters* an unmittelbarer Berühmtheit und direktem Einfluss auf Ereignisse gleich. Als sie Woche für Woche zum ersten Mal in der Philadelphia-Zeitung erschienen, die sie ursprünglich veröffentlichte, stießen sie auf das begeisterte Interesse und die Sympathie einer Vielzahl von Lesern in diesem Viertel und wurden sofort in allen damals veröffentlichten 25 Zeitungen wiedergegeben in Amerika, mit nur vier bekannten Ausnahmen. Innerhalb von weniger als vier Wochen nach Erscheinen des letzten Briefes wurden sie alle gesammelt und als Broschüre herausgegeben, von der mindestens acht Ausgaben in verschiedenen Teilen Amerikas veröffentlicht wurden. Auf beiden Seiten des Atlantiks erregten die *Farmer's Letters allgemeine Aufmerksamkeit unter den Menschen, die sich für den wachsenden amerikanischen Streit interessierten.* Der Name John Dickinson wurde zu einem literarischen Namen, der den aller anderen Amerikaner außer Benjamin Franklin übertraf. Auf dem europäischen Kontinent wurden diese Aufsätze des Pennsylvania Farmer eine Zeit lang zur Mode: In den Salons von Paris wurde über sie gesprochen; der Bauer selbst wurde mit Cicero verglichen; und durch die Aufmerksamkeit und den Beifall Voltaires wurde ihm fast die höchste Auszeichnung zuteil, die jemals einem Mann möglich war. Selbst in England war der Erfolg dieser Schriften bemerkenswert und zeigte sich sowohl in den Kritiken als auch in den Lobpreisungen, mit denen sie überschüttet wurden. Zu den englischen Bewunderern der *Farmer's Letters* gehörte Edmund Burke, der ihr Prinzip gutheißte. In Amerika drückten sich die Bewunderung und die Dankbarkeit der Menschen in nahezu jeder erdenklichen Form aus. Dem Farmer wurde von politischen Vereinigungen, Stadtversammlungen und großen Geschworenen gedankt. Das College of New Jersey verlieh ihm den Grad eines Doctor of Laws. Er wurde zum beliebtesten Trinkspruch bei öffentlichen Banketten. Ihm wurde die Mitgliedschaft in den renommiertesten Vereinen angeboten. Als er eines Tages einen Gerichtssaal betrat, wohin ihn die Wirtschaft rief, wurde das Verfahren unterbrochen, um seine Anwesenheit anzuerkennen und die Größe und Pracht seiner Verdienste um das Land anzuerkennen. Zu seinem Lob wurden Lieder geschrieben.

Der letzte *Farmer's Letter* wurde im Februar 1768 veröffentlicht. Im darauffolgenden Mai trafen die neuen Zollkommissare in Boston ein; Im Juni wurden diese Kommissare, die versuchten, ihr abscheuliches Amt auf John Hancocks Schaluppe „*Liberty*" *auszuüben* , von der Bevölkerung Bostons heftig angegriffen und zur Zuflucht nach Castle William im Hafen von

Boston getrieben. Daraufhin berief Gouverneur Bernard General Gage mit seinen Truppen aus Halifax dorthin. John Dickinson war ein Beobachter dieser unheilvollen Ereignisse in Boston aus seinem entfernten Zuhause am Delaware; und selbst er war trotz seiner tiefen Loyalität und seines gewissenhaften Zögerns von ihnen so gerührt, dass er dann etwas ausstieß, das fast wie ein klingender Kriegsschrei wirkte. Er nahm Garricks „*Hearts of Oak*" *zum Vorbild* – dessen Klang damals jedem so vertraut war – und schrieb die Strophen, die er „ *A Song for American Freedom*" *taufte* – ein Stück Vers, offensichtlich das Werk eines Mannes, der weder geboren noch aufgewachsen war dieses Geschäft; Doch als es unter dem liebenswerten Namen des *Freiheitsliedes* schnell zu allgemeiner Gunst gelangte , hallten seine männlichen Linien bald im ganzen Land wider. und von da an blieb es mehrere Jahre lang das beliebteste politische Lied unter uns.

Wenn wir versuchen, die praktischen Auswirkungen von John Dickinsons Arbeit als politischer Schriftsteller während der Amerikanischen Revolution abzuschätzen, werden wir feststellen, dass es nicht einfach ist, sie von den praktischen Auswirkungen seiner Arbeit als Politiker zu trennen. Die beiden Machtlinien waren eng miteinander verflochten; Jeder half im Wesentlichen dem anderen, da jeder seinerseits Gefahr lief, vom anderen behindert zu werden. Wie jedenfalls der politisch-literarische Einfluss von James Otis von 1764 bis 1767 in Amerika insgesamt vorherrschend war, so war es auch von diesem Zeitpunkt an bis einige Monate nach Ausbruch der Feindseligkeiten im Jahr 1775 der politisch-literarische Einfluss Hier überwiegt der Einfluss von John Dickinson. Darüber hinaus folgte ihm ebenso wie James Otis bei der Entwicklung des revolutionären Denkens schließlich auch Thomas Paine, der vom Anfang des Jahres 1776 bis zum Ende des Jahres 1776 als Hauptautor politischer Essays unter uns herrschte der Revolution selbst. Der erstaunliche Rückgang des Einflusses von John Dickinson, als die Frage der Unabhängigkeit näher rückte, ist nicht schwer zu erklären; Dies lag zum Teil an seinen persönlichen Eigenschaften, zum Teil an der Art seiner Meinungen. Vom Beginn der Unruhen bis einige Monate nach dem ersten Blutvergießen im Jahr 1775 war die öffentliche Meinung in Amerika stark dafür, unsere politischen Rechte zu fordern – sogar mit Waffen –, ohne jedoch die kolonialen Bindungen zu brechen. Es war also eine Zeit, in der wir unsere Ansprüche klar und entschlossen darlegen mussten, aber mit Loyalität, Urbanität und Fingerspitzengefühl. John Dickinson war aufgrund seines Talents, seines Temperaments und seiner Ausbildung in jeder Hinsicht der wichtigste literarische Vertreter dieser Zeit. Ein Mann von Reichtum, Bildung und elegantem Umfeld, praktisch bewandert in Recht und Politik, rücksichtsvoll, vorsichtig, nicht geneigt zu Gewaltmaßnahmen und stürmischen Szenen, angetrieben von einer Leidenschaft für die Einheit und die Größe der englischen Rasse und für den Frieden Unter allen Menschen war es sein aufrichtiger Wunsch, dass der Streit mit dem Mutterland so geführt werden sollte, dass er schließlich mit der vollkommenen Durchsetzung der verfassungsmäßigen Rechte Amerikas innerhalb des Imperiums endete, jedoch ohne Schaden oder Schande für England und ohne jedes dauerhafte Versagen des Respekts und der Freundlichkeit zwischen ihr und uns. Dennoch ereigneten sich im Jahr 1775 Ereignisse, die dem gesamten Streit ein anderes Gesicht verliehen und eine scheinbare Mehrheit des amerikanischen Volkes weit über den Bereich solcher Ideen und Methoden hinwegfegten. John Dickinsons Zugeständnis einer gesetzgebenden Autorität über uns an das Parlament, wenn auch nur in begrenztem Umfang, wurde grob verworfen; Stattdessen thronte unter uns die unhistorische und provisorische Doktrin, dass die amerikanische Loyalität keineswegs dem Parlament, sondern nur der Krone gebühre. Darüber hinaus wurden die Mäßigung des Tons, die weltmännische Rede und die Höflichkeit im Verhalten, die Dickinson in all diesem Streit mit England vorgelebt hatte, zu einem Anachronismus und einer Beleidigung. Wir gerieten schließlich in einen Bürgerkrieg – wir hatten tatsächlich das Stadium der Revolution erreicht; und die robusten Männer, die damals die Szene beherrschten, waren mit nicht geringer Verachtung geneigt, den gemäßigten, konservativen und höflichen Dickinson beiseite zu schieben, der ihnen, weder um Rat noch um Verhalten, in der Welt keine weitere Funktion mehr zu erfüllen schien Amerikanische Welt. Seine *Farmer's Letters* wurden von Jefferson als „wirklich ein ‚ignis fatuus'" bezeichnet, das uns von wahren Grundsätzen abführte. Sogar Edward Rutledge, der im Juni 1776 mit Dickinson in seiner Ablehnung des Unabhängigkeitsplans übereinstimmte, äußerte dennoch eine gewisse Ungeduld über seine intellektuelle Sorgfalt und Feinheit und erklärte, dass „das Laster all seiner Produktionen zu einem beträchtlichen Grad" „war „das Laster, zu viel zu verfeinern."

Alexander Hamilton. – Innerhalb von zwei oder drei Wochen nach dem Tag, an dem der Kongress seinen großen Plan für ein Abkommen zwischen den amerikanischen Kolonisten bekannt gab, die Hauptmaterialien des englischen Transporthandels nicht zu importieren oder zu verbrauchen und auch nicht die Hauptprodukte ihrer eigenen Farmen zu exportieren , kam aus der New Yorker Presse eine Broschüre – „*Free Thoughts on the Proceedings of the Continental Congress*" –, die angeblich von einem Landwirt verfasst und an Landwirte gerichtet war und den Vorschlag des Kongresses unter Berücksichtigung ihrer besonderen Interessen einer Art Unterwerfung unterwarf Kritik, die gut geeignet war, den erbittertsten und unerbittlichsten Widerstand der großen Agrarklasse dagegen zu wecken. Der Verfasser dieser Broschüre – Samuel Seabury, ein loyalistischer Geistlicher – gab vor, ein „Westchester Farmer" zu sein – eine Unterschrift, die sofort zur Zielscheibe für großen Applaus und heftige Verunglimpfung wurde. Die erste Broschüre war auf den 16. November 1774 datiert. Zwölf Tage nach diesem Datum erschien seine zweite – ebenso scharfsinnig, ebenso feurig und kraftvoll wie die erste. Weniger als vier Wochen nach der Veröffentlichung seiner zweiten Broschüre war der unerschrockene Bauer mit einer dritten fertig. Kaum war diese Broschüre aus seinen Händen, schien der „Westchester Farmer" mit der Arbeit an seiner vierten Broschüre begonnen zu haben.

Unter der Flut von Antworten, die aus der Presse gegen die gewaltigen Broschüren des „Westchester Farmer" hervorbrachen, waren zwei, die sofort in den Vordergrund traten: „ *A Full Vindication of the Measures of the Congress* " und „*The Farmer Refuted* ". Die außergewöhnliche Fähigkeit dieser beiden Broschüren – ihre Fülle an konstitutionellem Wissen, ihr Scharfsinn, ihr Reichtum an Aussagen, ihre Klugheit in kontroversen Schlagfertigkeiten, ihr offensichtlicher Reichtum an den Früchten einer tatsächlichen Bekanntschaft mit der öffentlichen Wirtschaft – führten sowohl den „Westchester Farmer" als auch Die Öffentlichkeit im Allgemeinen glaubt, sie einem amerikanischen Schriftsteller reifer Jahre und reicher Erfahrung zuzuschreiben – zum Beispiel einem Mitglied des verstorbenen Kongresses –, insbesondere John Jay oder William Livingston. Es ist nicht leicht, das Erstaunen und die Ungläubigkeit zu überschätzen, mit denen die Öffentlichkeit bald das Gerücht hörte, dass diese aufwändigen und erschütternden literarischen Angriffe auf die argumentative Position der Loyalisten in Wirklichkeit das Werk eines Schriftstellers waren, der damals noch ein junger Mann war Jahre und ein Fremder im Land – ein gewisser Alexander Hamilton, gebürtiger Westindianer, französisch-schottischer Abstammung, von Beruf Student des King's College, seit kaum mehr als zwei Jahren in den Dreizehn Kolonien ansässig, und das zu dieser Zeit der Veröffentlichung seiner ersten Broschüre erst siebzehn Jahre alt. In der Darlegung seiner Ansichten zu den verschiedenen hier betrachteten weiten Gedankenbereichen – Verfassungsrecht, Kommunalrecht, die lange Reihe von Kolonialurkunden, Kolonialgesetzen und Präzedenzfällen, die internationale Politik, die die wichtigsten Nationen der Christenheit betrifft, Gerechtigkeit in der ... Abstraktion und Gerechtigkeit im Konkreten, sowohl natürliche als auch konventionelle Menschenrechte, die physischen und metaphysischen Bedingungen, die dem damals bevorstehenden großen Konflikt zugrunde liegen – man muss zugeben, dass dieser bartlose Philosoph, dieser Staatsmann, der noch nicht die Schule abgeschlossen hat, dieser Militärstratege kaum losgeworden ist Sein Kreisverkehr weist eine Bandbreite und Präzision des Wissens, eine Reife des Urteils, eine Gelassenheit, eine Gerechtigkeit, eine Massivität sowohl des Denkens als auch des Stils auf, die die Theorie seiner Autorschaft dieser Broschüren vielleicht unglaubwürdig machen würden, wenn diese Theorie nicht bestätigt würde durch seine unbestrittene Demonstration derselben erstaunlichen Qualitäten in anderer Hinsicht, etwa zur gleichen Zeit seines Lebens.

Thomas Paine. – Als sich die bitteren Ereignisse des Jahres 1775 schnell abspielten, kamen nicht wenige Amerikaner zu der Überzeugung, dass es keine wirkliche Lösung des Problems gab, außer in eben jener Unabhängigkeit, die sie noch kurz zuvor gefürchtet und verurteilt hatten. Einer dieser Amerikaner war Thomas Paine; und gegen Ende des Jahres hatte er sich durch unaufhörliche Kommunikation mit den führenden Köpfen Amerikas mit den entscheidenden Elementen des Falles beschäftigt und war bereit, seine Gedanken dazu zu äußern. Anfang Januar 1776 brachte er es tatsächlich in Form einer Broschüre vor, die in Philadelphia veröffentlicht wurde und den Titel „ *Common Sense* " trug – das erste offene und uneingeschränkte Argument zur Verfechtung der Doktrin der amerikanischen Unabhängigkeit. Während der ersten zehn oder zwölf Jahre der Revolution schienen sich alle Personen, Tories und Whigs, in nur einer einzigen Meinung vollkommen einig zu sein; nämlich aus Abscheu vor dem Projekt der Trennung vom Reich. Plötzlich jedoch und innerhalb eines Zeitraums von weniger als sechs Monaten kehrte die Mehrheit der Whigs völlig um und erklärte sich offen für die Unabhängigkeit, die sie zuvor so vehement abgelehnt hatte. Zu den Tatsachen, die notwendig sind, um uns die Erklärung dieses nahezu konkurrenzlosen politischen Saltos zu ermöglichen, gehört das Erscheinen des *gesunden Menschenverstandes* . Diese Broschüre trug einen glücklichen Namen: Sie verpflichtete sich, den gesunden Menschenverstand auf ein technisches, komplexes, aber äußerst dringendes und fieberhaftes Problem des Verfassungsrechts anzuwenden. Tatsächlich war der Autor dieser Broschüre aus anderen Gründen als dem gesunden Menschenverstand nicht in der Lage, sich mit dem Problem überhaupt zu befassen; denn er war lächerlich unwissend, was Jura, Politikwissenschaft und sogar die englische und amerikanische Geschichte anging. Ohne die wirksame Behandlung jeglicher Frage, die im Lichte der breiten und robusten intellektuellen Instinkte der Menschheit – dem natürlichen Sinn des Menschen für Wahrheit, Kongruenz, Fairplay – behandelt werden könnte, wäre vielleicht kein anderer Mensch in der Lage Mit Ausnahme von Franklin war Amerika diesem schlecht unterrichteten, berauschenden und scharfsinnigen englischen Fremden gewachsen. Daher trug er den Fall vom Tribunal des technischen Rechts zum Tribunal des gesunden Menschenverstandes; und in seinem Plädoyer vor diesem Tribunal vergaß er keinen Augenblick seinen Standpunkt oder vergaß seine Methode. Das Einzige, was man damals tun musste, war, den durchschnittlichen amerikanischen Kolonisten dieser Zeit davon zu überzeugen, dass es für ihn lächerlich wäre, noch länger ein amerikanischer Kolonist zu bleiben; dass für ihn die Zeit gekommen sei, amerikanischer Staatsbürger zu werden; dass ihm nichts im Wege stand, außer der Verachtung einiger Pedanten, die die Autorität gewisser überheblicher Tiere, die man Könige nennt, respektierten; und dass, ob er wollte oder nicht, ihm schließlich mit der Spitze eines

Bajonetts die Alternative ins Gesicht gedrängt wurde: entweder die nationale Unabhängigkeit und ein weitreichendes und strahlendes nationales Schicksal zu erklären oder gleichzeitig die Unterwürfigkeit zu akzeptieren für England die Bitterkeit und die Schande der nationalen Vernichtung. Trotz all seiner groben Gedanken, seiner Oberflächlichkeit und seiner unbesonnenen Behauptung ist *„Common Sense"* eine meisterhafte Broschüre; denn in den Elementen seiner Stärke war es genau auf die Stunde, den Ort und die Leidenschaften der Menschen abgestimmt. Selbst die Ansammlung historischer Überlieferungen, die billige Zurschaustellung von Statistiken und die unbeholfenen Versuche einer politischen Philosophie schmälerten nicht die Hommage, mit der es von der Masse der Gemeinschaft gelesen wurde, die noch weniger gebildet und weniger philosophisch war als Paine, und die sich jedenfalls damals viel mehr um ihre gefährdeten Rechte kümmerten als um Philosophie oder Bildung. Die unmittelbaren praktischen Auswirkungen dieser Broschüre in Amerika und die Berühmtheit, die sie bald sowohl in Europa als auch in Amerika erlangte, sind ein wichtiger Teil ihrer Geschichte als potenzielles literarisches Dokument dieser Zeit. In jeder leidenschaftlichen öffentlichen Diskussion taucht wahrscheinlich ein Anführer auf, der mit Feder oder Stimme genau im richtigen Moment, mit genau dem richtigen Wort, so geschickt und so kraftvoll zuschlägt, dass von nun an der intellektuelle Kampf zu toben scheint um ihn herum und um das feurige Wort, das er schrill durch die Luft gesandt hat. Was die populäre Diskussion über die amerikanische Unabhängigkeit betrifft, so war genau dies zwischen Januar und Juli 1776 bei Thomas Paine und seiner Broschüre *„ Common Sense" der Fall*. Innerhalb von drei Monaten nach der Erstausgabe wurden allein in Amerika mindestens 120.000 Exemplare davon verkauft. Zu diesem Zeitpunkt schien die Broschüre in jedermanns Hand zu sein und das Thema jedes Vortrags zu sein.

So edel und wichtig die verschiedenen Dienste waren, die Paine für die amerikanische Sache zu Wasser und zu Lande, im Amt und im Feld erbrachte, konnten sie als Beiträge zum Erfolg der Revolution in keiner Weise mit der Arbeit verglichen werden, die er leistete In denselben gefährdeten Jahren war er lediglich als Schriftsteller tätig, insbesondere als Autor von *„The Crisis"*. Zwischen Dezember 1776, als die erste Broschüre dieser Reihe veröffentlicht wurde, und Dezember 1783, als die letzte die Hände des Druckers verließ, produzierte dieser unbezwingbare Mann nicht weniger als sechzehn Broschüren unter demselben allgemeinen Titel und passte seine Botschaft in jeder an den höchsten Bedürfnissen der Stunde gerecht zu werden und all diese literarische Arbeit in einem Zustand tatsächlicher Armut zu erledigen.

Thomas Jefferson. – Am 21. Juni 1775 nahm Thomas Jefferson zum ersten Mal seinen Sitz als Mitglied des Kontinentalkongresses ein. Er hatte gerade erst seinen 32. Geburtstag überschritten und war als Autor von zwei oder drei öffentlichen Aufsätzen von beträchtlicher Bedeutung bekannt. Anfang Juni 1776 wurde Thomas Jefferson, der die meisten Stimmen erhielt, an die Spitze des Komitees berühmter Männer gestellt, dem die Aufgabe übertragen wurde, eine geeignete Unabhängigkeitserklärung vorzubereiten, und wurde dadurch zum Verfasser dieser Erklärung Eine amerikanische Staatszeitung, die in der Welt höchste Auszeichnung erlangt hat und wahrscheinlich so lange bestehen bleiben wird, wie die amerikanische Zivilisation existiert. Welche Autorität die Unabhängigkeitserklärung in der Welt auch erlangt hat, ist weder bei ihrem ersten Erscheinen noch seitdem darauf zurückzuführen, dass es ihr an Kritik mangelte – eine Tatsache, die für ihren wesentlichen Wert und ihre Stärke zu sprechen scheint. Vom Datum seiner Erstveröffentlichung bis zum heutigen Zeitpunkt wurde es immer wieder angegriffen, entweder aus Wut oder aus Verachtung, von Freunden wie von Feinden der Amerikanischen Revolution, von Liberalen in der Politik ebenso wie von Konservativen. Es wurde wegen seines Inhalts getadelt, es wurde wegen seiner Form getadelt; für seine falschen Tatsachendarstellungen, für seine Denkfehler, für seine kühnen Neuheiten und Paradoxien, für sein völliges Fehlen jeglicher Neuheit, für seine Wiederholung alter und abgenutzter Aussagen, sogar für seine regelrechten Plagiate; schließlich für seinen grandiosen und dampfenden Stil. Dennoch entsprach wahrscheinlich keine öffentliche Zeitung jemals besser den unmittelbaren Zwecken, für die sie herausgegeben wurde. Von einem Ende des Landes bis zum anderen und soweit es möglich war, es unter dem Volk zu verbreiten, wurde es öffentlich und privat mit jeder Demonstration der Zustimmung und Freude begrüßt. Es hat die Freunde der Revolution in wunderbarem Maße für ihre große Aufgabe motiviert. Darüber hinaus war der Einfluss dieses Staatspapiers auf den politischen Charakter und das politische Verhalten des amerikanischen Volkes im Laufe des Jahrhunderts und darüber hinaus seit dem Ende der Revolution über alle Maßen groß.

Niemand kann die anhaltende Faszination, die es für das amerikanische Volk ausübte und immer noch ausübt, oder für seine unverminderte Macht über es, ohne seine außergewöhnlichen literarischen Vorzüge zu berücksichtigen – seinen Besitz der Hexerei der wahren Substanz zu perfekter Form: – seine Massivität und Prägnanz des Denkens, seine Kunst in der Zusammenstellung der Themen, mit denen es sich beschäftigt, seine Symmetrie, seine Energie, die Bestimmtheit und Klarheit seiner Aussagen, seine exquisite Diktion, zugleich prägnant, musikalisch und … elektrisch; und als wesentlicher Teil dieser literarischen Ausstattung viele dieser spirituellen Noten, die unsere Herzen anziehen und fesseln können: Verehrung für Gott, Verehrung für den Menschen, Verehrung für Prinzipien, Respekt für die öffentliche Meinung, moralischer Ernst, moralischer Mut, Optimismus, ein stattliches und edles Pathos, schließlich eine aufopfernde Hingabe an eine Sache, die so groß ist, dass sie hier mit dem Glück nicht nur eines Volkes oder nur einer Rasse, sondern der menschlichen Natur selbst gleichgesetzt wird. Wir können absolut sicher sein, dass keine wirkliche Entwicklung des literarischen Geschmacks unter dem amerikanischen Volk in irgendeiner Periode unserer zukünftigen Geschichte zu ernsthaftem Unglück für dieses besondere Beispiel amerikanischer Literatur führen kann.

Samuel Adams. – Samuel Adams war ein Literat, aber er war es nur, weil er vor allem ein Mann der Angelegenheiten war. In bestimmten Formen der literarischen Kunst war er kein geringer Meister; Von der literarischen Kunst um der Kunst willen war er völlig unabhängig. Er war vielleicht der umfangreichste politische Schriftsteller seiner Zeit in Amerika und der einflussreichste politische Schriftsteller seiner Zeit in Neuengland; aber alles, was er schrieb, war für einen bestimmten praktischen Zweck gedacht, und nichts von dem, was er schrieb, schien für ihn außer diesem Zweck von Interesse gewesen zu sein. So tief die Dunkelheit auch ist, die über seine literarischen Verdienste für die Sache der Revolution gefallen ist, so war der Ruhm dieser Verdienste zu der Zeit, als er sie verrichtete, nahezu unübertroffen von dem eines anderen Schriftstellers, zumindest in den Kolonien östlich des Hudson Fluss. Er wurde 1722 in Boston geboren und schloss 1740 sein Studium in Harvard ab. Schon früh zeigte er eine unbesiegbare Leidenschaft und Begabung für die Politik. Ein Hauptinstrument, mit dem Samuel Adams die öffentliche Meinung und das politische und sogar militärische Vorgehen so stark prägte, war der Stift. Unter den modernen Politikern war er einer der ersten, der die Macht der öffentlichen Meinung bei der Lenkung öffentlicher Ereignisse und ebenso die Macht der Zeitung bei der Lenkung der öffentlichen Meinung erkannte. Es war daher ein wesentlicher Teil seiner Vorgehensweise als Politiker, sich die Kunst der literarischen Aussage anzueignen und in einer diesem Zweck angemessenen Form auszuüben. Er hatte den Instinkt eines großen Journalisten und eines großen Journalisten, der bereit war, seine Individualität hinter seinem Tagebuch zu verbergen. Bei diesem Gottesdienst war es nicht Samuel Adams, den Samuel Adams der Öffentlichkeit präsentieren und vor Augen führen wollte – es waren die Ideen von Samuel Adams. Dementsprechend war er von allen amerikanischen Zeitungsautoren zwischen 1754 und 1776 vielleicht der wachsamste, fleißigste, effektivste und auch der am wenigsten bekannte. Immer bereit, sich in dem, was er tat, zurückzuhalten, erkannte er, dass die unzähligen Werke seiner Feder ihren Weg zu einem viel größeren Kreis von Lesern finden würden und umso einflussreicher wären, wenn sie das Werk und nicht das Werk eines einzigen Lesers zu sein schienen Schriftsteller, aber von vielen. Daher veröffentlichte er fast nie etwas unter seinem eigenen Namen; Aber unter einer Vielzahl von Titelverkleidungen, die noch niemand aufzählen konnte, überschwemmte dieser schlaflose, listige, vielgestaltige Politiker fast ein Dritteljahrhundert lang die Gemeinschaft mit seinen Ideen, hauptsächlich in Form von Essays in den USA Zeitungen –, wodurch er die Feinde der revolutionären Bewegung ständig verblüffte und seine Anhänger siegreich durch die Auseinandersetzungen führte, die den Waffenschlachten vorausgingen und sie dann eine Zeit lang begleiteten. In der langen Reihe seiner Staatspapiere – den offiziellen Äußerungen der verschiedenen öffentlichen Körperschaften, mit denen er verbunden war und die ihn so lange als ihren geschicktesten und treffsichersten Schreiber vertrauten – kann man nun fast ohne Unterbrechung die Entwicklung des Schreibens verfolgen Ideen und Maßnahmen, die die Revolution prägten. Wenn wir die Belastung des Denkens und der emotionalen Energie in Betracht ziehen, die in all diesen Jahren heftiger politischer Kontroversen und äußerst gefährlicher politischer Führung entstanden ist, werden wir uns kaum fürchten müssen, die Ressourcen von Samuel Adams in seiner wahren Karriere als Agitator und Bilderstürmer zu überschätzen. vor allem die Elastizität, die Zähigkeit, die Beharrlichkeit einer Natur, die darüber hinaus in der Lage war, im selben langen Zeitraum die gesamte Arbeit, die er in der literarischen Polemik leistete, in Angriff zu nehmen und durchzuführen – Arbeit, die allein als ausreichend erscheinen könnte, um sie einzusetzen und selbst die Kraft eines starken Mannes ermüden, der nichts anderes zu tun hatte.

Die Charakterzüge von Samuel Adams, dem Schriftsteller, sind leicht zu definieren – denn sie sind gleichermaßen die Charakterzüge von Samuel Adams, dem Politiker, und von Samuel Adams, dem Mann. Seine grundlegende Regel für die literarische Kriegsführung lautete: „Behalte deinen Feind im Unrecht." Sein Stil war also der Ausdruck seiner intellektuellen Vorsicht – einer Vorsicht wie die des Pfadfinders oder des Buschjägers, der weiß, dass hinter jedem Baum sein tödlicher Feind lauern kann, dass ein falscher Schritt sein Verderben bedeuten kann, dass ein schlecht gesinnter Mensch weiß, dass hinter jedem Baum sein tödlicher Feind lauern kann. Ein gezielter Schuss kann es ihm unmöglich machen, jemals wieder zu schießen. Ob in der mündlichen oder schriftlichen Rede, seine Merkmale waren die gleichen: Einfachheit, Scharfsinn, logische Kraft und eine strikte Anpassung der Mittel an den angestrebten praktischen Zweck. Nichts diente der Wirkung – alles diente der Wirksamkeit. Er schrieb reines Englisch und in einem strengen, gelungenen, pointierten und epigrammatischen Stil. Er war sich der Tatsachen bewusst, verachtete rhetorische Auswüchse, war sich vor allem der strategischen Torheit bewusst, die mit bloßer Übertreibung verbunden ist, und war ein Meister darin, Implikationen und einschmeichelnde Streiche zu beherrschen. Er hatte nie etwas zurückzunehmen oder sich zu entschuldigen. Er teilte die ermüdende Vorliebe seines Landes für griechische und römische Analogien in vollem Umfang; und, in geringerem Maße, in seiner Leidenschaft für die

Schlagworte und Schnickschnack klassischer Zitate. Natürlich trägt sein Stil den edlen Eindruck seiner unablässigen und ehrfürchtigen Lektüre der englischen Bibel. Auf einen bloßen Dichter spielt er selten an. Unter weltlichen Schriftstellern der Neuzeit wurden seine Tage und Nächte je nach Anlass Hooker, Coke, Grotius, Locke, Sidney, Vattel, Montesquieu, Blackstone und Hume geschenkt.

John Witherspoon. – Obwohl John Witherspoon erst im Jahr 1768 nach Amerika kam, nachdem er selbst die Mittellinie des menschlichen Lebens überschritten hatte, so schnell trat er doch in den Geist der amerikanischen Gesellschaft ein, so vollkommen identifizierte er sich mit ihr Während er noch edlere Stimmungen der Unzufriedenheit und des Strebens verspürte, trug er durch Sprache und Tat so kraftvoll zur richtigen Entwicklung dieser neuen Nation aus der alten Ansammlung zerstreuter und abhängiger Gemeinschaften bei, dass es völlig vergeblich wäre, zu versuchen, einen gerechten Bericht darüber zu formulieren Große intellektuelle Bewegungen unserer Revolution, ohne dass die Rolle dieses beredten, weisen und effizienten Schotten – Lehrer, Prediger, Politiker, Gesetzgeber und Philosoph zugleich – im Großen und Ganzen das Lob, das er hat, nicht unwürdig ist wurde ihm als „einer der größten Männer der Zeit und der Welt" verliehen. Er wurde 1722 geboren und nahm im Alter von 46 Jahren eine Einladung an, die Präsidentschaft des College of New Jersey zu übernehmen. Zum Zeitpunkt seiner Übersiedlung nach Amerika hatte er sich als Prediger und Kirchenführer einen Namen gemacht. Auch als Autor war er bekannt geworden. Sein Eintritt in das College, dem er vorstehen sollte, war wie der eines Prinzen, der seinen Thron besteigt. Der starke Einfluss, den Witherspoon durch seine veröffentlichten Schriften auf den Kurs des revolutionären Denkens ausübte, lässt sich in seinen wenigen Predigten, die die politischen Probleme dieser Zeit berühren, in verschiedenen Kongresspapieren und insbesondere in den zahlreichen Aufsätzen nachvollziehen , lang oder kurz, ernst oder fröhlich, die er zwischen 1775 und 1783 der Presse gab, meist ohne seinen Namen. Als Verfasser politischer und sonstiger Essays war Witherspoons Aktivität wahrscheinlich weitaus größer, als heute festgestellt werden kann; aber seine Hand kann mit Sicherheit in einer großen Gruppe scharfsinniger und lebhafter Produktionen dieser Art zurückverfolgt werden. Von all diesen Schriften zeichnet sich vor allem ein männlicher Geist aus, der ausgeglichen und gut ausgebildet ist und standhaft an seinen eigenen, unabhängigen Schlussfolgerungen festhält – kurz gesagt, ein aufgeklärter und unerschütterlicher gesunder Menschenverstand, der sich immer in einer bestimmten Form zu Wort meldet gemäßigt und klar, oft knapp und epigrammatisch.

John Woolman. – Es ist kein geringer Unterschied, der der amerikanischen Literatur für die Zeit der Revolution zugeschrieben wird, dass in einer Zeit, die so oft als unfruchtbar für bedeutende literarische Errungenschaften bezeichnet wird, zwei der vollkommensten Beispiele einer Autobiographie entstanden sind, die man in der Literatur finden kann. Eines davon ist natürlich Franklins *Autobiographie* , der erste, größte und beste Teil davon wurde 1771 geschrieben – ein Werk, das längst zu den berühmtesten und meistgelesenen modernen Büchern zählt. Fast genau zu der Zeit, als diese faszinierende Geschichte begann, wurde das andere großartige Beispiel der Autobiographie in unserer revolutionären Literatur fertiggestellt – *The Journal of John Woolman* , ein Buch, das William Ellery Channing lange später als „die unvergleichlich süßeste und reinste Autobiographie" beschrieb in der Sprache." Es ist jedoch eine bemerkenswerte Tatsache, dass diese beiden Meisterwerke derselben Literaturform zwar Produkte derselben Zeit sind, in ihrer persönlichen Qualität jedoch nahezu antipodisch zueinander stehen; Denn so wie Franklins Selbstdarstellung eine Karriere von kluger und einigermaßen selbstsüchtiger Genialität, von unbeirrtem fleischlichem Inhalt, von freundlicher Systematik und überaus erfolgreicher Weltlichkeit beschreibt, so stellt die Autobiographie von Woolman eine Karriere dar, die sich als eine Karriere völliger Weltlosigkeit herausstellt völlige Selbstverleugnung, alles im Gehorsam gegenüber einer unsichtbaren Führung und in sanfter und zärtlicher Hingabe an das Glück anderer – insbesondere von Sklaven, armen, arbeitenden Weißen und sprachlosen Geschöpfen, die nicht in der Lage sind, sich gegen die Unmenschlichkeit des Menschen zu wehren.

John Woolman, dessen Geist so bescheiden war, dass er sich gewundert und beunruhigt hätte, als ihm gesagt wurde, dass seine Schriften jemals als Literatur behandelt werden sollten, wurde 1720 in Northampton, New Jersey, geboren Landwirt und der Gesellschaft der Freunde. Bis zu seinem einundzwanzigsten Lebensjahr lebte er zu Hause bei seinen Eltern und arbeitete, wie er es ausdrückte, „auf der Plantage". Als er volljährig war, nahm er im Nachbardorf Mount Holly eine Anstellung in einem Geschäft für allgemeine Waren an. In diesem Beruf verbrachte er mehrere Jahre; Danach begann er, sich fast ganz der wahren Aufgabe seines Lebens zu widmen – der eines Apostels, mit dem Bedürfnis, von Land zu Land zu ziehen, um sein Apostelamt zu erfüllen, und wie einer der größten aller Apostel in der Lage war, dies zu tun durch die Arbeit eines bescheidenen Gewerbes für seine eigenen Bedürfnisse sorgen. Denn lange bevor er sich auf diese Reisen begab, schon seit seiner frühen Kindheit, war er, wie er glaubte, in den Besitz gewisser Schätze des Geistes gelangt, die er nicht für sich allein anhäufen konnte – die er, wenn er könnte, nicht hätte anhäufen können aber sie mit anderen zu teilen, würde andere reich und glücklich machen, jenseits aller Wünsche oder Vorstellungen.

Die Autobiographie von John Woolman war das allmähliche und geheime Wachstum vieler Jahre, angefangen im Alter von sechsunddreißig Jahren, und von Zeit zu Zeit erweitert, bis er sich im Alter von zweiundfünfzig in der Stadt York aufhielt Als er in England über die Geschäfte seines Meisters berichtete, erkrankte er an den Pocken, an denen er starb. Neben dieser Lebensgeschichte hinterließ er mehrere ethische und religiöse Aufsätze. Alle diese Schriften sind, wie Whittier sagte, im Stil „eines ungebildeten Mannes, aber mit natürlicher Raffinesse und feinem Gespür für Fitness, dessen Reinheit in seine Sprache einfließt". „Das Geheimnis von Woolmans Reinheit des Stils", sagte Channing, „liegt darin, dass sein Blick einsam war und dass das Gewissen die Worte diktierte." John Woolmans Schriften zeichnen sich durch diese Unkonventionalität des Denkens, diese Nächstenliebe ohne Vorwand, diese Heiligkeit ohne Scheinheiligkeit oder Verbitterung, diese Zartheit, diese ungelehrte Schönheit der Formulierungen aus, die uns hilft, die innige Liebe von Charles Lamb zu ihm zu verstehen, wie sie zum Ausdruck kommt in seiner impulsiven Ermahnung an die Leser der *Essays of Elia* : „Behalten Sie die Schriften von John Woolman auswendig." „Ein perfektes Juwel!" schrieb Henry Crabb Robinson 1824 über Woolman's *Journal*, das ihm Lamb kurz zuvor bekannt gemacht hatte. „Er hat eine ‚schöne Seele'." Als ungebildeter Schneider schreibt er in einem Stil von höchster Reinheit und Anmut. Seine moralischen Qualitäten werden auf seine Schriften übertragen." Vielleicht lässt sich der Duft, der Woolmans Worten innewohnt, am besten von Woolmans wahrem spirituellen Nachfolger in der amerikanischen Literatur – Whittier – mit dem Ausspruch beschreiben, dass derjenige, der diese Schriften liest, „eine Süße wie die von Veilchen" spürt.

Benjamin Franklin. – Für die Zeit der Revolution lassen sich die Schriften Franklins naturgemäß in zwei Hauptgruppen unterteilen – erstens solche, die mit der Revolutionskontroverse in Zusammenhang stehen, und zweitens solche, die fast völlig unabhängig davon sind. Zu letzteren zählen natürlich seine zahlreichen Arbeiten über wissenschaftliche Entdeckungen und mechanische Erfindungen; eine beträchtliche Anzahl seiner persönlichen Briefe – diese sind vielleicht die weisesten und geistreichsten seiner Schriften; viele kurze Skizzen, meist verspielter Ton, oft in Form von Entschuldigungen oder Gleichnissen; Schließlich der erste und beste Teil seiner *Autobiographie* , die in den hundert Jahren nach ihrer Erstveröffentlichung im Jahr 1791 wahrscheinlich das meistgelesene Buch seiner Klasse in jeder Sprache war. Als Produkt von Franklins allgemeiner literarischer Tätigkeit während der Revolutionszeit liegt hier also ein beträchtlicher Bestand an Literatur vor, die nicht von den Unruhen dieser bitteren Zeit betroffen war, nahezu makellos in der Form und so von Sinnlichkeit, Fröhlichkeit und Freundlichkeit durchdrungen ist zu den wertvollsten und entzückendsten intellektuellen Schätzen der Menschheit zu gehören.

In Franklins literarischen Beiträgen zur Revolutionskontroverse zwischen 1763 und 1783 finden wir, dass seine Beziehung zu dieser Kontroverse zwei stark gegensätzliche Phasen hatte: erstens sein aufrichtiger und energischer Wunsch, dass der Streit nicht vom Stadium der Worte in das der Schläge übergehen sollte und von dort zu einem Kampf für die amerikanische Abspaltung vom Imperium; und zweitens, nachdem das Stadium der Schläge erreicht war, war sein Eintreten für die amerikanische Sezession durch Krieg der einzig sichere und ehrenhafte Weg, der seinen Landsleuten noch blieb. Die Trennlinie zwischen diesen beiden Phasen der Meinung und des Handelns verläuft im Frühjahr und Frühsommer 1775. Vor diesem Zeitpunkt waren alle seine Schriften, ob ernst oder scherzhaft, von dem einzigen Ziel durchdrungen, das englische Volk von der amerikanischen Politik zu überzeugen dass ihre Regierung eine Ungerechtigkeit und ein Fehler war und dass es darum ging, das amerikanische Volk davon zu überzeugen, dass seine Forderung nach politischen Rechten mit Sicherheit erfüllt werden würde, wenn es beharrlich und ohne Furcht, aber auch ohne Untreue und ohne unziemliche Gewalt fortgeführt würde. Seitdem er die Alternative des Krieges und eines Krieges für die amerikanische Sezession mit echtem Kummer akzeptiert hat, sind alle seine Schriften, ob ernst oder scherzhaft, von dem einzigen Ziel durchdrungen, diesen Krieg zu einem erfolgreichen Krieg zu machen – ein Ergebnis, zu dem, wie ... Als Schriftsteller konnte er seinen besten Beitrag durch solche Appelle an die öffentliche Meinung in Amerika leisten, die das amerikanische Vertrauen in ihre eigene Sache nähren und stärken sollten, und durch solche Appelle an die öffentliche Meinung in Europa, die für diese Sache ihre moralische und sogar physische Unterstützung gewinnen sollten. Aus offensichtlichen Gründen war seine allgemeine literarische Tätigkeit in der ersten Phase dieser Kontroverse weitaus größer als in der zweiten.

Vermutlich hat es nie ein Autor besser verstanden als er, langweilige Themen lebendig zu machen und dadurch die Leser dazu zu bringen, sich mit an sich unattraktiven Dingen zu befassen. Wie er sehr wohl wusste, würde die europäische Öffentlichkeit, ob auf dem Kontinent oder in Großbritannien, ihre Tage und Nächte wahrscheinlich nicht der Lektüre langer und feierlicher Dissertationen über die Rechte und Unrechte seiner Landsleute in der anderen Hemisphäre widmen. Dementsprechend gab er nie solche Dissertationen, sondern gelegentlich kurze, prägnante und scheinbar beiläufige Darstellungen des amerikanischen Falles; auch die Schwachstellen des Falles gegen seine eigenen aufdecken, mittels Anekdoten, Epigrammen, *jeux-d'esprit* ; vor allem gelingt es ihm, die ganze Auseinandersetzung in eine dramatische Form zu bringen.

Franklins Lieblingswaffe in politischen Kontroversen – eine Waffe, mit der vielleicht kein anderer englischer Schriftsteller seit Dean Swift so klug und wirkungsvoll umgegangen ist – war die Satire in der Form einer lächerlichen Analogie, mit der er die Taten und Ansprüche seines Gegners burlesk machte , und ihn einfach mit Spott überhäufen. Darüber hinaus nahm diese Art von Satire bei Franklin, wie schon bei Dean Swift vor ihm, eine Form an, die gleichzeitig so realistisch und so komisch treffend war, dass sie zu mehreren Beispielen brillanter literarischer Falschmeldungen führte – ein Ergebnis, das in der Kontroverse Das weitere Vorgehen dürfte für den ernsten und selbstzufriedenen britischen Philister jener Zeit von Vorteil gewesen sein, da es ihn dazu zwang, einmal ein wenig nachzudenken und auch Abstand zu gewinnen und sein eigenes Porträt so zu betrachten, wie es damals anderen erschien Menschen, und sogar gegen seinen Willen, über seine eigene unheilvolle und kostspielige Dummheit bei der Verwaltung eines Imperiums zu lachen, das bereits zu groß geworden zu sein schien, als dass er sich angemessen darum kümmern könnte. Da Franklin bei weitem der bedeutendste Literat auf der amerikanischen Seite der Revolutionskontroverse war, ließe sich eine überaus leuchtende und entzückende Geschichte der Entwicklung von Gedanken und Gefühlen während der Revolution verfassen, indem man lediglich distanzierte, humorvolle Aussprüche Franklins zusammenführte und ernst, so wie diese ihm in den aufeinanderfolgenden Phasen dieses langen Konflikts von der Zunge oder der Feder fielen: Es würde eine Lichtspur über ein Meer aus Sturm und Dunkelheit sein. Dennoch kann weder durch illustrative Fragmente dessen, was er schrieb oder sagte, noch durch moderne Beschreibungen, wie anschaulich sie auch sein mögen, eine angemessene Vorstellung von der Masse, der Kraft, der Vielfalt, der Leichtigkeit, dem Charme seines Gesamtwerks vermittelt werden ein Schriftsteller während dieser zwanzig großartigen Jahre. Zweifellos hatten seine große Erfahrung in Angelegenheiten und die Nüchternheit, die durch bloße offizielle Verantwortung hervorgerufen wurde, die Wirkung, sein Denken zu klären und zu festigen und den leichtesten Produkten seines Genies eine Vernunft und Bewegungssicherheit zu verleihen, die, wenn er ein Mann gewesen wäre Nur Buchstaben hätten sie in so hohem Maße kaum haben können. Nur durch eine kontinuierliche Lektüre des gesamten Korpus von Franklins revolutionären Schriften, von ernst bis fröhlich, von lebhaft bis streng, kann jeder erkennen, wie brillant seine Weisheit war, oder wie weise seine Brillanz war, oder wie menschlich und sanft und sanft hilfreich waren beide. Niemand, der sich durch eine solche Lektüre ein solches Vergnügen und einen solchen Nutzen verschafft, wird wahrscheinlich den Sinn von Sydney Smiths spielerischer Drohung gegenüber seiner Tochter übersehen: „Ich werde Sie enterben, wenn Sie nicht alles Geschriebene bewundern." von Franklin."

Thomas Hutchinson. – Innerhalb der zwei Jahrzehnte der Amerikanischen Revolution finden sich in diesem Volk zwei unterschiedliche Ausdrucksformen des historischen Geistes. Erstens ging aus dem Bewusstsein der Bedeutung und des Wertes der einzigartigen sozialen Experimente, die damals bereits in jeder der dreizehn kleinen Republiken durchgeführt wurden, der Impuls hervor, der zur Niederschrift ihrer lokalen Geschichte führte. Später, aus einem ähnlichen Bewusstsein über die Bedeutung und den Wert der immensen Ereignisse, die sich in der kollektiven politischen und militärischen Erfahrung dieser dreizehn kleinen Republiken abzuspielen begannen und dann unter dem Feuer einer gemeinsamen Gefahr rasch zu einem größeren nationalen Leben verschmolzen, kam der Impuls, der zur Niederschrift ihrer allgemeinen Geschichte führte.

An der Grenze, die koloniale Themen von denen der Revolution trennt, stehen wir vor einem Schriftsteller, der in seiner Eigenschaft als Historiker nicht nur alle seine Zeitgenossen überragt, sondern sich auch mit Themen befasst, die sowohl kolonialer als auch revolutionärer Natur sind. Bei diesem Schriftsteller handelt es sich um den Mann, der zu seiner Zeit als loyalistischer Staatsmann und Richter so berühmt und so gehasst war: Thomas Hutchinson, der letzte Zivilist, der im Auftrag des Königs als Gouverneur von Massachusetts diente. Dass er es insgesamt verdient, als der fähigste Geschichtsschreiber angesehen zu werden, der vor dem 19. Jahrhundert in Amerika hervorgebracht wurde, darüber herrscht inzwischen weitgehende Einigkeit unter den Gelehrten. Als Thomas Hutchinson die frühe Geschichte von Massachusetts schrieb, schrieb er praktisch die Geschichte seiner eigenen Vorfahren, von denen einige bedeutend, andere berüchtigt gewesen waren, in der Kolonie fast seit dem Gründungsjahr. Er wurde 1711 in Boston geboren. Vom Alter von 26 Jahren, als er in sein erstes Amt gewählt wurde, bis zum Alter von 63 Jahren, als er sein letztes Amt niederlegte, war er ständig und auffällig im öffentlichen Dienst tätig. Vor dem Ausbruch der großen Kontroverse zwischen den Kolonien und der britischen Regierung hatte kein anderer Mann in Amerika in so hohem Maße wie Hutchinson das Vertrauen sowohl der britischen Regierung einerseits als auch seiner eigenen Landsleute andererseits . Wäre sein Rat in dieser Kontroverse von einer der beiden Parteien befolgt worden, die ihm so sehr vertraut hatten, wäre der Krieg der Revolution abgewendet worden. Während das Schreiben von Geschichte für Hutchinson nur die Erholung und das Nebenspiel eines von äußeren Geschäften geprägten Lebens war, scheint das Studium der Geschichte für ihn fast seit seiner Kindheit eine Leidenschaft gewesen zu sein. Es sollte hinzugefügt werden, dass Hutchinson die wissenschaftliche Vorstellung von der Bedeutung von Primärdokumenten hatte. Durch seine große Bedeutung in der Gemeinde und durch seinen unermüdlichen Eifer bei der Sammlung solcher

Dokumente war er im Laufe vieler Jahre in der Lage, eine Vielzahl von Manuskriptmaterialien von unschätzbarem Wert zusammenzutragen, die die Geschichte Neuenglands berühren. Mit solchen Materialien, die ihm zur Verfügung standen, und indem er mit Fleiß die Zeitfragmente nutzte, die ihm seine unermüdliche Energie ermöglichte, sich aus dem Geschäft und aus dem Schlaf zu holen, war er im Juli 1764 bereit, inmitten der ersten Gemurmel des politischen Sturms, der sich entfalten sollte Um diese friedlichen Studien zu zerstören und die Hoffnungen seines Lebens zu zerstören, schickte er den ersten Band der *Geschichte der Kolonie Massachusetts Bay an den Drucker in Boston* . Er veröffentlichte seinen zweiten Band im Frühsommer des Jahres 1767 – nicht weit von dem Tag entfernt, an dem das Parlament durch die Verabschiedung des Townshend-Gesetzes die unbeschreibliche Torheit beging, das Reich in solche Unruhen zu stürzen, die zu seiner Auflösung führten. Ungeachtet der grellen und bitteren Vorkommnisse, inmitten derer er geschrieben wurde, hat der zweite Band von Hutchinsons Geschichte von Massachusetts, wie der erste, den Ton der Mäßigung und des Gleichmuts, der an einen Philosophen erinnert, der sich von äußeren Sorgen abstrahiert und sich der uneigennützigen Entdeckung und Entdeckung widmet Darstellung der Wahrheit.

Vom Zeitpunkt der Veröffentlichung des zweiten Teils seines Werks an sollten einundsechzig Jahre vergehen, bis die Öffentlichkeit den visuellen Beweis dafür erhielt, dass der Autor trotz der Katastrophen, die seine späteren Jahre überwältigten, die Kraft gehabt hatte, mit seinem Werk fortzufahren historische Arbeiten und die Fertigstellung eines dritten und letzten Bandes, der die Geschichte von Massachusetts vom Jahr 1750 bis zum Jahr 1774 erzählt – dem Jahr, in dem er sein Amt als Gouverneur niederlegte und nach England aufbrach. Niedergedrückt vor Kummer, erstaunt und entsetzt über die Heftigkeit des Sturms, der seine klügsten Berechnungen zunichte machte und ihn und seine Gruppe von allen Liegeplätzen in ein unbekanntes Meer trieb, fand er etwas Trost darin, die Arbeit in England wieder aufzunehmen historische Aufgabe, die er unvollendet gelassen hatte. In seinem Tagebuch vom 22. Oktober 1778 wird der Abschluss in dieser bescheidenen Notiz festgehalten: „Ich habe die Überarbeitung meiner Geschichte bis zum Ende meiner Amtszeit abgeschlossen und beiseite gelegt." Sicherlich wurde es gelegt, und erst im Jahr 1828 durfte es ans Licht kommen, und zwar größtenteils durch das großmütige Eingreifen einer Gruppe edler amerikanischer Gelehrter in genau der Stadt, die in seinem Später zu Lebzeiten hätte er seine Rückkehr dorthin nicht zugelassen.

Ein großer Historiker war Hutchinson sicherlich nicht und hätte es unter den günstigsten äußeren Umständen auch nicht sein können. Er verfügte über die grundlegenden Tugenden eines großen Historikers – Liebe zur Wahrheit, Liebe zur Gerechtigkeit, Fleiß, die Fähigkeit, Details zu erfassen und sie präzise wiederzugeben. Selbst bei der Ausübung dieser Grundtugenden konnte jedoch kein Historiker in Hutchinsons Verhältnissen durch die enorme Beschäftigung mit offiziellen Geschäften behindert werden oder sein Urteil durch die Voreingenommenheiten seiner eigenen politischen Karriere verfälschen und färben lassen. Während Hutchinson in der Tat ein Wunder an Industrie war, konnte er sich nur einen kleinen Teil seiner Industrie der historischen Forschung widmen. Wie aufrichtig sein Ziel, die Wahrheit zu sagen und allen gegenüber fair zu sein, auch gewesen sein mag, das literarische Ergebnis einer solchen Forschung wurde unweigerlich durch viele schwerwiegende Versäumnisse und viele eklatante Falschdarstellungen geschwächt, wie sich nun mehr als deutlich zeigen lässt, offenbar weil er es versäumte, dies zu tun Nutzen Sie gründlich wichtige Informationsquellen, die ihm damals zugänglich waren, wie Kolonialbroschüren, Kolonialzeitungen, die Manuskripte seiner eigenen Vorfahren und der Mathers und insbesondere die Gerichtsakten der Provinz, in der er eine so große Rolle spielte . Was die selteneren intellektuellen und spirituellen Begabungen eines großen Historikers betrifft – die Weite der Vision, die Weite des Mitgefühls, die historische Vorstellungskraft und die Kraft des Stils – so fehlte es Hutchinson fast völlig. Dass er nicht über die Gabe der historischen Wahrsagerei, die Vision und die göttliche Fähigkeit verfügte, die innere Bedeutung von Menschen und Ereignissen zu erkennen und diese Bedeutung in anmutiger, edler und faszinierender Sprache auszudrücken – Hutchinson war sich selbst teilweise bewusst.

Sein erster Band scheint in dem Bewusstsein geschrieben worden zu sein, dass sein Thema provinziell und sogar von einem begrenzten lokalen Interesse war. Im zweiten Band nimmt man einen heitereren und selbstbewussteren Ton wahr, was wahrscheinlich auf die prompte Anerkennung zurückzuführen ist, die seine Arbeiten damals nicht nur in Massachusetts, sondern auch in England erhalten hatten. Im dritten Band sind Anzeichen einer zunehmenden Leichtigkeit in der Komposition, eines fließenderen und üppigeren Stils und nicht weniger Glückseligkeiten im Ausdruck zu beobachten. Dass er in all diesen Bänden die Wahrheit sagen und Gerechtigkeit üben wollte, ist ebenfalls klar; Zu sagen, dass es ihm nicht ganz gelungen ist, heißt, dass er ein Mensch war. Natürlich wurde der höchste Test historischer Fairness erreicht, als er mit dem Schreiben seines dritten Bandes begann, der in der Tat nicht nur die Geschichte seiner Zeitgenossen, sondern auch seiner selbst und seiner selbst in tiefer und wütender Meinungsverschiedenheit mit vielen war von ihnen. Es gebührt ihm großes Lob, wenn er sagen kann, dass in diesem dritten Band der vorherrschende Ton ruhig, gemäßigt und gerecht ist, mit nur gelegentlichen Versuchen, seine eigene Sache zu vertreten, und nur gelegentlichen Anflügen persönlicher oder politischer Feindseligkeit. Aber niemand sollte sich an die

Lektüre von Hutchinsons „ *History of Massachusetts Bay* " mit der Erwartung herantasten, darin entweder einen brillanten Schreibstil oder eine unterhaltsame Geschichte zu finden. Vom Anfang bis zum Ende gibt es nur wenige Passagen, die man auch nur als herausragend bezeichnen kann – aber fast überall ist ein gleichmäßiger Fluss staatsmännischer Erzählung zu erkennen; streng in der Form; wahrscheinlich ziemlich langweilig für alle, die kein vorheriges Interesse an den besprochenen Themen haben; aber immer relevant, kraftvoll und voller Kern. Trotz Hutchinsons bescheidener Einschätzung seiner eigenen Fähigkeiten im Zeichnen historischer Porträts ist es wahrscheinlich, dass der allgemeine Leser an solchen Porträts herausragender Persönlichkeiten sowohl unter seinen Zeitgenossen als auch unter seinen Vorgängern am meisten interessiert sein wird.

Samuel Peters. – Irgendwo im umstrittenen Land zwischen Geschichte, Fiktion und Burleske wandert ein berüchtigtes Buch, das erstmals 1781 anonym in London veröffentlicht wurde und den Titel „ *A General History of Connecticut* " trägt . Obwohl die Urheberschaft dieses Buches von dem Mann, der es geschrieben hat, nie anerkannt wurde, besteht kein Zweifel daran, dass es das Werk von Samuel Peters war, einem anglikanischen Geistlichen und Loyalisten, einem Mann von beeindruckender persönlicher Präsenz, außergewöhnlichen intellektuellen Ressourcen und starkem Willen. und unausgeglichener Charakter. Er widersetzte sich mit offener und bitterer Aggressivität der damals grassierenden revolutionären Politik. Er segelte im Oktober 1774 nach England. Dort blieb er bis zu seiner Rückkehr nach Amerika im Jahr 1805. In den fünf oder sechs Jahren unmittelbar nach seiner Ankunft in England schien er eine kongeniale Beschäftigung beim Verfassen seiner „Allgemeinen Geschichte von Connecticut" gehabt zu *haben* bedeutet offenbar, eine unsterbliche Rache an dem nüchternen kleinen Staat zu üben, in dem er geboren und aus dem er schändlich vertrieben worden war. Das Ergebnis dieser langen Arbeit des Hasses war eine Produktion, die sich selbst als historisch bezeichnete und von einer zeitgenössischen englischen Zeitschrift – *The Monthly Review* – als „so viele Anzeichen von Parteimilz und müßiger Leichtgläubigkeit" beschrieben wurde, dass sie „des Ganzen unwürdig" sei öffentliche Aufmerksamkeit." Trotz dieser Kritik sowohl damals als auch seitdem erfreut sich diese angebliche *Geschichte* seit mehr als hundert Jahren nicht nur großer öffentlicher Aufmerksamkeit, sondern auch eines sehr beachtlichen Erfolgs in einer Form, die ihr offenbar sehr am Herzen lag Es liegt seinem Autor am Herzen, in der englischsprachigen Welt eine Vielzahl lächerlicher Eindrücke zu verbreiten, zur Schande für die Menschen, von denen es handelt. Es lässt sich nicht leugnen, dass es für einen solchen Dienst höchst bewundernswert gestaltet wurde; denn seine grotesken Erfindungen zur Verunglimpfung einer Gemeinschaft puritanischer Andersdenkender scheinen sich dort und anderswo als geeignete Beute für vorgefertigte Verleumdungen gegen diese Art von Menschen erwiesen zu haben.

Jonathan Carver. – Im Jahr 1763, am Ende jenes berühmten Krieges, der zur Übernahme Kanadas durch die Engländer führte, befand sich in Neuengland ein unternehmungslustiger junger amerikanischer Soldat namens Jonathan Carver, der sozusagen inmitten der drohenden Nichtigkeit des Friedens gestrandet war Zivilisation und die Konfrontation mit einer Perspektive, die für ihn aufgrund ihres Mangels an Abenteuern und vor allem an barbarischer Unruhe und Unbehagen völlig fade war. „Ich begann darüber nachzudenken", so schrieb er einige Jahre später, „nachdem ich meinem Land während des Krieges einige Dienste geleistet hatte, wie ich weiterhin dienstbar bleiben und, soweit es in meiner Macht stand, dazu beitragen könnte, diesen gewaltigen Gewinn zu erzielen." Das von Großbritannien in Nordamerika gewonnene Territorium war für das Land von Vorteil. Zu diesem Zweck beschloss ich, die unbekanntesten Teile von ihnen zu erkunden." Das 1763 von diesem obskuren Provinzkapitän in Neuengland ausgearbeitete Projekt kam der amerikanischen Staatskunst, die unter Präsident Jefferson Meriwether Lewis und William Clark aussandte, um in die Pässe der Rocky Mountains einzudringen und dort ihre Zelte aufzuschlagen, um vierzig Jahre voraus Mündung des Columbia River; obwohl es die kanadische Staatskunst um hundert Jahre vorwegnahm, die in unserer Zeit unter Sir John Macdonald einen eisernen Weg über den Kontinent in seiner größten Breite gebahnt hat.

Es scheint, dass Carver etwa drei Jahre brauchte, um seine Vorbereitungen für das gewaltige Unternehmen abzuschließen, das ihn damals inspirierte. Erst im Juni 1766 – in der politischen Flaute, die durch die Aufhebung des Briefmarkengesetzes verursacht wurde – konnte er beginnen. Nachdem er Albany passiert hatte, stürzte er sich sofort in die Wildnis, die dann ihre raue Herrschaft über die unberechenbaren Gebiete bis zum westlichen Meer ausdehnte. Im Juni 1768 trat er seine Heimreise an. Im darauffolgenden Oktober erreichte er Boston, „nachdem er", wie er sagt, „auf dieser Expedition zwei Jahre und fünf Monate davon abwesend war und in dieser Zeit fast siebentausend Meilen zurückgelegt hatte." Von dort aus machte ich mich, sobald ich mein Tagebuch und meine Karten richtig verdaut hatte, auf den Weg nach England, um die Entdeckungen, die ich gemacht hatte, mitzuteilen und sie dem Königreich zugute zu bringen." Im Jahr 1778, neun Jahre nach seiner Ankunft dort, gelang es ihm, sein edles und faszinierendes Buch *„Reisen durch das Innere Nordamerikas"* herauszubringen . Dies war eine Folge der Veröffentlichung der Geschichte von Carvers Karriere als Entdecker in Amerika und insbesondere der Kämpfe und dem Elend, denen er als amerikanischer Literat in London begegnete, kurz nach seinem Tod im Jahr 1780 Zur künftigen Entlastung verdienter Literaten dort wurde der Grundstein für diese großzügige Stiftung gelegt, die heute unter dem Namen „The Royal Literary Fund" so gefeiert wird. Sein bestes Denkmal ist sein Buch. Als Beitrag zur Geschichte der Entdeckungen im Landesinneren auf diesem Kontinent und insbesondere zu unseren Materialien für wahre und genaue Informationen über die „Sitten, Bräuche, Religion und Sprache der Indianer" ist Carvers Reisebuch von *unübertroffenem* Wert. Abgesehen davon, dass es für die Belehrung wertvoll ist, ist es auch für die Freude wertvoll. Wir haben kein fesselnderes „Indianerbuch" als dieses. Hier liegt der Charme einer aufrichtigen, kraftvollen und sanften Persönlichkeit — der Charme neuer und bedeutsamer Tatsachen, edler Ideen, menschlicher Gefühle, alles wohlgeordnet und rein auf Englisch ausgedrückt. Als Beweis für die europäische Berühmtheit, die sein Buch erlangte, kann auch die Tatsache angeführt werden, dass es eine starke Faszination auf Schiller ausgeübt zu haben scheint, wie man es tatsächlich hätte erwarten können; und Carvers Bericht über eine Ansprache eines Nadowessian -Häuptlings über die Leiche eines ihrer großen Krieger — der an sich ein Stück wahrer Poesie in Prosa war — wurde vom deutschen Dichter in Verse umgewandelt und wurde als sein *Nadowessiers Totenlied berühmt* Das Klagelied gefiel Goethe so sehr, dass er es zu den besten Gedichten Schillers in dieser Richtung zählte und sich wünschte, sein Freund hätte ein Dutzend solcher Gedichte geschrieben. 2

St. John Crèvecœur . — 1782 wurde in London ein amerikanisches Buch veröffentlicht, das mit einem sanften Ton und zugleich mit einer literarischen Anmut und einer Faszinationskraft geschrieben war, die man auf der Westseite des Atlantiks kaum erwarten konnte. Hinter dieser großzügigen Titelseite präsentierte es sich der Öffentlichkeit: „Briefe eines amerikanischen Bauern, die bestimmte Situationen, Sitten und Bräuche in der Provinz beschreiben, die nicht allgemein bekannt sind, und eine Vorstellung von den späten und gegenwärtigen inneren Verhältnissen der britischen Kolonien vermitteln." in Nordamerika: zur Information eines Freundes in England geschrieben von J. Hector St. John, einem Landwirt in Pennsylvania." Der so auf dem Titelblatt angegebene Name des Autors war nicht sein vollständiger Name, sondern nur der Taufteil davon. Indem er in dem Buch seinen Nachnamen, der Crèvecœur war, wegließ, wollte er vor der englischen Öffentlichkeit die Tatsache verschleiern, dass er zwar Amerikaner, aber kein englischer Amerikaner war, was kaum zu seiner Begrüßung bei ihnen hätte beitragen können ein Franzose, der 1731 in der Normandie geboren wurde und aus einer dortigen Adelsfamilie stammte. Während Crèvecœur eigentlich ein amerikanischer Bauer war, war er ein gebildeter, gebildeter Mann mit vielfältigen Erfahrungen in der Welt. Als er noch ein sechzehnjähriger Junge war, war er von Frankreich nach England gezogen; mit nur dreiundzwanzig Jahren war er nach Amerika ausgewandert.

Als Bericht über die amerikanischen Kolonien erhebt dieses Buch weder den Anspruch auf Systematik noch auf Vollständigkeit; und doch erreicht es eine gewisse Breite der Behandlung, indem es bestimmte repräsentative Merkmale der drei großen Koloniengruppen – der nördlichen, der mittleren und der südlichen – aufgreift. Es gibt in diesem Buch zwei unterschiedliche Töne – einen von großem Frieden, einen von großem Schmerz. Der frühere und größere Teil des Buches vermittelt diese Friedensnote: Es handelt sich um eine Prosa-Pastorale über das Leben in der Neuen Welt, wie sich dieses Leben am Ende einem gut ausgebildeten amerikanischen Bauern mit poetischem und optimistischem Temperament offenbart haben muss Phase unserer Kolonialzeit und kurz vor dem Aufruhr und der Bitterkeit der großen Unruhen. Dieser Friedenston bleibt in der ersten Hälfte des Buches und darüber hinaus erhalten. Erst in der zweiten Hälfte beginnt der Autor damit, die Sklaverei im äußersten Süden, die harten Beziehungen zwischen den Kolonisten und den Indianern und schließlich den Ausbruch des Bürgerkriegs zu beschreiben, und sein Buch erhält seine zweite Note – die Note des Schmerzes. Durch die Einbeziehung dieser düsteren und qualvollen Aspekte des Lebens in Amerika gewinnt das Buch, wie am deutlichsten zu erkennen ist, sowohl an Authentizität als auch an literarischer Stärke. Es ist nicht schwer zu verstehen, warum zu einer solchen Zeit ein Buch wie dieses bald in die Sprachen Europas gelangt sein sollte, insbesondere in die Sprachen Frankreichs, Deutschlands und Hollands. noch warum es eine Vielzahl von Lesern in allen Teilen des Kontinents fasziniert und viele von ihnen – vielleicht zu viele von ihnen – sogar dazu verleitet hat, ihr Glück in diesem unbeschwerten und gastfreundlichen Teil des Planeten zu versuchen, wo der Kampf ums Dasein beinahe zu Ende zu sein schien Sache unbekannt. Auch in England fand das Buch, wie selbstverständlich, große und wohlwollende Beachtung; Sein Lob hielt unter englischen Literaten mindestens bis zur Zeit von Hazlitt und Charles Lamb an; während seine idealisierte Behandlung des ländlichen Lebens in Amerika durchaus nachweisbare Auswirkungen auf die Fantasie von Campbell, Byron, Southey und Coleridge hatte und nicht wenige Materialien für so fesselnde und luftige Pläne der literarischen Kolonisierung in Amerika wie das der „Pantisokratie“ lieferte.

DAS NEUNZEHNTE JAHRHUNDERT

I. DIE HISTORIKER

Früher Mangel an guten Schriftstellern. – Unter den bewusst nützlichen Formen der Literatur gibt es keine, in der sich die amerikanischen Literaten nach allgemeiner Zustimmung so einheitlich hervorgetan haben wie in der Geschichte. Bradford und Winthrop sind im 17. Jahrhundert unter ihren Landsleuten ebenso auffällig und vor der Welt ebenso respektabel wie Prescott und Parkman im 19. Jahrhundert. Prince und Stith sind genauso gewissenhaft – und fast so langweilig – wie die wissenschaftlichsten modernen Studenten; und wenn Hutchinson nach den vorherrschenden Maßstäben seiner Zeit beurteilt wird, wird man feststellen, dass er nicht weniger fleißig oder vernünftig ist, als Adams und Rhodes heute angenommen werden. Tatsächlich gibt es in unserer Literatur nur eine Periode, in der es an Historikern mit hervorragenden Leistungen mangelt, und diese Periode fällt in die Jahre unmittelbar nach der Revolution, genau in die Jahre, in denen wir am meisten mit einer Blüte der Geschichtsschreibung rechnen sollten; Denn die letzten Jahre des 18. Jahrhunderts scheinen, wenn wir auf sie zurückblicken, voller Ermutigung für den Nationalstolz zu sein. Im Jahr 1781 hatte Lord Cornwallis in Yorktown kapituliert. Im Jahr 1783 erkannte König Georg die Unabhängigkeit seiner aufständischen Untertanen in Amerika an. Auf der Grundlage einer seit langem bekannten Verfassung errichteten sie bald eine föderale Regierung auf kontinentaler Ebene. Die Vorhersage von Jeffersons Erklärung schien gerechtfertigt zu sein. Die Vereinigten Staaten waren bereit, „unter den Mächten der Erde jene getrennte und gleichberechtigte Stellung einzunehmen, zu der die Naturgesetze und der Gott der Natur sie berechtigen".

Auf Volksrevolutionen wie diese folgte oft eine Periode großer literarischer Fruchtbarkeit, insbesondere in der Geschichte. So erwies es sich in Holland, in Frankreich, in Italien. Aber in Amerika geschah nichts dergleichen. In den 25 Jahren nach Yorktown, in denen es kaum Literatur jeglicher Art gibt, gibt es außerordentlich wenige historische Autoren, die sich umfassend mit großen Themen befassen. Natürlich gab es Kriegsberichte von Kriegsteilnehmern und Lobrednern. Dazu gehörten David Ramsays „History of the American Revolution" (1789), Mrs. Mercy Warrens „Rise, Progress, and Termination of the American Revolution" (1805) und die „History of the American Revolution", die 1819 unter dem Titel „History of the American Revolution" erschien Name Paul Allen. Aber keines dieser Werke weist eine Weitsicht auf, und keines zeichnet sich durch literarische Qualitäten aus. Sie erfüllen jedoch einen guten Zweck, indem sie das Gefühl der Revolution widerspiegeln. Dies gilt insbesondere für das Buch von Frau Warren. Sie war eine Schwester von James Otis, dessen Argument gegen die Unterstützungsschreiben von 1761 den Beginn der revolutionären Agitation markierte, und die Frau von General Joseph Warren, der auf Bunker Hill fiel; und ihre Vertrautheit mit diesen und anderen Patrioten Neuenglands verleiht ihrer vergessenen Diskursivität einen gewissen repräsentativen Wert. Ein ähnlicher Wert wird auch dem besser lesbaren, aber nicht weniger bitteren „Leben des James Otis, enthaltend Mitteilungen über zeitgenössische Charaktere und Ereignisse" von William Tudor beigemessen; Ebenso, wenn auch in geringerem Umfang, auf mehrere andere frühe Biografien revolutionärer Würdenträger, von denen das „Leben von George Washington" in fünf Bänden (1804–1807) am gewichtigsten ist, das auf seinen Originalarbeiten basiert und von seinen Kollegen zusammengestellt wurde -Virginian John Marshall, später als Oberster Richter des Obersten Gerichtshofs bekannt. Für Studenten der amerikanischen Geschichte ist dies ein nützliches Buch, wie es ein Mann mit Marshalls Fähigkeiten nicht umhin konnte, wenn er sich mit Themen befasste, mit denen er durchaus vertraut war und an denen er großes Interesse hatte. Aber es ist hastig geschrieben, viel zu lang und, abgesehen von seiner Parteilichkeit, völlig farblos. Dennoch nimmt es unter seinen Zeitgenossen einen relativ hohen Stellenwert ein, da es insgesamt nur wenige und schwache amerikanische Autoren zur Nationalgeschichte der Jahre 1780–1820 gibt.

Ursachen dieser Minderwertigkeit. – Zur Erklärung dieses Umstandes wurden verschiedene Vermutungen aufgestellt. Zweifellos beraubte die Ächtung der Loyalisten nach dem Krieg die dreizehn Staaten des Reichtums und der Intelligenz, die der amerikanischen Literatur andernfalls eine amerikanische Unterstützung geboten hätten. Aber die Auswirkungen dieses sozialen Verlusts auf die Briefe werden leicht übertrieben. Die Schnelligkeit, mit der ernsthafte englische Bücher in Amerika nachgedruckt wurden, selbst in den Jahren, in denen es, wie Goodrich feststellte, „der kommerziellen Kreditwürdigkeit eines Buchhändlers positiv schadete, amerikanische Werke zu übernehmen", beweist hinreichend, dass es immer noch ein Lesepublikum gab. Ein weiterer Grund dafür, dass es in den frühen Jahren unseres nationalen Lebens nur wenige Historiker gab, könnte in der übertriebenen Wertschätzung liegen, die die meisten Amerikaner damals bestimmten abstrakten und daher absoluten Theorien in der Politik beimaßen. Vor allem unter den Führern der Antiföderalistischen oder Demokratischen Partei entwickelte sich eine Art politische Orthodoxie. Ihre Partei wurde zu einer Partei mit einem Glaubensbekenntnis, aber ohne Programm. In den Südstaaten entwickelten sie zur Verteidigung ihrer Prinzipien eine umfangreiche Literatur politischer und wirtschaftlicher Theorie, die an Vielfalt der Argumente, Subtilität der Argumentation und

Klarheit der Darstellung alles übertraf, was der Norden vorweisen konnte. Aber währenddessen appellierten sie an den unveränderlichen Text schriftlicher Verfassungen oder an die uralten Vorschriften des Naturrechts; In der Geschichte wirkten sie wie eine langweilige Geschichte von Unwissenheit und Irrtum. Die Föderalisten hingegen waren, ebenso wie die Whigs und die Republikaner, die ihnen folgten, eher eine Partei der Maßnahmen als der Prinzipien. Für ihre praktischen Ziele war die Kenntnis der menschlichen Erfahrung nützlich. Sie neigten daher zu historischen Studien, und in Neuengland, wo ihr Einfluss am stärksten gewesen war, traten schließlich die bedeutendsten amerikanischen Historiker auf. Aber selbst der stärkste Föderalist unter den Zeitgenossen Jeffersons konnte in den jüngsten Erfahrungen der Nation insgesamt wenig erkennen, was patriotischen Eifer anregen könnte. Nach Einschätzung von Menschen, die noch nicht daran gewöhnt waren, „kontinental zu denken", hatte die neue Regierung wenig Segen gebracht: Ihre Lasten schienen unzählbar. Die Steuern waren hoch. Das Geld war schlecht und auch knapp. Die Revolution hatte die Fesseln der traditionellen Autorität gelockert und es herrschte innere Unruhe. Die gegenseitigen Verpflichtungen, die England und die Vereinigten Staaten im Frieden von 1783 eingegangen waren, wurden von beiden Seiten missachtet; und ein neuer Vertrag, dessen Bestimmungen die überwiegende Mehrheit der Amerikaner als demütigend für sich selbst und als unehrenhaft gegenüber ihren französischen Verbündeten empfand, diente hauptsächlich dazu, interne Meinungsverschiedenheiten zu verlängern, indem er die widersprüchlichen Sympathien der Föderalisten mit England und der Demokraten als unwillkommenes Thema in die amerikanische Politik einführte mit Frankreich. Was für ein Wunder also, dass diejenigen, die sich überhaupt mit der Geschichte Amerikas befassten, sich von der Union abwandten und sich ihren verschiedenen Staaten zuwandten, von denen ihrer Ansicht nach durch die Ereignisse der Revolution jeder für sich souverän geworden war. Ihr Temperament kommt im Titel von David Ramsays „History of the Revolution of South Carolina from a British Province to an Independent State" (1785) gut zum Ausdruck. Auf Ramsays „South Carolina" folgten bald Belknaps „New Hampshire" (1784–92), Prouds „Pennsylvania" (1797), Minots „Continuation of the History [Hutchinson's] of Massachusetts" (1798) und Burkes „Virginia" (1804).), Williamsons „North Carolina" (1812) und Trumbulls „Connecticut" (1818). Unter diesen Büchern nimmt Belknaps zu Recht den höchsten Rang ein. Sein Stil ist energisch und flexibel, und nach Meinung von de Tocqueville „wird der Leser von Belknap allgemeinere Ideen und mehr Denkstärke finden, als man bei anderen amerikanischen Historikern" derselben Zeit antreffen kann.

Washington Irving. – Das Leben von Washington Irving als Literat wird an anderer Stelle in diesem Band verfolgt; Aber in keinem noch so kleinen

Bericht amerikanischer Geschichtsschreiber darf sein Name fehlen. Die mühsameren Wege des Historikerberufs beschritt er selten. Forschung war seinem Temperament fremd, und in seinen Geschichten gibt es nur wenige Hinweise auf Autoritäten. Er erhebt nicht den Anspruch, neue Tatsachen offenzulegen oder auch nur neue Theorien über bereits bekannte Tatsachen aufzustellen. Aber „die malerischen Weiten des Erdraums und die romantische Abgeschiedenheit der Geschichte" beflügelten seine Fantasie, und seine Reisen, die für einen Amerikaner seiner Zeit ausgedehnt waren, führten zu bleibenden Ergebnissen in einer Reihe von Büchern, die sich mit den Ländern und teilweise mit ihnen befassten die Geschichte der Länder, die er besuchte. Ein Grund dafür, dass er die nicht allzu ernsten Aufgaben eines *Attachés* der amerikanischen Gesandtschaft in Madrid übernahm, war Minister Everetts Vorschlag, in Navarretes Werk über die Reisen und Entdeckungen der Spanier eine englische Version der Amerika betreffenden Angelegenheit zu verfassen Ende des 15. Jahrhunderts, das damals erst kürzlich veröffentlicht worden war. Dieses Projekt wurde nun in Irvings „Leben und Reisen des Christoph Kolumbus, zu dem auch die seiner Gefährten hinzugefügt werden" (1828) ausgeweitet. Im nächsten Jahr folgte „Die Eroberung von Granada" und 1832 „Geschichten von der Alhambra". Nach seiner Rückkehr nach Amerika unternahm Irving ausgedehnte Reisen westlich des Mississippi und veröffentlichte bald darauf „Astoria" (1836) und „The Adventures of Captain Bonneville" (1837). Von diesen Büchern, die neben einem unbedeutenden „Life of Mahomet and his Successors" (1849) und einem fünfbändigen „Life of Washington" (1855–59) Irvings historische Schriften darstellen, ist „Columbus" zu Recht das am meisten geschätzte . Sein Autor erhielt die Goldmedaille der Royal Society of Literature und den Oxford-Abschluss des DCL, und das nicht ohne Grund, denn es verkörpert in einer gekonnten Erzählung nicht nur den Inhalt von Navarretes Dokumenten, die Irving getreu in exzellentes Englisch übersetzt hat , sondern auch die Ergebnisse anderer Studien, die für ihn außerordentlich gründlich waren. Seit Irving geschrieben hat, beschäftigt sich die moderne Kritik intensiv mit dem Leben von Kolumbus. Die Erzählungen von Ferdinand Kolumbus und von Las Casas, auf die er sich größtenteils stützte, sind etwas in Misskredit geraten, und der Charakter des Entdeckers selbst ist nicht ganz verschwunden. Es lässt sich auch nicht leugnen, dass Irvings lebhafte Fantasie ihn dazu veranlasste, seinen Bericht über bestimmte dramatische Passagen im Leben von Kolumbus mit Details auszuschmücken, die zwar an sich nicht unwahrscheinlich, aber nicht durch dokumentarische oder andere direkte Beweise gestützt werden. Aber der Versuch einiger späterer Autoren, insbesondere von Irvings Landsmann Winsor, ihn aus diesem Grund zu diskreditieren, ist unbegründet. Irvings Faktenerzählung im „Columbus" basiert gewissenhaft auf Primärquellen; und seine Urteile sind im Großen und Ganzen vernünftig, auch wenn sie gelegentlich übermäßig nachsichtig gegenüber seinem Helden sind. Kolumbus war vielleicht nicht in jeder Hinsicht ein solcher Mann, wie Irving ihn darstellt, aber für den Leser ist es zumindest erfreulich zu glauben, dass er ein solcher Mann war.

Beim Schreiben seiner „Chronik der Eroberung von Granada aus dem MSS. von Fray Antonio Agapida", griff Irving auf ein Mittel zurück, das er bereits mit Erfolg eingesetzt hatte. Fray Antonio ist nicht weniger mythisch als der „kleine ältere Herr, gekleidet in einen alten schwarzen Mantel und Dreispitz, namens Knickerbocker", der ihn in seinen Zimmern im Independent Columbian Hotel zurückgelassen haben soll: „ „Eine sehr seltsame Art von Buch in seiner eigenen Handschrift", das, da es gerade gedruckt wurde, „um die Rechnung für seine Unterkunft und Verpflegung zu bezahlen", seinem eigentlichen Autor erste Popularität einbrachte. Auch „Granada" kann keinen größeren Anspruch darauf erheben, als authentische Geschichte zu gelten, als Irvings burlesker Bericht über New York „vom Anfang der Welt bis zum Ende der niederländischen Dynastie". Es ist natürlich nicht überwiegend humorvoll; Aber in Wirklichkeit handelt es sich lediglich um einen historischen Liebesroman, geschmückt mit Fragmenten alter Chronisten. Darin ließ Irving seiner Fantasie freien Lauf; und aus diesem Grund ist es das lesenswerteste seiner spanischen Bücher.

Seine Schriften zur amerikanischen Geschichte sind weniger sympathisch. Die Sache mit „Captain Bonneville" war in ihren Fakten in Ordnung, aber sie enthielt zu wenig Letzteres, um Irvings romantische Fantasie anzuregen, und sie blieb unter seiner prägenden Hand kalt und fast grob. In der Gründung der Siedlung, mit der ein Metzgerjunge aus Waldorf den mächtigen Fluss des Westens an sich zu reißen hoffte, steckte auch der Stoff „der Romantik", den Irvings „Astoria, or Anecdotes of Enterprise beyond the Rocky Mountains" transportieren sollte der Leser zu

die ununterbrochenen Wälder , in denen der Oregon rollt und kein Geräusch außer seinen eigenen Sprüngen hört.

Tatsächlich bringt es seine Gedanken immer wieder zurück zu den Geschäftsbüchern eines zu wohlhabenden Kontohauses. Irving konnte sich nie mit ganzem Herzen für das „Leben Washingtons" einsetzen. Das Buch war das Aufgabenwerk seiner letzten Jahre. Dies geschah auf Anregung unternehmungslustiger Verleger, denen er umso mehr zuhörte, als die Zahl der von ihm abhängigen Personen zunahm, je geringer die Einnahmen aus seinen früheren Werken waren. Seine Zusammensetzung war von Anfang an langwierig. Als die Bände endlich erschienen, erreichten sie einen ausgesprochenen *Erfolg*; Aber das Werk zeigt weder den festen Griff seines Themas noch die anhaltende Kraft der Behandlung, die es zu einer der großen Biografien zählen könnte. Es ist vielmehr eine Geschichte der

Vereinigten Staaten in der zweiten Hälfte des 18. Jahrhunderts. Es enthält unterhaltsame Anekdoten, anschauliche Beschreibungen von Schlachten und starkes amerikanisches Gefühl. Aber von Washington selbst ist nur ein blasser Schatten zu sehen.

Irvings Stellung in der amerikanischen Geschichtsschreibung ist eigenartig. Er war nicht in erster Linie Historiker. In gewisser Weise steht er außerhalb der Hauptströmungen unserer Geschichtsschreibung. Dennoch hatte er großen Einfluss auf ihren Kurs. Seine „Knickerbocker-Geschichte von New York", im Wesentlichen ein humorvolles Werk, wurde von mehreren seiner Mitbürger ernst genommen, die dadurch, sehr zu Irvings Belustigung, dazu angeregt wurden, umfangreiche Studien in der lokalen Geschichte durchzuführen, um ihr Niederländisch zu verbessern Vorfahren vor seinem Spott. Er war der erste unter den amerikanischen Literaten, der historische Themen für die Ausübung seines Fachs wählte, und wurde so zum Begründer der „malerischen Schule" amerikanischer Historiker, zu deren Anhängern Prescott, Motley und Parkman gehören. Und er war der Erste, der die Faszination spürte, die die Macht Spaniens in der Alten wie in der Neuen Welt seitdem ununterbrochen auf amerikanische Geschichtsschreiber ausübt.

Die New England School. – Als die Ereignisse von 1814, die Europa einen längeren Frieden versprachen, auch dem zweiten Krieg zwischen Großbritannien und seinen ehemaligen Kolonisten ein Ende gesetzt hatten, war das Volk der Vereinigten Staaten endlich von seiner langen Unterwürfigkeit gegenüber den ererbten Feindseligkeiten befreit Europas, wandte sich mit zuversichtlicher Hochstimmung den künftigen Problemen Amerikas zu. Im nächsten halben Jahrhundert, während die Grenze vom Ohio zum Mississippi, zum Missouri, zu den „Great Stony Mountains" und darüber hinaus bis zu den Küsten des Pazifiks vorrückte, war der westliche Mensch zu sehr damit beschäftigt Das geschäftige Geschäft, ein Imperium aufzubauen, muss Zeit finden, seine Annalen zu schreiben. Daher gab es nur in Neuengland , in dem Teil des Landes, der am weitesten vom Lauf dieses atemlosen Ansturms über den Kontinent entfernt war, sowohl die Muße als auch den Reichtum, die für das Studium historischer Bücher und Dokumente erforderlich waren. Zu Reichtum und Muße müssen wir darüber hinaus – als wichtige Voraussetzungen für die historische Produktivität Neuenglands – literarische und politische Traditionen, den Besitz von Dokumenten und anderen Forschungsinstrumenten und schließlich den allgemeinen intellektuellen Ton der äußersten östlichen Staaten hinzufügen – der Teil des Landes, der am stärksten von der Zivilisation Europas betroffen ist. Wie Tyler betont, fand die früheste Entwicklung der Neuengland-Briefe in den Bereichen halbliterarischer Bemühungen statt, die darauf abzielen, die Instrumente bereitzustellen oder die Taten von

Staatsmännern in der Redekunst und in der Geschichte aufzuzeichnen. Und als am Ende der Napoleonischen Kriege der intellektuelle Einfluss Europas auf Amerika wieder zu erwachen begann und die Kräfte, die auf dem Kontinent die Revolution von 1830 hervorbringen sollten, dazu beitrugen, auf dieser Seite des Atlantiks den demokratischen Aufruhr zu entfachen Während der Jackson-Ära ist es nicht verwunderlich, dass die neuen literarischen Bestrebungen, die sich weitgehend in Belletristik und Poesie manifestierten, in Neuengland die Form historischer Erzählungen annahmen. Die Art und Weise dieser neuen historischen Bewegung wurde zu einem großen Teil durch den Einfluss der deutschen Wissenschaft bestimmt. Von Göttingen aus schrieb George Ticknor, der spätere Historiker der spanischen Literatur, 1815 an seinen Vater und beklagte die „beschämende Distanz zwischen einem europäischen und einem amerikanischen Gelehrten". „Wir wissen nicht", sagte er, „was ein griechischer Gelehrter ist; Wir kennen nicht einmal den Prozess, durch den ein Mensch zu einem gemacht werden soll." Und in diesen kahlen Hallen des alten Georgia Augusta, zu Füßen von Heeren und Eichhorn und Dissen und Blumenbach, lebten andere dankbare Neu-Engländer – darunter George Bancroft und Edward Everett zu Ticknors Zeiten und Longfellow und Motley zu späterer Zeit – etwas über den Geist der kontinentalen Wissenschaft gelernt. In diesem Sinne versuchte die New England School of History im Großen und Ganzen zu arbeiten. Sie wurden zweifellos etwas von der Wertschätzung abgelenkt, die ihre Landsleute immer noch dem ausgefeilten Formalismus von Rednern wie Webster und Everett entgegenbrachten, und auch, was zu ihrem Vorteil war, von ihrer eigenen Bewunderung für die Bildhaftigkeit Irvings, dessen Beispiel sie ermutigte sie sollen ausländische Themen bevorzugt behandeln. Dennoch standen sie fest auf ihrem Heimatboden. Geboren in einem Volk, dessen Temperament zwar von einem Anflug von Idealismus durchdrungen und zuweilen sogar von einem Anflug von Vorstellungskraft durchdrungen war, das aber im Grunde immer noch nüchtern war, waren sie zu ehrlicher Sorgfalt bei der Untersuchung veranlagt und, außer wenn die Versuchungen der Rhetorik sie verführten, auf die Richtigkeit der Aussage.

So behielten selbst diejenigen Historiker der New England School, die nicht die Vorteile europäischer Studien genossen hatten, die meisten Charakterzüge derjenigen, die dies genossen hatten. Wenn Jared Sparks, ein einheimischer Gelehrter, der *The North American Review* in seinen frühen Tagen (1817–18, 1823–30) erfolgreich leitete und Professor für Geschichte (1839–49) und Präsident (1849–53) von Harvard wurde Hätte er an der Universität die Standards von Ranke und der „Monumenta Germaniæ Historica" besser verstanden, hätte er sich bei der Herausgabe der „Diplomatischen Korrespondenz der Amerikanischen Revolution" (1829–30, 12 Bände) möglicherweise tatsächlich weniger Spielraum eingeräumt, als er tatsächlich hatte. , die „Werke von Benjamin Franklin" (1836–40, 10 Bände) und insbesondere das „Leben und Schreiben von George Washington" (1834–37, 12 Bände). Aber das Ausmaß seiner Schuld wurde von einigen seiner Kritiker stark übertrieben, und selbst die strengste Ausbildung hätte die Sorgfalt, mit der er diese und andere weniger wichtige Quellen unserer Revolutionsgeschichte bewahrte, nicht steigern können. Die Erwähnung von Sparks lässt natürlich den Namen von Peter Force (1790–1868) vermuten, einem weiteren fleißigen Faktensammler. Forces „American Archives ... a Documentary History" usw. (1837–53, 9 Bände, unvollständig gelassen) wurde vom Kongress veröffentlicht.

Wenn wir zu den berühmteren Autoren der sogenannten klassischen Periode der Geschichtsschreibung in Amerika übergehen, entdecken wir zwei einigermaßen unterschiedliche Tendenzen. Die eine Tendenz zeigt sich bei jenen Männern, die vom Geist der Zeit und des Ortes zum Schreiben geführt wurden und die aus leidenschaftlichem Interesse und tiefem Glauben an das Land und seine politischen und sozialen Institutionen über Amerika schrieben. An erster Stelle dieser Männer steht George Bancroft. Die andere Tendenz zeigt sich bei Prescott, Motley und Parkman, die, obwohl sie in derselben Atmosphäre ausgebildet wurden, die ersten Literaten und später Amerikaner waren. Sie suchten nicht nach nationalen und politischen, sondern nach malerischen und dramatischen Themen, und diese Themen lagen größtenteils außerhalb der Geschichte ihres eigenen Landes.

George Bancroft. – Bancroft verbrachte den größten Teil seines langen Lebens (1800–91) mit seinem monumentalen Werk „Geschichte der Vereinigten Staaten", einem Werk, das unter den historischen Schriften über Amerika einen hohen Stellenwert einnimmt. Sein Ziel war es, wie er im Vorwort zu seinem ersten Band (1834) verkündet, „eine Geschichte der Vereinigten Staaten von der Entdeckung des amerikanischen Kontinents bis zur Gegenwart" zu schreiben. Obwohl er mit jahrelanger Arbeit zur Vollendung der Aufgabe rechnete, konnte er weder vorhersehen, dass sie mehr als ein halbes Jahrhundert seines fleißigen Lebens in Anspruch nehmen würde, noch dass die Geschichte selbst kurz vor dem eigentlichen Beginn der Republik enden würde. Bancroft war ein Schriftsteller, der von seinem Thema inspiriert und von der Konzeption seines Unternehmens begeistert war. Sehen Sie sich die Eröffnungssätze an:

Die Vereinigten Staaten von Amerika bilden einen wesentlichen Teil eines großen politischen Systems, das alle zivilisierten Nationen der Erde umfasst. In einer Zeit, in der die Kraft der moralischen Meinung rasch zunimmt, haben sie Vorrang bei der Ausübung und Verteidigung der gleichen Rechte der Menschen. Die Souveränität des Volkes ist hier ein anerkanntes Axiom, und die auf dieser Grundlage erlassenen Gesetze werden mit treuem Patriotismus geschätzt. Während die Nationen Europas nach Veränderung streben, erregt unsere Verfassung die liebevolle Bewunderung der Menschen, durch die sie geschaffen wurde....

Charakteristisch ist der rhetorische Charakter der Passage. Kritiker neigten dazu, den Stil der „Geschichte" als extravagant und pervers zu betrachten. Sie haben vielleicht dazu geneigt, den Einfluss des aufrichtigen Enthusiasmus und des starken Patriotismus der frühen Tage der nationalen Organisation und des nationalen Wachstums zu übersehen. Das Buch entsprach zweifellos dem Geist und den nationalen Idealen der Zeit. Beachten Sie den Tenor der zeitgenössischen Meinung. Bancrofts Freund Edward Everett verschlang den ersten Band, als er aus der Presse fiel, und beeilte sich, dem Autor zu gratulieren (5. Oktober 1834): „Ich denke, dass Sie ein Werk geschrieben haben, das so lange bestehen bleibt, wie die Erinnerung an Amerika währt; und das sofort seinen Platz unter den Klassikern unserer Sprache einnehmen wird ... Ich könnte Sie fast beneiden, ein so edles Thema gefunden zu haben, obwohl es noch so jung war." Was die Methode betrifft, so wurde die „Geschichte" von A. H. L. Heeren, dem deutschen Historiker und Bancrofts früheren Lehrer in Göttingen, großzügig für seine „überaus gewissenhafte Sorgfalt" gelobt. Es war jedoch unvermeidlich, dass der patriotische Eifer und der zuversichtliche Ton des Buches klugen Köpfen eine Gefahr und eine Quelle der Schwäche nahelegten. „Lassen Sie mich Sie bitten", schreibt Gouverneur John Davis, der Schwager des Autors, „lassen Sie nicht zu, dass sich Partisanen in die Arbeit einschleichen." Füllen Sie es nicht mit irgendwelchen gegenwärtigen Gefühlen oder Gefühlen des Augenblicks, die Ihrem Geist Impulse geben könnten ... Der Historiker ist der Aufzeichner der Wahrheit und nicht seiner eigenen abstrakten Meinungen." In noch einfacherer Sprache beklagte sich Thomas Carlyle darüber, dass Bancroft zu didaktisch sei und sich „zu sehr auf den Ursprung allgemein bekannter Dinge, auf das Lob von Dingen, die nur teilweise lobenswert und nur geringfügig wichtig sind", konzentriert habe. Und zu einem späteren Zeitpunkt (1852) schrieb Henry Hallam: „Ich stimme nicht mit all Ihren Einschränkungen gegenüber englischen Staatsmännern und England überein, weder inhaltlich noch, noch mehr, im Ton ... Es gab Fehler, aber ich glaube nicht, dass alle auf einer Seite waren. Auf jeden Fall hätte ein gemäßigterer Ton mehr Gewicht. Ein Historiker hat das hohe Amt, die Waage zu halten." Inmitten öffentlicher Angelegenheiten und politischer Pflichten schritt die große Arbeit der „Geschichte" voran. Ein zweiter Band erschien 1837 und ein dritter 1840. Diese Bände deckten die Kolonialzeit bis 1748 ab. Ihr überwältigender Erfolg trug dazu bei, dass Bancroft 1846 zum Minister für England ernannt wurde; und dort, wie auch später in Deutschland, eröffneten ihm seine offizielle Position und sein etablierter Ruf ungewöhnliche Vorräte an historischem Material. Er schreibt aus England an Prescott, seinen „Bruder des Altertumsforschers": „Ich bekomme hervorragende Materialien und bin überzeugt, dass hundert das gleiche Thema behandeln sollten, aber nicht." Wenn sie es mit mehr Herzblut tun als ich, sehen Sie dann nicht, dass ich als guter Bürger der Republik applaudieren und mich darüber freuen muss, übertroffen zu werden?" Unter diesen Umständen ist die demokratische Demut des Mannes vielleicht etwas übertrieben; obwohl die ungewöhnlichen Reichtümer, die ihm zur Verfügung gestellt wurden, durchaus Anlass zum Stolz gegeben hätten, denn sowohl öffentliche als auch private Sammlungen von großem Wert standen ihm uneingeschränkt zur Verfügung. Eine konkurrenzlose Sammlung historischer Manuskripte (jetzt in der Lenox Library, New York City) zeugt von seiner Gründlichkeit und Weisheit bei der Nutzung außergewöhnlicher Vorteile.

Doch nachdem sich Bancroft einmal in London niedergelassen hatte, gerieten seine literarischen Arbeiten bald in den Hintergrund. Er gesteht 1849: „Hier in London ist Schreiben unmöglich ... Herr Macaulay sagt, ein Mann kann immer nur eine Sache gut machen ... Ich bin seiner Meinung, jetzt, wo ich ins hohe Alter komme ." Die achtzehn Jahre Privatleben zu Hause, die auf den Dienst in England folgten (1846–49), waren viel produktiver. Zwischen 1849 und 1867 wurden sechs weitere Bände (IV. bis IX.) der „History" herausgebracht, ein Band mit „Literary and Historical Miscellanies" (1855) und die offizielle Laudatio auf Abraham Lincoln im Repräsentantenhaus (1866). Eine Passage aus den „Miscellanies" über die Geschichtsauffassung zeigt Bancrofts Stil in seiner eher rednerischen Manier:

Aber die Geschichte, die im Schoß der Ewigkeit ruht, sieht, wie der Geist der Menschheit selbst mit formenden Bemühungen beschäftigt ist, Wissenschaften aufbaut, Gesetze verkündet, Gemeinwesen organisiert und seine Energien in der sichtbaren Bewegung seiner Intelligenz zur Schau stellt. Von allen Beschäftigungen, die einer Analyse bedürfen, steht die Geschichte daher an erster Stelle. Es ist gleichbedeutend mit Philosophie; Denn so gewiss wie die tatsächlichen Körper das Ideal hervorbringen, so gewiss enthält auch die Geschichte Philosophie. Es ist großartiger als die Naturwissenschaften; denn sein Studium ist der Mensch, das letzte Werk der Schöpfung und das vollkommenste in seinen Beziehungen zum Unendlichen.

Mit Genugtuung nahm Bancroft 1867 den Ministerposten in Berlin an und behielt ihn bis 1874. Die Ehre könnte Bancrofts Belohnung für das Verfassen der ersten Jahresbotschaft von Präsident Johnson (1865) gewesen sein. Zum Abschluss des Ministeriums erschien der zehnte Band der Geschichte: „Die amerikanische Revolution. Fortsetzung der vierten Epoche. Frieden zwischen Amerika und Großbritannien, 1778–82" (1874). Und das im Alter von vierundsiebzig Jahren!

Es war natürlich unmöglich, dass Bancroft in seinem fortgeschrittenen Alter sein Werk wie ursprünglich geplant durch das 19. Jahrhundert führen konnte. Stattdessen beschloss er, die Geschichte der Organisation der Bundesregierung zu schreiben. Im Jahr 1882 erschien dementsprechend seine „History of the Formation of the Constitution of the United States of America" (2 Bände). So hatte er im Alter von zweiundachtzig Jahren in zwölf großzügigen Bänden etwas verfasst, das man als Einführung in die Geschichte des Landes bezeichnen könnte. Es ist tatsächlich mehr als das, denn wie der Autor selbst irgendwo bemerkt, beginnt die Geschichte der Vereinigten Staaten mit dem vereinten Widerstand der Kolonien gegen Großbritannien.

Als historischer Schriftsteller gehört Bancroft zur Zeit seiner ersten Bände und nicht zu der seiner letzten. Seine Interpretation von Menschen und Ereignissen basiert auf seiner politischen Philosophie, und seine politische Philosophie war ein Erbe aus der Zeit von Andrew Jackson. Dieser Philosophie blieb er treu. Der deutsche Historiker Ranke sagte einmal zu ihm: „Ihre Geschichte ist das beste Buch, das jemals aus demokratischer Sicht geschrieben wurde." Bancroft war sich seiner demokratischen Voreingenommenheit bewusst; aber er hätte energisch bestritten, dass diese Voreingenommenheit seiner Offenheit einen subjektiven Makel verlieh oder seinem Urteil einen Anflug von Parteilichkeit verlieh. Die „Geschichte" wurde als „Epos der Freiheit" bezeichnet. Es ist eine philosophische, manchmal rhapsodische – keine wissenschaftliche – Geschichte. Es behandelt ein heroisches Thema auf heroische Weise. Die jüngste Kritik an seiner Methode und seinen politischen Theorien verschleiert tendenziell die Brillanz seiner Verdienste um die amerikanische Geschichtsschreibung. Über den ernsthaften Geist, mit dem er seine Aufgabe in Angriff nahm, die anspruchsvolle Suche in zeitgenössischen Quellen, die unaufhörliche Hingabe an die Wahrheit und einen schonungslosen und erstaunlichen Fleiß hinaus, bedarf der breite und nationale Charakter der gesamten Leistung dankbarer Anerkennung. Bancroft erhob die Geschichte Amerikas über die Ebene des Provinzialismus und lokaler Interessen und stellte sowohl den gesamten Ablauf interner Ereignisse im Zusammenhang mit der nationalen Entwicklung als auch die vielfältigen Beziehungen der Vereinigten Staaten zur Geschichte Europas dar. Diese umfassende Sicht auf Ereignisse und Ursachen wäre ohne jahrelange Aufenthalte sowohl als Student als auch als Diplomat in den Hauptstädten Deutschlands und Großbritanniens kaum möglich gewesen. Auch in methodischer Hinsicht dürfen Bancrofts Verdienste um die historische Forschung nicht übersehen werden. Er präsentierte den Amerikanern eine Anschauungsstunde in der Sammlung, Kritik und Verwendung verstreuter Materialien. Seine Auszeichnung als Begründer einer neuen amerikanischen Schule beruht also auf einer doppelten Grundlage: seiner umfassenden Auffassung einer nationalen

Geschichte und seiner verbesserten Forschungsmethodik. Er erntete großen Erfolg, sowohl durch die Begeisterung der Bevölkerung, mit der seine Bücher gefeiert wurden, als auch durch die außergewöhnlichen persönlichen Ehrungen, die ihm bis zu seinem Tod zuteil wurden. Und es ist keine Herabwürdigung seiner Verdienste, wenn man sagt, dass seine große Popularität eher auf seinem Genie beruht, den jugendlichen Geist eines echten und unkritischen Amerikanismus einzuholen und widerzuspiegeln, als auf seiner Fähigkeit, die menschlichen Ereignisse von eine inspirierende Epoche.

Zeitgenossen von Bancroft. – Die Autoren der amerikanischen Geschichte, die Bancroft zu seiner Zeit am nächsten kamen, waren Richard Hildreth (1807–65), ein energischer führender Schriftsteller aus Neuengland und Antisklaverei-Broschüren, und George Tucker (1775–1861), ein Anwalt aus dem Süden. der zwanzig Jahre lang als Professor für Philosophie und politische Ökonomie an der University of Virginia tätig war. Hildreths „Geschichte der Vereinigten Staaten" (1849–52, 6 Bände) stammt aus dem Jahr 1821, Tuckers (1856–58, 4 Bände) aus dem Jahr 1841. Beide haben sorgfältig gearbeitet, obwohl beide wegen ihrer parteiischen Neigungen kritisiert wurden. Jeder räumt der Kolonial- und Revolutionsgeschichte seines eigenen Abschnitts einen relativ großen Raum ein. In der Verfassungsperiode vertritt Hildreth im Allgemeinen die Sicht auf Ereignisse, die für die Föderalistische Partei am vorteilhaftesten sind, während Tucker dazu neigt, sich noch stärker auf die Seite der Demokraten zu stellen, über deren Führer Jefferson er 1837 eine wohlwollende Beschreibung veröffentlicht hatte. Im Zusammenhang mit diesem Zweig der New England School sollte John Gorham Palfreys berühmte „History of New England" (1858–75, 4 Bände; ein Ergänzungsband, herausgegeben von F. W. Palfrey, 1890) erwähnt werden. Palfrey war Absolvent der Harvard-Universität und mehrere Jahre lang Herausgeber der *North American Review* . Sein Werk gilt allgemein als das beste der Kolonialgeschichte Neuenglands; es nimmt außerdem einen festen Platz in der amerikanischen Literatur ein.

William Hickling Prescott. – Unter den Männern der „klassischen" Zeit, die malerische und romantische Geschichten schrieben, ist Prescott (1796–1859) hervorzuheben, Autor von „The History of the Reign of Ferdinand and Isabella the Catholic" (1838), „The History of the „Eroberung Mexikos mit einem vorläufigen Blick auf die alte mexikanische Zivilisation und das Leben des Eroberers Hernando Cortés" (1843), „Die Geschichte der Eroberung Perus, mit einem vorläufigen Blick auf die Zivilisation der Inkas" (1847), „ „Die Geschichte der Regierung Philipps des Zweiten, König von Spanien" (1855–58) und andere historische und literarische Werke. „The Reign of Philip" wurde noch nicht fertiggestellt, da Prescott während der Vorbereitung (1858) einen Schlaganfall erlitt und im folgenden Jahr starb.

Nachdem er zehn Jahre lang – so still, dass nur wenige seiner Freunde von dem Unternehmen wussten – an „Ferdinand und Isabella" gearbeitet hatte, wurde Prescott nach dessen Veröffentlichung plötzlich berühmt. „Die Liebe zum Autor gab den ersten Impuls", erklärte der Freund des Autors, Gardiner; „Die außergewöhnlichen Verdienste der Arbeit taten ihr Übriges." Die amerikanische Nachfrage nach der „History" war beispiellos, und ganz Europa sendete liberales und vernünftiges Lob. Übersetzungen wurden in Russland, Frankreich, Spanien, Italien und Deutschland angefordert.

Ein körperliches Leiden, der teilweise Verlust des Sehvermögens im frühen Mannesalter, hat Prescotts heroischen Leistungen ein besonderes persönliches Interesse verliehen. Er wurde ohne Übertreibung „der blinde Historiker" genannt. Während seines Juniorjahres in Harvard zerstörte ein Unfall das Sehvermögen eines Auges, und nicht lange danach wurde das unverletzte Auge dauerhaft geschädigt. Eine Karriere als Anwalt musste aufgegeben werden. Einen Großteil seines späteren Lebens verbrachte er im Dunkeln. Ein großer Teil seiner historischen Arbeiten musste mit Hilfe von Lesern und Sekretären erledigt werden. Die Aufgabe, eine Sprache zu beherrschen (er begann Spanisch mit 28 Jahren) und Materialien aus Bibliotheken und Archiven zu sammeln, schien unmöglich zu sein. Dennoch wurde es geschafft. Die Geschichten enthalten nur wenige Hinweise auf die körperlichen Gebrechen des Schriftstellers. Sie sind bekannt für ihre Genauigkeit und Gründlichkeit. Jüngste ethnologische Entdeckungen und Fortschritte in der historischen Methode haben zwar eine Überarbeitung bestimmter Tatsachenaussagen erforderlich gemacht (z. B. in Bezug auf das soziale und private Leben der Azteken); aber das ist ein Zufall der Zeit. Seine Gründlichkeit wird von Jared Sparks bestätigt, der keinen Historiker kannte, „gleich in welchem Zeitalter und in welcher Sprache auch immer, dessen Forschungen zu den Materialien, mit denen er arbeiten sollte, so umfangreich, gründlich und tiefgründig waren wie die von Mr. Prescott ." Aber die große Popularität von Prescotts historischen Schriften beruht in erster Linie auf ihren literarischen Werten. Er schrieb in einem klaren, anmutigen und würdevollen Stil über Epochen und Persönlichkeiten, die von Charme und Romantik umgeben waren. Seine Fähigkeit zur bildlichen Darstellung war groß. Die bewundernswerten Qualitäten seiner Bücher lassen stark auf den Autor selbst schließen. Er war fröhlich, liebenswürdig, spontan, warmherzig und sehr beliebt. Mit fünfundvierzig Jahren sagte Sumner über ihn, dass er die „Freiheit, Wärme und Ausgelassenheit eines Jungen" besitze. Gleichzeitig war Prescotts Fähigkeit zur Selbstkritik und zu strenger Disziplin ungewöhnlich. Ohne diese Eigenschaften hätte er angesichts schmerzhafter Behinderungen kaum Erfolg gehabt. Viele Jahre lang war es seine Gewohnheit, seine Kräfte und Schwächen zu analysieren und strenge Regeln für seine eigene Führung zu formulieren. Mit achtundzwanzig schrieb er in sein Tagebuch: „Ich vertraue darauf, dass ich bis zum Ende meines Lebens geiziger mit der Zeit umgehen werde und mich *nie* mit weniger als sieben Stunden geistiger Beschäftigung pro Tag zufrieden geben werde." Ungefähr zu dieser Zeit verfasste er eine Liste mit „Kompositionsregeln". Darunter sind folgende: „Verlassen Sie sich auf mich selbst, wenn es um die Einschätzung und Kritik meiner Komposition geht." „Schreiben Sie, was ich denke, ohne Beeinflussung über Themen, die ich untersucht habe." „Führen Sie niemals etwas ein, das irrelevant, überflüssig oder unzusammenhängend ist, nur um mehr Fakten unterzubringen." Er fühlte sich schon früh zum historischen Schreiben hingezogen, widmete jedoch viel Zeit der Biografie und kritischen Rezensionen. Das Interesse an der spanischen Geschichte scheint auf Ticknors Vorlesungen über spanische Literatur zurückzuführen zu sein, die Prescott in Harvard hörte. Das Thema Ferdinand und Isabella kam ihm erstmals im Jahr 1826 in den Sinn. „Das Zeitalter Ferdinands", bemerkt er zu dieser Zeit, „ist von größter Bedeutung, da es die Keime des modernen Systems der europäischen Politik enthält ... Es ist in jeder Hinsicht ein interessante und bedeutsame Periode der Geschichte; die Materialien reichlich, authentisch – ich werde über diese Angelegenheit nachdenken und diese Woche entscheiden." Die Entscheidung fiel jedoch erst nach zweijähriger Überlegung. Neben Irving, Ticknor und Motley gehört Prescott zu den Männern, die der englischsprachigen Welt einen klaren und brillanten Bericht über die Geschichte und Literatur Spaniens lieferten. Von noch größerer Bedeutung für die amerikanischen Briefe ist jedoch die Tatsache, dass Prescott eine Reihe von Geschichten großer Männer und großer Ereignisse in dauerhafter Form verkörpert hat, die zum gemeinsamen Besitz der Alten und der Neuen Welt gehören und den Fortschritt markieren der amerikanischen Geschichtsschreibung über die Grenzen des Nationalgefühls und des Nationalinteresses hinaus.

John Lothrop Motley. – Bancroft, Prescott, Motley (1814–77) und Parkman sind alle in der Nähe von Boston geboren und aufgewachsen und haben alle einen Abschluss an der Harvard University. Motley und Bancroft setzten ihr Studium in Göttingen und Berlin fort. Während seines Aufenthalts in Deutschland genoss Motley die Freundschaft von Prinz Bismarck, der sein Kommilitone war. „Wir lebten", sagte Bismarck, „in engster Vertrautheit, gemeinsame Mahlzeiten und Bewegung im Freien." 1841 wurde Motley zum Sekretär der amerikanischen Gesandtschaft in St. Petersburg ernannt; aber er gab den Posten bald auf und kehrte nach Amerika zurück. Zehn Jahre später bezog er seinen Wohnsitz in Europa, wo er ein halbes Jahrzehnt lang blieb und sich historischen Studien widmete. Am Ende dieser Zeit (1856) erschien „Der Aufstieg der niederländischen Republik: Eine Geschichte". 1860 erschienen die ersten beiden Bände der „Geschichte der Vereinigten Niederlande" und 1868 die letzten beiden. Die Fortsetzung der niederländischen Geschichte erschien in biografischer Form

(1874) als „Das Leben und der Tod von John of Barneveld, Advokat von Holland; mit einem Blick auf die Hauptursachen und -bewegungen des Dreißigjährigen Krieges." Inzwischen war Motley in das amerikanische Ministerium für Österreich (1861) und England (1869) berufen worden. Beide Termine endeten unglücklich. Ein interessanter Umstand verbindet Motleys Karriere mit der von Prescott und indirekt mit der von Washington Irving. Mit edler Großzügigkeit hatte Irving seinen wohlgeformten Plan, eine Eroberung Mexikos zu schreiben, aufgegeben, als er durch einen gemeinsamen Freund von Prescotts Absichten auf demselben Gebiet erfuhr. Dieser Akt war mit echten Opfern verbunden. „Ich hatte", gesteht Irving später, „kein anderes Thema zur Hand, das seinen Platz hätte ersetzen können. Ich wurde von meinem *Cheval de Bataille* abgestiegen und bin seitdem nie wieder vollständig bestiegen worden." Prescott musste sich bald darüber im Klaren sein, welche Kosten Irvings Kapitulation mit sich brachte. Motley wiederum versuchte, das Feld zu betreten, das der Autor von „Ferdinand und Isabella" berühmt gemacht hatte. Da er Prescotts Pläne für „The History of Philip" nicht kannte, begann Motley mit dem Studium verwandter Themen. Die Nachricht traf ihn dann wie ein Schlag. „Denn ich", sagt Motley, „hatte mich nicht zuerst dazu entschlossen, eine Geschichte zu schreiben, und mich dann daran gemacht, ein Thema aufzugreifen." Mein Thema hatte mich aufgenommen, angezogen und in sich aufgenommen." Prescott hörte sich den Vorschlag des jüngeren Mannes, in den Ruhestand zu gehen, „mit offener, bereitwilliger und liberaler Anteilnahme" an und bestand darauf, dass Motley fortfahren sollte. Darüber hinaus machte er im Vorwort zu seinem „Philipp" eine schöne Anspielung auf das bevorstehende Werk über den Aufstand der Niederlande. Motley schrieb mit Eifer und Begeisterung. Er liebte die Freiheit. Die Geschichte eines Volkes, das für die Freiheit kämpft, beflügelte seine Fantasie. Sein Eifer führte ihn natürlich dazu, sich für Lieblingscharaktere und -parteien einzusetzen; und die größere Mäßigung der niederländischen Historiker selbst stützt tendenziell den Vorwurf der Parteilichkeit. Aber Motleys Parteilichkeit war nicht nur Parteilichkeit. Es beruhte auf einer schönen Unterscheidung zwischen Gut und Böse, zwischen Edlem und Niedrigem. Seine niederländische Geschichte ist klassisch. Es ist bekannt für seine wissenschaftlichen Qualitäten und seine lebendige Farbgebung. Ohne vorherige Kenntnis des Autors oder seines Werkes zählte Froude „Der Aufstieg der niederländischen Republik" zu den „schönsten Geschichten in dieser oder einer anderen Sprache". Auch wenn es nach den anspruchsvolleren Maßstäben aktueller Schulen wegen seines Mangels an philosophischer Einsicht kritisiert wird, wird es immer noch zu Recht als getreues und eindrucksvolles Bild eines heroischen Volkes angesehen.

Francis Parkman. – Die New England School hatte die Geschichte des Spaniers in Amerika und in den Niederlanden erzählt. Darüber hinaus sollte die einheimische Literatur durch eine weitere brillante Geschichte des Kampfes um die Eroberung einer großen Nation in fremden Ländern bereichert werden. Parkman (1823–93) ist der Historiker des Aufstiegs und Niedergangs der französischen Macht in Nordamerika. Wie Motley war er von einem beeindruckenden und dramatischen Zyklus von Ereignissen fasziniert und verfügte – wiederum wie Motley – über eine Weitsicht und eine Zielstrebigkeit, die seiner Aufgabe genügten. Parkman hatte eine Leidenschaft für die Wildnis – eine Leidenschaft, die er in seiner Jugend und im frühen Mannesalter durch große und kleine Ausflüge in die Wälder, die Prärie und die Berge nährte. In seinen Zwanzigern erscheint er als malerische Figur im großen Westen, lebt und jagt mit Indianern, isst Pemmikan und ist Gastgeber eines Festmahls aus Hundefleisch und Tee. Trotz des Lebens im Freien und auf Reisen ging es Parkman selten gut. Eine schwere Augenerkrankung und möglicherweise daraus resultierende Nervenbeschwerden führten dazu, dass er seit seiner Studienzeit entweder handlungsunfähig war oder sich an der Grenze zur Invalidität befand. Er wurde bis zu seinem Tod von Schmerzen, Lahmheit, Schlaflosigkeit und zeitweise fast völliger Blindheit gequält. Seine Leiden und Gebrechen erinnern an Prescott. Es ist nicht leicht zu entscheiden, welcher der beiden Männer heldenhafter gegen die überwältigende Übermacht gekämpft hat. Bereits in seinem zweiten Studienjahr in Harvard plante Parkman, die Geschichte des „Altfranzösischen Krieges" zur Eroberung Kanadas zu schreiben; „Denn hier, so scheint es mir", – so schreibt er – „war das Walddrama mitreißender und die Waldbühne voller geeigneter Schauspieler als in jedem anderen Abschnitt unserer Geschichte." „The Oregon Trail" – ein Bericht über seine Abenteuer in den großen Ebenen und darüber hinaus – erschien erstmals 1847 im *Knickerbocker Magazine* , und „The Conspiracy of Pontiac" erschien 1851. Später wurde der Plan auf die gesamte Strecke ausgeweitet des Konflikts in Amerika zwischen Frankreich und England. Das Ergebnis war eine Reihe von Büchern, die in der westlichen Geschichtsschreibung ihresgleichen suchten: „Die Pioniere Frankreichs in der Neuen Welt" (1865), „Die Jesuiten in Nordamerika" (1867), „La Salle und die Entdeckung des Großen Westens" (1869).), „Das alte Regime" (1874), „Graf Frontenac und Neu-Frankreich unter Ludwig XIV." (1877), „Montcalm und Wolfe" (1884) und schließlich „Ein halbes Jahrhundert voller Konflikte" (1892). Die Serie erhielt den allgemeinen Titel „Frankreich und England in Nordamerika". Mit „Montcalm und Wolfe" erreichte Parkman den Höhepunkt seines Ruhms. Der miserable Gesundheitszustand lenkte die Aufmerksamkeit des Autors auf gärtnerische Ablenkungen. 1871 wurde er zum Professor für Gartenbau an der Harvard University ernannt; 1866 veröffentlichte er sein berühmtes „Buch der Rosen". Seine intime Kenntnis der Szenen und Völker, über die er schrieb, und seine einnehmende und vollendete Art verleihen seinen historischen Büchern eine ungewöhnliche Lebendigkeit und einen ungewöhnlichen Charme. Sein Werk ist zwar, wie er es beabsichtigte, „eine Geschichte des amerikanischen Waldes", aber auch die Geschichte zweier mächtiger und gegensätzlicher Zivilisationssysteme – „das feudale, militante und katholische Frankreich im Konflikt mit dem demokratischen, industriellen und protestantischen". England." Parkman war weniger impulsiv als Motley und weniger gelassen als Prescott und besaß gleichzeitig den Eifer und die Zurückhaltung, die für die lebendige und unparteiische Darstellung eines leuchtenden Themas von enormer Bedeutung in der Geschichte der Neuen Welt erforderlich sind. Er hatte eine heroische Gestalt und verkörperte einen feinen puritanischen Geist. Er fühlte sich unter ritterlichen Männern und mutigen und beeindruckenden Taten zu Hause. Jameson, der kurz vor Abschluss seines Werkes über ihn schrieb (siehe „Die Geschichte des historischen Schreibens in Amerika", 1891), erklärt ihn als „neben ein oder zwei Überlebenden aus der vorangegangenen Periode die auffälligste Persönlichkeit der Welt." Amerikanische Geschichtsschreibung der letzten 25 Jahre, der einzige Historiker, der durchaus als klassisch bezeichnet werden kann."

Neuere historische Schriften. – Seit dem Bürgerkrieg ist Amerika reich an historischen Aufzeichnungen. Allgemeine Geschichten und lokale Geschichten gibt es zuhauf; Geschichten von Verwaltungen, von Epochen, von Volksbewegungen, unermüdliche und wissenschaftliche Forschungen in Politik, Krieg, Finanzen sowie sozialen und wirtschaftlichen Institutionen. Der literarische Wert dieser Aufzeichnungen ist jedoch nicht ohne Rücksicht auf ihren Umfang zu beurteilen. Zeiten und Standards in der amerikanischen Geschichtsschreibung haben sich geändert. Unter der Vielzahl der Autoren darf man nicht nach vielen Namen suchen, die mit denen von Prescott, Motley und Parkman in die Liste aufgenommen werden könnten. Nicht, dass es der Neuzeit an guten Werken oder fähigen Schriftstellern mangelt. Diese gibt es in Hülle und Fülle. Aber der größte Teil der Arbeit gehört der Wissenschaft und nicht der Literatur; und außerdem wird Eminenz nicht durch die katholische Verteilung von Talent und Ausbildung gefördert. Jameson greift Amiels unverblümte Meinung auf, dass „das Zeitalter der Mittelmäßigkeit in allen Dingen beginnt", und wendet sie auf amerikanische Historiker an. Gleichzeitig neigt dieser weise Kritiker zu der Überzeugung, dass die enorme Verbesserung der technischen Prozesse und der handwerklichen Arbeit, die in der gegenwärtigen Generation erzielt wird, das natürliche Mittel zur Entwicklung einer substanzielleren und tiefgründigeren Schule von Historikern ist, als sie der Westen bisher geschaffen hat . Der Begriff „Mittelmäßigkeit" wird der Zeit und den betreffenden Autoren tatsächlich nicht vollständig gerecht, und wir müssen nach anderen Entschuldigungsgründen für die Kürze unserer Rezension suchen. Diese Gründe liegen erstens in der indirekten Bedeutung der großen Masse neuerer

Werke für die Literatur und zweitens in der Unmöglichkeit, die Leistungen zeitgenössischer Arbeiter in eine gerechte Perspektive zu rücken.

Die großen und kleinen Schriftsteller der bereits untersuchten Epochen waren größtenteils Autodidakten. Bis in die letzten zwei bis drei Jahrzehnte boten Hochschulen und Universitäten kaum Anreize für die methodische Bearbeitung historischer Themen. Sogar Harvard, aus dessen Türen einer nach dem anderen die Männer gingen, die die New England School berühmt machen sollten, lehrte Geschichte nur nebenbei. Jetzt ist eine akademische Schule entstanden. Junge Männer und Frauen werden im Bachelor- und Masterstudium von Lehrern ausgebildet, die selbst historische Schriftsteller und Forscher sind. Den Studierenden wird der differenzierte Umgang mit historischen Instrumenten sowie fundierte Methoden der Rekonstruktion und Interpretation vermittelt. Der Wandel wurde unter dem ungleichen Druck äußerer Einflüsse, der Betonung wissenschaftlicher Methoden, einem geschärften Bewusstsein für die Bedeutung und Würde der amerikanischen Geschichte und schließlich dem Beispiel jener anmutigen und inspirierenden Schriftsteller herbeigeführt, die der westlichen Geschichtsschreibung einen Ehrentitel verliehen Platz in der Weltliteratur. Die akademische Schule verdankt ihre Existenz keinem einzelnen Gründer. Sie ist ihrer Natur nach eine Schule der kooperativen Bestrebungen – zunächst die Zusammenarbeit zwischen Lehrer und Schüler und später die Zusammenarbeit in der gemeinsamen und organisierten Arbeit produktiver Hände und Gehirne. Zu seinen frühen Befürwortern und Förderern gehörte Charles Kendall Adams, Universitätsprofessor und -präsident, Lehrer und Historiker, der die deutsche Seminarmethode an die amerikanische Universität adaptierte; Henry Adams, Professor an der Harvard University und Autor einer brillanten neunbändigen Geschichte (1889–91) über das Land unter Jefferson und Madison (1801–17); Justin Winsor, Bibliothekar, Bibliograph und Herausgeber des nützlichen und wissenschaftlichen Buches „Narrative and Critical History of America" (1884–89), und Herbert Baxter Adams von Johns Hopkins, Historiker und Dozent für Geschichtsstudenten. Die kooperativen Bemühungen dieser Zeit haben reiche Früchte getragen. Neben Winsors Bänden sollte „The American Nation: a History from Original Sources by Associated Scholars" erwähnt werden, ein gigantisches Werk in 27 Bänden, das gerade fertiggestellt wurde (1904–1908) unter der Herausgeberschaft von Albert Bushnell Hart. Die Autorenschaft ist auf eine Reihe kompetenter historischer Autoren aufgeteilt. Die Sammlung erhebt den Anspruch, „die erste nun abgeschlossene umfassende Geschichte der Vereinigten Staaten zu sein, die den gesamten Zeitraum" von der Entdeckung Amerikas bis zur Gegenwart abdeckt. Ähnliche Unternehmungen sind jedoch im Gange, und eine Reihe von Kooperationswerken kleineren Umfangs sind bereits im Druck. Andere bemerkenswerte Geschichtsbücher, die vergleichsweise lange Zeiträume abdecken, sind Edward Channings „A History of the United States", das in acht Bänden fertiggestellt wird; eine Reihe von neun Bänden über vorkonstitutionelle Zeiten, geschrieben von John Fiske nach dem Vorbild von Parkman, darunter „The Critical Period of American History" (1888), „The Beginnings of New England" (1889) und „The American Revolution". (1891), „Die Entdeckung Amerikas" (1892) usw.; James Schoulers „Geschichte der Vereinigten Staaten unter der Verfassung" (1880–99); „Eine populäre Geschichte der Vereinigten Staaten" (1876–81), von William Cullen Bryant und Sydney H. Gay; „Eine Geschichte des Volkes der Vereinigten Staaten von der Revolution bis zum Bürgerkrieg" (6 der 7 veröffentlichten Bände, 1883–1906), von John B. McMaster; „The Constitutional and Political History of the United States" (1877–92) von Hermann E. von Holst und „A History of the American People" (1902) von Präsident Woodrow Wilson von der Princeton University. Channings Versuch, durch die Arbeit eines einzigen kompetenten Gelehrten die gesamte Geschichte des Landes abzudecken, ist mit dem von George Bancroft vergleichbar. John Fiske schrieb lesenswerte und populäre Erzählungen über historische Ereignisse. Er hat sowohl durch Bücher als auch durch Vorträge viel dazu beigetragen, das allgemeine Interesse an Fragen des amerikanischen Lebens in Vergangenheit und Gegenwart zu wecken. McMasters umfangreiche und aufschlussreiche Geschichte ist eher sozialer als politischer Natur. Er versucht, das gesamte Leben der Menschen darzustellen. Von Holsts Ziel war dagegen politischer Natur. Der Autor war Deutsch-Amerikaner. Er hatte neben akademischen Positionen auch Professuren in Freiburg und an der University of Chicago inne. Seine kritische Rezension, die oft demokratische Institutionen verunglimpft, kann als Gegenschlag zum überschwänglichen Patriotismus früherer einheimischer Schriftsteller aufgefasst werden. Als Werk eines ausländischen Beobachters amerikanischer Angelegenheiten erinnert es an die Überlegungen von de Tocqueville, James Bryce und Goldwin Smith. Die fünf Bände von Präsident Wilson enthalten in Form eines langen und attraktiven Aufsatzes einen klugen und fundierten Kommentar zum Hauptverlauf der Ereignisse seit den Tagen der Entdeckung. Für die Vielzahl amerikanischer Geschichtsschreiber, die einzelne Epochen behandelt haben, erlaubt der Platz die Nennung nur eines oder zweier Namen. James Ford Rhodes' „Geschichte der Vereinigten Staaten seit dem Kompromiss von 1850" (7 Bände, 1902–1906), das Werk „neunzehnjähriger fast ausschließlicher Hingabe", gilt allgemein als die gründlichste und ausgewogenste Studie der USA Bürgerkrieg, seine Ursachen und seine Folgen. Henry Adams hat in seiner „Geschichte der Vereinigten Staaten" usw. die Regierungen von Jefferson und Madison mit Kompetenz und Scharfsinn untersucht.

Diese dürftige Liste der wichtigeren Werke der akademischen Schule zeigt deutlich die Anziehungskraft des amerikanischen Themas auf den heutigen amerikanischen Historiker. Es gab zwar kompetente und beeindruckende Studien über ausländische Themen; David Jayne Hills „History of Diplomacy in the International Development of Europe" und Henry C. Leas Arbeit über die mittelalterliche Kirche sind herausragende Beispiele; – aber die große Masse davon Forschung und Schreiben wurden zu Hause gesammelt. Regierungsangelegenheiten und politische Ereignisse spielen eine große Rolle. Den subtileren Phasen des Nationalcharakters und der individuellen Motive wurde weniger Aufmerksamkeit geschenkt; obwohl Fiske und McMaster und Woodrow Wilson sowie einige der besten Biographen (deren wichtige Verdienste um die Literatur gesonderte Betrachtung verdienen) eine aktuelle Tendenz zu reflektierendem und philosophischem Schreiben von literarischer Qualität repräsentieren, was ein gutes Vorzeichen für die Zukunft der amerikanischen Geschichtsschreibung ist.

II. DIE SCHRIFTSTELLER

Die Anfänge. —Amerikanische Belletristik war eine der neuesten Arten einheimischer Literatur, die erschien. Die harten Lebensbedingungen, die den Kolonisten durch die Notwendigkeit, die Wälder abzuholzen und die Indianer in Schach zu halten, auferlegt wurden, waren offensichtlich ungünstig für nachhaltige Bemühungen um fantasievolles Schreiben. Und es gab noch andere Gründe für das späte Wachstum des Romans. Sofern sie keinen religiösen Bezug oder eine offensichtliche Moral hatten, wurden Geschichten von den Puritanern wahrscheinlich als eine Art nutzloser Frivolität angesehen, die keinen Anteil an der Rettung von Seelen haben konnte. 3 Auch hier hatten die robusten und gelehrten Intellekte Amerikas im Kampf mit dem Mutterland andere Dinge zu bedenken als die Elemente der reinen Literatur. Die Menschenrechte, die Grundlage des Widerstands gegen die Tyrannei, die Prinzipien der Staatskunst und die Elemente der Demokratie gehörten zu den Interessen, die die Washingtons, die Otises und die Hamiltons in der zweiten Hälfte des 18. Jahrhunderts beschäftigten. Der vielleicht wichtigste Grund für das verspätete Erscheinen amerikanischer Belletristik war jedoch der Mangel an Tradition und Legende. Darüber beklagte sich Hawthorne noch 1859 im Vorwort zu „The Marble Faun":

Kein Autor kann sich ohne Prüfung die Schwierigkeit vorstellen, einen Liebesroman über ein Land zu schreiben, in dem es keinen Schatten, keine Antike, kein Mysterium, kein malerisches und düsteres Unrecht, noch etwas anderes als einen alltäglichen Wohlstand gibt, am helllichten und einfachen Tageslicht. wie es in meinem lieben Heimatland glücklicherweise der Fall ist. Ich vertraue darauf, dass es sehr lange dauern wird, bis Liebesromanautoren sympathische und leicht zu handhabende Themen finden, sei es in den Annalen unserer treuen Republik oder in irgendeinem charakteristischen und wahrscheinlichen Ereignis unseres individuellen Lebens. Romantik und Poesie, Efeu, Flechten und Mauerblumen brauchen Ruine, um wachsen zu können.

So kam es, dass Defoe und Fielding, Smollett und Sterne lange Zeit in Amerika keine Nachahmer fanden. Der amerikanische Romanleser begnügte sich größtenteils mit britischem Futter und stillte seinen Appetit auf das Wunderbare mit Walpoles „Castle of Otranto", Lewis' „Monk" und Mrs. Radcliffes „Romance of the Forest" und „ Die Geheimnisse von Udolpho." Gegen Ende des 18. Jahrhunderts verfassten mehrere Autoren Aufsätze über den Roman, jedoch nicht mit dauerhaftem Erfolg. In „The Foresters" (serienmäßig im *Columbian Magazine* und 1792 in Buchform veröffentlicht) verfasste Jeremy Belknap (1774–98) eine geniale, wenn auch triviale allegorische Geschichte über die Kolonisierung Amerikas und den Aufstand der Kolonien. Dabei stand Peter Bullfrog für New York, Ethan Greenwood für Vermont, Walter Pipeweed für Virginia, Charles Indigo für South Carolina und so weiter. Ann Eliza Bleecker (1752–83) war die Autorin von „The History of Maria Kittle", die in Form eines Briefes einige erschütternde Erfahrungen unter den Wilden während des Franzosen- und Indianerkrieges schildert; und von „Die Geschichte von Heinrich und Anna", einer „auf Tatsachen basierenden" Geschichte über das Unglück einiger deutscher Bauern, die sich schließlich in Amerika niederließen; Beide wurden 1793 posthum in ihren „Werken" veröffentlicht. Mrs. Susanna Haswell Rowsons „Charlotte Temple" (1790), eine Geschichte von Liebe, Verrat und Verlassenheit, trotz seiner absurd gestelzten Phrasen und seiner langgezogenen Melancholie, hat dies getan jemals bei einer bestimmten Klasse von Lesern beliebt gewesen sein; Der Herausgeber der neuesten Ausgabe (1905), Herr Francis W. Halsey, hat 104 Ausgaben untersucht und seine Liste ist unvollständig. Ein erklärtes Gegenmittel zu „Charlotte Temple", Mrs. Tabitha G. Tenneys satirischer Roman „Female Quixotism" (1808), suggeriert Professor Trent „einen entweihten Smollett"; es ist jetzt unbekannt. Frau Hannah W. Foster, die Frau eines Geistlichen in Massachusetts, schrieb „The Coquette, or The History of Eliza Wharton, a Novel Founded on Fact" (1797), eine Geschichte über Desertion, die den deutlichen Einfluss von Richardson zeigt. Im selben Jahr erschien „The Algerine Captive" von Royall Tyler, der einer der ersten war, der sich dem amerikanischen Leben als fruchtbarem Romanthema zuwandte. Seine Geschichte ist eine weitgehend humorvolle Schelmengeschichte vom Smollett-Typ, die etwas zu viele ermüdende Details der Bräuche in Algier vorstellt; Ein Fehler, den sein allgemein temperamentvoller Stil und seine kraftvolle Beschreibung der Schrecken eines Sklavenschiffs teilweise wiedergutmachen.

Hugh Henry Brackenridge (1748–1816), der Klassenkamerad von James Madison und Philip Freneau in Princeton, schrieb „Modern Chivalry, or The Adventures of Captain John Farrago and Teague O'Regan, His Servant" (Philadelphia und Pittsburgh, veröffentlicht in vier Teilen). , 1792–7), ein moderner „Don Quijote", der seine Erfahrungen im Whisky-Aufstand von 1794 erzählt. Obwohl er zu seiner Zeit vor allem von Handwerkern und Bauern viel gelesen wurde, reichte sein literarischer Wert nicht aus, um ihn zu bewahren. „The Gamesters", 1805 von Mrs. Catharine Warren veröffentlicht, war zu seiner Zeit ebenfalls beliebt; es versuchte, „Unterricht mit Vergnügen zu verbinden".

Charles Brockden Brown. – Die Geschichte des Romans in Amerika beginnt daher eigentlich mit Charles Brockden Brown (1771–1810), der als „der erste professionelle Literat und bedeutende kreative Schriftsteller des englischsprachigen Teils der Neuen Welt" bezeichnet wurde. Er wurde in Philadelphia als Sohn einer guten Quäkerfamilie geboren; Nur vierzig Jahre zuvor hatte sein Onkel Charles Brockden die Satzung der alten Philadelphia Library Company entworfen. Von früher Kindheit an waren Bücher dem jungen Brown vertraut, der zu einem Allesfresser wurde und an der Schule von Robert Proud seine Gesundheit durch übermäßige Hingabe an Lesen und Lernen beeinträchtigte, so dass er immer ein Invalide war. Er begann ein Jurastudium, gab es aber trotz des Protests seiner Familie bald wieder auf und wandte sich dem Beruf des „Buchmachers" zu. Nachdem er einige Gedichte und Essays geschrieben hatte, veröffentlichte er 1798 einen erfolgreichen Roman, „Wieland oder die Verwandlung", und folgte sofort mit fünf weiteren, „Ormond, oder der heimliche Zeuge" (1799), „Arthur Mervyn". , or Memoirs of the Year 1793" (1799–1800), in dem er über die Verwüstungen des Gelbfiebers in Philadelphia berichtete, „Edgar Huntly, or The Adventures of a Sleep-Walker", „Clara Howard" (1801).) und „Jane Talbot" (1804 in England veröffentlicht). Von 1798 bis 1801 lebte Brown in einer angenehmen Umgebung in New York; im ersten Jahr wäre er beinahe an Gelbfieber gestorben, dem sein Freund Dr. Elihu H. Smith erlag. 1801 kehrte er nach Philadelphia zurück und verbrachte dort den Rest seines Lebens. 1804 heiratete er glücklich, gab *das Literary Magazine heraus* und schrieb politische Broschüren sowie Werke über Geographie und römische Geschichte, bis der Konsum seinem geschäftigen und nützlichen Leben ein vorzeitiges Ende bereitete.

Browns Romane gehören größtenteils zu den zu seiner Zeit so beliebten „Schreckensgeschichten". Als radikaler Denker und Analytiker lehnt er in seiner Erklärung von Ereignissen übernatürliche Kräfte ab und verlässt sich ausschließlich auf natürliche Ursachen. aber das mindert nicht die Zahl der Wunder in seinen Geschichten. Die Handlung einer oder zweier seiner Geschichten wird einen Eindruck vom Charakter aller vermitteln. Der

Schauplatz von „Wieland“ ist am Ufer des Schuylkill in Pennsylvania angesiedelt. Die Wielands sind eine kultivierte deutsche Familie. Wielands Vater ist auf mysteriöse Weise durch Selbstentzündung oder Selbstentzündung gestorben, und der Sohn hat einen melancholischen und abergläubischen Geist geerbt, der sich zu Fanatismus entwickelt. Die Familie hört seltsame Stimmen, die Befehle oder Warnungen geben oder von Ereignissen erzählen, die außerhalb der Reichweite des menschlichen Wissens liegen. Ein mysteriöser Mann, Carwin, erscheint, der über eine solche Fähigkeit verfügt, der Familie zu gefallen, dass er sehr intim wird. Schließlich opfert Wieland auf Befehl einer seiner Meinung nach himmlischen Stimme Gott seine Frau und seine Kinder. Im Kerker eines Wahnsinnigen eingesperrt, erträgt er sein Schicksal mit einem Gefühl moralischer Hochstimmung. Nachdem er geflohen ist, versucht er, auch seine Schwester, die Erzählerin der Geschichte, anzubieten, als er erfährt, dass er von Carwins Bauchreden getäuscht wurde, der die Familie aus böser Absicht ausgetrickst hat. In seiner Raserei bringt sich Wieland um; Carwin verschwindet; und die Geschichte endet mit der Hochzeit der Schwester und Pleyel, einem Bruder von Wielands verstorbener Frau und jetzt Witwer. Weniger kraftvoll als „Wieland“, aber immer noch überlegen gegenüber Browns anderen Werken, ist „Ormond“. Ein Künstler, Stephen Dudley, der sich mit der Apotheke beschäftigt, um seine Familie zu ernähren, wird durch die Schurkerei seines Partners in die Bettlerschaft gebracht. Seine Tochter Constantia übersteht tapfer schwere Prüfungen. Gerade als das Leben heller erscheint, betritt Ormond die Szene, ein geheimnisvoll mächtiger Mann, ähnlich wie Falkland in Godwins „Caleb Williams“, mit großem Reichtum, starkem Verstand und niedrigen Moralvorstellungen; er verlässt Helena Cleves, die Selbstmord begeht, und verfolgt Constantia. Stephen Dudley wird von unbekannter Hand ermordet. Constantia hat ein Erbe von Helena und ist gerade dabei, mit ihrer Freundin (die die Geschichte erzählt) nach Europa zu segeln, als Ormond, der sie für unbesiegbar hält, sie in einem einsamen Haus angreift und durch ihre Hand den Tod findet, nachdem er selbst Craig getötet hat auf Ormonds Betreiben als Attentäter von Dudley entlarvt. Constantia lebt danach ruhig mit ihrer Freundin in Europa. Browns Handlungen werden normalerweise durch irrelevante Vorfälle und überflüssige Charaktere entstellt; Er änderte häufig seine Pläne und sogar seine Heldinnen, und da er mit großer Geschwindigkeit schrieb, oft mit einem gierigen Drucker an seiner Seite, gelang es ihm völlig, die Elemente seiner Geschichten zusammenzufügen und ihnen oft nicht die richtige Motivation zu geben. Seine Charaktere sind in kräftigen und klaren Umrissen gezeichnet, aber oft uninteressant – sie sind zu sentimental oder inkonsequent oder neigen zu langen und prosyhaften Selbstgesprächen. Es kann nicht behauptet werden, dass Brown die menschliche Natur gut verstanden hat. An Stil hatte er keinen; seine Seiten sind frei von

Epigrammen oder humorvollen Wendungen; Er verwendet sehr wenig Dialoge und verwendet den Dialekt nur spärlich und umständlich. Doch in bestimmten Passagen, in denen er große Krisen beschreibt, legt er eine beträchtliche Lebendigkeit und Kraft an den Tag. Browns größtes Verdienst besteht im Realitätssinn, mit dem er seine düsteren und schrecklichen Szenen zu umhüllen weiß.

Die Kraft, die dieses seltene Genie besaß, sagt Herr James H. Morse, 4 düstere Züge in sein Thema einzubringen, wurde von keinem anderen amerikanischen Schriftsteller erreicht. Was die krankhafte Analyse angeht, war Poe im Vergleich zu Brown oberflächlich, Hawthorne fröhlich und die moderne Schule französischer Schriftsteller schwach. Bei Poe können wir sehen, dass die Düsterkeit durch die Anstrengung einer angeregten Vorstellungskraft entstanden ist; mit Hawthorne, dass es das Werk eines künstlerischen Sinns war; aber bei Brown scheint es konstitutionell gewesen zu sein – die Gabe des Temperaments und der Umstände zugleich.

Brown war ein Bewunderer von William Godwin und ahmte offensichtlich nicht nur seine Methode, Charaktere zu entwickeln, sondern auch seinen Stil nach. Es sei hinzugefügt, dass Brown wiederum viele Leser in England fand, wo mehrere seiner Romane neu veröffentlicht wurden und wo, wie wir gesehen haben, „Jane Talbot" erstmals veröffentlicht wurde. Professor Dowden zitiert Peacock mit den Worten, dass von allen Werken, mit denen Shelley vertraut war, Browns vier Romane, Schillers „Die Räuber" und Goethes „Faust" am tiefsten in seinem Gedächtnis verankert waren. Browns Einfluss auf spätere amerikanische Schriftsteller war darüber hinaus nicht unerheblich, und sein Platz in unserer Literatur ist zwar nicht hoch, aber zumindest ehrenhaft.

John Davis, ein Engländer, über den wenig bekannt ist, schrieb mehrere Romane über das amerikanische Leben, von denen die meisten hier veröffentlicht wurden und einigermaßen populär wurden. Er lebte von 1798 bis 1802 in den Vereinigten Staaten und bereiste einen großen Teil des Landes. Sein erster Roman, „Die Originalbriefe von Ferdinand und Elisabeth" (1798), war eine konventionelle Geschichte von Verführung und Selbstmord. Es folgten „The Farmer of New Jersey" (1800), „The First Settlers of Virginia" (1805), ein historischer Pionierroman, grob und schlecht geführt, „Walter Kennedy, an American Tale" (London, 1805), und „Der Postkapitän" (1813). Über diese Geschichten kann man höchstens sagen, dass ihr Autor klug und aufmerksam war und über einige journalistische Fähigkeiten verfügte.

Frau Sally Keating Wood (1760–1855), Ehefrau von General Abiel Wood aus Maine, kann als Autorin von „Julia and the Illuminated Baron" (1800) erwähnt werden, das an die mysteriöse böse Macht und die atheistischen

Tendenzen erinnert, die ihr zugeschrieben werden Bayerischer Orden der Illuminaten, gegründet 1775, der, obwohl er 1780 vom Kurfürsten aufgelöst wurde, heimlich fortbestehen und sich über Europa ausbreiten sollte. Mrs. Wood schrieb auch „Dorval, or The Speculator" (1801), „Amelia, or The Influence of Virtue" (1802), „Ferdinand and Elmira, a Russian Story" (1804) und „Tales of the Night" (1827) sowie mehrere Romane, die nie veröffentlicht wurden. Frau Wood hat viele ihrer Szenen in Europa angesiedelt.

Isaac Mitchell. – 1811 wurde in Poughkeepsie, New York, in zwei Bänden „The Asylum, or Alonzo and Melissa, an American Tale, Founded on Fact" veröffentlicht. Über den Autor dieser Gothic-Romanze, Isaac Mitchell, ist wenig bekannt, außer dass er nacheinander Herausgeber von „ *The Farmer's Journal*", „*The Political Barometer* " und „*The Republican Crisis* " in Albany, New York, war, und das, nachdem er seine Position durch Aufgrund politischer Veränderungen zog er nach Poughkeepsie. Die Geschichte wurde später von Daniel Jackson Jr. gekürzt und in einem Band zusammengefasst (Mitchells Name verschwand von der Titelseite) und war in dieser Form lange Zeit in ganz Amerika beliebt; Herr Reed glaubt, dass fast ein Vierteljahrhundert lang praktisch jedes Jahr eine neue Ausgabe erschien. Die Erzählung ist voll von ausführlichen Beschreibungen der Natur.

Washington Irving. – Im Allgemeinen wird Irving eher mit den Essayisten als mit den Romanciers besprochen; aber seine Geschichten und Erzählungen müssen hier berücksichtigt werden. Sie haben größtenteils, wenn nicht sogar hauptsächlich, zu seinem dauerhaften Ruf beigetragen. Sein erstes Buch, „Knickerbocker's History of New York" (1809), in dem er ein grotesk-humorvolles Drama über die niederländischen Väter erarbeitet, die mit den schwerwiegenden Problemen der Staatskunst ringen, ist natürlich größtenteils fiktiv. Zweifellos ist es manchmal anmaßend oder übertrieben, und der Humor ist manchmal etwas zu weit gefasst für den heutigen Anstand; Aber der unbändige Geist der Komödie, die herrlich burlesken Beschreibungen des behäbigen niederländischen Charakters, die lebhafte, wenn auch gemächliche Erzählung verleihen ihr einen Spitzenplatz in unserer humorvollen Literatur. „Rip Van Winkle" und „The Legend of Sleepy Hollow" sind zweifellos die meistgelesenen Teile von „The Sketch Book" und längst zu Klassikern geworden; Es wurden noch nie authentischere Erzählungen über das altholländische Leben geschrieben. In ihnen weicht der ausgelassene Überschwang der „Geschichte" einem anmutigeren, raffinierteren und reiferen Stil, der der heimeligen Einfachheit und Zufriedenheit des niederländischen Koloniallebens eine Art idyllischen Charme verleiht. Nur etwas weniger erfolgreich waren Irvings andere Geschichten über das frühe Leben in New Amsterdam – insbesondere „The Money-Diggers" in „Tales of a Traveller" und „Dolph Heyliger" in

„Bracebridge Hall". Minderwertig, weil konventioneller und weniger spontan sind die ersten drei Teile der „Erzählungen"; Doch selbst hier, im Umgang mit dem Sentimentalen und dem Schrecklichen, schneidet Irving im Vergleich zu anderen Geschichtenerzählern seiner Zeit gut ab. In den über „Die Alhambra" verstreuten Geschichten zeigte Irving deutlich, dass er in den romantischen Legenden von Spanien und den Mauren eine weitere Inspirationsquelle gefunden hatte – Legenden voller orientalischer Geheimnisse und der prächtigen Herrlichkeiten des alten Spaniens, die so charmant und wahrheitsgemäß erzählt wurden weiter, dass die Spanier selbst von ihm als „dem Dichter Irving" sprachen. Und „Dichter" ist er in dem Sinne, dass er unvergängliche Szenen und Charaktere in jenem Reich der Romantik geschaffen hat, in dem wir gerne wandern, fernab der prosaischen Welt und der hektischen Menschenmenge.

James Kirke Paulding. – Einen Kontrast zu Irving in mehr als einer Hinsicht bildet James K. Paulding (1778–1860), der Freund und Mitarbeiter von Washington Irving und der Schwager von William Irving. Der Autor von „The Sketch Book" widmete sein ganzes Leben dem Beruf des Schriftstellers; Für Paulding hingegen war das literarische Komponieren nur ein Nebenberuf. Auch Irvings genialer Humor unterscheidet sich von der satirischen und ironischen Ader, der sich sein Freund allzu oft hingibt. Paulding wurde im Dutchess County, New York, geboren. Als junger Mann ging er nach New York City und wurde mit den Irvings in Verbindung gebracht, indem er „ *Salmagundi*" schrieb , dessen Erfolg Paulding Selbstvertrauen gab und ihn zu weiteren literarischen Bemühungen veranlasste. „The Diverting History of John Bull and Brother Jonathan" (1812), eine locker konstruierte und amateurhafte Satire im Stil von Arbuthnot, erfreute sich sowohl in Amerika als auch in England großer Beliebtheit. „Koningsmarke, the Long Finne" (1823), heute nur noch wegen der bekannten Aussage bekannt, dass „Peter Piper ein Stück eingelegte Paprika pflückte", war eine Burleske über Coopers „Pioneers". Pauldings erfolgreichstes Werk, das es verdient, weiterzuleben, war „The Dutchman's Fireside" (1831), in dem charmante Beschreibungen malerischer niederländischer Bräuche und Persönlichkeiten, der malerischen Landschaft des Hudson und der riesigen Wildnis, die sich erstreckte, enthalten sind der Westen. Im Allgemeinen zeichnete sich Pauldings Werk jedoch durch einen zu harten und widerspenstigen Amerikanismus, eine maßlose und amüsante Feindseligkeit gegenüber Ausländern und eine Nachlässigkeit in der Verarbeitung aus, die es daran hinderte, lange Bestand zu haben.

Samuel Woodworth. – Als Kuriosität müssen hier die längst vergessenen „Champions of Freedom" (1816) von Samuel Woodworth (1785–1842) erwähnt werden. Es war sein einziger Romanaufsatz; eine Geschichte des Krieges von 1812 im Stil einer Romanze. Es muss als chaotische Mischung beschrieben werden, die wilde Romantik mit alltäglichem Realismus verbindet und den Leser mit dem geringstmöglichen Verdacht auf Methode oder Motiv vom Ballsaal zum Schlachtfeld und zurück führt.

John Neal. – John Neal (1793–1876) wurde in Portland, Maine, geboren und begann sein Leben als Ladenjunge in Boston. Er wurde seinerseits Großhändler für Trockenwaren, Anwalt und ein umfangreicher Kritiker, Dichter und Romanautor. Er prahlte damit, dass er in sechsunddreißig Jahren insgesamt genug geschrieben habe, um hundert Oktavbände zu füllen; doch heute ist er kaum mehr als ein Name. Sein erster Roman „Keep Cool", den er später mit Recht als „erbärmliche, verächtliche Angelegenheit" bezeichnete, erschien 1817. Seine besten Romane sind „Seventy-Six" (1823), eine lebendige Geschichte der Revolution, „ Rachel Dyer" (1828), eine Geschichte über die Salem-Hexerei, und „The Down-Easters" (1833), eine extravagante Geschichte, die sich mit den Gewohnheiten von Dampfschiffpassagieren beschäftigt und in die er jede Menge Schrecken einbringt. Neal wurde treffend beschrieben als „der universelle Yankee, der sich seinen Weg durch die Schöpfung bahnt, mit einem Halbgenie für alles, einem robusten Genie für nichts." Er soll der Begründer der Frauenwahlrechtsbewegung gewesen sein, der erste Mensch, der in Amerika ein Gymnasium gründete, und der erste, der Edgar A. Poe ermutigte. 6

James Fenimore Cooper. – Der erste Amerikaner, der als einflussreicher Romancier weltweite Anerkennung erlangte, war James Fenimore Cooper. Er wurde am 15. September 1789 in Burlington, New Jersey, als Sohn eines englischen Quäkers und einer schwedischen Abstammung geboren. Als er ein Jahr alt war, wurde er in die Wildnis von Zentral-New York gebracht, wo sein Vater, nachdem er Eigentümer großer Landstriche geworden war, hatte das Dorf Cooperstown angelegt. Hier, am Ufer des wunderschönen Otsego-Sees, in einer bunten Grenzsiedlung, verbrachte der Junge Cooper seine frühesten Jahre. Zu gegebener Zeit trat Cooper als Privatschüler in die Familie eines Geistlichen aus Albany ein und ging 1803 zum Yale College, wo er Mitglied der Klasse von 1806 wurde. Ein Seitensprung in seinem dritten Jahr führte zu seiner Entlassung; Danach absolvierte er eine einjährige Marinelehre und trat dann in die Marine ein, wo er fast vier Jahre lang als Midshipman diente. Im Jahr 1811 heiratete er Susan A. De Lancey, eine Dame aus der Hugenotten- und Tory-Familie und eine Schwester von Bischof De Lancey aus West-New York; und auf ihre Bitte hin legte er sein Amt nieder, um Amateurlandwirt zu werden, nacheinander in Mamaroneck, am Long Island Sound, in Cooperstown und in Scarsdale, Westchester County, alle im Bundesstaat New York. So erreichte er sein dreißigstes Lebensjahr, ohne auch nur von einer Karriere als Autor zu träumen. Als er eines Tages einen Roman über die englische Gesellschaft las, warf er das Buch ungeduldig weg und rief, er könne selbst eine bessere Geschichte schreiben. Von seiner Frau dazu aufgefordert, schrieb und veröffentlichte er „Precaution" (1820), eine langweilige und konventionelle Geschichte des englischen Gesellschaftslebens, die angeblich das Werk eines Engländers war. Obwohl der Roman nicht sehr erfolgreich war, drängten seine Freunde Cooper, es noch einmal zu versuchen und dieses Mal über Szenen zu schreiben, von denen er einige persönliche Kenntnisse hatte. Die Veröffentlichung von „The Spy, a Tale of the Neutral Ground" im Dezember 1821 markiert den Beginn einer langen Erfolgsserie. „The Spy" erfreute sich sowohl in Amerika als auch in England großer Beliebtheit. Es wurde bald in die meisten Kultursprachen Europas übersetzt; und seine Popularität hat nie stark nachgelassen. Es ist eine Geschichte der amerikanischen Revolution, in der der patriotische Held Harvey Birch die amerikanische Sache deutlich unterstützt und eine seltene Kombination aus Spion und Gentleman zeigt.

In den neunundzwanzig Jahren, die Cooper noch blieben, produzierte er zweiunddreißig weitere Bände, hauptsächlich Liebesromane. Viele davon werden heute nur noch selten gelesen, die folgenden haben jedoch über Generationen hinweg ihre Popularität bewahrt:

„Der Spion", bereits erwähnt.

„The Leatherstocking Tales", bestehend aus (in der chronologischen Reihenfolge nicht ihrer Produktion, sondern der Erzählung):

„Der Wildtöter oder der erste Kriegspfad", 1841.

„Der letzte Mohikaner, eine Erzählung von 1757", 1826.

„Der Pfadfinder oder das Binnenmeer", 1840.

„The Pioneers", 1823, und „The Prairie", 1827; und zehn Bände der „Sea Tales":

„Der Pilot", 1823.

„Der Rote Rover", 1828.

„Die zwei Admirale", 1842.

„Homeward Bound, or The Chase", 1838.

„Die Wasserhexe oder der Skimmer der Meere", 1830.

„Der Flügel-und-Flügel, oder Le Feu-Follet", 1842.

„Afloat and Ashore", 1844.

„Miles Wallingford", 1844, veröffentlicht in England als „Lucy Hardinge". Eine Fortsetzung von „Afloat and Ashore".

„Jack Tier oder The Florida Reefs", 1848.

„Die Seelöwen oder die verlorenen Robbenjäger", 1849.

Die Popularität, die Cooper erreichte und die mit der Veröffentlichung von „The Last of the Mohicans" ihren Höhepunkt erreichte, war äußerst bemerkenswert; Kein anderer Amerikaner hat jemals so etwas genossen. Seine Geschichten wurden nicht nur in nahezu jedem Haushalt gelesen, sondern sie wurden auch prompt dramatisiert und bildeten die Grundlage für zahlreiche Gemälde und poetische Ergüsse. In Europa war sein Ruhm dem von Scott durchaus ebenbürtig. Im Jahr 1833 schrieb Samuel F. B. Morse, der Erfinder des elektrischen Telegraphen: „In jeder Stadt Europas, die ich besuchte, waren die Werke von Cooper auffällig in den Schaufenstern jeder Buchhandlung platziert." Sie werden, sobald er sie produziert, an vierunddreißig verschiedenen Orten in Europa veröffentlicht. Sie wurden von amerikanischen Reisenden in den Sprachen der Türkei und Persiens, in Konstantinopel, in Ägypten, in Jerusalem und in Ispahan gesehen."

1822 zog Cooper mit seiner Familie nach New York, um in der Nähe seines Verlegers zu sein und seine Töchter zur Schule zu schicken. Dort gründete er einen Club, der allgemein als „Bread and Cheese" bekannt ist und dem viele der damals bekannten Männer angehörten. Die Jahre 1826–33 verbrachte er in Europa und war einen Teil dieser Zeit Konsul der Vereinigten Staaten in Lyon. Nach seiner Rückkehr verbrachte er einige Winter in New York; Anschließend bezog er seinen ständigen Wohnsitz in Otsego Hall, Cooperstown, wo er im September 1851 starb.

In seinen späteren Jahren bot Cooper das einzigartige Schauspiel eines populären Romanautors, der der am meisten gehasste Mann seiner Zeit war. Diese Tatsache ist bedeutsam und trägt dazu bei, das Scheitern vieler späterer Geschichten Coopers zu erklären. Als glühender Liebhaber seines Landes und seiner republikanischen Institutionen tadelte er mutig die Ignoranz und die überhebliche Herablassung europäischer Kritiker; Er schrieb „The Bravo" (1831), „The Heidenmauer" (1832) und „The Headsman" (1833) mit dem erklärten Ziel, monarchische Institutionen anzugreifen und demokratische Institutionen zu preisen, und behielt dieses Ziel viel zu ständig vor Augen, um es zu produzieren künstlerische Arbeit. Bei seiner Rückkehr nach Amerika kontrastierte er die rastlose Anstrengung und Hektik, den materiellen Fortschritt, der höhere Ideale als das Geldverdienen verdeckte, mit der Muße und der würdevollen Kultur europäischer Länder und zögerte nicht, deutlich über die Mängel des amerikanischen Charakters zu sprechen. Dies brachte ihm natürlich viele Beschimpfungen seitens der Presse ein; und ein unglücklicher Streit mit den Bürgern von Cooperstown über den Besitz von Three-Mile Point am Otsego Lake, obwohl die Rechte völlig auf seiner Seite war, machte ihn nur noch unbeliebter.

In den frühen 40er Jahren kam es im Staat New York zu bestimmten Problemen zwischen den Pächtern der alten Patroons, die ihre großen Ländereien im Rahmen ursprünglicher Zuschüsse besaßen, und ihren Vermietern, den Pächtern, die versuchten, sich nach staatlicher Gesetzgebung einen Anspruch auf eine Gebühr für ihr gepachtetes Land zu sichern. Cooper, dessen Familieninteressen wahrscheinlich selbst von diesen Behauptungen betroffen waren, stürzte sich mit voller Kraft und Verbitterung in den Wettbewerb. Neben einer Reihe von Zeitschriftenartikeln und Reden widmete er drei Bände der Darstellung der Ansprüche der Grundbesitzer, Bände, die heute nur noch wenig gelesen werden, außer von besonderen Kennern des Fachs. Sie sind jeweils berechtigt:

„Satanstoe, or The Littlepage Manuscripts", 1845;

„Der Kettenträger", 1846; Und

„The Redskins, or Indian and Injin", 1846.

„The Ways of the Hour" (1850) war ebenfalls ein Roman mit einem Zweck, der sein Interesse als Geschichte überwog; Ziel war die Reform des Gerichtsverfahrens im Bundesstaat New York.

In „Homeward Bound" und der Fortsetzung „Home as Found" (1838), wobei letztere eine seiner schlimmsten Geschichten war, kritisierte Cooper die kleinlichen Laster seiner Landsleute und versuchte ihnen zu zeigen, was sein sollte. Erwartungsgemäß bestärkte er die Öffentlichkeit nur in ihrem Hass auf ihn, während er seinen Ruf als Geschichtenerzähler erheblich beeinträchtigte. Wäre er taktvoller, philosophischer und weitsichtiger gewesen, hätte er sich Jahre stürmischer Konflikte erspart.

Auf dem Lakewood Cemetery in Cooperstown, auf dem Hügel mit Blick auf den Otsego Lake, steht ein majestätisches Denkmal für Fenimore Cooper, 25 Fuß hoch und von einer Statue des Jägers Leatherstocking und seines Hundes gekrönt. So beständig wie Bronze ist diese Figur in unserer amerikanischen Fiktion; der Held, der von Coopers Schöpfungen am längsten leben wird. In ihm fand Lowell „den Protagonisten unseres Neuen-Welt-Epos, eine so poetische Figur wie die von Achilles, so ideal repräsentativ wie die von Don Quijote, so romantisch in seiner Beziehung zu unseren hausgemachten und plebejischen Mythen wie Arthur in seiner Beziehung zu den Postsendungen und." Federzyklus der Ritterlichkeit." Die Serie, in der er auftritt, „The Deerslayer", „The Pathfinder", „The Last of the Mohicans", „The Pioneers" und „The Prairie", die Gruppe, die Cooper selbst seinen anderen Geschichten vorzog, ist jetzt ((ausgenommen immer „The Spy") wurde mehr gelesen als alle anderen Werke Coopers zusammen. Zunächst aus dem Leben inspiriert, wird Natty Bumppo zu einer idealisierten

Figur, dem perfekten Typus des mutigen Grenzgängers und Pfadfinders, der die Natur wie ein offenes Buch liest und sich am wohlsten fühlt, wenn er am weitesten von den Tummelplätzen der zivilisierten Welt entfernt ist. Würdig, an seiner Seite zu stehen, ist der edle Inder Chingachgook, „ernsthaft, still, scharfsinnig, zurückhaltend", wie Herr James H. Morse über ihn sagt; „Genügend erhaben genug, um die Größe der Vergangenheit des Indianers zu begreifen, und weitsichtig genug, um die Hoffnungslosigkeit seiner Zukunft zu erkennen – mit genügend Seelenadel, um die Tugenden des weißen Mannes zu begreifen, und mit genug angeborener Wildheit, um ihn treu zu halten." Instinkte seiner eigenen Rasse." Berühmt unter Coopers Matrosenvolk ist Long Tom Coffin aus „The Pilot" – Typ des rauen, aber ehrlichen Seemanns, abergläubisch wie alle Seeleute, aber fromm, treu bis zuletzt und fähig zur heldenhaftesten Selbstaufopferung. Andere kaum weniger gut gezeichnete, wenn auch weniger berühmte Charaktere bewegen sich durch Coopers Seiten – raue, unhöfliche Landstreicher und Streuner des Grenzlebens, ergraute alte Seebären, Soldaten- und Matrosenfrauen und Lieblinge, wie zum Beispiel die Frau von Ishmael Bush, Hetty und Judith Hutter und Dew-of-June.

Dass er deutliche Unvollkommenheiten in Stil und Technik aufwies, wird niemand leugnen. Er schrieb zu schnell, um auch nur annähernd Eleganz im Stil zu erreichen, und er ist nicht selten unbekannt. Er wiederholt ständig Wörter und Ausdrücke, was den Leser sehr verärgert. Die gleiche Sorglosigkeit, die seinen Stil kennzeichnet, zeigt sich gelegentlich auch in der Konstruktion seiner Geschichten. Szenen werden wiederholt. Es kommt zu Fehlern aufgrund von Vergesslichkeit, wie in „Mercedes von Kastilien", wo die Heldin ihrem Geliebten auf der Hinreise ein Kreuz aus Saphirsteinen überreicht, Symbole, wie sie ihm sagt, der Treue, die später als türkisfarbene Steine erscheinen. Auf Besonderheiten der Gewohnheit oder des Verhaltens wird so oft hingewiesen, dass der Leser müde und angeekelt wird. Zugegebenermaßen sind zahlreiche Charaktere äußerst konventionell. Cooper hat bei seinen guten Frauen deutlich versagt. Sie sind keine Geschöpfe aus Fleisch und Blut; Sie sind rein imaginäre Geschöpfe in Unterröcken, bloße Simulakren, ausnahmslos Vorbilder von Sanftheit, Diskretion und Schlichtheit, die stets das Richtige sagen und tun, bis sich der Leser nach etwas weniger vom Engel und viel mehr von Mutter Eva sehnt. Schließlich sind seine Einführungen äußerst weitläufig und langwierig, obwohl er in dieser Hinsicht wie Scott und viele andere seiner Zeit gesündigt hat.

Aber wir dürfen nicht zulassen, dass dieser Katalog von Coopers Mängeln seine Tugenden verdeckt. Trotz gelegentlicher Nachlässigkeit bei der Konstruktion sind alle seine besten Geschichten hochinteressant; er spinnt ein gutes Garn. Niemals bemüht er sich um Nachwirkungen, nie überlädt er seine Sätze mit Verzierungen, wenn er einmal angefangen hat, bewegt er sich geradeaus auf sein Ziel zu; eine mitreißende Szene folgt der anderen; Es gibt eine wunderbare Fruchtbarkeit der Ressourcen, gepaart mit der Zuversicht, die Glauben erzeugt. Er war ein großes Genie, das, obwohl es bei Miniaturarbeiten erfolglos blieb, eine große Leinwand wunderbar bewältigte. Man darf nicht vergessen, dass Cooper ein Pionier war; dass er der Schöpfer unserer amerikanischen Liebesgeschichte aus Wald, Prärie und Meer war. Seine Naturbeschreibungen stammen aus der Hand eines Meisters. „Wenn Cooper", bemerkte Balzac, „bei der Darstellung von Charakteren genauso erfolgreich gewesen wäre wie bei der Darstellung von Naturphänomenen, hätte er das letzte Wort unserer Kunst gesprochen." Darüber hinaus sind Coopers Geschichten ehrlich und heilsam wie er selbst; sie atmen die gleiche Echtheit, die gleiche Aufrichtigkeit und den gleichen Hass auf Täuschung und Gemeinheit; sie vertreten einheitlich edle und würdige Ideale; Ihr Ton ist immer so gesund und belebend wie ein Hauch Ozon. Wie Professor Trent bemerkt, „hob er die Abenteuergeschichte in den Bereich der Poesie"; und als Dichter des amerikanischen Urwaldes ist er nie abgelöst worden.

Professor Lounsbury, dessen Leben über Cooper in der Reihe „American Men of Letters" nach wie vor die maßgebliche Biografie ist, fasst den Mann und sein Werk wie folgt zusammen:

Amerika hatte unter seinen Vertretern der reizbaren Rasse der Schriftsteller viele, die weitaus mehr Fähigkeit bewiesen haben, gut mit ihren Mitmenschen auszukommen als Cooper. Sie hatte mehrere, die über eine höhere spirituelle Einsicht verfügten als er, über umfassendere und gerechtere Ansichten über das Leben, über feinere Ideale der literarischen Kunst und vor allem über einen weitaus feineren Geschmack. Aber sie zählt auf die spärliche Liste ihrer Gelehrten, den Namen von niemandem, der aus reinerem Patriotismus oder höheren Prinzipien gehandelt hat. Sie findet unter ihnen allen keine männlichere Natur und keine heldenhaftere Seele.

Herr W. C. Brownell bereitete für die Iroquois-Ausgabe von Coopers Werken eine kritische Einleitung vor, die mit Sicherheit als die gerechteste, feinfühligste und umfassendste Analyse des Mannes und seines Werkes angesehen werden kann. Herr Brownell schreibt:

Es gibt jedoch eine Qualität in Coopers Romanze, die ihm als Romanze eine fast einzigartige Besonderheit verleiht. Ich meine seine solide und substanzielle Verbindung mit der Realität. Es ist durch und durch romantisch, und doch erzeugt es – sehr wahrscheinlich aufgrund seines Mangels an Vorstellungskraft, wenn überhaupt etwas so sein kann – eine für die Romantik nahezu beispiellose Illusion des Lebens selbst ... Coopers ... Werk ist in keiner Weise ein *Jardin des Plantes* ; Es ist wie der Wald und das

Meer, die hauptsächlich sein Thema und seine Substanz bilden. Nur eine kritische Kurzsichtigkeit kann den herrlichen Wald mit seinen Pionierlichtungen, seinen „Siedlungsrändern", seinen waldreichen Seen, seiner benachbarten Prärie auf der einen Seite und dem fernen Ozean mit den dahinter liegenden Städten auf der anderen Seite blind machen Ufer – das herrliche Panorama des Menschen, der Natur und des menschlichen Lebens, das uns diese große Intelligenz und edle Vorstellungskraft, dieser männliche und patriotische amerikanische Vertreter im literarischen Parlament der Welt, entfaltet hat.

Die ältere Dana. – Richard Henry Dana (1787–1879), Anwalt, Politiker, Dichter, Kritiker und Romanautor, gehörte zu der Gruppe Bostoner Schriftsteller, die den Grundstein für die Literatur Neuenglands legten. Seine Erzählungen „Tom Thornton" und „Paul Felton" sind romantische Geschichten über Schurken und Wahnsinn und zeugen vom Einfluss von Brockden Brown. Die Erzählung hat zuweilen einen ungestümen Schwung, der den Leser gegen seinen Willen vorantreibt; und die Charakterisierung ist mit kraftvollen Strichen ausgearbeitet. 1833 erschien eine Sammelausgabe seiner „Gedichte und Prosaschriften".

Miss Sedgwick und Mrs. Child. —Catherine Maria Sedgwick (1789–1867) war die Tochter von Richter Theodore Sedgwick und wurde in Stockbridge, Massachusetts, geboren, wo sie ein halbes Jahrhundert lang Direktorin einer Schule für junge Damen war. Ihre Pflichten als Lehrerin hinderten sie nicht daran, eine umfangreiche Romanautorin zu werden. Ihre erste Geschichte war „A New England Tale" (1822), die sofort Anklang fand. „Redwood" (1824) wurde in drei oder vier kontinentale Sprachen übersetzt; Auf der Titelseite der französischen Übersetzung wurde der Roman Fenimore Cooper zugeschrieben. Andere Romane, die aufgrund ihrer getreuen Darstellung des frühen und zeitgenössischen Lebens in Neuengland große Popularität erlangten, waren „Hope Leslie, or Early Times in Massachusetts" (1827), „Clarence, a Tale of Our Own Times" (1830), „The Linwoods, or Sixty Years Since in America" (1835) und „Married or Single" (1857). Während Miss Sedgwick nie den Höhepunkt fesselnden Interesses erreicht, ist sie selten langweilig, und einige ihrer Frauen leiden, wenn wir den Zeitunterschied berücksichtigen, im Vergleich zu denen von Mrs. Stowe und Mrs. Wilkins Freeman nicht darunter. Ihre Beschreibungen des einfachen Landlebens waren allen bisher erschienenen überlegen. Mrs. Child, geborene Lydia Maria Francis (1802–1880), die ihr Leben ebenfalls in Massachusetts verbrachte, begann schon früh mit dem Schreiben und veröffentlichte 1824 ihren ersten Roman „Hobomok" und ein Jahr später ihren zweiten Roman „The Rebels". Ersteres befasst sich mit dem Leben in Salem in der Kolonialzeit; Letzteres ist eine Geschichte der Revolution und beschreibt die Plünderung des Hauses von Gouverneur Hutchinson und das Massaker in

Boston. Obwohl sie ein wahres Bild der frühen puritanischen Bräuche vermitteln, sind sie als Fiktion nicht aussagekräftig. Im Jahr 1836 versuchte sie in „Philothea", einem Roman aus der Zeit des Perikles, einen ehrgeizigeren Flug, der trotz seiner gestelzten Rhetorik eine gewisse Vorstellungskraft offenbart und als bahnbrechender Versuch, das griechische Leben in Amerika zu interpretieren, Erwähnung verdient.

Timothy Flint. – Ein umfangreicher Schriftsteller und zu seiner Zeit eine bekannte Persönlichkeit war Timothy Flint (1780–1840), gebürtig aus Reading, Massachusetts, und Absolvent der Harvard-Universität im Jahr 1800. Er wurde 1815 Pfarrer der Kongregation auf der Suche Aus gesundheitlichen Gründen überquerte er mit seiner Familie die Alleghany Mountains und wurde nach Reisen durch Ohio, Indiana und Illinois Missionar, zunächst in St. Charles, Missouri, und dann in Arkansas. Der Erfolg seiner „Erinnerungen an die letzten zehn Jahre" (1826) veranlasste ihn, einen Roman mit dem Titel „Francis Berrian oder der mexikanische Patriot" (1826) zu veröffentlichen, der sich mit Abenteuern mit den Comanche-Indianern und dem mexikanischen Kampf von 1821 befasste , was zum Fall von Iturbide führte. Die Geschichte war grob und unwahrscheinlich, aber einige ihrer Beschreibungen fanden Anklang. „Arthur Clenning", sein zweiter Roman, der 1828 veröffentlicht wurde, handelt von einem Schiffbruch im Südpolarmeer, nach dem der Held und die Heldin in New Holland ankommen und sich später in Illinois niederlassen. Er schrieb noch einige weitere Romane, von denen jedoch keiner überliefert ist. Eine Zeit lang (1833) gab Flint *The Knickerbocker heraus* ; und 1835 steuerte er einige „Skizzen der Literatur der Vereinigten Staaten" zum London *Athenæum bei* .

William Austin (1788–1841), ein Anwalt aus Charlestown, Massachusetts, verdient Aufmerksamkeit für die bemerkenswerte Geschichte von „Peter Rugg, the Missing Man", die er für *The New England Galaxy* (1827–1828; nachgedruckt in „The Boston Book", 1841, und in anderen Büchern und Aufsätzen). Das Thema ist das gleiche wie das von „Der wandernde Jude". Obwohl es, wie Joseph Buckingham es ausdrückt, „dem Erfindungsreichtum seines Autors entsprang", hatte es zweifellos auch etwas mit der deutschen Romantik zu tun.

Nathaniel Hawthorne. —Das größte Genie unter den amerikanischen Liebesromanautoren, von vielen als der herausragende literarische Künstler Amerikas angesehen, war Nathaniel Hawthorne. Er war in besonderer Weise ein Produkt Neuenglands und gab offen zu, dass Neuengland ein so großer Klumpen Erde war, wie sein Herz nur aufnehmen konnte. Sein Vorfahre, William Hathorne, kam 1630 mit John Winthrop und John Winthrop auf dem Schiff in die Neue Welt Thomas Dudley und wurde zum Anführer der Kolonie. Hathornes Sohn John war einer der Richter in den Hexenprozessen in Salem im Jahr 1691. Der Großvater und der Vater von Nathaniel Hawthorne waren beide Kapitäne. Der Schriftsteller wurde am 4. Juli 1804 in Salem geboren. Vier Jahre später starb sein Vater, der offenbar nie ein robuster Mann gewesen war, in Surinam, und die verwitwete Mutter begann in tiefer Abgeschiedenheit zu leben, die ihre Wirkung auf die Familie nicht verfehlen konnte schnelle Sensibilität ihres Sohnes. Im Jahr 1818 zog die Familie nach Raymond am Ufer des Sebago Lake in Maine, wo sein Großvater Manning große Landstriche besaß. Hawthornes Kindheitsumfeld unterschied sich daher nicht wesentlich von dem von Fenimore Cooper. Aber er war ein besserer Leser als Cooper. Als Junge lernte er Shakespeare, Milton, Bunyan, Clarendon, Froissart, Rousseau und Godwin kennen. Als er das Bowdoin College besuchte, machte er 1825 in der Klasse von Longfellow seinen Abschluss. Obwohl er sich in seinen Studien nicht besonders hervortat, wurde er ein angesehener Latein- und Englischgelehrter; und er widmete viel Zeit dem Lesen in der kleinen Bibliothek der Athenäischen Gesellschaft. Bei seinem Abschluss belegte er den achtzehnten Platz in einer Klasse von achtunddreißig. Inzwischen war seine Familie nach Salem zurückgekehrt, und Hawthorne ging nun dorthin, um eine literarische Ausbildung zu beginnen. Es schien ein kühnes Unterfangen zu sein, nach seiner Feder zu leben; Allerdings scheint er aus Abneigung gegen ein aktiveres Leben zu diesem Versuch abgedriftet zu sein. Im Jahr 1828 veröffentlichte er anonym einen Roman mit dem Titel „Fanshawe“, in dem er einige seiner College-Erfahrungen behandelte und sich vage an die Methoden von Scott erinnerte. Man muss sagen, dass einige Charaktere energisch konzipiert sind, und hier und da gab der Band Hinweise auf das zukünftige Können des Autors; Aber das Ganze hat einen Hauch von Unwirklichkeit, um nicht zu sagen Grobheit. Das Buch fand, wie es verdiente, ein gleichgültiges Publikum, und Hawthorne rief anschließend so viele Exemplare zurück, wie er beschaffen konnte, und verbrannte sie. Mehrere Jahre lang lebte er zurückgezogen und verfasste Geschichten und Skizzen für verschiedene Jahrbücher und Zeitschriften. Für die Geschichten bekam er jeweils 35 Dollar. Im März 1837 veröffentlichte er auf Anregung seines Freundes Horatio Bridge den ersten Band, der unter seinem Namen erschien: „Twice-Told Tales“. Es waren achtzehn an der Zahl, also nur die Hälfte aller Geschichten, die er bis zu diesem Zeitpunkt gedruckt hat. Die „Tales“ verschafften Hawthorne einen beachtlichen Ruf; Longfellow lobte ihn in *The North American Review* , damals einflussreich in literarischen Angelegenheiten. Mit erneuter Unterstützung seiner Freunde übernahm Hawthorne im Januar 1839 die Position des Waagen- und Messgeräts im Bostoner Zollamt. Zunächst interessierte ihn die Neuheit des Kontakts mit der praktischen Welt; Doch schon bald stellte er fest, dass ihm seine immer eintönige Arbeit weder Zeit noch Kraft zum Schreiben ließ, und es tat ihm nicht leid, seinen Posten zu verlieren, als die Whigs 1841 an die Macht kamen. Einige Monate lang versuchte er es auf der Brook Farm, in der Überzeugung, dass er in dieser neuen Gemeinschaft einen geeigneten Weg finden sollte, manuelle und geistige Arbeit zu verbinden; aber die Arbeit war zu schwer und er hatte zu wenig Gelegenheit zum Schreiben. Dementsprechend verließ er 1842 die Farm, heiratete Miss Sophia A. Peabody, mit der er seit vier Jahren verlobt war, und ließ sich im Old Manse nieder, einem idyllischen Rückzugsort in Concord, Massachusetts. In der Zwischenzeit hatte er (1841) zwei Bände mit historischen Erzählungen für junge Leute veröffentlicht, „Der Stuhl des Großvaters" und „Berühmte alte Leute"; und zu diesen fügte er nun eine dritte Serie, „The Liberty Tree", sowie eine zweite Serie von „Twice-Told Tales" und einen Band mit „Biographical Stories for Children" (1842) hinzu. Von diesen erreicht keines außer „Tales" das Niveau einer seriösen und zu verkaufenden Literatur deutlich. In den nächsten vier Jahren schrieb Hawthorne für Zeitschriften etwa achtzehn weitere Geschichten, die er 1846 zusammen mit einer Reihe früherer, nicht gesammelter Geschichten unter dem Titel „Mosses from an Old Manse" neu veröffentlichte. Hawthorne kehrte nun als Zollvermesser (1846–9) in seine Heimatstadt Salem zurück und erwies sich als fähiger Verwalter des Amtes. Es folgte eine weitere Periode literarischer Unfruchtbarkeit, doch 1847 nahm er sein Schreiben wieder auf und verfasste einige Erzählungen. Die Idee einer längeren Romanze war ihm gekommen, und nach seiner Entlassung aus dem Amt im Jahr 1849 fand er die nötige Muße, um „Der Scharlachrote Brief" zu schreiben. Erneut tauschte er also die Welt der Dinge gegen jenen Bereich der Fantasie ein, in dem er so viel mehr zu Hause war. Entschlossen arbeitete er inmitten von Krankheit und Armut und vollendete schließlich den großartigen Liebesroman, dessen Veröffentlichung das Jahr 1850 in amerikanischen Briefen ebenso kennzeichnet wie Tennysons „In Memoriam" und Wordsworths „Prelude" in der englischen Poesie. Hawthorne war nun in eine Periode großer Produktivität eingetreten. In den nächsten zwei Jahren veröffentlichte er „Das Haus mit den sieben Giebeln" (1851), „Ein Wunderbuch für Mädchen und Jungen" (1851), „Das Schneebild und andere Geschichten" (1851) und „ Tanglewood Tales". (1852), „The Blithedale Romance" (1852), eine Geschichte, die auf seinem Leben auf der Brook Farm basiert, und eine Kampagne „Das Leben von Franklin Pierce", seinem Studienfreund, der jetzt Präsidentschaftskandidat ist. Unmittelbar nach seiner Wahl ernannte Präsident Pierce Hawthorne zum Konsul in Liverpool, ein Amt, das er von Juli 1853 bis September 1857 innehatte. Obwohl er reich an Erfahrungen und fruchtbaren Beobachtungen war, verlief sein Leben in England äußerlich ruhig und ereignislos. Die Jahre 1857–1859 verbrachten die Hawthornes in Italien, wo sie sich etwas mehr als gewohnt mit der Welt vermischten. Die Frucht des italienischen Lebens war „The Marble Faun" (1860), geschrieben in Italien und in Redcar an der Nordseeküste und veröffentlicht in England als „Transformation". Als Hawthorne 1860 nach Amerika zurückkehrte, verbrachte er die nächsten vier Jahre im Wayside, Concord. 1863 trug er „Our Old Home" für *The Atlantic Monthly bei* und begann „The Dolliver Romance", das er jedoch nicht beenden sollte. Er starb plötzlich am 18. Mai 1864 in Plymouth, N. H., während er auf der Suche nach Gesundheit zu den Seen von New Hampshire reiste.

Seine literarischen Überreste müssen zumindest erwähnt werden. 1868 erschienen „Passages from American Note-Books"; 1870 „Passages from English Note-Books"; und 1871 „Passagen aus französischen und italienischen Notizbüchern". Diese Bände werfen viel Licht auf Hawthornes Lieblingsplätze und Wanderneigungen sowie auf seinen Eifer für genaue Beobachtungen. „Septimius Felton oder Das Elixier des Lebens" (1871) sollte eine in der Zeit der Revolution angesiedelte Geschichte eines Mannes sein, der irdische Unsterblichkeit anstrebte. Das Thema war kraftvoll; aber Hawthornes Kräfte waren offensichtlich erschöpft, und die Geschichte musste als gescheitert erklärt werden. Die letzten erschienenen Werke waren „The Dolliver Romance" (1876) und „Doctor Grimshaw's Secret", bei denen es sich um fragmentarische und wirkungslose Studien zum gleichen Thema wie „Septimius Felton" handelt. Ihr Scheitern war aller Wahrscheinlichkeit nach nicht nur auf das Nachlassen von Hawthornes Kräften zurückzuführen, sondern auch auf die Schwierigkeiten, die das Thema selbst mit sich brachte.

Hawthorne war einer der schüchternsten Männer. Kenyon sagt in „The Marble Faun": „Zwischen Mensch und Mensch gibt es immer eine unüberbrückbare Kluft"; Eine solche Kluft trennte jedenfalls Kenyons Schöpfer vom Rest der Menschheit. Er liebte immer die Einsamkeit und lebte in einer eigenen Welt, abseits der Menschheit; Manchmal sehnt er sich nach vertrauteren Gesprächen mit Männern, aber es gelingt ihm nie ganz, herzliche Beziehungen (außerhalb seiner eigenen Familie) mit einigen wenigen Freunden aufzubauen. Da er von außerordentlich sensibler Natur war, gab er sich keine Mühe, die Freude zu verbergen, die ihm ehrliches Lob bereitete; und er wurde leicht von der Kühle seines Publikums zurückgewiesen. Vielleicht war das Misstrauen gegenüber sich selbst der Fluch seines Lebens. Jedes seiner Bücher erschien ihm, als es zum ersten Mal geschrieben wurde, nahezu wertlos. James T. Fields hat von der Schwierigkeit erzählt, mit der er aus Hawthorne das erste Manuskript von „The Scarlet Letter" herausholte. „So ist es mit geflügelten Pferden", sagt Hawthorne in „The Chimæra", „und mit solch wilden und einsamen Kreaturen." Wenn man sie einfangen und überwinden kann, ist das der sicherste Weg, ihre Liebe zu gewinnen." Die Hingabe, mit der Hawthorne diejenigen belohnte, die ihn „gefangen" hatten, war so groß, dass ihre selbstbewusste Ermutigung ihn sehr stärkte und inspirierte. Wie man jedoch vermuten könnte, mangelte es ihm in der Welt insgesamt an Sympathie. Sein Standpunkt war festgelegt; er konnte die Welt nicht mit den Augen eines anderen sehen. Dies hilft, die Wirkung von Härte und Rauheit zu erklären, die sein Kapitel über „Das Zollhaus" in „Der Scharlachrote Buchstabe" auf die Menschen von Salem hatte, die er dort beschrieb; und für die ähnliche Wirkung der Beschreibungen des englischen Lebens in „Our Old Home" auf das englische Volk im Allgemeinen. Wie Professor Woodberry auch bemerkt, hatte er „den kritischen Geist, der ein Merkmal Neuenglands ist, und damit einher ging die natürliche Angewohnheit, seine Meinung zu äußern." Darüber hinaus hatte er tief verwurzelte Vorurteile und einen natürlichen Hass auf Täuschungen. Er mochte keine literarischen Freundschaften. Während er beispielsweise in England war, blieb er ein Fremder in der brillanten literarischen Szene in London, wo er möglicherweise herzlich willkommen geheißen worden wäre. Er sah Tennyson einmal in Manchester, machte aber keine Anstalten, den Dichter zu treffen. Eine weitere seiner Abneigungen betraf die Erscheinungsformen des Spiritualismus – Klopfen, Tischkippen, Geisterschreiben und dergleichen; Er war im Allgemeinen ein großer Hasser von Täuschungen.

Hawthorne war seiner Familie stets zutiefst ergeben. Als seine Mutter starb, bezeichnete er die Zeit als die dunkelste Stunde, die er je erlebt hatte, obwohl es zwischen ihnen immer „eine Art Kälte im Verkehr" gegeben hatte. Seine Frau verehrte ihn, und die Einstellung seiner Kinder wird durch die Worte seines Sohnes Julian hinreichend deutlich: „In meinen Gedanken an ihn hat er eine Eigenschaft, die nicht beschrieben werden kann; das hängt mit den frühen Eindrücken zusammen, die den Namen der Heimat schön machen; mit der Freude eines Kindes an der Herrlichkeit der Natur; mit den Bestrebungen eines Jungen nach einer reinen und großzügigen Karriere; mit intimen Vorstellungen von Wahrheit, Tapferkeit und Einfachheit."

Soviel zum Mann; Was soll nun über den Künstler gesagt werden? Da er erstens das besondere Produkt des Neuengland-Puritanismus war, beschränkte sich sein Genie in gewisser Weise darauf, Neuengland und die Probleme des Neuengland-Calvinismus darzulegen. Auch wenn er den Schauplatz seiner Geschichte in Rom verlegt, besteht das gleiche Interesse an der Ausarbeitung der Folgen der Sünde, und ein Teil der Charaktere sind Amerikaner, die in der Ewigen Stadt leben. Hawthorne ist immer noch der Einzige, der dem ernsthaften und männlichen, wenn auch engen und manchmal fehlgeleiteten Leben des frühen Neuenglands den höchsten literarischen Ausdruck verliehen hat. sein Pathos, seine Tragödie, sein Erbe an die Neuzeit. Dann muss bemerkt werden, dass er sich dabei in die Reihe der großen Meister stellt, wenn es darum geht, aus dem Einzelnen die allgemeine Erfahrung abzuleiten; aus dem Besonderen das universale moralische Leben. In seinen früheren Jahren begeisterte er sich für

Allegorien, von denen es in den „Märchen" und „Moos" viele gibt; und er hatte schon immer eine Vorliebe für Symbolik. Der Mantel von Lady Eleanore zum Beispiel ist ein Symbol des Stolzes; der scharlachrote Buchstabe ist ein Symbol der Sünde; nicht weniger ist Donatello ein Symbol, eine Art universelle Unschuld, die das Wissen um Gut und Böse schmeckt – sozusagen das fehlende Glied in der Entwicklung moralischer Instinkte. Hawthorne beschreibt das Unsichtbare ständig im Sinne des Sichtbaren, der spirituellen Welt anhand der alltäglichen, materiellen Welt.

Die „Geschichten" wurden von Professor Woodberry in seiner bewundernswerten Biografie am ausführlichsten charakterisiert. 7 Viele von ihnen sind von Natur aus dürftig – Beschreibungen alltäglicher Ereignisse des täglichen Lebens, immer etwas moralisiert und mit zunehmendem Alter des Autors in zunehmendem Maße. In manchen hat die Fantasie freien Lauf, wie in „Die sieben Vagabunden" und „Das große Steingesicht". In „Tales of the Province House" und vielen anderen hat Hawthorne mit dem reichen Schuss seiner Fantasie gekonnt Fäden der Kolonialgeschichte verwoben, um ein prächtiges romantisches Schauspiel zu schaffen. Manchmal handelt er von Einzelpersonen, wie in „David Swan" und „Rappaccinis Tochter"; oft studiert er die Gruppe oder die Menge, wie in „Die himmlische Eisenbahn", „Das Weihnachtsbankett" und „Die Prozession des Lebens". Insgesamt untersucht er das moralische Leben und versucht, die Bedeutung einer Phase der universellen menschlichen Erfahrung zu verstehen.

„The Scarlet Letter" wurde von Herrn James als „das markanteste Stück Prosa-Fiktion, das auf amerikanischem Boden entstehen sollte" bezeichnet. Es ist eine düstere Tragödie, in der die Folgen der Sünde mit einer Einfachheit, einer stetigen Bewegung und einer Unerbittlichkeit dargestellt werden, die für die Tragödien von Euripides charakteristisch sind. Hester Prynne und Arthur Dimmesdale führten ein qualvolles Leben, das stetig auf den Tag der Sühne der Schande zusteuerte; Roger Chilingworth, äußerlich der weise, gütige Arzt, innerlich der grässliche Dämon, der sich über sein Opfer freut – diese Figuren erwecken in uns tatsächlich Mitleid und Angst und geben uns ein neues Gefühl für die Tiefe und das Geheimnis unseres menschlichen Lebens, das kein Mensch erlebt er allein, was jedoch als Ausdruck und Ergebnis eines rassischen Aufschwungs über Myriaden von Jahren hinweg interpretiert werden muss. „Der Scharlachrote Buchstabe" ist in der Tat, wie Herr W. C. Brownell sagt, 8 der puritanische „Faust"; und viele werden ihm zweifellos zustimmen, wenn er es „unser einziges Meisterwerk der Prosa" nennt.

In „Das Haus mit den sieben Giebeln" kehrt Hawthorne in die Gegenwart zurück und untersucht die Funktionsweise der Vererbung. Diese ist weniger düster als die vorherige Geschichte, aber immer noch düster und teilweise von der Welt der objektiven Realität entfernt. Sicherlich sind die alltäglichen Merkmale des täglichen Lebens auf den Sieben Giebeln real, die verkniffenen Gesichtszüge und das heroische Herz von Hepzibah und das heimelige Philosophieren von Onkel Venner; aber Jaffrey und Clifford Pyncheon sind bestenfalls düster und unwirklich. Auch Holgrave gehört zu einem Typus, der in den Tagen des Brook-Farm-Fourierismus weit verbreitet war, heute jedoch nahezu ausgestorben ist. Phoebe Pyncheon ist eines der zartesten und exquisitesten Porträts von Hawthorne; Wie Dr. Holmes dem Autor schrieb: „Der Geschmack des Süßfarns und der Lorbeere ist nicht bodentreuer als die natürliche Süße unserer kleinen Phoebe." Es ist interessant festzustellen, dass Hawthorne bei Erscheinen des Buches an seinen Freund Horatio Bridge schrieb:

„Das Haus mit den sieben Giebeln" ist meiner Meinung nach besser als „Der Scharlachrote Buchstabe"; Aber ich würde mich nicht wundern, wenn ich die Hauptfigur etwas zu sehr verfeinert hätte, um sie allgemein zu würdigen, und auch nicht, ob die Romantik des Buches im Widerspruch zu der bescheidenen und vertrauten Umgebung stehen sollte, in die ich es investiere. Aber ich habe das Gefühl, dass Teile davon so gut sind wie alles, was ich zu schreiben hoffen kann.

Mehr fähige Kritiker als einer haben „The Blithedale Romance" als die perfekteste von Hawthornes Geschichten bezeichnet. Obwohl er an George William Curtis schrieb, dass die Geschichte im Wesentlichen nichts mit Brook Farm zu tun habe, ist es sicher, dass die Gemeinschaft mehr als nur einen Hintergrund für die Geschichte bildete und einige ihrer Vorfälle und die Eigenschaften einiger Charaktere lieferte. Daher kann man sagen, dass der Liebesroman dem wirklichen Leben näher kommt als jedes andere der größeren Werke. Die Charaktere sind mit großer Klarheit in den Umrissen gezeichnet: Hollingsworth, der Reformator, ernst, streng, bis zur Selbstsucht in sein Reformvorhaben vertieft; Miles Coverdale, der Träumer, der die Handschrift seines Künstlerschöpfers trägt, immer eher Zuschauer als Teilnehmer des Lebens in Blithedale; Priscilla, die schüchterne Magd, die aus den Wolken gefallen zu sein schien und in diesem Rückzugsort Schutz suchte; Zenobia mit ihrer prächtigen Schönheit, ihrer Vornehmheit, ihrem Eifer, ihrer Verzweiflung, wenn die Ernüchterung eintritt – all das ist höchst individuell. Es wurde mit Recht beklagt, dass weder Zenobia noch Priscilla ein typisches Mädchen aus Neuengland seien; aber der romantischen Atmosphäre der Erzählung kann vielleicht etwas zugestanden werden; Der Autor hat keine Abschrift aus dem prosaischen wirklichen Leben versprochen. Die Handlung kommt hin und wieder ins Stocken und strebt nicht stetig und überzeugend ihrem Höhepunkt entgegen. Die eingefügte Geschichte von „The Veiled Lady" trägt nicht wesentlich zur Handlung bei. Dennoch ist der Roman insgesamt eine eindringliche und bemerkenswerte

Darstellung von Hawthornes Reformauffassungen. Er war nie ein Reformer; er misstraute dem übermäßigen Eifer, der Enge der Vision, die allzu oft für die leidenschaftlicheren Reformatoren seiner Zeit charakteristisch war; und mit großem Geschick hat er hier die illusorischen Hoffnungen, die Entmutigung, das Gefühl der Ohnmacht und Niederlage dargelegt, die mit dem Ergebnis radikaler Pläne zur menschlichen Verbesserung einhergehen müssen, die nicht auf fundierten und umfassenden Kenntnissen über die Natur des Menschen beruhen.

Die wahrscheinlich beliebteste und zugleich ehrgeizigste aller Romanzen war „Der Marmorfaun". Mit vollendetem Geschick wahrt der Autor das Geheimnis, das für die romantische Atmosphäre notwendig ist, und zeichnet gleichzeitig in klaren Umrissen die vier Charaktere des kleinen Dramas – dieser Miniatur-Welttragödie, dieser „Geschichte vom wiederholten Sündenfall", wie Miriam sagt . Wie Herr Lathrop dargelegt hat, ist mit dem Hauptthema, das selbst von bleibendem Interesse ist, außerdem eine Untersuchung der Psychologie der Geschichte von Beatrice Cenci verbunden; Aber ohne dort aufzuhören, wo Shelley aufgehört hatte, zeigte Hawthorne weiter, wie Miriam und Donatello „ihre Reinigung herbeiführen" könnten. Auch wenn die Romanze, wie ein Kritiker behauptet, „im Geheimnis beginnt und im Nebel endet", ist das Ende dennoch voller Hoffnung.

Hawthorne war nie ein beliebter Romanautor und wird es zweifellos auch nie sein. Seine Geschichten sind für die wenigen, die nachdenklichen Leser, die bereit sind, alte Lieblingsbücher immer wieder zu lesen. Aber es wird immer solche Personen geben, glücklicherweise in zunehmender Zahl; und für sie wird Hawthorne weiterhin eine einzigartige Persönlichkeit sein, der „hohe uneingeschränkte Denker", der Interpret spiritueller Geheimnisse.

Charles Sealsfield. —Obwohl er von den meisten Historikern amerikanischer Literatur nicht erwähnt wird, verdient der österreichische Schriftsteller Carl Postl („Charles Sealsfield", 1793–1864) hier Erwähnung zu finden, da seine Werke sich hauptsächlich mit dem amerikanischen Leben befassen und sich in ihrer englischen Fassung großer Beliebtheit erfreuten in Amerika. Geboren in Poppitz, Mähren, wurde er zunächst Priester des Ordens der Kreuzherren von Pöltenberg; Doch nachdem er mit dem katholischen Dogma gebrochen hatte, floh er aus dem Kloster und kam 1823 als Charles Sealsfield nach New York. Er blieb bis 1832 in Amerika, reiste viel und studierte Leben und Charakter eingehend. Sein erster Roman „Tokeah oder die weiße Rose"; an Indian Tale" (Philadelphia, 1828) wurde 1833 in Zürich als „Der Legitime und die Republikaner" neu veröffentlicht; Obwohl sie in Amerika nie eine beliebte Geschichte war, scheint sie, wie Professor Faust herausgefunden hat, 9 Mrs. Jackson einige Hinweise für ihre „Ramona" und Charles F. Hoffman ein *Motiv* für seine „Vigil of Faith" geliefert zu haben. Nach seiner Rückkehr nach Europa veröffentlichte Sealsfield unter anderem „Transatlantische Reiseskizzen" (1833), übersetzt als „Leben in der neuen Welt oder Skizzen der amerikanischen Gesellschaft" (1844), das ursprünglich 1827 im New *York Mirror erschien*. 8 und der Simms einige Szenen für „Guy Rivers" lieferte; „Nathan der Squatter Regulator" (1837), übersetzt als „Leben in Texas" (1845); „Der Virey und die Aristokraten, oder Mexiko im Jahre 1812" (1834); „Morton, oder die große Tour" (1835); „Das Cajütenbuch, oder Nationale Charakteristiken" (1841), übersetzt als „The Cabin Book" (1844), das Mayne Reid unverändert die letzten zehn Kapitel seines „Wild Life" lieferte; und „Süden und Norden" (1842–3), übersetzt als „Nord und Süden oder Szenen und Abenteuer in Mexiko" (1844). In seinen eindringlichen Schilderungen des rohen amerikanischen Lebens der zwanziger und dreißiger Jahre zeigte Sealsfield großen Enthusiasmus, eine breite Beobachtungsgabe, die nichts übersah und die unparteiisch war, und ein Verständnis für die wahre Innerlichkeit unserer jungen Institutionen wie kein anderer amerikanischer Ureinwohner sein Tag war besessen. Auch wenn sein übertriebener Pinsel nicht an künstlerischem Fingerspitzengefühl mangelte, schuf er einige Charaktere wie Morton und Nathan Strong, die als typische Amerikaner Unsterblichkeit verdienen, und beschrieb mit unnachahmlicher Treue „den unerschrockenen Hausbesetzer und robusten Pionier, den Pflanzer des Südens und den patriarchalischen Sklaven". -Inhaber, der gierige Millionär und seine Gesandten, der New Yorker Dandy und die Schönheit der Gesellschaft, der schweigsame Yankee-Kapitän und der heißblütige Kentuckianer, der utilitaristische Alkalde und der reformierte Desperado."

William Leggett (1802–39) einige Zeit am Georgetown College verbracht hatte, begleitete er 1819 seine Familie, um eine Siedlung in den Prärien von Illinois zu errichten. Er verbrachte die Jahre 1822–26 als Midshipman in der Marine. Seine Erfahrungen als Pionier und Meeresbewohner wurden in „The Rifle", veröffentlicht 1828 in *The Atlantic Souvenir*, und in „Tales by a Country Schoolmaster" (1835) anschaulich dargestellt. Für den Rest seines Lebens war er im Journalismus tätig, von 1829 bis 1836 als einer der Herausgeber der *Evening Post*.

Südländische Romanautoren. – Bisher haben wir keinen einheimischen Südstaatenautor in Betracht gezogen. Der Roman reifte im Süden spät; Tatsächlich brachte der Süden vor dem Bürgerkrieg nur einen Romanautor ersten Ranges hervor. Doch im abwechslungsreichen und malerischen Leben der aristokratischen Pflanzer, der Grenzbewohner, der „armen Weißen" und der Neger gab es reichhaltiges Material für den Künstler und den Geschichtenerzähler, die mit der Zeit begannen, ihre Chance zu nutzen. „The Valley of the Shenandoah" (1824) von George Tucker (1775–1861) ist, obwohl in England nachgedruckt und ins Deutsche übersetzt, von geringem

Wert, und über seine „Reise zum Mond" (1327) kann kaum mehr gesagt werden. eine satirische Romanze; doch diese Werke versprachen bessere Dinge aus dem Süden. William A. Carruthers (1806–72), ein umfangreicher Zeitschriftenautor, schrieb zwei Romane, „The Cavaliers of Virginia" (1832) und „The Knights of the Horseshoe" (1845), die sich trotz schwerwiegender Mängel mit dem Thema befassen mit der Kolonialzeit in Virginia auf eine freundliche, energische und ungekünstelte Art und Weise.

„Davy" Crockett (1786–1836), grober, ungebildeter Jäger, Hinterwäldler und Kongressabgeordneter, veröffentlichte in seiner „Autobiographie" (1834) eine Sammlung spannender Abenteuererzählungen, die sich durch Direktheit, Lebendigkeit und Männlichkeit auszeichnen. Die „Georgia Scenes, Characters, and Incidents" (1835) von Augustus B. Longstreet (1790–1870), der viele Jahre College-Präsident war, enthüllten die merkwürdigen Eigenschaften der armen Weißen oder „Cracker" von Georgia. „The Partisan Leader" (1836) von Nathaniel Beverley Tucker (1784–1851) befasste sich mit den Eingriffen der Bundesregierung in die Rechte der Staaten und prophezeite mit verblüffender und präziser Logik den schrecklichen Umbruch, der ein Vierteljahrhundert später eintrat . Obwohl künstlerisch unvollkommen, ist es eine mitreißende Geschichte mit intensiver Handlung und heroischer Spannung. Es kann jedoch kaum gesagt werden, dass eines dieser Werke heute noch erhalten ist. Sie sind vor allem deshalb wichtig, weil sie die Entwicklung der Südstaatenliteratur veranschaulichen. Bei Kennedy und Simms nimmt der Süden jedoch einen hohen Stellenwert in der Amerika-Fiktion ein.

John Pendleton Kennedy. – Für John Pendleton Kennedy (1795–1870) war Literatur nie mehr als ein Zeitvertreib, eine Tatsache, die sehr bedauerlich ist. Kennedy gehörte einer prominenten und wohlhabenden Familie an. Er wurde in Baltimore geboren, machte 1812 seinen Abschluss am Baltimore College und studierte Rechtswissenschaften. Als er ins politische Leben eintrat, setzte er seine Feder effektiv zur Verteidigung seiner politischen Prinzipien ein, vergnügte sich aber gelegentlich mit Unternehmungen in leichteren Formen der Literatur. Sein erstes bedeutendes Werk, „Swallow Barn" (1832), wurde eindeutig als kein Roman deklariert; und tatsächlich ist die Aktion von geringer Bedeutung. Sein Hauptanliegen bei der Niederschrift bestand darin, in Verbindung mit einer kleinen Handlung ein Bild der Sitten und Bräuche in Virginia gegen Ende des 18. Jahrhunderts zu zeichnen. Hier erfolgt keine subtile Charakterisierung; Die Personen der Erzählung sind breit und natürlich gezeichnet und die Geschichte geht leicht, wenn auch etwas langsam, ihrem Ende entgegen. Die örtlichen Landschaften und Institutionen werden mit größter Genauigkeit beschrieben. Frank Meriwether, der wohlhabende Landedelmann und Richter, wurde als

Virginia Sir Roger de Coverley bezeichnet; und überall herrscht die gleiche ruhige gute Laune, die gleiche fröhliche Atmosphäre, der gleiche freundliche Optimismus, den man auf den Seiten von Addison findet. „Horse-Shoe Robinson, a Tale of the Tory Ascendency" (1835) war eine Geschichte der frühen Tory-Tage in South Carolina und gilt heute allgemein als der beste Roman, der im Süden vor dem Bürgerkrieg geschrieben wurde. Im Mittelpunkt der Handlung steht die Schlacht am King's Mountain (1780), die anschaulich und genau beschrieben wird. Der unerschrockene Mut des Hinterwäldler-Patrioten, die Bitterkeit und der Schrecken des Bürgerkriegs, der erleichternde und charakteristische Humor des primitiven Grenzlebens werden gut dargestellt. Der Schmied Galbraith Robinson ist ein typischer Amerikaner, der mit Coopers Lederstrumpf gleichzusetzen ist, und möglicherweise naturgetreuer als Coopers berühmteres Werk. Im Jahr 1838 erschien Kennedys dritter Roman „Rob of the Bowl: a Legend of St. Inigoes", eine Geschichte des kolonialen Maryland und der Kämpfe der katholischen Siedler, mit denen Traditionen der piratischen „Brüder der Küste" verwoben sind. Auch die humorvolle Chronik mit dem Titel „Quodlibet: Enthält einige Annalen davon, von Solomon Secondthought, Schulmeister" (1840) darf nicht fehlen, in der die Launen und Absurditäten einer vorgezogenen Präsidentschaftswahl beschrieben werden. Hätte Kennedy die Literatur zur ernsten Lebensaufgabe gemacht, hätte er nachhaltigeren Ruhm erlangt. So wie es aussieht, verdient er es, mehr gelesen zu werden, als er ist. 10

William Gilmore Simms. – Einer der produktivsten amerikanischen Romanautoren war William Gilmore Simms. Er wurde am 17. April 1806 in Charleston, South Carolina, geboren und wurde durch den Tod seiner Mutter und den Umzug seines Vaters nach Tennessee schon früh der Obhut seiner Großmutter überlassen, von der er viele seltsame Geschichten über Gefahren und Gefahren erfuhr Abenteuer. Von den armen Schulen seiner Zeit profitierte er wenig, obwohl er ein Allesfresser-Leser wurde. Nach seiner Ausbildung zum Apotheker wandte er sich mit achtzehn Jahren dem Studium der Rechtswissenschaften zu. Ein längerer Besuch bei seinem Vater im Südwesten gab ihm eine gute Gelegenheit, das primitive Leben der Hinterwäldler zu studieren, ein Leben, das er später unnachahmlich beschrieb. Mit zwanzig heiratete er und ein weiteres Jahr später wurde er als Rechtsanwalt zugelassen. Von Anfang an erfolgreich, wandte er sich jedoch entschlossen von der Anwaltstätigkeit dem literarischen Leben zu. Er war als Dichter bekannt geworden, als 1833 seine erste Prosa-Erzählung „Martin Faber, die Geschichte eines Verbrechers" erschien, die den Einfluss von William Godwin und Brockden Brown, aber auch unabhängige Fähigkeiten im Aufbau einer interessanten Erzählung offenbarte . In „Guy Rivers" (1834), einer Beschreibung von Georgia in den turbulenten Tagen des Goldfiebers, begann Simms eine Reihe von Grenzromanen, die zwar durch einen schlampigen Stil und eine raue Konstruktion beeinträchtigt, aber dennoch im Großen und Ganzen gut lesbar sind Berücksichtigung der Schnelligkeit und Energie der Erzählung. In „The Yemassee" (1835), einer Geschichte über den Streit zwischen South Carolina und den Indianern im Jahr 1715, ist Simms vielleicht von seiner besten Seite, und seine mitreißende Erzählung erinnert stark an die Arbeit von Cooper, obwohl sie nicht mit dieser konkurrieren kann. Dann folgte eine Trilogie, „The Partisan" (1835), „Mellichampe: a Legend of the Santee" (1836) und „Katharine Walton, or The Rebel of Dorchester" (1851), in der er jede Phase des gesellschaftlichen Lebens schildert in Charleston während des Unabhängigkeitskrieges und beschreibt die militärischen Karrieren von Marion, Pickens, Moultrie, Sumter und Hayne. Zwischen 1836 und 1859 veröffentlichte er etwa fünfundzwanzig weitere Romane und Erzählungen, meist in jeweils zwei Bänden, von denen die besten „The Kinsmen" (1841), später bekannt als „The Scout" (1854), „The Sword and The Spinnrocken", heute bekannt als „Woodcraft" (1852), „The Forayers, or The Raid of the Dog-Days" (1855), dessen Fortsetzung „Eutaw" (1856) und „The Cassique of Kiawah" (1859).). Außerdem schrieb er zahlreiche Kurzgeschichten für verschiedene Zeitschriften; Eine davon, „Grayling, or Murder Will Out", veröffentlicht in *The Gift* für 1842, wurde von Poe als die beste Geistergeschichte bezeichnet, die er je gelesen hatte. Eine Sammlung von dreizehn der besten Geschichten von Simms wurde 1845–46 unter dem Titel „The Wigwam and the Cabin" veröffentlicht. Trotz seiner immensen Popularität vor dem Bürgerkrieg ist Simms heute nahezu vergessen. Obwohl er ein gewissenhafter Arbeiter war, schrieb er viel zu schnell, um dauerhafte Literatur zu produzieren, und sein fehlerhafter Stil und seine übermäßige Vorliebe für die detaillierte Darstellung von Szenen von Blutbad und Verbrechen stoßen den heutigen Leser stark ab. Nach dem Bürgerkrieg, den Simms maßgeblich heraufbeschwor und durch den er schwere Verluste erlitt, schwand seine Popularität rapide und er versuchte vergeblich, seine Verluste auszugleichen. Er starb am 11. Juni 1870 in seiner Heimatstadt, nachdem er für sich selbst dieses Epitaph verfasst hatte: „Hier liegt einer, der nach einem einigermaßen langen Leben, das sich vor allem durch unaufhörliche Arbeit auszeichnete, alle seine besseren Werke unvollendet gelassen hat."

Seine bemerkenswerte Leistung in den Pioniertagen der amerikanischen Literatur gibt ihm im Großen und Ganzen das Recht, mit Dankbarkeit in Erinnerung zu bleiben; und das Urteil von Poe, der Simms als Romanautor knapp hinter Cooper und Brockden Brown einstufte, wurde nicht angefochten. 11

Edgar Allan Poe. – Kein amerikanischer Schriftsteller ist schwieriger zu beurteilen als Edgar Allan Poe (1809–49), sei es als Mann oder als Schriftsteller; und vielleicht hat kein anderer Autor mehr Aufmerksamkeit von Kritikern erhalten, nicht nur in Amerika, sondern auch in Europa. Poe wurde in Boston als Sohn südländischer Eltern geboren, in dem Jahr, in dem Tennyson, Darwin, Gladstone und Holmes geboren wurden. Seine Mutter, Elizabeth Arnold Poe, war eine Schauspielerin, die 1811 an Schwindsucht starb; sein Vater, David Poe Jr., war eine Zeit lang ein Wanderspieler, ein Mann von wenig Kraft; Die Überlieferung stellt ihn als sterbenden jungen Mann dar, ein Opfer von Konsum und Alkoholismus. Der Junge Edgar Poe wurde nach dem Tod seiner Mutter von John Allan aus Richmond, Virginia, adoptiert und von seinen Pflegeeltern, die wohlhabende und angesehene Menschen waren, verwundert und verwöhnt. Als sie 1815 ins Ausland gingen, wurde Poe an der Manor House School in Stoke Newington in der Nähe von London aufgenommen. Hier blieb er fünf Jahre lang und nahm die Einflüsse einer halbländlichen Szene auf, deren alte Gebäude und historische Assoziationen inzwischen von der Metropole verschluckt wurden. Von 1820 bis 1825 ging er in Richmond zur Schule. Als Kind war Poe schön und klug; Als Jugendlicher war er eher überlegen als abnormal. Er lernte schnell, wenn auch nicht genau; für die Ungenauigkeit waren zum Teil seine Lehrer verantwortlich. Er war geschmeidig, flink, ein ausgezeichneter Schwimmer, und obwohl er stolz und egozentrisch war, konnte er unter seinen Mitmenschen die Rolle des Anführers spielen. Als er für das College bereit war, zeigte er die Wirkung der Nachsicht seitens der Allans, er war herrisch und eigensinnig, übermäßig empfindlich gegenüber seinem Zustand im Waisenhaus und verschwendete sein zu reichliches Taschengeld. Während seines kurzen Aufenthaltes an der University of Virginia (1826) behielt Poe hohe Gelehrsamkeit in Latein und Französisch bei, lebte aber das Leben seiner Gefährten, trank (wenn auch offenbar nicht im Übermaß) und machte Spielschulden, die sein Vormund ablehnte. Der junge Mann machte sich im Zählzimmer von Mr. Allan an die Arbeit, rebellierte und floh nach Boston, wahrscheinlich unter falschem Namen und ohne Großbuchstaben, abgesehen von einem Bündel unreifer Gedichte. Er meldete sich bald als Privatmann in der Armee, schloss Frieden mit seinem Vormund und wurde nach West Point geschickt. Auch hier erwies er sich als kluger Schüler; aber da er die Routine absichtlich vernachlässigte, wurde er 1831 entlassen.

Poe war von nun an auf seine eigenen Mittel angewiesen und befand sich nun fast am Hungertod, als er mit seinem „Manuscript Found in a Bottle" (1833) einen Preis von einhundert Dollar gewann, der vom Baltimore *Saturday Visiter* und durch John ausgelobt wurde P. Kennedy, den Poe als „den ersten wahren Freund, den ich je hatte" bezeichnete, erhielt vorübergehend Erleichterung für seine Bedürfnisse und Hilfe bei der Beschaffung literarischer Arbeit. Er wurde nun Mitwirkender und bald auch Literaturredakteur von *The Southern Literary Messenger* . Seine zahlreichen Geschichten und Kritiken trugen wesentlich zum Erfolg und Ruhm der

Zeitschrift bei. Im Jahr 1836 heiratete Poe seine schöne Cousine Virginia Clemm, der drei Monate nach ihrem 14. Lebensjahr fehlten; Doch familiäre Bindungen konnten seine moralisch schwache Natur nicht davon abhalten, gelegentlich Drogen und Rauschmittel zu sich zu nehmen, und seine Unregelmäßigkeiten im Januar 1837 führten zu seiner Entlassung aus dem Redaktionsvorsitz des *Messenger*, für den er jedoch weiterhin schrieb. Eine Zeit lang lebten die Poes nun in New York, praktisch unterstützt von Frau Clemm, die eine Pension leitete. Hier vollendete und veröffentlichte er seine längste Erzählung, „The Narrative of Arthur Gordon Pym" (1838), eine Geschichte einer Antarktiskreuzfahrt bis zum 84. Breitengrad, basierend auf Benjamin Morells „Narrative of Four Voyages to the South Seas and Pacific". " (1832) mit häufigen Strichen von Coleridges „Ancient Mariner", aber voller Situationen von markerschütterndem Grauen und einer äußerst fantasievollen Landschaftsmalerei, wie sie nur das Genie von Poe hervorbringen konnte. Die Jahre 1838–44 verbrachte Poe in Philadelphia. 1839 sammelte und veröffentlichte er seine „Geschichten vom Grotesken und Arabesken". Er schrieb ständig für *Graham's Magazine*, dessen Herausgeber er von 1840 bis 1843 war; Kritiken, Essays und Erzählungen flossen aus seiner Feder. Im Bereich des fantasievollen Geschichtenerzählens war dies die Zeit seiner besten Arbeiten. Seine gelegentlichen Trunkenheitsanfälle lassen sich zum Teil mit Wahnsinnsanfällen erklären, die durch die Sorge um den prekären Zustand seiner Frau ausgelöst wurden, die 1841 beim Singen ein Blutgefäß platzte und sechs Jahre lang zwischen Leben und Tod schwebte. Im Jahr 1844 kehrte er nach New York zurück, wo er zunächst mit N. P. Willis in „*The Evening Mirror*" und später mit Charles F. Briggs in „*The Broadway Journal*" *in Verbindung gebracht wurde*. Die Veröffentlichung von „The Raven" im *Mirror* (29. Januar 1845) und seiner „Tales" (1845) steigerte seinen Ruf erheblich; aber mit merkwürdiger und tödlicher Perversität machte er sich daran, sich Feinde zu machen, indem er versuchte, dem Boston Lyceum (16. Oktober 1845) ein Jugendgedicht, „Al Aaraaf", als neues Werk unterzujubeln, und indem er seine literarischen Zeitgenossen in „The Literati" scharf geißelte von New York." Im nächsten Jahr zog er mit seiner Familie nach Fordham, einem Vorort von New York. Hier starb seine junge Frau 1847 an Schwindsucht; und er erholte sich nie wirklich von dem Schock. Er konzipierte verschiedene literarische Unternehmungen; aber er war praktisch zu einem physischen und moralischen Wrack geworden und konnte nur in längeren Abständen arbeiten. Gegen Ende des Jahres 1848 machte er Frau Sarah Helen Whitman, einer Dichterin aus Providence, einen Heiratsantrag und wurde angenommen. Das Match wurde jedoch abgebrochen, weil Poe zu viel getrunken hatte. Er beschloss nun, nach Süden zu gehen, um Vorträge zu halten und Gelder zu beschaffen, um eine Zeitschrift namens „*The Stylus*" *herauszugeben*. In Philadelphia erlitt er einen Anfall von Delirium tremens. Als er sich erholte, ging er weiter nach Richmond, wo er den Sommer 1849 verbrachte. Er machte einer alten Flamme, Mrs. Sarah Elmira Shelton, die damals Witwe war, einen Heiratsantrag, die ihn ermutigte. Ungefähr zu dieser Zeit unterzeichnete er ein Versprechen, auf alle berauschenden Getränke zu verzichten, und startete einen Neuanfang im Leben. Ein Vortrag im Exchange Hotel brachte ihm rund 1500 Dollar ein; und mit diesem in der Tasche machte er sich auf den Weg nach New York, um ein Geschäft abzuschließen und Mrs. Clemm mitzunehmen; Doch als er *unterwegs in Baltimore Halt machte* , wurde er dazu gebracht, etwas Wein zu trinken, begab sich auf eine Ausschweifung und starb einige Tage später (am 7. Oktober) in einem Krankenhaus an Gehirnfieber. Es gibt Grund zu der Annahme, dass er am Wahltag (3. Oktober) von politischen Schlägern unter Drogen gesetzt und zu verschiedenen Wahlen getragen wurde, um für die Whig-Kandidaten zu stimmen.

Das war die erbärmliche und tragische Karriere eines der brillantesten amerikanischen Literaten. Nur wenige Leben waren Gegenstand so vieler Kontroversen. Bei der Beurteilung seines Charakters muss Gerechtigkeit durch Barmherzigkeit gemildert werden; und dies ist umso einfacher, da man sieht, dass sein geistiger Zustand zumindest im letzten Teil seines Lebens abnormal, wenn nicht sogar pathologisch war. 12 Er erbte Tendenzen, die er nicht kontrollieren konnte und mit denen seine Umgebung ihn überhaupt nicht bewältigen konnte. Wenn er nüchtern und vernünftig war, war er ein ruhiger, wohlerzogener und raffinierter Gentleman, der faszinierend sprechen konnte und in dem Frauen „einen besonderen und unwiderstehlichen Charme" fanden; Darüber hinaus war er in der Lage, hart und effizient zu arbeiten. Unter dem Einfluss von Opium oder berauschenden Getränken war er ein ganz anderer Mensch, um den es uns hier glücklicherweise nicht geht. Mit Ausnahme von zwei Ausnahmen, seiner Frau und seiner Schwiegermutter, knüpfte er keine engen und dauerhaften Bindungen. Er war immer zutiefst egozentrisch und fand es unmöglich, mitfühlend auf das Leben, die Sorgen und Wünsche anderer einzugehen. So zog sich sein sensibles Temperament immer mehr in sich selbst zurück und fand seinen Verwandten in den Phantasmen seiner mächtigen Einbildungskraft.

Poes Genie kommt wahrscheinlich am besten in seinen Geschichten zum Ausdruck. Sie sind nicht sperrig; in der Putnam-Ausgabe füllen sie fünf Oktabände. Viele von ihnen zeichnen sich durch journalistische Lockerheit und Manierismus aus – zu häufige Verwendung von Klammern, zu ständige Wiederkehr von Lieblingswörtern und -phrasen. Gelegentlich verpasst er gute Gelegenheiten, dramatische Effekte und Kontraste zu erzählen; und im Allgemeinen kann man zugeben, dass das Element menschlicher Leidenschaft, „abgesehen von den Moll-Akkorden der Trauer und

Verzweiflung", in seinen Werken deutlich fehlt. Da er selbst ein leidenschaftlicher Liebhaber war, beschäftigte sich sein künstlerisches Genie nicht mit der gewöhnlichen Liebesgeschichte. Auch sein mangelnder Sinn für Humor wurde bemerkt. Seine Versuche, humorvoll zu sein, können nicht als erfolgreich bezeichnet werden. Schließlich enthalten einige seiner Geschichten, zum Beispiel „Arthur Gordon Pym", Inhalte, die so abstoßend sind, dass man sich wundert, dass jeder es ertragen könnte, sie zu lesen, geschweige denn, sie zu schreiben.

Dennoch bleibt die Tatsache bestehen, dass viele dieser Geschichten unverkennbar den Stempel des Genies tragen. Es ist vielleicht gut, sich an die von den Herren Stedman und Woodberry vorgenommene Klassifizierung zu erinnern. Wir haben zunächst die „Todesromane", von denen die berühmtesten „Der Untergang des Hauses Usher", „Ligeia" und „Eleonora" sind; Dann kommen die „ Romanzen der Alten Welt", von denen „Die Maske des roten Todes", „Das Fass des Amontillado" und „Die Grube und das Pendel" wahrscheinlich am häufigsten gelesen werden. Im zweiten Band finden wir drei Gruppen: „Tales of Conscience, Natural Beauty und Pseudo-Science", wobei die letzte seine „MS. „Found in a Bottle" und „Hans Pfaall". Im dritten Teil befinden sich „Tales of Ratiocination", darunter der berühmte „Gold-Bug", das erschütternde „Murders in the Rue Morgue" und die perfekte Detektivgeschichte „The Purloined Letter". und „Tales of Illusion", einschließlich der schrecklichen „Oblong Box". Dann kommen die „Extravaganzas and Caprices" und schließlich die beiden „Tales of Adventure and Exploration", nämlich „Arthur Gordon Pym" und „Julius Rodman". Es wird offensichtlich sein, dass Poe in zwei deutlich unterschiedlichen Erzählklassen Erfolg hatte: jenen, in denen ein rein intellektuelles Rätsel gelöst wird, und jenen, in denen eine deutliche emotionale Wirkung erzeugt wird. Die „Tales of Ratiocination" waren die Vorläufer einer langen Reihe von „Detektivgeschichten" – von Gaboriau, De Boisgobey, Wilkie Collins, Conan Doyle und anderen –, in denen man keinen schärferen analytischen Verstand findet als den von Monsieur Dupin. „The Gold-Bug" hat Stevenson zweifellos einige Merkmale von „Treasure Island" nahegebracht. Auch in Geschichten wie „Hans Pfaall" war Poe der Pionier, der die Höhenflüge der Fantasie mit Teilen der Populärwissenschaft verband, gefolgt von Jules Verne und anderen seiner Klasse. Von den emotionsgeladenen Geschichten dürften die drei oben erwähnten „Todesromane" die besten sein. Darin, so heißt es, sehen wir die höchste Ausprägung des romantischen Elements in Poes Genie. Die Dame Ligeia ist reiner Geist, ohne menschliche Eigenschaften, die Jungfrau eines Traums. Der Rahmen der Geschichte ist dürftig; Es ist lediglich eine Prosa-Rhapsodie über das Thema, das in den Worten des alten Glanvill zum Ausdruck kommt: „Der Mensch gibt sich den Engeln und dem Tod nicht gänzlich hin, außer durch die Schwäche seines eigenen schwachen Willens." Dieses Thema, die Vorherrschaft des Geistes über die Materie, war eines, mit dem sich Poe viel beschäftigte; aber zum wissenschaftlichen Denken zu diesem Thema trug er wenig Wertvolles bei. Es wurde jedoch darauf hingewiesen, dass Poe der Erste war, der diese Art von Geschichte, die „psychische Geschichte", schrieb, in der Stevenson und andere ihn später übertrafen. Er war ein subtiler Psychologe bestimmter Stimmungen und Qualitäten und verstand die heftigeren Leidenschaften von Terror und Reue wie kaum ein anderer Mann; Dafür liefert „William Wilson" reichlich Beweise. Aber seine Reichweite ist begrenzt, und die meisten Leser, die, wie die Lady of Shalott, der Schatten überdrüssig sind, sehnen sich bald danach, seine Welt voller Mysterien, Wahnsinn und Tod durch die reale Welt vernünftiger und freundlicher, wenn auch alltäglicher Männer und Frauen zu ersetzen.

Der alten Maxime zufolge müssen wir jedoch den Künstler als das nehmen, was er ist. Poe wählte sein Material und seine Umgebung nach dem Vorbild seines künstlerischen Genies; Es besteht kaum ein Zweifel daran, dass er dieses Material geschickt genutzt hat. Innerhalb seines engen Bereichs ist er der absolute Meister. Seine Intensität, seine Eloquenz, sein Geschick in der Wahl und Wiederholung von Wörtern zwingen den Leser, sich dem Zauber hinzugeben und für den Moment sogar an das Unmögliche zu glauben. Seine Grenzen wurden von Professor Woodberry gut dargelegt:

Begabt mit dem Trauminstinkt, der Fähigkeit, Mythen zu erschaffen, der allegorisierenden Kraft und ohne andere poetische Elemente von hohem Genie, übte er seine Kunst in einem Bereich vager Gefühle, symbolischer Ideen und fantastischer Bilder aus und entfaltete seinen Zauber weitgehend durch sinnliche Effekte von Farbe, Klang und Düsternis, verstärkt durch lauernde, aber ungeformte Andeutungen geheimnisvoller Bedeutungen.

Der Symbolismus ist tatsächlich in seinen fantasievollen Werken offensichtlich; in „The Black Cat" zum Beispiel wird Reue durch das flammende Auge der Katze angezeigt; In „William Wilson" ist das schlechte Gewissen sein Doppelgänger. An Verzierungen gibt es reichlich; Poe schwelgte in einer Fülle wunderschöner Bilder orientalischer und gotischer Pracht.

In einigen seiner Geschichten offenbart Poe eine gewisse Verwandtschaft mit Hawthorne. Beide lieben es, in einer abgelegenen Welt zu leben. Beide stellen Zustände der Seele dar; kurze Erlebnisse; vergängliche Träume. Aber Hawthornes Welt ist immer eine moralische Welt; Poes Werk ist zwar nie unmoralisch, aber überwiegend unmoralisch. In Hawthornes Erzählungen vergessen wir nie lange das puritanische Erbe des Gewissens; Poes Gleichgültigkeit gegenüber moralischen Fragen ist keine überraschende Folge seines unbekümmerten Temperaments. Beide Autoren verdanken

zweifellos etwas der seltsamen Fantasie von Ernst Hoffmann (1776–1822);
Poe führt auch die literarische Tradition von Mrs. Radcliffe, „Monk" Lewis
und den „Tales of Terror" fort. Der Vergleich mit diesen Schriftstellern legt
zwei weitere Tatsachen nahe: Erstens, dass Poe kein Romanautor, sondern
ein Autor von Kurzgeschichten war; er wusste wenig über das gewöhnliche
Leben und nichts über den menschlichen Charakter, außer durch eigene
Studien; Er bevorzugte eine kleine Leinwand, auf der sein Bild mit
präraffaelitischer Treue und aufwändiger Sorgfalt gemalt werden sollte, und
war nicht in der Lage oder nicht willens, ein Werk in der Größenordnung
dessen zu übernehmen, was wir heute als Romane bezeichnen. zweitens, dass
er immer ein Romantiker war, mit einer Vorliebe für das Mittelalter, die so
ausgeprägt war, als ob seine Charaktere Rüstungen trugen und seine Seiten
voller Turniere und Ritterlichkeit wären.

Während Poe in seinem eigenen Land und in England oft ohne Ehre
war, wurde er auf dem Kontinent begeistert aufgenommen. In Frankreich
wurde er schon früh durch die großartige Übersetzung von Charles
Baudelaire bekannt, und sein Einfluss hat nie nachgelassen. 13 In Spanien,
Italien und Deutschland erfreut er sich nach wie vor großer Beliebtheit und
gilt allgemein als der bedeutendste Literat, den Amerika bisher
hervorgebracht hat. Die Zeit, dieser unerbittliche und perverse Kritiker, hat
ihm einen Ehrenplatz unter den Schöpfern der Weltliteratur eingeräumt, und
sein Ruhm ist gesichert.

Einige kleinere Schriftsteller. – Auf die romanschreibenden
Zeitgenossen von Kennedy, Simms und Poe können wir nur einen flüchtigen
Blick werfen. James Lawson (1799–1880), ein Schotte, der nach seinem
Abschluss an der Universität Glasgow 1815 nach Amerika kam und im
Handels- und Versicherungsgeschäft tätig war, ist vor allem für seine „Tales
and Sketches by a Cosmopolite" (1830) bekannt in Bezug auf schottisches
häusliches Leben und Romantik. Er war ein Freund von Edwin Forrest und
Gilmore Simms. Richard Penn Smith (1799–1854) war der Autor von „The
Forsaken" (1831), einem noch immer lesenswerten Roman über die
amerikanische Revolution. Henry William Herbert (1807–58), ältester Sohn
von Rev. William Herbert, Dekan von Manchester, schloss 1829 sein
Studium an der Universität Cambridge mit Auszeichnung ab und kam 1830
nach Amerika, wo er Griechisch unterrichtete und für Zeitschriften schrieb.
1834 veröffentlichte er einen historischen Roman, „The Brothers, a Tale of
the Fronde", den er im *American Monthly Magazine begonnen hatte* ; Es folgten
„Cromwell" (1837), „Marmaduke Wyvil" (1843) und „The Roman Traitor"
(1848), eine Romanze, die auf der Verschwörung von Catilina basiert. Er
schrieb auch viele Erzählungen und Skizzen romantischer Ereignisse in der
europäischen Geschichte. Als Sportautor wurde er unter dem Namen „Frank

Forester" zu einer beliebten Autorität und gilt als der erste Autor, der Feldsportarten in die amerikanische Literatur einführte.

Robert Montgomery Bird (1805–54), gebürtiger Delaware, begann seine literarische Karriere mit dem Schreiben von Tragödien; Eines davon, „The Gladiator", wurde häufig von Edwin Forrest gespielt. Seine ersten beiden Romane „Calavar" (1834) und „Der Ungläubige" (1835) waren Beschreibungen des Lebens in Mexiko während der spanischen Eroberung; während „Nick of the Woods, or The Jibbenainosay" (1837) eindrücklich den Rachedurst amerikanischer Hinterwäldler darstellte und so die echten Indianer scharf mit den etwas idealisierten Typen in Coopers Geschichten kontrastierte. Er schrieb auch „Sheppard Lee" (1836), „The Hawks of Hawk Hollow" (1835) und „The Adventures of Robin Day" (1839), einen romantischen Abenteuerroman. Obwohl er gewissenhaft war, war er kein geschickter Schriftsteller, und seine extravaganten und aufregenden Geschichten werden nicht mehr gelesen. Theodore Sedgwick Fay (1807–98), ein New Yorker Anwalt und Journalist, war der Autor von „Norman Leslie" (1835), einem etwas zahmen und stark moralisierten Bild des Lebens in New York City zu Beginn des Jahrhunderts; Seine Armut an künstlerischen Werten erregte den Zorn von Poe, der dazu beitrug, dass es gnädig in Vergessenheit geriet. Fay schrieb auch zwei Romane, die sich gegen die Duellpraxis richteten: „Die Gräfin Ida" (1840), deren Handlung in Europa spielt, und „Hoboken, eine Romanze aus New York" (1843), deren Handlung spielt in einem Ort, der für die dort ausgetragenen Duelle berüchtigt ist. Im Jahr 1835 erschien „Grace Seymour" von Hannah F. Lee (1780–1865), eine Geschichte für die Jugend und, wie die Geschichten von Fay, mit einer moralischen Absicht. In „Clinton Bradshaw" (1835) malte Frederick William Thomas (1811–66) mit mäßigem Erfolg das gesellschaftliche Leben New Yorks in den ersten Jahren des Jahrhunderts. Wie Fay ließ sich Thomas jedoch zu leicht vom Weg der künstlerischen Tugend abbringen, weil er den Geist seiner Leser verbessern wollte. Thomas schrieb auch „East and West" (1836), in dem er gekonnt ein Dampfschiffrennen in Mississippi beschrieb, und „Howard Pinckney" (1840), einen Roman über das zeitgenössische Leben, in dem sowohl die Handlung als auch die Charaktere nicht ohne Geschick gehandhabt werden.

Daniel Pierce Thompson. – Die moralische und pädagogische Verbesserung des Lesers ist ebenfalls ein offensichtliches Ziel im Werk von Daniel Pierce Thompson (1793–1868), einem Juristen aus Vermont, dessen „May Martin, or The Money-Digger" 1835 erschien. Sein berühmtestes Werk , das immer noch viel gelesen wird, war „The Green Mountain Boys, a Romance of the Revolution" (1840), in dem die frühen Methoden im Kampf gegen die Indianer beschrieben werden. Weitere Geschichten über das Leben in Neuengland aus seiner Feder waren „Locke Amsden, or The

Schoolmaster" (1845), in denen er offensichtlich auf seine eigenen Erfahrungen zurückgriff, „Lucy Hosmer" (1848), „The Rangers, or The Tory's Daughter" (1851), eine Geschichte über die Revolutionskampagnen von 1777 in Vermont, „Tales of the Green Mountains" (1852), „Gaut Gurley, or The Trappers of Lake Umbagog" (1857) und „The Doomed Chief" (1860). .

Hall, *Hildreth*, *Hoffman* . – Während Thompson das Leben in Vermont beschrieb, schrieb James Hall (1793–1868) über den damals fernen Westen. Hall wurde in Philadelphia geboren, nahm am Krieg von 1812 teil und ging 1820 nach Illinois, wo er sich als Anwalt und Zeitungsmann betätigte. Seine „Skizzen der Geschichte, des Lebens und der Sitten im Westen" (1835) und mehrere spätere Erzählbände zeichnen sich durch einen natürlichen und einfachen Stil, viel Geschick beim Erzählen und eine allgemeine Detailtreue aus. Die Auszeichnung, den ersten Roman der Antisklaverei-Romane zu schreiben, gebührt dem Historiker Richard Hildreth (1807–65). „Archy Moore" (1837) wurde in England erneut veröffentlicht und von *The Spectator* und anderen Zeitungen rezensiert . Es handelt sich um eine ziemlich extravagante Erzählung, die angeblich die Autobiographie eines Sklaven aus Virginia während des Krieges von 1812 darstellt. Eine zweite Auflage mit einer Fortsetzung wurde 1852 unter dem Titel „The White Slave" veröffentlicht. Charles Fenno Hoffman (1806–84) praktizierte nach seinem Studium am Columbia College und seiner Vorbereitung auf die Anwaltskammer drei Jahre lang in New York als Anwalt, gab ihn dann aber auf und widmete sich Journalismus und Literatur. Er war der Gründer *des Knickerbocker Magazine* , das später viele Jahre lang mit dem Namen seines Herausgebers, Lewis Gaylord Clark, verbunden war, und war mit verschiedenen anderen Zeitschriften verbunden. Seine beiden Romane „Greyslaer" (1840), die auf dem berühmten Mordfall Beauchamp in Kentucky basieren – ein Roman von großem Interesse, der einige Leser an Cooper erinnert – und „Vanderlyn" (serienmäßig 1837 im *American Monthly Magazine veröffentlicht*) Wie seine anderen Schriften spiegeln sie einen großzügigen und raffinierten Charakter wider. Seine vielversprechende Karriere wurde 1849 durch Wahnsinn abgebrochen.

William Ware. – Im März 1836 erschien im *Knickerbocker Magazine* der erste einer Reihe von „Briefen aus Palmyra", die großes Interesse erregten. Sie sollen von einem jungen römischen Adligen geschrieben worden sein, der Palmyra während der Herrschaft Zenobias besuchte. Sie stellten anschaulich das Alltagsleben des Römischen Reiches dar und verliehen ihrem Autor sofort einen hohen Rang als klassischer Gelehrter. William Ware (1797–1852) schloss 1816 sein Studium am Harvard College ab und wurde Geistlicher der Unitarier; einige Jahre lang war er Herausgeber von *The Christian Examiner* . Die „Briefe aus Palmyra" wurden 1837 in Buchform veröffentlicht; Das Buch heißt jetzt „Zenobia", angelehnt an den Titel des englischen Nachdrucks. Im Jahr 1838 folgte die Fortsetzung „Probus", in der die letzte Verfolgung der römischen Christen gekonnt und energisch geschildert wird. Der Titel dieses Buches wurde später in „Aurelian" geändert. Sein dritter Roman „Julian oder Szenen in Judäa" (1841) erzählte viele Episoden aus dem Leben von Jesus von Nazareth, wobei die Kreuzigung einen kraftvollen Höhepunkt der Geschichte bildete.

Mathews und Briggs. – Ein äußerst fantasievoller und etwas absurder Liebesroman mit dem Titel „Behemoth, a Legend of the Mound-Builders" (1839) war das Werk von Cornelius Mathews (1817–89), einem New Yorker Dramatiker und Zeitschriftenautor. Seine „Karriere des Puffer Hopkins" (1841) beschreibt einige Phasen des zeitgenössischen politischen Lebens; Es erschien erstmals in Serie in *Arcturus*, das Mathews 1840–42 herausgab. Ein weiterer Roman von ihm war „Moneypenny, or The Heart of the World" (1850), eine Geschichte über das Stadt- und Landleben. Alle Geschichten von Mathews haben jedoch eine journalistische Note. Im selben Jahr wie Mathews stieg Charles Frederick Briggs (1840–77), ein New Yorker Journalist, mit seinen „Abenteuern von Harry Franco, eine Geschichte der großen Panik" (1839) in die Riege der Romanautoren ein, gefolgt von „ „The Haunted Merchant" (1843) und „The Trippings of Tom Pepper" (1847). Alle seine Romane haben einen gewissen Wert als humorvolle Bilder des Lebens in New York City; Durch sie zieht sich eine Ader amüsanter Satire. Briggs war später der erste Herausgeber von *Putnam's Monthly*.

Henry W. Longfellow. —Im Jahr 1839 veröffentlichte Longfellow auch sein einst beliebtes „Hyperion, a Romance", in dem er im Zusammenhang mit einer pathetischen Liebesgeschichte vor allem im Stil Richters seine romantischen Eindrücke vom Leben und den Traditionen zu vermitteln versuchte der Alten Welt. Das Volumen wird mit Sentiment berechnet, wenn kein Aufpreis berechnet wird. Paul Flemmings Begeisterung für das Urige und Malerische in den europäischen Überlieferungen und Landschaften führt uns zurück in die Zeit, als Kontinentaleuropa für Amerikaner ein Land der Romantik war und als Besuche in der Alten Welt noch immer nicht ohne Schwierigkeiten möglich waren und nicht an Neuheit verloren hatten. Von völlig anderer Struktur ist die einzige andere von Longfellow geschriebene Prosaerzählung „Kavanagh, a Tale", die 1849 erschien und wahrscheinlich darunter litt, dass sie der romantischen und faszinierenden „Evangeline" so nahe kam. Es ist eine buchstäbliche und ereignislose Geschichte des Lebens in Neuengland; Hawthorne sagte dazu: „Niemand außer Ihnen selbst würde es wagen, ein so ruhiges Buch zu schreiben." Dennoch ist es in einem typisch anmutigen Stil geschrieben und zeigt, dass der gelehrte Dichter ein guter Beobachter des Lebens um ihn herum war, obwohl er diesem Leben in seinen Porträts keinen Hauch von Realität verleihen konnte.

John Lothrop Motley. – Der Ruhm von Motleys historischen Werken hat den Ruf seiner Romane getrübt. „Morton's Hope, or The Memoirs of a Provincial" (1839) erinnert wie „Hyperion" an das Interesse am deutschen Universitätsleben, das in Amerika allgemein wurde – ein Leben, das Motley anschaulich beschreibt. Aus Deutschland kehrt der Held zurück, um an der Amerikanischen Revolution teilzunehmen, in der er sich auszeichnet. In „Merry Mount, a Romance of the Massachusetts Colony" (1849) nutzte Motley die Geschichte von Thomas Morton, dem fröhlichen Royalisten, der sich 1626 mit seinen Anhängern in der Nähe von Boston niederließ und dessen Ausgelassenheit seine biederen puritanischen Nachbarn schockierte. Als historisches Bild hat es einen hohen Wert. Beide Romane, die reich an sorgfältig ausgearbeiteten Beschreibungen und einem Hauch von echtem Humor sind, hätten einen größeren Erfolg verdient als sie hatten.

Caroline M. Kirkland. – Ein ähnlicher Dienst wurde für das Leben in Michigan von Caroline M. Kirkland (1801–64) geleistet, deren humorvolle und lebendige Beschreibungen des Grenzlebens „A New Home; Wer wird folgen?" (1839), „Forest Life" (1842) und „Western Clearings" (1846) waren zu ihrer Zeit erfolgreich und beliebt. Mrs. Kirklands frühe Werke wurden unter dem Pseudonym „Mrs. Mary Clavers." Ihre literarische Karriere erstreckte sich über ein Vierteljahrhundert und sie war lange Zeit eine beliebte Autorin für Zeitschriften und Jahrbücher.

Die Vierziger. —Im Jahrzehnt 1840–1850 traten keine Schriftsteller von dauerhaftem Ruf auf. „Charles Elwood, or The Infidel Converted" (1840), eine Art philosophische Autobiographie von Orestes A. Brownson (1803–76), ist eigentlich ein Essay im Romangewand und kann hier nur erwähnt werden. Brownson war nacheinander Presbyterianer, Universalist, Unitarier und römisch-katholisch; als Denker könnte man ihn als christlichen Sozialisten bezeichnen. Epes Sargent (1813–80), ein Student am Harvard College, der Journalist und beliebter Dramatiker wurde, war Autor mehrerer Jugendbücher, darunter „Wealth and Worth" (1840) und „What's to be Done?". (1841) hatte einen großen Verkauf; und von zwei heute vergessenen Romanen, „Fleetwood, or The Stain of Birth" (1845) und „Peculiar, a Tale of the Great Transition" (1864), eine Geschichte der Veränderungen im Süden während des Bürgerkriegs. Washington Allstons „Monaldi" (1841), ein italienischer Roman mit einem Othello-ähnlichen *Motiv* , gehört tatsächlich einer früheren Generation, da er bereits 1821 geschrieben wurde und offenbar für die Veröffentlichung in Danas *Idle Man gedacht war* . Es ist eine kraftvolle, aber erschütternde Geschichte, in der die Entwicklung der Eifersucht in ihrem Verlauf verfolgt wird. Maria J. McIntosh (1803–78), die in der Panik von 1837 ihr Vermögen verlor, nutzte die Autorschaft als Lebensunterhalt und schrieb eine Reihe von Jugendbüchern, von denen das erste „Blind Alice" (1841) war sollten die moralischen Gefühle veranschaulichen. Einige ihrer Geschichten wurden in London nachgedruckt; und sie schrieb mehr als zwanzig Jahre lang weiter. Maria Brooks (1795–1845), eine einst hochgelobte, aber heute vergessene Dichterin, veröffentlichte 1843 privat einen Prosaroman mit dem Titel „Idomen, or The Vale of Yumuri", der eigentlich eine Autobiografie war, die viele poetische Beschreibungen und Reflexionen enthielt.

Sylvester Judd. – Das bis zu seiner Veröffentlichung (1845) erfolgreichste Bild des alten Lebens in Neuengland, das jemals geschrieben wurde, war „Margaret, eine Geschichte vom Wirklichen und Idealen". Es war dieses Buch, von dem Lowell in seiner „Fable for Critics" sprach

das erste Yankee-Buch mit der *Seele* von Down East in 't und Dingen weiter im Osten, zumindest bis zur Schwelle des Morgens, wo die schöne Morgendämmerung des Einfachen und Wahren erwartet, des Tages, der langsam kommt, um alles zu machen Dinge neu.

Der Autor, Sylvester Judd (1813–53), stammte aus Massachusetts und war Absolvent des Yale College. Er war Geistlicher der Unitarier geworden und ließ sich in Augusta, Maine, nieder. und sein Ziel beim Schreiben war es, „die Sache des liberalen Christentums zu fördern". Hätte er dieses Ziel mehr im Hintergrund gehalten, wäre ihm sein Platz unter den größeren Romanciers sicher gewesen; denn er hatte jede Phase des puritanischen Lebens genau beobachtet und besaß die seltene Gabe, realistische und dramatische Geschichten zu erzählen. Er beschreibt nicht nur das Äußere von Orten und Menschen in Neuengland korrekt, bis hin zu den Feinheiten des Dialekts; Er interpretiert aber auch mit seltener und poetischer Einsicht die moralischen und spirituellen Konflikte, in die seine Figuren hineingezogen werden. Ein weiterer Roman ähnlich „Margaret", „Richard Edney und die Familie des Gouverneurs", erschien 1850; Es handelt von der Karriere eines Landjugendlichen aus Neuengland. Wie Margaret hat der Held insgesamt zu viele „Erfahrungen" – die eingeführt wurden, um die Moral zu verdeutlichen. Doch im Großen und Ganzen ist der Realismus dieser Romane gesund, frisch und wahr.

Herman Melville. – Ein Anhänger von Cooper – wenn auch qualitativ mit einigem Abstand – beim Schreiben von Geschichten über das Meer war Herman Melville (1819–91). Der gebürtige New Yorker verbrachte den größten Teil der Jahre 1837–44 auf Reisen in den Pazifik. Seine Beobachtungen und aufregenden Erfahrungen nutzte er in einer langen Reihe von Erzählungen, von denen die erste, „Typee" (1846), seine Abenteuer auf den Marquesas erzählte. Die allgemeine Wahrnehmung der wachsenden Bedeutung des Pazifiks trug zweifellos dazu bei, dass Melvilles Geschichten sowohl in Amerika als auch in England die größte Akzeptanz fanden. „Omoo, eine Erzählung über Abenteuer in der Südsee" (1847) setzte die frühere Geschichte fort, mit nicht weniger lebendigen Bildern vom Leben der Seeleute, Kämpfen mit Wilden und aufregenden Fluchten. Seine nächste Geschichte, „Mardi und eine Reise dorthin" (1849), war ein Versuch eines philosophischen Romans, der die europäische Zivilisation und die polynesische Wildheit gegenüberstellte, und obwohl sie einige treffende Beschreibungen enthielt, waren ihre Launen und ihr Mangel an Nüchternheit zum Scheitern verurteilt. „Redburn, His First Voyage" (1849) erzählt von einer Reise nach England und beinhaltet einige realistische Horrorfilme; Es könnte kaum beliebt sein. „The White Jacket, or The World in a Man-of-War" (1850) ist eine fotografische Erzählung von Erlebnissen an Bord einer US-Fregatte. Melvilles Meisterwerk war „Moby Dick oder der Wal" (1851); Obwohl es sich um ein ungleichmäßiges Werk von übermäßiger Länge handelt, das teilweise in einem angespannten Carlylesken-Stil geschrieben ist, erfüllt es den Leser dennoch mit der Faszination des Meeres. Der heftige Kampf zwischen Kapitän Ahab und dem großen Wal, der „zum Repräsentanten des moralischen Bösen in der Welt wird", ist der Feder eines größeren Schriftstellers nicht unwürdig. Melville erreichte später nie das Niveau dieses Werks, obwohl er mehrere andere Geschichten und Romane schrieb, darunter „Pierre oder die Ambiguitäten" (1852), „Israel Potter" (1855), in denen er die Abenteuer eines Revolutionssoldaten erzählte, und von Hawthorne für seine Porträts von Paul Jones und Benjamin Franklin, „The Piazza Tales" (1856) und „The Confidence Man" (1857) gelobt.

Frau Judson und andere. -Frau. Emily Chubbuck Judson (1817–54), dritte Frau des berühmten Baptistenmissionars Dr. Adoniram Judson und vor allem unter ihrem Pseudonym „Fanny Forester" bekannt, wird in ihrer Sammlung von Dorfskizzen „Alderbrock" (1846) beschrieben Mädchenleben in Neuengland und erlangte einen Ruf, der viele Jahre anhielt. Peter Hamilton Myers (1812–78), ein Anwalt aus Brooklyn, war für kurze Zeit für seine historischen Liebesromane „The First of the Knickerbockers, a Tale of 1673" (1848) und „The Young Patroon, or Christmas in 1690" bekannt. (1849), „Der König der Huronen" (1849) und „Der Gefangene an der Grenze, eine Geschichte von 1838" (1857). Charles Wilkins Webber (1819–56), der Sohn eines Arztes aus Kentucky, erbte von seiner Mutter die Vorliebe für das Leben im Freien und verbrachte einige Jahre in Texas. Dann versuchte er es in der Nachfolge mit Medizin, Theologie und Autorschaft. Zu seinen Geschichten und Beschreibungen des Lebens und der Abenteuer im Südwesten gehören „Old Hicks the Guide" (1848), „The Hunter Naturalist" (1851–53), illustriert von seiner Frau, „Tales of the Southern Border" (1852) und „Shot in the Eye" (1853), seine beste Geschichte. Er starb in der Schlacht von Rivas in Mittelamerika.

Mayo, Kimball und Wise. – William Starbuck Mayo (1812–95), ein New Yorker Arzt, reiste in die Barbarenstaaten und schrieb nach seiner Rückkehr

zwei populäre Romane: „Kaloolah oder Reisen im Djebel Kumri" (1849) .
und „Der Berber oder der Bergsteiger des Atlas" (1850). Ersterer soll die
Autobiographie von Jonathan Romer sein, der nach zahlreichen aufregenden
Abenteuern in den amerikanischen Wäldern nach Afrika geht, mehrmals um
Haaresbreite flieht, mit Sklavenhändlern und Eingeborenen kämpft und eine
wunderschöne dunkelhäutige Prinzessin heiratet. In seinen satirischen
Bemerkungen über zivilisierte Gebräuche ahmt es „Gulliver" nach. „Der
Berber", eine eher regelmäßig aufgebaute Geschichte, macht immer noch
Spaß. Es handelt von Ereignissen, die sich am Ende des 17. Jahrhunderts in
Afrika zugetragen haben sollen, und enthält wie sein Vorgänger bis ins
kleinste Detail genaue Beschreibungen der tropischen Landschaft und des
Tierlebens. Richard B. Kimballs „St. „Leger, or The Threads of Life" (1849),
nachgedruckt aus „ *The Knickerbocker* ", war ein ernsthafter Versuch, einen
Geist auf der Suche nach der Wahrheit in einer Geschichte darzustellen, in
der romantische Abenteuer eine Rolle spielen; aber die Charaktere sind nicht
stark markiert. Henry Augustus Wise (1819–69), Sohn eines Marineoffiziers
und selbst Leutnant der Marine, sah die humorvolle und komische Seite des
Seemannslebens und schilderte seine Eindrücke in „Los Gringos, or An
Inside View of Mexico and California". " (1849) und noch erfolgreicher in
seinen lebhaften und sentimentalen „Tales for the Marines" (1855), in denen
allerlei wunderbare und amüsante Dinge passieren.

Das Jahrzehnt 1850–60. – Man kann kaum sagen, dass es im nächsten
Jahrzehnt, 1850–60, zu einer großen Verbesserung der Qualität unserer
Belletristik kam; Aber es gibt offensichtlich eine zunehmende Vorliebe für
realistische Studien über das Privatleben und eine wachsende
Gleichgültigkeit gegenüber den aufwändig ausgearbeiteten und mehr oder
weniger melodramatischen Liebesromanen, die die Leser früher begeistert
hatten. Aus vielen Gründen wünschten sich die Amerikaner, sich selbst in
der Fiktion zu sehen, wie sie ihre tägliche Arbeit erledigten, mit den
alltäglichen Versuchungen kämpften und entsprechend ihrer angeborenen
Stärke oder Schwäche nachgaben oder siegten. Es gab ein wachsendes
Bewusstsein für den künstlerischen – und moralischen oder didaktischen –
Wert des Gemeinschaftslebens. Die Reaktion gegen die Romantik war
unvermeidlich und wurde zweifellos durch die Einführung von
Eisenbahnen, Telegraphen, Atlantikkabeln und der Kontroverse um die
Sklaverei beschleunigt.

Ich bin Marvel. —Bedeutsam war also die kaum nachgelassene
Popularität der beiden Bücher „Ik Marvel", „Reveries of a Bachelor" (1850)
und „Dream Life" (1851). Der Autor, Donald G. Mitchell (geboren 1822),
stammte aus Connecticut und war Absolvent der Yale University, dessen
Erfahrungen durch Europareisen bereichert worden waren. Der schädliche

Einfluss von Carlyle auf Mitchells Stil ist zu offensichtlich; Aber das Gefühl oder die Sentimentalität, die Begeisterung, das zarte Pathos dieser kleinen Geschichten haben Tausende angesprochen. In seinem „Dr. Johns" (1866) betonte Mitchell die strenge calvinistische Theologie Neuenglands, indem er sie der französischen Frivolität gegenüberstellte.

Edward Everett Hale. —Edward Everett Hales literarische Tätigkeit erstreckt sich über etwa sechzig Jahre. Er wurde 1822 in Boston geboren und machte mit siebzehn seinen Abschluss in Harvard. Er wurde Journalist, Geschichtenerzähler, Pfarrer, Historiker und Antiquar. Sein religiöser Roman „Margaret Percival in America" erschien 1850, und seitdem hat er weitere geschrieben: „If, Yes, and Maybe" (1868), „Ten Times One Is Ten" (1870) und „In His Name (1874), eine wahrheitsgetreue und leuchtende Erzählung über die Waldenser, „Philip Nolan's Friends" (1876), dessen tapferer Held, der Kentucker Philip Nolan, „der Urmärtyrer des mexikanischen Verrats" war, „The Fortunes of Rachel" (1884), eine kleine, aber kluge Erzählung, und „Ost und West" (1892). Aber Dr. Hale ist in der Literatur vor allem durch seine Kurzgeschichten bekannt. „My Double and How He Undid Me", veröffentlicht im September 1859 in *The Atlantic* , war ein kluges und amüsantes Stück, das ein großer Erfolg war und einige der Langweiler seiner Gemeinde verewigt hat. „Der Mann ohne Land" (*The Atlantic* , Dezember 1863) verschaffte seinem Autor landesweites Ansehen und wurde zu einem Klassiker. Es wurde zu Recht als „die beste Predigt über Patriotismus, die jemals geschrieben wurde" bezeichnet. Wenn man von Predigten spricht, erinnert man sich an die oft an Dr. Hales Geschichten geübte Kritik, dass die Moral zu offensichtlich sei; Im Allgemeinen kann die Moral jedoch nicht als aufdringlich bezeichnet werden und beeinträchtigt die Gesamtwirkung der Geschichte kaum.

Alice Cary. – Alice Cary (1822–71), besser bekannt als Dichterin, schrieb angenehm anerkennende Skizzen ihres Hauses in Ohio unter dem Titel „Clovernook, or Recollections of our Neighborhood in the West" (1852); eine zweite Serie ähnlicher Skizzen wurde 1853 veröffentlicht. Ihre drei Romane „Hagar" (1852), „Verheiratet, nicht verheiratet" (1856) und „Der Sohn des Bischofs" (1857) zeichneten sich durch Beobachtungsgabe und Durchsetzungsfähigkeit aus sorgfältige literarische Arbeit.

Die Warner. – Susan Warner (1819–1885), deren frühere Arbeiten unter dem Pseudonym „Elizabeth Wetherell" verfasst wurden, wurde durch die Veröffentlichung (1850) ihres ersten Buches „The Wide, Wide World" bekannt. Es handelte sich um eine Geschichte des häuslichen Lebens am oberen Hudson River, die eine außergewöhnliche Fähigkeit zur Beschreibung und Charaktererforschung zeigte und sich auf beiden Seiten des Atlantiks sehr schnell große Akzeptanz sicherte. Mit Ausnahme von „Onkel Toms Hütte" erwies er sich als der populärste Roman, der bis zu diesem Zeitpunkt in Amerika geschrieben wurde, und wurde in einer langen Reihe nicht autorisierter Ausgaben in Europa reproduziert. „The Wide, Wide World" folgte eine Reihe von Geschichten, von denen die wichtigsten „Queechy" (1852), „The Hills of the Shatemuc" (1858), „Diana" (1859) und „Wych Hazel" waren. (1860) und „Das Gold von Chickaree" (1861). Sie arbeitete mit ihrer Schwester Anna Bartlett Warner (geb. 1820) an der Produktion von „Dollars and Cents" zusammen, die 1853 herauskam, und an einigen erfolgreichen Jugendbüchern, „Mr. Rutherfords Kinder" usw.

Harriet Beecher Stowe. – Harriet Beecher Stowe (1811–96) war dreißig Jahre lang eine fleißige und sorgfältige Autorin von Belletristik. Heute ist sie nur als Autorin eines einzigen Buches in Erinnerung, und dieses Buch war fast ihr erstes. Als Tochter von Dr. Lyman Beecher aus Connecticut wurde sie in eine bemerkenswert begabte Familie hineingeboren und erbte das Beste, was die puritanische Kultur Neuenglands zu bieten hatte. Mit einundzwanzig heiratete sie Professor Calvin E. Stowe, damals Lehrer an der Theologieschule in Cincinnati. Hier hatte sie Gelegenheit, die Funktionsweise der Sklaverei zu studieren, und engagierte sich so mit Leib und Seele in der Anti-Sklaverei-Bewegung. In dem Jahr, in dem Hawthorne sein „House of the Seven Gables", Longfellows „The Golden Legend" und Melvilles „Moby Dick" veröffentlichte, begann sie mit *The National Era* eine Serie, die breite und erbitterte Diskussionen auslöste. Im nächsten Jahr (1852) erschien „Onkel Toms Hütte" in Buchform. Nach Angaben des Autors wurden innerhalb eines Jahres über dreihunderttausend Exemplare verkauft. Die Rolle des Buches bei der Beschleunigung des „unbändigen Konflikts" des Bürgerkriegs kann nicht abgeschätzt werden. Es ist nicht schwer, Fehler in der Geschichte zu erkennen: zahme Beschreibung, nachlässiger und lockerer Aufbau, der Ton des Predigers; Aber diese werden durch die großen Vorzüge des Buches, seinen häufigen Anflug von Humor, seine Vielfalt und Vielfalt an Charakteren, die nicht nur Typen sind, sondern anschaulich individualisiert sind, seine breite Menschlichkeit, seine wilde Ernsthaftigkeit, seine entfachenden Emotionen unbedeutend gemacht. Dies reicht möglicherweise nicht aus, um die Geschichte zu den großen und bleibenden Werken der Literatur zu zählen; Aber es wird lange dauern, bis Amerika seine Vorliebe und Bewunderung dafür überwindet. Frau Stowe folgte diesem Buch im Jahr 1856 mit „Dred" (1866 als „Nina Gordon" neu veröffentlicht), in dem sie weiterhin wirkungsvoll die Stellung der Sklaverei in Bezug auf Kirche und Gesetz sowie die Niederlage der Sklaverei durch Mob-Gewalt darstellte ein hochgesinnter Sklavenhalter, der das unheilige System reinigen wollte. Es ist ein bewussteres und sorgfältiger geplantes Werk als „Onkel Toms Hütte" und wurde allgemein als minderwertig angesehen, obwohl Harriet Martineau es für überlegen hielt. Old Tiff ist eine der großartigsten Kreationen des Negercharakters. Als weitgehend zutreffendes Bild des altmodischen Lebens im Süden übt es einen bleibenden

Charme aus. In „The Minister's Wooing" (1859) wandte sich Mrs. Stowe dem Leben in Neuengland zu Beginn des Jahrhunderts zu und beschäftigte sich mit dem Einfluss des älteren Calvinismus auf fromme und sensible Geister. In künstlerischer Konstruktion und Wirkung wurde es als allen ihren anderen Werken überlegen erachtet; Einige der Charaktere, zum Beispiel Mary Scudder und Dr. Hopkins, sind besonders stark und beeindruckend. Doch wie alle ihre späteren Werke wurde es von dem Werk überschattet, das in der Gluthitze leidenschaftlicher Anziehungskraft gestrichen wurde. „The Pearl of Orr's Island" (1861) ist eine ruhige Geschichte des puritanischen Lebens an der Küste von Maine, die durch ein paar spannende Episoden nur unzureichend aufgelockert wird. In „Agnes von Sorrent" (1862), dem Ergebnis eines Besuchs in Europa, wandte sich Frau Stowe in den Tagen Savonarolas an Italien, erzielte jedoch noch weniger Erfolg als George Eliot im nächsten Jahr mit „Romola". Im Jahr 1863 ließen sich die Stowes dauerhaft in Hartford, Connecticut, nieder; und nach dem Krieg erwarben sie eine Winterresidenz in Florida. Das beste von Mrs. Stowes zahlreichen späteren Büchern ist wahrscheinlich „Oldtown Folks" (1869), das sich mit dem Leben in Norfolk County, Massachusetts, um das Jahr 1800 befasst und einige sehr realistische Charaktere porträtiert. Solche Geschichten wie „Pink and White Tyranny" (1871), „My Wife and I" (1871) und „We and Our Neighbors" (1875), in denen sie eine Reform der modischen Gesellschaft anstrebte, obwohl sie im Verkauf erfolgreich war, waren aus künstlerischer Sicht entschieden gescheitert. In „Sam Lawson's Fireside Stories" (1871) und „Poganuc People" (1878) kehrte sie zu den New England Yankees und dem Leben zurück, das sie am erfolgreichsten zeichnete. Im Großen und Ganzen muss man sagen, dass ihr Ruf, solange er anhält, hauptsächlich auf „Onkel Tom" und den Geschichten aus Neuengland beruht.

John T. Trowbridge. — Einer der beliebtesten Jungenautoren ist John Townsend Trowbridge (geboren 1827). Er wurde in den allgemeinen Schulen unterrichtet, lernte selbst Latein, Griechisch und Französisch, unterrichtete in der Schule, arbeitete ein Jahr auf einer Farm in Illinois und ließ sich dann in New York City nieder, um zu schreiben. Zu seinen Büchern gehören „Father Brighthopes" (1853), „Burrcliff" (1853), „Martin Merrivale" (1854) und „Neighbour Jackwood" (1857), ein berühmter Anti-Sklaverei-Roman, vielleicht eine gute Fortsetzung von „Onkel". Tom's Cabin" an Einfluss und Popularität, „Cudjo's Cave" (1864) und „Coupon Bonds, and Other Stories" (1871). Er war ein produktiver Autor von gesunden und fertigen Geschichten für Jungen. John Burroughs hat treffend über ihn gesagt: „Er kennt das Herz eines Jungen und das Herz eines Mannes und hat beides in seinen Büchern offengelegt."

John Esten Cooke. – Ein Romantiker der alten Schule war John Esten Cooke (1830–86), ein jüngerer Bruder von Philip Pendleton Cooke. Als gebürtiger Virginia-Amerikaner ließ er sich von der romantischen Geschichte dieses Staates inspirieren und inspirierte viele seiner Figuren aus dem Leben. Seine erste wichtige Veröffentlichung war „Leather Stocking and Silk, or Hunter John Myers and His Times" (1854); Seine beste Geschichte war „The Virginia Comedians, or Old Days in the Old Dominion" (1854), die sich mit der Zeit unmittelbar vor der Revolution befasst und aufgrund ihres jugendlichen Enthusiasmus und interessanten Beschreibungen kolonialer Manieren den Titel „The Virginia Comedians, or Old Days in the Old Dominion" (1854) trägt Für einige Kritiker ist es der beste Roman, der im Süden bis zum Bürgerkrieg geschrieben wurde. Nach seinem Dienst in der konföderierten Armee versuchte Cooke, seine militärischen Erfahrungen in mehreren dramatischen Geschichten zu nutzen; aber sein Ruf war gesichert, und sein Tag war vergangen.

Maria S. Cummins. – Mit „The Lamplighter" (1854) erzielte Maria S. Cummins (1827–66) einen Erfolg, der mit dem von „Onkel Toms Hütte" und „Ben Hur" vergleichbar war. Mit „Mabel Vaughan" (1857) hat sie wahrscheinlich ein besseres Buch geschrieben. Obwohl ihre beiden Geschichten im Wesentlichen wahre Schilderungen des Mädchen- und Familienlebens darstellen, sind sie zu offensichtlich mit einer didaktischen Absicht geschrieben und manchmal mühsam und diffus. Ihre anderen Geschichten, „El Fureidis" (1860), eine Geschichte über Palästina, und „Haunted Hearts" (1864), sind heute völlig vergessen.

Frau Ann Sophia Stephens. -Frau. Ann Sophia Stephens (1813–86) war in den fünfziger und sechziger Jahren eine äußerst beliebte Romanautorin. Sie war die Tochter von John Winterbotham, einem englischen Wollfabrikanten, der nach Amerika gekommen war, und wurde in Humphreysville, Connecticut, geboren. 1831 heiratete sie den Verleger Edward Stephens und begann 1835 mit der Herausgabe *des von ihrem Mann gegründeten Portland Magazine* . Später gab sie *The Ladies' Companion heraus* und wurde Mitherausgeberin von *Graham's* and *Peterson's* , zu dem sie über zwanzig Serien beitrug. Ihr erster ausführlicher Roman „Mode und Hungersnot" (1854) hatte eine sehr große Auflage und wurde dreimal ins Französische übersetzt. Es handelte sich um einen Roman von affektierter Intensität, der einige ausgezeichnete Charakterbeschreibungen enthielt. Zu ihren weiteren Werken gehörten „Zana, or The Heiress of Clare Hall" (1854), neu veröffentlicht als „The Heiress of Greenhurst", „The Old Homestead" (1855), „Sibyl Chase" (1862) und „The Rejected Wife". (1863), „Married in Haste" (1870), „The Reigning Belle" (1872) und „Norton's Rest" (1877). Sie achtete auf Details und schrieb in einem komprimierten und eindringlichen Stil.

Marion Harland. – Marion Harland ist das Pseudonym, unter dem Mrs. Mary Virginia Terhune (geboren 1831), eine Virginianerin mit Vorfahren aus

Neuengland, durch eine Reihe von Kurzgeschichten, Romanen und anderen Themen bekannt wurde. Ihre Romane sind von romantischer Art, voller Ereignisse und handeln von mutigen Persönlichkeiten. Einige ihrer Geschichten sind „Alone, a Tale of Southern Life and Maners" (1854), „The Hidden Path" (1855), „Moss-Side" (1857), „Miriam" (1860), „Nemesis" (1860).), „Husks" (1863), „Sunnybank" (1866), „At Last" (1870), „Judith" (1883) und „A Gallant Fight" (1888). Sie war redaktionell mit einer Reihe von Jugendzeitschriften verbunden.

Curtis , *Willis* , *Holland* . – George William Curtis gehört natürlich in erster Linie zu den Essayisten, in denen sein Leben erzählt wird. Er war der Autor von „Prue and I" (1856), einer Reihe von Aufsätzen, die ursprünglich für *Putnam geschrieben wurden* und zusammen eine kurze Geschichte des bezaubernden häuslichen Lebens bilden, in dem Gefühle, Fantasie und eine breite optimistische Philosophie allgegenwärtige Merkmale sind; und von einem erfolglosen Roman, „Trumps" (1861), den er 1859 als Fortsetzungsroman in *Harper's Weekly begann* . Angesichts der großen Erfahrung des Autors, seiner Vorliebe für gute Romane, seines anspruchsvollen Geschmacks und seiner Ausdrucksfähigkeit war dieser Misserfolg von „Trumps" bemerkenswert. Die Wahrheit ist, dass Curtis seine Kräfte nicht richtig eingeschätzt hatte. Er war nicht in der Lage, eine aufwändige Handlung mit Geschick zu bewältigen, und er machte auch den gleichen Fehler, der die Arbeit vieler bereits bemerkter Schriftsteller beeinträchtigte: Er war zu sehr darauf bedacht, die Moral zu verdeutlichen. Der allgemeine Effekt ist, wie Mr. Cary betont, 14 , dass „Trumps" zu „einer Sonntagsschulgeschichte wird, geschrieben von einem Mann mit seltenen Gaben, von denen einige den schwer fassbaren Charme eines Genies verraten, der aber im Wesentlichen immer noch dieser Klasse angehört. den Eindruck erwecken und offenbar auch erwecken wollen, dass am Ende die Tugend triumphiert und das Laster ein jämmerliches Ende nimmt." Auf lange Sicht ist dies ewig wahr; aber die großen Künstler reden nicht viel darüber. Ein ähnlicher Misserfolg, wenn auch aus anderen Gründen, war der einzige Roman des produktiven Nathaniel P. Willis, „Paul Fane, or Parts of a Life Else Untold" (1857), ein frühes und langweiliges Experiment auf dem Gebiet internationaler Romane. Es war eine Geschichte, deren allgemeine Verzerrung der Dinge fast einer Karikatur gleichkam, da sie eher auf oberflächlicher als auf tiefer und sorgfältiger Beobachtung der Charaktere basierte. Im selben Jahr feierte Josiah Gilbert Holland (1819–81) sein *Debüt* auf dem Gebiet der Belletristik mit „The Bay Path", einer Geschichte über die Besiedlung des Connecticut Valley, die größtenteils mit historischen Charakteren gefüllt ist und den Manieren und Sitten im Allgemeinen treu bleibt dachte an das dargestellte Zeitalter. Eine ehrgeizigere Geschichte, „Miss Gilbert's Career" (1860), ist ein realistischer moderner Roman, in dem eine charakteristische Yankee-Gemeinschaft mit großer Treue beschrieben wird. Von seinen späteren Romanen „Arthur Bonnicastle" (1873), „The Story of Sevenoaks" (1875) und „Nicholas Minturn" (1877) kann man im Großen und Ganzen nicht sagen, dass sie über einen hohen literarischen Wert verfügen; Der Autor war erklärtermaßen ein Moralist, und das Beste, was man über sie sagen kann, ist, dass sie keinen Schaden angerichtet haben.

Major John William de Forest. – Major John William de Forest (geb. 1826) begann mit dem Schreiben von Belletristik mit einem sehr romantischen und sehr dürftigen Roman namens „Witching Times", der 1856–57 in Fortsetzungen in *Putnam's erschien* , und folgte mit einer Reihe von Werken, die ihn zu einem der erfolgreichsten Romane der Welt machten die beliebtesten Romanautoren der siebziger Jahre – „Seacliff" (1859), „Miss Ravenels Bekehrung" (1867), ein Buch aus eigener Erfahrung und sein erstes realistisches Werk, „Overland" (1871), „Kate Beaumont" (1872), „Honest John Vane" (1875), „Playing the Mischief" (1875) und viele andere. Über „Miss Ravenels Bekehrung" sagte Herr Howells: „Es war einer der besten amerikanischen Romane, die ich kannte, und hatte einen fortgeschrittenen Realismus, bevor der Realismus unter diesem Namen bekannt war."

Robert Lowell. – Im Jahr 1858 erschien „The New Priest of Conception Bay", in dem Rev. Robert Traill Spence Lowell (1816–91), ein älterer Bruder von James Russell Lowell und bischöflicher Geistlicher, in hellen und fröhlichen Farben das Landleben malte von Neufundland, mit dem er während seines Aufenthalts in Bay Roberts in den Jahren 1843–47 vertraut wurde. Es wurde nie ein zutreffenderes Bild des einfachen Fischervolkes Neufundlands geschaffen – selbst bei einer feinen Unterscheidung der Dialekte. Mr. Lowells Ruf wurde durch seine späteren, wenn auch weniger bekannten Bücher „Antony Brade" (1874) und „A Story or Two from an Old Dutch Town" (1878), die sich mit dem malerischen Leben in den niederländischen Dörfern befassten, nicht schlecht gestützt im Osten von New York.

Frau Harriet Prescott Spofford. -Frau. Harriet Prescott Spofford (geb. 1835), gebürtige Maineerin, die den größten Teil ihres Lebens in Massachusetts verbracht hat, machte sich 1859 mit einer Kurzgeschichte über das Pariser Leben, „In a Cellar", in *The Atlantic einen Namen* . In „Sir Rohan's Ghost" (1859), „The Amber Gods" (in *The Atlantic* , 1860), was ihr einen beachtlichen Ruf einbrachte, „Azarian" (1864) und „A Thief in the Night" (1872) schuf sie düstere Werke lebhaft fantasievoll und intensiv im Gefühl. Sie war eine der ersten, die die Mine der gespenstischen Romantik ausnutzte. Ihre Geschichten waren nie sehr beliebt; Ihre Vorliebe für das Sinnliche und Großartige stößt viele Leser ab. Dennoch muss „Ein Dieb in der Nacht" aufgrund seiner schieren und überwältigenden Intensität und seines vollen Erfolgs bei der Erzielung der angestrebten Wirkung als Kunstwerk einen hohen Stellenwert erhalten.

Frau Miriam Coles Harris. -Frau. Miriam Coles Harris (geb. 1834), die den größten Teil ihres Lebens in und in der Nähe von New York City verbracht hat, schrieb eine Reihe von Geschichten, die zu ihrer Zeit beliebt waren und von denen einige noch heute gelesen werden. „Rutledge" (1860) und „The Sutherlands" (1862) waren weit verbreitet. Zu ihren späteren Geschichten gehören „A Perfect Adonis" (1875), „Phœbe" (1884), „Missy" (1885) und „An Vatter Failure" (1890).

Theodore Winthrop. – Theodore Winthrop (1828–61) verdient mehr als eine flüchtige Erwähnung, nicht so sehr wegen dem, was er tatsächlich erreicht hat, sondern wegen dem, was sein kurzes Leben zu erreichen versprach. Geboren in New Haven, Connecticut, als Nachkomme des Gouverneurs John Winthrop von Connecticut und mit zwanzig Jahren Absolvent der Yale University, reiste er viel ins Ausland, ging im Auftrag der Pacific Mail Steamship Company nach Panama und hielt sich anschließend zu Besuch in Kalifornien und Oregon auf außerdem die Insel Vancouver und einige Stationen der Hudson's Bay Company. Er wurde 1855 als Rechtsanwalt zugelassen, interessierte sich jedoch mehr für Politik und Literatur als für Jura. Mehrere Jahre lang arbeitete er an seinen Romanen; aber obwohl eines davon zur Veröffentlichung angenommen wurde, erschien zu seinen Lebzeiten keines. Zu Beginn des Krieges ging er mit dem Siebten New Yorker Regiment an die Front und fiel tapfer kämpfend bei Great Bethel. Seine Beschreibungen seines Marsches nach Washington in *The Atlantic Monthly* hatten große Aufmerksamkeit erregt, und nach seinem Tod erschienen in rascher Folge seine Romane „Cecil Dreeme" im Jahr 1861 und „John Brent" und „Edwin Brothertoft" im Jahr 1862. Der erste ist eine grausige Geschichte über das Leben in New York, voller Weitblick und Leidenschaft, unreif, aber nicht ohne Kraft. „John Brent", die beste seiner Geschichten, ist eine fantasievolle Erzählung, in die er eine Aufzeichnung seiner westlichen Erfahrungen eingebunden hat; Es „hatte insbesondere zu seiner Zeit den Vorzug, westliche Szenen und Charaktere mit Sympathie und Geschick darzustellen, zu einer Zeit, als der Westen nahezu Neuland für die Literatur war." „Edwin Brothertoft" ist eine melodramatische Geschichte der amerikanischen Revolution, manchmal grob im Ausdruck, aber stark in der Handlung und im Spiel von Licht und Schatten. Hätte Winthrop gelebt, wäre unsere Literatur zweifellos viel reicher gewesen. Wie kaum ein anderer verstand er das pulsierende Leben Amerikas, nicht nur in seinen äußeren Erscheinungen, sondern auch in seinen weniger offensichtlichen Merkmalen; und wenn er seine jugendliche „Luftigkeit" gemindert hätte, hätte er zweifellos einige Teile dieses Lebens auf langlebiger Leinwand reproduziert.

Fitz-James O'Brien. —Ein weiterer brillanter Schriftsteller, dessen Karriere durch den Krieg unterbrochen wurde, war Fitz-James O'Brien

(1828–62), gebürtig aus der Grafschaft Limerick, Irland. Er wurde an der Universität Dublin ausgebildet; und nachdem er sein Erbe von 8.000 Pfund in London ausgegeben hatte, kam er 1852 nach Amerika und widmete sich fortan der Literatur. In New York wurde er zu einer herausragenden Persönlichkeit der Boheme-Szene und erlangte bedeutende gesellschaftliche und literarische Erfolge. Neben vielen klugen Versen schrieb er für die Zeitschriften einige wunderbar geniale Geschichten, zum Beispiel „Die Diamantlinse", „Der Wunderschmied", „Der goldene Barren" und „Mutter der Perle". Der Leser wird gelegentlich an Poe und Hawthorne erinnert, aber häufiger fragt er sich, warum O'Brien so lange in Vernachlässigung gelegen hat; denn einige seiner Geschichten sind in hohem Maße kraftvoll. Wie Winthrop wurde O'Brien 1861 Soldat im Siebten New Yorker Regiment und ging an die Front. Am 26. Februar 1862 wurde er bei einem Gefecht schwer verwundet, im April starb er. Fast zwanzig Jahre später gab sein Freund William Winter „The Poems and Stories of Fitz-James O'Brien" (1881) heraus.

Der Bürgerkrieg. – Es ist nicht verwunderlich, dass der Bürgerkrieg die Quellen der Literatur und Kunst in Amerika zumindest teilweise versiegte. Es war eine Epoche der Konzentration, des Handelns; Männer hatten wenig Zeit, Romane zu lesen oder zu schreiben; Die Zeitung könnte jeden Tag so erhaben heroische oder so erbärmliche Ereignisse aufzeichnen, wie sie in der Fiktion zu finden sind. Daher wurden während des Krieges und in den zwei oder drei darauffolgenden Jahren, der Zeit des Wiederaufbaus, vergleichsweise wenige bedeutende Romane geschrieben. Einige würdige Romane, die in diesen Jahren erschienen, zum Beispiel Mrs. Stoddards „Morgesons", scheiterten an einem anerkennenden Publikum.

Das Ende des Krieges markierte den Beginn einer neuen Ära in der amerikanischen Belletristik. Wie Herr Morse betont, interessierten sich die Menschen nicht mehr für Geschichten über die Indianer und die Revolution. Die Indianer hatten sich in die Welt der Romantik zurückgezogen, mit der sie die moderne Welt, die „Nick of the Woods" nicht kennt, in Verbindung bringt; Die Revolution war neben dem schrecklicheren Konflikt, der gerade zu Ende ging, eine alte Geschichte, und es musste ein Vierteljahrhundert vergehen, bevor der frühere Krieg zum Hintergrund einer Fiktion werden konnte. Die Romantik, die, wie wir gesehen haben, bereits an Popularität verloren hatte, muss nun dem Realismus weichen; Es müssen Bilder vom Leben zu Hause, auf dem Markt, auf den Feldern, in den wimmelnden Städten sein; Es bedarf größerer Geschicklichkeit im Umgang mit der Erzählung, um sie zu einer Abschrift des Alltagslebens zu machen. Der Liebhaber der Romantik wird diese Tendenz zweifellos bedauern; Aber es war unvermeidlich und hat den Weg der Fiktion fast bis zum heutigen Tag bestimmt.

Oliver Wendell Holmes. – Die vielseitige Tätigkeit von Dr. Holmes erstreckte sich auf das Schreiben von drei Romanen – „medizinische Romane" wurden sie genannt, aber der Begriff trifft nicht auf alle gleichermaßen zu. Sicherlich gehören sie alle zur großen und wachsenden Gruppe der „Problemromane". Das erste, „Elsie Venner: a Romance of Destiny" (1861), wurde veröffentlicht, als die Autorin die Marke von einem halben Jahrhundert überschritten hatte, und erschien erstmals als „The Professor's Story" in *The Atlantic Monthly* . Die Mutter von Elsie Venner wurde kurz vor der Geburt ihres Kindes tödlich von einer *Crotalus*- oder Klapperschlange gebissen, und von Geburt an ist das Kind teilweise mit einer Schlangennatur ausgestattet, die es ihr ermöglicht, einen besonderen Einfluss auf die Menschen auszuüben, mit denen sie zusammen ist Sie wird in Kontakt gebracht, insbesondere mit der sensiblen Schulleiterin Helen Darley. „Das eigentliche Ziel der Geschichte", sagt Dr. Holmes selbst, „war es, die Lehre von der ‚Erbsünde' und der menschlichen Verantwortung für den ungeordneten Willen, der unter dieser technischen Bezeichnung steht, auf die Probe zu stellen." War Elsie Venner, die vor ihrer Geburt durch das Gift eines *Crotalus vergiftet* wurde, moralisch verantwortlich für die „willkürlichen" Abweichungen, die, in Taten umgesetzt, zu dem werden, was als Sünde bekannt ist und möglicherweise als Verbrechen bestraft wird? Wenn sie bei Vorlage der Beweise durch das Urteil des menschlichen Gewissens zu einem eigentlichen Gegenstand göttlichen Mitleids und nicht göttlichen Zorns wird, als Gegenstand einer moralischen Vergiftung, darin liegt der Unterschied zwischen ihrer Position an der Richterbank und einer menschlichen oder göttlich, und das des unglücklichen Opfers, das von einem entfernten Vorfahren ein moralisches Gift erhalten hat, bevor er seinen ersten Atemzug tat?" Daraus wird ersichtlich, dass das, was der Autor beabsichtigte, nichts weniger als ein Angriff auf eines der großen Grunddogmen der orthodoxen Theologie war. Vor fünfzig Jahren war das tatsächlich ein mutiges Unterfangen. Das äußerst tragische Motiv des Romans wird durch einige Kapitel reiner Komödie aufgelockert, in denen der gemeine, berechnende und geldverdienende Silas Peckham, der vulgäre, protzende Sprowles und eine vielfältige Gruppe anderer Nebenfiguren auftreten. „The Guardian Angel" (1867) bildet eine natürliche Fortsetzung von „Elsie Venner"; Es befasst sich mit einigen Problemen der Vererbung und versucht, „die sukzessive Entwicklung einiger vererbter Eigenschaften in der Figur von Myrtle Hazard", der Heldin, aufzuzeigen. „Der Schutzengel" ist weniger tragisch als die frühere Geschichte, aber angenehmer zu lesen und eine künstlerischere Schöpfung. Eine interessante Handlung ist gekonnt ausgearbeitet und die Charakterisierung ist subtil und wahr. In seinem dritten Roman „A Mortal Antipathy" (1885) zeigte Dr.

Holmes im Alter von 76 Jahren deutlich, dass er seine Schaffensperiode hinter sich hatte. Er gab in viel größerem Maße als in den anderen Geschichten dem ausschweifenden Hang nach, der – charmant und natürlich genug in „Der Autokrat vom Frühstückstisch" – die Kontinuität eines Romans, in dem die Handlung eine Rolle spielen soll, ernsthaft beeinträchtigt. Darin befasst sich der Autor mit dem Einfluss einer Abneigung (gegenüber der Frau) auf das Leben eines Mannes nach dem Tod, die aus einem schweren Schock in der frühen Kindheit resultiert – eine Abneigung, die glücklich beseitigt wird, wenn der Held hilflos auf einem Krankenbett in einem Brand liegt Haus, wird von einem mutigen und sportlichen Mädchen unterstützt. Trotz ihres „medizinischen" Charakters ist die Geschichte voller entzückender Gerüchte, amüsanter Beschreibungen und Charakterisierungen sowie nachdenklicher Spekulationen über verschiedene Dinge im Zusammenhang mit der Heilkunst. Auch wenn Dr. Holmes, wie einige behaupten, in diesen Büchern die moralische Frage auf Kosten der künstlerischen Perfektion betont hat, sind sie als Aufzeichnungen über die Persönlichkeit immer noch von großem Wert. In den Worten von Herrn Noble ist der Autor „ein Mann, dessen Temperament ihn zu einem intensiven Interesse an der menschlichen Natur macht und dessen Geisteshaltung ihm ein besonderes Interesse an jeder Entwicklung der menschlichen Natur verleiht, die durch das Aufzeigen außergewöhnlicher Möglichkeiten oder Einschränkungen einen seltsamen Eindruck hinterlässt." Seitenlicht auf seine gewöhnlicheren und normaleren Bedingungen."

Frau Elizabeth Barstow Stoddard. -Frau. Elizabeth Barstow Stoddard (1823–1902), Ehefrau des Dichters Richard Henry Stoddard, schrieb drei für ihre Zeit bemerkenswerte Romane: „The Morgesons" (1862), „Two Men" (1865) und „Temple House" (1867). die zu ihrer Zeit nur wenige Leser fanden und heute fast vergessen sind, die aber eine sorgfältige Beobachtung des Lebens und der Bräuche und eine entschiedene, wenn nicht exzentrische Individualität zeigten. „The Morgesons" wurde 1888 und 1901 erneut veröffentlicht und von so vernünftigen Kritikern wie Mr. Stedman, Mr. Julian Hawthorne und Professor Beers (der behauptete, er habe es viermal gelesen) gelobt; aber es scheiterte erneut an der Gunst der Bevölkerung; es war altmodisch geworden.

Edmund Kirke. – Unter diesem Pseudonym war James Roberts Gilmore (1822–1903) viele Jahre lang ein bekannter Schriftsteller. Im Jahr 1857 zog er sich beruflich aus der Wirtschaft zurück und widmete sich danach hauptsächlich (außer 1873–83) der Literatur. Seine früheren Romane „Among the Pines" (1862), „My Southern Friends" (1862), „Among the Guerillas" (1863), „Down in Tennessee" (1863), „Adrift in Dixie" (1863) und „On the Border" (1864) befasste sich mit dem Leben im Süden, das er während des Krieges kennenlernte. Im späteren Leben schrieb er „The Last of the Thorndikes" (1889) und „A Mountain-White Heroine" (1889). Seine früheren Geschichten waren beliebt und trugen viel dazu bei, die Leser mit der Sklaverei vertraut zu machen.

Thomas Bailey Aldrich. —Thomas Bailey Aldrich (1836–1907) begann seine Karriere als Romanautor im Jahr 1862 mit der Veröffentlichung eines kleinen Romans, „Père Antoines Dattelpalme", in *The Atlantic Monthly (Juni), der Hawthorne wohlwollende Anerkennung einbrachte.* Im selben Jahr veröffentlichte er auch „Out of His Head, a Romance in Prose", eine Sammlung von sechs Kurzgeschichten; Aber dies blieben seine einzigen Bemühungen im Bereich der Belletristik, bis er 1869 seine weitgehend autobiografische „Geschichte eines bösen Jungen" veröffentlichte. Der Held dieser kleinen Idylle von Portsmouth, New Hampshire, Tom Bailey, der schließlich „kein sehr böser Junge" ist, ist zu einer klassischen Figur in der Fiktion der Kindheit geworden. „Marjorie Daw und andere Geschichten" (1873) sind geniale Geschichten, in deren ersten ein überraschender Schwindel mit größtem Geschick umgesetzt wird. „Prudence Palfrey" (1874) ist ein altmodischer Begebenheitsroman, in dem eine nahezu unmögliche Handlung plausibel gemacht wird. „Die Königin von Saba" (1877) ist vielleicht die kunstvollste aller seiner Geschichten; Die Handlung spielt in New Hampshire und der Schweiz und die Geschichte ist voller Humor. „The Stillwater Tragedy" (1880) ist eine realistische Darstellung des Lebens in einem Fabrikdorf in Neuengland. Das *Motiv* ist die Entdeckung eines Mörders und die düstere Situation wird durch eine Liebesgeschichte aufgelockert. „Two Bites at a Cherry, and Other Tales", subtil, amüsant, genial, erschien 1893. Wahrscheinlich werden die meisten von uns Herrn Howells zustimmen, wenn er sagt, dass Aldrich an dem Roman mit dem Instinkt eines Romantikers gearbeitet hat. und war in den romantischen Teilen seiner Geschichten von seiner besten Seite. Von seinen Prosawerken werden seine Kurzgeschichten wohl am längsten Bestand haben.

Frau Adeline D. T. Whitney. -Frau. Adeline D. T. Whitney (geb. 1824), gebürtige Bostonerin und Schwester des exzentrischen George Francis Train, schrieb eine Reihe von Geschichten für junge Leute, beginnend mit „Boys at Chequasset" (1862) und „Faith Gartney's Girlhood" (1863). Dazu gehören auch „The Gayworthys" (1865), der zu den besten Romanen Neuenglands zählt, „A Summer in Leslie Goldthwaite's Life" (1866), „Patience Strong's Outings" (1868), „Hitherto" (1869), „ We Girls" (1870), „Bonnyborough" (1885) und „Ascutney Street" (1888). Für einige Kritiker schien der didaktische Ton ihrer Geschichten so hervorzuheben, dass ihr künstlerischer Wert beeinträchtigt wurde; andere, wie Mrs. Stowe, verteidigen sie gegen den Vorwurf, „predigend" zu sein. Eine Ader der Mystik zieht sich durch ihre Geschichten. Ihr Stil ist wirkungsvoll und ihre Kreationen sind echt und lebensecht.

Bayard Taylor. – Das Schreiben von Romanen spielte im Leben von Bayard Taylor, der sich in erster Linie als Dichter fühlte, keine große Rolle; aber seine vier Romane sind nicht ohne Interesse. Taylor hatte bereits versucht, Geschichten für *The Atlantic Monthly zu schreiben* , als er 1861 mit dem Schreiben eines Romans begann. Bevor er Amerika verließ und nach Russland ging, hatte er sieben Kapitel geschrieben. Er beendete das Buch in St. Petersburg und veröffentlichte es 1863 unter dem Titel „Hannah Thurston, eine Geschichte des amerikanischen Lebens". Obwohl der Schauplatz nominell im Zentrum von New York spielt, ähnelt das Leben im Wesentlichen dem von Chester County, Pennsylvania. Die Handlung ähnelt der von Tennysons „Prinzessin". Es ist jedoch von untergeordneter Bedeutung; Das Hauptziel des Autors bestand offenbar darin, die mehr oder weniger oberflächlichen Reformen der Zeit zu verspotten – Abschaffung, völlige Abstinenz, Spiritualismus, Vegetarismus und dergleichen. Das heimelige und alltägliche Dorfleben seiner Zeit beschrieb Taylor anschaulich und wahrheitsgetreu; Aber man kann nicht sagen, dass seine Charaktere, so amüsant viele von ihnen auch sind, eindeutig individualisiert sind. Trotzdem wurde das Buch mit Wohlwollen aufgenommen. Es wurde umgehend ins Deutsche, Schwedische und Russische übersetzt. Der Erfolg ermutigte Taylor zu weiteren Anstrengungen. „John Godfrey's Fortunes, Related by Himself" erschien Ende 1864. Dies ist eine Geschichte des Lebens in Pennsylvania und in New York City. Die Handlung ist gut ausgearbeitet und einige der Charaktere sind interessant, obwohl sie größtenteils offensichtlich gut oder schlecht sind. John Godfrey war gewissermaßen Taylor selbst, aber das Buch kann kaum als Autobiografie bezeichnet werden. Im Jahr 1866 erschien „The Story of Kennett", in mancher Hinsicht der beste von Taylors Romanen. Dabei stützte er sich größtenteils auf seine Erinnerungen an Chester County, und die meisten Charaktere waren dem Leben nachempfunden. Die Szene bei der Beerdigung von Abiah Barton, in der der Held seinen wertlosen und feigen Vater entdeckt, wurde scharf getadelt; aber Taylor behauptete, dass es sich aufgrund des Aberglaubens in Mary Potter um das am besten gerechtfertigte Kapitel des Buches handele. „Joseph and His Friend: a Story of Pennsylvania", der letzte von Taylors Romanen, erschien in Fortsetzungen in *The Atlantic* und wurde 1870 in Buchform veröffentlicht. Es ist eine unangenehme Geschichte der Doppelzüngigkeit, die nach Bismarcks Ansicht viele geteilt haben: dass der Bösewicht zu leicht davonkommt. Dem oben Gesagten sollte ein Band mit Kurzgeschichten hinzugefügt werden, der unter dem Titel „Die Schöne und das Biest" herausgegeben wurde. Im Allgemeinen zeichnen sich Taylors Romane durch geschickte Verarbeitung und sympathische und oft lebendige Charakterdarstellungen aus.

Louisa May Alcott. – Louisa May Alcott (1832–88), Tochter von Amos Bronson Alcott, wurde als Autorin nützlicher Belletristik, insbesondere für junge Leser, bekannt. Sie begann ihr Leben als Lehrerin und war während des Bürgerkriegs Krankenschwester. „Moods" (1864), ihr erster Roman, wurde viel gelesen und enthält kraftvolle Passagen. „Little Women" (1868–69), geschrieben als Mädchenbuch, bleibt ihr bestes. Eine Art Fortsetzung dazu war „Little Men; Life at Plumfield with Jo's Boys" (1871), gefolgt von „Jo's Boys and How They Turned Out" (1886). Andere ähnliche Geschichten waren „An Old-Fashioned Girl" (1870), „Work, a Story of Experience" (1873), teilweise autobiographisch, „Eight Cousins" (1875) und dessen Fortsetzung „Rose in Bloom" (1876). und „A Modern Mephistopheles" (1877), eine unangenehme, aber kraftvolle und einfallsreiche Studie über den moralischen Verfall. Ihre Geschichten erfreuen sich weiterhin großer Beliebtheit bei der Jugend, auch wenn die neuere Jugendliteratur sie mit der Zeit verdrängen wird.

Richard Malcolm Johnston. – Richard Malcolm Johnston (1822–98) war einer der beliebtesten Südstaatenautoren seiner Zeit. Als Sohn eines Pflanzers aus Georgia und eines baptistischen Geistlichen wurde er mit der Zeit römisch-katholisch. Nach seinem Abschluss an der Mercer University in Georgia im Jahr 1841 praktizierte er einige Jahre lang als Anwalt und lehnte 1857 eine Richterstelle ab, um Professor für Belletristik an der University of Georgia zu werden. Von 1861 bis 1882 leitete er ein Jungeninternat, zunächst in Sparta, Georgia, dann in der Nähe von Baltimore. 1864 veröffentlichte er unter dem Titel „Georgia Sketches" vier Geschichten über das Leben in Georgia. Zu diesen kamen 1874 weitere unter dem Titel „Dukesborough Tales", sein bestes Buch, hinzu. Anschließend schrieb er „Old Mark Langston" (1884), „Mr. Absalom Billingslea and Other Georgia Folk" (1888), „Ogeechee Cross-Firings" (1889), „The Primes and Their Neighbours" (1891), „Mr. Billy Downs and His Likes" (1892), „Mr. „Fortner's Marital Claims, and Other Stories" (1892), „Widow Guthrie" (1893), „Little Ike Templin, and Other Stories" (1894), „Old Times in Middle Georgia" (1897) und „Pearce Amerson's Will" (1898). Insgesamt veröffentlichte er mehr als achtzig Geschichten. Er war kein Meister der Handlung, und die Struktur seiner Geschichten ist locker und in der Reihenfolge fehlerhaft; Aber seine Charaktere haben den magischen Touch der Realität, und seine Beschreibungen der Vorkriegszeit in Georgia können nicht vernachlässigt werden.

William Mumford Baker. – William Mumford Baker (1825–83), ein Princeton-Absolvent und presbyterianischer Geistlicher, war einst beliebt, wird aber heute kaum noch gelesen. Von 1850 bis 1865 war er Pfarrer einer Kirche in Austin, Texas, wo er viele der Erfahrungen sammelte, die er in seinen Geschichten verarbeitete. Sein wichtigster Roman war „Inside, a Chronicle of Secession", der während des Krieges heimlich geschrieben wurde, als Fortsetzungsroman in *Harper's Weekly erschien* und 1866 in

Buchform erschien; Es vermittelt ein lebendiges Bild des Lebens und der Gefühle des Südens. Einige seiner späteren Bücher waren „Oak Mot" (1868), „The New Timothy" (1870), „Mose Evans" (1874), „Carter Quarterman" (1876), „A Year Worth Living" (1878), „ Colonel Dunwoodie" (1878), „His Majesty Myself" (1879) und „Blessed Saint Gewissheit" (1881). Obwohl seine Bücher nicht sehr tief im Leben und Charakter verankert sind, zeichnen sie sich durch Aufrichtigkeit und intensive Ernsthaftigkeit aus.

S. Weir Mitchell. -DR. Silas Weir Mitchell (geboren 1830) ist ein angesehener Arzt von vielseitigem Ruhm. Er stammt aus Virginia und studierte an der University of Pennsylvania und am Jefferson Medical College, wo er 1850 seinen Abschluss machte. Während des Bürgerkriegs begann er, Romane zu schreiben, und schrieb im Juli 1866 für *The Atlantic* eine bemerkenswerte Geschichte: „ Der Fall George Dedlow." Doch erst um 1880 begann er, sich ernsthafter der Literatur zu widmen. Er hat „Hephzibah Guinness" (1880) geschrieben, drei Geschichten über das Leben der Quäker in Philadelphia; „In Kriegszeiten" (1885); „Roland Blake" (1886), dessen früherer Teil sich mit dem Bürgerkrieg befasst; „Far in the Forest" (1889), eine Geschichte über den Charaktereinfluss, deren Schauplatz im Wald von Pennsylvania vor dem Unabhängigkeitskrieg spielt; „Hugh Wynne, Free Quaker" (1897), eine Geschichte über Philadelphia während des Unabhängigkeitskrieges, die zu den wenigen großen amerikanischen Romanen zählt; „Die Abenteuer von François" (1898), ein Liebesroman über die Französische Revolution, in dem der Held ein unbeschwerter kleiner Landsmann ist, der einige seltsame Abenteuer erlebt; „Die Autobiographie eines Quacksalbers" (1900), eine Studie über den Geist eines professionellen medizinischen Schurken; „Constance Trescot" (1905), eine Studie mit ungewöhnlichem Charakter, gekonnt umgesetzt, die Szene spielt im Paris der sechziger Jahre; und „Ein diplomatisches Abenteuer" (1906). Dr. Mitchells Interesse an Problemen der abnormalen Psychologie hat ihn dazu veranlasst, einige Themen zu behandeln, die in den Händen eines jeden anderen als eines geborenen Geschichtenerzählers lediglich zu sensationellen Romanen geführt hätten. Seine Geschichten zeigen alle eine ausgeprägte Fähigkeit zur Analyse und Charakterzeichnung sowie einen freundlichen und gesunden Optimismus.

Beecher und Higginson. – Henry Ward Beecher (1813–87) fand inmitten der vielen Aktivitäten eines geschäftigen geistlichen und journalistischen Lebens Zeit, einen Roman zu schreiben, „Norwood, or Village Life in New England" (1867), in dem beschreibende und erzählerische Passagen vorkommen reich an Einsicht und Humor. Es gibt nur eine kleine Handlung; die Bewegung ist gemächlich; Uns interessieren vor allem die Charaktere, zu denen neben den üblichen Persönlichkeiten eines Dorfes auch einige neugierige und amüsante Menschen gehören. Das Buch ist teilweise autobiografisch und von einer romantischen Ader durchzogen. Thomas Wentworth Higginson (geb. 1823) ist vor allem als Essayist bekannt, hat aber auch eine großartige Geschichte geschrieben: „Malbone, an Oldport Romance" (1869), die als subtile Studie über das Temperament eine umfassendere Lektüre verdient; Der Schauplatz ist offensichtlich Newport, Rhode Island. Es „ist größtenteils eine Abschrift aus dem wirklichen Leben, wobei die Hauptfigur von demselben Freund Higginsons, William Hurlbert, stammt, der in Winthrops ‚Cecil Dreeme' als Densdreth auftritt." 15 In „Madame Delias Erwartungen" (*The Atlantic* , Januar 1871, Nachdruck in „Oldport Days", 1873), zeigte Colonel Higginson, dass er eine Kurzgeschichte gut erzählen konnte.

Mark Twain. —Die literarischen Produktionen von Herrn Clemens werden an anderer Stelle aufgezeichnet; Hier können einige Worte zu seiner Stellung als Romanautor gesagt werden. In der Technik kann nicht behauptet werden, dass er hoch steht; seine Erzählung wandert dahin, wohin sie will, ohne jeglichen kompakten Aufbau oder Höhepunkt; sein Stil ist nicht frei von Fehlern. Doch trotz dieser Mängel ist sein Name „an allen Orten, an denen die englische Sprache gesprochen wird, und an vielen Orten, an denen dies nicht der Fall ist, zu einem geläufigen Wort geworden." Er hat zwei Charaktere geschaffen – Tom Sawyer und Huckleberry Finn – die lange als humorvoll konzipierte, aber echte amerikanische Jungs leben werden. Pudd'nhead Wilson und der Connecticut Yankee mögen in Vergessenheit geraten, aber es scheint unwahrscheinlich, dass die Helden der typischsten Bücher von Mark Twain sich bald aus unserem Kreis der Favoriten zurückziehen dürfen. Darüber hinaus hat Herr Clemens den Mississippi seiner Jugend in einer Art heimeliger, männlicher Prosa-Poesie verankert; Er hat in einer Erzählung, die Mr. Thompson zu Recht als „fest und kraftvoll" bezeichnet, den Eindruck aufgezeichnet, den der große Fluss auf seinen jugendlichen Geist machte. Nirgendwo sonst finden wir solche Beschreibungen des Lebens am Mississippi in den fünfziger Jahren. Künstlerisch mangelhaft ist sein Werk tatsächlich; aber ihm können die Qualitäten der Beredsamkeit, Natürlichkeit und Aufrichtigkeit nicht abgesprochen werden. Die Arbeit ist, wie der Mann, echt.

Bret Harte. – Das bewegte, primitive, gesetzlose Leben des frühen Kalifornien fand seinen Maler in Francis Bret Harte, der seinen Vornamen schon früh aus seiner literarischen Signatur strich. Er stammte aus Albany, New York (1839), seine Vorfahren waren Engländer, Deutsche und Hebräer. Sein Vater, ein Griechischlehrer, starb, als der Sohn noch ein Kind war. Harte erhielt nur eine allgemeine Schulausbildung und ging 1854 mit seiner Familie nach Kalifornien, das fünf Jahre lang das Mekka der Goldjäger und Spieler gewesen war. Zunächst versuchte er es mit der Lehre und dem Bergbau, wobei er in beiden Berufen kaum mehr als Erfahrung sammelte, die er in späteren Jahren gut nutzen sollte. 1857 wurde er Komponist für das San Francisco *Golden Era* . Einige seiner unsignierten Skizzen erregten die Aufmerksamkeit des Herausgebers, der ihm befahl, seinen Schreibstock gegen einen Schreibtisch im Büro einzutauschen. Später schloss er sich der Belegschaft von *The Californian an* , zu der er die cleveren Parodien auf zeitgenössische Belletristikautoren beitrug, die später (1867) als „Condensed Novels" veröffentlicht wurden. Von 1864 bis 1870 war er Sekretär der United States Branch Mint; Während dieser Zeit schrieb er viele seiner besten Gedichte. Als *The Overland Monthly* 1868 geplant wurde, kam für die Redaktion kein anderer Name als Harte in Betracht. Mr. Noah Brooks hat erzählt, wie er und Harte sich darauf geeinigt hatten, jeweils eine Kurzgeschichte für die erste Nummer zu schreiben, und wie Harte mit seiner üblichen Sorgfalt bei den Worten es nicht schaffte, seine Geschichte rechtzeitig fertigzustellen. Als es jedoch erschien, machten „The Luck of Roaring Camp" und die darauf folgende Geschichte, „The Outcasts of Poker Flat", Harte berühmt; Letztere Geschichte gilt allgemein als das vollkommenste seiner Werke. Im Jahr 1870 wurde Herr Harte zum Professor für neuere Literatur an der University of California ernannt. doch im darauffolgenden Jahr gab er dieses Amt auf, ließ sich in New York nieder und widmete sich der Vorlesung und dem Schreiben, insbesondere für *The Atlantic Monthly* . 1878 wurde er zum Konsul der Vereinigten Staaten in Crefeld, Deutschland, ernannt. Von 1880 bis 1885 hatte er eine ähnliche Position in Glasgow inne. Von 1885 bis zu seinem Tod im Jahr 1902 lebte Harte in London und beschäftigte sich intensiv mit der literarischen Arbeit. Seine bekanntesten Werke sind „Mrs. Skagg's Husbands" (1872), „Tales of the Argonauts, and Other Stories" (1875), „Gabriel Conroy", sein einziger langer Roman (1876), „Drift from Two Shores" (1878), „The Twins of Table Mountain". " (1879), „Flip; und Found at Blazing Star" (1882), „In the Carquinez Woods" (1883), der das Wunder und Geheimnis des Waldes wirkungsvoll zum Ausdruck bringt, „On the Frontier" (1884), „Maruja" (1885), ein melodramatischer Roman, „Snow-Bound at Eagle's" (1886), „A Millionaire of Rough and Ready" (1887), „The Crusade of the Excelsior" (1887), „A Phyllis of the Sierras" (1888), „The Argonauts of North Liberty" (1888), „A Sappho of Green Springs" (1891), „Colonel Starbottle's Client and Some Other People" (1892), „Sally Dows" (1893), „A Protégée of Jack Hamlin's" (1894), „ „Die drei Partner" (1897), „Under the Redwoods" (1901). Man wird sehen, dass er sein ganzes Leben lang über die alten kalifornischen Tage schrieb, über ein Regime, das längst vergangen ist, das er aber verewigt hat.

Es war Hartes seltenes Privileg, der Erste zu sein, der in einer Mine arbeitete, die seit seiner Zeit vielen Menschen reiche Erze lieferte; über ein elementares, halbwildes Leben zu schreiben, in dem Konventionen so gut wie unbekannt waren und dessen Hintergrund die raue Einfachheit und

Majestät der Sierras war. „Seine eigentliche Entdeckung", sagt Mr. Logan, „war die Natur in einer immer großartigen, manchmal schrecklichen Form, in einem Moment, als ihre urzeitliche Einsamkeit von einem Heer überfallen wurde, das menschliche Beziehungen hinter sich gelassen hatte, und auf ein unbekanntes Land zustürmte." alles unter der Herrschaft einer verschlingenden Leidenschaft – der Gier nach Gold." Er hatte seine eigene Art (möglicherweise beeinflusst von Dickens), diese rauen Szenen darzustellen. Er idealisierte dieses primitive Leben nicht; er hat es in der Regel nicht in einen Liebesroman eingebunden (selbst Mr. Boyesen zitiert nur „Gabriel Conroy" als romantischen Roman); er versuchte nicht, es zu interpretieren oder es zum Symbol religiöser oder moralischer Ideen zu machen. Für ihn war es eine sehr reale Welt; und mit wahrem Auge und sicherem Gespür versuchte er, es unvoreingenommen darzustellen, so wie es war; Der Leser könnte seine eigene Moral entwerfen – falls er eine brauchte. Es ist dieser untrügliche Instinkt des Künstlers, der Harte in die Riege der größeren Geschichtenerzähler reiht.

Seine Kräfte hatten jedoch ihre Grenzen. Er war nicht in der Lage, das Interesse an einer langen Geschichte aufrechtzuerhalten. „Gabriel Conroy" enthält zwar interessante Szenen und einige seiner besten Charaktere, ist aber völlig uneinheitlich – ein Bündel von Eindrücken, in denen dieselben Charaktere kaum zweimal gleich dargestellt werden. Er wurde auch dafür kritisiert, dass er ansonsten wertlosen Charakteren eine ausgeprägte Tugend verleiht; Aber vielleicht ist es nur fair, mit Mr. Logan zu sagen, dass „die Tugend im Allgemeinen primitiv ist und selten entweder widersprüchlich oder unwahrscheinlich ist."

In seinen späteren Jahren tat Harte wenig, um seinen Ruf zu steigern. Die gleichen Charaktere, die gleichen Typen tauchen immer wieder auf; aber es gibt keine zusätzliche Quelle des Interesses, keine reifere Beobachtung von Menschen und Manieren. Seinen Ruf gründet er bis heute auf die knappe und energiegeladene Partitur früher Erzählungen, mit denen er das Lesepublikum der späten sechziger und siebziger Jahre verblüffte und begeisterte.

Elizabeth Stuart Phelps Ward. – Es ist natürlich weit entfernt von Harte bis zu Mrs. Phelps Ward, die im Osten im selben Jahr bekannt wurde, in dem *The Overland* ins Leben gerufen wurde. Frau Ward wurde in Andover, Massachusetts, geboren und war die Tochter von Professor Austin Phelps vom Andover Theological Seminary. 1888 heiratete sie Rev. Herbert D. Ward. Sie ist die Autorin einer langen Liste freundlicher und lesenswerter Geschichten, von denen keine eine wirklich herausragende Qualität erreicht, von denen einige jedoch beliebt und einflussreich waren. Beginnend mit „The Gates Ajar" (1868), halb Roman, halb Threnodie, fuhr sie fort mit „The Silent Partner" (1870), „The Story of Avis" (1877), einem Lieblingsstück vieler, „An Old Maid's Paradise" (1879) und dessen Fortsetzung „Burglars in Paradise" (1886), „Friends, a Duet" (1881), „Doctor Zay" (1882), „Beyond the Gates" (1883), das die Idee ihrer ersten Geschichte ausführt , „A Singular Life" (1894), ihr bestes Buch, und „The Man in the Case" (1906). Ihre manchmal konventionellen Handlungsstränge sind niemals kompliziert und werden geschickt umgesetzt; und ihre weiblichen Charaktere sind im Allgemeinen lebensnah. Über ihre Männer, zum Beispiel Emanuel Bayard, kann man nicht so viel sagen. Gemeinsam mit ihrem Mann schrieb sie zwei oder drei Romane, die jedoch nicht sehr erfolgreich waren.

Constance Fenimore Woolson. – Miss Woolson (1848–94), eine Großnichte von Fenimore Cooper, hat unter den Romanautorinnen einen kaum weniger ehrenvollen Platz eingenommen als der, den ihre Verwandte unter den amerikanischen Romanautoren im Allgemeinen einnahm. Sie wurde in Claremont, New Hampshire, geboren und erhielt ihre Ausbildung in Cleveland, Ohio, und an einer französischen Schule in New York City. Nach dem Tod ihres Vaters im Jahr 1869 verbrachte sie ihre Sommer in Cooperstown, New York, oder an den Großen Seen und ihre Winter im Süden. Ihr erstes literarisches Werk, „The Happy Valley" (*Harper's* , Juli 1870), fand sofort großen Anklang. Von da an bis zu ihrem Tod spendete sie regelmäßig für *Harper's* . Sie veröffentlichte „The Old Stone House" (1873), „Castle Nowhere; Lake Country Sketches" (1875), „Rodman the Keeper; „Southern Sketches" (1880), „Anne" (1882), „For the Major" (1883), „East Angels" (1886), ihr aufwändigster und vielleicht bester Roman, der sich mit dem Leben an der Küste Georgias vor dem Krieg befasst, „ Jupiter Lights" (1889) und „Horace Chase" (1894) wurden von vielen anderen Werken vorgezogen. Als Romanautorin verfügte sie über ausgeprägte Begabungen und hatte einen hohen Standard an Exzellenz. Einige ihrer Handlungen sind kompliziert, aber alle sind gekonnt ausgearbeitet. Charles Dudley Warner bezeichnete sie als eine der ersten in Amerika, die die Kurzgeschichte als Sozialstudie auf den heutigen Grad ihrer Exzellenz brachte. Ihr bestes Werk sollte mehr als nur ein vergängliches Leben haben.

Henry James, Jr. – Henry James ist unter Kritikern ein umstrittenes Thema, hat eine begeisterte, wenn auch nicht große Anhängerschaft, steht aber in der breiten Öffentlichkeit für so etwas wie Kaviar und ist heute eine der markantesten Figuren unter den amerikanischen Romanautoren. Er wurde am 15. April 1843 in New York als Sohn des Theologen Henry James und eines jüngeren Bruders des Psychologen William James geboren. Seine Familie war väterlicherseits irisch und mütterlicherseits schottischer Abstammung. Er hat uns von seinen frühen Jahren erzählt und davon, wie er, während die anderen Jungen bei ihren Spielen waren, auf dem Kaminvorleger saß, *Punch studierte* und etwas über das Leben erfuhr, das ihm John Leechs Bilder nahelegten. Mit elf Jahren wurde er ins Ausland geschickt und verbrachte sechs Jahre in England, Frankreich und der Schweiz, wo er sich stark für die europäische Kultur, Kunst und gesellschaftliche Tradition interessierte. Nach seiner Rückkehr ließ sich seine Familie in Newport, Rhode Island, nieder. 1862 trat er in die Harvard Law School ein, fand aber mehr Gefallen an den Vorlesungen von James Russell Lowell über Literatur als an der Lektüre von Rechtswissenschaften. Bald nachdem er Cambridge verlassen hatte, begann er, sich ganz der Literatur zu widmen, nachdem er mit einigen frühen Unternehmungen in *The Galaxy und anderen Magazinen Erfolg hatte*. Seit 1869 lebte er im Ausland, hauptsächlich in Paris, London und Italien. Sein Leben war ein ruhiges, ereignisloses Studium von Männern und Frauen, Büchern und Orten.

Herr James war ein ziemlich produktiver Autor, dessen Subtilität und Aufmerksamkeit bis zum Abschluss immer weiter zunahmen. Seltsamerweise offenbarten seine ersten Geschichten eine romantische, manchmal sogar sensationelle Neigung, über die er bald hinauswuchs. Sein erster Roman „Watch and Ward" (1871) war vielversprechend, aber ansonsten nicht bedeutsam; „Roderick Hudson" (1875) war den besten seiner späteren Werke durchaus ebenbürtig und kombinierte eine tiefgründige Charakteranalyse mit vielleicht mehr Gefühl, als in seinen späteren Werken erscheint. Es ist eine Studie über das künstlerische Temperament eines jungen amerikanischen Bildhauers, der von einem reichen Virtuosen nach Italien mitgenommen wird. Die Geschichte handelt von zwei Lieblingsstudien von Mr. James: dem Kontrast zwischen Amerikanern und den älteren Rassen, mit denen sie in Europa in Kontakt kommen, und dem Kontrast zwischen der künstlerischen und der prosaischen Person. Der erste dieser Kontraste ist Gegenstand von „A Passionate Pilgrim" (1875), einschließlich der exquisiten Geschichte „Die Madonna der Zukunft", von „The American" (1877) und von „Daisy Miller, a Comedy" (1878).), in dem ein burleskes Element spürbar ist. Aus dem Jahr 1875 kann man also sagen, dass der „internationale Roman" des Vergleichs oder Kontrasts, der so ungeheuer populär geworden ist, entstanden ist. In „Die Europäer" (1878) wechselt die Szene nach Boston und der Autor zeigt, wie das Leben der Puritaner auf ausländische Besucher wirkt. Weitere internationale Studien finden sich in „An International Episode" (1879), „The Portrait of a Lady" (1881), einem seiner beliebtesten längeren Romane, und „The Siege of London", „The Pension Beaurepas" und „The Point of View". " (1883). Im Jahr 1880 (datiert 1881) erschien „Washington Square", eine ruhige Geschichte, die in einem ehemals aristokratischen Viertel von New York spielt; Die Geschichte wurde als „ein monotones Wunder" bezeichnet. Dann kam „The Bostonians" (1886), von dem Professor Richardson spricht, dass er typischerweise „lang, langweilig und belanglos" sei, „aber den Leser durch einen bewussten Stil, der um seiner selbst willen Spaß macht, leicht erfreulich oder zuweilen sogar ganz erfreulich" macht.

durch eine ruhige Porträtmalerei, die die Charaktere mit klaren Silhouetten darstellt, und durch einige sehr originalgetreue und fein humorvolle Bilder des Lebens und der Landschaft im Osten von Massachusetts." „Die Prinzessin Casamassima" (1886) setzt die Karriere der amerikanischen Abenteurerin Christina Light fort, die in „Roderick Hudson" mitgewirkt hat, und stellt somit eine Art Fortsetzung dar. Weniger gelesen als einige andere, ist es eine der bemerkenswertesten Geschichten von Herrn James. Im Jahr 1888 erschienen „The Aspern Papers, and Other Stories" und „The Reverberator", eine Sittenkomödie, die an „The American" erinnert und sich mit der Unvereinbarkeit zwischen der kultivierten und der vulgären Verwandtschaft zweier Liebender und der abscheulichen Verletzung des Privatlebens beschäftigt Leben durch modernen Journalismus. „Die tragische Muse" (1890), eine Studie über ein psychologisches Problem von Kunst und Liebe, ist äußerst kompliziert und schwierig; Ein Freund äußerte gegenüber Mr. James eine fundierte Meinung dazu: „Ich würde sagen, es ist Ihr bester Roman, wenn Sie mir versprechen, ihn nie wieder zu schreiben", was wahrscheinlich bedeutet, dass die äußerste Grenze der Ausarbeitung erreicht war. Drei Erzählbände, „The Lesson of the Master, and Other Stories" (1892), „The Real Thing, and Other Tales" (1893) und „Terminations" (1895), enthalten verschiedene Comic-Skizzen mit einigen Besonderheiten, und eine gut erzählte Geistergeschichte, „Sir Edmund Orme", deren *Motiv* später in „The Turn of the Screw" (1898) wiederholt wurde, einer schrecklichen, nervenaufreibenden Geschichte. „Das andere Haus" (1896) ist eine hochdramatische, ja sogar sensationelle Geschichte voller Leidenschaft, die seltsamerweise in einem Mord gipfelt; Dennoch ist Rose Armiger Mr. James' einzige überaus leidenschaftliche Frau. Im Jahr 1897 wurden „The Spoils of Poynton" und „What Maisie Knew" veröffentlicht, letzteres eine eher unangenehme Geschichte über häusliches Unglück und schmutzige Intrigen; Maisie war ein kleines Mädchen, dessen Leben abwechselnd in der Gesellschaft geschiedener Eltern verbrachte, die gleichermaßen schuldig waren und von denen jeder wieder geheiratet hatte. „In the Cage" (1898) ist ein Gewebe aus klugen Vermutungen, gewebt von einem lebhaften Telegraphenmädchen, das sich für die Liebesbeziehung zweier anderer interessiert. „The Two Magics" (1898) umfasst „The Turn of the Screw" und „Covering End", eine angenehme Komödie über ein englisches Landhaus. „The Awkward Age" (1899) ist ein einzigartiges Beispiel für eine subtile, oft schwer fassbare Analyse eines Charakters – eines Charakters, von dem manche sagen würden, dass er einer Analyse nicht wert sei, mit unwichtigen Vorfällen und wenig Action. „The Soft Side" (1900) ist eine Sammlung von Studien über anormale Charaktere und seltsame psychische Phänomene, in denen der Rhythmus der Prosa zuweilen durch seine Suggestivität bemerkenswert ist. „The Sacred Fount" (1901) ist eine fantasievolle Skizze, die sich mit der Idee der Jugend als Erneuerung des

Alters beschäftigt. „The Wings of the Dove" (1902) wurde als das bemerkenswerteste Buch bezeichnet, das Mr. James geschrieben hat. Es ist eine lange Geschichte des alten Kampfes zwischen Fleisch und Geist, in dem unsichtbare Kräfte aus einer anderen Welt eine unerwartete Rolle spielen. Die neuesten Geschichten von Herrn James sind „The Better Sort" (1903), „The Ambassadors" (1904) und „The Golden Bowl" (1905).

Es ist schwierig, die Hauptmerkmale von Herrn James in wenigen Worten zusammenzufassen. Es ist leicht, von ihm zu sprechen, als würde er abstruse Bände herunterspulen, in denen die kleinen Ambitionen wertloser Amerikaner mit einer Kleinigkeit analysiert werden, wie sie der gemächliche Student der Anatomie erfreut; Aber solch harmlose „Kritik" betrifft Herrn James nicht einmal. Zweifellos ist es in den letzten Jahren immer schwieriger geworden, ihm zu folgen; Seine späteren Geschichten weisen mit ihrer Neigung zu übermäßiger psychologischer Auseinandersetzung eine gewisse Analogie zu Brownings späteren Gedichten auf, die schwieriger zu verfolgen sind. Aber gemessen an seinen besten Werken wie „Roderick Hudson", „Die Prinzessin Casamassima" und „Das andere Haus" muss man ihn als einen großen Künstler bezeichnen, einen scharfsinnigen Analysten des kleinen Teils des Lebens und der wenigen Charaktertypen die er zu studieren ausgewählt hat (und wenn man sich nicht für die Typen interessiert, kann man immer noch die Kunst erkennen, mit der sie präsentiert werden); und wie immer ein treuer Amerikaner. Er ist kein Meister des Stils; doch in seiner besten Form verkörpert er bestimmte Qualitäten höchster Stilkompetenz – Leichtigkeit, Intimität, Suggestivität, Klarheit, Aufrichtigkeit. Er ist niemals ein Prediger, noch ist er jemals ein bloßer Faulpelz und *Dilettant*. Er meint es sehr ernst; und infolgedessen ist die moralische Wirkung seiner Darstellung des Lebens heilsam. „Aus der Korruption", sagt Miss Cary, 16, „einer Gesellschaft, die Mr. James mit schonungslosen Details und ohne Satire oder didaktischen Kommentar darstellt, erhebt sich die Flamme der Reinheit." Einer seiner Charaktere steht mit Sicherheit für unbesiegbare Güte." Wenn die Sprache seiner späteren Bücher unverständlich wird, wäre das natürlich schade; aber es scheint ziemlich unwahrscheinlich, dass die großen Werke seiner mittleren Schaffensperiode bald keine große Zahl anerkennender und begeisterter Leser mehr haben werden.

Edward Eggleston. – Das Hoosier-Leben im Süden Indianas wurde von Edward Eggleston (1837–1902) beschrieben. Er stammt aus Vevay, Indiana und erhielt nur eine kurze Schulausbildung, brachte sich aber selbst mehrere Sprachen bei. Er wurde zunächst (1857) umherziehender methodistischer Geistlicher in Süd-Indiana und war dann neun Jahre lang Agent der Bible Society in Minnesota. Von 1866 bis 1879 war er teilweise im Journalismus und teilweise in einer Pfarrstelle in Brooklyn tätig; Anschließend zog er sich auf sein Land am Lake George zurück, um sich ganz der Literatur zu widmen.

Sein erstes Buch, das Aufmerksamkeit erregte, war „The Hoosier Schoolmaster" (1871), das erstmals als Fortsetzungsroman in *Hearth and Home erschien* . Nachdem er Taines „Kunst in den Niederlanden" gelesen hatte, wandte er dann Taines Maxime an, dass ein Künstler malen sollte, was er gesehen hat. Das Ergebnis war ein so getreues Bild, dass es trotz seiner Mängel einen bleibenden Wert als Aufzeichnung einer Phase des frühen westlichen Lebens hat. Dr. Eggleston schrieb auch „Das Ende der Welt" (1872), in dem es um die Milleriten geht, die 1842–43 durch das Buch Daniel bewiesen, dass das Ende der Welt nahe bevorstand; „Das Geheimnis von Metropolisville" (1873); „The Circuit Rider, a Tale of the Heroic Age" (1874), in dem er auf seine eigenen frühen Erfahrungen zurückgriff; „Roxy" (1878), eine Geschichte über malerische Begebenheiten und Charakterentwicklung, angesiedelt in der Zeit des Tippecanoe-Feldzugs von 1840; „The Graysons, a Story of Illinois" (1888), ein realistisches Bild des Pionierlebens, in dem Abraham Lincoln eine Rolle spielt; „The Faith Doctor" (1891), das sich mit der Christlichen Wissenschaft und verwandten Phänomenen in New York befasst und den Einfluss von Herrn Howells zeigt; und „Duffels" (1893), eine Sammlung von Geschichten.

Dr. Eggleston selbst bezeichnete seine Einstellung zur Literatur als einen ständigen Kampf „zwischen dem Liebhaber literarischer Kunst und dem Religionisten, dem Reformator, dem Philanthrop, dem Mann mit einer Mission". Wir sind natürlich nicht überrascht, wenn ein Herausgeber von *The Sunday School Teacher* seine Moral zu sehr hervorhebt. Obwohl dies viele seiner Werke beeinträchtigt, kann man seine Romane dennoch als frische und authentische Abschriften des Lebens bezeichnen.

Julian Hawthorne. —Julian Hawthorne (geboren 1846) erbte die literarischen Fähigkeiten von seinem Vater, dem Romantiker. Als Kleinkind war er zart; Mit sieben Jahren war sein Gesundheitszustand gut, aber da er nicht zur Schule gehen konnte, konnte er weder lesen noch schreiben. Als er 1863 nach Harvard kam, wurde er als Allroundsportler bekannt. Nachdem er Harvard ohne Abschluss verlassen hatte, lebte er einige Jahre in Dresden, kehrte dann nach Amerika zurück und wurde Hydrographeningenieur in New York. 1871 begann er mit seinen Kurzgeschichten auf sich aufmerksam zu machen und widmete sich seit 1872 der Literatur und dem Journalismus, wobei er nacheinander in Dresden, London und New York lebte. „Bressant", sein erster Roman, der 1872 in *Appleton's Journal veröffentlicht wurde* , ist etwas grob und nicht ohne sensationelle Elemente, aber dennoch interessant. Dann kam „Idolatry" (1874), das, obwohl ganz oder teilweise siebenmal umgeschrieben, heute unbekannt ist, „Garth" (1877), eine lange Geschichte aus New Hampshire, deren Hauptteil die Liebesgeschichte eines

Malers ist, „ „Sebastian Strome" (1880), eine Studie über die Züchtigung eines selbstsüchtigen Charakters, die uns stark an „Adam Bede" erinnert, „Dust" (1883), eine Geschichte extremer Selbstaufopferung, „Fortune's Fool" (1884), „ „Archibald Malmaison" (1884), eine Novelle, und „Beatrix Randolph" (1884). Im Allgemeinen sind seine Geschichten keine angenehme Lektüre. Unmögliche Charaktere sind keine Seltenheit und es besteht eine Tendenz zur Wahl krankhafter Themen. Viele beschreibende Passagen sind jedoch hervorragend gemacht, und der allgemeine Eindruck, den man gewinnt, ist der von Macht, aber von ungezügelter Macht, einer starken Vorstellungskraft, die zu Größerem fähig ist, als Mr. Hawthorne getan hat. Doch die Eigenschaften, die für seine besten Bücher wie „Archibald Malmaison" charakteristisch sind, veranlassten den verstorbenen Richard Henry Stoddard, einen Mann, der keineswegs an Urteilsvermögen mangelte und mit dem Besten der modernen Literatur vertraut war, Mr. Hawthorne „klar" auszusprechen und mit Sicherheit der erste lebende Romantiker."

In den letzten Jahren hat Herr Hawthorne die Wege der reinen Literatur, in die er anscheinend nie verliebt gewesen zu sein scheint, aufgegeben und sich stattdessen denen des Journalismus zugewandt.

William Dean Howells. – Der Apostel des modernen Realismus und einer der bekanntesten unserer Belletristikautoren ist Mr. Howells. Seit mehr als vierzig Jahren ist er in literarischen Kreisen führend. Herr Howells wurde 1837 als Sohn eines Journalisten und Druckers in Martin's Ferry, Belmont County, Ohio, geboren. Sein Vater hatte die Grundsätze des Swedenborgianismus übernommen und der Junge wuchs in diesem Glauben auf. Sein Kindheitsleben wurde in „A Boy's Town" bewundernswert beschrieben. Die Familie lebte nacheinander an mehreren Orten in Ohio, und der junge Howells war abwechselnd Komponist, Korrespondent und Nachrichtenredakteur. Im Jahr 1859 begann er, Beiträge für *The Atlantic Monthly zu schreiben* , sein erstes Gedicht „Andenken" erschien anonym im Januar 1860. Fast jeder Band von *The Atlantic* bis 1900 enthielt einige seiner Werke. Eine Kampagne „Das Leben von Abraham Lincoln" (1860) brachte ihm 160 Dollar ein und ermöglichte ihm, seine erste Reise nach Osten zu unternehmen und Emerson, Lowell und andere Schriftsteller aus Neuengland zu treffen; es brachte ihm auch den Posten eines Konsuls in Venedig ein, den er von 1861 bis 1865 innehatte. Die ersten Früchte seiner italienischen Residenz waren „Venetian Life" (1866) und „Italian Journeys" (1867), zwei beschreibende Werke, die a wirklich poetisches Temperament und ein raffinierter Geschmack. Nach seiner Rückkehr nach Amerika wurde Herr Howells Redakteur für die New York *Times* und Mitarbeiter von *The Nation* . Im nächsten Jahr (1866) zog er nach Boston und wurde stellvertretender Herausgeber von *The Atlantic* ; 1871 wurde er Herausgeber und machte die Zeitschrift zu einer stärkeren Kraft als je zuvor in der Kritik.

Als er 1880 dieses Amt niederlegte, verbrachte er ein oder zwei Jahre im Ausland; Seit 1888 lebt er in New York und beschäftigt sich hauptsächlich mit literarischer Arbeit. Von 1886 bis 1891 leitete er die Editor's Study bei *Harper's* .

Während Herr Howells sich mit Kritik, Beschreibungen, Reiseerzählungen, literarischen und persönlichen Erinnerungen und leichteren Essays überaus fleißig betätigte, hat er seine bedeutendste Arbeit in seinen Romanen geleistet. Sein erster Auftritt als Romanautor war 1871 mit „Their Wedding Journey", einer leichten, aber fein humorvollen Geschichte über ein Bostoner Paar, die Marches, die nach Kanada reisen, um ihre Flitterwochen zu verbringen. „Eine zufällige Bekanntschaft" (1873) ist eine subtile Studie über die Unvereinbarkeit von Temperamenten. „A Foregone Conclusion" (1875) entführt uns nach Venedig, wo wir die dramatisch erzählte unglückliche Liebesgeschichte eines agnostischen Priesters und eines amerikanischen Mädchens sehen. „The Lady of the Aroostook" (1879) ist eine amüsante, gesunde Geschichte über die Manieren der Provinz Neuengland. Das Thema von „Das unentdeckte Land" (1880) ist Spiritualismus und Mesmerismus. „A Fearful Responsibility" (1881) ist die Geschichte eines amerikanischen Professors in Venedig, dessen Schützling, ein junges Mädchen, von einem österreichischen Offizier geliebt wird. In „Dr. Breen's Practice" (1881) zeigen Bilder des Sommerlebens in einem kleinen Küstendorf in Maine und eine Studie über den modernen Puritanismus. Man könnte sagen, dass mit „A Modern Instance" (1881) die äußerst realistischen Geschichten im späteren Stil von Herrn Howells beginnen; andere sind: „A Woman's Reason" (1883), „The Rise of Silas Lapham" (1885), „Indian Summer" (1886), „The Minister's Charge, or The Apprenticeship of Lemuel Barker" (1887), „April Hopes". " (1887), „Annie Kilburn" (1888), „A Hazard of New Fortunes" (1890), in dem die Marches charakteristische Erlebnisse in New York haben, „The Quality of Mercy" (1892), ein schmerzhafter, aber gut erzählter Film Geschichte, „Die Küste Böhmens" (1893), „Eine Verschwörung mit offenen Augen" (1897), „Eine zerlumpte Dame" (1899), „Die Flucht des Pony Baker" (1902), eine fesselnde Jungengeschichte, die dazu gehört „A Boy's Town", „The Kentons" (1903) und „The Son of Royal Langbrith" (1905). Aus diesen Romanen werden, ganz im Sinne Tolstois, das Romantische und sogar das Ideale strikt ausgeschlossen; Wir werden mit ausführlichen, bis ins kleinste Detail detaillierten Berichten über das tägliche Leben gewöhnlicher, allgemein alltäglicher Menschen verwöhnt. Handlung und Vorfall sind von untergeordneter Bedeutung, obwohl es in einigen Kapiteln ziemlich viele Vorfälle gibt; Herr Howells ist der Ansicht, dass jede Abschrift des wirklichen Lebens, auch wenn sie zufällig erstellt wurde, bei geschickter Handhabung von ausreichendem Interesse ist, um eine gute Geschichte zu erzählen. Natürlich hat diese Sicht des Romans viele Gegner gefunden, und die Bücher von Herrn Howells waren in den letzten Jahren etwas weniger beliebt als in den achtziger Jahren. Schließlich kann der Hunger nach dem Ideal nicht durch unangenehme Tatsachen vollständig gestillt werden; und es gibt Menschen, die wir nur allzu gut aus eigener Erfahrung kennen, als dass wir sie in all ihrer Kleinlichkeit, Gemeinheit und Doppelzüngigkeit auf den Seiten der Fiktion sehen möchten. Die Anhänger von Herrn Howells – und davon gibt es viele – behaupten jedoch, dass nichts so interessant sei wie das wirkliche, tatsächliche, gegenwärtige Leben; dass kein Detail unseres täglichen Lebens ohne Bedeutung ist; dass die kleinste Handlung oder Unterlassung einer Handlung unser Schicksal beeinflussen kann. Schließlich haben wir die Realisten und die Romantiker immer bei uns; Erstere sind derzeit in der Mehrheit; aber die Reaktion ist ebenso unvermeidlich wie die Rückkehr des Pendels.

In einigen seiner späteren Geschichten, wie „Der Reisende aus Altruria" (1894) und „Durch das Nadelöhr" (1907), zeigte Herr Howells ein zunehmendes Interesse an den ernsteren Problemen der Gesellschaft – Armut, Streiks, die Ursachen der Kriminalität, „die Tyrannei des Individualismus" und die Bedingungen, die die Verbreitung von Mitgefühl und menschlicher Brüderlichkeit behindern. Die Auswirkung dieses gesteigerten ethischen und menschlichen Interesses bestand wahrscheinlich nicht darin, den künstlerischen Wert seiner Arbeit zu steigern; und einige bedauern seine Abkehr vom hohen Ideal der Kunst um der Kunst willen. Andere sehen in den jüngsten Arbeiten von Herrn Howells eine größere Aufmerksamkeit für die Substanz, ein festeres Gewebe, eine umfassendere Menschlichkeit. Und man muss sagen, dass man sich bei der Lektüre von Mr. Howells immer dieser feinen und sorgfältigen Kunstfertigkeit bewusst ist, dieser Sorge um die korrekte und richtige Form, dieses künstlerischen Gewissens, ohne das Mr. Howells, was auch immer sein literarisches Glaubensbekenntnis war, nie hätte werden können der bedeutendste und repräsentativste amerikanische Schriftsteller seiner Zeit.

Frances Hodgson Burnett. —Frances H. Burnett wurde 1849 in Manchester, England, geboren, kam aber 1865 mit ihren Eltern nach Amerika und lebte bis zu ihrer Heirat acht Jahre lang in New Market und Knoxville, Tennessee. Seitdem lebt sie in Washington und in Kent, England. Bekannt wurde sie erstmals mit „Surly Tim's Trouble" (*Scribner's Monthly* , Juni 1872), einer Geschichte aus Lancashire, sowie mit „That Lass o' Lowrie's" (1877) und „Dolly" (1877, 1883 als „Vagabondia" neu veröffentlicht). ") und „Haworth's" (1879) soll bei seinem Autor ein Favorit gewesen sein. Mit „Louisiana" (1880) suchte sie Stoff nach Amerika und beschrieb das Leben in den Bergen von North Carolina. „Through One Administration" (1883) ist eine erbärmliche und eindringliche Geschichte des gesellschaftlichen und politischen Lebens in Washington. „Little Lord

Fauntleroy" (1886), die angloamerikanische Geschichte eines siebenjährigen Helden, ist zu einem Kinderklassiker geworden; ähnlich, aber weniger bekannt sind die Geschichten in „Sara Crewe und andere Geschichten" (1888) und „Der Jüngste des Kapitäns, Piccino und andere Geschichten" (1894). In „Die hübsche Schwester von José" (1889) beschäftigt sich Mrs. Burnett mit malerischen und eindrucksvollen spanischen Charakteren und Szenen. „A Lady of Quality" (1896) und seine Fortsetzung „His Grace of Osmonde" (1897) sind melodramatische Geschichten englischer Aristokraten im 17. und 18. Jahrhundert. „In Verbindung mit dem De Willoughby Claim" (1899) befasst sich mit dem Landleben in Tennessee in den frühen sechziger Jahren. Ihre neuesten Geschichten sind „The Dawn of a To-Morrow" (1906) und „The Shuttle" (1907), letzterer ein faszinierender internationaler Roman. Sie hat ihre Fähigkeit, einen von Leidenschaft geprägten Charakter darzustellen, gründlich unter Beweis gestellt.

Philander Deming. – Philander Deming (geboren 1829 in Carlisle, New York), von Beruf Anwalt, begann 1873 im *Atlantic Monthly* Geschichten und Skizzen zu veröffentlichen, deren Schauplatz in der Adirondack-Region im Norden New Yorks spielt. Ohne jeglichen Sensationseffekt schildern diese Geschichten einfach und wirkungsvoll das raue, aber gesunde Leben der einfachen Landbevölkerung. Herr Deming hat in Buchform „Adirondack Stories" (1880), „Tompkins and Other Folks" (1885) und „The Story of a Pathfinder" (1907) veröffentlicht.

Lew Wallace. – General Lewis Wallace (1827–1905), ein Anwalt und Soldat aus Indiana im Mexiko- und Bürgerkrieg, war Autor von drei Romanen: „The Fair God" (1873) und „Ben Hur, a Tale of the Christ" (1880).) und „Der Prinz von Indien" (1893), die vor allem wegen ihrer Popularität erwähnenswert sind. Insbesondere der zweite Film steht in dieser Hinsicht „Onkel Toms Hütte" nahe. Geschrieben im Geiste tiefer Ehrfurcht vor der traditionellen Sicht auf Jesus von Nazareth und mit geringen Ansprüchen an die Vorstellungskraft, konnte es kaum umhin, einen großen Leserkreis anzusprechen. Als Literatur sind Wallaces Bücher jedoch nur von vorübergehender Bedeutung.

Charles Dudley Warner. —Charles Dudley Warner (1829–1900) gehört hauptsächlich zu den Essayisten, hat aber auch einige lebenswerte Romane geschrieben. Mit Mark Twain schrieb er „The Gilded Age" (1873). „Their Pilgrimage" (1887) hat eine leichte Handlung, liefert aber detaillierte und genaue Beschreibungen von Badeorten im Süden. „Eine kleine Reise durch die Welt" (1889) und seine Fortsetzung „Das Goldene Haus" (1895) sind lebendige Bilder der dekadenten New Yorker Gesellschaft. „That Fortune" (1899) ist ein auf Expertenwissen basierendes Bild der New Yorker Finanzwelt.

Hjalmar Hjorth Boyesen. —Hjalmar Hjorth Boyesen (1848–95) verwirklichte den Traum vieler, indem er die Karrieren des Autors und der Lehrtätigkeit erfolgreich verband. Geboren in Frederiksvärn, Norwegen, ausgebildet in Christiania, kam er 1869 nach Amerika. Zunächst wurde er Herausgeber einer skandinavischen Zeitschrift in Chicago. Anschließend studierte er zwei Jahre lang (1872–74) Philologie in Leipzig. Von 1874 bis 1880 war er Professor für Germanistik an der Cornell University und hatte von 1881 bis zu seinem Tod einen ähnlichen Lehrstuhl an der Columbia University inne. Neben einigen Gedichten und Essays schrieb er „Gunnar, a Norse Romance" (1874), sein einziges romantisches Werk, „Tales from Two Hemispheres" (1876), „Falconberg" (1879) und „Ilka on the Hilltop" (1881).), eine Sammlung von Kurzgeschichten, „Königin Titania" (1881), „Eine Tochter der Philister" (1883), „Social Strugglers" (1893), „Der Mammon der Ungerechtigkeit" (1891) und „Das goldene Kalb". " (1892). Seine späteren Geschichten waren realistische Romane, die sich mit lebenswichtigen Problemen befassten, beispielsweise dem Konflikt zwischen Reichtum und grundlegender Kultur. Ihre Mode war nicht großartig, aber ihre Handwerkskunst war echt.

Blanche Willis Howard. – Blanche Willis Howard (1847–98) wurde in Bangor, Maine, geboren, erhielt ihre Ausbildung in New York und ging 1878 nach Stuttgart, Deutschland, um dort zu unterrichten und zu schreiben. 1890 heiratete sie den Arzt Freiherr von Teuffel. Sie schrieb eine Reihe von Romanen, darunter „One Summer" (1875), „Aunt Serena" (1880), „Guenn" (1882), „Aulnay Tower" (1886), „The Open Door" (1889), „ Zu nennen sind „No Heroes" (1893), eine Jungengeschichte, und „Seven on the Highway" (1897), eine Sammlung von Kurzgeschichten. In Zusammenarbeit mit William Sharp schrieb sie „A Fellowe and His Wife" (1892), in dem eine komische Atmosphäre vorherrscht. Vielleicht ist „Guenn", die erbärmliche Geschichte der hoffnungslosen Liebe einer bretonischen Jungfrau, das Buch, das uns am längsten in Erinnerung bleiben wird.

Edgar Fawcett. —Edgar Fawcett (1847–1904) war zu seiner Zeit ein bekannter und beliebter Dichter, Dramatiker und Romanautor. Er wurde in New York geboren und wuchs dort auf. Mit zwanzig schloss er sein Studium am Columbia College ab. Schon früh erkannte er die vielfältigen Möglichkeiten des Lebens um ihn herum und beschränkte sich auf die Beschreibung der New Yorker. Die besten seiner Romane sind „Rutherford" (1876 geschrieben, aber erst 1884 in Buchform veröffentlicht), „A Hopeless Case" (1880), „A Gentleman of Leisure" (1881) und „An Ambitious Woman" (1883).), „The House at High Bridge" (1886), seine vielleicht beste Geschichte, „Fair Fame" (1894), „Outrageous Fortune" (1894) und „The Ghost of Guy Thyrle" (1897). Er griff gern die kleinlichen Konventionen des gesellschaftlichen Lebens an und seine Satire blieb nicht wirkungslos.

Teilweise aufgrund dieses unangenehmen Realismus werden seine Bücher bereits nicht mehr viel gelesen.

Edwin Lassetter Bynner. —Edwin L. Bynner (1842–93), ein Anwalt und Journalist aus Neuengland, zeitweise Bibliothekar der Boston Law Library, erzielte Erfolge auf dem Gebiet der historischen Liebesromane. Beginnend mit „Nimport" (1877) produzierte er eine große Anzahl von Romanen und Kurzgeschichten, von denen die besten „Penelope's Suitors" (*The Atlantic*, Dezember 1884), „Agnes Surriage" (1887) und „The Begum's Daughter" sind " (1889), eine Geschichte von New Amsterdam im Jahr 1689, und „Zachary Phips" (1892), das die mysteriöse Westexpedition von Aaron Burr vorstellt. Historisch gesehen sind seine Werke keine herausragenden künstlerischen Erfolge; Dennoch lassen sie die Vergangenheit wieder lebendig werden.

Sarah Orne Jewett. —Sarah Orne Jewett (geb. 1849) hat einige interessante und sogar eindrucksvolle Geschichten über die Küste Neuenglands geschrieben. Sie wuchs in South Berwick nahe der Küste von Maine auf. Während sie ihren Vater, einen Arzt, auf seinen Visiten begleitete, hörte sie von ihm viele lokale und familiäre Geschichten und Traditionen. Ihre erste Geschichte war „Deephaven" (1877); und seitdem hat sie unter anderem „Country By-Ways" (1881) geschrieben, acht Skizzen; „The Mate of the *Daylight*, and Friends Ashore" (1884), Kurzgeschichten und Skizzen; „A Country Doctor" (1884), „A Marsh Island" (1885) und „A White Heron" (1886), drei Geschichten über das ländliche Neuengland; „Fremde und Wanderer" (1890); „Ein Eingeborener von Winby und anderen Geschichten" (1893); „Das Land der Spitztannen" (1896), das ihre erfolgreichsten Charakterstudien enthält; „Der Zwilling der Königin und andere Geschichten" (1899); „The Tory Lover" (1901), eine Liebesgeschichte der Revolution mit der Einführung von John Paul Jones, die nicht als erfolgreich bezeichnet werden kann. Miss Jewett ist in ihren freundlich-humorvollen und sympathischen Interpretationen der bescheidenen, aber selbstachtungsvollen Neu-Engländer der Gegenwart von ihrer besten Seite. Ihr Humor ist gesund und ansteckend und ihr Stil ist größtenteils einfach, klar und kraftvoll.

Frau Ellen Olney Kirk. —Ellen Olney Kirk („Henry Hayes", geboren 1842 in Connecticut) war als Romanautorin beliebt. Sie erhielt ihre Ausbildung in Stratford, Connecticut, und heiratete 1879 den Historiker John Foster Kirk. Zu ihren Geschichten gehören „Love in Idleness" (1877) und „A Lesson in Love" (1883), eine Charakterstudie , „A Midsummer Madness" (1885), „The Story of Margaret Kent" (1886), „Queen Money" (1888), „The Story of Lawrence Garth" (1894), ihr bestes Buch, in dem die schwierige Figur von Eine Abenteurerin ist gut gezeichnet: „The Revolt of a Daughter" (1898), „Dorothy Deane" (1899), „Our Lady Vanity" (1901),

„The Apology of Ayliffe" (1904) und „Marcia" (1907).). Die Moral ihrer Geschichten ist im Allgemeinen nicht aufdringlich und der Humor ist genial.

Edward Bellamy. – Edward Bellamy (1850–98), gebürtiger Massachusettser, studierte am Union College und in Deutschland und wurde 1871 als Rechtsanwalt zugelassen, widmete sein Leben jedoch dem Journalismus und der Literatur. Nach einem Jahr auf den Sandwichinseln veröffentlichte er 1878 seinen ersten Roman „A Nantucket Idyl", dem „Dr. „Heidenhoffs Prozess" (1880), auf seine Weise ein überaus wirkungsvoller Roman, und „Miss Ludingtons Schwester, eine Romanze der Unsterblichkeit" (1884), von denen keiner beim Publikum großen Erfolg hatte. Sein bekanntestes Werk, „Looking Backward, or 2000–1887" (1888), ein utopischer Roman, wurde unerwartet als Evangelium des Sozialismus aufgenommen; Es wurde viel gelesen und in viele Sprachen übersetzt. Künstlerisch weitaus minderwertig war die Fortsetzung „Equality" (1897). In seinem besten Werk zeigte Bellamy eine seltene Begabung für romantische Porträts von Durchschnittstypen „in der dörflichen Umgebung, durch die er das Herz der amerikanischen Nation interpretierte".

Frau Burton N. Harrison. -Frau. Burton Harrison (geb. 1846 als Constance Cary in Vaucluse, Virginia) hat interessante und äußerst realistische Romane über das Leben in New York City geschrieben, voller Lokalkolorit und wirkungsvoller Hintergrundgeschichte; und einige Romane über das Leben in Virginia. Herr Harrison, mit dem sie 1867 verheiratet war, war Privatsekretär von Präsident Jefferson Davis von der Konföderation gewesen. Das Paar zog bald nach New York, das seitdem ihr ständiger Wohnsitz ist. Mrs. Harrisons erste literarische Unternehmung war „A Little Centennial Lady" (*Scribner's Monthly* , Juli 1876), eine lebhafte historische Skizze. Ihre Romane über die Gesellschaft des Nordens sind „Golden Rod" (1878), „Helen Troy" (1881), „The Anglomaniacs" (1890), „Sweet Bells out of Tune" (1893) und „A Bachelor Maid" (1894). , „An Errant Wooing" (1895), „Good Americans" (1897), „A Triple Entanglement" (1897), „The Carcelline Emerald" (1899) und „The Circle of a Century". Die größte Stärke dieser Geschichten ist vielleicht der Dialog, bei dessen Gestaltung Mrs. Harrison großes Geschick beweist. Obwohl die Haltung der Autorin die einer Satirikerin ist, ist ihr Lachen über die Schwächen der Gesellschaft nicht unfreundlich. Über Virginia hat sie „Crow's Nest and Bellhaven Tales" (1892) und „A Son of the Old Dominion" (1897) geschrieben, das sich mit vorrevolutionären Zeiten befasst. „Eine Tochter des Südens" (1892) ist eine exquisit erzählte Geschichte des kreolischen Lebens in New Orleans, eingebettet in die Umgebung von Paris unter dem Zweiten Kaiserreich.

Charles Egbert Craddock. —Charles Egbert Craddock ist das Pseudonym von Mary Noailles Murfree (geboren 1850), die mehrere Jahre lang für *The Atlantic schrieb, bevor der Verdacht aufkam, dass ihre Geschichten von einer Frau geschrieben wurden.* Sie ist die Tochter eines einst prominenten Anwalts aus Murfreesboro, Tennessee, der 1883 nach St. Louis zog. Aufgrund eines Unfalls konnte Miss Murfree mehrere Jahre lang nicht gehen. Sie war eine fleißige Schülerin und erlangte irgendwie eine intime Kenntnis der Bergsteiger im Osten Tennessees, die in all ihren Geschichten eine Rolle spielen. Ihre erste Geschichte von Bedeutung war „The Dancin' Party at Harrison's Cove" (*The Atlantic*, Mai 1878). Es war vor allem Herrn Aldrichs eindringlichen Darstellungen zu verdanken, dass ihre erste Erzählsammlung „In den Tennessee Mountains" einen Verleger fand (1884). Ein Autor in *The Nation sagte* dazu mit Recht: „Wir haben nicht nur ein Bergtal, sondern ein ganzes Hügelland – nicht hier und da einen Mann und eine Frau, sondern die Menschen eines ganzen Bezirks – nicht nur eines Tages." des Winters oder des Sommers, sondern das ganze Jahr – nicht Leben, sondern Leben." Dies trifft im Wesentlichen auf alle ihre Werke zu, in denen sie das prosaische und erbärmliche Bergsteigerleben beschrieb, wobei sie sich jedoch stets von der Einsamkeit und Erhabenheit der Great Smoky Mountains inspirieren ließ. Die Liste ihrer Werke ist lang: „Where the Battle was Fought" (1884); „Down the Ravine" (1885); „Der Prophet der Great Smoky Mountains" (1885), der die Geschichte eines „ von seinen Zweifeln geplagten Bunyan" erzählt; „In den Wolken" (1887), eine tragische Geschichte, die ebenfalls religiöse Erfahrungen thematisiert; „Die Geschichte von Keedon Bluffs" (1887); „Der Despot von Broomsedge Cove" (1889), dessen Handlung von einem mysteriösen Mord abhängt; „Im fremden Volksland" (1891); „Sein verschwundener Stern" (1894); „Das Geheimnis des Hexengesichtsbergs und andere Geschichten" (1895); „Der Jongleur" (1897); „Die jungen Bergsteiger" (1897), Kurzgeschichten; „Der Champion" (1902); „A Spectre of Power" (1903), das im Jahr 1763 spielt und voller indischer Liebe ist; „Die Grenzgänger" (1904); und „The Storm Centre" (1905). Ihr späteres Werk leidet unter der Wiederholung bestimmter Manierismen und unter übermäßiger Aufmerksamkeit für die Beschreibung; möglicherweise auch an einer zu schnellen Produktion. Im Großen und Ganzen nimmt Miss Murfree jedoch mit ihrer Fähigkeit, das Pathos und die Tragödie einfacher Leben darzustellen, einen Ehrenplatz unter den heutigen Schriftstellern ein.

Anna Katharine Green. – Durch die Veröffentlichung von „The Leavenworth Case", einem klugen Detektivroman, im Jahr 1878 wurde die damals neunzehnjährige Autorin auf beiden Seiten des Atlantiks sofort bekannt. Auf „The Leavenworth Case" folgten in den folgenden Jahren „A Strange Disappearance", „The Sword of Damocles", „Hand and Ring", „Behind Closed Doors", „Marked 'Personal'", „That Affair Next Door" „Lost Man's Lane", „One of My Sons" und andere Bände. Einige Kritiker haben von Miss Green (die jetzt Mrs. Charles Rohlfs heißt) als der „Wilkie Collins von Amerika" gesprochen. Fast alle ihrer Bücher sind in transatlantischen Ausgaben erschienen. Frau Rohlfs ist auch für zwei

Gedichtbände verantwortlich, „Die Verteidigung der Braut" (1882) und „Risifis Tochter" (1886).

Frank R. Stockton. —Der einzigartige und freundliche Humor von Herrn Stocktons Büchern zog viele Leser an. Er wurde 1834 in Philadelphia geboren und war der Sohn von William S. Stockton, einem leidenschaftlichen Mäßigkeitsreformer, Abolitionisten und methodistischen Laien, der beim Aufbau der Methodist Protestant Church half. Nach seiner Ausbildung an den Schulen Philadelphias versuchte sich der junge Stockton zunächst an einem Medizinstudium, arbeitete dann einige Jahre als Holzstecher und widmete seine Freizeit dem Schreiben von Prosa und Versen. Im Jahr 1872 gab er die Tätigkeit als Holzstecher auf, um sich der Belegschaft der Philadelphia *Morning Post anzuschließen*, und war in den nächsten zehn Jahren mit der redaktionellen und journalistischen Arbeit für *Scribner's Monthly*, *St. Nicholas*, *Hearth and Home* usw. beschäftigt. Von 1882 bis zu seinem Tod Nach seinem Tod im Jahr 1902 beschäftigte sich Herr Stockton unabhängig mit der literarischen Arbeit und verfasste eine große Anzahl herrlich humorvoller Geschichten und Romane. Die Geschichte, die ihn berühmt machte, war „Rudder Grange" (1879), die die Erfahrungen eines jungen Ehepaares erzählt, das auf einem Schiffbrüchigen mit der Hauswirtschaft beginnt, zusammen mit einer absurden Dienerin namens Pomona. „Die Dame oder der Tiger? und andere Geschichten" erschien 1884; Die Titelgeschichte ist das bekannteste Werk von Stockton. Andere Geschichten sind „The Late Mrs. Null" (1886); „Die Vertreibung von Frau Lecks und Frau Aleshine" (1886), eine Crusoe-ähnliche Erzählung, deren Fortsetzung „Die Dusantes" (1888) ist; „Der Hundertste Mann" (1887); „The Merry Chanter" (1890); „The Squirrel Inn" (1891); „Pomonas Reisen" (1894), das die Hochzeitsreise der amüsanten Pomona durch England und Schottland erzählt; „The Adventures of Captain Horn" (1895) und seine Fortsetzung „Mrs. Cliff's Yacht" (1896), in dem es um Abenteuer auf der Suche nach dem Schatz der Inkas in Peru geht; „Ein Fahrrad von Cathay" (1900); und „Afield and Afloat" (1901), eine Sammlung von Kurzgeschichten. Während sein Stil bemerkenswert einfach und frei von Manierismen ist, „die Kunst, die Kunst verbirgt, bis sie als Natur selbst durchgehen kann", ist seine Art, mit Handlung und Charakter umzugehen, unverwechselbar seine eigene. Seine Argumentation ist immer logisch, aber er schafft es, die amüsantesten Absurditäten hervorzurufen, die man sich vorstellen kann. Wenn, wie ein Autor behauptet, „seine Launenhaftigkeit auf der Oberfläche von Menschen und Dingen spielte", könnte man antworten, dass sie genau dort eine Rolle spielen sollte. Seine Geschichten sind dennoch heilsam, auch wenn er das Pathetische selten oder nie berührt. Der Roman und die Kurzgeschichte gefielen ihm gleichermaßen; aber wahrscheinlich sind es seine Kurzgeschichten, die ihn am längsten bekannt machen.

George Washington Cable. – George W. Cable (geboren 1844) hat das malerische kreolische Leben in Louisiana im 19. Jahrhundert verewigt. Er wurde in New Orleans als Abstammung aus Virginia und Neuengland geboren, hatte nur eine geringe Schulausbildung und wurde schon früh Angestellter. Mit neunzehn Jahren trat er in die Konföderiertenarmee ein und diente bis Kriegsende. Dann wurde er nacheinander Bauingenieur und Buchhalter und arbeitete inzwischen für die New Orleans *Picayune* . Sieben seiner Geschichten wurden gesammelt und 1879 unter dem Titel „Old Creole Days" veröffentlicht. „The Grandissimes" (1880), das nach wie vor sein bestes Werk ist, ist ein anschauliches und getreues Bild des Lebens in New Orleans vor einem Jahrhundert und verkörpert Romantik und Realismus. „Madame Delphine" (1881) ist eine berührende Geschichte einer heldenhaften alten Quadronfrau. In „Dr. Sevier" (1884) hat Cable im romantischen Stil einen außergewöhnlichen Charaktertyp studiert, allerdings nicht mit besonderem Erfolg. „Bonaventure, a Prose Pastoral of Arcadian Louisiana" (1888), ein besseres Buch, ist ein Kapitel ethischer Geschichte. „Strange True Stories of Louisiana" erschien 1889. Weniger interessant als Fiktion, aber wertvoll als Sozialstudie ist „John March, Southerner" (1894), eine Geschichte über den Wiederaufbau des Südens. „The Cavalier" (1901) geht auf den Bürgerkrieg zurück, ordnet jedoch das Interesse am Konflikt dem Interesse am Charakter unter; während „Bylow Hill" (1902) eine tragische Geschichte wahnsinniger Eifersucht ist, Schauplatz ist Neuengland. Seit 1885 lebt Herr Cable in Northampton, Massachusetts. Seine späteren Arbeiten litten wahrscheinlich wie viele andere unter der natürlichen Tendenz, das Künstlerische dem Ethischen unterzuordnen. Aber in dem Gebiet, das er sich zu eigen gemacht hat, bleibt der Pionier der Oberste. „Nur wenige neuere amerikanische Romanautoren", bemerkt Professor Richardson zu Recht, „haben eine so gleichmäßige durchschnittliche Errungenschaft im Denken und in der Kunst bewiesen oder dem urig Realen so neue Farbtöne idealen Lichts verliehen."

Albion Winegar Tourgee. – Albion W. Tourgee (1838–1905), ein Ohioaner, studierte (1858–61) an der University of Rochester, diente in der Unionsarmee und wurde anschließend Redakteur und Anwalt in Greensboro, North Carolina. Die meisten seiner Romane behandeln Phasen des Wiederaufbaus im Süden. Die besten davon waren: „A Fool's Besorgung, von einem der Narren" (1879), zweifellos sein bekanntestes Werk, „Ziegel ohne Stroh" (1880) und „Das unsichtbare Reich" (1883). „Figs and Thistles" (1879) ist eine realistische Geschichte aus dem frühen Ohio, in der die Karriere von Präsident Garfield vorgestellt wird; „Pactolus Prime" (1890) ist die Geschichte eines Washingtoner Schuhputzers, der Ansichten zum Negerproblem hat. Als Mann mit starken Meinungen konnte Richter Tourgee keinen Roman schreiben, der nicht zum Nachdenken anregte; und

ihm mangelte es keineswegs an der Gerissenheit eines wahren
Geschichtenerzählers.

Die Achtziger. – Das Jahrzehnt vor 1880 bis 1890 erlebte das
Wachstum des Realismus zu kraftvoller Reife. Sicherlich wurden nicht
wenige Romanzen geschrieben, wie zum Beispiel „Ramona" (1884) von Mrs.
Helen Fiske Jackson („H. H.", 1831–85), in der eine romantische Erzählung
ein starkes Plädoyer für eine humanere Behandlung von Menschen darstellt
die Indianer und die beiden italienischen Romanzen von William Waldorf
Astor (geb. 1848), „Valentino" (1885) und „Sforza, eine Geschichte von
Mailand" (1889). Aber diese Geschichten können kaum als repräsentative
Geschichten in einem Jahrzehnt bezeichnet werden, in dem Howells, James,
Craddock, Fawcett, Bunner, Cable und viele andere ihre besten Werke
verfassten, die über das Leben schrieben, das sie gesehen hatten, und sich
damit zufrieden gaben, aktuelle Schauplätze zu verwenden.

Der Einfachheit halber werden hier einige Autoren zusammengefasst.
Zu diesem Jahrzehnt gehören die besten Geschichten von George Parsons
Lathrop (1851–98), dem Schwiegersohn von Hawthorne: „In the Distance"
(1882), „An Echo of Passion" (1882) und „Would Du tötest ihn?" (1889),
was einem Plädoyer gegen die Todesstrafe gleichkommt; und die meisten
Romane von Professor Arlo Bates (geb. 1850): „The Pagans" (1884) und
seine Fortsetzung „The Philistines" (1889), „A Lad's Love" (1887), obwohl
„The Puritans" aus dem Jahr 1898 stammt . Schöne Bilder des italienischen
Lebens wurden von Julia Constance Fletcher („George Fleming", geboren
1853) in „Vestigia" (1882) und „Andromeda" (1885) gezeichnet, letzteres ist
eine Geschichte von hohen Idealen und edler Selbstaufopferung . Das Leben
in Illinois in der unschönen Kahlheit der Pionierzeit wird von Major Joseph
Kirkland (1830–94) in „Zury, der gemeinste Mann in Spring County" (1887)
und „The McVeys, eine Episode" (1888) dargestellt, in dem Lincoln erneut
vorkommt Figuren wie in Egglestons „Graysons".

Henry Adams und John Hay. – „Demokratie" (1880), ein anonymer
Roman, dessen Autorschaft die Kritiker bisher verblüfft hat und von dem
der Autor nun definitiv behaupten kann, dass er das Werk des Historikers
Henry Adams ist, ist eine scharfsinnige und prägnante Studie der politischen
Gesellschaft in Washington, in dem er anschaulich die Korruption schildert,
die vielleicht unweigerlich mit dem Machtwachstum des Volkes einhergeht,
in Bezug auf die der Autor jedoch allzu pessimistisch ist. Der
Bestechungsfall, der Frau Lee dabei hilft, den wahren Charakter von Silas P.
Ratcliffe zu entlarven, findet eine Parallele in unserer zeitgenössischen
Geschichte; und es wird angenommen, dass einige der Charaktere aus dem
wirklichen Leben stammen. Glücklicherweise wäre die Geschichte, wie auch
immer die Lage in Washington im Jahr 1880 gewesen sein mag, weit davon
entfernt, ein wahres Bild des heutigen Washington zu vermitteln. John Hay

(1838–1905), Anwalt, Journalist, Diplomat und Staatsmann, war der Autor eines einzigen Romans, und seine Verbindung dazu war bis zum Erscheinen des vorliegenden Bandes nur eine Vermutung. Prudence verlangte jedoch offensichtlich, dass „The Bread-Winners" (1883) anonym erscheinen sollte. Als Politiker und amtierender Herausgeber von *The Tribune* wollte sich Herr Hay damals nicht als Autor eines „frivolen Romans" bekennen; außerdem hatte er in der Geschichte ziemlich deutlich von Streiks und Arbeitsunruhen gesprochen. Die Geschichte selbst ist gut geschrieben, natürlich und größtenteils lebensnah. Von den beiden Liebesszenen ist der Vorschlag von Maud Matchin überzeugender als der von Farnham an Alice Belding. Die Handlung ist gut ausgearbeitet; Unser Interesse an der Geschichte selbst lässt fast nie nach.

Joel Chandler Harris. —Joel Chandler Harris (1848–1908) beschrieb sich selbst als einen Journalisten, der durch Zufall zum Literaten wurde. Wenige Unfälle hatten mehr Glück. Er wurde in Eatonton, Putnam County, Georgia, geboren. Mit vierzehn Jahren begann er in der Redaktion einer Landzeitung mit dem Setzsatz zu arbeiten, schrieb heimlich Beiträge für die Kolumnen und setzte seine Artikel anhand der Hülle, anstatt sie zu Papier zu bringen. Anschließend studierte er Jura und praktizierte eine Zeit lang in Forsyth, Georgia, während er gleichzeitig literarisch arbeitete. Im Jahr 1876 trat er in die Redaktion der Atlanta *Constitution* ein, deren Herausgeber er 1890 wurde. Zu dieser Zeitung trug er die 1881 unter dem Titel „Onkel Remus: Seine Lieder und seine Sprüche" gesammelten Biestgeschichten bei, die bis heute gültig sind erfreuen sich großer Beliebtheit. Onkel Remus, ein kluger und witziger alter Neger, verfügt über einen unerschöpflichen Vorrat an Geschichten über Brer Rabbit, Brer Fox und die anderen Kreaturen; Diese „kleinen Jungen" und der Rest von uns werden des Hörens nie müde. Die von den Negern aus Afrika mitgebrachten Geschichten selbst sind interessante Varianten des großen Tierepos, dessen klassisches Beispiel „Reynard der Fuchs" ist. 18 Sie feiern den Sieg des Geschicks über die Kraft, des Gehirns über die Muskelkraft. Danach erschienen zwei weitere Serien, „Nächte mit Onkel Remus" (1883) und „Onkel Remus und seine Freunde" (1892); und jetzt gibt es ein *Onkel-Remus-Magazin* . Die anderen Bücher von Herrn Harris haben dazu beigetragen, ein bewundernswert getreues Bild des ländlichen Lebens in Mittelgeorgien vor, während und nach dem Bürgerkrieg zu vervollständigen. Dazu gehören „At Teague Poteet's" (veröffentlicht 1883 in *The Century*), „Mingo, and Other Sketches in Black and White" (1884), „Free Joe" (1887), „Balaam and His Master, and Other Sketches and Stories". " (1891), in dem Melancholie und Pathos vorherrschen, „Aaron in the Wildwoods" (1897), „Tales of the Home Folks in Peace and War" (1898), „The Chronicles of Aunt Minervy Ann" (1899), „ Auf dem Flügel der Gelegenheiten" (1900). Mit der einzigen Ausnahme von „Gabriel Tolliver" (1902), das keinen Erfolg hatte, hinderte Mr. Harris' ständige Arbeit im

Journalismus ihn daran, einen langen Roman über das Leben auf der Plantage zu verfassen; Kürzere Flüge entsprachen seinen Fähigkeiten besser.

Maurice Thompson. – Maurice Thompson (1844–1901) aus Indiana schrieb mehrere Liebesromane. Die ersten drei, die sich mit dem Leben im Süden befassen, „A Tallahassee Girl" (1882), „His Second Campaign" (1883) und „At Love's Extremes" (1885), waren nicht sehr erfolgreich. In „A Banker of Bankersville" (1886) gelingt ihm das besser, indem er ein wahrheitsgetreues und frisches Bild des Lebens in Indiana vermittelt. Der Roman, durch den er am besten bekannt ist, ist „Alice of Old Vincennes" (1901), eine mitreißende Geschichte über Französisch-Indiana und den Unabhängigkeitskrieg. „Sweetheart Manette" (1901) gibt einen angenehmen Überblick über das Leben in einer kreolischen Stadt an der Golfküste.

Francis Marion Crawford. – „Der vielseitigste und vielfältigste moderne Romanautor", wenn man die Meinung von Herrn Andrew Lang akzeptieren will, ist Herr F. Marion Crawford. Er war nicht nur in hohem Maße produktiv, da er über dreißig Romane geschrieben hat, sondern auch seine Szenen und Charaktere sind sowohl zeitlich als auch räumlich sehr vielfältig. Er wurde 1854 in Bagni di Lucca, Italien, als Sohn des Bildhauers Thomas Crawford (der schottisch-irischer Abstammung war) und Louisa Ward Crawford, einer Schwester von Frau Julia Ward Howe, geboren. Er wurde an der St. Paul's School in Concord, New Hampshire, auf das College vorbereitet und ging nach Harvard, blieb dort aber nur kurze Zeit. Er verbrachte die Jahre 1870–74 hauptsächlich am Trinity College in Cambridge, 1874–76 in Karlsruhe und Heidelberg und 1877–78 an der Universität Rom, wo er Sanskrit studierte. 1879 ging er nach Indien und war zwei Jahre lang mit dem Allahabad *Indian Herald verbunden* . Nach seiner Rückkehr nach Amerika verbrachte er zwei Jahre in New York und Boston und setzte sein Sanskrit- und Zend-Studium bei Professor Lanman aus Harvard fort. Kein anderer amerikanischer Schriftsteller außer Mr. James hat eine so kosmopolitische Ausbildung genossen. Als er seinem Onkel Samuel Ward eine Geschichte über das Abenteuer eines persischen Juwelenhändlers in Indien erzählte, wurde ihm geraten, einen Roman daraus zu machen; Das Ergebnis war der faszinierende „Mr. Isaacs" (1882). Bald darauf kehrte Herr Crawford nach Italien zurück, wo er seitdem in der Nähe von Sorrent lebt.

Mr. Crawford hat die Gabe, schnell zu schreiben und einen Roman manchmal in weniger als einem Monat fertigzustellen; aber sein Werk als Ganzes ist deutlich frei von Schlamperei oder Anzeichen übermäßiger Eile. Seine Geschichten können nur kurz beschrieben werden: „Dr. Claudius" (1883), eine hochromantische, altmodische Liebesgeschichte eines gelehrten Heidelberger Doktoranden; „To Leeward" (1883), eine kluge Geschichte über die Untreue einer Frau und die römische Gesellschaft; „Ein römischer Sänger" (1884), die Geschichte eines italienischen Bauernjungen, der ein

großer Tenor wurde und eine deutsche Gräfin heiratete; „Ein amerikanischer
Politiker" (1885), der sich im Stil von Henry James und mit mäßigem Erfolg
mit der Korruption in der amerikanischen Politik befasst; „Zoroaster"
(1885), ein starker Roman, auch auf Französisch geschrieben, der den Hof
von König Darius und dem Propheten Daniel brillant behandelt; „A Tale of
a Lonely Parish" (1886), eine ruhige und charmante Geschichte des
englischen Landlebens; „Paul Patoff" (1887), „eine Geschichte und nichts
anderes", dessen Schauplatz im modernen Konstantinopel spielt; „Marzios
Kruzifix" (1887, auch auf Französisch verfasst), das unter seinen Werken
insofern außergewöhnlich ist, als es das Leben der italienischen Unter- und
Mittelschicht darstellt, und das von vielen als sein bestes Werk angesehen
wird; „Saracinesca" (1887), „Sant' Ilario" (1889), „Don Orsino" (1892) und
„Corleone" (1898), vier Romane, die eine Reihe bilden und auf einer breiten
Leinwand ein bemerkenswertes Bild der römischen Gesellschaft
präsentieren das letzte Drittel des neunzehnten Jahrhunderts; „Greifenstein"
(1889), eine Tragödie aus dem Schwarzwald, „eine wahre Geschichte", die
genaue Beschreibungen des deutschen Studentenlebens enthält; „A
Cigarette-Maker's Romance" (1890), eine perfekt konstruierte romantische
und fesselnde Geschichte über in München lebende Russen und Polen;
„Khaled, eine Romanze über Arabien" (1891), dessen Held ein Geist ist;
„Die Hexe von Prag" (1891), in dem es um Hypnose geht, ein Thema, das
in der Fiktion nur schwer zu behandeln ist; „The Three Fates" (1892), eine
realistische Geschichte des New Yorker Gesellschaftslebens und das Beste
aus Mr. Crawfords Amerikanistik; „Marion Darche" (1893), eine weitere
Geschichte von New York und der Hingabe der Frau eines Fälschers; „Die
Kinder des Königs" (1893), eine melodramatische Geschichte des
kalabrischen Bauernlebens; „Pietro Ghisleri" (1893), in dem sowohl
romantische als auch realistische Elemente vorkommen und die schwule
Gesellschaft Roms darstellt; „Katharine Lauderdale" und seine Fortsetzung
„The Ralstons" (1894), Chroniken einer New Yorker Familie; „Casa
Braccio" (1895), ein Melodram der Leidenschaft; „Taquisara" (1896), eine
unangenehme Geschichte über den letzten Vertreter einer großen
sarazenischen Familie und eine Prinzessin von Acireale; „Via Crucis" (1899),
ein historischer Roman über den Zweiten Kreuzzug; „Im Palast des Königs"
(1900), eine Leidenschaftsgeschichte, deren Held Don Johannes von
Österreich ist und deren Schauplatz der Hof Philipps II. ist. aus Spanien;
„Marietta, eine Jungfrau von Venedig" (1901), eine Geschichte aus dem 15.
Jahrhundert; „Das Herz Roms" (1903), dessen *Motiv der* Umgang des
modernen Roms mit seinem künstlerischen Erbe ist; „Fair Margaret" (1905),
veröffentlicht in London als „Soprano, a Portrait", erzählt die faszinierende
Karriere von Margaret Donne, die eine erfolgreiche Opernsängerin wird;
„Whosoever Shall Offend" (1905), eine wirkungsvolle Kriminalgeschichte;

und „A Lady of Rome" (1906), eine Charakterstudie, die von einem starken religiösen Glauben geprägt ist.

Von dieser bemerkenswerten Serie sind diejenigen, die sich mit dem italienischen Leben befassen, am bemerkenswertesten, wenn auch wahrscheinlich nicht die beliebteste. Herr Crawford war mit seinen Porträts des italienischen Mittelschichtlebens ausgesprochen erfolgreich und nur wenig weniger erfolgreich mit seinen Schriften über die Aristokratie. Er zeichnet sich durch die Darstellung angenehmer, wohlerzogener Männer und Frauen aus; Unter seiner Berührung sind sie natürlich, menschlich, lebensecht. Er ist erfindungsreich und reich an Charakteren und Handlungsvorfällen, wobei er in eher untergeordnetem Zusammenhang Materialien verwendet, die andere Romanautoren für die Haupthandlungen künftiger Romane reservieren würden. Im Allgemeinen sind seine Handlungen geschickt konstruiert; Gelegentlich, wie in „Taquisara" (das fast aus zwei getrennten Geschichten besteht), gelingt es ihm nicht, seinen Stoff unlösbar zusammenzuschweißen. Er verfügt über eine bemerkenswert kühne und lebhafte Vorstellungskraft und scheut sich nicht, gewagte Vorstellungen und Ereignisse einzubringen ; eine romantische Geisteshaltung ist notwendig, wenn man ihn in vollen Zügen genießen möchte. Da er selbst römisch-katholisch ist, hatte er reichlich Gelegenheit, das katholische Temperament und den katholischen Standpunkt zu studieren, den er bewundernswert interpretiert. Es ist natürlich, dass er am schwächsten darin ist, die Charaktere von Ungläubigen oder Ketzern darzustellen. Er ist immer leidenschaftslos, ruhig und verliert sich nie in einem Sturm der Leidenschaft. Seine Fiktion insgesamt ist bemerkenswert ausgeglichen, und es kann nicht behauptet werden, dass sein neuestes Werk eine Verschlechterung aufweist. Für die Geschicklichkeit, mit der er umfangreiche Kenntnisse genutzt hat, für den effektiven, wenn auch zurückhaltenden Einsatz einer männlichen und malerischen Vorstellungskraft, für „erstaunliches literarisches Fingerspitzengefühl" und Weitblick ist Mr. Crawford unter den lebenden amerikanischen Schriftstellern seinesgleichen Sein Platz gehört zu den Schriftstellern, die den ersten Rang nur knapp verfehlen.

Frederic Jesup Stimson. —Frederic J. Stimson, gebürtig aus Dedham, Massachusetts (geboren 1855), hat ein geschäftiges Leben als Anwalt, juristischer Schriftsteller, Harvard-Professor und Romanautor geführt. Seine früheren Romane wurden unter dem Pseudonym „J. S. von Dale." Er hat unter anderem „Guerndale" (1882), „The Crime of Henry Vane" (1884), dessen Handlung nicht überzeugend ist, „First Harvests" (1888), „Mrs. Knollys and Other Stories" (1894), „Pirate Gold" (1896), „King Noanett" (1896), sorgfältig ausgearbeitet, eine spannende Geschichte voller Geheimnisse und Abenteuer, „Jethro Bacon of Sandwich" (1902) und „In

Heilung ihrer Seele" (1906). Herr Stimson hat als Romanautor keinen hohen Rang eingenommen, aber seine Geschichten sind im Allgemeinen interessant und die späteren Geschichten können denen empfohlen werden, die gute Liebesromane mögen. „The Weaker Sex" (*The Atlantic* , April 1901) ist eine kraftvolle Kurzgeschichte.

Henry Cuyler Bunner. – Henry C. Bunner (1855–96), langjähriger Herausgeber von *Puck* , schrieb viele Kurzgeschichten und einige gute Romane. Er stammte aus Oswego, New York, und erhielt seine literarische Ausbildung an der Journalistenschule, wo er zunächst mit *The Sun* und dann mit *The Arcadian* , einer literarischen Wochenzeitung, in Verbindung stand. „A Woman of Honor" (1883) war in Bezug auf Handlung und Vorfall vielversprechend. „Love in Old Cloathes" (*The Century* , September 1883) brachte ihm den Ruf eines klugen Geschichtenerzählers ein. Sein nächster Roman, „The Midge", eine geniale Geschichte über das New Yorker French Quarter, erschien 1886; Es folgte „The Story of a New York House" (1887), die etwas melancholische Geschichte eines Hauses, das die Familie, die es bewohnt, verkörpert. „Natürliche Selektion" erschien serienmäßig in *Scribner's* (1888). „Zadoc Pine, and Other Stories" (1891) sind Erzählungen, deren geschickter Aufbau zeigt, wie sorgfältig Bunner Boccaccio studierte; während er in „Short Sixes" (1891), seinen beliebtesten Geschichten, Maupassant seine Anhängerschaft gestand. Mit seinen Kurzgeschichten war er erfolgreicher als mit seinen Romanen.

Arthur Sherburne Hardy. —Arthur S. Hardy (geboren 1847 in Andover, Massachusetts), 1902–1906 bevollmächtigter Minister der Vereinigten Staaten in Madrid, hat eine abwechslungsreiche Karriere hinter sich. Nach seinem Abschluss in West Point im Jahr 1869 diente er ein Jahr lang in der Dritten Artillerie der Vereinigten Staaten und wurde dann nacheinander Professor für Bauingenieurwesen, zunächst am Iowa College, später in Dartmouth, Professor für Mathematik in Dartmouth, Herausgeber von *The Cosmopolitan* und United Staatsminister für Persien, Griechenland, Rumänien und Serbien sowie für die Schweiz. Er ist für mehrere mathematische Veröffentlichungen bekannt und Autor von drei Romanen, von denen sich zwei eher durch eine gelungene Beschreibung, eine anmutige Diktion und tiefgründige Reflexion auszeichnen als durch eine individuelle Handlung oder eine geschickte Charakterentwicklung. „But Yet a Woman" (1883) ist eine Geschichte, der es etwas an Lokalkolorit mangelt, über die Liebe zu einer französischen Jungfrau, die für das Kloster bestimmt ist. „Der Wind des Schicksals" (1886) ist eine Geschichte über eine schwache Frau und zwei Männer, die, obwohl es ihr an dramatischem Interesse mangelt, einen gewissen Ausgleich bietet: „die besonders edle Atmosphäre, die sie durchdringt, die extreme Schönheit vieler ihrer Passagen, die ..." Die Offenbarung des Lebens blitzte gelegentlich wie aus einem Diamanten aus

Licht auf, und vielleicht mehr als alles wegen des sehr subtilen Charmes, der über dem gesamten Verlauf der Geschichte liegt." 19 „Passe Rose" (1889) ist ein bezaubernder poetischer Roman über die Provence in der bewegten Zeit Karls des Großen und zweifellos Mr. Hardys erfolgreichster Roman. Seine neueste Geschichte ist „His Daughter First" (1903). Mit seltener Sympathie, die er nicht zu verbergen versucht, hat er verschiedene Typen interpretiert, und seine Männer und Frauen sind lebendig.

Mary Hallock Foote. — Geboren 1847 in Milton-on-the-Hudson, New York, zeigte Mary Hallock schon früh künstlerisches Talent und begann mit sechzehn Jahren, Design am Cooper Institute, New York City, zu studieren. Sie war 1876 mit Arthur D. Foote, einem kalifornischen Bergbauingenieur, verheiratet und reiste ausgiebig durch den Südwesten. Ihre vielfältigen Erfahrungen wurden mit ausgeprägtem literarischen Können in einer Reihe von Geschichten genutzt, von denen die erste „The Led Horse Claim" (1883) war, in der die Geschichte von Romeo und Julia in einem kalifornischen Bergbaulager wiederholt wurde, allerdings mit einem Happy End. „The Chosen Valley" (1892) ist eine Kontraststudie und erzählt von einer Episode der Landgewinnung durch Bewässerung des Brachlandes im Westen. Im Jahr 1894 erschien „Cœur d'Alene", eine Liebesgeschichte mit dem Hintergrund der Arbeitsunruhen. Sie schrieb außerdem „John Bowdoin's Testimony" (1886), „The Last Assembly Ball" (1889), „In Exile" (1894) und „The Cup of Trembling" (1895). Ihre neuesten Geschichten, „The Desert and the Sown" (1902), eine Studie über ideale Selbstaufopferung, und „A Touch of Sun, and Other Stories" (1903), erreichen kaum das Niveau ihrer früheren Werke , in seiner lebendigen Darstellung des wilden westlichen Lebens, berechtigt sie zu einem Platz bei Bret Harte.

Wolcott Balestier. — Das Versprechen des zu kurzen Lebens von Charles Wolcott Balestier (1861–91) verdient Aufzeichnung. Er wurde in Rochester, New York, geboren, studierte an der Cornell University und der University of Virginia und wurde zunächst Herausgeber von *Tid-Bits* und dann Juniorpartner von Heinemann & Balestier, Herausgeber von *The English Library* , einem Versuch, britische und britische Literatur bekannt zu machen Amerikanische Bücher über den Kontinent. Sein Interesse an Literatur war groß, und dass er erinnerungswürdige Geschichten geschrieben hätte, zweifellos im Sinne von Mr. Howells, den er sehr bewunderte, belegen seine wenigen veröffentlichten Werke: „A Patent Philtre" (1884), „A Fair Device" (1884), „A Victorious Defeat" (1886), „A Common Story" (1891), „The Average Woman" (1892), drei Geschichten, mit einer Gedenknotiz von Henry James, und „Benefits Forgot" (1891), erstmals fortlaufend veröffentlicht in *The Century* . Mit Herrn Kipling, seinem Schwager, arbeitete er an „The Naulahka" (1892) zusammen.

Robert Grant. – Geboren in Boston (1852), schloss Robert Grant 1873 sein Studium in Harvard ab und wurde Ph.D. im Jahr 1876 und LL.B. im Jahr 1879. Er hat Gesetz und Literatur gleichermaßen befolgt. 1893 wurde er zum Richter am Nachlassgericht und am Insolvenzgericht für Suffolk County, Massachusetts, ernannt. Er hat unter anderem „The Confessions of a Frivolous Girl" (1880), „An Average Man" (1884), „The Bube of Hearts" (1886) und „The Reflections of a Married Man" (1892) geschrieben. , „Die Meinungen eines Philosophen" (1893), „Das Weihnachtsfest des Junggesellen und andere Geschichten" (1895) und „Ungesäuertes Brot" (1900), seine bekannteste und kraftvollste Geschichte. Herr Grant ist ein scharfsinniger Satiriker der Schwächen bestimmter Anwärter auf gesellschaftliche Prominenz. Selma ist in „Ungesäuertes Brot" eine wahre Inkarnation unwürdigen sozialen Ehrgeizes.

Henry Harland. —Henry Harland (1861–1905) wurde in St. Petersburg, Russland, geboren und erhielt seine Ausbildung am College of the City of New York, Harvard, Paris und Rom. 1886 zog er nach London, wo er als Herausgeber des *Yellow Book bekannt wurde* . Seine früheren Geschichten, darunter „As It Was Written" (1885), eine Musikergeschichte, „Mrs. „Peixada" (1886), „Das Land der Liebe" (1887), „Mein Onkel Florimond" (1888) und andere wurden von „Sidney Luska" veröffentlicht; Sie waren weit verbreitet, wurden aber später von Harland selbst als billig verurteilt. Später schrieb er „Mea Culpa" (1893), „Komödien und Irrtümer" (1898), „Die Schnupftabakdose des Kardinals" (1900), das ein voller Erfolg war, und „My Lady Paramount" (1902). Seine Brillanz und Genialität spiegeln sich in seinen Werken wider, doch seine Ader war nicht sehr ausgeprägt.

Thomas Nelson Seite. – Einer der führenden Romanautoren des Südens ist heute Thomas Nelson Page. Er wurde 1853 in Oakland, Virginia, geboren und studierte (1869–72) an der Washington and Lee University und (1873–74) an der University of Virginia. Nachdem er einige Jahre als Anwalt tätig war, wandte er sich wie viele andere Anwälte der Literatur zu. „Marse Chan" (*The Century* , April 1884) fand großen Anklang und es folgten weitere Kurzgeschichten, die 1887 unter dem Titel „In Ole Virginia" gesammelt wurden. Das Leben in Virginia vor und während des Krieges wurde weiter dargestellt in „Two Little Confederates" (1888), „On New Found River" (1891), „Elsket, and Other Stories" (1891), „The Burial of the Guns", und andere Geschichten" (1894), „Red Rock, a Chronicle of Reconstruction" (1898), „The Old Gentleman of the Black Stock" (1900) und „Gordon Keith" (1903). Mr. Page hat eine starke Vorliebe für den Alten Süden und schildert anschaulich und eindrucksvoll das Leben der Aristokratie und der Neger. Seine Beschreibungen des Systems der Sklaverei sind zwar sympathisch, aber frei von Bitterkeit und dürfen als wahrheitsgetreu und überzeugend angesehen werden. Wahrscheinlich hat er seine früheren

Kurzgeschichten, die den Charme seines Stils am deutlichsten zum Ausdruck bringen, nie übertroffen; Aber „Red Rock" hat zumindest seine Fähigkeit unter Beweis gestellt, auch in größerem Maßstab erfolgreich zu schreiben.

Thomas Allibone Janvier. —Thomas A. Janvier (geb. 1849), gebürtiger Philadelphiaer, wurde New Yorker Journalist und dann Geschichtenerzähler. Besonders gelungen ist ihm die Darstellung des böhmischen Lebens der Metropole. Seine „Color Studies: Four Stories" (1885), nachgedruckt aus *The Century*, erzählen von den Kämpfen eines Malers in New York; Obwohl sie geringfügig sind, sind sie realistisch und angenehm. Nachdem er Mexiko eingehend studiert hatte, setzte er sein Wissen in „Das Schatzhaus der Azteken: eine Romanze der zeitgenössischen Antike" (1890) ein, einem erfolgreichen romantischen Roman, der sich mit der Legende vergrabener Schätze und einer Geschichte von gesundem Geschmack befasst anhaltendes Interesse. Er hat auch „Stories of Old New Spain" (1895) und mehrere andere geschrieben.

Einige Frauen aus Neuengland. – Hier können mehrere begabte Töchter der Puritaner zusammengefasst werden, von denen einige mehr Platz verdienen, als ihnen gegeben werden kann. Mrs. Jane Goodwin Austin (1831–94) schrieb mehrere lesenswerte historische Liebesromane über das koloniale Neuengland. Zu ihren Werken zählen „A Nameless Nobleman" (1881), „Dr. „Le Baron and His Daughters" (1890), Fortsetzung des ersten, „Standish of Standish" (1889) und „David Alden's Daughter and Other Stories" (1892).

Frau Rose Terry Cooke (1827–92), gebürtig aus Connecticut, war viele Jahre lang als Dichterin bekannt, bevor sie begann, Kurzgeschichten zu schreiben. Sie veröffentlichte die folgenden Sammlungen: „Happy Dodd" (1879), „Somebody's Neighbours" (1881), „Root-Bound" (1885), „The Sphinx's Children" (1886) und „Huckleberries Gathered from New England Hills" (1891). „The Deacon's Week" (1884) dürfte als ihre beste Geschichte gelten. In all ihren Geschichten wird der Humor der New England Yankee-Figur mit Kraft und Genuss dargelegt. Sie schrieb einen einzigen Roman, „Steadfast, die Geschichte eines Heiligen und eines Sünders" (1889), der sich mit dem frühen Kirchenleben in Neuengland befasste und weit über dem Durchschnitt lag.

Frau Annie Trumbull Slosson, ebenfalls aus Connecticut, hat ihr Können in Dialektgeschichten bewiesen, darunter „Fishin' Jimmy" (1889), „Seven Dreamers" (1890), „The Heresy of Mehetabel Clark" (1892) und „Dumb Erwähnt sei „Fingerhut und andere Geschichten" (1898). Besonders die grotesken Elemente des Lebens in Neuengland gefielen ihr.

Frau Clara Louise Burnham (geboren 1854 in Newton, Massachusetts) lebt seit ihrer Kindheit in Chicago, verortet ihre Szenen jedoch gern in Neuengland. Sie hat viele Geschichten geschrieben, darunter „No Gentleman" (1881), „A Sane Lunatic" (1882), „Dearly Bought" (1884), „Next Door" (1886) und „Young Maids and Old" (1888). , „Miss Bagg's Secretary" (1892), „Dr. Latimer" (1893), „The Wise Woman" (1895), „A West Point Wooing" (1899) und „The Right Princess" (1902).

Alice Brown (geboren 1857 in New Hampshire) widmete sich nach mehreren Jahren als Schullehrerin der Literatur und ist heute Mitarbeiterin von *The Youth's Companion*. Sie schrieb „Fools of Nature" (1887), „Meadow-Grass" (1895), Kurzgeschichten über das Dorfleben in Neuengland, „The Day of His Youth" (1897), eine Geschichte der Desillusionierung und „Tiverton Tales" (1899), „King's End" (1901), „Margaret Warrener" (1901), „The Mannerings" (1903) und „High Noon" (1904). Ihre Geschichten sind gekonnt konstruiert und sie schreibt mit lobenswerter Zurückhaltung und Würde.

Mary E. Wilkins Freeman. – Die düstereren und weniger attraktiven Aspekte des Dorf- und Landlebens in Neuengland wurden mit großem Erfolg in den zahlreichen Geschichten von Mary E. Wilkins (seit 1902 Mrs. Charles M. Freeman) dargestellt. Sie wurde 1862 in Randolph, Massachusetts, geboren und erhielt ihre Ausbildung am Mt. Holyoke Seminary, South Hadley, Mass. Zu ihren Geschichten gehören „The Adventures of Ann" (1886), „A Humble Romance" (1887) und „A New England Nonne"., and Other Stories" (1891), „Jane Field" (1892), ihr erster Roman „Pembroke" (1894), der allgemein als ihr größtes Werk gilt und sich durch seinen schönen Stil und seine wahrheitsgetreue und zarte Charakterzeichnung auszeichnete, „Madelon " (1896), „Jerome, a Poor Man" (1897), von einigen höher eingestuft als „Pembroke", da es ein stärkeres zentrales Interesse hat, „Silence and Other Stories" (1898), das einige ihrer besten Werke enthält , insbesondere „Evelina's Garden", eine ihrer kunstvollsten Erzählungen, „The Love of Parson Lord" (1900), „The Heart's Highway" (1900), ein historischer Liebesroman über Virginia aus dem Jahr 1682, „The Portion of Labour" (1901).), „Understudies" (1901), „Six Trees" (1903), „The Wind in the Rose Bush" (1903), „The Givers", acht Geschichten (1904) und mehrere Zeitschriftengeschichten. Ihr Platz liegt ohne weiteres in der ersten Reihe derjenigen, die das Leben in Neuengland beschrieben haben.

Harold Frederic. —Harold Frederic (1856–98) schrieb eine Reihe realistischer Geschichten, hauptsächlich über das Landleben in New York. Er stammt aus Utica, diesem Bundesstaat, und begann seine Karriere als Korrektor. Mit 26 Jahren war er Herausgeber des Albany *Evening Journal* und übernahm 1884 die Leitung des Auslandsbüros der New York *Times* mit Sitz in London. „Seth's Brother's Wife" (1887), erstmals in Serie bei *Scribner's* veröffentlicht , beschreibt detailliert den prosaischen Alltag auf dem Bauernhof sowie den Landjournalismus und die Wahlen. „The Lawton Girl" (1890) vermittelt uns den Aufruhr einer kleinen Industriestadt. „In the Valley" (1890) ist die Geschichte eines Mohawk-Holländers über den revolutionären Kampf. „The Copperhead, and Other Stories of the North" (1893) und „Marséna, and Other Stories" (1894) sind Sammlungen von Bürgerkriegsgeschichten, kraftvoll und gewagt. Seine besten Geschichten sind „The Damnation of Theron Ware" (1896, in England als „Illumination" veröffentlicht), eine fesselnde Studie über die intellektuelle Karriere eines ernsthaften, aber engstirnigen jungen methodistischen Pfarrers und über den Kampf zweier religiöser Ideale in seinem Leben. und „The Market-Place" (1899), eine ausführliche Studie über die Londoner Börse. Sein früher Tod beendete eine Karriere voller bemerkenswerter Erfolge und großer Aussichten.

Archibald Clavering Gunter. – Archibald Clavering Gunter (1847–1907), ein gebürtiger Liverpooler, der kalifornischer Bergbau- und Bauingenieur, Chemiker und Börsenmakler wurde, begann mit vierzig Jahren, Romane zu schreiben, die zwar gegen die meisten literarischen Regeln verstießen, aber in Bezug auf Handlung und Zwischenfall nicht stimmten waren von spannendem Interesse. Es war seine erklärte Regel, alle fünfhundert Worte etwas geschehen zu lassen. Dies erklärt, warum eine Million Exemplare seines ersten Romans „Mr. Barnes of New York" (1887) wurden verkauft. Er schrieb insgesamt neununddreißig Romane, von denen neben seinem ersten „Mr. Potter of Texas" (1888), „That Frenchman" (1889), „Jack Curzon" (1899) und „A Manufacturer's Daughter" (1901). Er wurde auch als Dramatiker bekannt.

Oktave Thanet. —Octave Thanet ist das bekannte Pseudonym von Alice French (geboren 1850 in Andover, Massachusetts), die mit ihren Kurzgeschichten über das Leben in Iowa und Arkansas beneidenswerte Erfolge erzielt hat, einem Bereich, in dem sie nur wenige Konkurrenten hat. Zu diesen Geschichten gehören „Knitters in the Sun" (1887), „Expiation" (1890), kraftvoll, wirklich farbenfroh und detailgetreu, „Stories of a Western Town" (1893), Iowa-Skizzen, „The Missionary Sheriff" (1897) und „Das Herz der Arbeit" (1898), voller Pathos eines ungleichen Kampfes mit wirtschaftlichen Kräften. Miss French schreibt mitfühlend, mit Blick auf die Männer und Frauen, die ihr Charaktere liefern.

Margaret Deland. – Eine der beliebtesten lebenden Romanautoren, und das zu Recht, ist Frau Margaret Deland. Die 1857 in Manchester, heute Teil von Allegheny, Pennsylvania, geborene Margaretta Campbell, damals ein Dorf „mit würdevollen Häusern, hübschen Gärten und Wiesen, die an einen malerischen Fluss grenzen", wurde mit drei Jahren als Waise zurückgelassen und von betreut eine Tante. Mit sechzehn Jahren besuchte sie wie Mrs. Foote eine Klasse für Zeichnen und Design am Cooper Institute in New York. Sie schloss ihr Studium als Jahrgangsbeste ab und erhielt eine Anstellung als Dozentin für Design am Girls' Normal College, eine Stelle, die sie bis 1880 innehatte. Dann heiratete sie Herrn Lorin F. Deland und ging nach Boston. Acht Jahre später erschien ihr erster Roman „John Ward, Preacher". Es ist die Geschichte des Konflikts zwischen starrem Calvinismus und modernem Liberalismus und wurde mit Mrs. Wards „Robert Elsmere" verglichen. Zwei Liebesgeschichten, von denen eine an Mrs. Gaskells „Cranford" erinnert, mildern die tragische Düsterkeit der Erzählung. Ashurst ist ein idealisiertes Manchester. In „Sidney" (1890) untersucht der Autor die Frage nach dem Wert tödlicher sexueller Liebe; Auch die Probleme des Glaubens und des Zweifels tauchen immer wieder auf. „Die Geschichte eines Kindes" (1892) beschreibt eine unkontrollierte Fantasie. "Herr. „Tommy Dove, and Other Stories" (1893) ist eine Sammlung mit typischem Humor und Pathos. „Philip und seine Frau" (1894) handelt von einer unglücklichen Ehe. Ihre jüngsten Geschichten sind „The Wisdom of Fools" (1898), „Old Chester Tales" (1899), „Dr. Lavendar's People" (1904) und „The Awakening of Helena Richie" (1906). Die großherzige, kluge Dr. Lavendar, die in ihren letzten beiden Geschichten eine Rolle spielt, ist eine der liebenswertesten Figuren der amerikanischen Belletristik; und ihre neuesten Bücher zeigen ein deutlich stärkeres Verständnis für das Leben und eine größere Erzählkraft.

Frau Mary Hartwell Catherwood. — Mary Hartwell Catherwood (1847–1902) machte sich mit einigen sehr erfolgreichen historischen Liebesromanen über den Franzosen- und Indianerkrieg sowie das Leben in Französisch-Kanada und dem frühen Illinois einen Namen. „The Romance of Dollard" (1889), „The Lady of Fort St. John" (1891), „The White Islander" (1893) und „The Chase of Saint Castin, and Other Stories" (1894) sind temperamentvolle Erzählungen von Schlacht und Belagerung, von Intrigen und Eifersucht, in denen mutige und edle Charaktere gut ihre Rollen spielen und die anschauliche Beschreibungen von Landschaften enthalten — bei Sonnenschein und Sturm. Über den frühen Mittleren Westen schrieb sie „Old Kaskaskia" (1893), „The Spirit of an Illinois Town" (1897), „Little Renault" (1897), „Spanish Peggy" (1899), „The Queen of the Swamp", and Other Plain Americans" (1899) und „Lazarre" (1901).

Rowland E. Robinson. —Der Dialekt und die Sitten von Vermont werden von Rowland E. Robinson (1833–1900) in „Sam Lovel's Camps" (1889), „Danvis Folks" (1894) und „Uncle 'Lisha's Shop" (1897) mit bemerkenswerter Originalität wiedergegeben. . Diese Geschichten gehören zu unseren wertvollsten Abschriften des Lebens im Norden Neuenglands.

Francis Hopkinson Smith. -F. Hopkinson Smith (geboren 1838 in Baltimore) hatte eine abwechslungsreiche Karriere, bevor er im Alter von 53

Jahren den Roman verfasste. Er begann sein Leben als Angestellter in einer Eisenhütte; Anschließend begann er als Ingenieur und Bauunternehmer mit dem Bau von Deichen und Leuchttürmen und wurde später als Künstler bekannt. In „Colonel Carter of Cartersvile" (1891) zeichnete er ein verführerisches Bild des alten *Regimes* im Süden. „A Gentleman Vagabond, and Some Others" (1895) sind abwechslungsreiche Charaktergeschichten. „Tom Grogan" (1896) und „Caleb West, Master Diver" (1898) basieren auf den Erfahrungen von Herrn Smith als Ingenieur. Er schrieb außerdem „The Other Fellow" (1899), „The Fortunes of Oliver Horn" (1902), „The Under Dog" (1903), „Colonel Carter's Christmas" (1904) und „At Close Range" (1905). und „Das Holzfeuer in Nr. 3" (1905). Während einige seiner Personen konventionell und undeutlich sind, stechen andere als geschickt charakterisierte und dauerhafte Figuren in seiner literarischen Galerie hervor.

James Lane Allen. –James Lane Allen hat für Kentucky getan, was Mr. Page für Old Virginia und Miss Murfree für die Tennessee Mountaineers getan haben. Der gebürtige Kentuckyer (geb. 1849) schloss sein Studium an der Transylvania University in Lexington, Kentucky, ab und unterrichtete einige Jahre an Schulen und Hochschulen. Seit 1884 widmete er sich jedoch der literarischen Arbeit. Neben dem Schreiben viel für Zeitschriften hat er „Flute and Violin, and Other Kentucky Tales and Romances" (1891), „The Blue Grass Region, and Other Sketches" (1892) und „John Gray" (1893) veröffentlicht, die umgeschrieben und erweitert wurden „The Choir Invisible" (1897), „A Kentucky Cardinal" (1894) und seine Fortsetzung „Aftermath" (1895), „Summer in Arcady" (1896), „The Reign of Law" (1900), veröffentlicht in England als „The Increasing Purpose" und „The Mettle of the Pasture" (1903). Ein Hang zur Didaktik und ein Mangel an Spontaneität prägen die neuesten Werke von Herrn Allen; In seinen früheren Werken ist er von seiner besten Seite, in denen er die Schönheit der Blue Grass-Region genießt und im Geiste eines Schülers von Thoreau und Audubon schreibt. Der Romantiker in ihm wandelte sich nach und nach zum objektiven Realisten. Dennoch gibt es in all seinen Werken Elemente von Kraft und poetischer Schönheit. Durch einen merkwürdigen Zufall hat ein weiterer Kentucky James Lane Allen (geb. 1848), Absolvent des Bethany College, an dem der erste Mr. Allen lehrte, und jetzt Anwalt in Chicago, ebenfalls zahlreiche Zeitschriftenskizzen und Geschichten geschrieben.

Hamlin-Girlande. – Das düstere, langweilige Leben des hart arbeitenden Bauern im Mittleren Westen wurde von Hamlin Garland eindrucksvoll dokumentiert. Herr Garland stammt aus La Crosse, Wisconsin (geb. 1860) und sah aus nächster Nähe das Leben, das er beschreiben sollte, in Iowa, Illinois und Dakota. Sein erstes Buch war eine Sammlung von sechs realistischen Geschichten, „Main-Travelled Roads" (1891), die ihm einen guten Ruf verschaffte, und er schrieb weiterhin in ähnlicher Weise und veröffentlichte „Prairie Folks" (1892), „A Little Norsk". , or Ol' Pap's Flaxen" (1892), „A Spoil of Office" (1892), „Rose of Dutcher's Coolly" (1895), sein bester Roman „The Eagle's Heart" (1900), „Her Mountain Lover" (1901) und „Money Magic" (1907). Herr Garland ist größtenteils klugerweise seinem eigenen Diktum gefolgt, nur über das zu schreiben, was man weiß; und sein späteres Werk zeigt eine bemerkenswerte Steigerung der Kraft und des Verständnisses für die Kunst des Geschichtenerzählers.

Henry Blake Fuller. —Henry B. Fuller (geboren 1857 in Chicago) war für eine kaufmännische Karriere vorgesehen, bevorzugte jedoch die Literatur. „The Chevalier of Pensieri-Vani" (1890), erstmals anonym veröffentlicht, wurde von Lowell und Norton gelobt. Im Jahr 1892 erschien „Die Chatelaine von La Trinité". In „The Cliff-Dwellers" (1893) wandte er sich in einer Geschichte über das Leben in Chicago vom Romantischen zum sicheren Realismus. „Mit der Prozession" folgte 1895 in einem ähnlichen Stil. Diese Geschichten zeigen Geschick in der Individualisierung, intensive Ernsthaftigkeit, Leichtigkeit und die Fähigkeit, ein altes Thema interessant zu machen. „Sein Bild", sagt Mr. Whibley, „ist nie überladen; seine Zeichenkunst ist immer aufrichtig."

Stephen Crane und Frank Norris. – Stephen Crane (1870–1900), geboren in Newark, New Jersey, ausgebildet am Lafayette College und an der Syracuse University, beschäftigte sich zunächst mit dem Journalismus und erlangte einige Anerkennung als Kriegskorrespondent des New York *Journal* . Seine erste Geschichte über das Slumleben war „Maggie, a Girl of the Streets" (1891), die nach Meinung von Mr. Howells bis heute sein bestes Werk ist. „The Red Badge of Courage" (1895), eine durch und durch realistische Studie über den Geist eines Soldaten im Einsatz in der Schlacht von Chancellorsville, war insgesamt eine bemerkenswerte Leistung; es eroberte die Öffentlichkeit im Sturm und verschaffte dem Autor einen großen Ruf, der durch sein späteres Werk nicht aufrechterhalten werden konnte. Er schrieb auch „George's Mother" (1896), eine weitere Slumgeschichte, „The Little Regiment" (1896), „Active Service" (1899), „The Monster, and Other Stories" (1899); und zwei Geschichtensammlungen, „Wounds in the Rain" und „Whilomville Stories" (1900), Geschichten aus dem Kinderleben, die posthum veröffentlicht wurden. Sein Impressionismus, wenn auch manchmal zu wenig zurückhaltend, war oft wirkungsvoll, und seine farbenfrohen Geschichten haben viele bewundernde Leser gefunden.

Mit dem Tod von Frank Norris (1870–1902) wurde eine weitere vielversprechende Karriere abgebrochen. Norris hat es geschafft, viel vom Leben zu sehen. Er wurde in Chicago geboren und studierte Kunst in Paris (1887–89) und Literatur an der University of California und Harvard. Wie Crane wurde er Journalist. Zur Zeit des Jameson-Überfalls in Südafrika war er südafrikanischer Korrespondent einer Zeitung aus San Francisco und leistete 1898 eine ähnliche Arbeit in Kuba. Er begann bereits 1891 mit der Veröffentlichung von Belletristik („Yberville"), wurde aber erst 1899 mit „McTeague" bekannt. Seine späteren Geschichten waren durchaus realistisch. Mit „Der Oktopus" (1901) begann er eine Trilogie, die „ein Weizenepos" bilden sollte. Im ersten Roman wird das Wachstum des Weizens und das repressive Eisenbahnmonopol bei seinem Transport beschrieben. „The Pit" (1903) handelt von den Kämpfen der Weizenspekulanten. „Der Wolf", unvollendet, sollte sich mit dem Kampf um Brot in einer von Hungersnot geplagten europäischen Gemeinschaft befassen. „Die Geschichte des Weizens war für ihn", wie Herr Howells es ausdrückt, „die Allegorie des industriellen und finanziellen Amerikas, das das wahre Amerika ist." Der Umfang seines Vorhabens und der starke Mut und das Selbstvertrauen, mit dem er es in Angriff nahm, verdienen unsere Bewunderung. Was er erreicht hat, zeigt, dass er seiner Aufgabe gewachsen gewesen wäre.

Frau Ruth McEnery Stuart. -Frau. Stuart hat höchst amüsante Geschichten über das Negerleben im Süden geschrieben. Sie wurde in der Gemeinde Avoyelles, Louisiana, geboren und war 1879 mit Alfred O. Stuart, einem Baumwollpflanzer, verheiratet. Seit 1885 lebt sie in New York. Zu ihren Geschichten gehören „Die goldene Hochzeit und andere Geschichten" (1893), „Carlottas Absicht" (1894), „Die Geschichte von Babette" (1894), „Moriahs Trauer" (1898), „Sonny" (1896), „ Holly und Pizen" (1899), „The Woman's Exchange" (1899) und „River's Children" (1905). Sie schreibt in einem natürlichen und witzigen Stil und bringt mit großem Geschick den Humor und das Pathos der alten Plantage zum Ausdruck. Sie ist eine beliebte Autorin für die Zeitschriften.

Paul Leicester Ford. —Paul Leicester Ford (1865–1902), dessen bedeutendstes und dauerhaft wertvollstes Werk auf dem Gebiet der amerikanischen Geschichte verfasst wurde, war der Autor einiger bemerkenswerter Romane. „The Honourable Peter Sterling and What People Thought of Him" (1894) stellt einen idealerweise edlen Staatsmann vor, dessen Integrität über die schmutzige Korruption der Politik triumphiert. Einige Punkte im Buch sollen durch die Karriere von Präsident Cleveland angedeutet worden sein. „Janice Meredith" (1899) ist ein sentimentaler Roman über den Unabhängigkeitskrieg, in dem eine faszinierende Liebesgeschichte vor einem präzisen historischen Hintergrund projiziert wird. Von geringerer Bedeutung, aber dennoch am besten lesbar, sind „The Great K. & A. Train Robbery" (1897) und „The Story of an Untold Love" (1897).

Edward Noyes Westcott. – Edward N. Westcott (1847–98), ein Bankier aus Syracuse, New York, war der Autor eines einzigen Buches, das er zu seinen

Lebzeiten nicht veröffentlichen konnte, das ihm aber posthumen Ruhm verschaffte. Der Held von „David Harum" (1898) ist ein gewitzter Yankee aus der Innenstadt von New York, ein Sohn des Bodens, der mit der ihm eigenen Energie zum Bankier und erfolgreichen Geschäftsmann aufstieg und alle seine amüsanten Eigenschaften, einschließlich einer Schwäche für, bewahrte Pferdehandel – „ein Optimist, der den harten Bedingungen des Lebens alles abgetrotzt hat, was es hergeben kann." Die anderen Charaktere sind eher hölzern, aber die Darstellung von David Harum ist stark, vital und daher nachhaltig. Die Handlung ist schwach, aber die Geschichte entspricht den Lebensabschnitten, die sie darstellt.

Die jüngere Generation. – Der Weltraum verbietet mehr als die Erwähnung einiger anderer lebender Schriftsteller. Owen Wister (geb. 1860 in Philadelphia) wurde durch „The Dragon of Wantley: His Tail" (1892) und „The Virginian" (1902) bekannt, in dem es um die spannende Geschichte eines Cowboys aus Wyoming geht. Der weitgereiste Richard Harding Davis (ebenfalls ein Philadelphianer, geboren 1864) hat in „Gallegher und andere Geschichten" (1891), „Van Bibber und andere" (1892) und „Episoden im Leben Van Bibbers" (1899). Die bekanntesten seiner anderen Geschichten sind „Die Prinzessin Aline" (1895), „Soldiers of Fortune" (1897), in der eine südamerikanische Revolution eine herausragende Rolle spielt, „Im Nebel" (1901), eine clevere Londoner Erzählung, „ Ranson's Folly" (1902) und „The Bar Sinister" (1904). Robert W. Chambers (geboren 1865 in Brooklyn) ist sowohl als Künstler als auch als Romantiker bekannt, der seltsame und aufregende Geschichten erfindet. Zu seinen besten Büchern zählen „The Red Republic" (1894), „A King and a Few Dukes" (1894), „The Haunts of Men" (1898), Geschichten über das amerikanische oder kanadische Leben, „The Cambric Mask" (1899).), „A Gay Conspiracy" (1900), das den Einfluss von Anthony Hopes „Prisoner of Zenda", „Cardigan" (1901) und „Iole" (1905) zeigt. Newton Booth Tarkington (geboren 1869 in Indianapolis, Absolvent der Princeton) erlangte 1899 mit „The Gentleman from Indiana" Berühmtheit und folgte mit „Monsieur Beaucaire" (1900), einer Romanze, die im 18. Jahrhundert in Bath spielt: „ „The Two Vanrevels" (1902), „Cherry" (1903), „In the Arena" (1905), „The Conquest of Canaan" (1905) und „The Beautiful Lady" (1905). Seine späteren Arbeiten zeigen einen Machtgewinn. Winston Churchill (geb. 1871), Absolvent der Marineakademie in Annapolis und heute Einwohner von New Hampshire, veröffentlichte 1898 „The Celebrity". „Richard Carvel" (1899) machte ihn berühmt; Es ist eine revolutionäre Geschichte von Maryland und London. Seitdem hat er „The Crisis" (1901) geschrieben, eine umfangreiche Geschichte über den Bürgerkrieg, „Mr. „Keegan's Elopement" (1903), „The Crossing" (1904) und „Coniston" (1906), eine Geschichte aus Neuengland über Liebe und Politik. Das Leben der Bergsteiger in Kentucky liefert John Fox Jr. die Materialien für seine gut erzählten Geschichten „A Cumberland Vendetta, and Other Stories" (1896), „The Kentuckians" (1897) und „The Little Shepherd of Kingdom Come". (1903) und „A Knight of the Cumberland" (1906).

Frau Gertrude Franklin Atherton (geboren 1857 in San Francisco) hat sich mit ihren Geschichten über das frühe Leben in Kalifornien einen großen Ruf erworben; Einige Kritiker behaupten jedoch, dass sie das Kalifornien von damals nicht genau wiedergeben. Der erste von ihnen war „The Doomswoman" (1892). Weitere Romane sind „A Whirl Asunder" (1895), „Patience Sparhawk and Her Times" (1897), „The Californians" (1898), „American Wives and English Husbands" (1898) und „The Conqueror" (1902). , das auf dem Leben von Alexander Hamilton basiert. Frau Kate Douglas Wiggin (geboren 1857 in Philadelphia und 1880 mit Samuel B. Wiggin verheiratet) hat bezaubernde Jugendgeschichten geschrieben, „The Birds' Christmas Carol" (1888), „The Story of Patsy" (1889) und „ Timothy's Quest" (1890) sowie einige Reisegeschichten wie „A Cathedral Courtship" (1893) und „Penelope's Progress" (1898). Ihr Mann starb 1889 und 1895 heiratete sie George C. Riggs.

Irving Bacheller (geb. 1859), ein New Yorker Journalist, erregte Aufmerksamkeit durch seine Geschichten „The Master of Silence" (1890) und „The Still House of O'Darrow" (1894). Sein „Eben Holden" (1900), ein Roman über den Norden New Yorks, war sehr erfolgreich. Seitdem hat er „Darrel of the Blessed Isles" (1903) und „Vergilius" (1904) geschrieben. Robert Herrick (geb. 1868), ein Harvard-Absolvent und jetzt Professor an der Universität Chicago, hat tiefgreifende Studien über die amerikanische Gesellschaft geschrieben: „Das Evangelium der Freiheit" (1898), „Das Netz des Lebens" (1900) und „Die reale Welt". " (1901) und „The Common Lot" (1904). Er ist so etwas wie ein Pessimist, aber nicht ungesund.

Edith Wharton (geb. 1862 in New York) begann ihre literarische Karriere mit Kurzgeschichten über die Großstadtgesellschaft, mit der sie von Geburt an vertraut war: „The Greater Inclination" (1899), acht Geschichten, „A Gift from the Grave" (1900) und „Crucial Instances" (1901). In „The Valley of Decision" (1902), „Sanctuary" (1903) und „The House of Mirth" (1905) beschäftigt sie sich mit Szenen und Charakteren von tiefem menschlichem Interesse, die aber nicht leicht zu bewältigen sind; und sie rechtfertigt sich mit Kredit. Lily Bart ist ausgesprochen individualisiert und verdient einen Vergleich mit Becky Sharp und Gwendolen Harleth.

Upton Sinclair (geb. 1878 in Baltimore) veröffentlichte nach dem Schreiben mehrerer Romane mit „Manassas" (1904) einen spannenden Liebesroman aus den Jahren unmittelbar vor dem Bürgerkrieg. „Der

Dschungel" (1906) ist zwar viel bekannter, steht ihm aber künstlerisch weit nach. Das Credo des Sozialismus wird sowohl von Herrn Sinclair als auch von Jack London (geboren 1876 in San Francisco) bekräftigt. London verließ die University of California, um ans Klondike zu gehen, ging dann nach Japan und reiste seitdem für soziologische Studien durch Amerika und Kanada. In seinen besten Werken „Der Sohn des Wolfes" (1900), „Der Ruf der Wildnis" (1903) und „Der Seewolf" (1904) hat er sich für die Darstellung der Tragödien der Tierwelt und der Tierwelt entschieden elementare Leidenschaften im Menschen.

Drei Romanautorinnen aus Virginia haben in den letzten Jahren Auszeichnungen erhalten.

Molly Elliot Seawell (geboren 1860 in Gloucester County, Virginia), wohnhaft in Washington, begann 1886 mit dem Schreiben von Belletristik. Zu ihren Geschichten gehören „Throckmorton" (1890) und „Little Jarvis" (1890), eine mit dem *Youth's Companion-* Preis ausgezeichnete Geschichte , „Midshipman Paulding" (1891), „The Sprightly Romance of Marsac" (1896), eine lebhafte Geschichte, die einen New York *Herald-* Preis von 3.000 US-Dollar gewann, „The Lively Adventures of Gavin Hamilton" (1899), „The House of Egremont (1901), „Children of Destiny" (1903) und „The Great Scoop" (1905). Ihre Handlungen sind manchmal unbedeutend und belanglos, und ihrer Erzählung mangelt es an Zurückhaltung; Aber sie zeigt Geschick im Umgang mit Dialogen und ist eine Lieblingsautorin.

Ellen Glasgow (geboren 1874 in Richmond) hat mit „Descendant" (1897), „Phases of an Inferior Planet" (1898), „The Voice of the People" (1900) und „The Battle-Ground" viele Leser gefunden. (1902) und „Die Befreiung" (1904). Es gelingt ihr nicht, den Unwahrscheinlichkeiten zu entkommen, und einige ihrer Handlungsstränge sind oberflächlich; Dennoch bleibt ihre Arbeit im Großen und Ganzen auf einem hohen Durchschnitt.

Mary Johnston (geboren 1870 in Buchanan, Virginia) hat die Möglichkeiten der frühen Geschichte Virginias in ihren erfolgreichen Liebesromanen „Prisoners of Hope" (1898) erkannt, die in England als „The Old Dominion" und „To Have and to Hold" veröffentlicht wurden " (1900), in England „By Order of the Company", „Audrey" (1902) und „Sir Mortimer" (1904) genannt. Sie hat ein sicheres Gespür und ihre Erzählung schreitet schnell voran.

Aber wir haben bereits die Grenzen unseres Raumes überschritten. Die Arbeit von Margaret Sherwood, William A. White, Brand Whitlock, Will Payne, Meredith Nicholson, George Barr McCutcheon, Jesse Lynch Williams, David Graham Phillips, Mary R. Shipman Andrews, James B. Connolly, Nelson Lloyd, George Cary Eggleston, Auf William N. Harben, Justus Miles Forman und viele andere kann, so exzellent viele davon auch sind, nur zusammenfassend Bezug genommen werden. Die große Zahl vielversprechender Autoren von heute ist eine Gratulation.

Rückblick und Fazit. „Auf diese Weise haben wir den amerikanischen Roman von seinen ersten groben Anfängen bis zu etwas mehr als einem Jahrhundert gesunden und stetigen Wachstums verfolgt. Der amerikanische Schriftsteller brauchte etwa drei oder vier Jahrzehnte, um zu lernen, auf eigenen Beinen zu stehen; Seitdem er laufen gelernt hat, brauchte er kaum Hilfe aus dem Ausland. Die Möglichkeiten des amerikanischen Lebens haben immer mehr die Autoren von Prosaromanen angezogen. In den ersten Jahrzehnten des letzten Jahrhunderts war, wie auch in Europa, die Romanze die einzige gefragte Fiktion; und der Liebesroman ist seit jeher der Favorit vieler Leser, die behaupten, dass die Hauptfunktion der Literatur darin besteht, durch den Destillierkolben der Vorstellungskraft Realität zu vermitteln. Vielleicht wurde das Credo der Romantik nie besser ausgedrückt als von Herrn Julian Hawthorne:

Der Wert der Fiktion liegt darin, dass sie uns geben kann, was die tatsächliche Existenz nicht kann; dass es in einem Kapitel die Schlussfolgerungen eines Lebens zusammenfassen kann; dass es das Triviale, das Vage, das Überflüssige weglassen und das Signifikante, das Mächtige und das Charakteristische auswählen kann; dass es Erwartungen erfüllen, Fehler aufdecken und die menschliche Natur rechtfertigen kann. Das Leben, wie wir es erleben, ist zu groß, seine Beziehungen sind zu kompliziert, seine Umlaufbahn ist zu umfassend, um uns jemals den Eindruck individueller Vollständigkeit und Gerechtigkeit zu vermitteln; Aber die Intuition dieser Dinge ist dem Glauben verwehrt, auch wenn sie der Sinneswahrnehmung verwehrt bleibt, und wir sind befugt, diese innere Überzeugung in der Romantik zu verkörpern ... Und Geschichten der Fantasie sind wahrer als Abschriften von Tatsachen, weil sie diese beinhalten oder postulieren: und geben Sie nicht nur ein Bild von der Erde unter unseren Füßen, sondern auch vom Himmel über uns, von der Hoffnung und Frische des Morgens, vom Geheimnis und der Magie der Nacht. Sie ziehen den kompletten Kreis, statt sich misstrauisch auf den unteren Bogen zu beschränken. 20

Ungeachtet der Anziehungskraft dieses künstlerischen Credo ist die Zahl der echten Romantiker, wie wir gesehen haben, nach und nach dünner geworden. Professor Boyesen glaubte, dass Bret Harte der letzte von ihnen war. Langsam gewannen die Realisten, angeführt von Howells und James, an Boden und konnten sich in den letzten zwanzig Jahren fast ununterbrochen behaupten. In letzter Zeit gab es tatsächlich einige Anzeichen einer Reaktion; aber es hat bisher noch keine sehr ausgeprägte Form angenommen.

Eine notwendige Begleiterscheinung dieser Tendenz zum Realismus war die Zunahme der Zahl der „Bodenromane". Schriftsteller haben gezeichnet, was sie am besten kannten: Miss Woolson, die Seenregion; Cable, Creole New Orleans; Ella Higginson und Emma Wolf, die Pazifikküste; Allen, Kentucky; Miss Murfree, Tennessee; Fawcett und Bunner, New York; Henry B. Fuller und Miss Wyatt, Chicago; Miss Jewett und Mrs. Wilkins Freeman, Neuengland. Ein Grund, warum der „große amerikanische Roman" noch nicht geschrieben wurde, ist die Größe des Landes. Es ist noch keine große Persönlichkeit entstanden, die alle Elemente unseres riesigen modernen Lebens in einer harmonischen Struktur vereinen könnte. Mittlerweile haben wir die meisten der verschiedenen Teile unseres Landes von geschickten Händen in Romanen beschreiben lassen. Typen eines vergänglichen Lebens wurden in einer Fiktion eingefangen und konserviert, die zwar sicherlich nicht unsterblich ist, aber unserer Meinung nach für ein langes Leben bestimmt ist.

Unsere Kritiker haben sich jedoch zu Recht über die begrenzte Auswahl unserer Romanautoren beschwert. Sie sind schüchtern. Sie begnügen sich damit, eine kleine Leinwand zu malen. Sie hegen keine großen Vorstellungen. Sie erforschen das Leben nicht bis in seine Tiefen; Sie erreichen auch nicht die Höhe ihrer ganzen Größe. Das ist natürlich nur eine andere Art zu sagen, dass wir keine überaus großen Romanautoren haben. Aber zweifellos ist die Mittelmäßigkeit unserer Belletristik zum Teil auf die katastrophalen Auswirkungen von Kommerzialisierung und Professionalität auf das Berufsleben des Romanautors zurückzuführen; obwohl Mr. Whibleys Bericht darüber (*Blackwood's* , März 1908) übertrieben ist. Sicherlich müssen unsere Autoren weniger auf sofortige und substanzielle Belohnungen bedacht sein. *Poeta nascitur, nicht fit* ; Zu viele „gemachte" Schriftsteller verbreiten heute Belletristik.

Unsere Fiktion weist ein Merkmal auf, das oft kommentiert wurde: eine allgemeine hervorragende moralische Atmosphäre. Es gibt wenig amerikanische Belletristik, die dem neugierigen jungen Menschen vorenthalten werden muss. Einige Kritiker behaupten, dass die Verpflichtung, das zu schreiben, was jeder lesen darf, amerikanische Schriftsteller daran gehindert hat, die dunkleren Probleme der Geschlechtsbeziehungen zu diskutieren, mit denen wir konfrontiert sind und die in einer Literatur ihren Ausdruck finden sollten, die unser intellektuelles und moralisches Leben angemessen widerspiegelt; dass sie unsere Fiktion zahm, fade und ohne jegliche Vitalität finden, da sie keinen rigorosen Angriff auf diese Probleme vorweisen. Aber eine solche Meinung bringt ihre eigene Verurteilung mit sich. Wenn es unserer Fiktion an Lebendigkeit mangelt, liegt das wahrscheinlich an anderen Ursachen; Auf jeden Fall geben sich Amerikaner im Allgemeinen damit zufrieden, Fragen der moralischen Pathologie ihren Moralchirurgen zu überlassen, von deren Diagnosen und Diskussionen nicht erwartet wird, dass sie promiskuitiv kursieren. und es ist unwahrscheinlich, dass unsere Romanautoren einer Beschmutzung ihrer Seiten zustimmen werden, um die Vollständigkeit ihrer Lebensbilder sicherzustellen.

Die Kurzgeschichte wurde von amerikanischen Autoren zu einem hohen Grad an Perfektion gebracht. Irving war sein amerikanischer Vater; und in den Händen von Hawthorne, Poe, Fitz-James O'Brien, Edward Everett Hale, Miss Woolson, Brander Matthews, Miss Jewett, Stockton, Page, Mark Twain, Mrs. Freeman und vielen anderen ist es zu einem äußerst flexiblen Unternehmen geworden Instrument, das zu subtilen Anpassungen fähig ist. Die Beschränkungen des Umfangs und der Umgebung haben zu großer Feinheit und Präzision in den minutiösen Porträts und den *Genres geführt*, die in unseren Kurzgeschichten in großer Zahl zu finden sind.

Doch trotz der zunehmenden Zahl und Qualität unserer Kurzgeschichten erfreut sich der Roman weiterhin großer Beliebtheit. Die enorme Popularität des Romans in Amerika wurde schon oft kommentiert. Die „Bestseller" sind fast immer Romane; Und jedes Jahr werden so viele Romane von überdurchschnittlicher Qualität produziert, dass viele wirklich herausragende Geschichten nicht die unmittelbare Aufmerksamkeit erhalten, die sie verdienen. Dass diese Nachfrage nach Romanen noch einige Zeit ungebrochen anhalten wird, ist durchaus wahrscheinlich. Dass bald eine andere Form der Literatur an ihre Stelle treten wird, ist ziemlich unwahrscheinlich.

Anscheinend haben wir keine großen lebenden Dichter; Aus verschiedenen Gründen haben wir keine nennenswerten Dramatiker; Von Romanautoren, die zumindest Möglichkeiten bieten, haben wir mehrere.

Welcher Art wird der amerikanische Roman der Zukunft sein? Wahrscheinlich ist es voreilig, eine Vorhersage zu treffen; aber man könnte wagen zu glauben, dass die vorherrschende Haltung unserer zukünftigen Romanautoren die eines vernünftigen und optimistischen Realismus sein wird. Die morbiden Bücher wie „The Jungle" kommen nicht gut an; Und obwohl solche Bücher bei der Förderung notwendiger Reformen von Nutzen sein können, stellen sie keine Ergänzung zur Literatur dar und können sich daher keinen dauerhaften Platz sichern. Die angenehmen Wege der Romantik werden immer mutige und einfallsreiche Schriftsteller in Versuchung führen; aber sie werden mehr denn je durch die Forderung aufgeklärter Leser zurückgehalten, nicht weit vom Wahrscheinlichen abzuweichen und das Beste, was es in der tatsächlichen Gegenwart gibt, klar und unverfälscht darzustellen. Dass das vielfältige und komplexe Leben von heute immense Möglichkeiten bietet, werden nur wenige bezweifeln; dass die großen Künstler auftreten werden, die das Beste aus diesen Möglichkeiten machen werden, davon dürfen wir mit Zuversicht ausgehen.

III. DIE DICHTER

Englischer Einfluss auf die amerikanische Poesie. – Wenn wir die landläufige Meinung akzeptieren und Dichter mit Versmachern gleichsetzen, muss man zugeben, dass die amerikanische Poesie in ihrer besten Form – im 19. Jahrhundert – in einem besonderen Sinne unoriginal und abgeleitet ist. Abgeleitet zu sein, einen nachvollziehbaren Stammbaum zu haben, dürfte tatsächlich kein Nachteil sein, weder für ein nationales noch für ein individuelles Genie. Auf ihre Art sind alle modernen Literaturen abgeleitet und unoriginal; Sie sind nicht nur voneinander beeinflusst, sondern hängen letztlich hinsichtlich ihrer Inspirationsquellen von den Basiskulturen Palästinas und Griechenlands ab. „Wir sind alle Griechen", sagte Shelley. Milton hätte sagen können: „Wir sind alle Hebräer." Und unsere besten amerikanischen Dichter hätten vielleicht hinzugefügt: „ *Wir* sind alle Engländer." Besondere Szenen auf diesem Kontinent und die riesige und immer größer werdende Ausdehnung unseres Territoriums haben in den letzten fünf Generationen ihre Spuren bei unseren Dichtern hinterlassen; Sie haben der Poesie von zehn oder zwölf Jahrzehnten hier und da den unbestreitbaren Stempel der Realität verliehen und ihr hin und wieder eine Weite und Freiheit der Atmosphäre verliehen, die einer Nation mit einem so elastischen Sinn für Geographie sehr eigen sind. Dennoch kann man kaum sagen, dass unsere natürliche Landschaft jemals wirklich in unserer gesamten Literatur verkörpert wurde oder dass ein allgegenwärtiger nationaler Geist, ein Geist, der gleichzeitig groß und präzise ist, grundlegend in unsere Verse eingedrungen ist. Was in unserer Literatur am wirksamsten war, war eng nachgeahmt, folgte mit geringem Abstand, aber Schritt für Schritt, der Entwicklung der englischen Literatur, aus der sie hervorging. Diese kontinuierliche Nachahmung, mal oberflächlicher, mal indirekter und schwer fassbarer, war im vergangenen Jahrhundert die Triebfeder unserer Poesie, noch mehr als unserer Prosa.

Zwar war die amerikanische Poesie in ihrer äußeren Form wahrscheinlich plastischer und beweglicher als die amerikanische Prosa und orientierte sich weniger konsequent an den literarischen Standards in England, die das 18. Jahrhundert hinterlassen hatte. Der Prosastil von Irving verrät seine Abstammung von den Essays von Addison; Der Stil Franklins wurde durch bewusste und sorgfältige Nachahmung derselben Vorbilder entwickelt. Sogar ziemlich spät im 18. Jahrhundert, als vielleicht nur ein geschultes Ohr die anhaltenden Echos von Pope und seiner Schule in unserem Vers erkennen kann, behält der „Autokrat" von Wendell Holmes immer noch einen Akzent und einen Hauch der Ciceronschen Beredsamkeit des 18. Jahrhunderts. Zweifellos überlebte das Zeitalter von Pope und Johnson in vielen Spuren viel länger in der englischen Prosa als in den englischen Versen, denn seine Denkgewohnheiten waren zu jeder Zeit mehr oder weniger für Argumente und Darlegungen geeignet. Dennoch ist es in der Geschichte der amerikanischen Literatur einfacher, Parallelen zu Wordsworth und Shelley zu finden, als die für Europa des 19. Jahrhunderts typischen Prosa-Rhapsodien von De Quincey und Ruskin zu kopieren. Auf den Wandel in der englischen Literatur, der durch das Erscheinen der „Lyrical Ballads" im Jahr 1798 gekennzeichnet war, reagierte unsere Poesie im Wesentlichen schneller als unsere Prosa. Nichtsdestotrotz hat unsere Prosa, so konservativer sie auch war und in ihrer Ausdrucksweise weniger wechselhaft war, ihre Wurzeln viel tiefer in unserem nationalen Wesen verankert; und unsere Verse sind wie die anderen schönen Künste immer noch ein Exot.

Für unser Fehlen einer nationalen Kunst, einer nationalen Poesie wird oft ein oberflächlicher Grund angeführt: in den Bedingungen eines neuen Landes, im Kampf ums Dasein, in der Entwicklung von Landwirtschaft und Handel, in der Assimilation fremder Rassen Es gab nur sehr wenig Zeit für die Beschäftigung mit Briefen, sehr wenig von der Muße, die die Griechen *Scholé nannten* und die für eine produktive Wissenschaft und das Aufblühen der Fantasie unentbehrlich ist. Dennoch hatten oder haben wir genügend Muße gehabt, eine immense Menge an Versen zu schreiben und zu veröffentlichen, allein gemessen an ihrem Umfang. Es gibt kaum einen amerikanischen Autor im 19. Jahrhundert, der sich nicht mit metrischen Kompositionen beschäftigt hätte. Die Wahrheit ist vielmehr, dass wir uns selten ernsthaft genug mit der Kunst der Poesie beschäftigt haben; dass wir, nachdem wir gegen die unfreundliche Lebensauffassung des Puritaners rebelliert haben, dennoch bis zu einem gewissen Grad seiner herabwürdigenden Einschätzung der fantasievollen Kunst zugestimmt haben; dass wir es versäumt haben, in dem Dichter einen notwendigen Diener des Gemeinwesens zu erkennen, einen Führer, der einer hohen und strengen Ausbildung würdig ist. Unsere Verse sind in Druck gegangen, bevor sie reif waren, und sie haben die Arbeit der anderen zu leichtfertig gelobt; während die vom öffentlichen Geschmack gesetzten Maßstäbe problemlos erfüllt wurden, als es den Reimen gelang, „patriotisch" zu sein. Echter Patriotismus verlangt ein solches Eingeständnis.

Nicht, dass unsere Dichter gänzlich ohne eine Philosophie der Kritik gewesen wären; Allerdings ist es bezeichnend, dass das subtilste und einfühlsamste Verständnis des poetischen Temperaments, seiner Funktion und seiner Gefahren nicht in den Schriften eines Versdichters, sondern in denen eines Romanautors, zum Beispiel Hawthorne, zu finden ist , in „Das Haus mit sieben Giebeln" und „Das große Steingesicht". Dennoch las, meditierte und schrieb Bryant über die Kunst der Poesie; Poe dachte ein wenig, wenn auch nicht tiefgründig, darüber nach; Lanier leistete einen würdigen Beitrag zur Wissenschaft des Metrums; Longfellow war mit der

Literatur der Kritik vertraut; und Emersons anregender Aufsatz über „Der Dichter" hat zweifellos einen heilsamen Einfluss ausgeübt, obwohl es vielleicht nicht die Art von Medizin war, die unsere Literaten am meisten brauchten. Zu Poes Zeiten diskutierten mehrere Zeitschriften die Prinzipien fantasievoller Komposition. Allerdings könnte eine „Kunst der Poesie" wie die von Timrod (veröffentlicht im September 1905 *im Atlantic Monthly*) vierzig Jahre lang im Manuskript liegen, ohne einen starken Verdacht auf ihren Wert zu erregen; und auf lange Sicht gab es ein erstaunliches Missverhältnis zwischen dem dünnen Faden grundlegender Tradition und fundierter kritischer Theorie einerseits und dem anschwellenden und schnellen Strom naiver, unkultivierter Verse, der sich von allen Seiten sammelte, andererseits. Welche englischen Dichter auch immer die Vorbilder lieferten, die Nachahmung fand größtenteils an der Oberfläche statt. Zuerst Pope und seine Nachfolger in England, dann Wordsworth und Coleridge, dann Shelley und Keats, dann Scott und Bryon und schließlich Tennyson – alle hatten der Reihe nach ihre amerikanischen Anhänger. Aber es scheint relativ wenig Verständnis wie das von Bryant und Timrod für die bewusste Theorie gegeben zu haben, die den „Experimenten" in „Lyrical Ballads" zugrunde liegt, oder für die idealen Anforderungen, die Shelley an Poesie und Dichter stellte; Auch interessierten sich cisatlantische Leser von Lord Byron nicht besonders für den Longinus, den er „über einer Flasche" studierte, oder für den strukturellen Rahmen, auf dem Tennysons „Palast der Kunst" errichtet wurde.

Merkmale der Periode. —Natürlich werden wir uns auf den folgenden Seiten so kurz wie möglich mit jenen amerikanischen Dichtern des letzten Jahrhunderts befassen, die von Einschränkungen wie diesen in größerem Maße berührt werden; denn eine Geschichte der Literatur muss sich so weit wie möglich mit Schriftstellern befassen, die die Tradition klug genutzt haben und deren angeborene Einsicht es ihnen ermöglicht hat, ihr Genie im Einklang mit den universellen Kanons der Kunst und mit der gebührenden Wertschätzung zu trainieren meisterhafte Technik. In der Zwischenzeit können wir versuchen, die Merkmale der betrachteten poetischen Ära und insbesondere der früheren und nicht der zweiten Hälfte dieser Ära zusammenzufassen. Je näher wir unserer Zeit kommen, desto klüger ist es, auf allgemeine Charakterisierungen zu verzichten.

1. Die Beziehung zwischen englischer und amerikanischer Literatur in den ersten zwanzig oder dreißig Jahren des letzten Jahrhunderts wurde bereits angedeutet. Abgesehen davon oder sehr oft dadurch war der Einfluss Rousseaus von größter Bedeutung. Die Doktrin, die die Unschuld des „Menschen im Naturzustand" und die Gleichheit aller Individuen sowie das halb pantheistische Gefühl für eine der Zivilisation entgegengesetzte äußere

Natur aufrechterhielt, da sie in das lebenswichtige Gewebe unseres nationalen Denkens eingingen , und obwohl sie im Grunde im Widerspruch zur Wissenschaft und allen nachweisbaren Erfahrungen stehen, gehören sie sozusagen zu den eigentlichen Bedingungen eines Großteils unserer Poesie. Aus diesen Quellen ging zum Beispiel hervor, dass wir in der Praxis zwar den „natürlichen Menschen", den grausamen Indianer, verachteten und misshandelten, ihn aber in poetischen Ausbrüchen idealisierten; so wie Fenimore Cooper, der in die Fußstapfen von Chateaubriand trat, ihn in Prosa idealisierte.

2. Unsere früheren Dichter, das heißt unmittelbar nach der Revolution, aber auch hier und insbesondere nachdem der Krieg von 1812 unseren Sinn für nationale Solidarität bestätigt hatte, legten großen Wert auf die Äußerung ihres Patriotismus; allerdings sind von vielen mehr oder weniger anspruchsvollen oder geschmackvollen Bemühungen nur wenige erhalten geblieben. Keys „Star-Spangled Banner" (1814), das am Ende des Zweiten Krieges entstand, ist nur fünf Jahre älter als „The American Flag" (1819) von Drake; diese beiden bleiben zusammen mit Hopkinsons „Hail Columbia" (1798) und „America" (1832), der bekannten Hymne von S. F. Smith, unabhängig von ihrem relativen oder absoluten Wert als Literatur, unsere am meisten geschätzten nationalen Gedichte.

3. So häufig oder eindringlich der Patriotismus auch zum Ausdruck kommt, die allgemeine Stimmung amerikanischer Dichter war nicht besonders optimistisch. Wenn man einen Blick auf die lange Liste der für die Behandlung ausgewählten Themen wirft, wird eine Neigung zu den düstereren und melancholischeren Elementen und Aspekten des Lebens immer deutlicher. Diese Neigung ist auch nicht auf die Menge beschränkt. Ungeachtet gegenteiliger Ausnahmen wie Walt Whitman ist es im Wesentlichen charakteristisch für die Führer, wenn sie von gemeinsamen oder überkommenen Themen abweichen und ihrer eigenen Persönlichkeit freien Lauf lassen. Diese Freude, die die Quelle von Wordsworths Vitalität ist, ist selbst bei seinem nächsten amerikanischen Kollegen, Bryant, stark gemindert; Sicherlich ist es nicht mit der gedämpften Traurigkeit von Longfellow vergleichbar, obwohl dies nicht unbedingt „mit Schmerz vergleichbar" ist.

4. Andererseits war die edelste amerikanische Poesie nicht tragisch. Tragödien und ernsthafte Epos wurden versucht, aber wie im Fall von Dwight, Barlow und so vielen anderen größtenteils als akademische Übungen, die den Schreibtisch und die Bibliothek auskosten. Mit unserem nationalen Leben hatten sie keinen wesentlichen Zusammenhang. Ein zentrales Motiv unserer Geschichte wie der Tod von Lincoln wartet immer noch auf die Fantasie eines Meisterdramatikers.

5. Obwohl sich nur wenige ihr ganzes Leben damit beschäftigt haben, haben die meisten unserer Dichter den Beruf früh begonnen, sehr oft in Eile gezeugt und in ihrer Unreife veröffentlicht. Der schmerzhafte Rat von Horace hat uns nicht gefallen. Da uns die Beispiele von Milton, Wordsworth und Tennyson immer wieder vor Augen stehen, ist es uns noch nicht gelungen, von ihrem Beharren auf großzügiger Vorbereitung, akribischer Technik und mühsamer Verzögerung bei der Veröffentlichung zu profitieren. Wir haben die Kürze des Lebens besser erkannt als die Länge der Kunst.

6. Unser Respekt für das „Praktische" und den „gesunden Menschenverstand" ist verbunden mit einer Vorliebe, die sich in unserer Poesie für alltägliche Themen zeigt. Hier ist uns der komische Stil natürlich besser gelungen als der ernste. Heimische Themen so zu behandeln, dass ihre wesentliche Würde mit dem Licht der Vorstellungskraft erfüllt wird – die Welt um uns herum zu malen, um „den Glanz zu verleihen" – war die Aufgabe, die sich ein englischer Mystiker stellte. Es ist ein gefährlicher Handel für Männer, die von Ochsen reden. Heimelige Gemüter neigen bei häuslichen Angelegenheiten dazu, ins Triviale oder Pathetische abzurutschen. Selbst Longfellow kann nicht von dem Vorwurf befreit werden, dass er dem offensichtlichen Alltäglichen zu viel Aufmerksamkeit schenkt und, zumindest als Versdichter, zu viel Liebe für das bloß Sentimentale hat. Für eine adäquate fantasievolle Behandlung von Themen, die ernst, vollständig und von ausreichender Tragweite sind, um die erhabeneren Wirkungen großer literarischer Kunst hervorzurufen, sind wir im Allgemeinen gezwungen, auf unsere beste Prosa-Fiktion zurückzugreifen.

7. Solange puritanische Ideale, wie abgeändert und abgeschwächt sie auch sein mögen, weiterhin einen wesentlichen Teil der amerikanischen Bildung dominierten, also bis zu einem gewissen Punkt innerhalb der letzten fünfundzwanzig Jahre, neigte unsere Poesie dazu, offensichtlich didaktisch zu sein. Nicht nur geistliche, sondern auch weltliche Dichter schienen sich als direkte Lehrer der Moral zu betrachten. Bei satirischen Schriftstellern – Freneau, Halleck – oder in der Literatur, die ihrer Art nach pietistisch ist, ist eine solche Tendenz durchaus normal und wirksam. Aber in angeblich fantasievollen Gedichten wie „The Vision of Sir Launfal" sollte die grundlegende moralische Ordnung des Universums zweifellos inhärent sein, sie sollte aber ebenso sicher ihre eigene Wirkung entfalten, ohne die zufällige Hilfe einer Predigt. Für den Autor dieses Artikels verlieren viele der besten – natürlich nicht die allerbesten – Stücke der amerikanischen Poesie sowohl an ethischem als auch ästhetischem Wert, weil Argumente und Ermahnungen zum Thema Verhalten oder Glauben eingedrungen sind. Man könnte meinen, dass das beste Werk von Holmes, zum Beispiel „The Chambered Nautilus", in dieser Hinsicht den Kürzeren zieht. Der Geist der

Vereinigten Staaten ist ein prosaischer Geist, daher fehlt unserem Vers, wenn er überhaupt substanziell ist, selten das eine oder andere Element des Stils des forensischen Redners.

8. Da wir andererseits nicht behaupten können, ein tragisches Drama und auch kein echtes Nationalepos zu besitzen, kann man mit Sicherheit behaupten, dass unsere Poesie ihre höchsten Höhen in der meditativen und religiösen Lyrik erreicht hat; in meditativen Versen über die Natur, das heißt in solchen „Naturpoesien", die die göttliche Immanenz in der gesamten Welt der objektiven Realität annehmen – in Bryants „Thanatopsis"; und in der religiösen Lyrik, das heißt in einigen unserer Hymnen.

Die früheren Dichter. – Wir beginnen diesen Überblick über die amerikanische Poesie an dem Datum, an dem die von Tyler übernommenen Abschnitte die Literatur als Ganzes geführt haben, nämlich im Jahr 1784. Die wichtigsten Dichter der Revolutionszeit, alle Barlow, Dwight, Trumbull und Freneau lebte bis weit ins nächste Jahrhundert hinein, wobei Barlow tatsächlich der einzige von ihnen war, der den Krieg von 1812 nicht überlebte.

Zu Barlows Zeiten waren Heldentaten angesagt. Sein *Hauptwerk* , ein gereimtes Epos über die Entdeckung Amerikas, hatte bereits 1781 handschriftliche Gestalt angenommen; 1787 erschien es als „Die Vision des Kolumbus"; 1807 war daraus die schwerfällige „Columbiad" herangewachsen. Es ist eine uninspirierte, pseudoklassische Erzählung, schematisch und metrisch korrekt, aber organisch leblos, voller der für ihre Zeit so charakteristischen „Personifizierung des Druckerteufels". Mit unentgeltlichem Fleiß, da es die gesamte Abstammungslinie personifizierter Abstraktionen wie „Zwietracht" liefert, beginnt es die Geschichte Amerikas bei der Schöpfung, holt die Geschichte durch die Kolonialzeit bis zur Revolution und beinhaltet in seinem Rundgang einen Blick auf Ereignisse, die noch bevorstehen kommen. In ähnlicher Weise beginnt Barlow in seinem Scheinhelden „The Hasty Pudding" (1793), der voller Fantasie und in jeder Hinsicht attraktiver ist als seine „Columbiad", mit dem Anbau und der Ernte des Mais, der das Mehl liefern soll .

Dwight, der zunächst Dozent, aber von 1795 bis zu seinem Tod im Jahr 1817 Präsident des Yale College war, brachte 1785 ein biblisches Epos mit dem Titel „Die Eroberung Kanaans" heraus, in dem die Erzählung des Exodus durch Anspielungen abwechslungsreicher wird an Helden im amerikanischen Unabhängigkeitskrieg und durch eine Geschichte romantischer Liebe ergänzt. Dwight war ein fleißiger Leser von Pope und Goldsmith, aber sein Interesse beschränkte sich nicht auf das 18. Jahrhundert; er kannte den Zauber des Dichters der Dichter, Spenser; und wie Thomson konnte er manchmal, wie in „Greenfield Hill", die Dinge um ihn herum mit eigenen Augen betrachten. Er war ein Freund von Trumbull, Humphreys und Barlow; gelegentlich verfasste er eine bittere Beschimpfung. Aber als Schriftsteller wird er für seine edle Hymne in Erinnerung bleiben, deren zweite Strophe beginnt:

Ich liebe deine Kirche, o Gott,

Das ist der Grundton seines Lebens.

Obwohl Trumbull ein hohes Alter erreichte (1750–1831), hatte er seinen bemerkenswerten Scheinhelden „M'Fingal" vor 1784 fertiggestellt; daher interessiert er uns an dieser Stelle hauptsächlich wegen seiner Freundschaft mit Dwight und Barlow und seiner Wirkung auf spätere Satiriker.

Bei Freneau liegt der Fall anders. Einige seiner besten Verse erschienen erst 1786, als er eine Sammlung mit „Das Haus der Nacht" veröffentlichte; und 1795 stellte er in einer weiteren Sammlung zusammen, was er in den letzten 25 oder mehr Jahren offenbar für das Beste in seinem Schaffen hielt. Dies war sehr uneinheitlich, darunter vieles, was besser hätte ungedruckt bleiben sollen, und andere Werke, die Freneau als den einzigen Amerikaner mit wahrem poetischem Genie vor 1800 auszeichnen. Er war sich seiner Kräfte nicht unbewusst und wollte sie durch häufiges Lesen von Gutem entwickeln Vorbilder in der antiken und modernen Literatur; aber er war nicht selbstkritisch genug. Er setzte seine Karriere als Wanderer und rasantes Komponieren sowohl in der Poesie als auch in der Prosa über die normale Lebensspanne hinaus fort und erstellte 1815 eine weitere Sammlung seiner Werke. Seine letzten Jahre waren von dem Gedanken überschattet, dass er für Männer ungerechtfertigterweise vernachlässigt wurde geringeres Talent. Als Mann von großer körperlicher Kraft dachte er gerade über eine weitere, letzte Ausgabe seiner Schriften nach, als er zu seinem unglücklichen Ende kam. Im Jahr 1832 verirrte er sich, als er durch einen Schneesturm nach Hause zurückkehrte, und starb an den Folgen der Kälte. Seine einst geschmähte Persönlichkeit wurde in letzter Zeit gebührend bestätigt, und seine Arbeit wurde großzügig gelobt. Es wird behauptet, dass Scott und Campbell damit zufrieden waren, Zeilen von ihm auszuleihen. Darüber hinaus gilt er als Mitarbeiter von Coleridge und Wordsworth, der in der Literatur die sogenannte „Rückkehr zur Natur" herbeiführte. Die Parallele könnte leicht zu weit gehen. Solange die Literaturwissenschaft ihr Wissen über die gesamte Schaffenszeit Freneaus nicht erweitert und vertieft hat, können weder der Wert seiner Poesie noch das mögliche Ausmaß seines Einflusses gerichtlich beurteilt werden. Es besteht kein Zweifel daran, dass Gedichte wie „The Wild Honeysuckle", „The Hurricane", „The Dying Indian" und „Eutaw Springs" mehr als nur einen vorübergehenden Wert haben. Es sind jedoch seine satirischen Verse, die Freneau eher dazu verleiten, weiterzumachen; denn die Natur der Satire toleriert bis zu einem gewissen Grad einen freien und einfachen Stil, wie er ihn entwickelt hat.

Frühe kleine Dichter. —Zu den kleineren Gedichten vor 1815 gibt es wenig Lobendes zu sagen. Wir sehen darin, wie der Einfluss von Akenside und anderen englischen Lehrautoren einer früheren Zeit vor dem neueren Geist von Wordsworth und Coleridge zurückweicht; obwohl die Satiren der Revolution bei Paine und anderen eine Abstammungslinie hatten, die nicht schnell ausstarb; und obwohl mehrere andere literarische Moden ihre Existenzintervalle hatten, wie zum Beispiel die Nachahmung von „Ossian" und der Kult der Della Cruscans. Der Intellekt von Akenside machte sich in Werken wie „The Power of Solitude" (1804) von Joseph Story (1779–1845) und dem vier Jahre später veröffentlichten anonymen Werk „Pains of Memory" bemerkbar. „Von viel größerem Wert", meint Professor Bronson, „sind die Lehrgedichte von Robert Treat Paine (1773–1811), einem Mann mit vielseitigen und brillanten Rollen, aber ausschweifendem Charakter." Seine Texte, Reden und dramatischen Kritiken zeigen allesamt sein Können. Aber sein bestes Werk ist „The Ruling Passion", ein Gedicht, das er 1797 vor dem Phi Beta Kappa in Harvard hielt." Dies sei „offen gesagt nach dem Vorbild von Pope, aber so witzig, energisch und pointiert, dass es seinem Original alle Ehre macht." William Clifftons „Poems" (1800) und Thomas G. Fessendens „Original Poems" (1804) können nur erwähnt werden.

Ich möchte noch ein Wort zu den Dichterinnen der Zeit hinzufügen, von denen einige, zum Beispiel Mrs. Mercy Warren (1728–1814), die sich während des amerikanischen Freiheitskampfes Gehör verschafft hatte, auch in den frühen Jahren des 19. Jahrhunderts weiterhin ein Publikum fanden Republik. Die Gedichte von Frau Warren wurden 1790 gesammelt, die von Frau Susanna H. Rowson im Jahr 1804. Auch die sentimentale Frau Sarah W. Morton ist zu erwähnen; Ihre Blütezeit erlebte sie etwas später als die anderen (1759–1846). Als „amerikanische Sappho" ist sie nicht mehr interessant, und es wird auch nicht allgemein in Erinnerung gerufen, dass sie Paine für den amerikanischen „Menander" hielt. Sie war eine Vertreterin des albernen „Della Cruscan"-Stils, der in England bis zu seinem Angriff durch William Gifford und in den Vereinigten Staaten bis zur Wiederveröffentlichung von Giffords „Baviad" und „Mæviad" in Philadelphia (1799) in Mode war durch einen poetischen Brief an ihren Autor aus der Feder des jungen Quäkers Cliffton.

Nicht weniger schädlich als die Della Cruscans waren die Nachahmer von MacPhersons „Ossian", darunter Joseph B. Ladd (1764–1786), Jonathan M. Sewall (1746–1808) und John Blair Linn (1777–1804). Beide Schulen gaben nach, als die Wordsworthsche Reaktion gegen die „poetische Diktion" und die Gewohnheit einsetzte, Verse über Naturobjekte zu schreiben, ohne sie angeschaut zu haben.

Wenn die Partystimmung hoch ist, blüht die Satire wahrscheinlich auf. Die politischen Spannungen während der zweiten Hälfte der Präsidentschaft Washingtons und während der Amtszeit von Adams und Jefferson führten zu einer Flut satirischer Gedichte, von denen viele von ihren Autoren nicht anerkannt wurden. Ob anonym oder nicht, in den meisten von ihnen wurde der Stift des Schriftstellers als Knüppel und nicht als Messer geführt. Freneau selbst war in seiner Kritik an der Regierung nicht allzu vorsichtig, obwohl er den Ruf eines Mannes, dem es an Liebe zu seinem Land mangelte, kaum verdiente; aber Freneau war lediglich der Begabteste unter den vielen, parteiischeren als er, die, je nachdem, ob sie Föderalisten oder Demokraten waren, die Maßnahmen der gegnerischen Fraktion erbittert angriffen. Die „Demokratiade" und die „Guillotina" waren anonyme Angriffe auf die Demokraten in den Jahren 1795 und 1796. Der Engländer William Cobbett und Alexander Hamilton, deren Privatleben ein leichtes Ziel bot, wurden als Vertreter der Föderalistischen Partei in Careys „Porcupiniad" (1799) und einer Sammlung mit dem Titel „Olio" (1801) an den Pranger gestellt.

Auch die Fraktionsverärgerung hatte nichts mit einer Vielzahl patriotischer Gefühle zu tun, die sich in Versen zu Feiertagen und Staatsanlässen äußerten; Aber wie alle Satiren erregen auch die meisten postrevolutionären Ausbrüche von Patriotismus längst keine Emotionen mehr. Wie bereits erwähnt, ist Hopkinsons „Hail Columbia" (1798) eine der Ausnahmen. Colonel David Humphreys (1753–1818), dessen Verse größtenteils aus Lobreden auf Washington bestanden, ist für die breite Öffentlichkeit kaum eine Erinnerung; und seine Absicht, „die Poesie zur Stärkung des Patriotismus, zur Förderung der Tugend und zur Verbreitung des Glücks zu nutzen", ist dem Weg vieler ähnlicher Ziele von großer Exzellenz ohne die Hilfe von Genie gefolgt.

Washington Allston. – Der erste angesehene Dichter, der offensichtlich die Tradition von Wordsworth vertritt, war der Künstler Washington Allston (1779–1843), ein Freund von Coleridge, und dieser bezeichnete ihn als ein Genie für Literatur und Malerei, „das von keinem Mann seiner Zeit übertroffen wird". " Auch Southey war ein begeisterter Bewunderer; und Wordsworth, der für das Zeitalter, in dem er lebte, kein Lob übrig hatte, lobte den amerikanischen Maler ohne Widerwillen. In Allstons „Sylphen der Jahreszeiten" (1813) gibt es Hinweise auf das genaue Auge eines Künstlers, und es gibt viel Feinheit der Gefühle und ein sanftes Spiel der Fantasie; aber eine große konstruktive und fantasievolle Kraft ist nicht vorhanden, und eine gewisse Zahmheit in den Reimen und Offensichtlichkeit in der Abfolge der Gedanken erklären, warum das Gedicht keine dauerhaftere Anerkennung gefunden hat. Sein „Amerika und Großbritannien" wurde von Coleridge in „Sibylline Leaves" (1817) aufgenommen, „wegen seiner Moral nicht weniger als wegen seines patriotischen Geistes". Als Versuch, die Vorstellung von abstrakter, sozusagen intellektueller Schönheit in die Sprache zu integrieren, erinnert „Der Engel und die Nachtigall" an Shelley.

Vor Allston gab es Balladenautoren, die sich mit Themen beschäftigten, die den Lesern von Wordsworth und Coleridge heute vertraut sind. Insbesondere das Motiv des jungen und unschuldigen Mädchens, das betrogen wurde und durch ihren Verrat verrückt geworden ist, war ein bemerkenswerter Favorit. Lucius M. Sargents „Hubert und Ellen" (1812) wird als dürftige Nachahmung von Wordsworth beschrieben und greift dessen Vorbild auf, ebenso wie Joseph Huttons Ballade über Crazy Jane („Leisure Hours", 1812) und Henry C. Knights „Poor Margaret Dwy, " aus der einen oder anderen Studie über geistige Verwirrung in „Lyrical Ballads" oder den „Poems" (von Wordsworth) von 1807. Zweifellos ließen sich in der amerikanischen Literatur zahlreiche Parallelen zu Wordsworths „Ruth" und zu seiner sympathischen Behandlung von „Ruth" finden andere niedere Arten der Menschheit. In ähnlicher Weise verbrüdert sich derselbe englische Dichter mit dem Rotkehlchen und dem Schmetterling, und Coleridge begrüßt einen jungen Esel als seinen „Bruder", und wie Shelley 1815 behauptet, er sei mit „hellem Vogel, Insekt oder sanftem Tier" verwandt Knight spricht „The Caterpillar" (1821) als „Cousin Reptil" an. Die Puritaner hatten behauptet: Die meisten Sünden und alle Sünder sind gleich; Rousseau und die Französischen Revolutionäre gingen noch weiter und erklärten: „Alle Menschen sind gleich; und nun implizierten amerikanische Dichter als Reaktion auf die Lehre von Coleridge und seinen Pantisokraten: „Alle Geschöpfe sind gleich." So gedeiht das Prinzip der Demokratie und Brüderlichkeit. Themistokles ist letztendlich nicht besser als der ungehobelte Inselbewohner, und die Apostel haben ihre Überlegenheit gegenüber den Spatzen verloren. „Cousin-Reptil" ist natürlich ein Extremfall.

Auf der vernünftigeren Seite hat der neue Impuls mehrere nicht wenig vielversprechende Autoren ins Leben gerufen. So war es auch mit John Neal (1793–1876), dessen Gedicht „The Battle of Niagara" (1818) den Wordsworthianismus aus zweiter Hand durch Shelley und Keats widerspiegelt, mit einem Hauch von byronischer Großartigkeit und Zahmheit, aber auch mit einem Hauch von Ureinwohner-Natur , jedoch grob. Die angeborenen Fähigkeiten von Neal wurden später im Journalismus, im Romanschreiben und dergleichen vernichtet.

Joseph Rodman Drake. — Auch die Karriere von Joseph Rodman Drake (1795–1820) war vielversprechend, wurde jedoch durch ein vorzeitiges Ende abgebrochen. Drake war ein frühreifer Geist, der schnell arbeitete und seine leicht verfassten und schnell bewegenden Verse vielleicht etwas unter ihrem wahren Wert schätzte. Als Freund von Halleck und wie Halleck unter dem Einfluss des Schriftstellers Fenimore Cooper, verrät er auch, wie vertraut er mit dem halb leuchtenden, halb nebligen Stil von Coleridge war. In Drakes glücklichstem Versuch, „The Culprit Fay" (1816), wollte er einen Ausdruck für die Poesie der großen amerikanischen Flüsse finden, die, wie er und seine Freunde entschieden, in der einheimischen Literatur bisher vernachlässigt wurde. Diese fantasievolle Geschichte ist das Ergebnis einer Diskussion zwischen Drake, Freneau und Cooper und enthält dennoch zahlreiche Kadenzen von Coleridges „Christabel" (1816), so schwierig es auch sein mag, die Ähnlichkeit zu erklären. Unnötig zu erwähnen, dass „The Culprit Fay" keine allgemeine Anziehungskraft ausüben konnte wie „The American Flag" desselben Autors – ein rhetorisches und manieristisches Stück, das bis vor ein paar Jahren in aller Munde jedes Amerikaners war Schüler:

Als die Freiheit von ihrer Berghöhe her ihre Standarte in die Luft entfaltete, zerriss sie das azurblaue Gewand der Nacht und setzte dort die Sterne der Herrlichkeit auf.

Wo platzieren? Trotz der Tatsache, dass „The American Flag" grandios und unpräzise ist, könnte es dennoch einen stilistischen Vorteil gegenüber Keys „Star-Spangled Banner" haben, mit dem man es natürlich vergleicht.

Fitz-Greene Halleck. – Der letzte Vierzeiler von „The American Flag" wurde von Drakes Mitarbeiter in den „Croaker Papers", Fitz-Greene Halleck (1790–1867), geschrieben. Halleck war ein witziger Dichter, der keinen dauerhaften Ruhm anstrebte, sondern die vorübergehenden Torheiten der New Yorker Gesellschaft humorvoll tadelte, so wie Lord Byron die Gesellschaft in London geißelte. Er schrieb klar und anmutig und wurde zu seiner Zeit überaus gelobt. Sein satirisches Gedicht „Fanny" (1819) erfreute sich großer Beliebtheit. „Marco Bozzaris", ein lyrisches Rezital byronischer Art, mit viel Lebendigkeit, aber auch einem Hauch von Tirade dargestellt, ein dramatischer Vorfall im Kampf des modernen Griechenlands gegen die Türken. Seine Hommage an Burns (1827) wurde von der Schwester des schottischen Barden wärmstens gebilligt: „Über Robert ist nichts Schöneres geschrieben worden", sagte sie 1855. „Red Jacket" und die Monodie auf „Drake" gehören ebenfalls zu Hallecks Frühzeit. Tatsächlich beschränkte sich seine Haupttätigkeit als Dichter auf die zehn oder elf Jahre, die mit dem Tod von Drake (1820) begannen. So wie Allston der erste unserer Dichter war, der im Ausland große Bewunderung hervorrief, so war Halleck der erste, der im Inland bemerkenswerte posthume Ehrungen erhielt. Im Allgemeinen verdankte er einen großen Teil seiner Inspiration Washington Irving.

James Kirke Paulding. – Dasselbe galt für James Kirke Paulding (1779–1860), obwohl sein „Lay of the Scotch Fiddle" (1813) eine Parodie auf Walter Scotts „Lay of the Last Minstrel" war und obwohl sein Anspruch auf dauerhaften Ruhm, wie er annahm, war ein Epos, „The Backwoodsman" (1818), das das Leben an der amerikanischen Grenze darstellte. Weder die kluge Ballade, noch das prosaische Epos, noch sein zweiter Teil von

Salmagundi haben den Neid der Zeit überlistet. Zu seiner Zeit wurde Pauldings Versuch, den ersten Erfolg von Irving zu wiederholen, von „The Croakers" von Halleck und Drake in den Schatten gestellt. Sein „Peter Piper" ist immer noch da.

John Howard Payne. – Ein ähnlicher Fall wie „Peter Piper" ist der eines Liedes in „Clari" (1823), einem der Dramen von John Howard Payne (1791–1852). Payne, der sich in verschiedenen Beschäftigungen versuchte, war ein Freund von Irving und kannte Coleridge und Lamb. Zu einer Zeit war er Konsul der Vereinigten Staaten in Tunis. Als Schauspieler und Journalist kannte er die Stimmung seines amerikanischen Publikums; daher konnte er sich als Dramatiker einen beachtlichen Ruf erfreuen. Sein „Brutus" (1818) wurde gut aufgenommen; Dennoch würde er bis auf einen einzigen Text in „Clari", „Home, Sweet Home", völlig vergessen sein, den nachfolgende Generationen seiner Landsleute als Erbstück des Volkes weitergegeben haben.

Woodworth , *Morris* , *Hoffman* , *Willis usw.* – Zwei weitere Schriftsteller derselben Zeit, die heute vor allem durch kurze und heimelige Lieder oder rhetorische Auszüge bekannt sind, waren Samuel Woodworth (1785–1842), an den man sich noch immer durch „The Old Oaken Bucket" erinnert (1826) und George P. Morris (1802–64), dessen „Woodman, Spare That Tree" und „The Main Truck" (auch „A Leap for Life" genannt) vom Podium vieler Dorfschulhäuser widerhallten , und vermittelte so manchem jungen Bauern seine wichtigsten Vorstellungen von leidenschaftlicher Beredsamkeit. Die Lieder von Charles Fenno Hoffman (1806–84) sind zwar keineswegs so bekannt wie diese, aber keineswegs minderwertig. Hoffman war Student am Columbia College und wuchs in den literarischen Traditionen von New York City auf. Das galt auch für James W. Eastburn (1797–1819) und Robert C. Sands (1799–1832). Unter einer eher unhaltbaren Nomenklatur würden alle drei zusammen mit Paulding und Halleck als Mitglieder der „Knickerbocker-Schule" aufgeführt, deren leuchtende Koryphäe Irving („Diedrich Knickerbocker") ist. Zu diesen können wir McDonald Clarke (1798–1842) hinzufügen, „den verrückten Dichter", der in seinen Anspielungen auf die Schönheiten der Metropole irritierend persönlich ist; Park Benjamin (1809–64); und N. P. Willis (1806–67), dessen kluge Herrschaft die von Halleck ablöste. Leichtfertig und sorglos, wie oder wen er traf, machte sich Willis im Inland einen außergewöhnlichen Namen und konnte im Ausland für Aufsehen sorgen. In Amerika veröffentlichte er, wo und was ihm gefiel, denn die Herausgeber waren froh, ihn gut zu bezahlen, so begierig darauf, ihn zu lesen. Aber er hatte den Lohn einer leicht gewonnenen Popularität: Als die Generation, für die er schrieb, verstorben war, wurde er zu Recht vernachlässigt. Sein Eintreten für die amerikanische Literatur gegen die Beschränkungen von Lockhart und Marryat und die erlösende Offenheit seiner Meinungen sind eine schlechte Wiedergutmachung für seinen Missbrauch von Talenten, die den Geschmack des grellen Tages eher verbessert als befriedigt hätten.

William Cullen Bryant. – So sehr er sich auch in Zielsetzung und Dauerhaftigkeit vom letztgenannten Anhänger der „Knickerbocker-Schule" unterscheidet, so kann doch derselben allgemeinen Kategorie William Cullen Bryant (1794–1878) zugeordnet werden, der von 1826 bis zu seinem Tod eine aktive Kraft im literarischen Leben war von New York. Der Autor von „Thanatopsis" und einer der besten Versübersetzungen von Homer wurde in Cummington, Massachusetts, geboren, besuchte eine örtliche Schule, wurde von Privatlehrern und zwei begabten Geistlichen Latein und Griechisch unterrichtet und studierte einen Teil eines Jahres in Williams College, wo der akademische Standard damals niedrig war. Er verließ diese Institution im Jahr 1811 und bereitete sich darauf vor, in den Anwaltsberuf einzusteigen. Während seiner Vorbereitung hatte er eine Zeit lang Erfahrung als Adjutant in der Staatsmiliz. Danach praktizierte er als Anwalt in seinem Heimatstaat, in Plainfield und Great Barrington, bis er 1825 der starken Neigung der Natur nachgab und sich der Literatur zuwandte, um sein Leben zu bereichern.

Schon als Kind zeigte Bryant eine außergewöhnliche Neigung zur Poesie. Er war unermüdlich fleißig und ein Allesfresser. Er schrieb Verse, bevor er neun Jahre alt war; In seiner Jugend, so sagt er, variierte er seine privaten Andachten von den gewöhnlichen calvinistischen Modellen, indem er darum bat, „die Gabe des poetischen Genies zu empfangen und Verse zu schreiben, die Bestand haben könnten". Die Gabe erlangte er durch die Vermittlung von Wordsworths „Lyrical Ballads" (der amerikanischen Ausgabe von 1802), deren Herrschaft über ihn er später anerkannte und in seiner Praxis bezeugte. Zunächst war er jedoch von den Tendenzen seiner eigenen Vorgänger in Amerika geprägt. Aufgrund seiner politischen Sympathien war er ein Föderalist und lehnte die Ziele von Jeffersons Regierung ab – obwohl er sich später zu einem überzeugten Befürworter der „Jeffersonschen Demokratie" entwickelte. Ermutigt durch seinen Vater, einen bekannten Arzt, der sich selbst der Poesie widmete, sah der junge Cullen noch vor seinem fünfzehnten Lebensjahr seine politische Satire „The Embargo" (1808), ein Werk im Stil von Freneau und Trumbull, im Druck woraufhin Jefferson aufgefordert wurde, sein Amt als Präsident niederzulegen. Glücklicherweise hatte Byrant in Wordsworth eine bessere Modellauswahl als die Satiriker. Im Jahr 1810 lernte er „Lyrische Balladen" kennen. Irgendwann im Herbst 1811, als sein inneres Auge gelehrt worden war, die Wirkung eines gütigen und heilenden Geistes in der Welt der Natur zu erkennen, war dieser nachdenkliche Jugendliche nun dabei, mit dem Studium zu beginnen des Gesetzes, und sozusagen, um mit der Anstrengung des Lebens zu beginnen, fühlte er sich dazu bewegt, seine Gefühle über die alles durchdringende Tatsache des Todes niederzuschreiben: Die allgemeine Schuld ist kein Übel; Es zu bezahlen ist so natürlich wie geboren zu werden; und der Stimme der Natur zu gehorchen, sich auf ihren Willen zu verlassen, ist die Quelle menschlicher Zufriedenheit. Das ist die Last von „Thanatopsis".

Als „Thanatopsis" vom Vater des Dichters bei *The North American Review eingereicht wurde* (im Jahr 1817), konnte man kaum glauben, dass eine so erhabene Sorte außerhalb Englands entstanden war. „Thanatopsis" und „To a Waterfowl" (geschrieben 1815) sind tatsächlich in vielerlei Hinsicht Wordsworthianisch; Die Ähnlichkeit fällt sofort auf. Dennoch ist die Ähnlichkeit nicht vollständig. Erstens basieren sie, und zwar ganz eindeutig, auf der natürlichen Landschaft von Bryants eigener Umgebung in Neuengland; und sie entsprangen einer einheitlichen individuellen Erfahrung, zu der seine persönlichen Beobachtungen ebenso viel beitrugen wie seine Lektüre. Aber wie bereits erwähnt, ist die Notiz von Bryant eine weniger freudige Notiz als die seines großen englischen Vorbilds, nicht nur aufgrund einer unterschiedlichen Auswahl der Themen, sondern auch aufgrund einer unterschiedlichen Behandlung von Details. Es ist nicht zu erwarten, dass ein siebzehnjähriger Junge in seiner technischen Perfektion mit einem Dichter mithalten kann, der im Alter von zweiunddreißig Jahren (als Wordsworth in Amerika zum ersten Mal allgemein bekannt wurde) praktisch ein Meister seines Fachs war. Darüber hinaus ist „Thanatopsis", wie wir es jetzt haben, tatsächlich eine enorme Verbesserung gegenüber der Version, die in *The North American* erschien ; doch in der Endgültigkeit des Ausdrucks kann es nicht mit den „Zeilen" von Tintern Abbey mithalten, ganz zu schweigen von bestimmten Teilen von „The Prelude" oder „The Excursion", die auf dem Höhepunkt von Wordsworths Macht geschrieben wurden. Dennoch war „Thanatopsis" das erste große amerikanische Gedicht; In seiner ultimativen Form wird es den meisten Lesern jeden Alters gefallen. Die Majestät von Thukydides ist der Vorstellung entlehnt, dass die ganze Erde das Grab berühmter Männer sei; In Ausdrücken wie „die alles sehende Sonne" liegt ein homerischer Glanz des Beinamens. Die „heilende Sympathie" der Natur ist natürlich schlicht und einfach Wordsworthianismus; Aber das Gedicht als Ganzes ist von einem Pantheismus geprägt, der viel stoischer ist als der Pantheismus von Wordsworth und merkwürdigerweise nicht mit der Moralisierung Neuenglands gegen Ende übereinstimmt. Dieser Touch kommt in den Versen „To a Waterfowl" noch deutlicher zum Ausdruck.

„To a Waterfowl" wurde 1821 zusammen mit mehreren anderen Gedichten veröffentlicht, darunter „Thanatopsis". Laut dem eigensinnigen Genie Hartley Coleridge ist es das beste Kurzgedicht in englischer Sprache;

ein gefährlich umfassendes Urteil, wie Shelleys über „Frankreich", die großartige Ode von Hartleys Vater. Auf jeden Fall wird „To a Waterfowl" von kaum einem späteren Werk Bryants übertroffen und wahrscheinlich auch von keinem vergleichbaren Thema und Umfang, das jemals in Amerika geschrieben wurde.

Im Jahr 1821 heiratete Bryant, der damals in Great Barrington als Anwalt tätig war, Miss Frances Fairchild. 1825 gab er das Anwaltsberuf und einen sicheren Lebensunterhalt auf und zog nach New York, wo er die Redaktion der *New York Review übernahm* . Nach einer kurzen Verbindung mit *The United States Review* wurde er stellvertretender Herausgeber *der Evening Post* ; 1829 wurde er zum Chefredakteur ernannt. Auf seine lebenslange Führung dieses einflussreichsten Aufsatzes wird an anderer Stelle kurz eingegangen. Man könnte leicht annehmen, dass Bryants langwierige redaktionelle Arbeit seine spätere Entwicklung als Dichter beeinträchtigte. Doch sein Teilbesitz *der Post* verschaffte ihm schließlich reichlich Reisemöglichkeiten und eine Erweiterung seiner Erfahrungen im eigenen Land und im Ausland; und seine Fleißgewohnheiten, unterstützt durch ein gemäßigtes körperliches Regime, ermöglichten es ihm, im Laufe seiner langen Karriere ein edles literarisches Denkmal außerhalb des Journalismus zu erringen.

Im Jahr 1832 war er bereit, eine weitere Ausgabe seiner „Gedichte" zu veröffentlichen und mehr als achtzig neue Stücke hinzuzufügen – insbesondere die „Waldhymne", das „Lied der Männer Marions" und „Der Tod der Blumen". Im Abstand von einigen Jahren (1834, 1836, 1842, 1844 usw.) folgten weitere Ausgaben bzw. Bände; Dies ist ein Beweis dafür, dass seine Vorstellungskraft nicht schlummerte, denn sie enthielten in jedem Fall teilweise oder ganz frisches Material. So gehörten zu den „Gedichten" von 1854 „O Mutter einer mächtigen Rasse" und „Robert von Lincoln", letzteres war bei vielen beliebt, obwohl es Bryants allgemeinem Standard unterlegen war. Von den „Dreißig Gedichten", die zehn Jahre später (1864) herausgegeben wurden, waren siebenundzwanzig neu; Besonders hervorzuheben ist das Vorhandensein von Auszügen aus Buch V der Odyssee in englischer Sprache. Sie waren bereits einige Monate zuvor in *The Atlantic Monthly erschienen* .

Die Errungenschaft von Bryants letzten Jahren war seine Übersetzung von Homer. Zu verschiedenen Zeiten hatte er sich damit amüsiert, die eine oder andere Passage, die ihm gefiel, in fremden Sprachen wiederzugeben. Er war ein glühender Bewunderer der griechischen Epen. Er war mit den Versionen von Cowper und Pope unzufrieden. Es ist möglich, dass er mit den Ratschlägen von Matthew Arnold vertraut war, die durch den Homer von Francis Newman hervorgerufen wurden. Die Gunst, die seine Versuche mit der Odyssee fanden, ermutigte ihn, sich an der Ilias zu versuchen. Nach dem Tod seiner Frau im Jahr 1866 verspürte er das Bedürfnis, sich einer

Beschäftigung zu widmen, um seine Aufmerksamkeit abzulenken, und beschloss, die gesamte Ilias zu übersetzen. Bis 1869 hatte er die ersten zwölf Bücher mit einer Geschwindigkeit von vierzig bis fünfundsiebzig Zeilen pro Tag fertiggestellt. Diese zwölf Bücher wurden im Februar 1870 veröffentlicht, der Rest der Ilias im Juni. Am ersten Juli war er mit der Odyssee beschäftigt; Am 7. Dezember 1871 schickte er seinen Druckern „das vierundzwanzigste und letzte Buch [seiner] Übersetzung von Homers Odyssee, zusammen mit dem Inhaltsverzeichnis für den zweiten Band." Wer die Unterdrückung von Gefühlen in diesen einfachen Worten missversteht, mit denen der ehrwürdige Bryant sein letztes Werk verabschiedet, bedeutet, das verborgene Feuer zu übersehen, das seine ganze Existenz belebt. Bei einem großen Dichter verschwendet der äußere Ausdruck kaum Energie. In dem Moment, in dem sich das Gefühl zeigt, wird es in künstlerische Form umgewandelt. Die Form ist angemessen, aber sie ist etwas anderes als das Gefühl, das ihr Leben verleiht.

Die Exzellenz von Bryants Leervers-Übersetzung von Homer ist hier kein Thema für eine lange Diskussion. Sein Ziel war Einfachheit und Treue. Er lehnte einige der üblichen Verzierungen moderner Verse ab und wählte für sein Medium den Rhythmus, der dem Rhythmus der Alltagssprache am nächsten kommt. Geprüft durch seine Wirkung auf den Laien der Gegenwart ist sein Versuch erfolgreicher als andere bekannte metrische Versionen, weniger als die kadensierte Prosa von Übersetzern wie Myers und Lang, die in Bezug auf die Diktion von den Ratschlägen Arnolds profitiert haben, aber bei der Vermeidung der Fesseln des Metrums sind wir dem Beispiel gefolgt, das die Gelehrten von King James in der Authorized Version of the Scriptures gegeben haben. Allerdings ist Bryants Darstellung ein zu edles Stück fantasievoller Gelehrsamkeit, um übergangen zu werden.

Bryant verbrachte ungefähr sechs Jahre mit seinem Homer. Er überlebte die Vollendung um weitere sechs Jahre, voller Ehrungen, frohlockend über ein hohes Alter, immer noch gelegentlich von poetischer Inspiration heimgesucht, immer noch einflussreich auf das politische Denken seiner Nation, fähig mit sechzig und vier Jahren, eine öffentliche Ansprache zu Ehren zu halten des italienischen Patrioten Mazzini. Während dieser Ansprache „war sein unbedeckter Kopf eine Zeit lang dem vollen Glanz der Sonne ausgesetzt. Als er kurz darauf ein Haus betrat, fiel er nach hinten und schlug mit dem Kopf auf die Steinstufen. Es folgten eine Gehirnerschütterung und eine Lähmung." Er starb am 12. Juni 1878 in New York und wurde in Roslyn am Long Island Sound beigesetzt, in der Nähe des wunderschönen Landhauses, wo seine literarischen Mühen 35 Jahre lang „nach seinem Geschmack versüßt" worden waren.

Aufgrund seiner künstlerischen Zurückhaltung hatte Bryant den Ruf einer temperamentvollen Kälte, ein Ruf, der sowohl durch die Zärtlichkeit seiner familiären Bindungen als auch durch seine gut gewählten und dauerhaften Freundschaften widerlegt wird. Auch sein Patriotismus war unerschütterlich. Wenn er „keinen leeren Hauch von Leidenschaft in seinem Lied zum Ausdruck bringen ließ", wusste er es dennoch und schätzte es

... Gefühle von ruhiger Kraft und mächtigem Schwung, wie Strömungen, die durch die grenzenlose Tiefe reisen.

Er war ein hingebungsvoller Liebhaber der Menschheit und des Lebens; er war ein begeisterter Liebhaber seiner Kunst. Für ihn waren Kunst und Leben eins. Für Uneingeweihte ist es leicht, ihm einen Mangel an Wärme zuzuschreiben. Die völlig Emanzipierten sind sich darüber im Klaren, welche Verbindung von Feuer und Selbstbeherrschung, von Kraft und Zartheit dazu beiträgt, ein Gefüge wie die geordnete und effektive Karriere von Bryant aufzubauen.

Wie die meisten oder alle großen Dichter schrieb Bryant bewundernswerte Prosa. Auf seine kritischen Essays wurde bereits hingewiesen. Als Stilist war er bis ins kleinste Detail unermüdlich akribisch: „Er war weder ein fließender noch ein sehr produktiver Schriftsteller ... Seine Manuskripte sowie seine Korrekturabzüge waren häufig durch Korrekturen so entstellt, dass sie sogar schwer lesbar waren." von denen, die mit seinem Drehbuch vertraut sind." Seine Fähigkeit zu intensivem Einsatz war ein Teil seines Erfolgs sowohl als Dichter als auch als Kritiker. Seine juristische Ausbildung kam ihm als Redner zugute, und seine spätere Bekanntheit in New York und im ganzen Land bescherte ihm viele Gelegenheiten. Wenn Bryant, wie Matthew Arnold glaubte, unter den amerikanischen Dichtern ein „*facile Princeps* "*war, so entsprang diese Eminenz nicht nur einem launischen Ausbruch von Genie;* es war der natürliche Ausfluss eines edlen, abgerundeten und repräsentativen menschlichen Lebens.

Saxe , Melville , Alice und Phoebe Cary. – Nach Bryant ist es angebracht, von einigen Dichtern zu sprechen, die sich sehr von ihm und größtenteils voneinander unterscheiden und deren gleichzeitige Anwesenheit in New York fast das einzige ist, was sie verbindet . Der aus Vermont stammende John G. Saxe (1816–87) galt zu seiner Zeit als einer der führenden Satiriker. Er taumelt nun unter dem Vorwurf extremer Oberflächlichkeit; Dennoch ist er lebendig und lesbar. Er ahmte Hood bewusst nach; er konnte es kaum vermeiden, Wendell Holmes nachzuahmen. An sich hatte er eine bemerkenswerte Begabung für Epigramme und Wortspiele in Reimen. Seine burlesken Adaptionen von Ovid sind klug und amüsant. Im Großen und Ganzen kann man sagen, dass Saxe in „The Proud Miss MacBride" von seiner besten Seite war, wo er sich mit einer aufstrebenden Aristokratie auseinandersetzt:

Von allen bemerkenswerten Dingen auf der Erde ist der Stolz der Geburt das Seltsamste in unserer „wilden Demokratie".

Herman Melville (1819–91), der einen faszinierenden Bericht („Typee", 1846) über seinen Aufenthalt bei den Ureinwohnern der Marquesas verfasste, veröffentlichte auch „Battle-Pieces" (1866) und andere Gedichte. Seine Verse sind weniger objektiv und aufrichtig als seine Prosa. Alice Cary (1820–71) und ihre Schwester Phoebe (1824–71) wurden in Ohio geboren, wo sie vor Ort geschätzt wurden. Sie zogen zunächst nach Philadelphia, dann nach New York und ernährten sich von ihren Federn. Die Talente von Alice Cary waren offensichtlich überlegen; Doch eine Zeit lang gab sie ihrer Bewunderung für Poe nach und ließ zu, dass das Element des harmonischen Klangs in ihrer Poesie das Element der Bedeutung überwog. Ihre Hymnen, von denen eines fast schon ein Klassiker ist, sind edel in ihrer Reinheit des Gefühls.

Dana , *Sprague* , *Hillhouse usw.* – Obwohl sich sein Leben und seine Tätigkeit woanders konzentrierten, war Bryant, wie wir gesehen haben, ein Produkt des westlichen Massachusetts. Von ihm und der Stadt, in der er adoptiert wurde, wenden wir uns natürlich einer Reihe von Schriftstellern zu, deren Karriere eher mit Neuengland in Verbindung gebracht werden kann. Viele von ihnen, wie Richard Henry Dana senior (1787–1879) aus Boston, waren erst in zweiter Linie Dichter. Dana war Journalistin und Politikerin – eine Bewundererin von Wordsworth und Dozentin für Shakespeare. Eine Ausgabe seiner Prosa und Verse aus dem Jahr 1833 enthielt ein Gedicht mit dem Titel „The Buccaneer", das von Coleridges „Rime of the Ancient Mariner" inspiriert war. Seine kürzeren Gedichte sind moralisch –

Oh, hör zu, Mann! Eine Stimme in uns spricht das erschreckende Wort: „Mensch, du sollst niemals sterben" –

und sind meist zahm und künstlich. Obwohl Dana seinem Schwager Washington Allston an angeborenem Talent unterlegen war, war er vor allem als Schriftsteller bekannt, was unter anderem auf seine Fähigkeiten als Literaturkritiker zurückzuführen war. Seine Verse waren melancholisch und seine Meditation nicht männlich. Als Dichter gewann er ein kleineres Publikum als Charles Sprague (1791–1875), ebenfalls aus Boston; Dennoch ist es heute nicht leicht zu verstehen, warum Spragues längstes Gedicht „Curiosity" (1823) „in diesem Land weitgehend gelesen und zitiert und in England grob plagiiert" (Onderdonk) wurde. James A. Hillhouse (1789– 1841), der ein biblisches Drama namens „Hadad" (1824) schrieb, veröffentlichte 1839 „Dramas, Discourses, and Other Pieces". Er ist als früher Vertreter der dramatischen Kunst in Amerika interessant. Sein Stil zeigt eine seltsame Mischung von Elementen von Lord Byron und den Heiligen Schriften. Es wäre wahrscheinlich fairer, ihn nach „Demetria" als nach „Hadad" zu beurteilen. Ein byronischer Sentimentalismus zieht sich durch das Werk von James Gates Percival (1795–1856), dessen „Prometheus" (1820) in den Sorgen der Menschen und der Eitelkeit menschlicher Wünsche schwelgt. Seine Gedichte täuschen oft über sein Alltagsleben hinweg, da er trotz seines oberflächlichen Pessimismus ein Mann mit echten Leistungen und einem ausgeprägten Interesse an der Wissenschaft war. Im Gegensatz zu seinem Zeitgenossen John Pierpont (1785–1866), einem Geistlichen aus Boston, konnte er seine eigene Erfahrung nicht zum Grundthema seiner Verse machen. In seinen Hymnen und patriotischen Oden war Pierpont männlich und vernünftig, ein guter Vertreter der New England-Abolitionisten, wie aus „The Fugitive Slave's Apostrophe to the North Star" hervorgeht. „Warrens Ansprache an die amerikanischen Soldaten" ist sogar noch bekannter und bewahrt den Namen Pierpont immer noch vor dem Vergessen. John G. C. Brainard (1796–1828) starb, bevor seine poetische Begabung vollen Ausdruck finden konnte. Er beschäftigte sich mit der Landschaft und den Legenden von Connecticut, ist aber außerhalb der amerikanischen Literaturgeschichte kaum in Erinnerung geblieben.

Frau Brooks und Frau Sigourney. – Dieselbe Generation brachte mehrere bedeutende Frauen hervor, deren Poesie einige Aufmerksamkeit erfordert; insbesondere Lydia Huntley Sigourney (1791–1865), eine produktive Buchmacherin, ganz zu schweigen von „mehr als zweitausend Artikeln in Prosa und Versen", die während ihres langen und ruhigen Lebens in Hartford veröffentlicht wurden. Frau Sigourney war kein Genie, auch wenn sie als „die amerikanischen Hemans" galt. Sie war eine Person von großem moralischem Wert und äußerst wohltätiger Gesinnung. Es wurde vermutet, dass die Schönheit ihres Charakters für ihre außergewöhnliche Mode verantwortlich war. Wahrscheinlicher ist, dass die Aufmerksamkeit, die sie den Legenden ihres eigenen Landes schenkte, der nicht ungesunde Anflug von Sentimentalismus in ihrem Denken und ihre Bereitschaft, Verse für jeden noch so kleinen Anlass beizutragen, zu einem großen Teil für die grenzenlose Bewunderung verantwortlich sein werden, die sie genoss. Im Jahr 1822 erschien ihr fünfgesängiges Gedicht „Traits of the American Aborigines"; Ihre „Herzenslieder" erschienen 1848. Neben ihren unzähligen kürzeren Artikeln soll sie für etwa fünfzig Bände verantwortlich gewesen sein. „Maria del Occidente" (Mrs. Maria Gowen Brooks, 1795–1845) war von einer anderen Besetzung, weniger heimelig in ihren Gefühlen, eine romantische Seele, erfüllt vom Geist von Southey und Moore, tendierte zum Sinnlichen und Exotischen. Als sie ihre Energie auf Verse richtete, wie in „Judith, Esther und andere Gedichte" (1820) und „Zophiel oder die Braut der Sieben" (1833) – einer Geschichte, die auf dem apokryphen Buch Tobit basiert – zeigte sie sich weit entfernt von Mrs. Sigourney und „The Power of Maternal Piety" oder „The Sunday School". Im Großen und Ganzen war der

Geschmack von „Maria del Occidente", wie Southey sie nannte, schlechter als der der „American Hemans"; und wenn Southey Mrs. Brooks als „die leidenschaftlichste und einfallsreichste aller Dichterinnen" bezeichnete, zollte er seinem eigenen Scharfsinn als Kritiker eine erstaunliche Anerkennung. Emma H. Willard (1787–1870) war wie Frau Sigourney eine herausragende Pädagogin und erreichte als Leiterin eines Frauenseminars in Troy, N. Y., mehr als durch ihre Schriften. Sie war die Autorin von „Rocked in the Cradle of the Deep". In der nächsten Generation waren Sarah H. Whitman (1803–78) und Frances S. Osgood (1811–50), die Verse verfassten, denen es nicht an Verdienst mangelte, die aber eher wegen ihrer Vorreiterrolle gegenüber Edgar Allan Poe in Erinnerung bleiben. Mrs. Whitman war einst mit ihm verlobt.

Kleinere Dichter Neuenglands. – Zu den kleineren Dichtern Neuenglands, die etwas später kamen, gehörte Samuel Longfellow (1819–92) – der jüngere Bruder von Henry W. Longfellow – ein Hymnenschreiber von einzigartiger Reinheit. Sylvester Judd (1813–53), ein Geistlicher der Unitarier, schrieb ein Epos mit dem Titel „Philo" (1850). William Wetmore Story (1819–95), der das Leben und die Briefe seines angesehenen Vaters, Chief Justice Story, herausgab, gab die Anwaltstätigkeit schon in jungen Jahren auf und ging nach Italien, um sich der Bildhauerei zu widmen. Er war ein Dichter der Raffinesse, von Melancholie berührt, eher intellektuell als leidenschaftlich – und dennoch mit einer Vorliebe für das Immaterielle – beeinflusst von Longfellow und Holmes, von Tennyson und Browning. In Versen waren seine Hauptwerke „Poems" (1847), „Graffiti d'Italia" (1868), „A Roman Lawyer in Jerusalem" (1870), „He and She" (1883) und „Poems" (1886).). Unter seinen Einzelstücken scheint „Cleopatra" das bekannteste zu sein. Theophilus W. Parsons (1819–92) zeigt einen ähnlichen kontinentalen Einfluss, dessen wertvollstes Ergebnis seine freie Übersetzung von Dantes „Inferno" (Gesänge IX , 1843, fertiggestellt 1867) war; Dem gingen seine schönen Zeilen „Auf einer Büste von Dante" (1841) voraus, die zu Recht Bewunderung finden. Henry H. Brownell (1820–72) machte durch ein Gedicht über Farragut auf sich aufmerksam und trat durch Farraguts gute Dienste in die United States Navy ein. Seine „War Lyrics and Other Poems" (1866) enthielten ein mitreißendes Stück, „The River Fight", über die Heldentaten von Farragut, etwas im Stil von Tennysons „Charge of the Light Brigade".

Poesie im Süden. – Die großen Dichter Neuenglands, Longfellow, Lowell, Whittier, Emerson und vielleicht ein oder zwei andere, bilden die einzige Gruppe in Amerika, die mit Recht den Namen Schule tragen darf. Bevor wir uns jedoch ihnen nähern, wollen wir uns etwas mit den Dichtern des Südens befassen.

Obwohl die Einführung der Sklaverei den herrschenden Klassen in den Südstaaten eine Freizeit ermöglichte, die mit der des klassischen Griechenlands vergleichbar war, war das Plantagenleben nicht für eine gründliche und einfallsreiche Bildung geeignet; Es gab auch keine großen städtischen Zentren, in denen sich Menschen mit künstlerischer und literarischer Begabung zur gegenseitigen Inspiration zusammenfinden konnten. Darüber hinaus wurden in der Neuzeit die meisten Dichter von einer ruhelosen und aufstrebenden Mittelschicht gestellt, die im Süden praktisch fehlte. Unter den Plantagenbesitzern war der persönliche Ehrgeiz selten höher als die lokale, staatliche oder regionale Politik, und politische und gelegentliche Reden waren, mit einigen bemerkenswerten Ausnahmen, extravagant und unaufrichtig. Abgesehen von einigen bemerkenswerten Ausnahmen stagnierte dementsprechend die Karriere des Dichters, und Literatur von hohem Rang versagte in der Wertschätzung. Die führenden Dichter des Südens waren sich der Last der Trägheit, gegen die sie kämpften, nur zu gut bewusst, in einer Zivilisation, in der die Chancen für ihren Erfolg immer gering waren.

Die Vorläufer. – Frühe und kleinere Dichter im Süden brauchen uns nicht lange aufzuhalten. William Crafts (1789–1826) aus Charleston, South Carolina, Absolvent der Harvard-Universität und angesehener Redner, verfasste eine „Raciad", ein Epos über Pferderennen, und „Sullivan's Island". Seine „Verschiedenen Schriften" (1828) wurden posthum veröffentlicht. William J. Grayson (1788–1863), der umfangreicher war, versuchte in seinem Gedicht „The Hireling and the Slave" (1856), die Sklaverei als einen bevorzugten Staat für den Neger darzustellen. Richard H. Wilde (1789–1847), Edward C. Pinkney (1802–28), George H. Calvert (1803–89), Philip P. Cooke (1816–50) und andere zeigen eine ganze Reihe von Nachahmungen Weg von Byron über Scott und Moore nach Tennyson. Cookes „Florence Vane" wurde von Poe sehr bewundert. Albert Pike (1809–91) sollte als Autor von „Dixie" in Erinnerung bleiben, das „in einer populären Melodie angesiedelt ist, die bis in die Zeit der Sklaverei im Staat New York zurückreicht und in einer Vielzahl von Variationen zu einem Südstaatenlied wurde." Marseillaise" (Onderdonk).

Timrod , Hayne und Simms . – Von hoher Qualität war die Poesie des Verfechters der Sache des Südens, Henry B. Timrod (1829–67) . Das Glück verwehrte ihm die Bildung, nach der er sich sehnte, er kämpfte einen Großteil seines Lebens mit Armut und Krankheit und wurde schließlich besiegt, traurig über persönliche Verluste und den Untergang des Südens. Timrod starb, bevor er angemessen über seine Ausbildung berichten konnte Stiftungen. Sein zu Beginn des Bürgerkriegs herausgegebener Band „Gedichte" (1860) blieb fast unbeachtet; und dennoch hat er nicht die ihm gebührende Anerkennung erhalten. Seine Hingabe an den Süden war nicht größer als seine Ehrfurcht vor seiner Kunst. Nur wenige unserer Dichter haben sich und ihr Handwerk so klar verstanden. Alles, was er schrieb, atmet ungewöhnlichen Mut. Im Jahr seines Todes, ein Opfer von Krankheit und Trauer, konnte er den konföderierten Soldaten sagen, die „auf dem Magnolia Cemetery" begraben waren:

Schlaft süß in euren bescheidenen Gräbern, Schlaf, Märtyrer einer gefallenen Sache; Doch noch verlangt keine Marmorsäule Der Pilger hier zum Innehalten.

In Lorbeersamen in der Erde wird die Blüte deines Ruhms geblasen, und irgendwo, auf ihre Geburt wartend, ist der Schaft im Stein.

Timrods Werke wurden 1873 von Paul Hamilton Hayne (1830–86) wieder ans Licht gebracht, der sich vor dem Krieg mit Simms und Timrod zusammengetan hatte, um, wenn möglich, den sinkenden Geist der Poesie im Süden wieder aufzubauen. Haynes „Poems" (1855) und „Sonnets and Other Poems" (1857) hatten vor Ausbruch der Feindseligkeiten eine Chance, ihren Weg zu finden; und er überlebte den Konflikt lange genug, um „Legends and Lyrics" (1872) und „The Mountain of the Lovers, and Other Poems" (1873) zu veröffentlichen. Eine vollständige Ausgabe seiner Gedichte erschien 1882. „Der Preisträger des Südens", wie er genannt wurde, war ein Liebhaber des subtropischen Lebens und der subtropischen Landschaft, ein Wortmaler und Wortmusiker nach der Art Poes. Seine Musik ist offensichtlicher als die von Timrod und dürfte ein empfindliches Ohr nicht so sehr erfreuen; und er hatte nicht Timrods Einheit und Klarheit der Auffassung.

Dem dritten Mitglied des Trios, William Gilmore Simms (1806–70), war seine Arbeit noch weniger sorgfältig und noch weniger konzentriert. Simms war ein äußerst produktiver Schriftsteller, der später eher für seine Romane und Biografien als für seine Gedichte bekannt wurde. In seinen früheren Gedichten stand er unter dem Einfluss von Byron und Moore. Seine geringen Vorteile in der Schulbildung wurden zum Teil durch umfangreiche, wahllose Lektüre wiedergutgemacht; Dennoch hat er bestimmte Denkmängel, zu denen Autodidakten neigen, nie überwunden. Seine erste Veröffentlichung war „Lyrical and Other Poems" (1827). „Atalantis" (1832), ein geheimes Drama mit leeren Versen, erinnert in seiner allgemeinen Struktur an Shelleys „Der entfesselte Prometheus". Seine ausgewählten Werke in neunzehn Bänden wurden 1859 veröffentlicht. Simms' beeindruckende Präsenz, die Kraft seiner Persönlichkeit, seine Entschlossenheit, alle Hindernisse auf seinem eigenen Weg zu überwinden und die literarische Atmosphäre des Südens zu beleben, machen ihn zu einem beeindruckenden, sogar heroische Figur.

Edgar Allan Poe. – Das Leben von Edgar Allan Poe (1809–49) wird an anderer Stelle gebührend erzählt, wo seine Prosaliteratur ausführlich behandelt wird. Als Poe aus den Büchern im Büro seines Vormunds flüchtete, trug er das Manuskript des ersten Erben seiner Erfindung, „Tamerlane und andere Gedichte", bei sich, für das er 1827 in Boston einen Verleger fand. „Al Aaraaf, Tamerlane, and Minor Poems" folgten 1829. Im Jahr seiner Entlassung aus West Point erschien 1831 der Band „Poems", mit dem Poe das Interesse der Kadetten zu gewinnen glaubte. Danach erschienen die meisten seiner Gedichte erstmals in verschiedenen Zeitschriften; zum Beispiel „The Raven" (1845) im New York *Evening Mirror* , „The Bells" (1849) in *Sartain's Magazine* , „Annabel Lee" (1849) in *The New York Tribune* .

Nach Meinung des Autors werden Poes Verse im Allgemeinen über ihren Wert geschätzt, selbst wenn es um die Eigenschaften geht, in denen sie sich besonders hervortun sollen. Bestimmte poetische Begabungen verfügte dieser Autor zweifellos im Überfluss. Er verfügte über die *Copia Verborum* , die für jeden literarischen Künstler unverzichtbar ist. Seine Empfindungen waren lebhaft, wenn nicht zahlreich. Er wusste, wie er die Symbole auswählte, mit denen er seine Ziele erreichen konnte. Wenn wir dem Inhalt seiner Bemerkungen in „Die Philosophie der Komposition" und denen, die er zu „Der Rabe" machte, vertrauen dürfen, waren seine Wahl und sein Umgang mit literarischen Kunstgriffen größtenteils sehr bewusst. Durch den Einsatz sorgfältig ausgewählter Diktion und Bildsprache gelang es ihm, in seinem Leser genau die Gefühlsnuancen hervorzurufen – den Schimmer des Übernatürlichen, das Gefühl von Grau und Gedämpftheit, gelegentlich auch das Gefühl von Seltsamer und ergreifender Trauer –, die er sich gewünscht hatte. Er vergisst nie die Musik seiner Worte und kann aus Gewohnheit, fast ohne es zu versuchen, kontinuierlich in Moll schreiben. Und doch ist seine Musik weder zwangsläufig genug, noch unterliegt sie genügend Variationen oder Variationen, die nicht ausreichend zart sind. Es ist zu erzwungen, zu eintönig. Seine Wirkungen liegen alle in engen Grenzen und er spielt seine Bandbreite immer wieder aufs Neue aus. Ganz abgesehen davon, dass es ihm nicht gelungen ist, seine Musik aus dem starken poetischen Sinn zu erwachsen, der von jeder großen Vorstellungskraft getrost erwartet werden kann. Die Leute vergessen allzu oft, wie weit Poe seinem Meister Coleridge im bloßen Element des harmonischen Klangs hinterherhinkt; Ebenso wie sie allzu oft vergessen, wie weit Coleridge seinem *Meister* Milton in der Verbindung ätherischer und klangvoller Kadenzen mit einem fein modulierten oder robusten Gedanken und Gefühl hinterherhinkt. Wären Poes Appelle an die äußeren Sinne wunderbarer als sie sind, würde er immer noch hinter jenen Dichtern zurückbleiben – und in der Geschichte der Literatur gibt es schließlich nicht so wenige –, die jeden Ton, den der Mensch kennt, ob traurig oder freudig, berühren können Ohr und bewahren Sie dennoch die Grundlage der festen Vernunft, ohne die die menschliche Kommunikation nicht mehr im Großen und Ganzen menschlich ist. Der Intellekt hat auch seine Musik, ohne die keine Poesie jemals lange überlebt hat.

Darüber hinaus wird unter Berücksichtigung des tragischen Ausganges von Poes Karriere und des Teils seines Schicksals, der nicht das Ergebnis seines eigenen Charakters war oder menschlich betrachtet nicht irgendwann in seiner Entwicklung seinem eigenen Willen zugeschrieben werden konnte, seine Poesie ist nicht erhebend. Allerdings ist er im Umgang mit dem Material nach allgemeiner Auffassung völlig sauber. Das heißt, er ist völlig frei von Obszönität, ebenso wie er auch frei von der gefährlicheren scheinbaren Reinheit ist, die so oft echte Unreinheit verbirgt. Dennoch kann er eine gefährliche Nahrung für diejenigen sein, die er am liebsten anzieht. Poe ist grundsätzlich pessimistisch und hoffnungslos, was die allgemeine menschliche Erfahrung angeht. Sein Lieblingsthema ist der Tod; und seine Vision dringt nicht über den Wurm und das Grab hinaus. Ja, wie seine Vorgänger in England und auf dem Kontinent schwelgt er im Grab und im Bein. Wie in seinen Geschichten folgt er auch in seinen Versen, wenn auch weniger offensichtlich, einigen der schädlichsten Motive in der Kunst, die die ältere Zivilisation seiner Zeit bot. Und es sind die tödlichen Nachkommen – Baudelaire und der Rest – dieser Bewegung in der europäischen Literatur, die durch Ann Radcliffe und „Monk" Lewis verkörpert wird, die es am schnellsten geschafft haben, sich mit Poe auseinanderzusetzen und ihn im Ausland auszubeuten. Wir könnten versuchen, ihn zu erklären und zu entschuldigen; wir mögen um sein verdorbenes Leben trauern; Fakt ist jedoch, dass das, was Poe schrieb, seiner Karriere entsprang und daher im Großen und Ganzen krankhaft war. Die Blumen seiner Poesie sind die Blumen von Lethe. Die Stimulanzien, mit denen er den Leser fesselt, sind heftig und aufregend. Sein Ideal der intellektuellen Schönheit war distanziert und unnatürlich. Es ist also kein Wunder, dass er keine Sympathie mit dem englischen Dichter eingehen wollte, von dem der normale Bryant inspiriert war und dessen Werke, der normalisierendste und heilsamste Einfluss, den die amerikanische Literatur bisher gespürt hat, absichtlich gegen künstliche und künstliche Einflüsse reagierten abnormale Stimulation.

Sidney Lanier. – Unter den Vertretern des „Neuen Südens" ist Sidney Lanier (1842–81), Musiker, Dichter und Englischlehrer, mit Abstand der Erste. Er wurde in Macon, Georgia, geboren und erhielt seine Ausbildung am Oglethorpe College, wo er nach seinem Abschluss Tutor wurde; Er meldete sich freiwillig in der Konföderiertenarmee (1860), geriet gegen Ende des Krieges in Gefangenschaft und verdankte seinen späteren schlechten Gesundheitszustand möglicherweise seiner fünfmonatigen Inhaftierung in

Point Lookout. Als der Krieg zu Ende war, unterrichtete er erneut in Alabama, las Jura, verdiente seinen Lebensunterhalt mit der Musik – er war ein Meister der Flöte – schrieb für Zeitschriften und bereitete sich schließlich durch private Studien in Baltimore darauf vor, einen Lehrauftrag für englische Literatur zu übernehmen an der Johns Hopkins University. Mutig im Kampf mit widrigen Umständen, lebhaft und energisch trotz seines langen Kampfes gegen Krankheiten, ähnelt Lanier Timrod sehr. Wie auch Timrod, der früh starb, hinterließ er nur einen dürftigen Gedichtband mit uneinheitlicher Qualität, ein Abbild dessen, was er hätte erreichen können, kaum einen Maßstab, an dem man ihn beurteilen könnte. Laniers Vorstellungskraft war eher zart und sinnlich als tiefgründig; jedoch war er sowohl in seiner Beobachtung der äußeren Natur als auch in der Gründlichkeit und dem Umfang seiner Kenntnis der allgemeinen Literatur ungewöhnlich gut auf das Amt des Dichters vorbereitet. Sein Interesse an der Wissenschaft stärkte und disziplinierte seine Betrachtung der Außenwelt; sein poetischer Instinkt wurde durch fleißige und sorgfältige Lektüre gefördert; und er nutzte das Ohr eines ausgebildeten Musikers für sein eigenes literarisches Können und für die literarische Arbeit anderer. Sein musikalisches Ohr half ihm sehr bei seinem Studium des Metrums, wo seine Beiträge zur Wissenschaft deutlich wertvoller sind als seine Vorlesungen über den englischen Roman. Lanier war zutiefst mitfühlend, großzügig und vernünftig in allen Lebensbereichen und hatte ein subtiles Verständnis für den Bereich, der außerhalb der Aufenthaltsorte der Menschen liegt – für den Bereich der wilden Fauna und Flora, für die selten beachteten und flüchtigen Phänomene der Wälder und der Natur Sumpf und Meer. Die schlechte Aufnahme seines Romans „Tigerlilien" (1867), der auf Erlebnissen in der Armee basiert, entmutigte ihn nicht. Im Jahr 1875 machte er sich mit seinem Gedicht „Corn", das im *Lippincott's Magazine veröffentlicht wurde* , definitiv bemerkbar, einer Vision des Südens, der durch die Landwirtschaft wiederhergestellt wurde. Dies brachte ihm die Gelegenheit, die „Centennial Cantata" für die Philadelphia Exposition zu schreiben, in der er seinen Glauben an die Zukunft der wiedervereinten Nation zum Ausdruck brachte. Nachdem die Kantate beendet war, begann er sofort mit einer viel längeren Hundertjahr-Ode, seinem „Psalm of the West" (1876), der in *Lippincott's Magazine erschien* und zusammen mit „Corn" und „The Symphony" Teil eines kleinen veröffentlichten Bandes wurde im Herbst 1876. Laniers wichtige kritische Werke waren das Produkt der Jahre zwischen 1876 und seinem Tod. Etwa drei Jahre nach seinem Tod wurden seine Gedichte von seiner Frau gesammelt und herausgegeben. Wenn wir uns auf ein einziges Gedicht verlassen müssten, um den Ruhm von Lanier am Leben zu erhalten, meint sein Biograph, Herr Edwin Mims, „könnten wir ‚The Marshes of Glynn' mit der Gewissheit herausgreifen, dass es etwas so Individuelles und Originelles an sich hat, und." dass es gleichzeitig eine solche Vielfalt an Versen enthält, dass es sicherlich nicht nur in der amerikanischen Poesie, sondern auch in der englischen Poesie weiterleben wird." „Er ist ebenso sicher der Dichter der Sümpfe wie Bryant der der Wälder."

Maurice Thompson und Frau Preston. – Unsere Betrachtung der Schriftsteller des Südens könnte mit Maurice Thompson und Mrs. Margaret Preston enden. James Maurice Thompson (1844–1901) wird häufig mit dem Mittleren Westen in Verbindung gebracht, da er in Indiana geboren und gestorben ist. Sein frühes Leben verbrachte er jedoch in Kentucky und Georgia, er diente in der Konföderiertenarmee und ein Großteil seiner Verse und Prosa trägt den Stempel seiner Erfahrungen im Süden und seiner Bekanntschaft mit der Literatur des Südens. Von Beruf war er Anwalt, instinktiv aber Naturwissenschaftler. 1885 wurde er zum Staatsgeologen von Indiana ernannt. Ab 1890 war er mit dem New York *Independent verbunden* . Sein Stil war klar und ordentlich, manchmal übertrieben; aber er behielt das, worüber er sprach, im Auge, so dass das, was er über die Natur gesagt hat, im Großen und Ganzen sehr akzeptabel ist. Seine Hingabe an die Freizeitbeschäftigungen Angeln und Bogenschießen bescherte ihm eine Menge literarisches Material. Sein umfangreiches und genaues Wissen über die Lebensweise der Vögel fließt in viele seiner Gedichte ein, beispielsweise in „An Early Bluebird". Der Zug des wiedergeborenen Patriotismus in „Lincoln's Grave" ist derselbe, den wir in Lanier finden. Frau Preston (1820– 97) war die Tochter von Rev. Dr. Junkin, dem Gründer des Lafayette College und späteren Präsidenten der Washington and Lee University in Virginia. Vor ihrer Heirat im Jahr 1857 hatte sie einiges geschrieben. 1866 veröffentlichte sie „Beechenbrook, a Rhyme of the War"; im Jahr 1870 „Alte und neue Lieder". Ihre „Cartoons" (1875) und „Colonial Ballads" (1887) zeigen sie von ihrer besten Seite. Sie wurde als „die größte Dichterin des Südens" bezeichnet; Es gab nur wenige Antragsteller, die den Titel bestritten haben.

Bedeutende Dichter Neuenglands. – Mit dieser Bildunterschrift kehren wir zum Hauptstrom der amerikanischen Poesie zurück und erreichen die Männer, deren Leben und Werke eine zusammenhängende Darstellung der Poesie in den Vereinigten Staaten rechtfertigen. Zuerst nehmen wir Longfellow in Angriff. Ganz gleich, welche Wechselfälle sein literarisches Ansehen auch erlitten hat oder erleiden wird, er wird für lange Zeit als die zentrale Figur unter unseren Dichtern erscheinen.

Henry Wadsworth Longfellow. – Der Gegenstand dieser Skizze wurde am 27. Februar 1807 in Portland, Maine, geboren. Er stammte aus einer begabten Familie. Sein Vater war ein begabter Anwalt und seine Mutter eine Frau mit künstlerischem Temperament und vielfältigen Fähigkeiten, so dass der Junge in einer Atmosphäre des Lernens und der Bildung aufwuchs. Longfellow war ein weises und sanftes Kind, das Bücher liebte, nicht zu empfindlich, immer normal und vernünftig. Bis 1821 ging er in Portland zur Schule; 1822 trat er in die zweite Klasse des Bowdoin College ein. Hier erreichte er einen guten wissenschaftlichen Rang und lernte den späteren Schriftsteller Hawthorne kennen, wenn auch nicht näher. Nach seinem Abschluss im Jahr 1825 ging Longfellow ins Ausland, um sich für eine Professur für moderne Sprachen zu qualifizieren, die ihm in Bowdoin offen stand. Er besuchte Frankreich, Deutschland, England und den Süden Europas; Nach seiner Rückkehr im Jahr 1829 widmete er sich mit Begeisterung und Erfolg der Lehrtätigkeit. 1831 war er mit Miss Mary S. Potter verheiratet. Nachdem er 1835 eine Einladung auf den Lehrstuhl für moderne Sprachen in Harvard erhalten hatte, ging er erneut ins Ausland, um weiter zu reisen und zu studieren, diesmal hauptsächlich nach Deutschland und in den Norden. Der Tod seiner jungen Frau kurz nach ihrer Ankunft in Holland erfüllte ihn mit Bitterkeit, hielt ihn jedoch nicht davon ab, sich auf die Aufgaben seines Lehrstuhls in Cambridge vorzubereiten. Doch wie man unter der Oberfläche seiner Romanze „Hyperion" lesen kann, lässt sich seine Entschlossenheit, letztendlich Dichter zu werden und nicht als Lehrer im Klassenzimmer zu enden, auf diese kritische Phase seines Lebens zurückführen.

Longfellow lehrte von 1836 bis 1854 in Harvard, mit nur einer Unterbrechung im Jahr 1842, als er aus gesundheitlichen Gründen seine dritte Reise nach Europa unternahm. 1843 heiratete er Miss Frances E. Appleton, die er sechzehn Jahre zuvor in der Schweiz kennengelernt hatte und deren Präsenz und Einfluss ebenfalls in „Hyperion" nachvollziehbar sind. Dank der Großzügigkeit seines Schwiegervaters war es ihm möglich, im Craigie House, wo er seit 1837 als Untermieter wohnte, eine Wohnung von revolutionärem Ruhm zu errichten. Eine Zeit lang war Longfellows Arbeitszimmer der Raum, den einst Washington bewohnte. Hier, umgeben von seinen Büchern und im Laufe der Jahre von einem immer größer werdenden Familienkreis, lebte er in Komfort und Glück. Sein Ruf verbreitete sich und die Zahl seiner Bekannten wuchs. Zu seinen Freunden zählte er Sparks und Prescott, die Historiker; Ticknor, sein Vorgänger in Harvard, und Lowell, der später Longfellow nachfolgte; Fields, Emerson, Holmes und Hawthorne; Felton, Sumner, Agassiz und Norton. Er las und schrieb vielfältig und ausführlich; er betrachtete es als Privileg, Dante „jungen Herzen" zu interpretieren. Mit der Zeit ließen ihn jedoch seine Pflichten als Lehrer, vor allem die Vorbereitung von Vorlesungen, nach und nach ermüden. Er hatte das Gefühl, dass er nicht zwei Herren dienen konnte, und hing an der Poesie. Schließlich legte er 1854 seine Professur nieder, um sich ausschließlich der Autorschaft zu widmen. Sieben Jahre später verlor er unter schmerzlichsten Umständen seine zweite Frau. Von dieser Katastrophe erholte sich Longfellow innerlich nie, obwohl er schließlich seine äußere Fröhlichkeit wiedererlangte. „Er ertrug seine Trauer mutig und schweigend. Erst nachdem Monate vergangen waren, konnte er darüber sprechen; und dann nur in den wenigsten Worten." Im Jahr 1868 reiste er zum letzten Mal nach Europa, wo er „eine Flut an Gastfreundschaft" empfing. In London „frühstückte er mit Herrn Gladstone, Sir Henry Holland, dem Herzog von Argyll; Mittagessen mit Lord John Russell in Richmond, ... erhielt Mitternachtsanrufe von Bulwer und Aubrey de Vere ... Die Königin empfing ihn herzlich und ohne Zeremonie in einer der Galerien von Windsor Castle." Nach einem zweitägigen Besuch bei Tennyson reisten Longfellow und seine Gruppe zum Kontinent. Den Sommer verbrachten sie in der Schweiz, den Herbst in Frankreich, den Winter in Florenz und Rom. Als er nach Amerika zurückkehrte, „fand er Cambridge in seiner ganzen Schönheit vor; kein Blatt ist verblasst." „Wie froh", schrieb er, „ich bin zu Hause. Nach dem stürmischen Meer sind Ruhe und Erholung willkommen. Aber es gibt auch einen Anflug von Traurigkeit." Die letzten zehn Jahre in Longfellows Leben waren ruhig und gelassen, mit einem Anflug von Traurigkeit. Dennoch waren sie voller literarischer Projekte, die er für einen Mann seines Alters mit bemerkenswerter Energie durchführte; und bis zum Ende war seine Korrespondenz enorm. Im Jahr 1880 ließ sein Gesundheitszustand nach. Im Jahr 1882 erlitt er eine kurze und schwere Krankheit und am Freitag, dem 24. März, „sank er still im Tod". „Das lange, geschäftige, tadellose Leben war zu Ende."

Im Alter von dreizehn Jahren druckte Longfellow in einer Ecke der *Portland Gazette vier Strophen ab: „The Battle of Lovell's Pond"* . Innerhalb der nächsten sechs Jahre schrieb er eine beträchtliche Anzahl von Gedichten für *die United States Literary Gazette* . Bis 1833 hatte er zusätzlich zu den Lehrbüchern für seinen Unterricht in verschiedenen Zeitschriften Originalartikel, Geschichten und mehrere Rezensionen veröffentlicht; darunter eine wichtige Einschätzung der Poesie, insbesondere der Poesie Amerikas, in einer Notiz von Sidneys „Defense of Poesy", die in *der North American Review veröffentlicht wurde* ; sowie Übersetzungen aus dem Spanischen von Manrique und anderen, mit einem „Einführenden Essay über die Moral- und Andachtsdichtung Spaniens" (1833). „Outre-Mer", zunächst als Skizzenreihe veröffentlicht, erschien 1835 in Buchform, „Hyperion" 1839 und „Voices of the Night" im selben Jahr wie „Hyperion". „Voices of the Night" begründete Longfellows Ruf als Dichter; die Auflage war sofort erschöpft. „Hyperion", das sich schließlich gut verkaufte, obwohl es derzeit nicht oft genug gelesen wird, war zunächst unglücklich, da der Verlag scheiterte, bevor dieses Buch einen fairen Start hatte. Von Longfellows bekannteren Werken, die in der zweiten Hälfte seines Lebens veröffentlicht wurden, erschienen 1841 seine „Ballads and Other Poems", 1843 „The Spanish Student", 1847 „Evangeline" und 1849 „Kavanagh", ein weiterer Prosaroman , „Hiawatha" im Jahr 1855, „The Courtship of Miles Standish" im Jahr 1858, „The Golden Legend" im Jahr 1872 und „Aftermath" im Jahr

1873. Die „Tales of a Wayside Inn" kamen 1863, 1872 und 1873 heraus. den Ersten Tag getrennt, den Zweiten und den Dritten Tag in Verbindung mit anderen Schriften.

Es kann sein, dass es in letzter Zeit Bestrebungen gegeben hat, seine Prosa zu rehabilitieren, und zwar aufgrund einer neueren Tendenz, Longfellows Verse herabzuwürdigen; Allerdings nicht so sehr um seiner selbst willen, sondern vielmehr wegen seiner Bedeutung in der Geschichte unserer Literatur. „Hyperion" zum Beispiel ist nicht nur das, was Longfellow es nannte, „ein aufrichtiges Buch, das den Übergang eines krankhaften Geistes in einen reineren und gesünderen Zustand zeigt"; das heißt, es ist nicht nur die verschleierte Autobiographie unseres beliebtesten Dichters. Sein endgültiger Empfang und der große Verkauf sind ein Beweis dafür, dass sich in den vierziger Jahren nicht wenige Amerikaner für das deutsche Studentenleben und die Diskussion kontinentaler Literaturen interessieren konnten. Man könnte sagen, mit dieser Romanze begann eine amerikanische Literatur, die, ohne aufzuhören, heimisch zu sein, den Anspruch erheben konnte, kosmopolitisch zu sein. Möglicherweise hat kein einziges in diesem Land produziertes Werk jemals mehr zur Verbreitung der europäischen Kultur beigetragen. Seine Fehler liegen an der Oberfläche. Der Stil ist nicht selten forciert und blumig und hat eher die Farbe von Jean Paul als von Irving; und die Stimmung ist hier und da überschwänglich. Dennoch sind Teile von „Hyperion" gute Prosa, die Prosa eines Gelehrten, der weiß, was er sagt, und eines Dichters, der es versteht, Versfetzen zu vermeiden, wenn er keine Verse schreibt. Der Dichter-Gelehrte weiß auch, auf welcher Grundlage die beste Poesie gründet: „O du armer Autor! Ruhen Sie die Brücke seines Ruhms aus, die die dunklen Gewässer des Vergessens überspannt. Sie sind außer Sichtweite; aber ohne sie kann kein Überbau sicher bestehen."

Die Art von Longfellows geheimen Studien wird teilweise durch den Umfang seiner veröffentlichten Übersetzungen deutlich. Obwohl man kaum behaupten konnte, dass der Dichter auch nur annähernd ein Sprachforscher im modernen Sinne war, war er mit germanischen und romanischen Literaturen bestens vertraut; er sprach mehrere moderne Sprachen fließend; und er beherrschte die Redewendungen ausreichend, um mühelos aus dem Schwedischen, Deutschen, Altenglischen, Französischen, Spanischen und Italienischen zu übersetzen. Seine Wiedergaben von Tegnérs „Frithiofs Saga" schienen so originalgetreu zu sein, dass der schwedische Dichter Longfellow drängte, die Übersetzung fertigzustellen. Die Versionen von Uhland und anderen, die er im Jahr 1836 in Deutschland anfertigte, waren später außerordentlich wirksam bei der Popularisierung deutscher Literatur für Amerika. Er kann auch als einer der Pioniere unter den amerikanischen Studenten des Altenglischen oder, wie er es nannte, „Angelsächsischen" gezählt werden. Als Lehrer für moderne Sprachen widmete er sich natürlich nebenher auch Griechisch und Latein, und es kam eine Zeit, in der er bedauerte, dass seine Vertrautheit mit Griechisch nachgelassen hatte. Dennoch liebte er die Klassiker, wobei Horaz sein Favorit unter den lateinischen Dichtern war. Bei Horaz, sagte er, könne man in der ebenso gut ausgedrückten und früher geäußerten Botschaft Goethes alles Wertvolle finden. Die bedeutendste wissenschaftliche Arbeit von Longfellow war natürlich seine Übersetzung der „Göttlichen Komödie", eine Aufgabe, für die ihn sein begeisterter Dante-Unterricht geeignet gemacht hatte und mit der er Jahre vor seinem Tod (1839) begonnen hatte seine zweite Frau; doch etwas, das er relativ spät in seinem Leben wieder aufnahm und größtenteils vollendete, und das, wie Bryants Homer, als Ressource einer bitterlich trauernden Seele aufgegriffen wurde, die nicht in der Lage war, spontane kreative Arbeit zu leisten. Bei der Bewältigung dieser Aufgabe hatte Longfellow die Ermutigung und die direkte Unterstützung von Norton und Lowell, deren Wissen und Geschmack die Übersetzung in ihrer jetzigen Form zu großem Dank verpflichtet ist. Dennoch kann es in puncto künstlerischer Verarbeitung keinen Spitzenplatz einnehmen. Zunächst stellte der Übersetzer fest, dass er, um den Sinn getreu wiederzugeben, den Reim opfern musste, ein zweifelhaftes Zugeständnis, solange die metrische Struktur überhaupt beibehalten werden sollte. Dennoch ist Longfellows Übersetzung reines und klares Englisch; Für den Anfänger in Dante ist der kritische Apparat auch jetzt noch wertvoll; und die drei Sonette, die dem „Inferno", „Purgatorio" und „Paradiso" vorangestellt sind, sind an sich eine Einführung in Dante, die kaum zu übertreffen ist. In ihnen vermischt sich der beste Geist Amerikas mit dem Besten des Mittelalters.

Wenn wir Longfellow als einen originellen Dichter betrachten, werden wir nicht in die Irre gehen, wenn wir uns an seine eigene Vorstellung von Originalität erinnern. Für ihn bedeutete die dichterische Begabung nicht die Fähigkeit, neues Material zu schaffen – wie das Gewöhnliche annimmt –, sondern Einsicht, die Fähigkeit, die Dinge nach ihren ewigen Werten zu sehen. Zweifellos erkannte er, dass man Einsicht braucht, um herauszufinden, wie blind die vulgäre Annahme ist. Auf jeden Fall müssen wir in der Poesie von Longfellow nicht nach neuen Ideen oder neuen Gefühlen suchen, sondern nach einem Versuch, uns dazu zu bringen, die Dinge so zu sehen, wie er sie sieht, nachdem er versucht hat, sie so zu sehen, wie sie sind. In seinen Dramen und in seinen Erzählungen – letztere waren wichtiger – nahm er offen das Material, das ihm seine umfangreiche Lektüre lieferte oder das ihm zur Hand lag, und bemühte sich, es in eine neue und dauerhaftere Form zu kleiden. „Evangeline" ist ein Beispiel seiner Methode. Die Geschichte wurde ihm von Hawthorne gegeben; Bei der Ausarbeitung zog Longfellow die ihm zugänglichen Werke über Nova Scotia und das Exil der Akadier heran; er blieb seinen Quellen treu. Hätte er bessere Autoritäten gekannt, hätte er sie gelesen und sein Bericht über das Exil wäre historisch präziser gewesen. Der von Goethes „Hermann und Dorothea" vorgeschlagene Vers von „Evangeline" ist einer der seltenen Fälle, in denen der daktylische Hexameter im Englischen gelungen ist. Man kann mit Fug und Recht sagen, dass Longfellow alles, was er nahm, wirklich angeeignet, das heißt, zu seinem eigenen gemacht hat. Es kam nur selten vor, dass seine Materialien nicht verschmolzen, da er die Technik gründlich beherrschte. In „Hiawatha", das als „die nächste Annäherung an ein amerikanisches Epos" bezeichnet wurde, verwendete er eine Versform, die dem finnischen „Kalevala" entlehnt war, um Traditionen der Indianer zu verkörpern. Wie Freiligrath bemerkte, ist die Vorstellung, dass Hiawatha, ein Kind des Westwinds, historische christliche Missionare trifft, etwas Seltsames. Longfellows gewagte Synthese heterogener Elemente gefiel jedoch dem großen Experten für amerikanische Altertümer, Henry R. Schoolcraft; Nach vielen Fehlschlägen war endlich ein einheimischer Dichter aufgetaucht, der in einem langen Gedicht unsere Ureinwohner mit Treue und Fantasie schilderte. Innerhalb von vier Wochen wurden hierzulande zehntausend Exemplare verkauft und das Gedicht in sechs moderne Sprachen übersetzt.

Die dramatischen Werke von Longfellow haben im Vergleich zu seinen Erzählgedichten und Texten gelitten. Die Ursachen hierfür sind teils innerlich, teils äußerlich. In seinem „Christus", von dem er glaubte, dass er Bestand haben würde, wählte er wahrscheinlich ein Thema, das für seine Kräfte zu groß war. Doch zumindest der zweite Teil, „Die goldene Legende", wirkt derzeit weniger lebendig als er sollte, vor allem aufgrund seiner Sympathie für die Ideale des Mittelalters – für Ideale, zu denen wir, die wir noch in der Renaissance leben, nicht bereit sind begreifen. „„The Golden Legend"", sagte G. P. R. James, „ist wie eine alte Ruine mit dem Efeu und dem satten blauen Schimmel darauf." Ähnelt es nicht eher einer gotischen Kirche, bevor sich Schimmel und Ruine eingeschlichen haben? Es ist ein Stück gesunder, verjüngter Mittelalterlichkeit, ein Gebäude, dessen Schwelle der intellektuelle Stolz unserer Zeit nicht überschreitet.

Longfellow lebt heute hauptsächlich von seinen kürzeren Gedichten. Kurze Erzählungen wie „Das gepanzerte Skelett" und „Das Wrack des Schoners Hesperus", sentimentale und pathetische Texte – „Psalmen des Lebens" – seltener auch humorvolle Teile wie das Lied des deutschen Mechanikers „Ich kenne ein Mädchen, fair to see" verankerten sich schnell im Gedächtnis der Bevölkerung. Es wäre unhöflich zu sagen, dass der Volksgeschmack falsch lag, wenn er das Sentimentale und Pathetische in Longfellow bevorzugte. Ein Dichter, dessen Liebe zum Herd so stark war und dessen persönliche Vertrautheit mit häuslichem Glück und häuslichem Kummer so tief war, tat gut daran, seine Seele in Versen auszuschütten, die für die Glücklichen Sonnenschein ans Tageslicht bringen und in denen die zutiefst Betrübten es tun können finde nachdenklichen Trost. Dennoch hält sich der populäre Geschmack an „Sag es mir nicht in trauriger Zahl", wo die Stimmung nicht über jeden Verdacht erhaben ist, und an „Das gepanzerte Skelett", wo Charakter, Gefühl und historischer Schauplatz größtenteils unpassend sind; und es hat das Sonett auf Milton fast einschlafen lassen.

Longfellow war der beliebteste Dichter, der jemals auf diesem Kontinent hervorgebracht wurde. Seine beispiellose Mode sollte eine Reaktion hervorrufen. Unter denen, die besseres Brot als Weizenbrot wollen, gelten seine Gedichte heute nicht mehr als anregende Diät. Wenn es der amerikanischen Wissenschaft jedoch gelingt, die amerikanische Literatur auf eine wahre Perspektive zu reduzieren, wird er wieder zu sich selbst finden. Sein Patriotismus wird wiederentdeckt; seine technischen Fähigkeiten werden sorgfältig beurteilt; die Ehrungen, die ihm in der gesamten zivilisierten Welt zuteil werden, werden als gerecht anerkannt werden; und der Charakter, aus dem eine Quelle unbefleckter Poesie floss, wird als eines der edelsten Produkte der abendländischen Zivilisation hervorstechen.

James Russell Lowell. – Nach allgemeiner Zustimmung ist Longfellow unser amerikanischer Dichter *schlechthin*, Emerson unser Philosoph, James Russell Lowell unser Literat. Andere, darunter Lowell, hatten ein ausgeprägteres lyrisches Temperament als Longfellow; andere haben konsekutiver gedacht als Emerson. Allerdings hat niemand, wenn man seine anfänglichen Talente berücksichtigt, so viel gute Poesie hervorgebracht wie Longfellow; Niemand im Bereich des philosophischen Denkens war so offensichtlich einflussreich wie Emerson; Und niemand, nicht einmal Irving, hat sich auf so vielen Gebieten der Literatur und Populärwissenschaft so gut geschlagen wie Lowell. Er war Dichter, Kritiker, Professor, Herausgeber, Diplomat, Patriot, Humanist; und trotzdem war er ein Mann und ein Freund.

Er wurde an Washingtons Geburtstag, dem 22. Februar 1819, in „Elmwood", Cambridge, geboren, einem Haus, das sich noch immer im Besitz seiner Familie befindet. Väterlicherseits war er englischer Abstammung und stammte von Percival Lowell ab, der 1639 aus Somersetshire in die Massachusetts Colony kam; Durch seine Mutter leitete er seine Abstammung vom Volk der Orkney-Inseln ab. Sein Vater war ein gebildeter, treuer und liebevoller Geistlicher; Seine Mutter, ob wirklich mit dem zweiten Gesicht begabt oder nicht, war von einem weniger gewöhnlichen Typ, einfallsreich, überreizt und neigte zu geistiger Umnachtung. Als Kind hörte ihr jüngster Sohn Balladen als Schlaflieder. Als Kind wurde ihm Spensers „Faerie Queene" in den Schlaf vorgelesen. Als er älter wurde, stand ihm die großzügige Bibliothek seines Vaters zur Verfügung. Im Alter von neun Jahren verschlang er Walter Scott und überraschte, wie Scott im gleichen Alter, seine Gefährten mit improvisierten Geschichten über Angst und Wunder. Seine Fantasie wurde nicht übermäßig angeregt; Er lebte ein gesundes Leben im Freien und verfügte über eine fundierte Ausbildung in den Klassikern. Als er 1834 nach Harvard ging, „war er ein schüchterner, aber nicht sehr gefügiger Jugendlicher, der, wie so viele Jungen, die eher vor Übermaß als vor mangelnden Fähigkeiten zurückschrecken, zu gelegentlicher Gewalt und seltsamen Ausdrucks- oder Handlungsweisen neigte." In Harvard lehnte er sich nach und nach gegen die Strenge eines festen Lehrplans auf, las jedoch alles fressend in der englischen Literatur des 16. und 19. Jahrhunderts und widmete, den englischen Romantikern einer Generation zuvor folgend, Spenser und Milton besondere Aufmerksamkeit. „Milton", bemerkt er, „hat meinen Ehrgeiz geweckt, alle griechischen und lateinischen Klassiker zu lesen, die er gelesen hat." Lowell hatte im Alter von zehn Jahren eine frühreife Liebesbeziehung erlebt; Während seines Studiums war er erneut „hoffnungslos verliebt". Seine Bemühungen, ernsthaft zu schreiben, waren zu dieser Zeit oberflächlich und natürlich nicht tiefgreifend; Sein Humor war naiv und ansprechender. Seine allmähliche Vernachlässigung der vorgeschriebenen Routine, trotz der Versuche seines Vaters, in dem jungen Mann Respekt vor akademischen Ehren zu wecken, löste bei Lowell schließlich den offenen Unmut der Harvard-Fakultät aus; so dass er in seinem letzten Jahr vorübergehend suspendiert wurde und angewiesen wurde, seinen Status unter der privaten Anweisung von Rev. Barzillai Frost in Concord wiederzugewinnen. Longfellow war einer seiner Lehrer in Cambridge; in seinem Ruhestand lernte er Emerson und Thoreau kennen. Als er seinen Tutor verließ und nach Harvard zurückkehrte, war der Unterrichtstag vorbei; aber er brachte sein fertiges Klassengedicht zurück und ließ es unter seinen Freunden zirkulieren. Es ist interessant als Beweis für Lowells frühe Freiheit bei der Verwendung einer Vielzahl von Metren, für sein Gespür für die Natur, für sein Erbe des Konservatismus in Neuengland, für seine Unfähigkeit, mit der Bewegung für die Abschaffung der Sklaverei noch Sympathie zu entwickeln, oder mit Emerson und Transzendentalismus. Es ist interessant als eine Mischung aus Altem und Neuem; Seine Anflüge von Enthusiasmus stehen in seltsamem Kontrast zu seinem allgemeinen Stil, der stark an die Satire nach der Revolution erinnert.

Nachdem sein Studium in Harvard – ob gut oder schlecht – zu Ende war, widmete sich Lowell voller Bedenken und Schwankungen dem Studium der Rechtswissenschaften. Eine unglückliche Liebesbeziehung, die finanziellen Rückschläge seines Vaters, die Unsicherheit über seinen eigenen Lebensunterhalt und sein scheinbar gescheiterter Wunsch, Schriftsteller zu werden, führten dazu, dass er zeitweise fast verzweifelt war. Es scheint, dass er sogar über Selbstmord nachgedacht hat. Sein Humor hat ihn gerettet. Er setzte sein Studium antiker und moderner Dichter und bestimmter Aspekte ihrer Kunst fort; Durch dieses Studium sowie durch seine seelischen Leiden wurde sein Wissen über die Menschheit erweitert und bereichert. Er begann die Position der Abolitionisten zu verstehen. Mit seiner Verlobung mit Miss Maria White klärte sich der Horizont endlich. Er hatte sein Jurastudium abgeschlossen. Obwohl er nicht sofort heiraten konnte, waren der ständige Einfluss von Miss White, selbst eine Dichterin, und sein Kontakt mit dem Kreis junger Menschen, in dem sie sich bewegte – „der Band" – von nun an entscheidende Elemente seiner spirituellen Entwicklung. Sein Kopf war voller literarischer Pläne. Er würde ein Leben über Keats schreiben; er würde eine „psychohistorische" Tragödie komponieren. Er schrieb Gedichte für *Graham's Magazine* . 1840 veröffentlichte er den Gedichtband „Ein Jahr Leben", den Rezensenten als „humanitär und idealistisch" bezeichneten; und im nächsten Jahr oder so schrieb er für andere Zeitschriften eine Reihe von Sonetten, Prosaskizzen und literarischen Essays über die elisabethanischen Dramatiker. Ende 1842 hatte er beschlossen, das Gesetz aufzugeben, und schloss sich Robert Carter an, um eine Zeitschrift namens „ *The Pioneer"* zu *gründen* . Das Unterfangen war nur von kurzer Dauer, da Lowell zwangsweise nach New York verlegt wurde, wo er von einem Augenarzt betreut wurde. Das Scheitern seiner Zeitschrift brachte ihn in Schulden; Allerdings hatte er als Redakteur wertvolle Erfahrungen gesammelt und seine Bekanntschaft unter Literaten erweitert. Er ließ sich erneut in Cambridge nieder und wachte über die Personen seiner Mutter, deren Geist jetzt in die Irre gegangen war, und seiner ältesten Schwester, die bereits Anzeichen einer ähnlichen Krankheit zu zeigen begann. Das Ergebnis zweijähriger poetischer Tätigkeit erschien Ende 1843 in seiner ersten Reihe „Gedichte". Er heiratete Miss White am 26. Dezember 1844. Unmittelbar danach übernahm er für kurze Zeit eine Stelle in Philadelphia bei *The Pennsylvania Freeman* , wo er und seine Frau sich ein knappes Einkommen erwirtschafteten, indem sie für das *Broadway Journal* of New York schrieben. Lowell, inzwischen ein glühender Abolitionist, widmete nach seiner Rückkehr nach Cambridge seine Aufmerksamkeit in den nächsten vier Jahren hauptsächlich Artikeln für *The National Anti-Slavery Standard* . Von diesem Punkt an ist es unmöglich, in einem so kurzen Bericht wie dem vorliegenden viele Details seiner Produktivität als Schriftsteller festzuhalten. Im Jahr 1846 erschien das erste der „Biglow Papers", veröffentlicht im *Boston Courier*; drei weitere kamen im nächsten Jahr heraus. Im Jahr 1848 veröffentlichte Lowell neben einer großen Anzahl von Artikeln die zweite Reihe seiner „Gedichte", seine „Fable for Critics" – in der er mit Leichtigkeit, aber auch Einsicht zeitgenössische amerikanische Dichter behandelte – und „The Vision of Sir Launfal, " bedeutende Titel in jeder Liste seiner Werke. Seine Kräfte waren nahezu auf ihrem Höhepunkt. Sein Humor war fast so sicher wie nie zuvor; seine Kritik war fast ebenso prägnant, seine Vorstellungskraft ebenso lebendig, seine Haltung gegenüber nationalen Fragen so kompromisslos. Die Mängel in seinem Stil und seiner Behandlung finden sich auch in seinen späteren Werken. Bis 1853 verlief Lowells Leben im Großen und Ganzen glücklich, allerdings getrübt durch den Tod mehrerer Kinder und durch die Sorge um die schwindende Gesundheit seiner Frau. Von der Trauer und Einsamkeit nach ihrem Tod suchte er Erleichterung bei der Vorbereitung eines Vortragskurses über die englischen Dichter, der vor dem Lowell Institute in Boston gehalten werden sollte. Ihr durchschlagender Erfolg brachte ihm einen Ruf auf den von Longfellow frei gewordenen Lehrstuhl in Harvard ein. Er gab ein Jahr oder länger Zeit, um im Ausland zu studieren; 1856 kehrte er zurück und verbrachte die nächsten 16 Jahre seines Lebens als Hochschulprofessor. Er hielt Vorlesungen über Poesie und bildende Kunst und bot Kurse in deutscher, spanischer und italienischer Literatur an. Er war am besten darin, Dante zu unterrichten, wo er seine Überzeugung in die Tat umsetzen konnte, „dass das Studium fantasievoller Literatur zur geistigen Vernunft führt"; dass es „eine Studie über Ordnung, Proportionen, Anordnung der höchsten und reinsten Vernunft" ist und zeigt, „dass Zufall weniger mit Erfolg zu tun hat als Voraussicht, Wille und Arbeit." Zuletzt wandte er seine Aufmerksamkeit der altfranzösischen Literatur zu. Für einen Mann, der unter einer erblich bedingten Trägheit leidet, war sein Fleiß überraschend. Seine Verbindung mit *The Atlantic Monthly* von seiner Einführung im Jahr 1857 bis 1861 und mit *The North American Review* von 1864 bis 1872 wird an anderer Stelle erwähnt. Seine private Lektüre war kontinuierlich und diskursiv. Mit dem Herannahen und Ausbruch des Bürgerkriegs wurden sein Herz und seine Feder in den Dienst des Nordens gestellt. Er schrieb vielleicht die aufrüttelndsten politischen Artikel der amerikanischen Literatur; und seine Verse reichten von einer neuen Reihe von „Biglow Papers" bis zur „Commemoration Ode", die bei den Gedenkübungen am 21. Juli 1865 zu Ehren der Harvard-Absolventen rezitiert wurde, die ihr Leben für ihr Land gegeben hatten. Nach dem Krieg bot ihm *die North American Review* die Möglichkeit, viele seiner bekanntesten literaturkritischen Artikel zu veröffentlichen, zum Beispiel seine Essays über Chaucer, Pope, Spenser und Dante. „The Cathedral", sein bemerkenswertestes Gedicht nach der „Commemoration Ode", erschien 1870. 1869 und erneut 1870 hielt er an der Cornell University mehrere Vorlesungen über die Dichter. Da er sich 1872 keinen Urlaub in Harvard sichern konnte , gab er sein dortiges Amt auf, um ins Ausland zu gehen. Nach einem zweijährigen Aufenthalt in Europa, wo ihm bedeutende Auszeichnungen zuteil wurden, nahm er sein Amt in Harvard wieder an und behielt es bis 1877, als Präsident Hayes ihn zum Minister in Spanien ernannte (1877–80). 1880 ernannte ihn Garfield zum Minister für England; hier wurden ihm Ehrungen zuteil. „Die Königin soll gesagt haben, dass während ihrer langen Regierungszeit kein Botschafter oder Minister so viel Interesse geweckt und so viel Ansehen erlangt habe wie Mr. Lowell." Kurz nach dem Tod seiner zweiten Frau im Jahr 1885 wurde er von seinem diplomatischen Posten abgelöst. Eine Zeit lang lebte er mit seiner Tochter in Southborough,

Massachusetts. Zu den späteren Sammlungen seiner Gedichte gehörte „Heartsease and Rue", das 1887 veröffentlicht wurde. Die letzten beiden Jahre seines Lebens verbrachte er in Cambridge, wo er unter anderem einer Ausgabe seiner Werke in zehn Bänden gewidmet war. Nach einer Zeit der Schwäche und des Schmerzes, getragen von Standhaftigkeit und Humor, starb er am 12. August 1891 in Elmwood, wo er zum ersten Mal das Licht erblickte.

Es ist nahezu unmöglich, Lowell kurz zu charakterisieren. Der Versuch, eine Persönlichkeit zusammenzufassen, die so viele Ausdrucksformen wählte und im Grunde nicht völlig einheitlich war, kann ihren Einzelteilen kaum gerecht werden. Das Auffälligste an dem Mann war seine Fruchtbarkeit, wenn auch nicht in großen konstruktiven Ideen, so doch in einzelnen Gedanken. Was er schreibt, ist voller Fleisch. Seine Redundanz steht nicht im Widerspruch zu nutzlosem Gerede; Er möchte alle Materialien nutzen, die sich bieten. Eine weniger offensichtliche Sache bei Lowell ist das, was wir als seinen Mangel an vollständiger spiritueller Organisation bezeichnen könnten. Er lebte in einer Zeit sich auflösender Überzeugungen und intellektueller Unruhe. Obwohl er nicht, wie einige andere, von heftigen inneren Zweifeln geplagt wurde, gelang es ihm doch nie, sich über grundlegende Fragen der Philosophie und Religion ganz klar zu werden. Er war nie ganz bei sich. Als Schriftsteller unterbrachen sich seine ernsten und seine humorvollen Stimmungen ständig. Auch deshalb besaß er keinen sicheren Stil. Teilweise war natürlich eine Art angeborener oder entwickelter Gleichgültigkeit schuld; In seiner Entstehungsphase hatte er nicht die Geduld – wie er Longfellow selbst sagte –, langsam genug zu schreiben. Das Ergebnis ist, dass unsere Freude an seiner Poesie auf einzelnen Passagen beruht und nicht auf organisch zusammengesetzten, harmonischen Ganzen. Im gelegentlichen gelungenen Ausdruck eines einzelnen Gedankens können ihn nur wenige übertreffen:

Coy Hebe flieht vor denen, die umwerben, und meidet die Hände, die sie ergreifen würden; Folge deinem Leben, und sie wird klagen, dir den Kelch der Ehre einzuschenken.

Als Kolorist der Worte wirkt seine Kunst oft meisterhaft, wenn er den Eindruck nicht übertreibt. Doch wenn wir genau hinsehen, ist seine Technik selbst in der viel gelobten „Gedenkmäler-Ode" selten, wenn überhaupt, unvermeidlich. Aufgrund seiner Erfahrung als Herausgeber ist seine Prosa stilistisch kontinuierlicher als seine Verse. Er heilte andere; sich selbst konnte er zumindest teilweise heilen. Doch selbst als Prosaschriftsteller gelangte er trotz seines Studiums der Literaturgeschichte nicht zu dem Punkt, an dem Wissenschaft und Verstand im Einklang mit Poesie und Vorstellungskraft stehen würden. Es scheint, dass es ihm nicht gelang, in der Wissenschaft zwischen Vorübergehendem und Dauerhaftem zu unterscheiden, so dass er der Gefahr nicht entging, die Fehler der Wissenschaftler mit ihren Idealen zu verwechseln; und da er, wie Dante, nicht die volle Sympathie für sorgfältige literarische Forschung hatte, war er nicht bereit, sich den letzten, anspruchsvollen und detaillierten Arbeiten des Dichters oder Essayisten zu unterwerfen, der beschließt, Verse oder Prosa zu schreiben, die Bestand haben . Daraus folgt, dass es den meisten seiner Schriften, sowohl der Poesie als auch der Prosa, an Endgültigkeit mangelt. Obwohl er in seinem Artikel über Chaucer die Zustimmung von niemand geringerem als Professor Child fand, konnte er diesen großen Gelehrten und Kritiker letztendlich nicht zufriedenstellen, da Lowell sich nicht auf Verallgemeinerungen beschränkte, die auf einer erschöpfenden Induktion beruhten. Er unterscheidet nicht klar zwischen „Ich denke" und „Ich weiß".

Tatsache ist, dass er hauptsächlich für seine Freizeit schrieb und zwangsläufig nur eine vorübergehende Belohnung erhielt. Das heißt nicht, dass sich die Belohnung nicht gelohnt hätte. Seine Interpretationen von Spenser, Dante, Milton und den älteren Dramatikern lockten viele Leser zu diesen Dichtern, die sonst nicht hingegangen wären; für Amerika ebnete er den Weg in das Studium von Chaucer; und seine eigene „Vision von Sir Launfal" hat viele harte Herzen für göttliche Einflüsse geöffnet. Wenn er im Dialekt schrieb, wie in den „Biglow Papers", schrieb er offensichtlich eine Zeit lang; Aber zu ihrer Zeit trug die zweite Reihe mehr zur Rechtfertigung der Sache des Nordens bei als fast jede andere Veröffentlichung, die erwähnt werden konnte, Whittiers Gedichte nicht ausgenommen. Man könnte annehmen, dass seine wunderbare Beherrschung des Dialekts ihn im Gegensatz zu einem weniger perfekten und weniger instinktiven Erfolg in jedem höheren Medium vor allem als satirischen Dichter auszeichnet. Als er einmal für sein Porträt saß, bezeichnete er sich selbst allgemein als „einen gelangweilten satirischen Dichter". Doch würden wir Lowell als den größten aller amerikanischen Satiriker bezeichnen, würden seine eindringlichen patriotischen Gedichte – „The Washers of the Shroud", die „Comemoration Ode", seine „Vision of Sir Launfal" und „The Cathedral" ihn sofort auszeichnen etwas Größeres, als es jeder satirische Dichter sein könnte. Edler als die Summe seiner Schriften war schließlich das Werk, das er vollbrachte, indem er sein Heimatland und das Mutterland England in einem seit ihrer Trennung unbekannten Band der Sympathie zusammenbrachte.

Ralph Waldo Emerson. –Emerson gilt normalerweise als philosophischer Mystiker und Laienprediger. Er hielt sich mehr für einen Dichter als alles andere, denn er hoffte immer, eine perfekte Ausdrucksweise in rhythmischer Sprache zu erreichen. Doch die Tatsache, dass er viel mehr Prosa, wie einfallsreich sie auch sein mag, als Verse schrieb, hat die Hauptbehandlung über ihn in einen anderen Abschnitt dieses Bandes verlagert. Eine solche

Vereinbarung beruht natürlich auf unkritischen Gewohnheiten und nicht auf Vernunft.

Wenn wir uns hier willkürlich auf seine Kompositionen im Metrum beschränken, stellen wir fest, dass Emerson im Laufe seines Lebens (1803–82) oder in den Jahren, in denen er produktiv war, für viel mehr Poesie im engeren Sinne verantwortlich war als die meisten seiner Leser sind sich dessen bewusst und dass seine Gedichte ebenso Beachtung verdienen wie seine Essays. In seinen Versen, die er für sich selbst geschrieben hat, fühlt er sich zwar in der Form weniger wohl, aber da er sich weniger an Rücksicht auf ein Publikum klammert, ist er in seinen Gedanken spontaner. Gleichzeitig erschöpfte sich sein Vorrat an grundlegenden Ideen und Gefühlen, so lebendig und rein sie auch sein mochten, in seiner Prosa weitgehend, so dass er sich in erheblichem Maße wiederholte, wenn er sein Ausdrucksmittel wechselte. Darüber hinaus gelangte er als Hierophant der intellektuellen Unabhängigkeit nicht zu einer praktischen Erkenntnis darüber, wie der Reichtum der größten Dichter und Denker mit dem Reichtum und der Kontinuität ihrer Lektüre zusammenhängt. Emerson las tatsächlich vielfältig, wenn auch nicht gründlich; und es ist wahr, dass seine Essays großzügig mit entlehnten Stoffen umgehen; Die Anfertigung eines Aufsatzes über Montaigne scheint kaum mehr zu bedeuten, als eine Anthologie von Auszügen zusammenzustellen, die mit Emersons eigenen Randbemerkungen untermauert sind. Er beherrschte selten einen einzelnen Autor vollständig. Seine Einsicht ging sprunghaft voran, und er eignete sich das an, was ihm sympathisch erschien, da er nicht nachgiebig genug war, sich stetig und lange auf den Gedanken eines anderen einzulassen. Seiner Prosa mangelt es im Allgemeinen an Plan. Einige seiner Gedichte hingegen sind einheitlicher und weisen eine organische Ganzheit auf, die in seinen längeren Essays fehlt. In einem Aufsatz stellen die bloße Kontinuität des Gefühls und die Bewahrung des individuellen Stils keine ausreichende Verbindung zwischen den Teilen dar. In einem lyrischen Gedicht kann eine solche Konsistenz ausreichen. Praktisch alle Gedichte Emersons sind lyrisch und meditativ. Die Technik ist selten glatt, nicht aus Mangel an Mühe, da sie mühsam und ständig retuschiert wurde, sondern aus Mangel an Fähigkeiten des Künstlers. Der Stil neigt dazu, brüchig zu sein, die Kadenz wird in Passagen beliebiger Länge nicht beibehalten und die einzelnen Sätze lösen sich leicht aus ihrem Kontext. Dennoch sind sie nicht immer klar, aber möglicherweise sind Kommentare und Parallelen aus den „Essays" erforderlich, um sie zu erklären. Emersons Gedichte sind weitgehend autobiografisch und keineswegs egoistisch, ein Bild der aufeinanderfolgenden und wiederkehrenden Zustände seiner eigenen Seele. Seine Vision des Universums in jedem seiner Teile, sein Glaube an die Immanenz Gottes und die erzieherische Kraft der Einsamkeit und sein Vertrauen in die Fähigkeit der Natur, ideale oder „repräsentative" Menschen vorzubereiten und plötzlich hervorzubringen, sind dem immer nahe Oberfläche. In seinen Beschreibungen der Außenwelt ist er detailgetreu; Aber wenn er in jedem einzelnen Ding einen inneren Wert entdeckt, der über den Wert seiner Abhängigkeit vom Ganzen hinausgeht, wird er wahrscheinlich die Teile sehen, ohne bereit zu sein, die Perspektive zu erfassen. Was die Einzelheiten betrifft, so scheint seine Auswahl, wenn er welche trifft, insgesamt eine Frage seiner Stimmung und nicht seiner Logik zu sein. Dennoch ist seine Entscheidungskraft stärker als die von Whitman. Er hat eine mehr als Wordsworth'sche Abneigung gegen die analytische Wissenschaft:

Aber diese jungen Gelehrten, die in unsere Hügel eindringen, kühn wie der Ingenieur, der den Wald fällt, und oft in dem Schnitt wandern, den er macht, lieben die Blume nicht, die sie pflücken, und wissen es nicht, und ihre ganze Botanik besteht aus lateinischen Namen.

Dennoch sind Wissenschaft und wissenschaftliche Begriffe in seine Poesie eingedrungen; Es sind auch nicht einfach die größeren und elementaren Aspekte moderner Entdeckungen, die seine Aufmerksamkeit beanspruchen. Mit seiner individualistischen Denkweise kann er sich nicht entscheiden, aber er hat den Blick für das Präzise und Spezifische:

Ah! Nun, ich kümmere mich um den Kalender, treu durch tausend Jahre, der gemalten Blumenrasse, auf Tage genau, auf Stunden genau.

* * * * *

Ich kenne den zuverlässigen Almanach der pünktlichen Rückkehr der Vögel an ihren Fälligkeitstagen.

Er versteht sein eigenes Interesse an solchen Angelegenheiten; Da er nicht sehr objektiv ist, kann er den Impuls des jungen Botanikers nicht verstehen. Da ihm der dramatische und historische Impuls fehlte, schrieb er keine langen Gedichte. „May-Day" ist sein längstes und nachhaltigstes Stück, obwohl es ihm nie ganz gelang, die einzelnen Teile zu ordnen. „Wahrscheinlich wurde es viele Jahre lang bei seinen Nachmittagsspaziergängen im Wald in Bruchstücken geschrieben." Der Band, dem er seinen Namen gab (1867), markierte einen deutlichen Fortschritt in der Geläufigkeit gegenüber der Sammlung seiner Gedichte, die zwanzig Jahre zuvor erschienen war. Aber selbst wenn man seine eigene endgültige Auswahl (1876) oder den heute Standardtext aller seiner Gedichte (veröffentlicht 1904) betrachtet, können wir kaum behaupten, dass die Sehnsucht, die er 1839 zum Ausdruck brachte, jemals vollständig befriedigt wurde: „Ich bin von Natur aus sehr empfänglich für das Freuden des Rhythmus, und ich kann nicht glauben, dass ich eines Tages diesen herrlichen Dialekt erlernen werde, so sehnlichst ist mein Wunsch; und diese Wünsche, nehme ich an, sind immer nur die Knospen der Macht; aber bis zu dieser Stunde habe ich bei solchen Versuchen nie einen wirklichen Erfolg gehabt." Es ist wahrscheinlich, dass er trotz seines gesunden Menschenverstandes in Neuengland, seiner angeborenen Wertschätzung für Anstand und seiner Einsicht in die subtileren Vorgänge der Natur nicht den anfänglichen Impuls eines Bryant und eines Longfellow für das hatte, was er in seiner Ausbildung am meisten brauchte. Die Natur wirkt auch durch den Wissenschaftler und den Pädagogen. Emerson bezweifelt es:

Können Regeln oder Lehrer den Halbgott erziehen, den wir erwarten? Er muss musikalisch, zitternd, eindrucksvoll sein, lebendig für den sanften Einfluss der Landschaft und des Himmels und sanft für die spirituelle Berührung des Auges eines Mannes oder einer Jungfrau; Aber schnell zu seiner Heimatmitte wird er die Vergangenheit in die Zukunft verschmelzen lassen und die fließenden Schicksale der Welt in seiner eigenen Form neu gestalten.

Henry David Thoreau. – Emerson hatte die Originalität, die es einem Seher ermöglicht, unter die Oberfläche zu dringen und eine Ähnlichkeit in Dingen zu finden, in denen passive Geister keine Brüderlichkeit entdecken; er verfügte nicht über die Originalität, aufgrund derer überaus schöpferische Geister eine Vielzahl einander ordnungsgemäß untergeordneter Elemente zu neuen, harmonischen und umfassenden Ganzen zusammenfügen. Es liegt ein entscheidender Mangel in der amerikanischen Poesie vor, ein Mangel in der konstruktiven Vorstellungskraft. Dieser Mangel ist eng mit einer unwissenschaftlichen Angst vor minutiöser Forschung verbunden. Emersons misstrauische Haltung gegenüber der Wissenschaft wurde von seinem Freund und Schüler Thoreau (1817–62) geteilt, bei dem das Glaubensbekenntnis des Individualismus fast bis zur Karikatur reichte. In seiner Jugend und Blütezeit verfasste Thoreau zahlreiche Verse, von denen nur wenige erhalten sind. Die Vorstellung von Prometheus, einem leidenden und isolierten Freund der Menschheit, der beharrlich seinen eigenen Willen durchsetzt, entsprach Thoreaus Geschmack; daher seine grobe, aber bewegende Übersetzung aus der Tragödie von Aeschylos. Er hatte die emersonische Vorliebe für gnomische Sätze und Verse, wie er sie in den „Oden" von Pindar verstreut fand. Seine Versionen pindarischer Zwerge zeigen, dass er keine Angst vor schwierigem Griechisch hatte; Dennoch schwankte er zwischen Glauben und Unglauben an die Wissenschaft. Sein Ohr war besser als das von Emerson. Es ist bedauerlich, dass seine unübertroffene Beobachtungsgabe nicht häufiger in Zeilen wie „To a Stray Fowl" Spuren hinterlassen hat. Sein Geist war nicht ohne die Vorliebe Neuenglands für das Erstaunliche und Paradoxe. Doch seine Suche nach verborgenen Analogien grenzt häufiger an wahre Einbildungskraft als es bei Holmes der Fall war.

Oliver Wendell Holmes. – „Der Autokrat vom Frühstückstisch" hat bereits bewiesen, dass er „Elsie Venner" und „Der Schutzengel" überdauern wird; Doch wenn die Miszellen von Dr. Holmes (1809–94) lebendiger sind als seine Romane, liegt dies in gewissem Maße daran, dass der „Autokrat" gelegentlich Verse verwendet. In der „Breakfast-Table"-Reihe erschienen „The Chambered Nautilus" und „The Wonderful ‚One-Hoss Shay'", die mit seinen jugendlichen „Old Ironsides" und „The Broomstick Train" den festen Halt auf dem behalten haben beliebte Erinnerung. Holmes war erfreut, seine Vorfahren auf Anne Bradstreet, die erste amerikanische Dichterin, zurückführen zu können. Seine eigenen Gedichte begannen mit der Wiedergabe heroischer Verszeilen von Vergil durch einen Schüler und endeten kaum mit seiner Hommage an Whittier im Jahr 1892. In der Standardausgabe seiner Werke nehmen seine Gedichte drei Bände ein. Viele von ihnen sind, entsprechend seiner Wendung für den Roman, erzählerischer Natur; Für das Geschichtenerzählen besaß er ein Händchen, das einem hohen Maß an Talent gleichkam. Sein Sinn für Ordnung und Proportionen ist stärker als der der anderen Mitglieder der New England School und er beherrscht zumindest formale Strukturen. Man kann diesen Befehl nicht ohne Grund zum Teil auf seine Studien zur menschlichen Anatomie zurückführen. Gleichzeitig verspürt Holmes die Versuchung, mehr Wert auf Manieren und Brillanz als auf Substanz zu legen, und er wird alles tun, um eine phantasievolle Einbildung oder einen auffälligen Ausdruck zu erzielen. Seine Klugheit ist erstaunlich, wenn es darum geht, die Kleinigkeiten der undurchsichtigen Überlieferungen zu nutzen. Er verfügte über ein hartnäckiges Gedächtnis und die Angewohnheit, schnell zu assoziieren, so dass er als Wortschatzmeister nahezu konkurrenzlos ist. Allerdings ist sein Blick nicht tief durchdringend; er sieht phantastische Ähnlichkeiten zwischen Dingen, die wirklich weit voneinander entfernt sind, nicht so oft die grundlegenden Ähnlichkeiten zwischen Dingen, ob nahe oder voneinander entfernt. Man wird bei Holmes vergeblich nach etwas suchen, das so wahrhaft poetisch ist wie Thoreaus Vergleich von Sex bei Menschen und Blumen. Dementsprechend kann sein Geist eher als fantasievoll denn als fantasievoll eingestuft werden. Es sollte nicht missverstanden werden und wird seiner großen Exzellenz keinen übermäßigen Abbruch tun, wenn wir sagen, dass die Poesie von Holmes nicht immer den höchsten moralischen Ernst an den Tag legt – ein Mangel, der nicht vollständig ausgeglichen wird, wenn er sich mit moralischen Themen befasst, wie z „Der gekammerte Nautilus", wo der Vergleich der wachsenden Molluske mit der sich ausdehnenden menschlichen Seele zwar schön ist, die Predigt jedoch etwas abgedroschen ist.

Was die Form seiner Gedichte betrifft, ist Holmes ein Überbleibsel des 18. Jahrhunderts. In seiner Kindheit war er ein begeisterter Bewunderer von Pope, aber anstatt den Stil der Augustaner aufzugeben, wie Bryant und Lowell ihn aufgegeben hatten oder ihm entwachsen waren, entschied er sich lieber dafür, sich darin zu vervollkommnen; bis dieser Stil, etwas plastischer als in seinen Modellen, etwas modernisiert und provinziell, zu seinem normalen Akzent wurde. Wenn man Holmes' Ziel vor Augen hat, kann man hinzufügen, dass kein Dichter in Amerika eine sicherere Kontrolle über sein Medium erlangt hat. In diesem Medium gelang es ihm, Glanz, Humor, Klarheit, gesunden Menschenverstand und rednerischen Nachdruck zu vereinen. Mehrere sehr fähige Kritiker sind der Meinung, dass niemand in seinem Jahrhundert mit ihm in der Kunst, Verse für einen bestimmten Anlass zu schreiben, mithalten kann. Hier liegt nicht nur die Quelle seiner Stärke, sondern auch seiner Schwäche. Ein großer Teil seiner Verse ist hauptsächlich von lokalem oder vorübergehendem Interesse. Die Gedichte, die er Jahr für Jahr bei den Übungen des Harvard Commencement vortrug, werden von Jahr zu Jahr weniger Begeisterung hervorrufen. Eine konstruktive Kritik wird jedoch den Schwerpunkt nicht auf sein Erbe des Neuengland-Provinzialismus oder seine leichte Neigung zur Leichtfertigkeit legen, sondern auf seine Freundlichkeit, seine unerschöpfliche gute Laune, seine schnelle und scharfsinnige intellektuelle Neugier und auf die Anziehungskraft, die seine Lebhaftigkeit ausstrahlt Moralisieren macht die Jugend an. Es ist keine Kleinigkeit, von einem Witz und einer Epigrammkraft wie ihm zu sagen, dass sie immer freundlich waren und immer auf der Seite von etwas Besserem als einer bloß konventionellen Moral.

John Greenleaf Whittier. — In einem so kurzen Abschnitt schien es unmöglich, mehr als ein paar vereinzelte Bemerkungen zu der Poesie zu machen, die sowohl im Norden als auch im Süden im Zusammenhang mit der Sklaverei und dem Bürgerkrieg entstand. Über konföderierte Schriftsteller, darunter Timrod und Lanier, wurde etwas gesagt; Man könnte noch mehr über die patriotischen Verse von Lowell und Longfellow, Emerson und Holmes und einer Schar niederer Männer hinzufügen, die im Norden Mut und Trost sangen oder diejenigen angriffen, die sie im In- und Ausland als Feinde der Republik betrachteten. Eine noch lebende Dichterin, Frau Julia Ward Howe (geb. 1819), verewigte sich 1862 mit ihrer „Battle-Hymn of the Republic", einem Stück, das die Essenz von Rechtschaffenheit und Liebe zum Land ausstrahlt und einen hohen Stellenwert hat in keinem Verhältnis zum Rest ihrer Arbeit. Ähnliches gilt für Thomas B. Read (1822–72) und seinen beliebten „Sheridan's Ride" (1865). Der wahre Barde auf dem Schlachtfeld und im Biwak war natürlich Walt Whitman, der als Krankenschwester in der Unionsarmee über echte Kriegserfahrung verfügte. Wenn jedoch eine Person aus seinem Jahrhundert als Verkünder der amerikanischen Freiheit herausgestellt werden soll, dann muss es Whittier sein; und das auch, könnte man fast sagen, trotz seiner Vererbung, seiner frühen Hoffnungen und seiner natürlichen Neigung. Zumindest würden ihn sein Quäkerblut und seine Liebe für die friedlichen Wege der Natur nicht für das Amt eines militanten Dichters qualifizieren. Wenn darüber hinaus Whittiers Kunst und Gefühl im Laufe der Jahre immer mehr Bewunderung bei qualifizierten Schiedsrichtern hervorrufen, wird diese Bewunderung hauptsächlich nicht seinen Kriegslyriken oder seinen Verurteilungen der Sklaverei zuteil, sondern seinen Hymnen, seinen Legenden über Neuengland, und seine rustikalen Idyllen – vor allem auf „Snow Bound".

Er wurde am 17. Dezember 1807 in Haverhill, Massachusetts, geboren und entstammte einer frommen englischen Familie, die der Society of Friends angehörte. Ein winziges und animiertes Bild seines Hauses und seiner Bewohner ist in „Snow Bound" zu sehen. Whittiers Chancen auf eine reguläre Schulbildung waren gering. Obwohl er nicht die robuste Kraft seiner Vorfahren geerbt hatte, war seine Hilfe auf der Farm erforderlich; und sein Vater zögerte, ohne den Jungen in seinen Bemühungen um eine Ausbildung völlig zu entmutigen, ihn mit einem nutzlosen oder gefährlichen Spielzeug wie dem, was ihre Sekte allgemein als Poesie betrachtete, beschäftigt zu sehen. Der Junge besuchte die Bezirksschule, las die wenigen Bücher, die es in seinem Haus gab, und schaffte es sogar, Exemplare von Burns und Shakespeare sowie einen heimlich durchgelesenen Roman von Scott zu besorgen. Seine Mutter war innerlich zufrieden mit den Zeilen, die er unter der Inspiration von Burns schrieb. Als seine Schwester heimlich eines seiner Gedichte an *The Free Press* of Newburyport weiterleitete und so den Weg für eine Bekanntschaft zwischen Whittier und dem Herausgeber William Lloyd Garrison ebnete, war die Richtung im Leben des jungen Mannes festgelegt. Dank des Einflusses von Garrison und unter strengster Schonung seiner eigenen Mittel konnte Whittier insgesamt ein Jahr an der neuen Haverhill Academy verbringen. „Damit endete seine Schulzeit", sagt sein Biograf Pickard; „Aber das war erst der Anfang seines Studentenlebens. Durch umfassende und sorgfältig ausgewählte Lektüre erweiterte er ständig seinen Informationsschatz. Während er in den Bereichen der englischen Literatur schwelgte, lernte er durch Übersetzungen alte und aktuelle Literatur anderer Nationen kennen und hielt sich über alle politischen und reformatorischen Bewegungen auf dem Laufenden." In der Entwicklung seines Denkens verdankte er vor allem der Bibel, den Traktaten der Freunde und der Poesie von Burns. Die Triebfeder seiner Tätigkeit, sei es als Student, Dichter, Politiker oder Anti-Sklaverei-Agitator, war der starke Wunsch, für seinesgleichen nützlich zu sein , gepaart mit einem brennenden Glauben an die Heiligkeit der individuellen Freiheit. Während seines frühen Mannesalters schrieb er weiterhin Verse und schickte sie an verschiedene Zeitschriften in Neuengland. und er wurde nacheinander Herausgeber einer Bostoner Fachzeitschrift, *der Haverhill Gazette* und *des New England Magazine* . Der

Journalismus verhalf ihm zum Einstieg in die Politik, und 1832 schienen die Whigs seiner Heimatstadt bereit zu sein, ihn in den Kongress zu wählen. Nach sorgfältiger Überlegung verzichtete er nicht ohne inneren Kampf auf seine politischen Ambitionen und beschloss, seine Energie für die Abschaffung der Negersklaverei einzusetzen, um der diskreditierten und obskuren Bande unter der Führung von Garrison zu helfen. „Mein Junge", so riet er später einem Fünfzehnjährigen, „wenn du Erfolg haben willst, schließe dich einer unpopulären, aber edlen Sache an." Bei allem Idealismus – sagen wir besser: wegen seines durch und durch idealistischen Idealismus – war Whittier durch und durch praktisch veranlagt. Er hatte einen scharfen Einblick in die Charaktere der Menschen und wusste, wie er ihre Beweggründe, sowohl gute als auch schlechte, zur Rechenschaft ziehen konnte; Sein politischer Scharfsinn, der ihn zusammen mit seinem unermüdlichen Fleiß zu einem der fähigsten Arbeiter auf der Seite der Abolitionisten machte, war maßgeblich für den Aufstieg von Charles Sumner in eine Position mit wohltätigem Einfluss verantwortlich. Obwohl gesundheitlich immer angeschlagen, aber dennoch mühsam arbeitend und mehr als einmal persönlicher Gewalt durch Gegner ausgesetzt, hatte Whittier die Befriedigung, zu sehen, wie die Bewegung, für die er sich einsetzte, aus der Verfolgung in einen Triumph überging. Oberflächlich betrachtet verzögerte seine Hingabe seinen eigenen Fortschritt als Künstler, und seine besten Gedichte kamen spät. In einem tieferen Sinne hätte er sich nicht zu dem Dichter entwickeln können, der er wurde, ohne das Leben zu führen, das er führte.

Im Allgemeinen lässt sich sein Werk in zwei Teile gliedern – den Teil, der während seines aktiveren Interesses an Journalismus und Politik entstand, und den Teil, der nach seiner Pensionierung entstand. Im Jahr 1831 veröffentlichte er seine Broschüre „Legends of New England in Prose and Verse" und 1832 eine weitere Broschüre, „Moll Pitcher", die beide nicht besonders interessant waren, außer im Vergleich zu seiner besseren Themenauswahl und seiner besseren Handhabung einem späteren Zeitpunkt. Eine dritte Broschüre, „Gerechtigkeit und Zweckmäßigkeit" (1833), die auf eigene Kosten und im vollen Bewusstsein ihrer wahrscheinlichen Wirkung veröffentlicht wurde, war das Dokument, das ihn von der dominierenden Partei trennte und ihn offen mit den Abolitionisten verbündete. „Mogg Megone" (1836), sein erster gebundener Band, den er später vergeblich zu unterdrücken versuchte, wurde veröffentlicht, nachdem er Sekretär der American Anti-Slavery Society geworden war. Im nächsten Jahr (1837) veröffentlichte Isaac Knapp, ohne Whittier zu konsultieren, eine Sammlung von „Gedichten, die während des Fortschritts der Abschaffungsbewegung in Amerika geschrieben wurden". 1838 folgte eine autorisierte Sammlung. Der Dichter vertrat Haverhill 1835 im Parlament von Massachusetts; Sein Gesundheitszustand verhinderte, dass er eine zweite

Amtszeit beenden konnte. Im Jahr 1837 ging er nach Philadelphia, um „dem ehrwürdigen Anti-Sklaverei-Pionier Benjamin Lundy zu helfen, der *den National Enquirer* herausgab ", der später den Namen „*Pennsylvania Freeman* " *trug* . 1840 zog er sich nach Amesbury, Massachusetts, zurück und bezog seinen Wohnsitz bei seiner Mutter und seiner Schwester Elizabeth. Er hat nie geheiratet. In Amesbury und Danvers, in derselben Grafschaft, verbrachte er den Rest seines Lebens in Stille. Die Aufzeichnung ist eine Aufzeichnung des häuslichen Friedens und der literarischen Bemühungen, deren erste Ergebnisse „Lays of my Home, and Other Poems" (1843) waren. Mit diesem Band begannen Whittiers Schriften einträglich zu werden. Einige der bemerkenswertesten späteren Daten in seinem Leben sind wie folgt: Von seinen Prosawerken erschienen „The Stranger in Lowell" im Jahr 1845, „Supernaturalism in New England" im Jahr 1847 und „Literary Recollections" im Jahr 1854. Von der Gründung *der* Whittier war 1857 im *Atlantic Monthly ein äußerst willkommener Mitwirkender.* Er gab auch John Woolmans *Journal heraus* und zeigte auf andere Weise Interesse an den Schriften der Freunde. „Stimmen der Freiheit" (1849) war die erste umfassende Ausgabe seiner Gedichte. Er veröffentlichte „Songs of Labour" im Jahr 1850, „A Sabbath Scene" im Jahr 1853, „Home Ballads" im Jahr 1860 und „National Lyrics" im Jahr 1865. Zu seinen wichtigsten Veröffentlichungen nach dem Krieg gehörten „Snow Bound" (1866), „ Maud Muller" (1867), „Ballads of New England" (1869), „Miriam and Other Poems" (1871), „Mabel Martin" (1874), „Hazel Blossoms" (1875), „Poems of Nature" (1885).), „St. Gregory's Quest und neuere Gedichte" (1886). Seine letzte Sammlung, „At Sundown" (1890), war E. C. Stedman gewidmet und endete mit einer Abschiedsrede an Dr. Holmes. Viele von Whittiers Gedichten wurden erstmals in Zeitschriften veröffentlicht; „Maud Muller" erschien 1854 in *The National Era* .

Whittiers Persönlichkeit war von unbeschreiblicher Anziehungskraft. Er war sanft, aber voller unterdrücktem Feuer, eine leidenschaftliche Natur, die sich stetig dem christlichen Geist der Selbstbeherrschung unterworfen hatte. Er hatte die innere Schönheit, die aus großzügigen Impulsen unter der gewohnheitsmäßigen Führung von Prinzipien und Voraussicht entspringt. Gegenüber seinen Gegnern zeigte er keinen Groll; er kämpfte gegen Parteien, nicht gegen Einzelpersonen; und er forderte den Respekt seiner Gegner. Wenn er eine Schwäche hatte, dann war es seine Freude am spielerischen Necken. Er hat in seinem Leben noch nie ein Theater oder einen Zirkus besucht. Er wird in seinem frühen Mannesalter als „groß, schlank und sehr aufrecht" beschrieben, von vornehmer Erscheinung, dennoch schüchtern – aber niemals unbeholfen. Sein Auge war strahlend und ausdrucksstark. Im Erwachsenenalter war sein Gesicht im Ruhezustand fast streng, aber ein Lächeln würde sein gesamtes Gesicht erhellen. „Seine Stimme hatte beim Lesen eine ganz andere Qualität als im Gespräch – viel voller und tiefer." In späteren Jahren „behielt er ein lebhaftes Interesse an allen literarischen und politischen Angelegenheiten bei und hielt sich über aktuelle Ereignisse auf dem Laufenden, beschäftigte sich aber mit größter Aufmerksamkeit ... mit den großen spirituellen und ewigen Realitäten Gottes." Abends am offenen Feuer redete er stundenlang über heilige Themen, immer dankbar für die reichen Segnungen seines Lebens und blickte mit ehrfürchtiger Neugier in die Zukunft ... Es gab nicht den Anflug eines Zweifels in seinem Kopf darüber Unsterblichkeit der Seele." Er starb am 7. September 1892 nach einem Lähmungsschlag und wurde in Amesbury beigesetzt.

In einem kürzlich erschienenen und lobenswerten Band von „The Chief American Poets" hat Dr. C. H. Page eine längere Liste von Auswahlen von Whittier als von Longfellow aufgenommen, obwohl die Beiträge, die Whittier repräsentieren, weniger Platz einnehmen. Das ist bedeutsam. Whittier war hauptsächlich Autor kurzer Gedichte. In der Ballade hatte er eine Form, die dem allgemeinen Geschmack entsprach und seinem Ziel entsprach, eine träge Bevölkerung zum Aufstand gegen die Sklaverei zu reizen. Er schilderte diese Institution in ihren abstoßendsten Aspekten und sah nichts von dem Glamour, den südländische Schriftsteller über das Plantagenleben vor dem Krieg geworfen haben. Als er im Norden lebte, erlebte er etwas von flüchtenden und zurückeroberten Negern. Sein Blick war sehr direkt; er beschrieb die Dinge einfach; Er hat die Aufgabe erfüllt, die er sich gestellt hat. Unter seinen Texten über den Krieg ist „Barbara Frietchie" insgesamt der bekannteste – nicht ganz gerecht zu anderen, zum Beispiel „The Watchers". In seine Behandlung der Geschichten und Legenden des kolonialen Neuenglands brachte Whittier einen tief verwurzelten Hass auf Verfolgung und Unterdrückung in jeder Form ein. Dementsprechend berühren viele seiner Erzählungen, wie etwa „Cassandra Southwick", Unrecht, das den frühen Quäkern angetan oder zugefügt wurde. Als Interpret des Koloniallebens steht Whittier nach Hawthorne an zweiter Stelle. Als Verkünder der Schönheit von Blumen, Hügeln und Bächen in „The Trailing Arbutus", „Among the Hills" und „The Merrimac" ist er in Amerika unübertroffen. Zwar verzichtet er nicht immer auf das, was Ruskin den erbärmlichen Trugschluss genannt hat, sodass er angesichts der Natur Stimmungen erkennt, die wirklich im Herzen des Menschen liegen; aber er tut dies seltener als seine Zeitgenossen. In seiner Offenbarung bescheidener und rustikaler Typen, „Maud Muller", „The Barefoot Boy", „The Huskers", ist er Burns oder Wordsworth fast ebenbürtig. Er ist nicht ihr Rivale in Sachen Stilperfektion. Er leidet häufiger als sie unter einer schlechten Leitung; und seine Reime sind oft mangelhaft. Dennoch darf man nicht zu dem Schluss kommen, dass er der Technik gegenüber unaufmerksam war. Im Gegenteil, Whittier war ein geborener Künstler. Aber die schöne Disziplin des Gehörs, die so viele englische Dichter der Kultivierung der griechischen und lateinischen Prosodie verdankten, wurde ihm nicht gewährt; und für sein Verhalten versäumte er den Vorteil rigoroser Kritik. Die positive Qualität von Whittiers Versen ist auf die harmonische Mischung und das Zusammenwirken verschiedener Kräfte in ihm zurückzuführen. Seine Sinne waren wachsam und sicher, sein Humor war gut, sein Intellekt stark, sein Pathos fest. Er hatte keine Angst vor einem tragischen Thema. Sein Realismus könnte mit dem von Crabbe verglichen werden, aber er ist hoffnungsvoller. In seinen religiösen Gedichten gibt es einen Glauben, der befriedigender ist als der transzendentale Pantheismus; und es gibt eine Qualität persönlicher Freude und Optimismus, die, wie wir bereits festgestellt haben, für die amerikanische Literatur nicht typisch ist.

Die liebste und heiligste unserer singenden Schar, die edelste Hommage der Erde an deinen Namen. Eine lebenslange Aufzeichnung, die ohne einen Fleck abgeschlossen wurde. Eine tadellose Erinnerung, die in unsterblichen Liedern verewigt ist.

So lautete Holmes' Lobrede auf Whittier. Damit verabschieden wir uns von Neuengland.

Bayard Taylor. – Ein Quäkerdichter anderer Prägung war der kometenhafte Bayard Taylor (1825–78). Seine Kindheit war geprägt von einer Leidenschaft für das Umherziehen und Sammeln naturhistorischer Objekte. Seine Hingabe an Bücher und seine Abneigung gegen die Arbeit auf einer Farm in Pennsylvania gefielen seinem Vater nicht immer, der jedoch ausgelassen lachte, als ein Phrenologe über den Sohn sagte: „Sie werden nie einen großen Bauern aus ihm machen, das werden Sie." halte ihn niemals zu Hause; Dieser Junge wird um die Welt streifen, und außerdem hat er alle Merkmale eines Dichters." Im Alter von neunzehn Jahren, nachdem er gerade „Ximena: or The Battle of Sierra Morena, and Other Poems" veröffentlicht hatte und mit einigen Einführungen von N. P. Willis ausgestattet war, unternahm Taylor eine byronische Pilgerreise auf dem Kontinent. Durch ein halbes Jahr in Heidelberg beherrschte er fließend Deutsch. Auf Umwegen durch Norddeutschland und Österreich gelangte er zu Fuß nach Italien und von Italien über Frankreich zurück nach England, wobei er seinen Lebensunterhalt durch Korrespondenz verdiente, die er an *die New York Tribune*, *die Saturday Evening Post* und die *United States Gazette schickte* die er bei seiner Rückkehr nach Amerika in „Views Afoot" (1846) sammelte. Unser bisheriger Lebensbericht vermittelt einen schwachen Eindruck von seiner körperlichen und geistigen Aktivität. Über seine umherziehende und ereignisreiche Laufbahn kann hier kein angemessener Bericht gegeben werden. „Views Afoot" machte sich einen Namen. 1848 wurde er Leiter der Literaturabteilung der *New York Tribune*. Im Jahr 1849 verbrachte er als Korrespondent *der Tribune* fünf Monate bei den Goldgräbern in Kalifornien. Im Jahr 1850 heiratete er Miss Mary Agnew, die an Schwindsucht starb und ihre Hochzeit nur zwei Monate überlebte. In den Jahren 1851–53 bereiste er Ägypten, Syrien, Kleinasien, Äthiopien, Spanien, Indien und China. Im Jahr 1856 brach er aufgrund der Überlastung in Amerika – er hielt Vorträge und schrieb – ab und ging erneut nach Europa. In Deutschland (1857) heiratete er die Tochter eines bedeutenden Astronomen, P. A. Hansen. In den Jahren 1857–58 besuchte er Griechenland. Zwei Jahre später hatte er für 17.000 US-Dollar ein Haus in der Nähe seines Geburtsortes Kennett Square in Pennsylvania gebaut und sein Anwesen „Cedarcroft" genannt. Es war sein liebstes Ziel gewesen, sich im Wohlstand niederzulassen; Aber dieser Traum und seine Eile, ihn zu verwirklichen, brachten ihn finanziell in Verlegenheit, kosteten ihn viel Seelenfrieden und kosteten ihn schließlich das Leben. Es gelang ihm nie, sich auszuruhen. Von 1862 bis 1863 war er Gesandtschaftssekretär in St. Petersburg. In anderen Zeiträumen hielt er Vorträge in Amerika. Zu seinen Vorlesungen zählen die, die er 1870, 1871, 1875 und 1877 an der Cornell University hielt. Ein großer Teil seiner Korrespondenz befindet sich derzeit in der Cornell University Library. Seine Übersetzung von Goethes „Faust", Erster Teil, erschien 1870; Fast die gesamte Erstausgabe wurde an einem Tag verkauft. Der zweite Teil erschien 1871. Übermäßige Arbeit, ein unregelmäßiger und nicht enthaltsamer Lebensstil und insbesondere finanzielle Sorgen beeinträchtigten seine Verfassung. Es war ihm bestimmt, sein geplantes „Leben Goethes" nie zu Ende zu bringen. Kaum hatte er sein Amt als Minister in Deutschland angetreten, kam es zum Zusammenbruch. Seine letzten Worte waren: „Ich muss weg."

„Taylor", sagt Albert H. Smyth, „schrieb mit einer solchen Geschwindigkeit, dass er einen Duodecimo-Band in zwei Wochen fertigstellen konnte ... In einer Nacht und einem Tag las er Victor Hugos umfangreiches ‚La Légende des Siècles' und schrieb." für *The Tribune* eine Rezension davon, die achtzehn Seiten seiner „Essays and Literary Notes" füllt und fünf beachtliche Gedichte enthält, die Übersetzungen im Versmaß des Originals sind." Sein Gedächtnis soll erstaunlich gewesen sein. Er konnte nicht nur aus seinen Lieblingsautoren wiederholen, sondern auch aus den vergeblichen Kompositionen von Dichtern, deren Manuskripte er als Herausgeber gelesen und abgelehnt hatte. Er hatte die Angewohnheit, seine eigenen Gedichte im Kopf zu tragen, bis der Prozess der Korrektur abgeschlossen war. Dementsprechend hat die Perfektion seines „Exemplars", das in der saubersten Hand geschrieben wurde, die man sich vorstellen kann, verschiedene Kritiker zu dem Irrtum verleitet, zu glauben, er habe es nicht überarbeitet. Seine Gedichte waren viel sorgfältiger ausgearbeitet als seine Prosa, auf deren Grundlage er keinen Ruf aufbauen wollte. Er verbrachte Stunden mit dem Meißeln eines einzelnen Verses. In seinem Stil schwingen Anklänge an Worte und Phrasen von Byron und Shelley mit, ja sogar an den gesamten Kreis seiner Lektüre sowohl auf

Englisch als auch auf Deutsch. Es mangelt ihm auch nicht an Individualität. Taylor hat eine eigene ausgeprägte Trittfrequenz. Dennoch braucht seine Poesie die eine oder andere Qualität, die sie dauerhaft macht. Obwohl es im Jahr 1896 einen Kult um jüngere Männer gab, die ihn studierten und nachahmten, war seine große Beliebtheit als Prosaschriftsteller bereits erloschen; und sein Verschwinden als Dichter ist nun fast vollständig. In der Geschichte der amerikanischen Literatur gibt es nichts Seltsameres als diese Sonnenfinsternis. Taylors Wissen war umfassend und substanziell. Er schreckte vor keiner Plackerei der Vorbereitung zurück. Im Alter von fünfzig Jahren war er bereit, mit dem Studium der griechischen Sprache zu beginnen. Und es lag nicht nur daran, dass er auf allen Seiten mit seiner Zeit vertraut war und durch brillante Künste in der Lage war, die Begeisterung des Volkes zu fesseln. Als er schrieb, wusste er, wovon er sprach. Seine „Gedichte des Orients" (1854), die das Shelley-artige „Beduinenlied" enthalten, zeigen tiefe Sympathie für die Bräuche und Leidenschaften des Ostens. „Als Ross Brownes syrischer Dragoman der Lesung von ‚Hassan to his Mare' zuhörte, ‚sprang er mit Tränen in den Augen auf und beteuerte, dass die Araber genau so mit ihren Pferden redeten.'" Taylor hatte den Anspruch, gebildet zu sein Kritiker auch. „Das Bild des heiligen Johannes" (1866) hielt Longfellow für „ein großartiges Gedicht"; während Lowell sagte, dass außer „The Golden Legend" kein amerikanisches Gedicht in Vollendung und anhaltender Kraft mit ihm mithalten könne. Auch „The Masque of the Gods" (1872), ein Versuch, die Ideale des Christentums und des Hellenismus zu verbinden, gefiel Longfellow. „Lars, a Pastoral Poem" (1873) ist eine merkwürdige Geschichte mit einer gewissen historischen Grundlage; Die ungewöhnliche Kulisse der norwegischen Fjorde bildet den Rahmen für eine tragische Romanze unter den Quäkern. Von Taylors dramatischen Gedichten wollen wir keine Diskussion wagen; neben „Die Maske der Götter" veröffentlichte er „Der Prophet" (1874), dessen Szene unter den Mormonen spielt, und „Prinz Deukalion" (1877), ein symbolisches Stück, in dem der Autor versuchte, seine Gesamtkonzeption zu objektivieren des menschlichen Lebens hier und im Jenseits. Er fühlte sich der anderen Welt ebenso sicher. In dieser Gewissheit besaß er den belebendsten Glauben, der eine poetische Seele inspirieren kann. Warum wird seine Poesie nun jedoch ignoriert? Warum ist die Inszenierung, für die ihm die Gegenwart am meisten zu danken ist, seine Version von Goethes „Faust"? Eine vorläufige Erklärung ist diese. Taylors Leben war voller Unruhe. Er genoss nie die Einsamkeit, die für die Reifung poetischer Gefühle notwendig war. Sein zeitlicher Ehrgeiz verleitete ihn dazu, ununterbrochen über Land und Meer zu postieren. Er war zu entschlossen, Ruhm zu erlangen. Es gibt Zeiten zum Handeln und es gibt Zeiten für weise Passivität. Sie bedienen auch diejenigen, die nur stehen und warten.

Walt Whitman. – Sein Glaube an die Unsterblichkeit, an den absoluten und ewigen Wert jeder einzelnen Person und Sache, bildet das Hauptelement der Beständigkeit in den Schriften von Walt (= Walter) Whitman. Auch er hatte Blut von den Quäkern in seinen Adern; obwohl er (31. Mai 1819) in einer Familie geboren wurde, die wenig Rücksicht auf Religion nahm. Seine Mutter, Louisa Van Velsor, war niederländischer und walisischer Abstammung, Analphabetin, aber in den Augen ihres zweiten Kindes, der Dichterin, immer „perfekt". Als dieses Kind vier Jahre alt war, zog sein Vater und Namensvetter, ein guter Zimmermann und ehrlicher Abstammung aus Connecticut, aber ein schlampiger Hausbesitzer, aus West Hills, Huntington Township, Long Island, in das „Dorf", wie es damals war , aus Brooklyn; nicht bevor die Eindrücke des Landlebens unversehens in das Herz des Kindes eingedrungen waren; und es ist noch nicht zu spät, dass das Leben der zukünftigen Metropole zu einem unvergänglichen Teil seiner Erfahrung wird. Die prägenden Jahre des Dichters vergingen inmitten der wachsenden Bevölkerung in New York. Bis zu seinem dreizehnten Lebensjahr besuchte er die öffentlichen Schulen von Brooklyn, dann trat er mit dürftigen Kenntnissen im Lesen, Schreiben und Rechnen als Laufbursche in eine Anwaltskanzlei ein, wobei seine Arbeitgeber ihm während der freien Stunden Zugang zu „einer großen Umlaufbibliothek" gewährten. " „Bis dahin", sagt er, „war dies das Signalereignis meines Lebens." „Eine Zeit lang genoss ich das Lesen von Liebesromanen aller Art; Zuerst die „Tausend Nacht", alle Bände, ein unglaublicher Genuss. Dann, bei Ausflügen in sehr viele andere Richtungen, las ich einen nach dem anderen Walter Scotts Romane und seine Gedichte. Vom Laufburschen wurde er zum Schriftsetzer und variierte seine oberflächlichen Arbeiten für „*The Patriot* " und „ *The Star*" durch Ausflüge auf Long Island, indem er „sentimentale Beiträge" für Lokalzeitungen beisteuerte und sich aktiv an mehreren Debattierclubs beteiligte. Mit achtzehn wurde er Landschulmeister; Anschließend wurde er Redakteur bei *The Long Islander*, stellte einige Hilfskräfte ein, erledigte aber den Großteil der Arbeit selbst, einschließlich der Verteilung seines Wochenblatts an die Kunden. 1841 kehrte er nach New York zurück, wurde Herausgeber von *The Daily Aurora* , schrieb für *The Tattler* und veröffentlichte Geschichten in *The Democratic Review* . In späteren Jahren war es sein „ernsthafter Wunsch, dass all diese groben und jungenhaften Stücke stillschweigend in Vergessenheit geraten." In der Zwischenzeit besuchte er das Theater, beobachtete weiterhin die Menschenmassen an den Fähren von Brooklyn und in den Straßen von New York und studierte die Natur an den Küsten von Long Island, las Zeitungen, „ging das Alte und Neue Testament gründlich durch und ..." absorbiert ... Shakespeare, Ossian, die besten [verfügbaren] Übersetzungen von Homer, Aschylus, Sophokles, den alten deutschen Nibelungen, den alten Hindu-Gedichten und ein oder zwei anderen Meisterwerken, darunter Dantes." Eine kurze Verbindung mit *The Brooklyn*

Eagle wurde durch Whitmans Zerwürfnis mit der radikalen Fraktion der Demokraten beendet; Daraufhin ergriff er „eine gute Gelegenheit, als Mitarbeiter von *The Crescent* nach New Orleans zu gehen , einer Tageszeitung, die dort gegründet werden sollte." In Begleitung seines jüngeren Bruders „Jeff" überquerte er die Alleghanies und fuhr mit dem Dampfer den Ohio und den Mississippi hinunter – „eine gemütliche Reise und Arbeitsexpedition"; dann „schleppte er sich nach einiger Zeit zurück nach Norden, den Mississippi hinauf und herum zu und über die Großen Seen, ... zu den Niagarafällen und nach Niederkanada, um schließlich durch das Zentrum von New York und den Hudson hinunter zurückzukehren; Insgesamt sind wir auf dieser Reise wahrscheinlich 8.000 Meilen hin und her gefahren." Die Erfahrungen seines bisherigen Lebens bilden den Stoff für seine „Leaves of Grass", die er 1855 auf eigene Kosten veröffentlichte, nachdem er einen Teil des Schriftsatzes selbst übernommen hatte. Eine an Emerson geschickte Kopie löste bei ihm einen Brief aus, in dem er das Buch als „das außergewöhnlichste Stück Witz und Weisheit, das Amerika bisher beigesteuert hat" bezeichnete. Im nächsten Jahr brachte Whitman eine zweite und erweiterte Auflage heraus, in der Emersons Lobbrief und seine eigene Antwort im Vorwort sowie auf der Rückseite das Zitat „Ich grüße Sie am Anfang einer großartigen Karriere" mit Emersons Namen darunter abgedruckt waren. Dieser Akt fragwürdigen Geschmacks konnte den Verkauf des Bandes nicht steigern; auch die Ausgabe von 1860 war nicht erfolgreicher. Da Whitmans jüngerer Bruder während seines Dienstes in der Unionsarmee verwundet worden war, kam der Dichter 1862 mit den Armeekrankenhäusern in Kontakt. Er setzte seine Dienste für Kranke und Leidende fast ununterbrochen fort, bis die Krankenhäuser in Washington geschlossen wurden. „Von Feldbett zu Feldbett riefen sie ihn, oft mit zitternder Stimme oder im Flüsterton; sie umarmten ihn, sie berührten seine Hand, sie blickten ihn an. Einem gab er ein paar aufmunternde Worte, einem anderen schrieb er einen Brief nach Hause, ... einem anderen, einem besonderen Freund, gab er ganz leise einen männlichen Abschiedskuss. Er tat die Dinge für sie, die keine Krankenschwester oder kein Arzt tun konnte, und es schien, als hätte er an jedem Feldbett einen Segen hinterlassen, wenn er vorbeikam." Durch seine persönliche Anziehungskraft rettete er viele Leben. Die Aufzeichnungen über seine Verbindung zum Krieg finden sich in seinen „Specimen Days", in der posthumen Briefsammlung mit dem Titel „The Wound-Dresser" (1898), in „Drum Taps", veröffentlicht 1865, und in der „ Sequel to Drum Taps", das seine Gedichte über Lincoln enthielt (darunter die Threnodie „O Captain! My Captain!"), die später im selben Jahr veröffentlicht wurde. Kurz nach Kriegsende wurde Whitman, der eine Stelle als Angestellter im Innenministerium gefunden hatte, von Minister Harlan entlassen, da Harlan die Urheberschaft von „Leaves of Grass" entdeckt hatte, seiner Meinung nach „ein unanständiges Buch". Der Dichter erhielt schnell eine andere Stelle, im Büro des Generalstaatsanwalts; und sein enthusiastischer Freund und Verfechter W. D. O'Connor veröffentlichte eine Verteidigung von Whitman, geschrieben in übertriebenem Lob, unter dem berühmten Titel „Der gute graue Dichter". Eine vierte Ausgabe von „Leaves of Grass", überarbeitet und ergänzt durch „Drum Taps", wurde 1867 veröffentlicht; eine fünfte, einschließlich der „Passage to India", im Jahr 1871. Die sechste und siebte Auflage erschienen 1876 und 1881–1882; das achte (1888–1889) enthielt außerdem „November Boughs" und das neunte (1891–1892) „Good-bye my Fancy". Im Jahr 1873 gab Whitman, der durch einen Schlaganfall einer Lähmung behindert war, seine Stelle in Washington auf und zog nach Camden, New Jersey, wo er bis 1879 bei George Whitman lebte. Zu diesem Zeitpunkt hatte er sich so weit erholt, dass er eine Reise dorthin unternehmen konnte in den Westen, gefolgt von einem weiteren, im nächsten Jahr, nach Kanada. Im Jahr 1881 ermöglichte ihm der Verkauf seiner Werke, sich in Camden in einem eigenen Haus niederzulassen. Hier lebte er vergleichsweise bequem, war Gegenstand großer Neugier, empfing Besucher, von denen einige sehr angesehen waren, und erweiterte, soweit seine Kräfte es erlaubten, seinen Gedichtvorrat. Im Jahr 1888 erlitt er einen zweiten Lähmungsschlag, doch er lebte weiter und behielt seinen Mut und seine geistige Wachsamkeit bis 1892. Er starb am 26. März desselben Jahres. Wenn wir seiner Aussage aus dem Jahr 1890 Glauben schenken können, hinterließ er wahrscheinlich vier von sechs nichtehelichen Kindern.

In vielerlei Hinsicht entspricht Whitman dem Ideal, das Rousseau im „natürlichen Menschen" darstellt; Wenn der Platz es zulässt, könnte ein gewinnbringender Vergleich zwischen „dem guten grauen Dichter" und dem französischen Vorläufer der amerikanischen Demokratie angestellt werden. Der übermäßige Sentimentalismus Rousseaus würde zunächst einmal einen offensichtlichen Unterschied darstellen. Aber Whitmans Annahme der Gleichheit zwischen Individuen, sofern sie nicht durch eine seiner Meinung nach falsche und künstliche Erziehung verdorben werden, ist für den Leser von Rousseau nichts Neues; und seine Vorliebe für den „mächtigen, ungebildeten" Rohstoff der Menschheit findet ihr Gegenstück in der sympathischen Haltung Rousseaus gegenüber den Bürger- und Bauernklassen, die den Teil der Gesellschaft bildeten, den er wirklich verstand. Darüber hinaus fordern beide Autoren einen individuellen Urteilsmaßstab – der kein Maßstab ist. Beide wünschen sich Wertschätzung, weigern sich jedoch, nach Maßstäben beurteilt zu werden, die die gesammelte Weisheit der Menschheit in der Vergangenheit, der größten Demokratie, erreicht und bestätigt hat. Beide versuchen, Organisation und die Unterordnung einer Person oder Sache unter eine andere als unnatürlich zu betrachten. Zumindest im Fall von Whitman ist die sogenannte Literatur der Demokratie so schwer zu messen, weil es an philosophischen Standards mangelt und es keine konsequente Anstrengung gibt, herauszufinden, was mit „*Natur*" und „*natürlich*" *gemeint ist.*

Wenn wir Whitman überhaupt messen wollen, müssen wir also zunächst bestimmte Postulate aufstellen. Wir müssen zum Beispiel postulieren, dass Zurückhaltung in der Literatur wie im Leben ein Naturgesetz ist. Whitman ist nicht bereit, dies zuzugeben. Im Privatleben war er zwar gemäßigter und kontinentaler, als bestimmte Passagen in „Grasblätter" den Gelegenheitsleser vermuten ließen. Aber er hielt es für angebracht , uneheliche Kinder zu zeugen, ohne die Verantwortung für deren Erziehung und Bildung zu übernehmen. Sind die Pflichten, die die moderne Gesellschaft den Eltern auferlegt, weniger selbstverständlich als die angebliche Praxis von Rousseau, oder sind sie mehr? Wieder beschließt Whitman, sich in der Gestalt eines Dichters an die Öffentlichkeit zu wenden. In der Praxis ist zu beachten, dass er den Anforderungen eines poetischen Ohrs weitaus treuer entspricht als viele unserer herkömmlichen Versdichter; und obwohl er eine Vorliebe für umgangssprachliche Diktion und Syntax hat, ist er in technischer Hinsicht auf seine Weise nicht skrupellos. Die Änderungen, die er in den aufeinanderfolgenden Ausgaben seines Hauptwerks „Grasblätter" vornahm, sind für den Studenten der poetischen Kunst von großem Interesse. Gleichzeitig lehnt er literarische Konventionen ab und erkennt kein Gesetz als bindend für denjenigen an, der den Auftrag erteilt, für seine Mitmenschen zu schreiben, außer dem Gesetz seines individuellen Wesens. Es gibt jedoch kein Gesetz, keine Wissenschaft oder Kunst des Individuums als solches. Poesie ist nach Ansicht der tiefgründigsten Denker auf diesem Gebiet die rhythmische Äußerung des Einzelnen im Einklang mit dem universellen Gesetz; und die Kritik hat die Anerkennung dieses universellen Gesetzes im jeweiligen Dichter zum Gegenstand. Insofern also, als es Whitmans unregelmäßig ausgebildeter Persönlichkeit gelingt, auszudrücken, was für alle Menschen oder für viele oder für repräsentative und typische Männer wahr ist, und diese Wahrheit in Begriffen auszudrücken, die sowohl wählerisch als auch allgemein verständlich sind – insofern Er hält sich tatsächlich an die besten Konventionen – er ist ein großer Dichter, vielleicht unser größter einheimischer Dichter. Es gelingt ihm oft. Es ist anzumerken, dass er am erfolgreichsten ist, wenn er, wie in seiner Klage um Lincoln, eine regelmäßige metrische Form annimmt.

Auf Whitmans Leistung als Sprecher der modernen Demokratie wurde vielleicht bereits zu viel Wert gelegt. Seinem eigenen Beispiel folgend neigten seine Interpreten dazu, seine Eigenheiten, seine Abweichungen vom Normalen, seine Verstöße gegen den guten Geschmack in Bezug auf die Physiologie des Geschlechts zu sehr mit der Natur dieser Leistung in Verbindung zu bringen. Bei der Auseinandersetzung mit der „Poesie der

Demokratie“ scheint man der Beobachtung entgangen zu sein, dass ein Zeitalter der Volksfreiheit und republikanischer Ideale eine Literatur von hoher Raffinesse und perfekter Balance zwischen literarischer Tradition und den Impulsen des einzelnen Autors hervorbringen kann. Es ist gut, sich daran zu erinnern, dass die Meisterwerke der Kunst, die Athen unter Perikles adelten, für Griechenland Ausdruck eines Zeitalters der Demokratie waren; und dass die Epen von Milton, so konventionell sie auch sein mögen, die Ergüsse eines edleren Verfechters der Freiheit als Whitman waren. In Bezug auf die Praxis, seine berühmten Vorgänger zu studieren, sagte Whitman: „Nun, wenn ich berechtigt bin, oh, dass die großen Meister zurückkehren und mich studieren könnten!“ So etwas wird sicher passieren. Um ihn richtig zu würdigen, müssen wir ihm gegenübertreten, erfüllt vom Geist jener Autoren, Sophokles, Dante, Milton und ihrer Kollegen, nach deren Maßstab man die Poesie beurteilen muss. Bei einer solchen Konfrontation beginnt Whitmans Glanz, der in den Augen seiner Sekte so hell war, zu schwinden; Dennoch dürfen die ihm von W. M. Rossetti, Freiligrath, Dowden, Björnson und Symonds gezollten Ehrungen nicht leichtfertig beiseite geschoben werden. Im besten Fall hat seine Poesie, wie Emerson sagte, „die besten Vorzüge, nämlich zu stärken und zu ermutigen.“ Seine Prosawerke sollten nicht so pauschal abgetan werden, wie es hier der Fall sein muss; Da seine Prosa, insbesondere seine Prosakritik, weniger anfällig für verdächtige Neuerungen ist als seine Verse und sich auf natürliche Weise an die erwarteten Kanons hält, lohnt es sich, sie zu studieren. Es ist direkt. Genie, sagte Whitman, ist fast hundertprozentige Direktheit.

Bret Harte, *Joaquin Miller*, *Edward Rowland Sill*. – Wir wenden uns der Poesie des Fernen Westens zu. Francis Bret Harte (1839–1902), geboren in Albany, New York, erlangte nach einer abwechslungsreichen Jugend in Kalifornien plötzliche Berühmtheit durch seine „Heathen Chinee“ und „Condensed Novels“. Sein späterer Erfolg als produktiver Autor von Kurzgeschichten trübte tendenziell sein Talent als Humorist in Versen; und selbst in diesem Jahrzehnt, als sein Tod neue Aufmerksamkeit auf den Wert seines literarischen Schaffens als Ganzes gelenkt hat, ist seine Poesie kaum so bekannt, wie sie sein sollte. Wahrscheinlich werden seine „East and West Poems“ (1871) und „Echoes of the Foothills“ (1874) im Laufe der Jahre mehr Leser unterhalten als heute im Vergleich zu „The Luck of Roaring Camp“. Es wird wahrscheinlich eine Zeit kommen, in der das Pionierleben in den Goldminen weniger attraktiv sein wird als für die heutige Generation. wohingegen die dauerhaften Aspekte der äußeren Natur, wie Harte sie in „Crotalus“ eingefangen hat, nie aufhören können, interessant zu sein. Die Einzelheiten seines Lebens werden in einem anderen Teil dieses Bandes erzählt.

Cincinnatus Hiner Miller (geb. 1841), eine weitere Berühmtheit des Westens, wuchs in einer Blockhütte in Indiana auf. Nach einigen Jahren auf einer Farm in Oregon ging er zu den Goldfeldern Kaliforniens. Nachdem er fast alle erdenklichen Erfahrungen gesammelt hatte, studierte er Jura und praktizierte in Oregon. Im Jahr 1870 brachte er einen kleinen Gedichtband heraus, eines davon trug den Titel „Joaquin", der Name eines mexikanischen Räubers, Joaquin Murietta, zu dessen Verteidigung er bereits geschrieben hatte, und fortan sein Pseudonym. Sein Band „Songs of the Sierras", für den er zunächst vergeblich versuchte, einen Verleger zu finden, löste, als er schließlich angenommen und herausgegeben wurde, eine Sensation aus, die an die Tage von Byron erinnerte. Seine Beliebtheit ist seitdem zurückgegangen, obwohl er immer noch gelesen wird, da 1897 eine Sammelausgabe seiner Gedichte veröffentlicht wurde.

Edward Rowland Sill (1841–1887), ein dritter Dichter des Fernen Westens, war viel weniger berühmt als Harte oder Miller, da er nicht die Männlichkeit des Erstgenannten, aber eine feinere Sensibilität besaß als der Letztere. Stammt aus einer Familie in Connecticut, war Lehrer in Cuyahoga Falls, Ohio und wurde schließlich Professor für englische Literatur an der University of California, Sill, in „Hermine und andere Gedichte", „Die Eremitage und spätere Gedichte" (1867), „ „The Venus of Milo, and Other Poems", das 1888 nach seinem Tod veröffentlicht wurde, brachte eine Fülle von Gedichten hervor, schlank, aber rein. Nach Meinung seiner Freunde und vieler anderer beendete Sills Tod eine ungewöhnlich vielversprechende Karriere als Dichter. Seine Gedichte wurden 1902 und 1906 in einem einzigen Band gesammelt; in der letzteren Ausgabe sind sie chronologisch geordnet.

Verschiedenes und spätere Dichter. – Unter dieser Überschrift müssen eine Handvoll Autoren zusammengefasst werden, die in der bisher angenommenen Klassifizierung nicht berücksichtigt wurden und von denen einige eine Klassifizierung nicht ohne weiteres zulassen würden. Es ist jedoch nicht der Zweck dieses Handbuchs, die gegenwärtigen Verfasser von Versen in ganz Amerika im Detail zu betrachten, zwischen denen kaum Unterscheidungen hinsichtlich der Wertigkeit getroffen werden können.

Hans Breitmann. —Charles Godfrey Leland (1824–1903) könnte mit Bayard Taylor in Verbindung gebracht werden. Er soll in Princeton die Mathematik für Carlyle und Spinoza vernachlässigt haben; Er studierte im Ausland, kehrte nach Philadelphia zurück, um dort als Anwalt zu arbeiten, gab diese Tätigkeit jedoch auf, um als Redakteur zu arbeiten. Während des Bürgerkriegs engagierte er sich aktiv für die Verteidigung der Union. Später wurde er durch seine „Hans-Breitmann-Balladen" bekannt, die in malerischem Dialekt den Humor des klugen, fröhlichen deutschen Einwanderers vor dem Krieg zum Ausdruck brachten. Leland machte sich zu einer Autorität auf dem Gebiet der Zigeunergeschichte und war in verschiedenen Bereichen als Übersetzer tätig. Während seines langen Aufenthalts im Ausland lernte er viele angesehene Literaten in Europa kennen. Neben seinen Dialektballaden und Übersetzungen von J. V. Scheffel schrieb er Verse von ernster Absicht; zum Beispiel „The Music Lesson of Confucius, and Other Poems", in dem er wie Taylor die Ideale des Christentums mit denen des Hellenismus vereinen wollte. Der Tod von Leland, Stoddard, Aldrich und Stedman in den letzten fünf Jahren forderte fast die letzten Überlebenden einer älteren Generation in der amerikanischen Literatur.

Richard Henry Stoddard. – Im Jahr seines Todes, 1903, wurde R. H. Stoddard von seinem Freund E. C. Stedman als „der bedeutendste lebende amerikanische Dichter" bezeichnet. Er wurde am 2. Juli 1825 in Hingham, Massachusetts, geboren. Nach seiner Ausbildung an den Schulen von New York City ergänzte er seine kurzen Gelegenheiten zum regulären Lernen durch private Lektüre und knüpfte als Arbeiter in einer Gießerei als Journalist eine Verbindung zu Bayard Taylor. Im Jahr 1853 half ihm Hawthorne dabei, sich eine Stelle im New Yorker Zollamt zu sichern. Von 1860 bis 1870 war er Literaturredakteur der New York *World* ; 1880 übernahm er eine ähnliche Stelle bei *The Mail and Express* . Sein erster Gedichtband „Footprints" (1849) wurde später eingestellt; sein zweites Stück, „Poems" (1852), sicherte ihm ein Publikum. „Songs of Summer" (1857) war eine Gedichtsammlung, die in verschiedenen Zeitschriften abgedruckt wurde. Der letzte Teil seines Lebens war geprägt von einer großen Tätigkeit als Herausgeber und Biograph, etwa nach der Art von Stedman. Die meisten seiner Gedichte nach der Sammelausgabe von 1880 sind in „Das Löwenjunge mit anderen Versen" (1890) enthalten. Seine lyrische Qualität bewahrte er bis ins hohe Alter. Wie mehrere unserer führenden Dichter erreichte Stoddard sein höchstes Niveau im Umgang mit dem Thema Abraham Lincoln.

Thomas Bailey Aldrich. – Mit seiner „Ballad of Babie Bell" (1855) im New York *Journal of Commerce* begann Aldrich (1836–1907) eine Karriere, deren Höhepunkt die Herausgeberschaft von *The Atlantic Monthly* von 1881 bis 1890 war. Sein erster Band von Die 1854 veröffentlichte Lyrik „The Bells" wurde 1858 von „The Ballad of Babie Bell, and Other Poems" abgelöst. Von seinen zahlreichen späteren poetischen Werken, „Pampinea und andere Gedichte" (1861), „Tuch aus Gold und andere Gedichte" (1874), „Blume und Dorn" (1876) usw., ist vielleicht die Tragödie von „Mercedes" („Mercedes, and Later Lyrics", 1884) verdient besondere Beachtung, da es erfolgreich inszeniert wurde, eine Prüfung, die nur wenige Dramen amerikanischer Dichter bestehen konnten. Aldrich war ein Meister seines Fachs. Tief in seiner Ehrfurcht vor Tennyson, den er in der englischen Poesie an dritter Stelle steht – nach Shakespeare und Milton –, übt er bei der Auswahl der Details manchmal eine fast tennysonische Harmonie aus; Erleben Sie den orientalischen Luxus und die Pracht in „When the Sultan Goes to Ispahan".

Edmund Clarence Stedman. – Stedmans Verdienste um die Literatur als Kritiker und Anthologe sind zweifellos von viel größerer Bedeutung als seine eigene Poesie; aber weder das eine noch das andere darf herabgewürdigt werden. Er wurde 1833 in Hartford, Connecticut, geboren. Seine Mutter (aus zweiter Ehe Frau J. C. Kinney, die Freundin der Brownings) war eine Frau mit gebildetem Geschmack und selbst eine Dichterin. Als er im Alter von fünfzehn Jahren nach Yale kam, zeigte Stedman seine Fähigkeiten im Griechischen und im Englischen und gewann kurz darauf einen Preis für sein Gedicht über „Westminster Abbey". Aufgrund eines Jungenstreichs musste er das College vor dem Ende des Kurses verlassen. Vor dem Bürgerkrieg war er mit *der Norwich Tribune* und *dem Winsted Herald* sowie zeitweise mit *der New York Tribune verbunden* ; darin druckte er seine „Tribune Lyrics" (darunter „Osawatomie Brown") ab. Von 1861 bis 1863 war er Kriegskorrespondent der New York *World* ; später war er Assistent von Edward Bates, dem Generalstaatsanwalt unter Lincoln. Sein Interesse an der ersten pazifischen Eisenbahn brachte ihn in Kontakt mit der Wall Street, wo er 1869 aktives Mitglied der New Yorker Börse wurde. Hier blieb er bis 1900, ein einflussreicher Geschäftsmann, der sowohl von Finanziers als auch von Literaten respektiert wurde und die Mittel anhäufte und genoss, die er sich für die Ausübung der Literatur wünschte. Er war ein überzeugter Patriot, ein ernsthafter Verfechter des internationalen Urheberrechts und vor allem ein beständiger Mitarbeiter für die Erziehung des öffentlichen Geschmacks. Seine Vorträge über „Die Natur und Elemente der Poesie", die er zunächst an der Johns Hopkins University, dann an der University of Pennsylvania und erneut an der Columbia hielt, offenbarten die Würde eines Themas, das oft als gleichgültig angesehen wird. Mit seiner „Victorian Anthology" (1895) lieferte er einen weiteren Beweis für die Auswahlfähigkeit, die in „A Library of American Literature" (1888–1889) zum Ausdruck kam, an der er mit Ellen M. Hutchinson zusammenarbeitete. Seine „American Anthology" (1901 usw.), die mehrmals neu aufgelegt wurde, enthält eine Auswahl von etwa sechshundert amerikanischen Dichtern mit kurzen Biografien und ist, gelinde gesagt, ein unverzichtbarer Band für den Allgemeinstudenten unserer Literatur. Der vorliegende Abschnitt dieses Handbuchs ist Stedmans „Anthology" stark verpflichtet. Man würde kaum eine allzu großzügige Behauptung aufstellen, wenn man von Stedman sagen würde, er sei der Mann seiner Zeit gewesen, der die Poesie seines eigenen Landes am gründlichsten belesen habe. Es ist möglich, dass er die Arbeit minderwertiger Autoren zu großzügig anerkennt; Aber wir dürfen ihm dies nicht als einen allzu schwerwiegenden Fehler zuschreiben. Von den fünfzehn eigenen

Gedichten, die er in die „American Anthology" aufgenommen hat (sechzehn, einschließlich des „Prelude" zum Band), sind „The Discoverer", „Pan in Wall Street" und „The Hand von Lincoln." Er starb am 18. Januar 1908.

James Whitcomb Riley. – Dieser Künstler im „Hoosier"-Dialekt von Indiana (geb. 1853) scheint, obwohl noch im mittleren Alter, eher zur älteren als zur jüngeren Generation amerikanischer Dichter zu gehören. Da er nicht bereit war, dem Anwaltsberuf seines Vaters nachzugehen, begann er schon früh ein Wanderleben und sammelte Welterfahrung als Verkäufer von Patentarzneimitteln, Schildermaler, Schauspieler und dergleichen. Als er sich in Indianapolis niederließ, wurde er durch seine Beiträge für verschiedene Zeitungen bekannt, und als sich sein Ruf etablierte, erlangte er zusätzlichen Erfolg durch öffentliche Lesungen seiner Gedichte. Seine Verse sind hell und klar, und er verfügt über Pathos, Humor und eine gute Beschreibungs- und Erzählfähigkeit. Er hat ein ungewöhnlich ausgeprägtes Verständnis für die Erfahrungen des Landlebens, insbesondere der Jugend und Knabenzeit in ländlichen Dörfern und auf dem Bauernhof. „The Old Swimmin'-Hole, and ‚Leven More Poems" (1883) war sein erstes bemerkenswertes Projekt. „Afterwhiles" erschien 1888. Innerhalb von etwa zehn Jahren veröffentlichte er dann „Old-Fashioned Roses" (1888), „Pipes o' Pan at Zekesbury" (1889), „Rhymes of Childhood" (1890) und „Neighbourly Poems". (1891) und unter anderem „A Child-World" (1896) und „Rubaiyat of Doc Sifers" (1899). Als Verfasser von Dialekten in Versen steht er Lowell in nichts nach. Seine Anspielungen auf die Natur, zum Beispiel auf das Insektenleben, sind einfach und wahr. Wenn sich nur ein Vogel oder ein Schmetterling neben ihn setzt, ist er so glücklich, als wäre er eine Jungfrau.

* * * * *

Der Platz verbietet jede Verzögerung von George Henry Boker (1823–1890), Diplomat und Dramatiker, und seinem metrischen Drama „Francesca da Rimini" (1856); oder Francis Miles Finch (1827–1907), Professor an der Cornell University, und sein berühmtes Gedicht „The Blue and the Grey" (in *The Atlantic Monthly* , 1867), ein Geschenk der Heilung vom Norden in den Süden; oder John Hay (1838–1905), dessen vielfältige Verdienste um sein Land von einem anhaltenden Interesse an Literatur überdacht und gekrönt wurden („Pike County Ballads", veröffentlicht in *The New York Tribune*); oder Richard Watson Gilder (geb. 1844), Herausgeber des *Century Magazine* , Sozialreformer und Autor mehrerer Bände fertiger Verse; oder Stephen Collins Foster (1836–1864), Komponist, dessen im ganzen Land bekannte Lieder „The Old Folks at Home", „The Suwanee River" und „My Old Kentucky Home" bezeichnend für den Einfluss sind, den die Neger haben auf die Sprache und Kunst der Weißen ausgeübt; oder Will H. Thompson (geb. 1848) und „The High Tide at Gettysburg"; oder John

Townsend Trowbridge (geb. 1827), einer der ursprünglichen Mitwirkenden von *The Atlantic Monthly*, Autor von „The Vagabonds" (1863) und vom Geist Neuenglands durchdrungen; oder John Boyle O'Reilly (1844–1890), der Fenian, der aus der Gefangenschaft in Australien entkam und Journalist in Boston wurde („Lieder, Legenden und Balladen", „Lieder der Südsee" usw.); oder Eugene Field (1850–1895), geistreich, exzentrisch, Freund und Schüler von Kindern; oder Richard Hovey (1864–1900), abgeschnitten in der Blüte seines Versprechens („Taliesin: a Masque", 1899); oder Paul Laurence Dunbar (1872–1906), der vor seiner Zeit gestorbene Negerdichter, der sowohl gutes und mitreißendes Englisch als auch erbärmlichen Dialekt schrieb; oder William Vaughn Moody, Professor an der University of Chicago („The Masque of Judgment", 1900); oder Bliss Carman (geb. 1861) und Clinton Scollard (geb. 1860). All dies und noch viel mehr müssen ohne oder mit unzureichender Vorankündigung vorübergehen; andernfalls würde die Seite nur eine bedeutungslose Aufzählung von Namen und Daten enthalten. Wie eingangs angedeutet wurde, haben nur sehr wenige amerikanische Schriftsteller, die sich auf andere Weise einen Namen gemacht haben, darauf verzichtet, einen Band mit Liedtexten „und anderen Gedichten" zu veröffentlichen. Trotz der geringen Unterstützung neuer Verfasser von Originalgedichten seitens der Verlage kommt es auch heute noch immer wieder zu gelegentlichen Bänden des bis dahin und in Zukunft unbekannten Dichters, der die Kosten für den Druck bezahlt.

Die unmittelbaren Aussichten für die Poesie in den Vereinigten Staaten sind nicht rosig. Es scheint nicht, dass wir mit dem materiellen Wachstum des Landes einen einheitlichen nationalen Geist entwickelt haben, der durch die Hände eines großen Dichters zum Ausdruck gebracht werden könnte, sollte er entstehen. Es scheint nicht, dass wir unter den jüngeren Männern einen erstklassigen Dichter haben, der in der Lage wäre, die nationale Seele auszudrücken, wenn dies einheitlicher und präziser wäre. Darüber hinaus ist die Art der humanistischen Bildung, die unsere älteren Dichter Neuenglands gefördert hat, allgemein in Verruf geraten und scheint zu verschwinden, ohne dass in naher Zukunft die Hoffnung auf eine würdige Volksausbildung besteht, die ihr nachfolgen könnte. Einfachheit, Strenge, Präzision und Genauigkeit, die alle dem poetischen Geist zuträglich sind und zu seinen notwendigen Bedingungen gehören, finden in den Schulen immer weniger Verfechter. Viele Fächer werden studiert, aber fast nichts wird beherrscht und behalten. Die Erinnerung, die Mutter der Musen, wird nicht geschätzt. „Literatur" wird gelehrt – aber nicht gelernt; doch die Kinder kennen keine Poesie. Am schlimmsten ist jedoch, dass die Lektüre von Standardwerken innerhalb der Familie immer seltener wird und eine der Hauptursachen für viele Übel darstellt. Insbesondere wird, obwohl viel über die Bibel gesprochen wird, die Bibel ebenso wie die Klassiker immer ungewohnter, was zum großen Nachteil des populären Denkens und Stils ist.

Andererseits kam es in den letzten dreißig Jahren zu einer enormen Ausweitung der fortgeschrittenen Wissenschaft, um den Mangel an unseren weiterführenden Schulen und den Verfall der Kultur zu Hause auszugleichen, am bemerkenswertesten vielleicht die Erforschung der Volkssprache und verwandter Literaturen. Das Studium der englischen Sprache und der Literaturen, aus denen die englische Literatur hervorgegangen ist, bietet eine Zuflucht für Personen, die ein ernsthaftes und anhaltendes Interesse an Belletristik haben; Es geht zweifellos darum, die Persönlichkeiten der Forscher auf den höchsten Grad an Effizienz zu entwickeln, der unter den gegenwärtigen Bedingungen möglich ist, und sie auf eine andere, glücklichere Generation vorzubereiten, deren Poesie in den Feldern Wurzeln schlagen wird, die heute so gründlich bearbeitet werden; Wenn es nach unten geht, hat es bereits die Tendenz, hier und da heilsame Veränderungen in den Schulabläufen herbeizuführen und somit schließlich einen Einfluss auf die Familie auszuüben. Eine Generation von Gelehrten, die wie zu Beginn der Renaissance den Weg ebnet – um die literarische Atmosphäre zu schaffen, die jetzt fehlt – kann als hoffnungsvolles Zeichen für eine kommende Generation von Dichtern angesehen werden. Wenn schließlich die amerikanische Poesie jetzt im Sterben liegt, müssen wir uns dennoch an die ewige Macht erinnern, mit der der wahre Dichter immer verbunden ist; die Kraft, die den Dichter jederzeit über jede Literatur sagen lässt: „Die Magd ist nicht tot, sondern schläft." 21

IV. DIE ESSAYISTEN UND DIE HUMOURISTEN.

Englische Einflüsse auf amerikanische Briefe. – Die beiden Zweige der englischen Literatur des 18. Jahrhunderts entsprangen einem gemeinsamen Stamm und wiesen viele Ähnlichkeiten auf. Gegen die amerikanischen Schriftsteller dieser Zeit wurde der Vorwurf der Nachahmung und sogar des Plagiats erhoben; Es erscheint jedoch keineswegs unsicher, auf den einzigen Ursprung als wahrscheinliche Ursache für die gleichen Merkmale hinzuweisen, die in der hier produzierten und der im Mutterland produzierten Literatur auftreten. Natürlich kann niemand leugnen, dass nicht wenige unserer Autoren als Engländer zur Schule gingen, aber die Behauptung, dass Amerika bis vor Kurzem nichts anderes als Zwickmühlenliteratur hervorgebracht habe, ist ebenso falsch wie absurd. Dass Gleiches Gleiches hervorbringt, mag ein abgedroschener Spruch sein, aber seine häufige Wiederholung tut seiner Wahrheit keinen Abbruch. Der englische Geist, egal ob er sich zu Hause oder in den Kolonien äußerte, brachte natürlich die gleichen Triebe hervor: Dass ihre Entwicklung nicht in jeder Hinsicht gleich schnell verlief, dass sie mit der Zeit so unähnlich wurden, dass sie scheinbar nichts miteinander zu tun hatten, lässt sich verfolgen Dies ist zweifellos auf das ungeschützte Schicksal des amerikanischen Sprosses in frühen Tagen und auf die vollständige Entfernung des Schlüpfers vom Elternstamm in späteren Jahren zurückzuführen.

Mit diesem Gedanken im Hinterkopf kann der gründlichste Amerikaner ohne entschuldigende Zurückhaltung zugeben, dass die Essayisten des England des 18. Jahrhunderts in Irving und einigen seiner Zeitgenossen Gegenstücke hatten und dass die etwas späteren Autoren viel mit ihnen gemeinsam haben Emerson und Thoreau. Sollte man jedoch der Meinung sein, dass entschuldbarer Stolz nur auf jene Autoren zu richten ist, die in Amerika heimische Qualitäten aufweisen, kann man triumphierend Warner, Lowell und Margaret Fuller erwähnen; Denn obwohl diese Essayisten den Rasseninstinkt englischer Schriftsteller zeigen, sind sie in Gedanken, Ton und Ausdruck dennoch nachdrücklich amerikanisch. Nebenbei bemerkt ist es vielleicht gut zu bemerken, dass sich eine große Zahl amerikanischer Schriftsteller an mehr als einer Form der Literatur versucht hat. Aus diesem Grund wird Irving als Essayist betrachtet, obwohl man ihn vielleicht zu den Humoristen oder vielleicht noch besser zu den Belletristikautoren zählen könnte, da er das Recht hat, Poe den Anspruch zu bestreiten, als Urvater des amerikanischen Kurzfilms zu gelten Geschichte. Auch hier hatte Emerson wie George Eliot das Gefühl, dass sein Ruhm letztendlich auf seinen Gedichten beruhen würde, aber seine Leser denken und sprechen fast immer von ihm als Essayisten. Lowell, Longfellow und Whittier hingegen werden im Großen und Ganzen zu Recht als Dichter bewertet, obwohl ihre Prosawerke weder unbedeutend noch unwichtig sind und daher selbst bei einem kurzen Überblick über den amerikanischen Essay einige Aufmerksamkeit erhalten müssen.

Washington Irving. —Washington Irving (1783–1859), der erste bedeutende Essayist der Nationalperiode der amerikanischen Literatur, wurde in New York City geboren. Da Irving aus gesundheitlichen Gründen nicht in der Lage war, seine Ausbildung fortzusetzen, ging er 1804 ins Ausland. Als er zwei Jahre später zurückkehrte, wurde er als Anwalt zugelassen, übte jedoch nie die eigentliche Anwaltstätigkeit aus. Im Jahr 1815 reiste Irving erneut nach Europa, diesmal wegen Angelegenheiten im Zusammenhang mit dem Besteckgeschäft, an dem er als stiller Gesellschafter zusammen mit seinen Brüdern beteiligt war. Es dauerte siebzehn Jahre, bis er wieder seinen Heimatboden betrat, aber als er zurückkam, war er weithin bekannt, sowohl für seine Schriften als auch für seinen diplomatischen Dienst als Mitglied der amerikanischen Gesandtschaften, zunächst in Madrid (1826–1829). und später in London (1829–1831). Während des nächsten Jahrzehnts hielt sich Irving in diesem Land auf und lebte ruhig in Sunnyside, wie er sein Zuhause in Tarrytown-on-the-Hudson nannte. Im Jahr 1842 nahm er eine Ernennung zum Minister in Spanien an, reiste zum dritten Mal nach Europa und blieb vier Jahre im Ausland. Nach seiner Rückkehr nach Hause widmete er sich ganz dem Schreiben und beendete sein monumentales Werk über Washington kurz vor seinem Tod. Er ist auf dem Tarrytown Sleepy-Hollow Cemetery begraben – in Sichtweite der Straße, auf der einer seiner Charaktere, Ichabod Crane, in dem wahnsinnigen Versuch, dem kopflosen Reiter zu entkommen, seine steile Flucht unternahm.

Irvings erstes Buch, „A History of New York", erschien 1809 aus der Feder von „Diedrich Knickerbocker". Es erregte sofort Aufmerksamkeit und begründete den Ruf seines Autors als Humorist; Aber leider erregte sein Spaß auf Kosten der Vorfahren bestimmter amerikanischer Familien nicht wenig Groll. Irvings nächstes Werk, „The Sketch Book", wurde zunächst in Teilen im Jahr 1819 und dann in zwei Bänden im folgenden Jahr veröffentlicht. Dieses Buch und „Bracebridge Hall, or The Humourists" (1822), „Tales of a Traveller" (1824), „The Alhambra" (1832) und „Wolfert's Roost" (1855) sind allesamt verschiedene Sammlungen von Skizzen, kurz gesagt Geschichten und Charakterstudien, von denen ein Band dem anderen in nichts nachsteht. Der erste von ihnen erhielt herzliche Anerkennung von Scott, der die Veröffentlichung in London veranlasste ; und das letzte hatte sowohl in Amerika als auch in England eine weite Verbreitung.

Während Irvings erstem Besuch in Spanien interessierte er sich für bestimmtes biografisches und historisches Material, das dort leicht zugänglich war, und nutzte es, als er „Das Leben und die Reisen von Christoph Kolumbus" (1828) und „Die Chronik der Eroberung von Granada" schrieb " (1829), „Die Reisen der Gefährten des Kolumbus" (1831), „Die Alhambra", bereits erwähnt, und „Das Leben des Mohammed" (1849). Nach Irvings Rückkehr nach Amerika blieb sein Interesse an der gleichen Art von Material bestehen und veranlasste ihn, „The Life of Goldsmith" (1849) und „The Life of Washington" in sechs Bänden (1855–1859) zu veröffentlichen. Irvings weitere Werke sind „A Tour on the Prairies" (1835), „Astoria" (1836) und „The Adventures of Captain Bonneville" (1837).

Irving war der erste amerikanische Schriftsteller, der im Ausland literarischen Ruf erlangte; Auch das Interesse, das er dort weckte, war nicht bloß die Neugier, die sich darüber wunderte, was wohl aus der Wildnis kommen würde. Es mag sein, dass der Großteil seiner Werke derzeit nicht allgemein gelesen wird, wohl aber Geschichten wie „Rip Van Winkle" und „The Legend of Sleepy Hollow", Skizzen wie „The Stout Gentleman" und „Moonlight on the Alhambra". " sind mehrjährig. Irving war im Umgang mit Pathos kaum geschickt und verfiel nicht selten ins Sentimentale und sogar ins Rührselige; Dennoch wurde die Lebendigkeit seines faszinierenden und zarten Humors selten von einem anderen amerikanischen Schriftsteller erreicht. Sein anmutiger, fast fehlerloser Stil ähnelt dem der Autoren von

„*The Spectator*", obwohl er hin und wieder an Goldsmith erinnert und laut Scott eine Prise Swift aufweist. Lowell hat das Thema Irving und seinen Stil vielleicht am besten in „A Fable for Critics" zusammengefasst:

„Fügen Sie zu einem wahren Dichterherzen den Spaß von Dick Steele hinzu, fügen Sie ganz Addison hinzu, *ohne* die Kälte,

* * * * *

Nur nach Ihrem persönlichen Geschmack süßen und dann abseihen, damit nur das Feinste und Klarste übrig bleibt.

* * * * *

Namen verdient, weder Englisch noch Yankee – nur Irving."

Bryant und andere. —William Cullen Bryant (1794–1878) gilt allgemein als Dichter, doch seine Prosa war weder im Umfang noch im Wert unbeträchtlich. Während seiner langen Zusammenarbeit mit der New York *Evening Post* von 1826 bis zu seinem Lebensende verfasste er täglich Leitartikel von hoher literarischer Qualität, schrieb Beiträge für viele andere Zeitschriften und hielt häufig Reden zu verschiedenen Themen. Eine Sammlung von Bryants Prosawerken in zwei Bänden wurde 1894 veröffentlicht: Wer sie liest, ist überzeugt, dass ihr Autor über einen klaren, glatten Stil, ein genaues, sorgfältiges Urteilsvermögen und einen gesunden Menschenverstand verfügte. Whittier (1807–1892) und Longfellow (1807–1882) dürfen hier nicht zu Unrecht erwähnt werden, obwohl sie wie Bryant auch vor allem als Dichter bekannt sind. Whittier war eng mit William Lloyd Garrison in der Abolition-Bewegung verbunden und trug viel zu deren Literatur bei. Kontroverse Schriften kommen jedoch selten vor, und Whittiers Werk stellt keine Ausnahme von der Regel dar. Zusätzlich zu ein oder zwei Versuchen, Romane zu schreiben, veröffentlichte Whittier „Supernaturalism in New England" (1847), „Old Portraits and Modern Sketches" (1850) und „Literary Recreations" (1854); aber diese Werke sind weder stilistisch noch materiell wichtig. Die Anforderungen an Metrum und Reim an Whittier scheinen das Auftreten bestimmter Grobheiten in seinen Gedichten verhindert zu haben, die seine Prosa leider verunstalten. Wichtiger ist hingegen die Prosa von Longfellow. Es zeichnet sich durch eine Feinheit und Raffinesse aus, die wesentlich dazu beitragen würden, dass es bekannt bleibt, wenn nicht der größere Ruhm des Autors als Dichter seinen Ruf als Prosaschriftsteller in den Schatten stellen würde. Zusätzlich zu zwei Liebesromanen veröffentlichte er „Outre Mer" (1825), ein Band, der in Ziel und Inhalt etwas an Irvings „Skizzenbuch" erinnert; und unter dem Titel „Drift Wood" nahm er in die erste Ausgabe seiner „Complete Prose Works" (1857) eine Sammlung vereinzelter Essays und Buchrezensionen auf, die ursprünglich für verschiedene Zeitschriften verfasst wurden.

Edgar Allan Poe. – Edgar Allan Poe (1809–1869) war wie die drei gerade genannten Autoren ein Dichter, doch zu seiner Zeit war er vielleicht noch besser als Kurzgeschichtenschreiber und Essayist bekannt. Die Meinungen über den Wert seines literarischen Werks waren ebenso unterschiedlich wie die über seinen Charakter; aber man kann mit Fug und Recht sagen, dass er unter den Kritikern keinen schlechten Platz einnimmt. In diesem Bereich der Literatur verpflichtete er sich, eine Reform unter den amerikanischen Autoren herbeizuführen, die von der zaghaften Unterwürfigkeit gegenüber der englischen Meinung in die Phase des lauten und wahllosen Lobes jedes in diesem Land produzierten Werkes übergegangen waren. Aus einer Studie über Coleridge war Poe zu dem Schluss gekommen, dass Poesie eine Frage des „intellektuellen Glücks" sei; seine Seele war die Vorstellungskraft. Ein Mensch mit metaphysischem Scharfsinn könnte daher, indem er feststellt, wie poetische Stimmungen erregt werden, ein besseres Gedicht verfassen als jemand, dem es an der analytischen Fähigkeit mangelt und der nur die Emotionen spüren kann, die er bei seinen Lesern hervorrufen möchte. Poe legte auch großen Wert auf die Perfektion der Form als äußerst wichtig für die Erzielung einer Wirkung; Die Wahrheit war zweitrangig, außer im Detail und als Mittel zur Sicherung der Zustimmung zu einer Schlussfolgerung, die im Wesentlichen unwahr sein könnte. Der Zweck der Poesie bestehe seiner Meinung nach darin, ein subtiles, unbestimmtes Vergnügen zu wecken; dies wurde durch die Musik vermittelt; daher die Notwendigkeit der Melodie, des Refrains.

Als Kritiker war Poe oft äußerst brutal; Wenn wir jedoch auf ihn zurückblicken, müssen wir uns daran erinnern, dass die Urbanität des modernen Buchrezensenten damals etwas Unbekanntes war. Poes literarische Urteile waren im Großen und Ganzen gerechtfertigt, obwohl einige seiner schonungslosen Angriffe in „The Literati of New York" auch heute noch Unmut hervorrufen, während seine ebenso hemmungslosen Lobeshymnen auf einige seiner inzwischen völlig vergessenen Zeitgenossen beinahe verächtlich wirken Amüsement. Poes wichtigster Beitrag zur Theorie des Schreibens sind zwei Essays, die normalerweise zusammen mit seinen Gedichten abgedruckt werden; von diesen erschien „The Philosophy of Composition" erstmals im April 1846 in *Graham's Magazine* , und „The Poetic Principle", ursprünglich eine Vorlesung, wurde im Oktober 1850 in *Sartain's Magazine abgedruckt* . Vielleicht sollte auch ein Aufsatz „On Critics and Criticism" erscheinen erwähnt werden; Es wurde erstmals im Januar 1850 im *Graham's Magazine* veröffentlicht .

Ralph Waldo Emerson. – Ralph Waldo Emerson (1803–1882), ernst, hochmütig und ausgeglichen, bildet in fast jeder Hinsicht einen auffälligen Kontrast zu Poe. Er wurde in Boston geboren und machte im Alter von neunzehn Jahren seinen Abschluss am Harvard College. Nachdem er eine

Zeit lang in der Schule unterrichtet hatte, wurde er Pfarrer der Old North Church in seiner Heimatstadt, zog sich jedoch 1835 aufgrund seiner Abneigung gegen den Abendmahlsritus von seinem Amt zurück. Er ließ sich in Concord, Massachusetts, nieder und verbrachte den Rest seiner Jahre mit Schreiben und Vorlesungen. Während er sich mit letzterer Arbeit beschäftigte, reiste er bis nach Kalifornien und machte zwei Besuche im Ausland. Während des ersten Treffens traf Emerson Wordsworth, Coleridge, Landor und De Quincey, die ihn freundlich empfingen, George Eliot, der ihn als „den ersten Mann, den sie je gesehen hatte" bezeichnete, und Carlyle, der in dem Besucher einen Helden fand verdient aufrichtige Bewunderung. Er war würdevoll und einfach im Auftreten, tiefgründig und freundlich im Denken und fand in einer ereignislosen Karriere Zufriedenheit; Er sympathisierte stark mit denen, die das Leben des Geistes führen würden, und unterstützte theoretisch das Brook Farm-Experiment. Er befürwortete Antisklaverei-Ideen und öffnete seine Kirche für Abolitionisten. Da er jedoch grundsätzlich gegen den Krieg war, schlug er vor, die Sklaven zu kaufen und sie moralisch zu erziehen. Er ging zu Grabe, geliebt von seinen Nachbarn und geehrt von vielen, die ihn nur durch seine Werke kannten.

Emerson trat zum ersten Mal als Schriftsteller in einem Buch mit dem Titel „Nature" (1836) in Erscheinung, doch echte Aufmerksamkeit erregte er erstmals durch seine Phi Beta Kappa-Rede vor dem Harvard College im Jahr 1837. Diese Ansprache wurde nun in seinen gesammelten Werken als „The American" veröffentlicht Scholar" appellierte so eindringlich an seine Zuhörer, sich vom Einfluss Englands in Fragen der Autorenschaft zu lösen, dass Holmes es mit seiner gewohnten Fröhlichkeit „unsere literarische Unabhängigkeitserklärung" nannte. Ab 1840 war Emerson drei oder vier Jahre lang Herausgeber von *The Dial*. 1841 veröffentlichte er seine erste Sammlung von „Essays"; und drei Jahre später sein zweiter. Von da an erschienen in unregelmäßigen Abständen weitere Bände gleichen Inhalts; Die wichtigsten davon sind aller Wahrscheinlichkeit nach „Representative Men" (1850), „The Conduct of Life" (1860) und „Society and Solitude" (1870). Eine Aufzählung von Emersons Büchern ist nicht erforderlich, da sie alle in Form, Inhalt und Zweck ähnlich sind. Obwohl Emerson im eigentlichen Sinne kein Philosoph ist, hat er doch eine Theorie des Lebens entwickelt. Aufrichtigkeit war für ihn von grundlegender Bedeutung, und sein Glaube an den prägenden Einfluss großer Männer war fast identisch mit dem von Carlyle. Durch den Besitz der „transzendentalen Vernunft" wird sich der Mensch laut Emerson intuitiv der Wahrheit bewusst. Diese Wahrheit oder Lehre wurde von einigen Kritikern auf drei Thesen reduziert: (1) Gott ist in allen Dingen und alle Dinge sind in Gott. (2) Jede geschaffene Existenz ist wesentlich für jede andere geschaffene Existenz. (3) Nichts, was einmal existiert hat, hört jemals auf zu existieren. Für den Durchschnittsleser sind diese Ideen verwirrend und wurden zusammenfassend als „eine neue Philosophie, die besagt, dass nichts alles im Allgemeinen und alles nichts im Besonderen ist" bezeichnet. Es wird als Tatsache berichtet, dass der für die Versammlung zuständige Pfarrer nach einer Ansprache Emersons vor einer Universitätsgesellschaft inständig darum betete, dass die Zuhörer davor bewahrt würden, jemals wieder gezwungen zu werden, solchen transzendentalen Unsinn anzuhören. Am Ende des Treffens bemerkte Emerson unbeirrt, dass der Herr ein sehr gewissenhafter Mann mit klaren Worten zu sein schien.

Die Distanz zwischen Emersons Denken und dem der meisten Menschen machte ihn anfällig für den Vorwurf der Unklarheit, ein Vorwurf, der immer noch häufig von denen wiederholt wird, die sich nicht die Mühe machen, zu lesen oder zu denken. Es lässt sich nicht leugnen, dass Emerson oft mystisch ist und dass er bei denen, die zum Kern seiner Lehren vordringen wollen, spirituelle Einsicht und eine fast poetische Vorstellungskraft finden muss; aber es ist unfair, den Eindruck zu erwecken, dass er, außer für Eingeweihte, fast immer unverständlich ist. Seite für Seite seiner Schriften stellt selbst den flüchtigsten Leser keinerlei Schwierigkeiten dar, und sein Werk als Ganzes ist für jeden ernsthaften und unvoreingenommenen Leser zugänglich. Im Stil ist Emerson manchmal durch eine starke Tendenz zur Verdichtung des Ausdrucks abweisend; Aber die Schönheit seines Denkens zieht häufig eine Diktion und Ordnung an sich, die seine Prosa in wahre Poesie verwandeln. Seine starke, ernsthafte Spiritualität ist niemals fanatisch, sein vollkommenes Vertrauen in das, was er die Überseele nannte, ist niemals sentimental, sein volles Vertrauen, dass die Welt zum ultimativen Guten führt, ist niemals unpraktisch. Da er das Universum als „ein riesiges Symbol Gottes" betrachtete, entkam er einerseits dem Pantheismus und andererseits dem Materialismus. Als Lehrer, der seine erhebenden Gedanken in der Literatur zum Ausdruck bringt, kann man getrost sagen, dass Emerson unter den amerikanischen Schriftstellern konkurrenzlos dasteht.

Henry David Thoreau. – Henry David Thoreau (1817–1862) wird von vielen Lesern mit Emerson in Verbindung gebracht. Er wurde in Concord, Massachusetts, geboren und verbrachte den größten Teil seines Lebens in seiner Heimatstadt und deren Umgebung. Er schloss sein Studium 1837 am Harvard College ab, lehnte das Diplom jedoch mit der Begründung ab, dass es keine fünf Dollar wert sei. Er hielt gelegentlich Vorträge und schrieb viele Bücher, von denen er selbst nur zwei veröffentlichte: „A Week on the Concord and Merrimac Rivers" (1849) und „Walden, or Life in the Woods" (1854). Hinzu kamen seit Thoreaus Tod von Zeit zu Zeit mehrere Bände mit den Titeln „Excursions in Field and Forest" (1863), „The Maine Woods"

(1864), „Cape Cod" (1865) und „A Yankee in Canada". (1866). Der größte Teil seines umfangreichen Tagebuchs wurde 1906 und 1907 veröffentlicht, obwohl zuvor eine umfangreiche Auswahl in vier Bänden gedruckt worden war, die jeweils die Namen der vier Jahreszeiten trugen. Mehr als jeder andere bekannte amerikanische Autor strebte Thoreau danach, zum Innersten der Natur vorzudringen. Er zog sich nach Walden Pond zurück und verbrachte zwei Jahre lang den größten Teil seiner Zeit mit Lesen und Meditieren. Da er fühlte, dass sein Ziel erreicht worden war, kehrte er ins Stadtleben zurück. Für kurze Zeit lebte Thoreau als Bewohner von Emersons Haushalt und wurde ein unbewusster Schüler des Mannes, der ihn bewirtete. Als Transzendentalist, der von einem starken Geist der Jenseitigkeit durchdrungen ist, lässt er sich vielleicht am besten mit Emersons Worten zusammenfassen. „Er wurde zu keinem Beruf erzogen; er hat nie geheiratet; er lebte allein; er ging nie in die Kirche; er hat nie gewählt; er weigerte sich, eine Steuer an den Staat zu zahlen; er aß kein Fleisch; er trank keinen Wein; er kannte den Gebrauch von Tabak nie; und obwohl er ein Naturforscher war, benutzte er weder Rute noch Gewehr." Thomas Wentworth Higginson hat darauf hingewiesen, dass Thoreaus Ruhm zwei der größten Gefahren überstanden hat, die seinem Ruf schaden können: ein brillanter Satiriker als Kritiker (Lowell) und ein unvorsichtiger Freund als Biograph (Channing).

Kleinere Transzendentalisten. – Kleinere Transzendentalisten, die daher mit Emerson und Thoreau verbunden waren, waren Amos Bronson Alcott (1799–1888) und Sarah Margaret Fuller (1810–1850). Beide waren wie Emerson Mitwirkende an *The Dial*, hielten sich aber im Gegensatz zu ihm nicht vom Brook Farm-Experiment fern. Alcotts Hauptwerke waren „Tablets" (1868), „Concord Days" (1872) und „Table Talk" (1877); Margaret Fullers „A Summer on the Lakes" (1843), „Woman in the Nineteenth Century" (1844) und „Papers on Literature and Art" (1846). Andere Essayisten, die sich mit der Brook Farm-Bewegung oder dem Transcendental Club, aus dem sie hervorgegangen ist, identifizierten, waren drei bekannte Geistliche: William Ellery Channing (1780–1842), der Gründer des Clubs; Theodore Parker (1810–1860), der Repräsentant seiner Theorien, und James Freeman Clarke (1810–1888), ein häufiger Mitwirkender an seiner Orgel, *The Dial*. In späteren Jahren veröffentlichte jeder dieser Männer Werke, die immer noch gelegentlich gelesen werden. Channings zahlreiche Schriften wurden 1841 in fünf Bänden zusammengefasst und 1872 unter dem Titel „The Perfect Life" eine Auswahl daraus getroffen. Er darf nicht mit einem jüngeren William Ellery Channing (1818–1901) verwechselt werden, der ihm gehörte Sohn seines Bruders, Autor einer Monographie über „Thoreau, the Poet Naturalist" (1873) und von „Conversations from Rome" (1902). Parkers Hauptwerke neben seinen Predigten waren

„Miscellaneous Writings" (1843) und „Historic Americans" (1870); Clarkes, „Orthodoxy, its Truths and Errors" (1866) und „Ten Great Religions" (1871).

Die Transzendentale Bewegung appellierte an alle Arten von Menschen: Philosophen tauschten Ideen mit Journalisten aus und Geistliche mit Romanautoren. Von den Mitgliedern, die später als Herausgeber bekannt wurden, waren George Ripley (1802–1880), Charles Anderson Dana (1819–1897) und George William Curtis (1824–1892) die wichtigsten, die alle irgendwann einmal dabei waren das Personal der *New York Tribune* . Ripley und Dana waren gemeinsame Herausgeber von „The American Encyclopedia" (1857–1863); Sie arbeiteten aber auch unabhängig voneinander: Ersterer stellte vierzehn Bände mit dem Titel „Specimens of Foreign Standard Literature" (1838–1842) zusammen, Letzterer schuf die immer noch berühmte Sammlung „The Household Book of Poetry and Song" (1857). Curtis' Interessen waren so zahlreich und vielfältig, dass er als Journalist, Redner, Publizist und Autor klassifiziert wurde. Seine wichtigsten Werke waren „Lotus Eating" (1852), „Potiphar Papers" (1853) und „Essays from the Easy Chair" (1891), das letzte war eine Sammlung kurzer Aufsätze, die ursprünglich für *Harper's Magazine beigesteuert wurden* .

Oliver Wendell Holmes. – Oliver Wendell Holmes (1809–1894) steht in gewissem Gegensatz zu den Hauptautoren der Transzendentalen Schule. Im Großen und Ganzen waren sie von bewusster Ernsthaftigkeit geprägt, aber er besaß eine klare, klare Spontaneität, die oft in sprühenden Spaß überging. Er wurde in Cambridge, Massachusetts, geboren und war Mitglied dessen, was er scherzhaft „Die Brahmanenkaste" Neuenglands nannte. Zu seinen Vorfahren zählten mehr als ein englischer Gouverneur der Kolonialzeit und die berühmte Frau ihrer Zeit, Anne Bradstreet, „die Zehnte". Muse." Nach seinem Abschluss am Harvard College im Jahr 1829 studierte er ein Jahr lang Jura und wandte sich dann der Medizin zu. Nach Abschluss seiner Ausbildung in Paris kehrte Holmes 1835 nach Amerika zurück, um dort seinen Beruf auszuüben, nahm jedoch 1839 eine Professur für Anatomie am Dartmouth College in New Hampshire an. Im folgenden Jahr trat er eine ähnliche Stelle an der Harvard Medical School an und blieb dort bis 1882. 1886 besuchte Holmes Europa und erhielt Ehrentitel von Edinburgh, Oxford und Cambridge. Die verbleibenden acht Jahre seines Lebens verbrachte er ruhig in seinem Haus in Boston und empfing sogar Fremde freundlich, die das Gefühl hatten, diese Stadt erst dann wirklich gesehen zu haben, wenn sie Dr. Holmes die Hand geschüttelt hatten.

Von Holmes' Prosawerk verteidigt seine „Breakfast Table"-Reihe am besten sein Recht, einen dauerhaften Ruhmesplatz zu beanspruchen. „The Autocrat of the Breakfast Table", nachdem es im ersten und zweiten Band von *The Atlantic Monthly* (1857–1858) fortlaufend erschienen war, wurde sofort in Buchform erneut veröffentlicht und wurde von „The Professor at the Breakfast Table" (1859) abgelöst. , „Der Dichter am Frühstückstisch" (1872) und „Über den Teetassen" (1891). Diese Werke, die ziemlich treffend als „eine Mischung aus Essay und Drama" charakterisiert wurden, enthalten Kommentare zu fast allem im Himmel darüber, auf der Erde darunter und zu den Wassern unter der Erde. Die Bücher sind manchmal herrlich skurril und funkelnd witzig, manchmal zutiefst ernst und bis ins kleinste Detail analytisch, und wieder andere sind zärtlich großzügig und bewegend pathetisch. Holmes' weitere wichtige Prosawerke sind zwei Bände mit Biografien, ein „Memoir of John Lothrop Motley" (1879) und ein „Life of Ralph Waldo Emerson" (1884); ein Essaybuch, „Pages from an Odd Volume of Life" (1883); und ein Reisetagebuch, „Unsere hundert Tage in Europa" (1887).

Willis , *Mitchell und Warner* . – *Nathaniel Parker Willis* (1806–1867), Donald Grant Mitchell (geboren 1822) und Charles Dudley Warner (1829–1900) werden durch die Erwähnung von Holmes nahegelegt, denn sie waren es, genau wie er Autoren des „genialen" Essays. Willis wurde in Portland, Maine, geboren und machte im Alter von einundzwanzig Jahren seinen Abschluss in Yale. Er begann 1828 eine journalistische Karriere und verbrachte eine beträchtliche Anzahl von Jahren im Ausland, von wo aus er den Zeitschriften seiner Zeit häufig Berichte über seine Auslandsreisen und -erlebnisse nach Hause schickte. Sein Gesamtwerk wurde in dreizehn Bänden zusammengefasst, aber die besten seiner Werke sind in zwei zu seinen Lebzeiten veröffentlichten Büchern zu finden: „Pencillings by the Way" (1835) und „Letters from Under a Bridge" (1840). Willis schrieb mit größter Sorgfalt. James Parton hat zu Protokoll gegeben, dass Willis „alles, was er tat, mit größter Sorgfalt bearbeitete und endlose Radierungen und Korrekturen vornahm." Im Durchschnitt löschte er eine von drei Zeilen, die er schrieb, und auf einer Seite seines Leitartikels blieben nur drei Zeilen unverändert." Am Rande sei hinzugefügt, dass Willis' Vater 1827 den bekannten und weithin gelesenen *Youth's Companion gründete* . Mitchell, viele Jahre besser bekannt als „Ik Marvel", war wie Willis gebürtiger Neu-Engländer und Absolvent des Yale College. Er verbrachte auch einige Jahre im Ausland und fungierte von 1853 bis 1855 als Konsul der Vereinigten Staaten in Venedig. Es gab viele Werke von ihm, vor allem aber ist er als Autor von „Reveries of a Bachelor" (1850) und „Dream Life" (1851) bekannt. Warner war in vielerlei Hinsicht der stärkste Autor dieser Gruppe. Als gebürtiger Neu-Engländer machte er seinen Abschluss am Hamilton College in Clinton, New York, studierte anschließend Rechtswissenschaften an der University of Pennsylvania und begann schließlich in Chicago mit der Ausübung seines Berufs. 1860 wurde er als Herausgeber einer Tageszeitung nach Hartford, Connecticut, berufen und widmete sich fortan dem Journalismus und anderen literarischen Interessen. Seine Werke waren vielfältig und vielfältig; die wichtigsten sind „My Summer in a Garden" (1870), „Backlog Studies" (1872), „My Winter on the Nile" (1876) und „Life of Washington Irving" (1881).

Einige Reisende. —Bayard Taylors Auslandserfahrungen fanden ihren Ausdruck in einer Reihe von Büchern; Aber so lesbar sie alle sind, ist das erste, „Views Afoot" (1846), das Beste. Es ist ein Werk, das mit Irvings „Sketch Book" und Longfellows „Outre Mer" verglichen werden kann; Es ist vielleicht nicht ganz falsch, ihm einen Platz zwischen den beiden zuzuordnen, niedriger als der erste, höher als der zweite. Aus Taylors zahlreichen Werken in anderen Abteilungen der reinen Literatur können „Studies in German Literature" (1879) und „Essays and Notes" (1880) zur Erwähnung ausgewählt werden.

Auf die Gefahr hin, etwas von der chronologischen Reihenfolge abzuweichen, möchte ich an dieser Stelle einige Autoren erwähnen, die wie Taylor Aufzeichnungen über ihre Reisen und Abenteuer hinterlassen haben. Der früheste von ihnen, tatsächlich ein älterer Mann als Taylor, war Elisha Kent Kane (1820–1857), der Polarforscher, der in „The Grinnell Expeditions" (1854–1856) die Geschichte der beiden erfolglosen Entdeckungsversuche erzählte Sir John Franklin. Viel näher an unserer Zeit waren Henry M. Stanley (1841–1890) und George Kennan (geboren 1845). Stanley wurde zwar in Wales geboren und 1890 von Königin Victoria zum Ritter geschlagen; aber seine Erkundungen in Afrika fanden während seiner Zeit als Bürger der Vereinigten Staaten statt. Sein bekanntestes Werk ist sein Erstling „How I Found Livingston" (1872). Kennan erlebte Abenteuer in noch einem anderen Teil der Welt. Von der American Telegraph Association nach Sibirien geschickt, um den Bau der Leitungen zu überwachen, veröffentlichte er 1870 „Tent Life in Siberia". Einige Jahre später kehrte er als Korrespondent *des Century Magazine* in dasselbe Land zurück, um dort die sozialen und politischen Verhältnisse zu untersuchen. Die Ergebnisse seiner Beobachtungen veröffentlichte er in „Sibirien und das Exilsystem" (1891).

Holland, *Lowell* und *andere*. – Man muss zugeben, dass der Essay über das Reisen uns ziemlich weit aus dem Bereich der reinen Literatur herausgeführt und uns in die jüngste Zeit zurückgeführt hat. Wenn es den Anschein hat, als hätten wir bestimmte Autoren ignoriert, manche weniger, manche größere, dann kehren wir nur zu ihnen zurück, um sie ausführlicher zu erwähnen. Josiah Gilbert Holland (1819–1881) wurde in Belchertown, Massachusetts, geboren und wurde bereits als junger Mann Mitherausgeber von *The Springfield Republican*. 1870 war er an der Gründung von *Scribner's Monthly beteiligt* und wurde dessen Chefredakteur. Er versuchte sich an verschiedenen Formen der Literatur und war einst nicht weit davon entfernt, der beliebteste Schriftsteller der Vereinigten Staaten zu sein. Bis heute gibt es kaum einen amerikanischen Haushalt, der nicht mit einer Kopie einer der frühen Ausgaben von „Timothy Titcomb's Letters" (1858), „Gold Foil" (1859) oder „Plain Talks on Familiar Subjects" (1865) ausgestattet wäre. James Russell Lowell (1819–1891) verfasste zahlreiche Artikel für *The Atlantic* und *The North American Review* ; Einige dieser Werke wurden noch nicht gesammelt, aber die besten davon sind in den sieben Bänden seiner gesamten Prosawerke (1890–1891) verstreut zu finden. Zu seinen Lebzeiten veröffentlichte Lowell mehrere Essaysammlungen; die wertvollsten sind „Fireside Travels" (1864), „Among my Books" (1870) und „My Study Windows" (1871). Wenn man sich ihre Inhalte anschaut, ist man überrascht über die Vielseitigkeit ihres Autors. Der Reminiszenz-Essay „A Moosehead Journal" oder „Cambridge Thirty Years Ago" gleicht den Reise-Essay „At Sea" oder „A Few Bits of Roman Mosaic" aus; dem historischen Essay „New England Two Centuries Ago" steht die Naturstudie „My Garden Acquaintance" gegenüber; die rein literarische Skizze „Shakespeare Once More" steht neben der Buchrezension „Witchcraft" oder „A Great Public Character"; und die politische Rede „Demokratie" oder „Zollreform" verleiht den Notizen einer Antwort auf den Toast „Unsere Literatur" oder der Ansprache über „Bücher und Lesen", die bei der Eröffnung einer kostenlosen öffentlichen Bibliothek gehalten wurde, eine gewisse Männlichkeit . Lowell ist ironisch in „Über eine gewisse Herablassung bei Ausländern", witzig in „Ein gutes Wort für den Winter", freundlich in „Eine Bibliothek alter Autoren", sympathisch in „Emerson der Lecturer", schlicht in „Thoreau", entschieden in „ Reconstruction" und „Abraham Lincoln", nachdenklich in „The Rebellion: Its Causes and Consequences" und wissenschaftlich in „Chaucer" und „Dante". Aristokratisch im besten Sinne dieses oft missbrauchten Begriffs, kultiviert im Auftreten, robust und energisch im Denken, klar und frisch im Geist, gilt Lowell immer noch als Amerikas hervorragendster Vertreter der Literatur.

Die Größe von Lowell hat den Ruf einiger seiner kleineren Zeitgenossen keineswegs geschmälert. Edward Everett Hale (geboren 1822), Thomas Wentworth Higginson (geboren 1823) und Charles Eliot Norton (1827–1908) verdienen zumindest eine flüchtige Erwähnung, obwohl die ersten beiden eher für Beiträge zu Zeitschriften als für Bücher bekannt sind, und die Zuletzt hat vor allem durch sein biografisches Werk und seine Dante-Übersetzung Aufsehen erregt. Aufgrund der Beliebtheit einer Geschichte, „Der Mann ohne Land", wurde Dr. Hale leider als Autor eines Buches bekannt, aber sein „Puritan Politics in England and New England" (1869) ist wertvoll und sein „ Franklin in France" (1887), das mit Unterstützung seines Sohnes verfasst wurde, ist interessant und vertrauenswürdig. Herr Higginson hat sich mit Biografie, historischen Memoranden, Kritik und Belletristik versucht: Seine wahrscheinlich besten Arbeiten finden sich in „Outdoor Papers" (1863), „Atlantic Essays" (1871) und „The New World and the New Book". " (1891). Von den drei hier genannten Autoren ist Dr. Norton der wichtigste; er ist mehr als ein Schriftsteller; er ist außerdem Gelehrter. Er kannte alle führenden Schriftsteller dieses Landes genau und war mit den wichtigsten englischen Autoren der mittleren und späteren viktorianischen Zeit kaum weniger gut vertraut. Zusätzlich zu seiner monumentalen Prosaübersetzung von Dantes „Neues Leben" (1858) und „Göttliche Komödie" (1892) hat er Bücher wie „Die frühen Briefe von Thomas Carlyle" (1886) und „Die Briefe von James Russell Lowell" herausgegeben " (1893) und „Die Briefe von John Ruskin" (1904). Seine wichtigsten Originalwerke sind „Notizen über Reisen und Studien in Italien" (1859) und „Historische Studien zum Kirchenbau im Mittelalter" (1880). Die Gelehrsamkeit von Dr. Norton erinnert sofort an die anderer Männer. George Ticknor (1791–1887) scheint nach seinem Geburtsdatum einer etwas früheren Zeit als Norton anzugehören; Tatsächlich folgte er Longfellow unmittelbar als Professor für Belletristik in Harvard nach. Sein Hauptwerk war „Eine Geschichte der spanischen Literatur" (1849). Als wertvoller Kritikpunkt wurde er nicht überholt und gilt selbst in Spanien als maßgeblich. Etwas später als Ticknor war Francis James Child (1825–1896). Er wurde am Harvard College ausgebildet und war dort fast ein halbes Jahrhundert lang Professor. Er widmete sich dem Studium der Ballade als literarischer Form und veröffentlichte die Ergebnisse seiner Arbeit in acht Bänden unter dem Titel „English and Scottish Popular Ballads" (1857–1859). Eng mit diesen verschiedenen Autoren verbunden war James Thomas Fields (1817–1881). Als Gründer von *The Atlantic Monthly* und Mitglied eines berühmten Verlags war er mit jedem wichtigen amerikanischen Schriftsteller der zweiten Hälfte des 19. Jahrhunderts mehr oder weniger vertraut. Er war selbst nicht ohne literarische Fähigkeiten und veröffentlichte unter anderem „Yesterdays with Authors" (1872) und „Underbrush" (1881). Seine Frau, Annie Adams Fields (geb. 1834), hat eine Reihe von Büchern in ähnlicher Weise geschrieben: Die wertvollsten sind vielleicht „A Shelf of Old Books" und „Authors and Friends", beide erschienen 1896.

Shakespeare-Gelehrte. — Wenn man an Norton und Ticknor als repräsentative amerikanische Studenten ausländischer Literaturen zurückdenkt, ist man natürlich erfreut darüber, dass das Gebiet der Shakespeare-Wissenschaft in diesem Land keineswegs vernachlässigt wurde. Man könnte sagen, dass Henry Norman Hudson (1814–1886) der erste Amerikaner war, der eine Furche zog; denn nach der Veröffentlichung von „Lectures on Shakespeare" (1848) widmete er sich einer kritischen Untersuchung der Stücke und verfasste schließlich ein Werk, das immer noch mit Respekt erwähnt wird: „Shakespeare: His Life, Art, and Characters" (1872). In der Zwischenzeit hatte Richard Grant White (1822–1885) „The Authorship of the Three Parts of Henry VI" veröffentlicht. (1859) und „Memoirs of the Life of Shakespeare" (1865). Eine Zeit lang interessierte er sich für andere Themen und schrieb „Words and Their Uses" (1870) und „England Without and Within" (1881); Dann kehrte er zu seinen frühen Interessen zurück und produzierte „Studies in Shakespeare" (1885). Vielleicht verdient Edwin Percy Whipple (1819–1886) an dieser Stelle Erwähnung, denn nachdem er „Essays and Reviews" (1849) und „Character and Characteristic Men" (1866) geschrieben hatte, veröffentlichte er „The Literature of the Age of Elizabeth" (1869). Es ist auch nicht möglich, Thomas Raynesford Lounsbury (geb. 1838) zu übersehen, der seinen umfangreichen „Studies in Chaucer" (1892) eine Studientrilogie mit den Titeln „Shakespeare als dramatischer Künstler" (1901), „Shakespeare und Voltaire" (1902) und „The Text of Shakespeare" (1906). Aber der mit Abstand bedeutendste Shakespeare-Forscher in Amerika ist Horace Howard Furness (geboren 1833), dessen „Variorum Shakespeare" als sorgfältiges und maßgebliches Werk in keiner Sprache zu übertreffen ist. Kürzlich hat Mr. Furness seinen Sohn bei seinen Untersuchungen mit ihm in Verbindung gebracht, und wir können daher mit einiger Zuversicht erwarten, dass eine Studie über Shakespeare im bisher umfangreichsten Umfang gemäß den Traditionen, mit denen sie begonnen wurde, abgeschlossen werden kann.

Literaturhistoriker. – So sehr sich die Gelehrten dieses Landes auch für die größeren Schriftsteller und die wichtigere Literatur anderer Länder interessierten, so wenig hat es unserer eigenen doch nicht an Aufmerksamkeit gefehlt. Moses Coit Tyler (1835–1900), zeitweise Professor für amerikanische Geschichte an der Cornell University, war der Autor zweier wertvoller Werke: „Geschichte der amerikanischen Literatur während der Kolonialzeit" (1878) und „Literaturgeschichte der amerikanischen Revolution" (1897).). Charles Francis Richardson (geb. 1851), Professor für Englisch am Dartmouth College, hat in seiner „American Literature" (1887) die gesamte Bandbreite unserer Literaturgeschichte bis 1885 abgedeckt; und Barrett Wendell (geb. 1855) von der Harvard University hat in seiner „Literary History of America" (1901) seine Behandlung des gleichen Themas bis zum Beginn dieses Jahrhunderts zurückgeführt. Professor Wendell hat in „Stelligeri" (1893) und „A Life of Cotton Mather" (1891) über andere amerikanische Themen geschrieben. In jüngerer Zeit hat er zwei Werke veröffentlicht, die beide das Ergebnis seines Auslandsaufenthalts als Dozent sind: Der Inhalt des ersten, „The Temper of the Seventeenth Century in English Literature" (1904), wurde vor dem Trinity College in Cambridge gehalten; Das zweite Werk, „Das Frankreich von heute" (1907), wurde während einer Vorlesungsreihe in Paris zusammengestellt.

Nicht wenige Mitglieder anderer amerikanischer College-Fakultäten haben in Büchern Zeugnisse sorgfältiger Recherche und starker Inspiration abgelegt. James Brander Matthews (geb. 1852) von der Columbia University und George Edward Woodberry (geb. 1855), die seit vielen Jahren mit derselben Universität verbunden sind, haben beide Bücher geschrieben, die in der Bevölkerung großen Anklang gefunden haben; Von den ersteren verdienen „Französische Dramatiker des 19. Jahrhunderts" (1881) und „Der historische Roman" (1901) sicherlich Erwähnung; von letzterem „The Life of Poe" (1885) und „The Appreciation of Literature" (1907). Nicht weniger bedeutend als diese Männer sind Felix Emmanuel Schelling (geb. 1858) von der University of Pennsylvania, dessen neuestes Werk „The Elizabethan Drama" (1908) ist, und Vida Dutton Scudder (geb. 1861) vom Wellesley College, die es nicht sein können Unbeachtet blieben ihr „Life of the Spirit in the Modern English Poets" (1895) und „Social Ideals in English Letters" (1898) so gründlich und zufriedenstellend. Woodrow Wilson, Präsident der Princeton University, hat sich neben seiner politischen und historischen Studien die Zeit genommen, einen interessanten Essayband mit dem Titel „Mere Literature" (1896) zu schreiben; Der ehemalige Kollege von Präsident Wilson, Bliss Perry (geb. 1860), jetzt Herausgeber von *The Atlantic Monthly* und Professor für Belletristik in Harvard, hat eine wertvolle „Study of Prose Fiction" (1902) veröffentlicht, und ein weiterer Professor aus Princeton, Henry Jackson Van Dyke (geb. 1852) hat eine besonders nützliche Studie mit dem Titel „The Poetry of Tennyson" (1889) geschrieben und hat sich auch in „Little Rivers" (1895) und „Fisherman's Luck" (1899) als Meister des gemächlichen Essays erwiesen).

Die Naturautoren. – Professor Van Dykes „Freiluftaufsätze", wie sie manchmal genannt werden, führen uns zurück zu den früheren Naturautoren, denn zwischen ihm und Thoreau gibt es keine große Lücke. John Burroughs (geb. 1837) hat eine beträchtliche Anzahl von Büchern geschrieben, die sich mit seinen Beobachtungen im Freien befassen, wobei er das rein literarische Thema keineswegs vernachlässigt hat. Die Erwähnung seiner früheren Werke gibt einen angemessenen Überblick über sein gesamtes Themengebiet. „Wake-Robin" erschien 1870, „Birds and Poets" 1875 und „Whitman, a Study" 1896. Eng mit Herrn Burroughs verbunden ist Bradford Torrey (geboren 1843); Seine Hauptwerke sind „Birds in the Bush" (1885), „The Footpath Way" (1892) und „A World of Green Hills" (1898). Auch Olive Thorne Miller (geb. 1831) ist nicht zu übersehen: Sie begann um 1880 Studien über Vögel zu schreiben und veröffentlichte neben anderen Werken, die alle von beträchtlichem Interesse waren, „In Nesting Time" (1888), „A Bird-Lover im Westen" (1894) und „Under the Tree-Tops" (1897). Die soeben erwähnten Autoren sind natürlich nicht als Wissenschaftler oder gar als wissenschaftliche Autoren im allgemein akzeptierten Sinne dieser Bezeichnung anzusehen. Sie betrachten die Natur eher mit liebevollem als mit analytischem Blick und registrieren eher ihre anerkennenden Gefühle als ihre genauen Beobachtungen. Sie haben daher viel mit den rein literarischen Essayisten gemeinsam, deren Namen nicht weit von Legionen entfernt sind. Obwohl wir nicht alle nennen können, die in letzter Zeit Aufmerksamkeit erregt haben, dürfen wir William Winter (geb. 1836) nicht vergessen, dessen beste Prosawerke erst ein Vierteljahrhundert zurückreichen: Er veröffentlichte 1888 „Shakespeares England", „Graue Tage und Gold". " im Jahr 1891 und „The Life and Art of Edwin Booth" im Jahr 1894. Auch Hamilton Wright Mabie (geb. 1845), Literaturredakteur von *The Outlook*, *können wir nicht ignorieren*. Seine Bücher sind zahlreich und weit verbreitet: Am bekanntesten sind wahrscheinlich die dreibändigen Serien „My Study Fire" (1890, 1894 und 1899) und „Shakespeare: Poet, Dramatist, and Man" (1900). Nicht weniger bedeutsam ist Paul Elmer More (geb. 1864) aus der Redaktion von *The Nation*. Neben Übersetzungen aus dem Sanskrit und dem Griechischen hat er fünf Bücher veröffentlicht, die alle den Titel „Shelburne Essays" (1904–1908) tragen.

Andere Essayisten. – Was schließlich die Essayisten betrifft, muss ein kurzer Rückblick auf die Romanautoren und die späteren Dichter gegeben werden, die sich nicht auf die Gebiete ihrer Hauptarbeit beschränkt haben. Dies führt uns zurück zu Nathaniel Hawthorne (1804–1864), dessen „Our Old Home" (1863) eine Sammlung wertvoller Aufsätze zu verschiedenen englischen Themen ist. Das Sprichwort „Wie der Vater, so der Sohn" wurde veranschaulicht, als Julian Hawthorne (geb. 1846) „Saxon Studies" (1876) herausbrachte, ein Buch von ähnlicher Bedeutung wie das seines Vaters. Die Erwähnung von mehr als einem Schriftsteller in einer Familie lässt auf den älteren Henry James (1811–1882) und seine beiden Söhne William und Henry schließen. Als theologischer und philosophischer Schriftsteller ist der Vater vor allem durch seine Werke „Moralismus und Christentum" (1852) und „Vorlesungen und Verschiedenes" (1852) in Erinnerung geblieben. Der ältere Sohn, William James (geb. 1842), war viele Jahre Professor für Psychologie an der Harvard University und Autor mehrerer technischer Werke in der Wissenschaft, der er sich widmet, außerdem hat er „The Will to Believe, and Other Essays" geschrieben " (1897), „Ist das Leben lebenswert?" (1898) und „Pragmatismus" (1906). Der jüngere Henry James (geb. 1843) ist nicht nur Romanautor, sondern auch Autor von „A Little Tour in France" (1884), „Partial Portraits" (1888) und „Essays in London and Elsewhere" (1893). Aus irgendeinem Grund, der nicht ganz offensichtlich ist, wird William Dean Howells (geboren 1837) in den Köpfen der Leser fast immer mit Henry James, dem Schriftsteller, in Verbindung gebracht. Eine Zeit lang war er Herausgeber von *The Atlantic Monthly* und arbeitete später zunächst mit den Mitarbeitern von *Harper's Magazine* und später mit denen von *The Cosmopolitan zusammen*. Er hat zahlreiche Essaybücher verfasst. Die besten sind „Venetian Life" (1866), „Italian Journeys" (1867) und „Criticism and Fiction" (1895). Francis Marion Crawford (geb. 1854), der seiner Geburt nach einem späteren Jahrzehnt angehört, ist beinahe der produktivste Schriftsteller Amerikas. Sein wichtigstes Werk außerhalb des Romanbereichs ist ein kleiner Band, der inhaltlich mit der von ihm hauptsächlich betroffenen Kunst verbunden ist: „Der Roman, was er ist" (1903). Es erregte schon durch sein Erscheinen große Aufmerksamkeit und wird immer noch oft zitiert. Herr Crawford ist außerdem Autor von „The Rulers of the South" (1900) und „Gleanings from Venetian History" (1905). Die Romanautorinnen können als Essayautorinnen nicht außer Acht gelassen werden, denn sie verfügen nicht nur über Durchsichtigkeit und Einsicht, sondern zumindest zwei von ihnen haben auch die öffentliche Meinung in nicht unerheblichem Maße beeinflusst. Harriet Beecher Stowe (1811–1896) schrieb zusätzlich zu ihren zahlreichen Belletristikbüchern eine viel diskutierte Studie mit dem Titel „Lady Byron Vindicated" (1870) und „The American Woman's Home" (1869), die einst als die letzte galt Wort zu innenpolitischen Fragen. Eine Schriftstellerin von kaum geringerer Bedeutung war Helen Hunt Jackson (1831–1885), im Volksmund noch immer unter ihrem Pseudonym „H. H." Ihre wertvollste Studie war „A Century of Dishonour" (1881), in der sie die Misshandlung der amerikanischen Indianer offenlegte; Durch seine Seiten gelang es ihr, viel dazu beizutragen, ihren unglücklichen Zustand zu verbessern. Mrs. Jacksons „Bits of Travel" (1873) und „Between Whiles" (1887) sind interessant und lesbar.

Die bedeutenderen späteren Dichter, die zur Essayliteratur beigetragen haben, werden von dem unberechenbaren, aber bemerkenswerten Genie Walt Whitman (1819–1892) angeführt. Seine gesammelten „Prosawerke", die im Jahr seines Todes veröffentlicht wurden, enthalten viel mehr wahren gesunden Menschenverstand, als seine Schriften allgemein angenommen werden. Die im Inhalt enthaltenen Haupttitel stammen aus kleinen Bänden, die in unterschiedlichen Abständen gedruckt wurden: „Specimen Days" (1882), „November Boughs" (1888) und „Good-Bye, My Fancy" (1891). Edmund Clarence Stedman (1833–1908) und Thomas Bailey Aldrich (1836–1907), die in ihrer Poesie an die Traditionen von Longfellow und Lowell anknüpften, waren die Autoren nicht unbedeutender Prosawerke. Ersterer schrieb drei wertvolle Bücher: „Victorian Poets" (1875), „Poets of America" (1885) und „The Nature and Elements of Poetry" (1892); Letzterer Autor veröffentlichte zwei Reise- und Erinnerungsbände: „Von Ponkapog nach Pesth" (1883) und „An Old Town by the Sea" (1893). Sidney Lanier (1842–1881), der möglicherweise eher mit Whitman als mit den anderen gerade erwähnten Dichtern verbunden ist, steht möglicherweise zu Recht am Ende unserer Liste amerikanischer kritischer Schriftsteller. Er unterzog die Methoden der metrischen Komposition einer genauen Prüfung und veröffentlichte die Ergebnisse seiner Untersuchungen als „The Science of English Verse" (1881). Anschließend wandte er sich dem Studium der Belletristik zu und verfasste ein wichtiges Werk mit dem Titel „The English Novel and Its Development" (1885). Seit Laniers Tod haben seine Testamentsvollstrecker viele seiner Vorträge und Aufsätze unter den Titeln

„Musik und Poesie" (1898) und „Shakspere und seine Vorläufer" (1902) zusammengefasst.

Die Humoristen. – Es ist weit entfernt von den ernsten Gedanken Sidney Laniers und den lächerlichen Perversitäten von Mark Twain; doch zwischen diesen beiden liegt ein ausgedehntes Gebiet, das von ausländischen Kritikern freimütig als ausgesprochen und vielleicht typisch amerikanisch anerkannt wird. Der Humor dieses Landes ist anders als irgendwo sonst auf der Welt. Zuweilen zeigt es allerdings die funkelnden Merkmale des irischen Witzes, zu anderen Zeiten die scharfe Klugheit des französischen *Bonmots* ; sicherlich ist es nie weniger lebhaft als die Arbeit des englischen Spaßvogels, noch weniger spontan als die des deutschen Spaßvogels. Tatsächlich kann es nach jeder einzelnen oder allen der gerade genannten Qualitäten riechen, und sogar nach vielen anderen. Die Wahrheit ist, dass wir als zusammengesetzte Nation in unserem Humor die besten Eigenschaften der Elemente, aus denen wir geformt sind, bewahren und der Mischung im Allgemeinen einen Eigengeschmack des Bodens hinzufügen, auf dem wir gedeihen.

Humor der Kolonialzeit. —In den frühen Perioden unserer Geschichte gab es keinen bewussten Humor. Die Kolonisten waren zu sehr darauf bedacht, die Wildnis zu unterwerfen und ihre Religion zu schützen, als dass sie Zeit damit verschwendeten, Spaß zu haben. Ihre turmbekrönten Hüte, ihr biederes Gewand und die strenge Einfachheit ihrer Sprache und ihres Verhaltens mögen uns jetzt lächerlich erscheinen; Aber Sie können davon ausgehen, dass dies für die Puritaner selbst sehr ernste Angelegenheiten waren. Ein plötzlicher Ausbruch von Frivolität, sei es in einer Abweichung von der üblichen Kleidung oder in einem ungewöhnlichen Sprachgebrauch, wäre als ausreichender Grund für eine sofortige kirchliche Untersuchung und feierliche Verurteilung angesehen worden. Sicherlich wäre eine Gemeinde, die allen Ernstes ein Gesetz verabschieden könnte, das es einem Mann unter Strafe stellt, seine Frau am Sonntag zu küssen, über die respektlose Leichtfertigkeit von Eli Perkins und George Ade entsetzt gewesen und hätte zweifellos angerufen ein Fluch für Bill Nye und möglicherweise sogar für Carolyn Wells.

Humor der Revolutionszeit. —Auch die Umstände ließen die Entstehung des Humors in der Revolutionszeit nicht zu. Der große Witz dieser Zeit war der Kampf zwischen dem Zwerg und dem Riesen, der mit der Verärgerung des letzteren endete

„Yankee Doodle kam in die Stadt."

Man muss zugeben, dass uns ein paar düstere Bemerkungen über den Weg gelaufen sind, Bemerkungen, die uns jetzt amüsieren, die aber, als sie geäußert wurden, wenig zum Lachen hätten provozieren können. Sicherlich haben wir keine Aufzeichnungen über urkomische Fröhlichkeit, die den Saal erfüllte, als Franklin bei der Unterzeichnung der Unabhängigkeitserklärung scharf auf die Bemerkung „Nun, in dieser Angelegenheit müssen wir wohl alle zusammenhalten" mit den Worten antwortete: „Ja, sonst hängen wir alle getrennt!" Tatsächlich war das Leben sowohl in den früheren Perioden der amerikanischen Geschichte als auch der Literatur viel zu ernst, als dass man es zu einer Quelle der Unterhaltung machen könnte. Es stimmt, wir haben nicht wenige Werke mit satirischem Ton von Schriftstellern wie dem Patrioten John Trumbull (1750–1831) und dem Tory Jonathan Odell (1737–1881), von denen der erste in seinem „M'Fingal " (1775–1782) ahmte Butlers „Hudibras" nach, und der zweite in seinem „Word of Congress" (1779) und „The American Times" (1780) folgte den von Dryden, Pope und Churchill aufgestellten Vorbildern. Auch Joel Barlow (1754–1812) verdient hier eine beiläufige Erwähnung für sein Scheinheldengedicht „The Hasty Pudding" (1793); und Philip Freneau (1752–1832) müssen wegen mehrerer kürzerer Versstücke genannt werden, die zweifellos lustig sein sollten, denen es aber nur gelang, britische Führer und britische Methoden zu beleidigen und zu verunglimpfen. Im Großen und Ganzen waren die Bemühungen all dieser Autoren, was den Humor betrifft, kaum besser als ungeschickt; und heutzutage lachen wir, wenn wir uns überhaupt mit ihren Werken beschäftigen, eher über die Autoren als über sie.

Die nachahmende Schule. – Bewusster oder bewusster amerikanischer Humor kann sich also kaum vor den frühen Jahren des 19. Jahrhunderts manifestiert haben. Als es erschien, war es darüber hinaus stark an englische Vorbilder angelehnt und zeigte sich nicht als auffälligstes Merkmal, sondern nur als eine von vielen Eigenschaften, die den Stil eines Autors charakterisieren. Tatsächlich finden wir, abgesehen von der Arbeit einer Handvoll Autoren, solchen amerikanischen Humor, der wahrscheinlich in Bücher eingewoben ist, die aus anderen Gründen Bestand haben als weil sie zum Lachen erwecken. Als frühestes Beispiel von Bedeutung können wir Washington Irving erwähnen, einen Schriftsteller, der bereits als Essayist diskutiert wurde. Er zeigt in verschiedenen Teilen seines Werkes ein funkelndes Aufbrausen, das zwar etwas spontaner ist als das in „ *The Spectator* ", aber nicht weniger stark an Addison und Steele und vielleicht auch an Goldsmith und Swift erinnert, wie sein ernsteres Werk .

Die zurückhaltende Schule. – Die Skurrilitäten von Oliver Wendell Holmes, James Russell Lowell und Charles Dudley Warner sind weniger deutlich imitierend an ausländischen Werken und wurden als ausreichend wichtig erachtet, um sie zum Thema eines Kapitels in mehr als einem englischen Werk zu machen, dessen Analyse und Klassifizierung vergeblich versucht wurde das subtile Etwas, das amerikanischen Humor lustig macht. Mit offensichtlichem Ernst könnte Holmes die verblüffende Frage stellen: „Warum ist eine Zwiebel wie ein Klavier?" und als Antwort erschüttert er seine Leser mit dem grausamen Wortspiel: „Weil es abscheulich riecht!" Seine Charakterisierung eines Nachmittagsempfangs als „Kichern, plappern, verschlingen, Idiot" ist es wert, häufig zitiert zu werden; und eine Passage in seinen „Music Grinders" ist von bleibendem Wert. Ermüdet von den dissonanten Melodien, die aus einer Drehleier erklingen, ruft der zerstreute Dichter schließlich aus:

„Aber horcht! Die Luft ist wieder still, die Musik ist erstickt, und die Stille kommt wie ein Umschlag, um die Schläge des Klangs zu heilen."

Der Mann, der die Erfahrung hier niedergeschrieben hat, schätzt sowohl das Pathos als auch den Humor einer solchen Passage. Lowells Humor ähnelt dem von Holmes. Es bricht in fast jedem Aufsatz, den er geschrieben hat, aus und kommt in einigen seiner Gedichte fast zum Ausbruch. Als er von der Zerstörung eines bestimmten Hügels sprach, um eine Stadtstraße zu verbessern, bemerkte er in „Cambridge Thirty Years Ago" (1854): „Die Landschaft wurde Karrenladung für Karrenladung weggetragen und auf die Straßen geworfen." , ist Teil dieses unergründlichen Puddings, der, fürchte ich, so manchen Fuhrmann und Fußgänger dazu verleitet hat, Ausdrücke zu verwenden, die in englischen Wörterbüchern nicht häufig zu finden sind." Es gibt viel Humor bei Lowell, der noch mitreißender ist, aber das Zitat zeigt die Bereitschaft, mit der er einem Satz eine unerwartete Wendung gibt oder einen unerwarteten Hinweis oder Ausdruck einfügt, der zu heikel ist, um schockierend zu sein, zu subtil, um ihn zu treffen lautes Gelächter hervorrufen, aber dennoch in der Lage sind, eine Welle der Belustigung über die ruhigste Schwerkraft auszusenden. Für ein durch und durch humorvolles Werk müssen wir uns „A Fable for Critics" (1848) oder „The Biglow Papers" (1848) zuwenden. In beiden steckt viel gesunder Menschenverstand, aber der Humor ist kein bloßer Zufall des Ausdrucks, sondern der wahre Grund für die Existenz des größten Teils jedes Werks. Warner war vielleicht enger mit Lowell verbunden als mit Irving oder Holmes und schuf kein ausschließlich witziges Werk. Dennoch gibt es kaum eine Seite von „My Summer in a Garden" (1870) oder von „In the Wilderness" (1878), die nicht mindestens einen lächerlichen Satz enthält. Aus diesem Grund widersetzt sich Warner dem Zitieren: Seine Kapitel müssen in ihrer Gesamtheit und nicht in zufälligen Bruchstücken gelesen werden.

Die professionellen Humoristen. – Wenn wir uns nun von den Humoristen abwenden, die von manchen Kritikern als eine „nachahmende Schule" und von anderen als eine „zurückhaltende Schule" angesehen wurden, stoßen wir auf eine weitaus größere Gruppe von Autoren, die … behaupten, keine höhere Berufung zu haben als das Erwachen durch bloßes Lachen. Wenn wir sie kollektiv als „Berufsschule der amerikanischen Humoristen" bezeichnen, müssen wir uns nicht davon abgehalten fühlen, sie als ganz natürlich in mehrere Klassen fallend zu betrachten, denen wir jeweils einen besonderen Namen geben können, wie zum Beispiel „die mildere Schule". die Humoristinnen", „die ausgelassene Gruppe" und dergleichen. Wir dürfen jedoch nicht vergessen, dass zwischen den verschiedenen Klassen keine festen Trennlinien gezogen werden können, denn die Tatsache, dass eine Schriftstellerin eine Frau ist, hindert sie nicht unbedingt daran, ausgelassenen Humor zu schreiben, oder dass ein Mann, der im Allgemeinen fast clownesk ist, So etwas mag nicht manchmal ein seltenes und raffiniertes Stück Spaß hervorbringen. Darüber hinaus kommt es vor, dass gerade die Selbstverständlichkeit, mit der die Humoristen in Gruppen und Klassen eingeteilt werden, eine Diskussion in chronologischer Reihenfolge verhindert. Die milderen Spaßmacher existierten von Anfang an Seite an Seite mit ihren urkomischen Brüdern, so dass man die Reihenfolge, die hauptsächlich durch zufällige Geburtsdaten oder Veröffentlichungsdaten bestimmt wird, außer im geringsten außer Acht lassen muss.

Die Humoristinnen. – Die Höflichkeit verlangt, dass wir zuerst über die Humoristinnen sprechen: An erster Stelle müssen wir Frau Frances Miriam Whitcher (1811–1852) stellen. Ihren ersten Auftritt als Autorin hatte sie um 1845 in *Neals Saturday Gazette* , zu der sie eine lange Reihe von Artikeln beitrug, die angeblich aus der Feder der „Witwe Bedott" stammten. Von Anfang an erregte sie Aufmerksamkeit, und das Interesse an ihrer Arbeit hat nie ganz nachgelassen. Die Nachfrage nach ihren Schriften war so groß, dass nach ihrem Tod zwei Sammlungen von Artikeln aus ihrer Feder erstellt und veröffentlicht wurden: „The Widow Bedott Papers" (1855) und „Widow Sprigg, Mary Elmer, and Other Sketches" (1867).

In Form und Inhalt eng mit „The Widow Bedott Papers" verwandt war ein 1873 veröffentlichtes Buch mit dem Titel „My Opinions and Betsy Bobbet's". Obwohl es sich sofort großer Beliebtheit erfreute, galt es viele Jahre lang als das Werk seiner angeblichen Autorin Samanthy Allen; aber als „P. A. and P. I. or Samanthy at the Centennial" erschien, war 1876 das Geheimnis durchgesickert, dass „Josiah Allen's Wife" das Pseudonym von Marietta Holley (geboren 1844) war, die aus Adams, New York stammte. Als Autorin von *Peterson's Magazine* , *The Christian Union* , *The Independent* und anderen Zeitschriften sowie Autorin zahlreicher Bücher hat sie sich einen beachtlichen Ruf erworben. Ihre früheren Werke sind ihre besten; Denn im Laufe der Zeit schwächte sie ihre Fähigkeit, Spaß zu machen, indem sie zuließ, dass ihr Interesse an der Mäßigungsfrage, der Frauenwahlrechtsbewegung und der Negererziehung die Kraft ihres Witzes beeinträchtigte. Miss Holleys Werk hat im Ausland große Beachtung gefunden und wurde in mehrere Fremdsprachen übersetzt. Ich mache nur eine Pause, um Mary Abigail Dodge (1830–1896) zu erwähnen, die aus

Hamilton, Massachusetts, stammt und ihr Pseudonym aus einem Teil ihres eigenen Namens und dem ihres Geburtsorts bildete, wodurch sie sich in beiden Werken als „Gail Hamilton" berühmt machte ernst und fröhlich; Und wenn wir nur innehalten, um die Aufmerksamkeit auf die Tatsache zu lenken, dass Harriet Beecher Stowe uns in „Old Town Folks" (1869) ein ungewöhnlich lustiges Buch geschenkt hat, können wir aus der Schar von Frauen, die uns zum Lachen bringen, die fleißigste von allen auswählen. Carolyn Wells. Als Autorin der Versform namens *Limerick* hat sie Edward Lear mehr als einmal ebenbürtig gemacht, und als Parodistin schockiert sie den Leser durch ihre Kühnheit zum Schweigen.

Die milderen Humoristen. – In der etwas milderen Schule der amerikanischen Humoristen war Seba Smith (1792–1868) zeitlich führend. Nach seinem Abschluss am Bowdoin College im Jahr 1818 begann Smith fast sofort, redaktionelle Beiträge für die Zeitungen von Portland, Maine, zu leisten. Neben ernsteren Werken schrieb er unter dem Pseudonym „Major Jack Downing" eine Reihe politischer Artikel im Neuengland-Dialekt und war damit den „Biglow Papers" von Lowell um mehrere Jahre voraus. Smith war Autor einer Reihe von Büchern, von denen die bekanntesten wahrscheinlich „Way Down East" (1853) und „My Thirty Years Out of the Senate" (1859) sind, wobei letzteres eine heimelige und kraftvolle Parodie auf Senator T. H. Benton ist „Dreißig Jahre Sicht auf die amerikanische Regierung." Nicht lange nach Seba Smith erlangte John Godfrey Saxe (1816–1887) frühe Berühmtheit. Als Autor zahlreicher Prosawerke erregte er mit seinen Versen weitaus größere Aufmerksamkeit. In letzterem zeigte er das Wirken eines starken englischen Einflusses; Tatsächlich ist es nicht übertrieben zu sagen, dass es ohne Thomas Hood auch kein Saxe gegeben hätte. Er wurde in Highgate, Vermont, geboren und machte 1843 seinen Abschluss am Middlebury College. Schon bald interessierte er sich sowohl für Journalismus als auch für Politik. aber heute ist er vor allem durch sein Verswerk in Erinnerung geblieben. Seine „Humorous and Satirical Poems" (1850) sind von Anfang bis Ende voller Wortspiele, und das Überraschende an ihnen ist, dass sie so gut und so gut an ihren Platz gesetzt sind, dass ein Leser selten geneigt ist, Saxe Überforderung vorzuwerfen seine Kräfte.

Leland, *Field*, *Riley und Harris*. – Indem wir nur nebenbei den Namen von Saxes Zeitgenossen Frederick Swartwout Cozzens (1818–1869), Autor von „The Sparrowgrass Papers" (1856), erwähnen, lenken wir die Aufmerksamkeit auf Robert Henry Newell (1836–) 1901), dessen „Orpheus C. Kerr Papers" in drei Bänden (1861–1869) vermutlich lustige Kommentare zum Bürgerkrieg enthielten, und an David Ross Locke (1833–1888), der unter dem Pseudonym „Petroleum Vesuvius Naseby „In Zeitungsartikeln, die später in einem Buch mit dem Titel „Divers Views, Opinions, and Prophecies of Yours Truly" (1865) zusammengefasst wurden, unterstützte er witzig die Regierung von Lincoln und griff die von Johnson an. Obwohl diese drei Männer aufgrund ihrer einstigen Stellung eine Erwähnung verdienen, werden sie heute wenig gelesen, doch ihr Zeitgenosse Charles Godfrey Leland (1824–1903) scheint sich so etwas wie dauerhafte Berühmtheit erworben zu haben. Nach seinem Abschluss in Princeton im Jahr 1846 wurde er in verschiedenen Bereichen des Journalismus und der Autorschaft bekannt. Sein bekanntestes Werk sind „Hans Breitmanns Balladen", von denen 1895 eine Sammelausgabe erschien. Diese Gedichte sind in dem als Pennsylvania Dutch bekannten Dialekt verfasst und erzählen von den Heldentaten ihres clownesken Helden in verschiedenen Nöten und Umständen. In dieselbe Schule milder Humoristen können wir auch eine Reihe von Schriftstellern einordnen, von denen die meisten noch in der Blüte ihres Lebens stehen. Vom Gastgeber wählen wir drei als typisch aus. Als erstes wäre Eugene Field (1850–1895) zu nennen, dessen früher Tod eine vielversprechende Karriere zunichte machte, die bereits zur Erfüllung aufblühte. Neben vielen ernsthaften Arbeiten veröffentlichte er „The Tribune Primer" (1882), eine Scheinimitation des ersten Lesebuchs eines Kindes, und „Culture's Garden" (1887), eine Reihe cleverer Sketche, die sich gegen diejenigen richteten, die etwas vortäuschten von höchster Raffinesse. Aus irgendeinem Grund wurde James Whitcomb Riley (geb. 1853) im Volksmund immer mit Field in Verbindung gebracht, möglicherweise weil beide Gedichte schrieben, deren Thema die Kindheit war. Mr. Rileys humorvolles Werk ist über mehrere seiner Bücher verteilt, von denen „Rhymes of Childhood" (1890) und „Home Folks" (1900) typisch, wenn nicht sogar die besten sind. Joel Chandler Harris (1848–1908) ist der Autor einer Reihe von Büchern, die sich sowohl an Studenten populärer Traditionen als auch an allgemeine Leser, ob jung oder alt, wenden. Als Herr Harris 1880 ein Buch über afroamerikanische Folklore mit dem Titel „Onkel Remus, seine Lieder und seine Sprüche" veröffentlichte, stellte er zu seiner Überraschung fest, dass er ein Publikum hatte, das ihm mit Freude statt mit Ernst zuhörte. Es ist unwahrscheinlich, dass mehr als eine Handvoll seiner Leser auch nur einen Moment vermuten, dass die verschiedenen Geschichten, die Onkel Remus in den Mund gelegt werden, einen echten Beitrag zu anthropologischen Daten darstellen. In seinen späteren Jahren brachte Herr Harris alle seine Berichte klugerweise in literarische Form, was dazu führte, dass seine Popularität stetig zunahm, da er uns nacheinander „Nächte mit Onkel Remus" (1883), „Mingo und andere Skizzen" schenkte " (1884) und „Daddy Jake, der Ausreißer" (1889).

Die ausgelassenen Humoristen. — Wenn wir uns nun der „ausgelassenen Schule" des amerikanischen Humors zuwenden, können wir uns eine Zeit lang mit den Hauptmerkmalen befassen, die die Mitglieder dieser Gruppe an den Tag legen. Erstens haben die meisten von ihnen die Rechtschreibung verlernt. Es liegt etwas Lächerliches in der Erscheinung des Wortes „durch", das sich hinter dem Gewand „durch" verbirgt, was auch immer die gegenteilige Behauptung der Gesellschaft der Rechtschreibreformer sein mag; Und sicherlich kann es niemanden außer einem Schullehrer amüsieren, so gebräuchliche Wörter wie „lachen", „fühlen", „lustig" und dergleichen zu sehen, die sich als „laff", „feal" usw. verbeugen „phuny." So lächerlich das auch sein mag, es ist nicht übertrieben, darauf zu beharren, dass, wenn der Reiz nur auf das Auge gerichtet ist, wenn der Witz verschwindet, wenn die Worte nicht gesehen, sondern nur gehört werden, der Humor nicht besonders hochwertig ist. Zweitens haben die meisten Mitglieder der ausgelassenen Schule neben dem Machtverlust als Buchstabierer auch verlernt, die Wahrheit zu sagen. „Diese Neigung zur unverschämten Übertreibung", sagte Lowell, „ist ein Hauptmerkmal des amerikanischen Humors." „Es liegt", sagt er an anderer Stelle, „etwas unwiderstehlich Komisches in der Vorstellung eines Negers, der so schwarz ist, dass Holzkohle einen weißen Fleck auf ihm hinterlassen hat, oder in der Vorstellung eines Bodens, der so fruchtbar ist, dass ein darin gepflanzter Nagel vorher zu einer Eisenbahnspitze wird." Morgen." Dieses Beispiel der Unwahrheit könnte auch als Veranschaulichung des dritten Charakterzugs der hier diskutierten Gruppe aufgefasst werden: nämlich die absurdesten Paradoxien hervorzubringen und die unterschiedlichsten Verwendungen desselben Wortes gegenüberzustellen. Das ist mehr als nur ein Wortspiel; es ist vielmehr das, was man als Apotheose des Wortspiels bezeichnen könnte. Es liegt den meisten Witzen in amerikanischen Zeitungen zugrunde und ist gleichzeitig die Bewunderung und die Verzweiflung derjenigen, die versuchen, die Subtilität unseres Humors zu analysieren oder nachzuahmen.

Josh Billings. – Mit diesen drei Merkmalen im Hinterkopf können wir nun den Humoristen selbst eine kurze Aufmerksamkeit widmen. Zu der „ausgelassenen Schule" gehörten Henry Wheeler Shaw, Benjamin Penhallow Shillaber und Charles Farrar Browne zu den frühesten. Wenn diese Namen zufällig ziemlich unbekannt erscheinen, wird die Fremdartigkeit verschwinden, wenn die Aufmerksamkeit auf die Tatsache gelenkt wird, dass die drei Männer jeweils unter den *Pseudonymen* „Josh Billings", „Mrs. Partington" und „Artemus Ward". Shaw (1818–1885) wurde in Lanesborough, Massachusetts, geboren und starb in Monterey, Kalifornien. Um seine formale Ausbildung abzuschließen, besuchte er das Hamilton College in Clinton, New York; Da ihm das Leben dort jedoch langweilig wurde, ging er weiter in den Westen und verbrachte mehrere Jahre damit, die vielen Erfahrungen zu machen, die das Leben an der Grenze zu bieten hatte. 1858 kehrte er in den Osten zurück und wurde Auktionator in Poughkeepsie, New York, wo er auch begann, Beiträge für verschiedene Zeitschriften und Zeitungen zu verfassen. Er erregte wenig Aufmerksamkeit, bis er ein amüsantes phonetisches Buchstabiersystem erfand, das seine heimelige Art der Aussprache widerspiegeln sollte. Seine Hauptwerke waren sein zwischen

1870 und 1880 jährlich erscheinendes „Farmer's Allminax", „Every Boddy's Friend" (1876) und „Josh Billings' Spice Box" (1881). Ein oder zwei Zitate werden sowohl den Gedanken als auch die Form veranschaulichen, die den Inhalt seiner verschiedenen Schriftbände charakterisieren:

„In Liebe zu fallen ist wie in Melasse zu fallen – süßer, aber schrecklicher Dobby."

„Man kann nicht besser sagen, warum ein Kus so gut schmeckt, als man es auf den ersten Blick sieht. Jeder Mann, der aufschreibt, wo es cool ist, und sagt, wie ein Kis schmeckt, hat nicht mehr Geschmack im Mund als ein Knot-Hol-Hez."

Frau Partington. – Benjamin P. Shillaber (1814–1890) wurde von Sheridan noch stärker beeinflusst als Saxe vom älteren Hood. Mrs. Partington ist Amerikas Mrs. Malaprop. Ihren Missbrauch der englischen Sprache dokumentierte Shillaber in drei Büchern mit den verschiedenen Titeln „Life and Sayings of Mrs. Partington" (1854), „Partingtonian Patchwork" (1873) und „Ike and his Friend" (1879). Mrs. Partingtons Ähnlichkeit mit ihrer englischen Vorgängerin, oder, wie sie zweifellos gesagt hätte, ihrer „Vorgängerin", lässt sich an ihrer zufälligen Bemerkung erkennen: „Ich bin nicht mehr so jung wie früher, und ich glaube nicht, dass ich es jemals sein werde." jemals sein, wenn ich das Alter von Simson erlebe, was ich, das weiß der Himmel so gut wie ich, nicht will, denn ich würde auf keinen Fall ein Zenturio oder ein Achteck sein und meine Fabriken überleben und idiomatisch werden . Aber dann kann man nicht wissen, wie etwas ausgehen wird, bis es passiert, und eines Tages werden wir ein Ende haben, auch wenn wir es vielleicht nie mehr erleben werden."

Artemus Ward. —Charles F. Brown (1834–1867), der dritte der Humoristen, die um die Mitte des letzten Jahrhunderts schrieben, wurde in Waterford, Maine, geboren und lebte in verschiedenen Teilen der Vereinigten Staaten, da ihn seine Zeitungsarbeit als Erster in die Geschichte einführte Stadt und dann in eine andere. Er unternahm ausgedehnte Vortragsreisen und ging schließlich 1866 nach England, wo er im März des folgenden Jahres starb. Er war der erste amerikanische Autor von *Punch* . Zu seinen Lebzeiten veröffentlichte er eine Reihe von Büchern, darunter „Artemus Ward: His Book" (1865), „Artemus Ward: His Book of Goaks" (1865) und „Artemus Ward in London" (1867). Sein zweifellos bestes Einzelwerk war ein Vortrag über seinen Besuch bei den Mormonen. Als Artemus von Brigham Young erfuhr, dass er mit achtzig Frauen verheiratet und an noch viele weitere gesiegelt war, bemerkte er, dass der Prophet „der verheiratetste Mann" sei, den er je gesehen habe. Ward fuhr dann fort: „In einem privaten Gespräch mit Brigham erfuhr ich Folgendes: Er braucht sechs Wochen, um seine Frauen zu küssen. Er macht das nicht nur einmal im Jahr, und es ist weder ein Muss noch das Haus zu putzen. Er gibt nicht vor, seine Kinder zu kennen, es gibt so viele von ihnen, obwohl sie ihn alle kennen. Er sagt, dass jedes Kind, das er isst, ihn Par nennt, und er geht davon aus, dass das so ist."

Spätere Autoren ausgelassenen Humors. – Wenn wir uns nun den Schriftstellern zuwenden, die in dem Jahrzehnt unmittelbar vor dem Wendepunkt des 19. Jahrhunderts geboren wurden, können wir Charles Heber Clark, Charles Bertrand Lewis, Robert Jones Burdette und Edgar Wilson Nye als besonders erwähnenswert betrachten. Bis auf einen leben und schreiben alle noch. Herr Clark wurde 1841 in Berlin, Maryland, geboren. Seit vielen Jahren ist er Herausgeber von *The Textile Record*, das in Philadelphia veröffentlicht wird und für das er eine Reihe von Artikeln zu Wirtschaftsthemen verfasst hat. Am bekanntesten ist er jedoch durch zwei humorvolle Bücher: „Out of the Hurly Burly" und „Elbow Room", beide geschrieben unter dem *Pseudonym* „Max Adeler". Herr Lewis (geboren 1842) ist vor allem unter seinem Pseudonym „M. Quad", ein Titel, der aus der Druckersprache stammt. Die früheren Arbeiten von Herrn Lewis waren viel spontaner als die, die er jetzt produziert. Er war mit *der Detroit Free Press verbunden* und trug dazu einen stetigen Strom von Charakterskizzen großer Vielfalt bei. Er sammelte sie später und veröffentlichte sie unter verschiedenen Titeln. Die besten dieser Bände sind „Brother Gardener's Lime-Kiln Club", „Quad's Odds" und „Mr. und Frau Bowser."

Edgar W. Nye (1850–1896), am besten bekannt als „Bill Nye", wurde in Shirley, Maine, geboren und starb in der Nähe von Asheville, North Carolina. Nach seiner Ausbildung in Wisconsin widmete er sich zunächst dem Studium der Rechtswissenschaften. Nach seiner Zulassung als Anwalt gab er diese Tätigkeit auf, versuchte sich in verschiedenen Berufen und wurde schließlich Zeitungskorrespondent. Für kurze Zeit reiste er mit James Whitcomb Riley, die beiden gaben eine Reihe von Unterhaltungsveranstaltungen, die sich großer Beliebtheit erfreuten. Nyes veröffentlichte Werke waren zahlreich, aber sie haben kaum eine Chance auf dauerhaftes Leben. So gut wie alle anderen sind „Bill Nye and the Boomerang" (1881), „A Comic History of the United States" (1894) und „The Railroad Guide" (1888), der letzte wurde in Zusammenarbeit mit Mr. Riley geschrieben. Herr Burdette, der letzte der hier genannten Quartette, wurde 1844 in Greensboro, Pennsylvania, geboren und erhielt seine Ausbildung in Peoria, Illinois. Während des Bürgerkriegs war er Soldat in der Unionsarmee. Am Ende des Kampfes kehrte Herr Burdette nach Peoria zurück, wo er zunächst mit einer und dann mit einer anderen der dort veröffentlichten Zeitungen in Kontakt kam. Schließlich scheiterte er an einer von ihm selbst herausgegebenen Zeitung, ging nach Burlington, Iowa, und wurde Mitarbeiter von *The Hawkeye*. Während er mit der Zeitungsarbeit

beschäftigt war, begann Herr Burdette, lustige Dinge zu schreiben, um seine
kranke Frau zu unterhalten; und diese, später in den Kolumnen der Zeitung
veröffentlicht, haben ihn in den gesamten Vereinigten Staaten bekannt
gemacht. Er wurde 1887 als Baptistenprediger zugelassen und hat sich
seitdem bei Robert Burdette, D., angemeldet, mit der Begründung, dass die
Abkürzung *D. der von DD* am nächsten kommt. Mr. Burdettes bestes
humorvolles Werk kann in „The Aufstieg und Fall des Schnurrbarts und
anderer Hawkeyetems" (1877) und „Chimes from a Jester's Bells" (1897).

Mark Twain. – Unter den amerikanischen Humoristen wird „Mark
Twain", privat bekannt als Samuel Langhorne Clemens, von Kritikern und
Bewunderern im In- und Ausland gerne an die erste Stelle gesetzt. Er hat das
Recht, als der Nestor unserer Schriftsteller angesehen zu werden, denn er
wurde 1835 geboren und begann, sein frühestes Werk zu schreiben, als
Irving in seiner Blüte stand, und hat daher mindestens eine Phase jeder
Schule in unserer Literatur gesehen. Seine jüngeren Jahre waren die des
Niedergangs der Knickerbocker-Autoren; er erlebte den Aufstieg und Fall
der Concord-Gruppe, der Cambridge-Dichter und der New Yorker
Schriftsteller; und jetzt ist er bei der allgemeinen Aufwärtsbewegung im
ganzen Land, einschließlich im Süden und Westen, präsent. Sein Verhältnis
zu unserer Literatur ist dem von Fanny Burney zum Roman nicht unähnlich;
Sie wurde geboren, bevor Richardson „The History of Sir Charles
Grandison" veröffentlichte, und starb erst zwölf Jahre nach der Geburt von
George Meredith, wodurch sie von der ersten bis zur letzten Zeit mit den
größten englischen Romanautoren in Verbindung stand. Herr Clemens
wurde in Florida, Missouri, geboren und machte im Alter von kaum dreizehn
Jahren eine Lehre bei einem Drucker. Abgesehen von einigen Jahren als Pilot
auf dem Mississippi hat er sein Leben der literarischen Arbeit gewidmet. Zu
seinen Schriften gehören „The Innocents Abroad" (1869), die humorvolle
Aufzeichnung einer Reise in die Länder der östlichen Hemisphäre; „The
Gilded Age" (1873), ein gemeinsam mit Charles Dudley Warner
geschriebener Roman; „Die Abenteuer des Tom Sawyer" (1876) und „Die
Abenteuer des Huckleberry Finn" (1884), beide Bücher über Jungen, deren
Heldentaten für Jung und Alt gleichermaßen interessant sind; „A
Connecticut Yankee at the Court of King Arthur" (1889), eine grausame
Parodie auf Malorys „Morte d'Arthur"; und „Christian Science", ein
Versuch, trotz all des Spaßes, den es macht, ehrlich über eine sorgfältige
Untersuchung der Behauptungen von Mrs. Mary Baker Eddy und ihren
Schülern zu berichten. Es ist bedauerlich für Mr. Clemens, dass er ein
Humorist ist, denn er hat das Los erleiden müssen, das Holmes vor langer
Zeit als das Schicksal des Spaßproduzenten erwähnt hat: Niemand kann
einen solchen Mann jemals ernst nehmen; Niemand kann glauben, dass er
jemals einen anderen Zweck hat, als unsere Fantasie zu wecken oder unser
Lachen zu wecken. Dennoch ist es nicht ausgeschlossen, dass zukünftige

Kritiker „Der Prinz und der Bettler" (1882) und „Die persönlichen Erinnerungen der Jeanne d'Arc" (1896), zwei ernsthafte und würdevolle Werke, als die besten Werke von Herrn Clemens betrachten .

In den letzten Jahren hat die Universität Oxford Herrn Clemens in Anerkennung seiner Beiträge zur Literatur den Grad eines DCL verliehen. Diese Aktion einer großen Bildungseinrichtung hat viele überrascht, und noch nicht alle haben ihr geistiges Gleichgewicht wiedererlangt. Einige stellen tatsächlich immer noch die alte Frage: „Ist Saul auch unter den Propheten?" und trauen ihren Ohren kaum, als sie die Antwort erhalten: „Ja, wahrlich!" Der Humor scheint endlich zur Geltung zu kommen. Herr Meredith sagte vor ein paar Jahren: „Wir müssen zugeben, dass die Komödie nie zu den am meisten geehrten Musen gehörte." Sie war ihrer Herkunft nach, ohne Lachen, der lauteste Ausdruck der kleinen menschlichen Zivilisation." Zwar muss man zugeben, dass der größte heute lebende englische Schriftsteller, als er dies schrieb, etwas viel Filigraneres, viel Feineres, viel Subtileres im Sinn hatte als alles, was bisher in Amerika produziert wurde, aber es ist nicht ausgeschlossen, dass selbst er es uns erlauben würde klassifizieren die Spaßmacher dieses Landes als wahre Humoristen. Sie beschäftigen sich wenig mit Satire, wenig mit Ironie, aber sie haben viel mit denen gemeinsam, zu denen Mr. Meredith sagte: „Wenn Sie einen Menschen rundherum auslachen, werfen Sie ihn um, rollen Sie ihn herum, geben Sie ihm einen Schlag und vergießen Sie eine Träne." auf ihn, gestehe seine Ähnlichkeit zu dir und deine zu deinem Nächsten, schone ihn so wenig, wie du ihn meidest, bemitleide ihn so sehr, wie du ihn bloßstellst, es ist ein Geist des Humors, der dich bewegt."

V. DIE REDNER UND DIE GÖTTLICHEN.

Der historische Hintergrund. – In Amerika war die Redekunst die glücklichste aller Künste. Ob in der Zeit vor der Revolution oder in den Gründungsjahren der Republik vor 1800 oder in der ersten Hälfte und darüber hinaus des 19. Jahrhunderts – sowohl auf der Kanzel als auch an der Bar und im Forum haben amerikanische Redner gesprochen ihre Inspiration direkt aus dem politischen oder religiösen Leben der Nation. Aufgrund der Natur der Dinge könnte keine andere Kunst, weder Poesie noch Malerei noch Musik, eine so enge Beziehung zum Verlauf unserer nationalen Existenz haben wie die Äußerung des öffentlichen Redners. Jede Krise in unserer Geschichte, die Revolution selbst, der Krieg von 1812, der Kampf zwischen Nord und Süd, wurde durch das gesprochene Wort beschleunigt. Es fehlt uns an ausgebildeten Dichtern; ausgebildete Redner, soweit sich ihre Fähigkeiten auch ohne eine entsprechend hohe Entwicklung von Poesie und Musik entwickeln konnten, besaßen wir schon immer; Männer, die es verstehen, Begeisterung und Ehrfurcht in den Gemeinden der Frommen zu wecken, Männer, die darauf bedacht sind, die Intelligenz einer Legislative zu entfachen oder die Meinung von Richtern und Geschworenen zu beeinflussen. Dieses Training war von Anfang an kontinuierlich und effektiv. In den kahlen Kolonialkirchen wurden Gedanken, Worte und Taten des Pfarrers von einem Publikum kritisiert, das dem Meer und den Wilden trotzt hatte, um das Privileg zu hören. Von den Kolonialgerichten aus verbreitete sich die Bildung, die Burke dazu berechtigte, über eine streitsüchtige Bevölkerung zu sagen: „In keinem Land der Welt ist das Gesetz vielleicht ein so allgemeines Studium." Der Beruf selbst ist zahlreich und mächtig ... Aber alle, die lesen, und die meisten lesen, sind bestrebt, sich ein paar Brocken dieser Wissenschaft anzueignen." Mit dieser Rechtskenntnis debattierte jeder andere Kolonist eifrig über seine Privatrechte und, wenn die Zeit gekommen war, über die Rechte seiner Gemeinschaft oder Nation. Aus einer so gebildeten Bevölkerung gingen die forensischen Führer der Revolution hervor; und zu seinen Quellen in der Volksbildung des 18. Jahrhunderts folgen wir dem stetigen Strom amerikanischer Beredsamkeit, der im 19. Jahrhundert in den edelsten Bemühungen der amerikanischen Literatur stark und voll strömt – etwa Websters Hommage an Massachusetts in der Antwort auf Hayne und Lincolns Unvergänglichkeit Rede in Gettysburg.

Die Verbindung zwischen juristischer und politischer Geschichte einerseits und den Leistungen der großen amerikanischen Redner andererseits ist tatsächlich so eng, dass sie, wie auf den folgenden Seiten, nur zum Zweck der allgemeinen Bezugnahme getrennt werden kann. Da eine politische Geschichte der Vereinigten Staaten ab dem Jahr 1783 hier nicht erwartet wird, müssen wir uns auf eine kurze Beschreibung einiger repräsentativer Männer beschränken, etwa in chronologischer Reihenfolge und hauptsächlich zwischen den Jahren 1800 und 1865. Mit dem Bürgerkrieg oder vielleicht mit der zweiten Antrittsrede von Präsident Lincoln, endete das goldene Zeitalter der nationalen Beredsamkeit.

Vorläufer des 19. Jahrhunderts. – Die Karrieren von James Otis (1725–83), Samuel Adams (1722–1803), Josiah Quincy, Junior (1744–75) und Patrick Henry (1736–99) fallen größtenteils in den Zeitraum, den die Seiten von Tyler abdecken ; und die Reden und politischen Schriften der Revolutionszeit selbst fallen nicht in den Rahmen der vorliegenden Skizze. Natürlich ist es unmöglich, eine scharfe Trennlinie im Fall von Persönlichkeiten des öffentlichen Lebens zu ziehen, die wir instinktiv mit den Anfängen der Republik verbinden, deren Stimmen aber bis an die Schwelle des nächsten Jahrhunderts oder sogar darüber hinaus gehört wurden. Die „Abschiedsrede" Washingtons an seine Landsleute im Jahr 1796, die so lange mit Verehrung betrachtet wurde, war trotz ihrer konservativen Form, ihrer Johnsonschen Ausgewogenheit, ein Dokument mit Bedeutung für die kommende Zeit. Es ist jedoch klar, dass Staatsmänner, die zum Zeitpunkt von Washingtons Tod im Jahr 1799 in ihrer Blüte standen, unsere besondere Aufmerksamkeit erfordern.

Fisher Ames. – Unter diesen ist Fisher Ames (1758–1808). Im Alter von zwölf Jahren wurde er in Harvard aufgenommen, nach seinem Abschluss unterrichtete er zunächst, studierte dann Jura und wechselte in die Politik. Er wurde zu einer Kraft unter den Föderalisten. Obwohl er lange Zeit unter gesundheitlichen Problemen litt, machte er seine überlegene geistige Begabung dennoch in den Ratschlägen der Nation spürbar. Seine „Tomahawk-Rede" (1796) über Jays Vertrag mit Großbritannien enthielt großartige Passagen über die Angst vor Indianermassakern. Wegen der Beredsamkeit dieser Rede wurde er mit Wilberforce, Brougham, Burke, Pitt und Fox verglichen. Er hätte ihnen allen nicht ähneln können. Ames hatte einen anspruchsvollen Geschmack, war in seinen Äußerungen vorsichtig und würdevoll und strebte keine billige Popularität an. „Um der Favorit einer unwissenden Menge zu sein", bemerkte er, „muss ein Mann auf deren Niveau herabsteigen." Vier Jahre vor seinem Tod musste er aus gesundheitlichen Gründen auf die Präsidentschaft von Harvard verzichten.

Das frühe neunzehnte Jahrhundert. —Die Tätigkeit von Rufus King (1755–1827) und anderen setzte sich etwas später fort. Diesem Freund von Alexander Hamilton und Mitarbeiter mit ihm an den mit „Camillus" signierten politischen Aufsätzen wurde 1796 die heikle Funktion eines Ministers in England übertragen. 1813 wählte ihn die New Yorker Legislative in den Senat der Vereinigten Staaten; hier gewann er Lorbeeren für seine Rede zur Zerstörung Washingtons durch die Briten. 1820 kehrte er in den Senat zurück und war unter Präsident Adams erneut Minister in England.

John Marshall. – Den Namen John Marshall (1755–1835) verbinden wir natürlich mit seiner bedeutsamen Arbeit zur Auslegung der Verfassung. Das trockene Licht seines Intellekts und sein Mangel an Leidenschaft eigneten sich eher für eine rein juristische Darlegung als für die Beredsamkeit einer Debatte. Als er 1798 zum Kongress ging, war die Stichhaltigkeit seiner Argumentation bereits bekannt. Dies wird durch seine Rede im Fall Robbins (1800) hinreichend bewiesen, einem Fall, in dem es um das Völkerrecht ging, das Mord regelt, der auf hoher See von einem Bürger eines Landes auf dem Schiff eines anderen Landes begangen wird. Marshalls wenig inspirierendes „Life of Washington" ist als Quelle klarer Fakten wertvoll.

Morris und De Witt. – Gouverneur Morris (1752–1816) war schon früh für seine Beredsamkeit berühmt. Sein Denken war geordnet, sein Stil beendet. Er war erfolgreich in der Anwaltspraxis und zeichnete sich durch seine Verdienste während der Revolution aus. Er wurde ein eifriger Föderalist und zog 1800 in den Senat der Vereinigten Staaten ein. Hier war seine bemerkenswerteste Leistung seine „Rede über die Justiz" (1802).

Clinton De Witt (1769–1828), der zwischen 1803 und 1815 die meiste Zeit
Bürgermeister von New York City war, war ebenfalls zwei Jahre lang im
Senat und widersetzte sich dem gefürchteten Morris in der Frage der
Schifffahrt auf dem Mississippi. De Witt war ein Mann mit weitreichenden
Interessen und so etwas wie ein Wissenschaftler und Historiker. Sein
praktischer Sinn erkannte den Wert der Binnenwasserstraßen. Er verdient
mehr Aufmerksamkeit, als ihm hier zuteil werden kann.

Gore , Dexter und andere . – Das Gleiche gilt für Folgendes: Christopher
Gore (1758–1829), der 1814 den Senat erreichte, um drei Jahre zu bleiben,
und der über „Das Verbot bestimmter Importe" (1814) sprach . und über
„Direkte Steuern" (1815); Samuel Dexter (1761–1816), Kriegsminister und
Finanzminister; James A. Bayard (1767–1815), Anwalt, Senator, Kommissar
in Gent im Jahr 1814; William Branch Giles (1762–1840); Edward Livingston
(1764–1836), Jurist, Diplomat, Außenminister; John Sergeant (1779–1852),
Kandidat für das Amt des Vizepräsidenten auf dem Clay-Ticket von 1832;
John J. Crittenden (1787–1863), Anwalt und Staatsmann; James Hillhouse
(1789–1846), Redner und Dichter.

William Pinkney. – Zu den bemerkenswerten Rednern der ersten zwanzig
Jahre des letzten Jahrhunderts gehörte William Pinkney (1764–1822). Als
Sohn eines Sympathisanten Englands engagierte er sich selbst für die
amerikanische Freiheit. Seine herausragende Stellung in den Angelegenheiten
Marylands führte ihn in nationale Belange ein. Er nahm am Krieg von 1812
teil und wurde verwundet. Unter Madison war er Generalstaatsanwalt, trat
jedoch zugunsten seiner Privatpraxis zurück. Er wurde 1816 zum russischen
Minister ernannt; 1820 zog er in den Senat der Vereinigten Staaten ein. Ein
Beispiel seiner Beredsamkeit kann in seiner Argumentation vor dem
Obersten Gerichtshof (1815) im Fall des Preisschiffs *Nereide gesehen werden* .
Pinkney liebte klassisches Lernen und war mit der aktuellen Literatur bestens
vertraut. Er war stolz auf seine Genauigkeit im Gebrauch der englischen
Sprache. Dadurch wurde er in seinem Stil überbewusst, so dass seine
Gedanken künstlich wirkten. Sein Tod soll teilweise auf seine Mühe bei der
Vorbereitung und Durchführung einer Auseinandersetzung zurückzuführen
sein.

Quincy , Gallatin und Emmet . – Josiah Quincy (1772–1864), Sohn des
revolutionären Josiah Quincy, war von 1829 bis 1845 Präsident von Harvard.
Neben seiner „Geschichte der Harvard University" war er Autor zahlreicher
Broschüren und öffentliche Adressen. „Seine Karriere im Kongress
zeichnete sich vor allem durch seinen Widerstand gegen das Embargo, den
Krieg von 1812 und die Aufnahme Louisianas aus." Albert Gallatin (1761–
1849) verließ seinen Geburtsort Genf in der Schweiz, kam 1781 nach
Boston, unterrichtete Französisch in Harvard, ging nach Virginia und wurde
dort der Freund von Patrick Henry. Er wurde 1795 zum Kongress entsandt

und anschließend mit Sondermissionen nach Holland und England betraut. Er war außerdem Minister in Frankreich (1816) und Minister in England (1826). Gallatins Intuition war ebenso schnell und sicher wie sein Charakter aufrichtig und weltgewandt. Seine Informationen waren, wie auch in seiner Rede (1796) über den früheren britischen Vertrag, umfassend und genau. Zu seinen unzähligen Verdiensten für das Land seiner Wahl zählten nicht zuletzt seine Bemühungen um den Binnenhandel und die Verbesserung der Bankmethoden. Thomas Addis Emmet (1764–1827) war ebenfalls ein Ausländer – er stammte aus Cork. Er studierte Medizin in Edinburgh, wandte sich dann aber der Rechtswissenschaft zu, wurde 1791 als Rechtsanwalt zugelassen und ließ sich in Dublin nieder. Für seinen Anteil an der irischen Aufstandsbewegung wurde er inhaftiert; Nach seiner Freilassung wanderte er nach New York aus, wo er ein bedeutender Anwalt wurde. Er hatte eine „würdige, aber ernsthafte Haltung, energische und unstudierte Gesten" und eine „kraftvolle und ausdrucksstarke Stimme". „Kein Redner wusste besser, wie er seine Zuhörer auf die Seite seines Klienten ziehen konnte."

Rote Jacke und Tecumseh. – Auch die Beredsamkeit der Indianer Red Jacket und Tecumseh war fremd, obwohl innerhalb unserer Grenzen gezüchtet. Red Jacket war der Spitzname von Sa-go-ye-wat-ha („Er hält sie wach"), auch bekannt als „der letzte der Senecas". Er liebte den Frieden, widersetzte sich Verwicklungen, riet den Indianern, weder zu kämpfen noch sich mit den Weißen zu vermischen, riet ihnen von der Annahme des Christentums ab und ließ sich in seiner angestammten Ehrfurcht vor dem „Großen Geist" nieder. Seine einfache und direkte Sprache war voller plötzlicher poetischer Energie. Er starb in hohem Alter im Jahr 1830. Tecumseh (1770?-1812), in vielerlei Hinsicht sein Gegenstück, wurde in der Schlacht an der Themse getötet, wo er mit den Engländern gegen die Vereinigten Staaten kämpfte. Tecumseh war ein geborener Anführer, großartig in seinen Proportionen, edel in seiner Haltung, feurig und anziehend. Vor dem Krieg von 1812 versuchte er, die Indianer des Südens und Westens für einen allgemeinen Aufstand gegen die Regierung zu gewinnen. Er ging von Stamm zu Stamm und warf ihnen die Entwürdigung durch die weiße Zivilisation vor und missbrauchte die Autorität des Bundes.

William Wirt. —William Wirt (1772–1834) war Schweizer Abstammung und einer der fähigsten Männer, die dieses Land zu seiner Zeit hervorbrachte. Seine Anklage gegen Aaron Burr bei dessen Prozess im Jahr 1807 war meisterhaft und machte Wirts Namen in der Öffentlichkeit bekannt. Von 1817 bis 1828 war er Generalstaatsanwalt. Im Privatleben wie im nationalen Leben war sein Charakter makellos; Seine Korrespondenz offenbart eine nahezu beispiellose Ehrlichkeit und Konsequenz in Aussage und Zweck. Seine fantasievollen „Letters of the British Spy" (1803) beschrieb die Gesellschaft Virginias und die amerikanische Beredsamkeit, wie sie einem unvoreingenommenen Reisenden erscheinen könnten. „The Life and Character of Patrick Henry" (1817) wurde von Jefferson überaus gelobt. Von Wirts gelegentlichen Ansprachen wurde keine mehr bewundert als die, die er 1830 vor den Studenten des Rutgers College hielt.

Richtergeschichte. – Die umfangreichen Werke von Joseph Story (1779–1845), darunter Lehrbücher zum Recht, bestehen zum Teil aus seinen Diskursen. Er begann sein Leben als Dichter, erlangte aber seine erste Bedeutung als Anwalt. Vor seiner Ernennung zum Obersten Gerichtshof der Vereinigten Staaten wurde er im Repräsentantenhaus angehört. Als Professor an der Harvard Law School erwies er sich als akzeptabler Dozent.

John Quincy Adams. – Der jüngere Adams (1767–1848), sechster Präsident der Vereinigten Staaten, erhielt von seinem Vater, dem zweiten Präsidenten, eine spezielle Ausbildung für die Karriere eines Staatsmanns; Schon seine Kindheit verbrachte er mitten im politischen und diplomatischen Leben. Er studierte in Leyden, dann in Harvard, wo er während einer Zwischenzeit seiner öffentlichen Aktivitäten später den Lehrstuhl für Rhetorik und Belletristik innehatte. Er leistete diplomatischen Dienst in Holland, Russland und England, war im Senat und im Repräsentantenhaus. Er war ein Gegner der Sklaverei, aber kein Garrisonian-Abolitionist. Im Jahr 1836 drängte er den Kongress auf sein in der Verfassung verankertes Recht, die Sklaverei durch Gesetzeserlass abzuschaffen, wie er glaubte. Sein Einfluss war stark für die Freiheit der Debatte. Dieser „alte, eloquente Mann" redete weiter, als er über achtzig war, und starb im Plenum des Repräsentantenhauses. Er war Tagebuchschreiber, Dichter, Übersetzer. Er war ein klarer, fließender, nicht sehr prägnanter Redner mit dem agglomerativen und sich entwickelnden Stil des parlamentarischen Redners. Wenn er wollte, konnte er ironisch sein.

Die Flut des amerikanischen Oratoriums. – Die brennenden Fragen nach den Rechten eines einzelnen Staates im Vergleich zu seinen Pflichten gegenüber der Zentralregierung, nach der Ausweitung der Negersklaverei oder ihrer territorialen Begrenzung oder ihrer völligen Abschaffung führten zur Krise des Bürgerkriegs, die die zentrale ist Tatsache in der amerikanischen Geschichte. Dementsprechend liegen in der Zeit zwischen dem Krieg von 1812 und dem Aufstandskrieg die von diesen und verwandten Fragen befeuerten Beredsamkeiten für die Karrieren unserer größten Redner.

„*Altes Goldbarren.* " – Thomas Hart Benton (1782–1858) kann nicht dazu gezählt werden. Ihm war die Ausbreitung der Sklaverei egal, er befürwortete die Entwicklung der großen westlichen Gebiete um jeden Preis. Er drängte auf eine Senkung der von der Regierung beim Verkauf öffentlicher Grundstücke verlangten Preise und förderte die Interessen einer Eisenbahn zum Pazifik. Als Befürworter des Bargelds erhielt er den Beinamen „Old Bullion". Nachdem er dort längere Zeit im Senat tätig gewesen war, schied er aus dem Senat aus und veröffentlichte seine „Thirty Years' View", eine Geschichte der Arbeitsweise der amerikanischen Regierung von 1820 bis 1850, die von Bryant für seinen Geschmack und die Einfachheit des Stils hoch gelobt wurde.

Henry Clay. – Henry Clay (1777–1852), etwas älter als Benton, war noch länger im öffentlichen Leben. Von Geburt an war er Virginianer. Trotz früher Schwierigkeiten stieg er zum Senator von Kentucky auf (1806–1807); Von 1811 bis 1852, einundvierzig Jahre lang, stand er fast ununterbrochen im Auge der Nation. Als Führer der Whig-Partei stellte er sich auf die Seite seines großen Gegners Calhoun gegen den schüchterneren Madison und löste den zweiten Krieg mit England aus. und er spielte eine herausragende Rolle in den darauf folgenden Friedensverhandlungen. Clay war viermal Sprecher des Repräsentantenhauses und viermal erfolgloser Kandidat für das Amt des Präsidenten der Vereinigten Staaten. Den Einfluss, den er auf die Geschworenen in Kentucky gezeigt hatte, übte er auch in der nationalen Gesetzgebung aus. Im Umgang mit widersprüchlichen Interessen und bei der Förderung der Maßnahmen seiner Partei besaß er die Gabe, zu erkennen, was möglich oder zweckmäßig war. Der Missouri-Kompromiss von 1820, der Zollkompromiss von 1833 und der Sklaverei-Kompromiss von 1850 waren größtenteils ihm zu verdanken. Er war ein Meister in der Umsetzung von Gesetzen. Laut Blaine „Mr. Webster vertrat den Grundsatz, Mr. Clay hat ihn in einem Gesetz verankert." Zu seinen gefeierten Reden gehörten die zum New Army Bill (1813), zum Seminolenkrieg (1819) und zum Tarif (1824). Bei seinem Tod sagte ein Kollege, Joseph R. Underwood, im Senat:

Der Charakter von Henry Clay wurde durch den Einfluss unserer freien Institutionen geformt und entwickelt. Seine körperliche und geistige Organisation qualifizierte ihn hervorragend zu einem großen und beeindruckenden Redner. Seine Person war groß, schlank und gebieterisch; sein Temperament war feurig, furchtlos und voller Hoffnung; sein Gesichtsausdruck war klar, ausdrucksstark und wechselhaft – er zeigte genau die Emotion an, die im Augenblick vorherrschte; seine Stimme war kultiviert und modulierte im Einklang mit dem Gefühl, das er ausdrücken wollte ...; sein Auge strahlte vor Intelligenz und blitzte vor Genialität; seine Gesten und Haltungen waren anmutig und natürlich. Diese persönlichen Vorteile eroberten die Vorurteile eines Publikums, noch bevor seine intellektuellen Kräfte begannen, seine Zuhörer zu bewegen; und als sein ausgeprägter gesunder Menschenverstand, sein tiefgründiges Denken, seine klaren Vorstellungen von seinem Thema in all seinen Belangen und seine eindrucksvollen und schönen Illustrationen, gepaart mit solch persönlichen

Qualitäten, zur Diskussion einer Frage herangezogen wurden, war sein Publikum begeistert und überzeugt , und geführt vom Redner, als wäre er von der Leier des Orpheus verzaubert.

John Caldwell Calhoun. – Der Charakter und der Intellekt von John Caldwell Calhoun (1782–1850) wurden selbst von denen bewundert, denen seine Meinungen am wenigsten am Herzen lagen. Als Südkaroliner schottisch-irischer Abstammung schloss er 1804 sein Studium in Yale mit höchster Auszeichnung ab. Von 1808 bis zu seinem Tod war er ein herausragender Politiker: als Anführer der Kriegspartei unter Madison; bei der Aufrechterhaltung der Doktrin der Nichtigerklärung – das heißt des Rechts jedes Staates, sich einem Beschluss des Kongresses zu widersetzen, den der Staat als schädlich erachten könnte; bei der Annexion von Texas; und bei der Verteidigung der Sklaverei. Calhoun übte seine Pflichten als Kriegsminister unter Monroe furchtlos und präzise aus, senkte die Ausgaben und machte kleinliche Verleumdungen unmöglich. Er war 1825 Vizepräsident. Seine herrschenden Ideen sind beispielsweise in seinen „Disquisition on Government" und „Discourse on the Government of the United States" (im ersten Band seiner Werke) sowie in Reden vor dem Senat enthalten , über Nullification and the Force Bill (1833) und über die Sklavereifrage (1850). Er wurde von Webster folgendermaßen charakterisiert:

Die Beredsamkeit von Herrn Calhoun ... war schlicht, stark, knapp, komprimiert, prägnant; manchmal leidenschaftlich – immer noch streng. Er lehnte Ornamente ab und suchte nicht weit nach Illustrationen. Seine Macht bestand in der Schlichtheit seiner Vorschläge, in der Klarheit seiner Logik und in der Ernsthaftigkeit und Energie seines Verhaltens ... Sein Verhalten als Senator ist uns allen bekannt – wird von uns allen geschätzt und verehrt.

Hayne und Randolph. – Als Calhoun Vizepräsident war, war sein Sprecher im Senat ein Landsmann aus Karolin, Robert Young Hayne (1791–1840), der im Krieg von 1812 Soldat war, aber in seiner Verteidigung der Staatsrechte den Anwalt ablehnte - Generalamt des Landes zum Generalstaatsanwalt von South Carolina. Er zog sich auch aus dem Senat zurück, um Gouverneur seines Staates zu werden. In seiner unglücklichen Debatte mit Webster im Jahr 1830 trug er die Eifersucht des Südens gegen Neuengland in die Frage des Verkaufs öffentlicher Ländereien im Westen ein. Hayne hatte eine anmutige Persönlichkeit, ein feines Gesicht, war fleißig und im Allgemeinen liebenswürdig. Er hatte „eine ausführliche und bereitwillige Rede, die nach Belieben in einem starken und stetigen Strom floss und reich an dem Material war, das die Argumentation ausmacht." Seine Vorurteile könnten ihn jedoch vom eigentlichen Thema ablenken. Der kriegerische Virginianer John Randolph aus Roanoke (1773–1833) war im Alter von 26 Jahren im Kongress. Seine Bitterkeit gegenüber England scheint übertrieben. Exzentrisch, einzigartig auch im Aussehen, bissig und unerwartet in der Erwiderung, war er eine interessante Figur, als er 1825 in den Senat kam. Sein Duell mit Henry Clay ist eine unangenehme Geschichte. Die begeisterten zeitgenössischen Einschätzungen von Paulding und anderen über ihn haben sich nicht bewährt.

Daniel Webster. – Der Prinz der amerikanischen Redner und einer der großen Redner der Neuzeit wurde am 18. Januar 1782 in Salisbury, New Hampshire, geboren. Seine Vorfahren waren Schotten. Er hatte die spärliche Ausbildung einer Dorfschule, deren Türen im Winter für kurze Zeit geöffnet waren. Dennoch konnte er sich nie an die Zeit erinnern, als er die Bibel nicht lesen konnte; und dieses und die wenigen anderen Bücher, die er bekommen konnte, las er so oft, dass er sie praktisch auswendig hatte. Er liebte es, Passagen im Gedächtnis einzuprägen. Aber in Exeter, wo er sich auf das College vorbereitete, konnte er eines nicht tun: „Ich konnte vor der Schule nicht sprechen." Die Bemühungen seines Vaters ermöglichten ihm den Besuch des Dartmouth College. Er las alleine mit der Begeisterung eines Lowell, verfolgte aber auch mit gutem Vorsatz das reguläre Studium. Nach Abschluss dieses Kurses im Jahr 1801 studierte er Jura, verdiente sich ein wenig Geld mit Lehrtätigkeiten in Maine und trat schließlich in das Büro von Christopher Gore in Boston ein – „ein großer, hagerer junger Mann mit eher schmalem Gesicht, aber allen Besonderheiten von …" Gesichtszüge und Hautfarbe, durch die er sich im späteren Leben auszeichnete." Es folgten einige Praxisjahre mit magerer Vergütung, aber unaufhörlichem Lernen. 1813 wurde er aus New Hampshire in den Kongress entsandt. Seine Rede in diesem Jahr über die Aufhebung der Berliner und Mailänder Dekrete löste beim Obersten Richter Marshall und im ganzen Land Lob aus. Webster rückte sofort in die vorderste Reihe der Debattierer vor. Es ist verwirrend, den Umfang und die Bedeutung seiner späteren Arbeiten auch nur anzudeuten. Als der berühmte Fall des Dartmouth College, offenbar eine hoffnungslose Hoffnung, 1818 vor dem Obersten Gerichtshof der Vereinigten Staaten verhandelt wurde, brachte Websters Eröffnungsplädoyer als Junior Counsel eine unerwartete Einigung zugunsten des Colleges; Seitdem hat der Fall einen Präzedenzfall für die Auslegung der Verfassungsklausel geliefert, die staatliche Eingriffe in die Bedingungen eines früheren Vertrags verbietet. Im Jahr 1820 war er an der Überarbeitung der Verfassung des Staates Massachusetts beteiligt. Von 1823 bis 1827 saß er im Repräsentantenhaus; von 1827 bis 1841 und erneut von 1845 bis 1850 im Senat. Er war Außenminister unter Harrison und Tyler sowie unter Fillmore. Durch angebliche Zugeständnisse an die Sklaverei in seiner Rede vom 7. März 1850 über die Verfassung und die Union entfremdete er seine besten Freunde im Norden und musste in Whittiers „Ichabod" den Spott der Treulosigkeit ertragen. Historiker haben jedoch auch hier die Erhabenheit seiner Staatskunst gerechtfertigt. Er starb am 24. Oktober 1852 als Außenminister unter Fillmore.

Während seiner Antwort an Hayne im Jahr 1830, als Webster seine Lobrede auf den Bundesstaat Massachusetts hielt, waren starke Männer zu Tränen gerührt. Man kann es aus dieser Entfernung nicht ohne seltsame Emotionen lesen. Passagen in der zweiten Ansprache am Bunker Hill oder die Argumentation in Knapps Prozess – die Passage über das Gewissen des Mörders, oder insbesondere die Passage am Ende über das universelle Pflichtgefühl – führen zu einem Punkt, an dem die ethischen und ästhetischen Werte von Beredsamkeit sind eins und ewig. Man könnte seine Laudatio auf „Adams und Jefferson", seine „Erste Besiedlung Neuenglands", noch erwähnen – aber wir sollten kaum eine bloße Aufzählung der Reden beenden, die er während seiner vierzig Jahre im öffentlichen Leben gehalten hat.

Bedenken Sie [sagte Choate] die Arbeit, die er in diesem vierzigjährigen Leben geleistet hat – die Bandbreite der untersuchten und diskutierten Themen; Verfassen der gesamten Theorie und Praxis unserer organischen und administrativen Politik im In- und Ausland; die große Fülle lehrreicher Gedanken, die er hervorgebracht und in den Besitz des Landes gebracht hat; wie viel er sowohl im Kongress als auch an der Anwaltskammer erreicht hat; die wahre Auslegung festzulegen und den transzendenten Wert der Verfassung selbst hervorzuheben ...; Wie viel ist es wert, in der allgemeinen Meinung die große Doktrin zu etablieren, dass die Regierung der Vereinigten Staaten eine eigentliche Regierung ist, die vom Volk der Staaten gegründet wird, und kein Pakt zwischen souveränen Gemeinschaften ...; die Exekutivabteilung der Regierung auf ihre wahre Grundlage zu stellen ...; einerseits dieser Abteilung ihre gerechten Befugnisse zu sichern und andererseits der gesetzgebenden Abteilung und insbesondere dem Senat alles zu rechtfertigen, was ihnen gehörte ...; die enormen materiellen Ressourcen des Landes zu entwickeln und die Bepflanzung des Westens voranzutreiben ...; um die umfangreichen mechanischen und fertigungstechnischen Interessen zu schützen ...; Wie viel kostet die richtige Erfüllung der heikelsten und schwierigsten aller Aufgaben, die Ordnung der auswärtigen Angelegenheiten einer Nation, frei, einfühlsam, selbstbewusst ...; Wie viel kostet es, mit der ersten Macht der Welt ehrenhaft eine Konfrontation der Schwierigkeiten zu verfassen?

Sein Stil ist einfach, klar, frei von Tricks, bis ins Detail unerforscht, der leichte Ausdruck eines Geistes, der von Wahl und wiederholtem Lesen genährt wird und dessen Hauptquelle die englische Bibel ist; er vermied Anspielungen auf sich selbst nicht, sondern näherte sich dem Thema schnell einer universellen Anwendbarkeit; Es mangelt ihm nicht an Anmut, aber im Großen und Ganzen ist er massiv, ordentlich und vernachlässigt leichtere

Gefühle. Im Privatleben war Webster freundlich. Er liebte das offene Land und hatte Freude an der Rute und dem Gewehr. „Schwarzer Dan" wurde er wegen seiner tiefliegenden, glänzenden Augen, der überschattenden Brauen und seines gebieterischen, dunklen Gesichtsausdrucks allgemein genannt. Die Proportionen und die Majestät seines Kopfes entsprachen der Würde seiner Figur.

William Lloyd Garrison. —Mit dem Hauptagitator der Abolitionistenbewegung war an einen Kompromiss nicht zu denken. Obwohl der Redner und Schriftsteller William Lloyd Garrison (1805–1879) der Verkünder der Selbstbeherrschung war und die Doktrin des Nicht-Widerstands predigte, brachte er seine Prinzipien bis zum Äußersten zur Geltung. Er verurteilte die Kirchen für ihre Toleranz gegenüber der Sklaverei und missbilligte die Verfassung, die sie zuließ. Er befürwortete die Beendigung der Union, wenn die nationale Krankheit durch Amputation beseitigt werden könnte. Er konnte eine schrittweise Behandlung oder das zweifelhafte Versprechen einer unvollständigen Heilung nicht ertragen.

Charles Sumner. – Garrisons mutiger, gutaussehender und begabter Freund und Freund von Longfellow, Charles Sumner (1811–1878), wurde bei Judge Story in Rechtswissenschaften ausgebildet. Zum Teil war es Whittiers Einfluss zu verdanken, dass er in die Politik eintrat, aber als er die Nachfolge von Webster im Senat antrat, war sein Platz als Führer gesichert. Der berüchtigte Angriff von Brooks auf ihn im Jahr 1856 während der Debatte über die Angelegenheiten von Kansas ließ Sumner bis 1859 handlungsunfähig. Als „der freie Stuhl" wieder besetzt wurde, versammelten sich Menschenmengen, wann immer angekündigt wurde, dass Sumner sprechen würde. Sein Intellekt war dem seines berühmten Vorgängers nicht ebenbürtig; Doch sein gesundes Urteilsvermögen und seine gewinnende Persönlichkeit, unterstützt durch eine fesselnde Rede, brachten ihn im Senat an die Spitze der neuen Republikanischen Partei. Seine „Orations" wurden in acht Bänden veröffentlicht.

Thaddeus Stevens. – Während Sumner im Senat war, führte Thaddeus Stevens (1792–1868), ein weniger bewundernswerter Charakter, die Republikaner im Repräsentantenhaus an. Er war auch ein erbitterter Gegner der Sklaverei und drängte gemeinsam mit Lincoln auf die Emanzipation der Neger. „Ein klarer, logischer und kraftvoller Debattierer", wegen seiner beißenden Beschimpfungen war er gefürchtet. Er hatte Einfluss auf die Basis der Politiker und freute sich über den geliehenen Titel „Großer Bürger".

Wendell Phillips. – Natürlich war der Trompeter der Abolitionisten der leidenschaftliche Wendell Phillips (1811–1884), der stets die Hände von Garrison unterstützte und ähnlich kompromisslos war. Nach seinem Abschluss in Harvard im Jahr 1831 studierte er Rechtswissenschaften; Er weigerte sich jedoch, sich an dieser Praxis zu beteiligen, da dies bedeuten würde, dass er schwören würde, eine nationale Verfassung aufrechtzuerhalten, die Sklaverei tolerierte. Er war ein Meister des Sarkasmus, der Ironie und des Epigramms, der Auswahl und des abwechslungsreichen Witzes; gelassen in der Gegenwart seiner Feinde, fesselt und fesselt ihre Aufmerksamkeit. Als der Bürgerkrieg vorbei war und die Sache der Abschaffung siegte, wandte er sich der Lösung anderer Übel zu, sprach sich für die Rechte der Frau aus und setzte sich für eine Arbeitsreform ein. Unter dem Deckmantel eines allgemeinen Wiedergutmachers von Unrecht verlor er sowohl Ansehen als auch etwas von seinem eigenen Sinn für Würde.

Rufus Choate. – Der berühmteste Vertreter einer berühmten Familie, Rufus Choate (1799–1859), zeichnete sich durch seine Anwaltstätigkeit, seine literarischen Leistungen und die Ausübung seiner Talente in der Zeit, in der er dort war (1841–1845), aus der Senat. Als Schüler von niemand geringerem als William Wirt verdankte Choate seinen unübertroffenen Erfolg bei Geschworenengerichten und seine mitreißenden, wenn auch schwungvollen gelegentlichen Reden nicht nur seinem natürlichen Eifer und seiner persönlichen Anziehungskraft, sondern auch einer gründlichen Analyse und unermüdlichen Vorbereitung. Seine Laudatio auf Webster am Dartmouth College am 27. Juli 1853 war die Hommage eines herausragenden Absolventen dieser Institution an die Edelsten.

Stephen A. Douglas. – Stephen Arnold Douglas (1813–1861) wurde in Brandon, Vermont, geboren, studierte Rechtswissenschaften in Canandaigua, New York, setzte dieses Studium in Ohio fort und ging von dort nach Illinois, um zu lehren und seinen Beruf als Anwalt auszuüben. Er saß von 1847 bis 1861 im Senat der Vereinigten Staaten und tat sein Bestes, um den Bürgerkrieg abzuwenden. In den Jahren 1858 und 1860 trat der „Kleine Riese" mutig vor Publikum im Süden auf und verweigerte jedem Staat das Recht, aus der Union auszutreten. Seine Rede zum Kansas-Nebraska-Gesetz (1854) zeigt seine *Laissez-faire- Haltung* in Sachen Sklaverei. Als er sich in ihrer gemeinsamen Debatte mit Lincoln messen konnte, beschleunigte er unbeabsichtigt den Aufstieg seines Gegners in Richtung Präsidentschaft.

William H. Seward. – William Henry Seward (1811–1872) war vorsichtig, klar, scharfsinnig und fest im Verständnis der Gesetze der politischen Geschichte. Er sah voraus, was Douglas nicht konnte: dass der Kampf gegen die Sklaverei ein unbändiger Konflikt war. Im Staat New York, dessen Gouverneur er wurde, war er der unermüdliche Feind des politischen Opportunismus in jeder Form. Als erfolgloser Kandidat für die Präsidentschaft im Jahr 1860 überwand er schließlich sein mangelndes Vertrauen in Lincoln und leistete als Lincolns Außenminister unschätzbare

Dienste bei der Aufrechterhaltung unserer Beziehungen zu England während der Rebellion. Seine „Diplomatische Geschichte des Bürgerkriegs in Amerika" wurde posthum veröffentlicht.

Lachs P. Chase. – Lincolns Finanzminister Salmon Portland Chase (1808–1873) war kein einfacher Redner, aber er war groß und gebieterisch, einer der hübschesten Männer im Senat, er war sowohl würdevoll als auch beeindruckend. Wie Choate schloss er sein Studium in Dartmouth ab und studierte bei William Wirt. Als praktizierender Anwalt beschäftigte er sich (1837) mit der Verteidigung von Personen, denen wegen angeblicher Verletzung des Fugitive Slave Act der Prozess gemacht wurde; In der Debatte über das Kansas-Nebraska-Gesetz (1854) befürwortete er „freien Boden" und bestand auf „der absoluten Trennung des Generalgouvernements" von jeglichem Zusammenhang mit der Sklaverei. Er war sowohl vor als auch nach seiner Amtszeit als Gouverneur von Ohio Senator und noch einmal, kurz bevor Lincoln ihn ins Kabinett berief. 1864 wurde er zum Obersten Richter des Obersten Gerichtshofs ernannt, eine Position, die er bis zu seinem Tod innehatte.

Edward Everett. – In der Rede von Edward Everett (1794–1865) „gab es nichts in der Art, in der Person, in der Kleidung, in der Geste, im Tonfall, im Akzent oder in der Betonung, die zu kleinlich für seine Aufmerksamkeit war." Schon als Kind besaß er die Gabe der Beredsamkeit, die er durch eifriges Üben entwickelte. Bereits mit siebzehn Jahren erlangte er in Harvard hohe Auszeichnungen, trat in den Dienst der Unitarier ein und begann in der Brattle Street Church in Boston zu predigen, mit sofortigem Erfolg. Er wurde eingeladen, einen Lehrstuhl in Harvard zu übernehmen, studierte zur Vorbereitung im Ausland und unterrichtete dann von 1819 bis 1825 Griechisch. Er verließ seine Professur, um Mitglied des Repräsentantenhauses zu werden. Zehn Jahre später wurde er zum Gouverneur von Massachusetts gewählt. 1841 ernannte ihn General Harrison zum Gesandten in England; Nach seiner Rückkehr übernahm er die Präsidentschaft von Harvard. Er trat die Nachfolge von Webster als Außenminister unter Fillmore an; und bei den nationalen Wahlen von 1860 kandidierte er als Vertreter der Kräfte, die einen Kompromiss zwischen Nord und Süd wünschten, für das Amt des Vizepräsidenten der Vereinigten Staaten. Während seines Aufenthalts im Senat wurde Everett auch zum Kansas-Nebraska-Gesetz angehört. Seine Reden wurden in vier Bänden veröffentlicht. Seine häufig wiederholte „Lecture on the Character of Washington" (1856) und seine „Eulogy on Webster" (1859) gehörten zu seinen großartigsten Werken. Er hielt in Gettysburg eine bemerkenswerte Ansprache, obwohl sie heute neben der von Lincoln bei derselben Gelegenheit akademisch wirkt.

Abraham Lincoln. – Für ein Handbuch der Literatur ist das Wesentliche im Leben von Präsident Lincoln (1809–1865) die Veredelung seiner Beredsamkeit, als sich sein Charakter unter der zunehmenden Ernsthaftigkeit und Spannung seiner öffentlichen Karriere und als sein individueller Geist entwickelte wurde immer mehr mit der qualvollen Seele einer Nation identifiziert. Die Einfachheit und Direktheit seiner geistigen Operationen wird in allen seinen früheren Briefen und Reden deutlich; Sie waren für diejenigen, die seine Debatte mit Douglas hörten, hinreichend offensichtlich. Aber seine Äußerungen gewannen an Würde und Geschlossenheit in der Struktur, als seine angeborenen Impulse für das Gute frei von Eigenheiten wurden und als seine angeborene moralische Richtigkeit zu einer tiefen und bewussten Religion heranwuchs. In der gesamten Literatur gibt es nur wenige Dinge, die bedeutungsvoller sind als die Schärfung des Stils, die mit der Schändung von Lincolns Persönlichkeit einherging. Selbst zwischen der Art seiner ersten und seiner zweiten Antrittsrede ist ein deutlicher Unterschied zu erkennen. In der Zwischenzeit hatte er seine Rede bei der Einweihung des Nationalfriedhofs auf dem Schlachtfeld von Gettysburg am 19. November 1863 gehalten. Dort schenkte Lincoln der Welt, ohne jeglichen Anspruch auf rhetorische Kunstfertigkeit, aber in der Perfektion des englischen Stils, eine … Meisterwerk der Literatur, gleichsam aus dem Lebenselixier des Volkes entspringend; Ein Meisterwerk , in dem Kunst und Leben miteinander verschmelzen und Fantasie und wörtliche Wahrheit ein Fleisch werden. Herr Bryce sagt:

Diese berühmte Rede in Gettysburg ist das beste Beispiel, das man sich für die charakteristische Qualität von Lincolns Beredsamkeit wünschen kann. Es ist eine kurze Rede. Der Ausdruck ist wunderbar prägnant. Es ist still, so still, dass es im Moment auf das Publikum, das von einer langen und hochdekorierten Ansprache eines der prominenten Redner der Zeit aufgewühlt wurde, keinen vergleichbaren Eindruck machte wie der, mit dem es begann zu machen, sobald es in Amerika und Europa gelesen wurde. Darin ist nicht die Spur von dem, was wir Rhetorik nennen, oder von irgendeinem Streben nach Wirkung. Sowohl im Denken als auch in der Sprache ist es einfach, klar und direkt. Aber es stellt bestimmte Wahrheiten und Prinzipien in so treffend gewählten und eindringlichen Formulierungen dar, dass man das Gefühl hat, diese Wahrheiten hätten mit keinen anderen Worten ausgedrückt werden können und als ob diese Befreiung für alle Zeiten erfolgt wäre. So einfache und so starke Worte konnten nur von jemandem kommen, der so lange über die Urfakten der amerikanischen Geschichte und der Volksregierung nachgedacht hatte, dass die Wahrheiten, die diese Tatsachen ihn lehrten, in ihrer Klarheit, ihrem Umfang und ihrer Bedeutung den Wahrheiten der Mathematik ähnelten Präzision.

Verschiedenes und spätere Redner. – Es ist offensichtlich, dass sich das Leben vieler Redner aus der Vorkriegszeit mit der Ära des Wiederaufbaus überschnitt; und die fünfzig Jahre politischer Aktivität seit dem Bürgerkrieg haben eine ständig wachsende Zahl von Männern hervorgebracht, die sich mit Staatsangelegenheiten befassen. Allerdings gibt es in letzterem nur wenige, die an Beredsamkeit mit denen des vorangegangenen halben Jahrhunderts vergleichbar sind. Unter den anerkannten Rednern hat sich im Großen und Ganzen ein ruhigerer Ton durchgesetzt; nicht ganz das von Lincoln, noch das charakteristische Merkmal der besten Redner zur Zeit Madisons und des jüngeren Adams; dennoch stellt es eine Verbesserung gegenüber den blumigen und pedantischen Ergüssen eines mittleren Zeitalters dar, die von Choate, Winthrop und bis zu einem gewissen Grad von Everett repräsentiert werden. Die Verabschiedung von Gesetzen und die Beschleunigung anderer öffentlicher Angelegenheiten hängen mittlerweile mehr von Einfluss und Anstrengung ab, die außerhalb des Repräsentantenhauses und des Senats ausgeübt werden, und weniger von forensischen Argumenten und Überzeugungsarbeit. Angesichts des enormen Bevölkerungswachstums und der damit einhergehenden Vergrößerung unserer gesetzgebenden Körperschaften begnügten sich öffentliche Redner in den meisten Fällen notgedrungen mit einem lokalen Ruf. Die folgenden werden unterschiedlich ausgewählt.

John B. Gough (1817–1886) war ein englischer Redakteur, der dem Alkoholismus zum Opfer fiel und sich, nachdem er von einem Freund der Mäßigkeit von seiner Sucht befreit wurde, der Rettung anderer widmete. Er hielt zahlreiche Vorträge in Amerika und begeisterte ein großes Publikum durch seine Beschreibungen des durch alkoholische Getränke verursachten Ruins und durch seine anschaulichen Erzählungen über abtrünnige und reformierte Trunkenbolde.

George William Curtis (1824–1892) war in seiner Jugend (1842) Mitglied der Gemeinde Brook Farm. Nach seiner Rückkehr von seinem Studium in Berlin und Italien knüpfte er Kontakte zu den Herausgebern von Putnam's Magazine. Durch die Bewältigung dieses periodischen Scheiterns übernahm Curtis eine finanzielle Verbindlichkeit, für die er rechtlich nicht verantwortlich war, und verbrachte zwanzig Jahre als Dozent, um die Schulden zu begleichen. Er wurde als Herausgeber von *Harper's Monthly* sowie als Autor für *Harper's Weekly* und *Harper's Bazar bekannt*. Er war ein kraftvoller Redner über die Reform des öffentlichen Dienstes und andere Themen, die das nationale Wohlergehen betrafen. Wohin er auch ging, vermittelte er hohe politische Ideale. Seine „Orations and Addresses" wurden von Professor Charles Eliot Norton herausgegeben.

James G. Blaine (1830–1893), ein Pennsylvanianer, begann seine Karriere als Redakteur in Maine, wurde dort Mitglied der gesetzgebenden Körperschaft des Bundesstaates und zog von dort in den Kongress ein. Als Sprecher des Repräsentantenhauses (1869–1875) machte er eine hervorragende Bilanz. 1876 wurde er zum Senator der Vereinigten Staaten von Maine ernannt. Er war mehrmals Präsidentschaftskandidat und wurde 1884 von den Republikanern nominiert, als er unerwartet von Cleveland besiegt wurde. Blaines Rede zur Remonetarisierung von Silber (1878) wurde oft zitiert. Er war klar und energisch, bis auf ein leichtes Lispeln, aber sein Charakter war nicht geeignet, eine Überzeugung zu erzwingen.

Es ist im gegebenen Raum unmöglich, weiter mit neueren oder zeitgenössischen Rednern im politischen oder säkularen Leben fortzufahren. Man sollte Männer wie Carl Schurz (1829–1906) oder Bourke Cockran (geboren 1854) oder einen der letzten Präsidenten, Benjamin Harrison (1833–1901), nicht vernachlässigen. Herr Harrison, ein kluger Anwalt, konnte kurzfristig und scheinbar mühelos die erlesensten Ansprachen halten, gut formuliert, flüssig und in angenehmer Länge. Ein Bericht über die politische Beredsamkeit Amerikas endet ordnungsgemäß mit einem Hinweis auf den angesehenen Staatsmann, den heutigen Präsidenten und nach Washington und Lincoln den dritten unter unseren Söhnen des Lichts, dem dieser Band gewidmet ist. Von den prominentesten öffentlichen Rednern der Gegenwart kehren wir zu den frühen Geistlichen und Theologen zurück.

Amerikanische Götter. – In seinen „Annals of the American Pulpit" – „von der frühen Besiedlung dieses Landes bis zum Ende des Jahres 1855" – sammelte Reverend William B. Sprague (1795–1875) die Biografien von dreizehnhundert oder mehr Geistlichen, die dies getan hatten verdient, wie er dachte, ein bleibendes Denkmal. 22 „Von Beginn dieser Arbeit an", bemerkt er, „war mir vollkommen bewusst, dass nichts, was damit zu tun hat, eine größere Feinheit erfordert als die Auswahl der Themen, und dass kein Grad an Sorgfalt und Unparteilichkeit eine vollständige Sicherheit vor Fehlern bieten kann." " Weitaus schwieriger ist die Auswahl, wenn wir in einer Skizze von kaum einem Dutzend Seiten versuchen, die Namen derjenigen aufzunehmen, die im 19. Jahrhundert das Privatleben unserer Bürger am tiefsten beeinflusst haben. Die Trennung von Kirche und Staat in Amerika vertieft die gewöhnliche Kluft zwischen öffentlichem und privatem Leben, und die Vielzahl religiöser Sekten verhindert noch mehr, dass die Beredsamkeit und Antriebskraft großer spiritueller Führer allgemein bekannt wird. Selbst unter denen, deren Macht und Ruhm über die Grenzen ihrer eigenen Gemeinde oder Konfession hinausgegangen sind, ist unsere Auswahl zwangsläufig auf wenige wenige beschränkt.

Geistliche als Erzieher. – Der Einfluss namhafter Prediger – ganz zu schweigen vom Klerus als Ganzes – im amerikanischen Leben ist unkalkulierbar. Außerhalb der Kirche und zu Hause ist dies am deutlichsten in der Hochschulbildung zu erkennen; Bis vor Kurzem lag die Leitung des Bildungswesens, wie es sein sollte, bei den Geistlichen der Religion. Ebenso bedeutsam wie die wichtigen Colleges, die mehr oder weniger direkt für die Ausbildung von Pfarrern gegründet wurden, ist die lange Reihe von College-Präsidenten, die aus den Reihen dieses Berufsstandes stammen. In Princeton wurde Jonathan Edwards, der im letzten Monat seines Lebens Leiter dieser Institution war (1758), zehn Jahre später von John Witherspoon (1722–1794) abgelöst, einem direkten Nachkommen von John Knox und Unterzeichner der Amerikanischen Erklärung von Unabhängigkeit. Der Philosoph James McCosh (1811–1894) war in derselben illustren Nachfolge der elfte Präsident. In Yale haben wir Männer wie den Dichter Timothy Dwight (1752–1817) und seinen gleichnamigen Enkel (geboren 1828); Jeremiah Day (1773–1867), Mathematiker und Edwards-Kommentator; Theodore Dwight Woolsey (1801–1889), klassischer Gelehrter und Experte für internationales Recht, unter dessen Präsident eine Generation von Organisatoren ausgebildet wurde, die die Angelegenheiten neuer Universitäten leiten sollten; und Noah Porter (1811–1892), dessen Abhandlung über „The Human Intellect" zu einem allgemeinen Lehrbuch wurde. Am Union College war Eliphalet Nott (1773–1866), der während seiner zweiundsechzigjährigen Amtszeit höchste Weisheit im Umgang mit Studenten bewies. Als Hamilton durch Aaron Burr starb, griff Nott eloquent die barbarische Praxis des Duellierens an. In seinen „Lectures on Temperance" (1823) unterstützte er die energische Bewegung von Lyman Beecher und anderen gegen „sogar den allgemeinen Gebrauch glühender Geister". In Harvard war der vielseitige Edward Everett (1794–1865), ganz zu schweigen von seinen Vorgängern. Bei Brown war Francis Wayland (1796–1865), der Metaphysiker; bei Williams war Mark Hopkins in seiner Lehre ein wahrer Gamaliel. Abgesehen von den Präsidenten ist die friedliche Armee der aus dem Ministerium ausgewählten Hochschullehrer unvorstellbar – Männer wie Frederick Henry Hedge (1805–1890), ein Unitarier, Professor für deutsche Sprache und Literatur in Harvard, Autor von „Ways of the Spirit", und andere Essays", „Prosaautoren Deutschlands", „Atheismus in der Philosophie" usw.; oder Edwards Amasa Park (1808–1900), stammte, wie sein Vorname vermuten lässt, aus einem berühmten Stamm. Park war Professor für Philosophie am Amherst College und anschließend Professor am Andover Theological Seminary. Er war sowohl Hymnologe als auch Theologe, Biograph, wie in seinem „Life of Nathanael Emmons", und Mitwirkender der *Bibliotheca Sacra* . Er hatte eine individuelle, merkwürdig periphrastische Art, Dinge auszudrücken.

Göttliche als besondere Schüler. – Obwohl die großen Konfessionen der Methodisten und Baptisten nicht darauf bestanden haben, dass ihre Geistlichen über Wissen verfügen, haben amerikanische Geistliche in ihrem eigenen Forschungsgebiet, obwohl sie von ausländischen, insbesondere deutschen Forschern selten unabhängig sind, viele Forschungen von großem Wert durchgeführt. Edward Robinson (1794–1863), Professor in Andover und dann am Union Seminary, verfasste eine Harmonie der Evangelien auf Griechisch und eine weitere auf Englisch, stellte ein Lexikon zum Neuen Testament zusammen und schrieb über die Topographie des Heiligen Landes. Dabei unterstützte er den klugen Missionar Eli Smith (1801–1857), dessen langer Aufenthalt im Orient ihm als biblischer Geograph besondere Vorteile verschaffte. Ähnliche Vorteile genoss William McClune Thomson (1806–1894) und trug gute Früchte in „Das Land und das Buch" (Illustrationen der Bibel nach Bräuchen und Landschaften im Osten) und „Das Land der Verheißung oder Reisen in der Moderne". Palästina." Auch die Übersetzung der Heiligen Schrift ins Burmesische durch den großen Apostel Adoniram Judson (1788–1850) sollte nicht unerwähnt bleiben. Zu Hause übersetzte George Rapall Noyes (1798–1868), Professor für Hebräisch an der Harvard Divinity School, das Neue Testament ins Englische. Leonard Bacon (1802–1881), Pastor der Centre Church in New Haven, reiht sich mit seinem Werk „Genesis of the New England Churches" in die Riege der Kirchenhistoriker ein. Thomas Jefferson Conant (1802–1891), aus derselben Generation, ein Baptist, war ein angesehener hebräischer Gelehrter, der sich hauptsächlich dem Studium des Alten Testaments widmete und kritische Texte des Buches Hiob, der Sprüche usw. herausgab Genesis und der Psalmen. Thomas F. Curtis (1815–1872), Präsident der Lewisburg University, Pennsylvania, stellte eine Geschichte der Baptistenkirche zusammen und veröffentlichte sie im Jahr 1857, als Sprague begann, seine bereits erwähnten monumentalen „Annals of the American Pulpit" herauszugeben Zu. Ein weiterer Baptist, Horatio Balch Hackett (1808–1875), war einunddreißig Jahre lang Professor am Newton Seminary und fünf Jahre lang Professor in Rochester und machte sich zu einer Autorität auf dem Gebiet der christlichen Altertümer. Henry Boynton Smith (1815–1877) lehrte von 1854 bis 1874 das Fach Systematische Theologie am Union Seminary; er ist unter den Kirchenhistorikern wichtig – natürlich nicht so wichtig wie der unermüdliche Philip Schaff (1819–1893). Schaff wurde in der Schweiz geboren, in Deutschland ausgebildet und von den angesehensten deutschen Theologen empfohlen. 1844 nahm er einen Ruf aus diesem Land an das Seminar in Mercersburg, Pennsylvania, an. hier etablierte er schnell seinen Ruf als Enzyklopädist religiösen Wissens. Sein größtes Werk war eine gründlich überarbeitete Ausgabe von Langes „Kommentar zur Bibel". Professor William Greenough Thayer Shedd (1820–1894), der an der University of Vermont englische Literatur lehrte, wechselte von dort auf den Lehrstuhl für biblische Literatur am Union Seminary (1863–1890). Neben einer „Geschichte der christlichen Lehre" und anderen theologischen Werken veröffentlichte er eine noch nicht verbesserte Ausgabe der Werke von Coleridge. William Henry Green (1825–1900) vom Theologischen Seminar in Princeton, ein Orientalist, war ein häufiger Autor für *The Princeton Review* . Crawford Howell Toy (geb. 1836), seit 1890 Professor für Hebräisch und verwandte Sprachen an der Harvard Divinity School, ist Autor verdienstvoller veröffentlichter Forschungsarbeiten, darunter einer Arbeit über „Die Religion Israels" (1892) und eines Kommentars zum Buch der Sprichwörter. Hätte Charles Augustus Briggs (geb. 1841) die Objektivität eines Wissenschaftshistorikers bewahrt und wäre nicht zum Kontroversisten geworden, wäre er wahrscheinlich nicht von den Presbyterianern wegen Häresie vor Gericht gestellt worden. Seine Studien zur biblischen Geschichte und zur Entwicklung des Dogmas wurden oft mit dem schlecht gewählten Begriff „Höhere Kritik" in Verbindung gebracht, dieser falschen Bezeichnung für die historische Interpretation der Heiligen Schrift. Ein schwerer Verlust für die amerikanische Wissenschaft ist kürzlich durch den Tod von Alexander Viets Griswold Allen (1841–1908), Biograph von Jonathan Edwards und Phillips Brooks und Autor von „The Continuity of Christian Thought" (1884) und „Christian Institutions" (1897). In ihm wurde der Gelehrte zum konstruktiven Künstler.

Autoren von Hymnen. – Zwischen der Veröffentlichung von „The Bay Psalm Book" (1640) und der Überarbeitung von Watts' Version der Psalmen durch Joel Barlow und den älteren Dwight am Ende des 18. Jahrhunderts erfuhr die heilige Poesie in Amerika eine große Verfeinerung. Von Dwight und seiner Generation an gab es viele und fähige Autoren von Kirchenliedern. Henry Ustick Onderdonk (1789–1858), William Augustus Muhlenberg (1796–1877), George Washington Doane (1799–1859), protestantischer Bischof von New Jersey im Alter von dreiunddreißig Jahren, Leonard Bacon (1802–1881), George W. Bethune (1805–1862), Samuel Francis Smith (1808–1895), George Duffield (1818–1888), Samuel Longfellow (1819–1892), allen voran Ray Palmer (1808–1887), sind einige davon am bedeutendsten.

Verschiedene Prediger. – *Samuel Hopkins.* – Ein Schüler von Jonathan Edwards, dem Begründer der Hopkins'schen Form der Göttlichkeit (1721–1803), versuchte laut Hildreth, „zu den fünf Punkten des Calvinismus den ziemlich heterogenen Bestandteil hinzuzufügen, dass Heiligkeit in reiner, uneigennütziger Güte besteht, und zwar." Jede Rücksichtnahme auf sich selbst ist zwangsläufig sündig." Er prägte die Lehre von der freien Entscheidungsfreiheit der Sünder ein. Als Vorläufer der Garrisons, Whittiers und Sumners war er ein früher und hartnäckiger Gegner der Negersklaverei.

Nathanael Emmons. – Ein typischer Vorläufer des 19. Jahrhunderts, dessen hohes Alter ihn weit in dieses hineinbrachte, war Nathanael Emmons (1745–1840) aus Connecticut und Wrentham, Massachusetts. Er wollte „ein konsequenter Calvinist" sein und dennoch ein schwieriges

Glaubensbekenntnis mit den Wahrheiten der allgemeinen Erfahrung in Einklang bringen. Er war ein ausgezeichneter Denker über die Beweise moralischer Herrschaft, stellte unerwartete Schlussfolgerungsketten her und führte seine Zuhörer von gerne akzeptierten Prämissen zu weniger angenehmen, aber unvermeidlichen Schlussfolgerungen. „Er war geschickt darin", sagt Park, „eine Theorie aus ihrem Inhalt herauszulösen und sie allein zu durchleuchten." „Er machte nur wenige Gesten; seine Stimme war nicht kraftvoll; aber die Menschen hörten ihm mit großer Neugier und oft auch mit Ehrfurcht zu." Emmons hatte seine eigene Vorstellung von Beredsamkeit: „Ich lese tiefgründige, gut geschriebene Tragödien, um die Kunst des Predigens wirklich zu verbessern. Sie schienen mir die besten Bücher zu sein, um wahre Beredsamkeit zu lehren." Nochmals: „Stil ist nur der Rahmen, der unsere Gedanken festhält. Es ist wie der Flügel eines Fensters: Ein schwerer Flügel verdunkelt das Licht." Und noch einmal: „Zuerst: Haben Sie etwas zu sagen; Zweitens: Sag es." Seine Schriften – Aufsätze, Predigten bei Ordinationen, Predigten bei Installationen, Begräbnispredigten, Danksagungspredigten, „Eine Predigt über geistliche Musik" (1806) – sind zahllos.

Heinrich Ernst Mühlenberg. – Von einem anderen, aber bekannten Typus war der Sohn (1753–1815) des Deutsch-Amerikaners Henry Melchior Mühlenberg (1742–1787). Henry Ernst wurde als Junge ins Ausland geschickt, studierte in Halle, kehrte zurück, wurde Pfarrer unter den Deutschen in Pennsylvania und starb schließlich in Lancaster in diesem Staat. Er verfügte über einen außergewöhnlichen Körperbau und konnte problemlos die Strecke von sechzig Meilen von Lancaster nach Philadelphia zurücklegen. In seinen Studien war er diskursiv – er war ein orientalischer Gelehrter und Botaniker –, aber er war in seinem Glauben tolerant und hielt an den Grundwahrheiten des Christentums fest. In seinen Reden nahm er die vertraute Haltung eines Elternteils ein, der seine Kinder anspricht.

Alexander Campbell. – Der Gründer (1788–1866) der Sekte, die im Rest der Welt als Campbellites bekannt ist, ein Mann von ungeheurer Energie, war ohne Frage einer der bemerkenswerten Geister seiner Zeit. Seine über fünfzig Bände umfassenden Schriften stellen nur einen Teil seiner Arbeit dar: Er baute Druckpressen im Interesse seiner Bewegung für religiöse Reformen; Er debattierte öffentlich mit allen Anwesenden – zum Beispiel 1829 mit dem Ungläubigen Robert Owen. Selbstbeherrscht auf dem Bahnsteig gönnte er sich wenig Action und schonte seine Stimme. Aber seine deutliche und schöne Aussprache erwartete und erhielt Aufmerksamkeit, und sein Publikum hörte wie einem Meister in vollkommener Stille zu.

William Ellery Channing. – Obwohl „ihm der kritische Scharfsinn fehlt", „fehlt ihm auch das Gefühl großer Originalität", „das fehlt, was Amerika bisher gefehlt hat – hohe intellektuelle Kultur, kritisches Wissen", „kennt er das allgemeine Ergebnis dessen, was ihm bekannt ist, nicht." „Nach wie vor war Channing (1780–1842) in den Worten von Renan „zweifellos der vollständigste Vertreter dieses ausschließlich amerikanischen Experiments – von Religion ohne Mysterium, von Rationalismus ohne Kritik, von intellektueller Kultur ohne erhabene Poesie – das scheint das Ideal zu sein, nach dem die Religion der Vereinigten Staaten strebt." Channing war ein vorbildlicher Schüler in der Schule und am College (Harvard) und ging als Privatlehrer in den Süden. Sein Weg wurde auf das Ministerium umgelenkt, er kehrte nach Neuengland zurück und wurde (1803) in der Federal Street Church in Boston eingesetzt. In dieser Kirche war er zwanzig Jahre lang aktiv und war mindestens vierzig Jahre lang ihr nominelles Oberhaupt. Sein Gesundheitszustand war anfällig und seine Fähigkeit, sich weiter anzustrengen, eingeschränkt. Man könnte Channings Religion als eine Form der Ethik beschreiben, die mit den politischen Doktrinen von Rousseau verbunden ist, zu einfach und theoretisch für das alltägliche Leben und im Großen und Ganzen heilsam ist, da sie eine großzügige Reaktion auf die strengeren Lehren Calvins darstellt. Die Strenge des Calvinismus, dieser „vulgären und schrecklichen Theologie", führte in seinen Augen unweigerlich zu düsterem Aberglauben. „Gott ist gut", wiederholte er immer wieder, und die menschliche Natur ist ihrem Ursprung nach auch gut. „Er ... schloss sich denen an, die glauben, dass die Menschheit tatsächlich durch den Missbrauch des freien Willens degeneriert sei. In Jesus Christus erkannte er ein erhabenes Wesen, das eine Krise in der Lage der Menschheit herbeigeführt, den moralischen Sinn erneuert und mit rettender Kraft die Quellen des Guten berührt hatte, die in den Tiefen des menschlichen Herzens verborgen waren." Channing hat keine Bücher geschrieben; sein literarischer Nachlass besteht aus Essays, Predigten und Ansprachen. Sein „Diskurs über den Fall Bonapartes" (1814), sein Vortrag über „Selbstkultur" und seine „Ansprache über die Emanzipation Westindiens" (1842) zeigen verschiedene Aspekte einer schönen und mutigen Persönlichkeit.

Horace Bushnell. – „Ich war nie ein großer Agitator, habe nie einen Draht gezogen, um den Willen der Menschen durchzusetzen, habe nie etwas Politisches gemacht", sagte Bushnell (1802–1876). Er schloss sein Studium 1827 in Yale ab; Von 1833 bis 1859, als er aus gesundheitlichen Gründen in den Ruhestand ging, leitete er die North Church in Hartford, Connecticut. Danach widmete er seine Zeit der Vorbereitung spezieller Predigten und Ansprachen sowie der Erforschung der amerikanischen Geschichte und der Geschichte seines eigenen Staates. Er interessierte sich sehr für politische Fragen. Bushnell war ein klarer und unabhängiger Denker, unvoreingenommen, nicht zu Kontroversen geneigt, dennoch eloquent und überzeugend. Seine Predigten wurden gesammelt und weit verbreitet. Die Probleme der religiösen Erfahrung, des Leidens und des Bösen sowie der Bildung versuchte er in „Natur und das Übernatürliche", „Das stellvertretende Opfer" und „Christian Nurture" zu lösen. Im letztgenannten Werk wandte er sich gegen die Lehre von der natürlichen Verderbtheit und plädierte für eine allmähliche Entwicklung des religiösen Gefühls und der höheren Vorstellungskraft beim Kind, im Gegensatz zu einer plötzlichen und entscheidenden „Bekehrung". Unter den Kongregationalisten wurde er aufgrund der vermeintlichen Breite seiner theologischen Ansichten einer Neigung zum Unitarismus beschuldigt.

Theodore Parker. – Zu seiner Zeit galt Theodore Parker (1810–1860) als der kühnste aller Rationalisten und war in seinen Überzeugungen oder Unglauben so „fortgeschritten", wie wir es heute nennen, dass er außerhalb des Bereichs des Christentums stand. Heutige Rationalisten halten ihn für einen sympathischen Geist. Er war ein Mann von unbestrittenem Genie, bissig, blitzschnell, vehement, unaufhörlich in der Arbeit und starb früh vor purer Erschöpfung. Seine gesammelten Werke in vierzehn Bänden (herausgegeben von Cobbe) offenbaren die Natur seiner Branche. Er war unermüdlich genau im Detail und war entschlossen, bei seiner Suche nach der Wahrheit nichts unversucht zu lassen. Seine Predigten über „Das Vergängliche und das Bleibende im Christentum" (1841) und „Ein Diskurs über Angelegenheiten der Religion" (1842) zeugten von seiner Abkehr von der akzeptierten Form des Unitarismus. Im Jahr 1845 brach er offen mit der Meinung ab, die Kirche sei eine unnötige Organisation. Im Allgemeinen war seine Kritik destruktiv und seine Liebe zum Detail wurde nicht durch die Fähigkeit zur Synthese ausgeglichen. Seine eigenen Überzeugungen waren eisern und er duldete keine Ablehnung, er missachtete die zärtlichsten Gefühle anderer Menschen und trat in einem falschen Pflichtgefühl die Dinge mit Füßen, die seinem Nächsten vielleicht das Heiligste waren. Sein Intellekt gedieh auf Kosten seiner Vorstellungskraft, und sein Mangel an Perspektive löst sich in einen Geschmacksmangel auf, der durch die Heftigkeit seiner Zuneigung noch schädlicher wird. Dieser Mann, der von seinen Gegnern zutiefst gehasst und gefürchtet und von seinen Freunden zutiefst geliebt wurde, vergoss Tränen wie ein Kind, wenn ihm eine triviale Geste der Freundlichkeit begegnete.

Die Beechers. —Lyman Beecher (1775–1863) repräsentiert das andere Extrem, die traditionelle Orthodoxie und die Reaktion gegen den Trend des Unitarismus. Er war eine strenge und männliche Persönlichkeit, streng in seinen Gewohnheiten und in seiner Erwartung auf Gerechtigkeit von anderen, dabei freundlich und gütig. Sein Sohn, Henry Ward Beecher (1813– 1887), hatte laut Aussage der Tochter und Schwester Harriet Beecher Stowe als Kind einen Mangel an verbalen Gedächtnissen – etwas, aus dem er nie herauswuchs –, er war unsicher, sensibel, dick und undeutlich in seiner Rede. Inmitten einer talentierten Familie, die sich stark für theologische Argumente interessierte, entwickelten sich seine Kräfte nach und nach. In Laurenceburg,

Ohio, seinem ersten Amt, war er sowohl Küster als auch Prediger. Durch seine Verteidigung des Negers im *Cincinnati Journal gelangte er an die Öffentlichkeit* . In Indianapolis wuchs sein Ruf, denn sein unabhängiger Geist und sein direkter, informeller Stil erwiesen sich als sehr attraktiv; und als er in die Plymouth Church in Brooklyn gerufen wurde, strömten die Leute aus New York herbei, um ihm zuzuhören. Beecher studierte den Alltag in den Straßen und Geschäften der Metropole; Seine unkonventionell behandelten Diskurse über populäre Themen, gute Regierung und dergleichen gaben seinem Publikum, was es mochte. Seine Sympathien waren nicht sektiererisch, er war bei jeder Versammlung am Puls der Zeit, sein gesunder Menschenverstand strömte über, und er war furchtlos bis zur Kühnheit und trug die Kunst der Nachahmung bis auf die Kanzel. Tatsächlich grenzten seine Predigten manchmal an gefährliche Selbstbehauptung. Er erlangte, wie Bacon sagen würde, eine herausragende Stellung durch die Kombination von guten und fragwürdigen Künsten. Aber die Mischung war vor allem gut. In Beechers Diskussion über die Sklaverei erkannte Calhoun, der sich nicht so leicht täuschen ließ, dass der Prediger wusste, wie er seinem Thema auf den Grund gehen konnte. Seine gute Laune, sein Mut und sein immenser Patriotismus vor feindlichen Massen in England (1863) trugen wesentlich dazu bei, diese Nation davon abzuhalten, die Südkonföderation anzuerkennen.

Theoretiker der Kanzelberedsamkeit. —Beechers „Yale Lectures on Preaching" offenbaren, wie groß das Element der bewussten Anpassung der Mittel an die Zwecke in seinen Reden war. Sie gehören zu einem umfangreichen und interessanten Zweig der amerikanischen Literatur, zu dem Phillips Brooks, J. A. Broadus, E. G. Robinson, R. S. Storrs, J. W. Alexander und viele andere Beiträge geleistet haben. James Waddell Alexander (1804–1859), Sohn von Archibald Alexander vom Princeton Seminary, hinterließ seine „Gedanken zum Predigen" zur Veröffentlichung im Jahr 1864. „Die Vorbereitung und Abgabe von Predigten" von John Albert Broadus (1827–1895), Präsident vom Southern Baptist Theological Seminary vertritt die Theorie eines Predigerausbilders, der selbst ein erfolgreicher Redner mit einem bewusst entwickelten Instinkt ist: „Jeder, der effektiv sprechen kann, weiß, dass die Kraft des Sprechens weitgehend von der Art und Weise abhängt, wie man es hört, von der Art und Weise, wie man es hört." Sympathie gelingt es, bei denen, die man anspricht, zu gewinnen." Um sich Mitgefühl zu sichern – sein Motto – predigte Broadus ohne Manuskript. Im Allgemeinen ist seine Syntax, wie hier, nicht fein ausgearbeitet. Zu nennen wäre hier ein weiterer Geistlicher, Chauncey Allen Goodrich (1790–1860), der 43 Jahre lang Professor in Yale war und mit „Select British Eloquence" Maßstäbe für aufschlussreiche Wissenschaft setzte.

Richard Salter Storrs. -DR. Storrs (1821–1900), der aus einer Linie von Geistlichen stammte, genoss ab 1846 ein hohes Ansehen als Prediger in der Church of the Pilgrims in Brooklyn. Er war auch als Dozent gefragt und verfasste zahlreiche Beiträge für die *Bibliotheca Sacra* und andere Zeitschriften. Seine „Erfolgsbedingungen beim Predigen ohne Notizen" verraten teilweise das Geheimnis seiner eigenen Eminenz; Seine satte Stimme, sein deutlicher Ausdruck und seine stattliche Haltung erklären dies zusätzlich. Als Jugendlicher studierte er Jura und lernte etwas von seiner Beredsamkeit durch Rufus Choate kennen. Aber die moralische Erhebung des Charakters war bei Storrs die ultimative Stütze seiner gesamten Kunst.

T. De Witt Talmage. – In Brooklyn, wo er von 1869 bis 1894 predigte, hatte Thomas De Witt Talmage (1832–1902) ein sogenanntes „Tabernakel", in dem jeder willkommen war und das üblicherweise von viertausend Zuhörern gefüllt war. 1894 zog er nach New York. Neunundzwanzig Jahre lang wurden die Predigten von Talmage jede Woche veröffentlicht, zuletzt in unzähligen Zeitschriften; Sie hatten eine enorme Verbreitung, nicht nur in seinem eigenen Land, und wurden in viele fremde, sogar asiatische Sprachen übersetzt. Es ist möglich, dass kein anderer Prediger auf der Welt im Laufe seines Lebens eine so große und regelmäßige Anhängerschaft genossen hat. Seine körperliche Aktivität war grenzenlos; Seine Äußerung war klar, obwohl seine Stimme nicht gefällig war, und seine Botschaft war einfach, gewalttätig und unterschiedslos konservativ. Als er sich für das einsetzte, was er für orthodox hielt, war er voreilig und ungenau; Er war auch völlig nachlässig, mit welchen Mitteln er auf seine Zuhörer einwirkte. Für die Gebildeten sind seine Schriften von geringem Wert. Sein Wert für den Staat und die große Welt lässt sich nicht so leicht entscheiden.

Phillips Brooks. —Phillips Brooks (1835–1893), nach Henry Ward Beecher der größte Kanzelredner Amerikas seit dem Bürgerkrieg, stammte aus Boston und wuchs in den besten Traditionen Neuenglands auf. Als brillanter und beliebter Student in Harvard scheiterte er seltsamerweise bei seiner anschließenden kurzen Erfahrung als Lehrer. Anschließend studierte er für das Priesteramt am Episcopal Seminary in Alexandria, Virginia. Als junger Rektor in Philadelphia zeigte er während der Rebellion in seinen patriotischen Predigten seine Macht und Furchtlosigkeit. „In Bezug auf die Politik des Landes", behauptete er, „ist das große Laster unseres Volkes ... Feigheit." Er selbst wagte es, das Verbrechen von Lincolns Märtyrertum nicht nur dem Attentäter, sondern auch den Anhängern der Sklaverei im Süden offen in die Schuhe zu schieben. Von Philadelphia aus ging er 1869 zur Trinity Church in Boston. Zwei Jahre vor seinem Tod wurde er zum Bischof von Massachusetts ernannt. „Die Yale Lectures on Preaching", gehalten im Jahr 1877, „bilden", sagt Allen, sein bester Interpret, „die Autobiographie von Phillips Brooks ... Es ist ein Buch, das seinen

Vorgängern auf demselben Gebiet nichts zu verdanken hat ..." Er beschränkt sich darauf, zu predigen, wie er ihre Wirkungsweise erlebt, ihre Methode studiert oder ihre Kraft beobachtet hat ... Das Buch fesselt den Leser allein aus diesem Grund – der Transparenz der Seele seines Autors, zwischen wem und Dem Leser greift dort keine Barriere ein." Das war auch die Qualität seiner Predigten.

Er steht auf der Kanzel [berichtete ein Beobachter], mit glattem Gesicht, voller Stimme, so selbstbewusst wie nie zuvor ein Mann, der eine solche Position innehatte. Er gibt sich wenigen Gesten hin; er hat keine Manierismen. Wenn er unter irgendwelchen Umständen die populäre Vorstellung eines Redners verwirklichen könnte, verrät er hier nicht die Möglichkeiten. Er erregt keine Aufmerksamkeit für die vorherrschende Spiritualität durch minderwertige Vitalität. Es herrscht eine wunderbare Harmonie der körperlichen und geistigen Kräfte, die das Messen beider verhindert. Erst wenn er seinen Schreibtisch verlässt und sich auf gleicher Höhe mit seinem Publikum befindet, erkennt man seine Größe. Im Hörsaal oder auf der überfüllten Straße steht er wie Saul unter den Menschen. Der ausgewogene Kopf und die kräftigen Schultern ziehen sofort die Blicke auf sich. Er kleidet sich gut, lebt gut und behauptet sich entschieden in gesellschaftlichen Kreisen ... Seine Macht beschränkt sich nicht auf seine kirchlichen Dienste, noch macht er sich durch eine brillante besondere Entwicklung bemerkbar. Es ist der ganze Mensch – geistig, moralisch und spirituell, Führer, Helfer, Freund – der eine solche Überlegenheit erlangt. Aber wenn er predigt, werden Sie von den Bedürfnissen der Menschen und Ihren eigenen Unzulänglichkeiten mitgerissen und haben kein gegenwärtiges Bewusstsein für die Persönlichkeit des Redners. Ein transparentes Medium ist das reinste. An Phillips Brooks denkt man erst, wenn Phillips Brooks mit seinem Thema fertig ist.

Brooks war ein vielseitiger Leser und ein sorgfältiger und origineller Student der Kirchengeschichte und der theologischen Diskussion; Er war nicht der tiefgründige und forschende Gelehrte, nach dem Renan in Amerika vergeblich suchte. Er hatte einen weiten Kopf, eine sprudelnde Fantasie und ein Herz voller Großzügigkeit, Energie und Optimismus. Er lebte von Bewunderung, Hoffnung und Liebe. Seine Ideen, die groß und leuchtend waren, obwohl sie nicht die endgültige Härte hatten, die man beim Durchlaufen des langsamen Feuers einer strengen kritischen Methode erhält, wurden durch die Anteilnahme an seiner Wärme und Reinheit der Gefühle lebendig.

In Bezug auf seine intellektuellen Gewohnheiten und Methoden [bemerkt Allen] ist eines klar: Phillips Brooks arbeitete eher mit der poetischen Vorstellungskraft als mit dem Prozess der Dialektik, obwohl er bei Bedarf große dialektische Subtilität an den Tag legen konnte. Wenn wir diese Kraft der poetischen Vorstellungskraft und seine anderen Gaben, die „beispiellose Kombination von Intensität des Gefühls mit umfassendem Blick und ausgewogenem Urteilsvermögen", verbinden, können wir verstehen, wie er schnell zum Kern intellektueller Systeme vordringen konnte, wie ein Hinweis Seiner Meinung nach war es für andere wie ein Buch, und er zog es vor, den Hinweis auf seine eigene Weise zu erarbeiten.

VI. DIE WISSENSCHAFTLER.

Allgemeine Bemerkungen. —Die Anfänge der Wissenschaft in Amerika reichen bis in die Kolonialzeit zurück und wurden von Professor Tyler angesprochen. Das Interesse der Amerikaner an der Wissenschaft hat nie nachgelassen. Es gibt zahlreiche Leser wissenschaftlicher Standardliteratur. *The Scientific American* , gegründet 1845, *The Popular Science Monthly* , gegründet 1872, *Science* aus dem Jahr 1883 und mehrere andere wissenschaftliche Zeitschriften werden von vielen Laien gelesen. Zumindest im letzten Vierteljahrhundert haben die verschiedenen Wissenschaften in den Lehrplänen unserer Hochschulen einen hohen Stellenwert erlangt. Die Zahl desinteressierter wissenschaftlicher Beobachter und Forscher war schon immer groß. Die größte wissenschaftliche Organisation in den Vereinigten Staaten, die American Association for the Advancement of Science, die 1847 aus der alten Association of American Geologists and Naturalists hervorgegangen ist, hat heute über fünftausend Mitglieder; und zusätzlich zu diesem und anderen allgemeinen wissenschaftlichen Gremien gibt es für die Arbeitnehmer in fast jeder einzelnen Wissenschaft eine nationale Organisation, die regelmäßig zusammentritt und die Ergebnisse von Untersuchungen veröffentlicht. In fast allen Wissenschaften hat Amerika bedeutende Gelehrte hervorgebracht; in einigen hat sie Führungspersönlichkeiten in der Welt hervorgebracht.

Dies ist natürlich nicht der Ort für eine Erzählung amerikanischer wissenschaftlicher Errungenschaften, selbst wenn der Autor kompetent wäre, dies zu liefern. Wir können nur einige der größeren Namen in den Bereichen Geistes- und Moralwissenschaften, Politik und Recht, Ethnologie und Sprachwissenschaft sowie Natur- und Physikwissenschaften ansprechen.

Geistes- und Moralwissenschaft. – Man kann nicht sagen, dass Amerika im philosophischen Denken des 19. Jahrhunderts eine herausragende Stellung eingenommen hätte. Englische, französische und deutsche Gelehrte sind in diesem Gedankenbereich immer noch führend. Dennoch hat die amerikanische Philosophie im letzten halben Jahrhundert enorme Fortschritte gemacht und viele ihrer Vertreter haben weltweite Anerkennung gefunden. Porter und McCosh haben die Ansichten der schottischen Schule dargelegt; Das deutsche Denken wurde von Harris, Bowne und Royce erläutert und kritisiert; Die Schriften von Draper, Fiske und Schurman zu den Evolutionstheorien von Darwin und Spencer sind wohlbekannt. Die Psychologen Ladd, Stanley Hall, Baldwin, Titchener und James genießen internationalen Ruf. In der Zahl und Ausstattung seiner psychologischen Laboratorien ist Amerika weltweit führend. Die Zahl der Zeitschriften, die sich der Psychologie, Ethik und verwandten Wissenschaften widmen, ist beträchtlich. Das Studium der Philosophie erfreut sich an unseren Universitäten großer Beliebtheit, sowohl als Wahlfach als auch als Pflichtfach. Einige der im Folgenden kurz betrachteten Männer sind vielleicht eher als Lehrer als als Schriftsteller berühmt; Dennoch haben alle ihre Spuren im philosophischen Denken ihrer Zeit hinterlassen.

Francis Wayland. – Francis Wayland (1796–1865), ein baptistischer Geistlicher und achtundzwanzig Jahre lang (1827–1855) Präsident der Brown University, schrieb mehrere bekannte Werke zur Moral- und Politikwissenschaft. Nach seinem Abschluss am Union College im Jahr 1813 studierte er Medizin und begann in Troy, New York, zu praktizieren. widmete sich aber ab 1816 dem Ministerium. Seine „Elements of Moral Science" (1835), sein größtes Werk, war lange Zeit ein Standardlehrbuch. „Die Elemente der politischen Ökonomie" erschienen 1837; „Begrenzungen der menschlichen Vernunft", 1840; „Gedanken zum gegenwärtigen Hochschulsystem der Vereinigten Staaten", 1842; und „Elements of Intellectual Philosophy" im Jahr 1854. Wayland ist als Morallehrer von größter Bedeutung. Bildung und Religion gingen für ihn Hand in Hand. Obwohl er kein Denker auf höchstem Niveau war, waren seine Abhandlungen klar, präzise und attraktiv. Er war einer der großen Bildungs- und Religionsführer seiner Zeit.

Mark Hopkins. – Ein weiterer großer Pädagoge war Mark Hopkins (1802–1887), dessen Geburtsort Stockbridge, Massachusetts war, und der 1824 sein Studium am Williams College abschloss. Wie Wayland praktizierte er zunächst als Mediziner und wurde dann Pfarrer und Lehrer für Moralphilosophie. Er war 57 Jahre lang Professor für Moralphilosophie an der Williams University und von 1836 bis 1872 Präsident. Er schrieb „The Influence of the Gospel in Liberalizing the Mind" (1831), „The Connexion between Taste and Morals" (1841), „The Evidences of Christianity" (Vorlesungen des Lowell Institute, 1844), „Miscellaneous Essays and Reviews" (1847), „Moral Science" (auch Lowell-Vorlesungen, 1862), „The Law of Love and Love as a Law" (1869) , „An Outline Study of Man" (1873), „Strength and Beauty" (1874) und „The Scriptural Idea of Man" (1883). Nur wenige Männer in Amerika waren als intellektuelle und moralische Kräfte mächtiger als Mark Hopkins. Präsident Garfield pflegte zu sagen, dass ein Student an einem Ende eines Baumstamms und Mark Hopkins am anderen

Ende überall eine Universität erschaffen würden. Er war großartig als origineller Denker und Erklärer, aber auch als Lehrer; „Er baute sich in das mentale Gefüge von zwei Generationen von Männern ein."

Laurens P. Hickok. – Laurens P. Hickok (1798–1888), ein Geistlicher der Kongregation und nacheinander Professor am Western Reserve College, am Auburn Theological Seminary und am Union College (dessen Präsident er von 1860 bis 1868 praktisch war), verfasste eine Reihe philosophischer und theologischer Werke , darunter „Rationale Psychologie" (1848), „Moralwissenschaft" (1853), „Mentalwissenschaft" (1854), „Rationale Kosmologie" (1858), „Unsterbliche Menschheit" (1872), „Schöpfer und Schöpfung" (1872) und „Die Logik der Vernunft" (1875). Er trug auch zu theologischen und philosophischen Rezensionen bei.

Francis Bowen. – Francis Bowen (1811–1890) war ein Konservativer, der sich entschieden gegen die Lehren von Fichte, Kant und Mill einerseits und Darwin andererseits stellte. Er gilt als starker und klarer Schriftsteller und begeisterter Lehrer. Neun Jahre nach seinem Abschluss in Harvard (1833) ist er Herausgeber von Virgil und veröffentlicht „Critical Essays on Speculative Philosophy". Von 1843 bis 1854 gab er *The North American Review heraus* und wurde dann Alford-Professor für Naturreligion, Moralphilosophie und Zivilpolitik am Harvard College. Von seinen umfangreichen Schriften können wir nur einige erwähnen: „Vorlesungen über die Anwendung metaphysischer und ethischer Wissenschaft auf die Beweise der Religion" (1849), „Vorlesungen über politische Ökonomie" (1850), „Die Prinzipien der politischen Ökonomie" (1856).), eine Ausgabe von „The Metaphysics of Sir William Hamilton" (1862), „Modern Philosophy from Descartes to Schopenhauer and Hartmann" (1877) und „A Layman's Study of the English Bible" (1885).

Noah Porter. – Noah Porter (1811–1892) war sechsundvierzig Jahre lang Professor für Moralphilosophie und Metaphysik am Yale College und fünfzehn Jahre lang Präsident der Yale University. Er hinterließ sowohl in der philosophischen als auch in der pädagogischen Welt einen starken Eindruck. Er war der Sohn von Rev. Noah Porter, der fünfzig Jahre lang Pfarrer der Congregational Church in Farmington, Connecticut, war und 1831 sein Studium in Yale abschloss. Er war zehn Jahre lang Pfarrer in New Milford, Connecticut und Springfield, Massachusetts; dann übernahm er seinen Lehrstuhl in Yale. Sein Hauptwerk „The Human Intellect" (1868) vertritt gekonnt die theistische Sicht des Universums und hat als Lehrbuch breite Verwendung gefunden, ebenso wie seine „Elements of Intellectual Science" (1871). Er schrieb auch „The Elements of Moral Science" (1885) und „A Critical Exposition of Kants Ethics" (1886); daneben mehrere Bücher über Bildung, darunter „American Colleges and the American

Public" (1870) und „Books and Reading" (1870). Er gab auch die überarbeiteten Ausgaben (1864, 1890) von Webster's Dictionary heraus.

James McCosh. – Die schottische Philosophie wurde in Amerika von Präsident James McCosh (1811–1894) energisch vertreten. Er wurde in Ayrshire, Schottland, als Sohn einer gutbürgerlichen Familie geboren und erhielt seine Ausbildung in Glasgow und Edinburgh. Sein Abschlussaufsatz über die stoische Philosophie brachte ihm die Ehrendoktorwürde eines AM ein. Als er Pfarrer der etablierten Kirche Kirks wurde, trennte er sich von Chalmers und leistete wertvolle Dienste für die Freikirche. Seine „Method of the Divine Government, Physical and Moral" (1850) legte den Grundstein für seinen Ruhm als philosophischer Schriftsteller und führte zweifellos zu seiner Ernennung im Jahr 1852 zum Professor für Logik und Metaphysik am Queen's College in Belfast. Von Belfast aus wurde er nach einer aktiven literarischen und pädagogischen Karriere zum Präsidenten des Princeton College berufen und war von da an eine angesehene Persönlichkeit in der amerikanischen intellektuellen Welt. Zu seinen zahlreichen Schriften nach 1868 gehören „The Scottish Philosophy, Biographical, Expository, Critical" (1874), „The Emotions" (1880), „Philosophical Series" (1882–1885, acht Bände) und „Psychology of the Cognitive Powers" (1886), „Realistic Philosophy Defended" (1887), „The Religious Aspect of Evolution" (1887) und „First and Fundamental Truths" (1894). Dr. McCosh war einer der ersten, der auf die theologische Bedeutung des Darwinismus hinwies und seine Akzeptanz dafür verkündete, wenn er richtig verstanden wurde. „Er berührte das Denken seiner Zeit", sagt Professor Sloane, „an seinen hervorstechenden Punkten und mit ungeheurer Vitalität, und bestand ständig auf den wenigen zentralen Wahrheiten seines Systems in ihrer Anwendung auf jede neue Frage, sobald sie auftauchte." Scharfsinnig, intensiv und real, oder besser gesagt konkret in seinem Denken, verspürte er eine Treue zur Wahrheit, die er mit aller Kraft in die Köpfe anderer einzuprägen versuchte."

William Torrey Harris. —William T. Harris (geb. 1835) verließ Yale 1857, um Lehrer in St. Louis zu werden, wo er von 1867 bis 1888 Schulleiter war. Von 1889 bis 1906 war er Bildungskommissar der Vereinigten Staaten. Obwohl er als Lehrer ein geschäftiges Leben führte, fand er Zeit für philosophische Arbeit. Er gründete (1867) und ist seitdem Herausgeber *des Journal of Speculative Philosophy* , der ersten philosophischen Zeitschrift in englischer Sprache. Seine „Hegelsche Logik" (1890) ist zwar hochtechnisch, aber eine der klarsten und wissenschaftlichsten Darlegungen des Hegelschen Denkens. Er hat außerdem „An Introduction to the Study of Philosophy" (1889), „Psychologic Foundations of Education" (1898) und viele kleinere pädagogische und philosophische Studien verfasst.

John Fiske. – Einer der größten modernen Wissenschaftsforscher war John Fiske (1842–1901). Er wurde in Middletown, Connecticut, geboren und trat 1860 im zweiten Studienjahr in Harvard ein, wo er 1863 seinen Abschluss machte. Die Werke von Spencer und Darwin eröffneten seiner lebhaften Fantasie eine neue Welt und er widmete viele Jahre der Erläuterung und Anwendung ihrer Lehren in „Mythen". and Myth Makers" (1872), „Outlines of Cosmic Philosophy" (1874), „The Unseen World" (1876), „Darwinism, and Other Essays" (1879), „Excursions of an Evolutionist" (1883), „The „Das Schicksal des Menschen im Lichte seiner Herkunft betrachtet" (1884) und „Die Idee Gottes im Einfluss moderner Erkenntnisse" (1885). Seine späteren Jahre widmete er dem Studium der amerikanischen Geschichte, deren Ereignisse er als Ergebnis evolutionärer Prozesse interpretierte. Seine Arbeit offenbart einen einheitlichen Optimismus.

Einige lebende Schriftsteller. —Von den lebenden Schriftstellern zu philosophischen Themen wird der Platz nur die Erwähnung von zwei oder drei zulassen. Der Sohn des Theologen Henry James und der Bruder des Schriftstellers Henry James Jr. William James (geb. 1842) erhielt seine Ausbildung privat und in Harvard, wo er 1870 zwei Jahre später den Doktortitel erhielt Er wurde Dozent und 1881 ordentlicher Professor; die Fächer, für die er sich später interessierte, waren Psychologie und Philosophie. Er hat neben zahlreichen Büchern und Artikeln auch „Prinzipien der Psychologie" (1890), „Der Wille zum Glauben und andere Aufsätze zur populären Philosophie" (1897) und „Menschliche Unsterblichkeit" (die Ingersoll-Vorlesung, 1898) geschrieben. , „Die Vielfalt religiöser Erfahrungen" (Gifford Lectures an der Universität Edinburgh, 1902) und „Pragmatismus" (1907). Besonders hervorzuheben sind seine Arbeiten in der analytischen Psychologie. Seine Schriften waren immer klar und frisch im Stil und hatten einen deutlichen Einfluss auf das Denken sowohl in Europa als auch in Amerika.

Borden Parker Bowne (geb. 1847), der nach seinem Abschluss an der New York University im Jahr 1871 in Halle, Göttingen und Paris studierte, wurde 1876 Professor für Philosophie an der Boston University. Er hat „The Philosophy of Herbert Spencer" (1874), „Studies in Theism" (1879), „Metaphysics" (1882), „Introduction to Psychological Theory" (1886) und „Principles of Ethics" (1892) geschrieben.

Jacob Gould Schurman (geb. 1854) hat einige wertvolle Beiträge zur Ethikliteratur geleistet; Es ist bedauerlich, dass ihn die Verwaltungsarbeit in letzter Zeit davon abgehalten hat, mehr für die breite Öffentlichkeit zu schreiben. Er wurde in Freetown, Prince Edward Island, geboren und studierte am Acadia College. 1875 gewann er das Gilchrist-Dominion-Stipendium der University of London, das er 1877 abschloss. Später studierte er in Edinburgh, Heidelberg, Berlin und Göttingen sowie in Italien. Von

1886 bis 1892 war er Professor für Philosophie an der Cornell University, deren Präsident er 1892 wurde. Er hat klare Studien über „Kantian Ethics and the Ethics of Evolution" (1881) und „The Ethical Import of Darwinism" (1888) verfasst. , „Glaube an Gott" (1890) und „Agnostizismus und Religion" (1896).

Josiah Royce (geb. 1855), ein Kalifornier, der an der University of California, Leipsic, Göttingen und Johns Hopkins studierte, hat viel zur Interpretation und Popularisierung der Gedanken Hegels beigetragen und wertvolle Originalbeiträge zum zeitgenössischen idealistischen Denken geleistet. Zu seinen philosophischen Werken gehören „Der religiöse Aspekt der Philosophie" (1885), „Der Geist der modernen Philosophie" (1892), „Die Vorstellung Gottes" (1895), „Studien über Gut und Böse" (1898) und „Die Vorstellung der Unsterblichkeit" (1900, eine Ingersoll-Vorlesung) und „Die Welt und das Individuum" (1900–1901). Als enger Denker schreibt er in einem bemerkenswert frischen, kraftvollen und informellen Stil.

Politik- und Rechtswissenschaft. —In den Bereichen der Politik-, Wirtschafts-, Sozial- und Rechtswissenschaft kann man von amerikanischen Schriftstellern höchstens behaupten, dass eine ganze Reihe von ihnen echte Auszeichnungen erlangt haben und internationalen Ruf genießen. Amerika ist noch zu jung, um zu erwarten, dass es unabhängige Denkschulen in dieser Richtung hervorgebracht hat. Was Dr. Sherwood über die Ökonomen sagt, könnte hier eine größere Bedeutung haben:

Der Hauptgrund dafür, dass es uns nicht gelungen ist, große Beiträge zur Wirtschaftswissenschaft zu leisten [bemerkt er in seinen „Tendencies in American Economic Thought"], ist derselbe Grund, der den dürftigen Beitrag unseres Beitrags zur allgemeinen Wissenschaft erklärt, nämlich das alles absorbierende Problem von Nutzen Sie die Vorteile, die sich uns bieten. Innerhalb eines Jahrhunderts waren wir gezwungen, mehrere äußerst schwierige Probleme zu lösen: Wie können wir viele starke, große und widersprüchliche Nationalitäten in einem soliden Reich vereinen? wie man dieses Reich über die angrenzenden Gebiete ausdehnen kann, um gefährliche Feinde zu beseitigen; wie kann man die Sklaverei abschaffen, ohne die Union zu stören? Wie können wir dafür sorgen, dass unsere allgemeine Bildung mit unserem zahlenmäßigen Wachstum und dem Fortschritt der Wissenschaft Schritt hält? Wie kann angesichts der sich schnell verändernden Formen der industriellen Organisation die Reinheit der Regierung und der sozialen Ordnung aufrechterhalten werden? wie man ein Reich ohne Kaiser regiert; Wie kann man die materielle Zivilisation vorantreiben, ohne in der intellektuellen und moralischen Zivilisation Rückschritte zu machen? Wie kann man Erfindungen anregen, um mit unzureichender Arbeitskraft und Kapital Wohlstand für alle zu schaffen?

Diese praktischen Probleme haben uns davon abgehalten, Männer hervorzubringen, die über Reichtum und Muße verfügen, um Lösungen für die großen abstrakten Fragen zu erarbeiten, die diese Wissenschaften aufwerfen. Auch ist es unseren Schriftstellern bisher nicht gelungen, große Faktenmengen mit der Geschicklichkeit mancher ausländischer Schriftsteller zu verarbeiten. Das beste umfassende Werk über amerikanische Institutionen bleibt Bryces „American Commonwealth", das Werk eines Engländers. Doch in Marshall, Kent und Story haben wir einige großartige Juristen hervorgebracht; in Wheaton, Lawrence und Woolsey einige großartige Autoren der Rechtswissenschaft; in Carey, Wells, Walker und George Autoren von herausragender Bedeutung auf dem Gebiet der politischen Ökonomie.

John Marshall. – Herausragend unter den Juristen Amerikas ist John Marshall (1755–1835), vierunddreißig Jahre lang Oberster Richter des Obersten Gerichtshofs der Vereinigten Staaten. Marshall diente als Offizier in der Revolution; 1780 besuchte er, da er kein Kommando hatte, die Rechtsvorlesungen von Kanzler Wyeth am William and Mary College. Als er in die Anwaltspraxis eintrat, wurde er schnell für seinen Scharfsinn bekannt. Sein Amtsantritt als Richter am Obersten Gerichtshof (1801) markiert eine Epoche in unserer Rechts- und Verfassungsgeschichte. Er musste sozusagen eine Spur bahnen. Die Verfassung war angenommen; es musste noch ausgelegt werden. Es stellten sich tausend Fragen darüber, was es bedeutete, was es beinhaltete und was es nicht beinhalten sollte. Marshalls Entscheidungen, die in 32 Berichtsbänden festgehalten sind, offenbaren die unparteiische Arbeitsweise eines meisterhaften juristischen Geistes. Solche Männer tauchen nicht oft auf; Es war ein Glück, dass sich die amerikanische Regierung in ihren Anfangsjahren von Marshalls Verfassungskonstruktionen leiten ließ. Sie bilden praktisch ein Rechtssystem, das seitdem nicht ernsthaft verändert wurde. „Der Richter, der ihm ein solches Denkmal errichtet", sagt Herr Magruder, sein Biograf, „wird nie vergessen; Im vereinten Bereich der englischen und amerikanischen Rechtswissenschaft gibt es nicht ein halbes Dutzend solcher Denkmäler; aber nicht der Geringste ist der von Marshall."

James Kent. —Von Kents „Commentaries on American Law" (1826–1830) wurde gesagt, dass sie einen tieferen und nachhaltigeren Einfluss auf den amerikanischen Charakter hatten als jedes andere weltliche Buch des 19. Jahrhunderts. James Kent (1763–1847) schloss 1781 sein Studium in Yale ab und praktizierte anschließend als Anwalt, zunächst in Poughkeepsie und nach 1793 in New York City. Im selben Jahr wurde er Professor für Rechtswissenschaften am Columbia College. Die föderalistischen Führer brachten ihn rasch voran; 1804 wurde er zum Obersten Richter des Obersten Gerichtshofs von New York und 1814 zum Kanzler ernannt. 1823 ging er in den Ruhestand, nahm seine Lehrtätigkeit an der Columbia wieder auf und veröffentlichte später viele seiner Vorlesungen in den „Commentaries". Seine Kanzleientscheidungen, die in den Berichten von Caines und Johnson zu finden sind, waren von grundlegender Bedeutung und bilden die Grundlage der amerikanischen Gerechtigkeitsrechtsprechung.

Joseph-Geschichte. – Mit Kanzler Kent teilt Joseph Story (1779–1845) den Ruhm, den Grundstein für die amerikanische Billigkeitsrechtsprechung gelegt zu haben. Story schloss 1798 sein Studium in Harvard ab und wurde 1801 als Rechtsanwalt zugelassen. Als Anführer der späteren Demokratischen Partei trat er 1808 in den Kongress ein und wurde 1811 zum Associate Justice des Obersten Gerichtshofs der Vereinigten Staaten ernannt. Ab 1829 war er auch Professor für Rechtswissenschaften in Harvard. Nach Marshalls Tod war er einige Zeit lang amtierender Oberster Richter. Viele seiner Meinungen im Patent- und Admiralitätsrecht sind immer noch maßgeblich. Zu seinen Schriften gehören „Commentaries on the Constitution of the United States" (1833), „The Conflict of Laws" (1834), „Commentaries on Equity Jurisprudence" (1835–1836) und Abhandlungen über Agentur, Partnerschaft, Gesetzentwürfe, und Notizen.

Henry Wheaton. – Weniger bekannt als Story, aber zu seiner Zeit eine prominente Persönlichkeit in der Rechtswelt, war Henry Wheaton (1785–1848) aus Providence, Rhode Island, ein Absolvent der Brown University im Jahr 1802. Er war Anwalt, an Herausgeber und Diplomat (von 1837 bis 1846 Bevollmächtigter Minister in Preußen). Sein „Elements of International Law" (1836, in mehreren Auflagen neu veröffentlicht und ins Französische, Chinesische und Japanische übersetzt) ist nach wie vor einer der führenden Autoren. Ein weiteres wichtiges Werk war seine „Histoire du progrès des gens en Europe depuis le paix de Westphalie jusqu'au Congrès de Vienne" (1841, englische Übersetzung 1846). Er wurde weithin für sein fundiertes Wissen und seine diplomatischen Fähigkeiten geschätzt.

Francis Lieber. —Francis Lieber (1800–1872), gebürtiger Berliner und Ph.D. Er studierte an der Universität Jena (1820), kam praktisch im politischen Exil nach Amerika und war, obwohl er ein glühender Verfechter der Freiheit war, zunächst, wie Dr. Harley bemerkt, gezwungen, sich mitten im Herzen der Sklavenmacht niederzulassen . Einundzwanzig Jahre lang war er Professor für Geschichte und politische Ökonomie am South Carolina College und „der erste große Lehrer in diesem Land, der Geschichte und Politik als koordinierte Fächer lehrte". Von 1856 bis 1860 hatte er den Lehrstuhl für politische Ökonomie am Columbia College inne; und von 1860 bis zu seinem Tod war er Professor für Politikwissenschaft an der Columbia Law School. Die großen Werke, auf denen sein Ruhm beruht, sind seine „Politische Ethik" (1838), „Rechtliche und politische Hermeneutik" (1839) und „Bürgerliche Freiheit und Selbstverwaltung" (1853). Als er diese Bücher schrieb, war er ein Pionier und wies auf einige wichtige Prinzipien der amerikanischen Freiheit hin. In seinen späteren Jahren widmete er dem Völker- und Militärrecht große Aufmerksamkeit. Aus seinen Vorschlägen entstand das Institut de Droit International, das 1873 in Gent gegründet wurde, „das Organ für das Rechtsbewusstsein der zivilisierten Welt".

William Beach Lawrence. – Ein weiterer Schriftsteller, dessen Name mit dem Columbia College verbunden ist, ist William B. Lawrence (1800–1881). Er wurde in New York City geboren, schloss 1818 sein Studium an der Columbia University ab, wurde 1823 als Rechtsanwalt zugelassen und widmete sich hauptsächlich dem Völkerrecht. Eine Zeit lang hielt er in Columbia Vorlesungen über politische Ökonomie und verteidigte den Freihandel. Nach seinem Umzug nach Rhode Island war er 1852 amtierender Gouverneur. Von 1872 bis 1873 hielt er Vorlesungen über internationales Recht an der Columbian University in Washington. Seine Werke zeichnen sich durch Weitblick und fundiertes Urteilsvermögen aus. Dazu gehören „The Bank of the United States" (1831), „Institutions of the United States" (1832), „Discourses on Political Economy" (1834), „The Law of Charitable Uses" (1845), „Commentaire sur les éléments du droit international" (1868–1880) und „Der Vertrag von Washington" (1871).

Theodore Dwight Woolsey. —Theodore D. Woolsey (1801–1889) hatte eine vielfältige Vorbereitung auf seine bemerkenswerte Karriere. Nach seinem Abschluss in Yale im Jahr 1820 studierte er Rechtswissenschaften in Philadelphia, Theologie in Princeton und Griechisch in Leipzig, Bonn und Berlin. Von 1831 bis 1846 war er Professor für Griechisch in Yale. Als er 1846 Präsident von Yale wurde, beschränkte er seine Lehrtätigkeit fortan auf Geschichte, Politikwissenschaft und internationales Recht und wurde als Autor zu Themen in diesen Bereichen berühmt. Zu seinen Werken gehören „An Introduction to the Study of International Law" (1860), „Essays on Divorce and Divorce Legislation" (1869), „Political Science" (zwei Bände, 1877) und „Communism and Socialism, in Their History". und Theorie" (1880).

Henry Wager Halleck. – Henry W. Halleck (1815–1872), der vor allem als Soldat bekannt war und von Juli 1862 bis März 1864 General der Armeen der Vereinigten Staaten war, war letzlich besser in der Wissenschaft des Krieges als in seiner Praxis bewandert im Feld. Er studierte am Union College und in West Point, wo er 1839 seinen Abschluss machte. Vor dem Lowell Institute hielt er 1845 Vorlesungen über Kriegswissenschaft; Seine Vorlesungen, veröffentlicht als „Elements of Military Art and Science", wurden später häufig als Trainingshandbuch verwendet. Der Hauptteil seiner anderen Werke, „International Law, or Rules Regulated the Intercourse of States in Peace and War" (1861), das 1866 für den Hochschulgebrauch gekürzt wurde, zählt immer noch zu den höchsten Autoritäten.

Henry Charles Carey. – Zu seiner Zeit war Henry C. Carey (1793–1879) der führende Verfechter des staatlichen Schutzes der Privatwirtschaft. Als ältester Sohn von Matthew Carey, dem Verleger aus Philadelphia, widmete er seine frühen Jahre dem Buchhandel und dem Verlagsgeschäft und ging 1835 in den Ruhestand. Sein Aufsatz über „The Rate of Wages" (1835) wurde bald zu „The Principles of Political" erweitert Economy" (1837–1840), das im Ausland großen Anklang fand und ins Schwedische und Italienische übersetzt wurde. Seine weiteren Hauptwerke waren „Das Kreditsystem Frankreichs, Großbritanniens und der Vereinigten Staaten" (1838), „Die Vergangenheit, die Gegenwart und die Zukunft" (1848), „Briefe über das internationale Urheberrecht" (1853), „Die Prinzipien der Sozialwissenschaft" (1858) und „Die Einheit des Rechts" (1873). Carey war ursprünglich ein Freihändler, wurde aber schon früh zu einem Befürworter des Schutzes aufgrund vorübergehender Zweckmäßigkeit. Einige seiner Ansichten wurden als ungerechtfertigt und dogmatisch geäußert angegriffen; Allerdings muss man zugeben, dass er ein ausgeprägtes Gespür für Fakten hatte und dass seine Werke einen unschätzbaren Beitrag zur Wirtschafts- und Sozialwissenschaft darstellen.

David Ames Wells. – Viele Jahre lang war David A. Wells (1828–1898) der führende Ökonom Amerikas. Er stammte von Thomas Welles ab, der 1655–1658 Gouverneur von Connecticut war, wurde in Springfield, Massachusetts, geboren und machte 1847 seinen Abschluss am Williams College und 1852 an der Lawrence Scientific School of Harvard. Einige Jahre lang unterrichtete er Physik und Chemie, und war auch damit beschäftigt, Schulbücher zu diesen Themen zu schreiben. Ein Aufsatz („Unsere Bürde und Stärke") über die Ressourcen und die finanzielle Leistungsfähigkeit der Vereinigten Staaten (1864) machte Wells bekannt und trug gleichzeitig viel dazu bei, das Vertrauen in die Bundesregierung wiederherzustellen. Präsident Lincoln berief Herrn Wells nach Washington und ernannte ihn von 1865 bis 1866 zum Vorsitzenden der Finanzkommission. Als Sonderkommissar für Einnahmen (1866–1870) führte er umfangreiche Reformen im komplexen Einnahmensystem durch, das während des Krieges entstanden war. Danach beschäftigte er sich hauptsächlich mit dem Schreiben und Reden zu Wirtschaftsthemen. Zu seinen Büchern gehören „Robinson Crusoes Geld", illustriert von Nast (1876), „Unsere Handelsmarine: Wie sie aufstieg, zunahm, großartig wurde, sank und verfiel" (1882), „Praktische Ökonomie" (1885), „A Study of Mexico" (1887), „The Relation of the Tariff to Wages" (1888) und „Recent Economic Changes" (1898).

Francis Amasa Walker. – Der in Boston geborene Francis A. Walker (1840–1897) machte mit zwanzig Jahren seinen Abschluss in Amherst, diente dann in der Unionsarmee und wurde Brigadegeneral. 1869 wurde er an die Spitze des Statistikamtes berufen; Er war Superintendent der Neunten und

Zehnten Volkszählung und hatte weitere herausragende Positionen inne, darunter (1873–1881) die Professur für politische Ökonomie und Geschichte an der Sheffield Scientific School of Yale und (1881–1897) die Präsidentschaft des Massachusetts Institute of Technologie. Er war ein produktiver Schriftsteller; Von seinen Wirtschaftswerken können wir nur „The Indian Question" (1874), „The Wages Question" (1876), „Money" (1878) und „Money in its Relations to Trade and Industry" (Vorlesungen des Lowell Institute, 1879) erwähnen. , „Politische Ökonomie" (1883), „Land und seine Rente" (1883) und „Internationaler Bimetallismus" (1896). Walkers Einfluss als Ökonom war vor allem im Zusammenhang mit der Lohntheorie spürbar. „Die zentrale Idee seiner Theorie", sagt Dr. Sherwood, „dass die Höhe der Löhne im freien Wettbewerb tendenziell dem durch die Arbeit erzielten Produkt entspricht, wurde allgemein akzeptiert, wenn auch nicht vollständig als direktes Ergebnis seiner Schriften."

Heinrich Georg. —Die Theorien von Henry George (1839–1896) wurden vielfach diskutiert. Sie wurden erstmals in „Our Land and Land Policy" (1871) dargelegt, in dem er vertrat, dass die Steuerlast vom Land und nicht von der Industrie getragen werden sollte und dass so die Chancen für Fortschritt ausgeglichen würden. Sein wichtigstes Buch war „Fortschritt und Armut" (1879), das George in wenigen Jahren praktisch zum Apostel eines neuen wirtschaftlichen und sozialen Glaubens machte. Konservative Ökonomen akzeptierten seine Einheitssteuertheorie nur langsam; Es hat jedoch die Aufmerksamkeit auf die enorme Verschwendung und das Unrecht gelenkt, die aus der Gewährung öffentlicher Konzessionen an private Unternehmen ohne angemessene Entschädigung resultieren. Seine Lohntheorie, dass sie aus einem Wert entstehen, der durch die Effizienz des Arbeiters geschaffen wird, ist allgemein anerkannt und kann als echter Beitrag zur Wirtschaftswissenschaft angesehen werden.

Einige andere Autoren. – Mehr als eine Generation von Männern des Williams College standen unter der Lehre von Arthur Latham Perry (1830–1905), achtunddreißig Jahre lang Professor für Geschichte und politische Ökonomie. Perry veröffentlichte 1865 seine „Elements of Political Economy"; Seitdem sind etwa zwanzig Ausgaben erschienen. Sein Eintreten für den Freihandel in den sechziger Jahren kostete ihn viele Freunde. Er veröffentlichte auch ein Werk über „International Commerce" (1866) und kleinere Abhandlungen zur politischen Ökonomie. Elisha Mulford (1833–1885), Absolvent des Yale College und bischöflicher Geistlicher, war Autor zweier äußerst kraftvoller und anregender Bücher: „The Nation" (1870), das sich mit der Philosophie des Staates befasst, und „The Republic of". Gott" (1880), ein religiöses Werk ähnlichen Charakters. William Graham Sumner (geb. 1840) wurde durch sein Eintreten für den Freihandel und den Goldstandard bekannt. Nach seinem Abschluss in Yale im Jahr 1863 studierte er in Göttingen und Oxford und nahm dann Orden in der Episcopal Church an. Seit 1872 ist er Professor für Politik- und Sozialwissenschaften in Yale. Er hat „Eine Geschichte der amerikanischen Währung" (1874), „Vorträge über die Geschichte des Schutzes in den Vereinigten Staaten" (1875), „Was soziale Klassen einander schulden" (1882) und „Gesammelte Aufsätze in Politik- und Sozialwissenschaften" geschrieben " (1885), „The Financier and Finances of the American Revolution" (1892) und „A History of Banking in the United States" (1896). Ein weiterer bekannter politischer Ökonom ist Richard Theodore Ely (geb. 1854), Absolvent des Columbia College (1876) und von Heidelberg (Ph.D. *summa cum laude* , 1879), der als Direktor der School of Economics Politikwissenschaft leitete , und Geschichte an der University of Wisconsin, hat mehr Lehrer für Wirtschaftswissenschaften ausgebildet als jeder andere lebende Amerikaner und hat deutlichen Einfluss auf das Denken seiner Zeit ausgeübt. Er kann auf eine lange Liste wertvoller Veröffentlichungen zurückblicken; einige davon sind „Französischer und deutscher Sozialismus in der Neuzeit" (1883), „Die Arbeiterbewegung in Amerika" (1886), „Besteuerung in amerikanischen Staaten und Städten" (1888), „Sozialismus, eine Untersuchung seiner Natur, seine „Stärke und ihre Schwäche, mit Vorschlägen für soziale Reformen" (1894), „Das soziale Gesetz des Dienstes" (1896) und „Monopole und Trusts" (1900). Die Tendenz der Regierung, wirtschaftliche Bewegungen zu regulieren, steht im Einklang mit einer Doktrin, für die er ein mutiger Verfechter war. Ein weiterer ebenso hoher Experte für Trusts und Währungsprobleme ist Jeremiah Whipple Jenks (geb. 1856), seit 1891 Professor für politische Ökonomie an der Cornell University. Seine Werke „The Trust Problem" (1900) und „Trusts and Industrial Combinations" (1900) fanden weite Verbreitung. Präsident Woodrow Wilson (geb. 1856) aus Princeton, der an anderer Stelle als Historiker erwähnt wird, muss hier auch für sein Standardwerk über „The State: Elements of Historical and Practical Politics" (1889), „An Old Master, and Other Political" erwähnt werden Essays" (1893) und „Mere Literature, and Other Essays", in denen umfassende und fundierte Ansichten der Regierung und ihrer Funktionen in einem klaren und attraktiven Stil dargelegt werden.

Ethnologische und Sprachwissenschaft. —Auf dem weiten Gebiet der ethnologischen Forschung haben sich die Arbeiten amerikanischer Gelehrter hauptsächlich den einheimischen und primitiven Rassen Amerikas gewidmet. Dies bietet, wie Mr. McGee betonte, „das schönste Gebiet , das die Welt zu bieten hat" und zeigt nahezu jede Entwicklungsstufe und nahezu jede Art von Menschheit; und die amerikanischen Beiträge zur Ethnologie und Anthropologie waren entsprechend wichtig. Die Namen Gallatin, Schoolcraft, Morgan, Powell, Brinton werden sofort in Erinnerung gerufen; Der letztgenannte ist vermutlich unser bekanntester Ethnologe. In der

Sprachwissenschaft ist unsere Leistung zahlenmäßig etwas glaubwürdiger. Die lexikografische Arbeit von Webster, Worcester, Whitney und March sowie die grammatikalische Arbeit von Child und Gildersleeve wurden auf der ganzen Welt anerkannt und geschätzt. In diesen Wissenschaften ist die Schuld Amerikas gegenüber Deutschland hoch. Die meisten unserer größeren Sprachlehrer haben ihre Berufsausbildung in Deutschland erhalten; Und auch wenn mittlerweile weniger unserer Studenten für ihr Doktorstudium nach Deutschland gehen, ist der Einfluss der deutschen Wissenschaft bei uns immer noch stark spürbar.

Pierre Étienne Duponceau. —Duponceau (1760–1844) war einer der Pioniere der amerikanischen Philologie. Der gebürtige Franzose kam 1777 als Sekretär von Baron Steuben nach Amerika, diente bis 1781 als Hauptmann in der amerikanischen Armee und praktizierte anschließend in Philadelphia als Anwalt, wodurch er bekannt wurde. Er verfasste juristische Abhandlungen: „Exposition sommaire de la Constitution des États-Unis d'Amérique" (1837); und in der Linguistik: „Englische Phonologie" (1818), „Mémoire sur le système grammatical des language de quelques nationen indiennes de l'Amérique du Nord" (1838), das vom Französischen Institut mit einer Medaille ausgezeichnet wurde, und „Eine Dissertation über die Natur und der Charakter des chinesischen Schriftsystems" (1838).

Albert Gallatin. – Die lange und glanzvolle politische Karriere von Albert Gallatin (1761–1849) darf uns hier nicht aufhalten. Die meisten seiner literarischen und ethnologischen Arbeiten entstanden in seinen späteren Jahren. 1836 veröffentlichte er seine „Synopsis der Indianerstämme in den Vereinigten Staaten, östlich der Rocky Mountains und in den britischen und russischen Besitztümern in Nordamerika". Im Jahr 1845 erschienen seine „Notizen über die halbzivilisierten Nationen Mexikos, Yukatans und Mittelamerikas". Er gründete 1842 die American Ethnological Society; und er ist zu Recht als Vater der amerikanischen Ethnologie bekannt und wird in Erinnerung bleiben.

Henry Rowe Schoolcraft. – Zu den prominentesten frühen amerikanischen Ethnologen gehörte Henry R. Schoolcraft (1793–1864). Sein Großvater James Calcraft, ehemals britischer Soldat unter Marlborough, hatte eine große Schule in Albany County, New York, geführt, und aus diesem Grund wurde sein Name in Schoolcraft geändert. Schon in jungen Jahren studierte Henry Schoolcraft Mineralogie, Chemie, Naturphilosophie und Medizin. Im Zusammenhang mit den Glasunternehmen seines Vaters in New Hampshire, Vermont und im Westen von New York beschäftigte er sich einige Zeit mit dem Bau von Glashütten und begann 1817 mit der Veröffentlichung eines Werkes über „Vitreology". Als er den Wunsch verspürte, in den Fernen Westen zu reisen, begab er sich 1818 auf eine Reise den Ohio hinunter und den Mississippi hinauf. Ein daraus resultierendes

Buch über die Mineralogie des Abendlandes machte ihn bekannt. Eine weitere Expedition wurde in „Reisen in die zentralen Teile des Mississippi-Tals" (1825) beschrieben. Im Jahr 1828 war er führend bei der Gründung der Michigan Historical Society und im Jahr 1832 half er bei der Gründung der Algic Society zur Rekultivierung und Erforschung der Indianer. Eine Erzählung seiner Arbeit und Erfahrungen wurde in „Persönliche Erinnerungen an einen dreißigjährigen Aufenthalt bei den Indianerstämmen an den amerikanischen Grenzen, 1812 bis 1842" dargelegt, einem Werk voller dem Flair des primitiven Westens. Weitere Werke waren „Algic Researches" (1839), eine Sammlung indischer Allegorien und Legenden; „Oneota oder die Merkmale der roten Rasse in Amerika" (1844–1845); „Die rote Rasse Amerikas" (1847); und „American Indians, Their History, Condition, and Prospects" (1850), ein umfangreiches Werk, das ein breites Themenspektrum abdeckt. Seine Bücher trugen wesentlich dazu bei, das Wissen über das Leben und Denken Indiens zu fördern.

Charles Pickering. – Ein weiterer bekannter Ethnologe, Charles Pickering (1805–1878), geboren in Susquehanna County, Pennsylvania, schloss 1823 sein Studium am Harvard College ab und machte 1826 seinen Abschluss in Medizin. Er begleitete Commodore Wilkes auf der *Vincennes* auf seiner Erkundungsreise um die USA Welt in den Jahren 1838–1842 und besuchte später Indien und Ostafrika. Sein großes Werk war „The Races of Man and Their Geographical Distribution" (1848); spätere bedeutende Werke waren „Die geographische Verbreitung von Tieren und Menschen" (1854) und „Die geographische Verbreitung der Pflanzen" (1861).

Lewis Henry Morgan. – Lewis H. Morgan (1818–1881), geboren in Aurora am Cayuga Lake, New York, und Abschluss am Union College im Jahr 1840, interessierte sich für das Studium der Indianer, indem er eine Gesellschaft namens „Der Große Orden der Irokesen" gründete. die er der alten Irokesen-Konföderation nachempfinden wollte. Die ersten literarischen Früchte seines Studiums waren seine „Letters on the Iroquois" (in *The American Review* 1847). Als er feststellte, dass er seine Anwaltspraxis vernachlässigen oder sein Indienstudium aufgeben musste, beschloss er, alle seine Materialien zu veröffentlichen und sich dann der Rechtswissenschaft zu widmen. Im Jahr 1851 erschien dann „Die Liga der Irokesen", in der die Organisation und Regierung der berühmten Irokesen-Konföderation ausführlich erläutert wurde und die den ersten wissenschaftlichen Bericht über einen Indianerstamm lieferte. Einige Jahre später nahm er auf Drängen von Henry, Agassiz und anderen seine Studien wieder auf und begann eine Untersuchung, die sich auf die ganze Welt ausdehnte und in seinem wissenschaftlichen Werk „Systeme der Blutsverwandtschaft und Verwandtschaft der menschlichen Familie" mündete ", veröffentlicht 1871 als Nr. 17 der Smithsonian „Contributions to Knowledge". Im Jahr 1881 fasste er seine Materialien zur Stammesorganisation in einer epochalen philosophischen Abhandlung über die „Alte Gesellschaft" zusammen, die wesentlich dazu beitrug, die Grundlagen unserer modernen Wissenschaft von Regierungsinstitutionen zu legen.

John Wesley Powell. —Major John W. Powell (1834–1902) wurde sowohl als Geologe als auch als Anthropologe bekannt. Er studierte an zwei oder drei kleinen westlichen Colleges, diente im Bürgerkrieg und lehrte dann Geologie an zwei Universitäten in Illinois. Im Jahr 1867 reiste er in die Colorado Rocky Mountains und war von da an viele Jahre lang mit Vermessungen und Erkundungen des Fernen Westens beschäftigt. Von 1881 bis 1894 war er Direktor des United States Geological Survey und trat zurück, um Direktor des Bureau of Anthropology zu werden. Er leistete viele wichtige Beiträge zu den Wissenschaften, die ihn interessierten, indem er „Exploration of the Colorado River of the West and Its Tributaries" (1875), „Report on the Geology of the Uinta Mountains" (1876) und „Report on the Arid Region" veröffentlichte of the United States" (1879), „Introduction to the Study of the Indian Languages" (1880), „Studies in Sociology" (1887), „Canyons of the Colorado" (1895) und „Physiographic Processes, Physiographic Features, und physiologische Regionen der Vereinigten Staaten" (1895).

Daniel Garrison Brinton. —Daniel G. Brinton (1837–1899) aus Philadelphia war einer der führenden Archäologen der Neuen Welt. Nach seinem Abschluss in Yale im Jahr 1858 und am Jefferson Medical College in Philadelphia im Jahr 1860 diente er als Chirurg im Krieg und war von 1867 bis 1887 Herausgeber von *The Medical and Surgical Reporter*. Von 1886 bis zu seinem Tod war er Professor für amerikanische Linguistik und Archäologie an der University of Pennsylvania. Er kann auf eine lange Liste wichtiger Bücher und Aufsätze zurückblicken, von denen hier nur einige erwähnt werden können. Er begann 1859 zu veröffentlichen („The Floridian Peninsula, Its Literary History, Indian Tribes, and Antiquities"). Schon als Kind interessierte er sich intensiv für das Studium der amerikanischen Indianer; und 1868 veröffentlichte er „The Myths of the New World". Er schrieb auch „American Hero Myths" (1882), „The American Race" (1892) und zahlreiche ethnologische und sprachwissenschaftliche Arbeiten zu indianischen Themen. Außerdem war er (größtenteils) Herausgeber und Herausgeber von „The Library of Aboriginal American Literature" in acht Bänden (1882–1885). In den Kontroversen zwischen Wissenschaft und theologischem Dogma war er ein ausgesprochener Radikaler. Neben seiner wissenschaftlichen Arbeit fand Dr. Brinton Zeit für einige Studien zur Poesie, insbesondere zu Browning und Whitman.

Noah Webster. – Unter den Studenten der Sprachwissenschaften ist Noah Webster (1758–1843), gebürtig aus Hartford, Connecticut, und Absolvent des Yale College, der zeitlich erste und einer der ersten von Bedeutung ist und dessen „Grammatical Institute of the English Language" (Rechtschreibbuch, Grammatik und Lesebuch) erschien 1783–1785. Diese Bücher hatten einen riesigen Verkaufsschlager. Die Grammatik zeigte Originalität, wurde jedoch teilweise von Murrays ersetzt. Webster veröffentlichte außerdem „Dissertations on the English Language" (1789), eine fortgeschrittenere „Philosophical and Practical Grammar of the English Language" (1807) und „Origin, History, and Connection of the Languages of Western Asia and of Europe" (1807); Das letzte war eine der ersten Früchte der Identifizierung des Sanskrit durch Sir William Jones im Jahr 1786. Das größte Werk in Websters Leben war jedoch sein „American Dictionary of the English Language", das erstmals 1828 veröffentlicht wurde. 1847 und 1864 überarbeitet. und 1890, dies ist jetzt die „International" und erfreut sich großer Verkaufszahlen. Die Ausgabe von 1901 umfasst 2528 Seiten.

Lindley Murray. —Lindley Murray (1745–1826), gebürtig aus Pennsylvania, machte zur Zeit der Revolution ein Vermögen im Handel und ließ sich dann in Holdgate in der Nähe von York, England, nieder. Hier schrieb er seine „Grammar of the English Language" (1795), die bis 1816 auf zwei Bände angewachsen war. Im Jahr 1818 veröffentlichte er ein „Abridgement", das mehrere Ausgaben mit je sechs Partituren erlebte. Es legte großen Wert auf die Syntax und war für Generationen von Studenten ein Schrecken.

Joseph Emerson Worcester. – Viele Jahre lang war der einzige Konkurrent von Webster's Dictionary das von Worcester. Joseph Emerson Worcester (1784–1865) war wie Webster Absolvent des Yale College. Nachdem er eine Zeit lang in Salem, Massachusetts, unterrichtet hatte, ließ er sich in Cambridge nieder. Nach verschiedenen lexikografischen Arbeiten gab er „A Universal and Critical Dictionary" (1846) heraus, das „zusätzlich zu den in Todds Ausgabe von Johnson's Dictionary gefundenen Wörtern fast 27.000 Wörter enthält, für die Autoritäten angegeben sind". Im Jahr 1860 wurde daraus das Quarto „Dictionary of the English Language" erweitert, das etwa 104.000 Wörter umfasste. In einer Abhandlung von Dr. Worcester sagte Ezra Abbot:

Die Tendenz seines Geistes war eher praktisch als spekulativ. Als Lexikograph hatte er es sich nicht zur Aufgabe gemacht, seit langem bestehende Anomalien in der englischen Sprache zu reformieren: Sein Ziel bestand vielmehr darin, sie vor Korruption zu bewahren; und seine Werke haben sicherlich viel dazu beigetragen. Sowohl in Bezug auf die Orthographie als auch auf die Aussprache legte er großen Wert darauf, die beste Verwendung zu ermitteln; und vielleicht gibt es keinen Lexikographen, dessen Urteil zu diesen Fragen in zweifelhaften Fällen eine höhere Beachtung verdient.

Guter Brown. —Die meisten unserer Großväter erhielten ihre Kenntnisse der englischen Grammatik aus den Lehrbüchern von Goold Brown (1791–1857). Seine Ausbildung erhielt er an der Friends' School in Providence, Rhode Island, seinem Geburtsort. Er wurde ein erfolgreicher Lehrer und leitete zwanzig Jahre lang eine Akademie in New York City. Seine „Institutes of English Grammar" erschienen 1823 und hatten als Grundwerk eine enorme Verbreitung. Seine „Grammar of English Grammars" (1851), die ihm großes Ansehen einbrachte, wurde als „die umfassendste, genaueste und originellste Abhandlung über die englische Sprache, die jemals geschrieben wurde" bezeichnet. Das ist ein absurd hohes Lob; Dennoch ist das Buch zweifellos ein Denkmal der Fleißarbeit und für viele ernsthafte Seelen „das Gericht der letzten Instanz in grammatikalischen Fragen".

George Perkins Marsh. – Zu seiner Zeit leistete George P. Marsh (1801–1882), ein angesehener Diplomat und Literat, wesentliche Beiträge zur Philologie. Er schloss 1820 sein Studium am Dartmouth College ab und studierte Rechtswissenschaften. Bald wandte er sich dem Studium der Sprache zu und veröffentlichte 1838 privat eine Übersetzung von Rasks „Isländischer Grammatik". Seine „Lectures on the English Language" (1861) wurden ursprünglich in Columbia gehalten; sein „Origin and History of the English Language" (1862) war ein Kurs mit Vorlesungen am Lowell Institute.

Samuel Stehman Haldeman. —Samuel S. Haldeman (1812–1880) erlangte als Philologe einen angesehenen Ruf, war aber auch als Naturforscher und Archäologe bekannt. Er besuchte zwei Jahre lang das Dickinson College, aber da ihm der Studiengang nicht gefiel, blieb er sich selbst überlassen. Kurz nach seiner Heirat im Jahr 1835 ließ er sich in Chickies, Pennsylvania, nieder, wurde stiller Teilhaber zweier Brüder im Eisengeschäft und verbrachte die meiste Zeit in seiner Bibliothek, wo er viele Jahre lang sechzehn Stunden am Tag arbeitete. Seine Naturstudien führten zu „Fresh-Water Univalve Mollusca of the United States" (neun Teile, 1840–1845); „Zoologische Beiträge" (1842–1843); „Zoologie der wirbellosen Tiere" (1850); und mehr als siebzig Artikel. Er begann sich schon früh für die indischen Sprachen zu interessieren und veröffentlichte Aufsätze zu ihnen, aber auch zu den Sprachen Europas und Chinas und zur Rechtschreibreform. Diese Schriften sind heute vor allem als Meilensteine in der Geschichte der Sprachwissenschaft wertvoll; Dies beeinträchtigt jedoch nicht Haldemans zeitgenössischen Ruf als gelehrter und genauer Linguist. Seine letzten Werke waren eine Monographie über „Pennsylvania Dutch" (1872) und „Outlines of Etymology" (1878).

James Hammond Trumbull. – James H. Trumbull (1821–1897) aus Hartford, Connecticut, war als gründlicher Schüler der indischen Sprachen bekannt. Er studierte im Jahrgang 1842 in Yale, konnte jedoch aus gesundheitlichen Gründen keinen Abschluss machen. Zur Linguistik schrieb er „The Composition of Indian Geographical Names" (1870), „The Best Methods of Studying the Indian Languages" (1871), „Notes on Forty Algonkin Versions of the Lord's Prayer" (1873) und „Indian Names of Orte in und an den Grenzen von Connecticut, mit Interpretationen" (1881). Er gab auch Roger Williams' „Key into the Language of America" (1866) heraus.

Francis James Child. – Francis J. Child (1825–1896) schuf eine Tradition des Eifers für umfassendes und fundiertes Lernen, deren Einfluss noch immer stark ist. Als Jugendlicher aus Boston stand er 1846 an der Spitze seiner Klasse in Harvard. 45 Jahre lang war er Professor in Harvard. Neben einigen hervorragenden Textausgaben veröffentlichte er eine epochale Monographie, „Observations on the Language of Chaucer" (1862), „Observations on the Language of Gower's Confessio Amantis" (1866) und eine monumentale Ausgabe von „English and Scottish Popular Ballads" (1857–1858, überarbeitete und erweiterte Ausgabe in zehn Bänden, 1882–1898), das ein Musterbeispiel für genaues, umfassendes Werk ist und von dem man mit Sicherheit sagen kann, dass es nicht so schnell ersetzt werden wird. Es ist vor allem Child zu verdanken, dass Harvard zu einem der führenden Zentren für Englischstudien in Amerika geworden ist.

Francis Andrew March. – Der Nestor der lebenden amerikanischen Philologen ist Professor Francis A. March (geboren 1825), seit 1855 Lehrer am Lafayette College. Er schloss 1845 sein Studium am Amherst College ab. Zunächst studierte er Philosophie, später widmete er sich aber dem Studium der Sprache. Seine „Method of Philological Study of the English Language" erschien 1865. Seine „Comparative Grammar of the Angelsaxon Language" (1870) war ein Pionier und leistete mit dem „Anglo-Saxon Reader" (1870) gute Dienste bei der Einführung das Thema an amerikanischen Colleges. Dr. March ist seit vielen Jahren ein glühender Apostel der Rechtschreibreform.

William Dwight Whitney. – Wahrscheinlich ist William Dwight Whitney (1827–1894) vor allem als Autor von Lehrbüchern und populärer Vertreter sprachlicher Probleme bekannt. Unter Gelehrten ist sein wichtigstes Denkmal jedoch sein Werk in Sanskrit. Er wurde in Northampton, Massachusetts, geboren und schloss mit achtzehn Jahren sein Studium am Williams College ab. Im Winter 1848–1849 begann er mit dem Studium des Sanskrit; Dieses Studium setzte er bei Salisbury in Yale, Weber in Berlin und Roth in Tübingen fort. 1854 wurde er zum Professor für Sanskrit und vergleichende Philologie in Yale ernannt und hatte diesen Lehrstuhl bis zu seinem Tod inne; galt viele Jahre lang als der führende Philologe in Amerika.

Er war ein äußerst fleißiger und systematischer Arbeiter. Seine Bibliographie umfasst 360 Titel. Er schrieb einfache und klare Grammatiken für Englisch (1877), Französisch (1886), Deutsch (1869) und Sanskrit (1879); „Sprache und Sprachstudium" (1867); „Orientalische und Sprachwissenschaftliche Studien" (1873–1874); „Das Leben und Wachstum der Sprache" (1875); mehrere Übersetzungen von Sanskrit-Texten mit Kommentaren; und zahlreiche Artikel und Rezensionen. Er war außerdem Chefredakteur des „The Century Dictionary" (1889–1891) und las jeden Korrekturabzug der 21.138 Kolumnen. Aber sein größter Dienst für die Sache der Wissenschaft bestand darin, dass er seinen Schülern ein hohes Ideal und eine strenge wissenschaftliche Methode vermittelte.

Hellenisten, Latinisten und Linguisten aller Art [sagte Professor Perrin in einer Gedenkrede] und sogar Geschichtsstudenten im engeren Sinne in diesem Land und in Europa arbeiten jetzt, jeder auf seinem gewählten Gebiet, mit einer gleichberechtigteren Geist, eine umfassendere Methode und ein höheres Ideal, weil sie sie alle direkt oder indirekt von dem Meister übernommen haben, dessen Andenken wir ehren.

Basil Lanneau Gildersleeve. – Wertvolle Arbeit in der klassischen Philologie wurde von Basil L. Gildersleeve (geb. 1831) geleistet. Nach seinem Abschluss in Princeton im Jahr 1849 studierte er in Berlin, Bonn und Göttingen und erhielt den Doktortitel. von Göttingen im Jahr 1853. Zwanzig Jahre lang (1856–1876) war er Professor für Griechisch (fünf Jahre lang auch für Latein) an der University of Virginia. 1876 wurde er auf einen ähnlichen Lehrstuhl an der Johns Hopkins University berufen, den er seitdem innehat. Er gründete (1880) und ist seitdem Herausgeber *des American Journal of Philology* und hat unter anderem Bücher veröffentlicht: „A Latin Grammar" (1876, zweimal überarbeitet), „Essays and Studies, Educational and Literary" (1890), „The Syntax des klassischen Griechisch" (Teil I, 1900, mit Charles W. E. Miller) und Ausgaben von Justin Martyr, Persius und Pindar.

Natur- und Physikwissenschaften. – In den Natur- und Naturwissenschaften wird unser Versuch, den Boden zu erschließen, auf einmal am aussichtslosesten erscheinen. In einigen dieser Wissenschaften, zum Beispiel Astronomie, Physik und Geologie, gehören amerikanische Gelehrte zugegebenermaßen zu den Besten der Welt; Zu praktisch allen von ihnen haben Amerikaner bemerkenswerte Studien und Entdeckungen beigetragen. Der Platzmangel verhindert mit ein oder zwei Ausnahmen sogar die Erwähnung lebender Schriftsteller.

John James Audubon. – Unter den Naturforschern Amerikas ist kein Name berühmter als der des Chefs unserer Ornithologen, John James Audubon (1780–1851). Sein Vater war ein französischer Marineoffizier, der sich auf einer Plantage in der Nähe von New Orleans niedergelassen hatte und eine Frau spanischer Abstammung heiratete. Als Kind malte Audubon Bilder von Vögeln; Von denen, die nicht zufriedenstellend waren, machte er an jedem Geburtstag ein Lagerfeuer. Als er etwa achtzehn war, ließ ihn sein Vater auf einer Farm in der Nähe von Philadelphia nieder; hier befriedigte er die Leidenschaft des Naturforschers so sehr, dass er für nichts anderes mehr zu gebrauchen war. „Zwanzig Jahre lang", schrieb er später, „war mein Leben eine Reihe von Wechselfällen. Ich versuchte es mit verschiedenen Geschäftszweigen, aber sie alle erwiesen sich als unrentabel, zweifellos weil mein ganzer Geist immer von der Leidenschaft erfüllt war, jene Objekte der Natur zu erkunden und zu bewundern, von denen allein ich die reinste Befriedigung empfand." Er lebte mit seiner Familie nacheinander in Kentucky, Ohio, Mississippi und Louisiana; Ich zeichne und studiere ständig Vögel. Als er 1826 England besuchte, veranlasste er die Veröffentlichung von „The Birds of America" (1830–1839). Es sollte in einer Auflage von jeweils fünf Foliotafeln veröffentlicht werden, insgesamt in vier Bänden, und für 1000 Dollar pro Exemplar verkauft werden. Die Arbeit sollte über 100.000 US-Dollar kosten; Dennoch hatte er nicht genug Geld, um die erste Nummer zu bezahlen. Er verdiente seinen Lebensunterhalt mit der Malerei. Er wurde (1830) zum Fellow der Royal Society gewählt. Audubon begleitete seine „Birds" mit „Ornithological Biographies" (fünf Bände, 1831–1839), deren literarischer Wert wichtig ist; „Es präsentiert", sagt ein Autor, „in einer Sprache, die so warm ist, weil er Teil der Szenen war, eine jungfräuliche Vergangenheit unseres Landes und seiner Wälder und Prärien, die nie wieder wiederhergestellt oder so gut beschrieben werden kann." „The Viviparous Quadrupeds of North America" mit 150 Tafeln erschien 1845–1848 in drei Bänden; Bei diesem Unterfangen wurde er von seinen beiden Söhnen und Rev. John Bachman aus Charleston, South Carolina, unterstützt. Die letzten drei Jahre seines Lebens verbrachte er in geistiger Dunkelheit. Sein Anspruch auf einen ehrenvollen Rang in der amerikanischen Literatur kann nicht geleugnet werden.

Spencer Fullerton Baird. – Kein amerikanischer Naturforscher übte einen größeren und tieferen Einfluss aus als Spencer F. Baird (1823–1887). Er stammte aus Pennsylvania und war Absolvent des Dickinson College (1840). Er war der Freund und in manchen Arbeiten auch der Mitarbeiter von Audubon, Agassiz und anderen Zoologen. Er wurde 1850 zum stellvertretenden Sekretär der Smithsonian Institution ernannt und leitete einen Großteil der wissenschaftlichen Erforschung des Westens. organisierte das Nationalmuseum (1857); trat 1878 die Nachfolge von Henry als Sekretär des Smithsonian an und entwickelte dessen Arbeit weitgehend weiter; und wurde 1874 Leiter der Kommission für Fisch und Fischerei und organisierte die Wissenschaft und Praxis der Fischkultur in Amerika. Darüber hinaus war er ein umfangreicher Schriftsteller. Seine Bücher und Aufsätze bis 1882 umfassen 1063 Titel. Von ihnen können wir „Catalogue of North American

Reptiles" (1853), „The Birds of America" (mit John Cassin, 1860), „The Mammals of North America" (1859) und „History of American Birds" (mit John Cassin, 1860) erwähnen Thomas M. Brewer und Robert Ridgway, 1874–1884).

Alpheus Hyatt. – Einer der berühmtesten Gelehrten seiner Zeit in der Zoologie und Paläontologie war Alpheus Hyatt (1838–1902). Geboren in Washington, D. C., erhielt er seine Ausbildung an der Maryland Military Academy, am Yale College und bei Agassiz an der Lawrence Scientific School of Harvard, wo er 1862 seinen Abschluss machte. Nach dem Bürgerkrieg, in dem er zum a Als Kapitän setzte er sein Studium der Naturgeschichte fort und engagierte sich aktiv für die Förderung dieser Studien im Allgemeinen. Er half bei der Gründung *von The American Naturalist* im Jahr 1868 und war der Hauptgründer der American Society of Naturalists, die 1883 gegründet wurde. 1881 wurde er Professor für Zoologie und Paläontologie am Massachusetts Institute of Technology und an der Boston University. Er war gleichermaßen in der Lehre, in der Popularisierung der Wissenschaft und in der Forschung tätig. Zu seinen Büchern gehören „Observations on Freshwater Polyzoa" (1866), „Revision of North American Poriferæ" (1875–1877), lange Zeit das einzige Werk über nordamerikanische kommerzielle Schwämme, „The Genesis of the Tertiary Species of Planorbis at Steinheim", „Eine lange und wichtige Monographie über den Einfluss der Schwerkraft auf bestimmte Muscheln, veröffentlicht von der Boston Society of Natural History in ihren „Memoirs" (1880), „Genera of Fossil Cephalopods" (1883), „The Larval Theory of the Origin of Cellular Tissue" (1884), in dem er seine Theorie über den Ursprung des Geschlechts darlegte, und „The Genesis of the Arietidæ" (1889). Er gab auch eine Reihe von „Guides for Science-Teaching" heraus, von denen er bei einigen auch selbst der Autor war. Tatsächlich haben nur wenige Amerikaner so viel zur Popularität der Naturwissenschaften beigetragen wie Hyatt. Seine Forschungsarbeit war äußerst fruchtbar. Er wurde als Begründer der neuen Schule der Paläontologie der Wirbellosen bezeichnet, während er in der systematischen Zoologie mehrere Entdeckungen machte, die zu wichtigen Überarbeitungen der biologischen Klassifikation führten.

Alpheus Spring Packard. –Alpheus S. Packard (1839–1905), der Sohn eines gleichnamigen Bowdoin-College-Professors, kam ganz natürlich nach Bowdoin und geriet dort unter den Einfluss von Dr. Paul Chadbourne, der seine Neigung zum zoologischen Studium förderte. Nach seinem Abschluss in Bowdoin im Jahr 1861 und an der Maine Medical School im Jahr 1864 arbeitete er unter Agassiz in Harvard und widmete sich hauptsächlich der Erforschung von Insekten. 1867 wurde er Kurator für Wirbellose und 1876 Direktor der Peabody Academy of Science in Salem, Massachusetts. 1878 wurde er zum Professor für Zoologie und Geologie an der Brown University ernannt und behielt diese Position bis zu seinem Tod. Er war einer der Gründer und zwanzig Jahre lang Herausgeber von *The American Naturalist* . Neben Hunderten von Aufsätzen verfasste er einen „Leitfaden zum Studium der Insekten" (1869); „Die Mammuthöhle und ihre Bewohner", gemeinsam mit F. W. Putnam (1872); „Life Histories of Animals" (1876), der erste Versuch seit den Vorlesungen von Agassiz am Lowell Institute, eine Zusammenfassung embryologischer Entdeckungen zu versuchen; „Insekten schädlich für Wälder und schattenspendende Bäume" (1890), „Ein Naturforscher an der Küste Labradors" (1891), „Ein Lehrbuch der Entomologie" (1898) und „Lamarck, der Begründer der Evolution: Sein Leben und Werk". " (1901). Im Zusammenhang mit dem letzten Buch wird daran erinnert, dass Packard, Cope und Hyatt die Gründer und Hauptvertreter der neo-lamarckschen Evolutionsschule waren. Packard war ein unermüdlicher Forscher und seine Beiträge zur Entomologie und Zoologie brachten diese Wissenschaften enorm voran.

Edward Drinker Cope. – Ein weiterer berühmter Naturforscher war Edward D. Cope (1840–1897) aus Philadelphia, dessen Studien an fossilen Wirbeltieren von epochaler Bedeutung waren. Er studierte an der University of Pennsylvania. Von 1864 bis 1867 war er Professor für Naturwissenschaften am Haverford College. Danach beschäftigte er sich zweiundzwanzig Jahre lang mit der Erkundung, Forschung und redaktionellen Arbeit. 1889 wurde er Professor für Geologie und Paläontologie an der University of Pennsylvania. Noch vor seinem dreißigsten Lebensjahr hatte er den Grundstein für fünf Forschungsschwerpunkte gelegt: Ichthyologie, Amphibien, Reptilien, Säugetiere und Evolutionsphilosophie. Zu all diesen Themen hat er viel und weise geschrieben. Er war Autor von über vierhundert Bänden, Aufsätzen und Memoiren, ganz zu schweigen von Hunderten Leitartikeln in *The American Naturalist* , die er von 1878 bis zu seinem Tod herausgab. Allein zum Thema Evolution sind seine wichtigsten Werke „The Origin of Genera" (1868), „The Origin of the Fittest" (1886) und „The Primary Factors of Organic Evolution" (1896). Seine Forschungstätigkeit lässt sich daran ablesen, dass er selbst 1115 von rund 3200 bekannten Arten nordamerikanischer fossiler Wirbeltiere benannt und beschrieben hat. Natürlich blieb er bei so vielen Versuchen in manchen Dingen hinter der Perfektion zurück.

Sein Lebenswerk [sagt Professor Osborn, 24] trägt die Zeichen großer Genialität, solider und genauer Beobachtung und manchmal auch Ungenauigkeit aufgrund schlechter Logik oder Eile und übermäßigem Arbeitsdruck. Die große Zahl seiner Naturordnungen und Naturgesetze wird bleibende Meilensteine unserer Wissenschaft bleiben. Als vergleichender

Anatom steht er in Bezug auf Umfang und Wirksamkeit seines Wissens und seiner Ideen auf einer Stufe mit Cuvier und Owen ... Als Naturphilosoph war er zwar weitaus weniger logisch als Huxley, aber kreativer und konstruktiver, und seine Metaphysik endete eher im Theismus als im Agnostizismus.

Elliott Coues. – Elliott Coues (1842–1899), ein berühmter Ornithologe, erlangte auch durch seine Forschungen in Biologie und vergleichender Anatomie große Bekanntheit. Nach seinem Abschluss an der Columbian University in den Jahren 1861–1863 trat er als Assistenzarzt in die Unionsarmee ein und studierte überall Flora und Fauna. Von 1873 bis 1876 war er Chirurg und Naturforscher bei der United States Northern Boundary Commission und von 1876 bis 1880 war er mit der United States Geological and Geographical Survey of the Territories verbunden. Er half bei der Gründung der American Ornithologists' Union und gab deren Organ, The Auk, heraus. Sein „Key to North American Birds" (1872, umgeschrieben 1884 und 1901) ist von großer Bedeutung. Er schrieb auch über „Birds of the Northwest" (1874), „Birds of the Colorado Valley" (1878) und mit Winfrid A. Stearns „New England Bird Life" (1881).

David Starr Jordan. —David Starr Jordan (geb. 1851) galt in den letzten Jahren vor allem als Pädagoge; Bekannt wurde er durch seine Studien über Fische. Nach seinem Eintritt in die Cornell University im Jahr 1868 wurde er 1870 zum Dozenten für Botanik ernannt und schloss 1872 sein Masterstudium ab. Nachdem er einige Jahre Naturwissenschaften gelehrt und studiert hatte, wurde er (1879) zum Professor für Zoologie an der Indiana University ernannt, deren Präsident er 1885 wurde. Seit 1891 ist er Präsident der Stanford University. Einige seiner Bücher sind „A Manual of the Vertebrate Animals of the Northern United States" (1876), „Science Sketches" (1887), „Fishes of North and Middle America" (1896–1899), „Footnotes to Evolution" (1898) und „The Food and Game Fishes of North America" (1902). Er ist sowohl in seinem gewählten wissenschaftlichen Fachgebiet als auch im pädagogischen Denken führend.

Asa Gray. – Der bekannteste Botaniker seiner Epoche war Asa Gray (1810–1888), gebürtig aus Paris, Oneida County, New York. Er schloss 1831 sein Medizinstudium am Fairfield College ab, gab die Medizin jedoch bald zugunsten der Botanik auf und wurde 1842 auf die Fisher-Professur für Naturgeschichte an der Harvard University gewählt. Eine angemessene Darstellung von Grays enormer Aktivität als Schriftsteller und Lehrer kommt hier nicht in Frage; Wir können nur sagen, dass seine weithin bekannten und langen Standardlehrbücher zur Botanik (beginnend mit den „Elements of Botany" von 1836, die sich zu „Structural and Systematic Botany" von 1879 entwickelten, und einschließlich seines „How Plants Grow") 1858 und „How Plants Behave", 1872) stellen nur einen kleinen Teil seiner literarischen Tätigkeit dar. Mit Dr. Torrey begann er (1838) die „Flora of North America"; Er schrieb auch wertvolle botanische Memoiren und viele wertvolle Artikel für *The North American Review* und *The American Journal of Science* .

Edward Hitchcock. – Edward Hitchcock (1793–1864), ein Geistlicher der Kongregation und neununddreißig Jahre lang Professor für Naturwissenschaften am Amherst College, widmete sich besonders dem geologischen Studium. Eine große Anzahl seiner Bücher und Aufsätze beziehen sich auf geologische Themen, die er populär machte; Zu diesen Büchern gehören „Economical Geology" (1832), „Geology of Massachusetts" (1841), „The Religion of Geology and Its Connected Sciences" (1851) und „Ichnology of New England" (1858). Er war der erste Präsident der Association of American Geologists und von 1845 bis 1854 Präsident des Amherst College.

Louis Agassiz. – Der berühmte Naturforscher Jean Louis Rodolphe Agassiz (1807–1873) war Schweizer Abstammung und kam erst im Alter von 41 Jahren nach Amerika, um dort zu leben. Er war bereits berühmt für seine Studien über Gletscherphänomene, die in „ Études sur les glaciers" (1840) und „Système glaciaire" (mit Guyot und Desor, 1847). Fünfundzwanzig Jahre lang (1848–1873) war er Professor für Naturgeschichte in Harvard, und in dieser Zeit bildete er nicht nur einige der bedeutendsten lebenden amerikanischen Wissenschaftler aus, sondern tat auch viel dazu, das öffentliche Interesse an Wissenschaft und wissenschaftlichem Fortschritt zu wecken. Von den „Beiträgen zur Naturgeschichte der Vereinigten Staaten", die er in zehn Bänden veröffentlichen wollte, veröffentlichte er nur vier (1857–1862). Für Agassiz war die Natur „der Ausdruck des Gedankens des Schöpfers". Als Agassiz sich den Darwinisten in Bezug auf den Ursprung der Arten widersetzte, vertrat er unglücklicherweise die falsche Seite der Frage, wie der Schöpfer seine Gedanken zum Ausdruck brachte; dennoch bleibt er sowohl als Wissenschaftler als auch als Pädagoge ausgezeichnet; eine einzigartig große und sanfte Natur, stark und wahr.

Arnold Henry Guyot. – Weniger angesehen als sein Landsmann Agassiz, aber von anhaltendem Ruhm, war der Geograph Arnold Guyot (1807–1884). Er wurde in der Nähe von Neuchâtel in der Schweiz geboren, studierte dort und in Deutschland und erhielt den Doktortitel. aus Berlin im Jahr 1835. Wie Agassiz wurde er für seine Gletscherentdeckungen bekannt; und wie Agassiz kam er im unruhigen Jahr 1848 nach Amerika. Von 1854 bis zu seinem Tod war er Professor für Geologie und Physische Geographie in Princeton. Seine Lehrbücher und Karten revolutionierten den Unterricht und das Studium der Geographie. Er verfasste auch viele wissenschaftliche Arbeiten und Memoiren, unter denen besonders diejenigen hervorzuheben sind, die seine Studien in den Appalachen beschreiben. Die amerikanische Wissenschaft verdankt viel seiner selbstlosen Hingabe.

James Dwight Dana. —James D. Dana (1813–1895), geboren in Utica, New York, wurde durch den Ruhm des älteren Silliman an das Yale College gezogen, wo er 1833 seinen Abschluss machte. Mit den Sillimans wurde er durch seine Heirat mit Henrietta F. verbündet. Silliman im Jahr 1844; und wie sie hatte er eine lange und bemerkenswerte Karriere, die eng mit dem Yale College verbunden war, wo er (1835) Silliman-Professor für Naturgeschichte und Geologie wurde. Er verfasste zahlreiche Berichte zu geologischen, zoologischen und mineralogischen Themen, darunter „A Manual of Mineralogy" (1851), „A Manual of Geology" (1862), „On Coral Reefs and Islands" (1853) und „Science and the Bible". " (*Bibliotheca Sacra* , 1856–1857) und „Korallen und Koralleninseln" (1872).

Alexander Winchell. – Ein weiterer bekannter Geologe war Alexander Winchell (1824–1891). Nach seinem Abschluss an der Wesleyan University im Jahr 1847 wurde er Lehrer für Naturwissenschaften an verschiedenen Schulen und 1853 Professor für Physik und Bauingenieurwesen an der University of Michigan. bald darauf auf den Lehrstuhl für Geologie, Zoologie und Botanik versetzt. Anschließend lehrte er an den Universitäten Syracuse und Vanderbilt. Aus der letztgenannten Institution wurde er 1878 entlassen, weil seine Ansichten zur Evolution „im Widerspruch zum Erlösungsplan" standen. Im nächsten Jahr wurde er nach Michigan zurückgerufen. Abgesehen davon, dass er eine führende Rolle bei der Gründung der Geological Society of America und der Gründung *von The American Geologist* spielte, war er ein umfangreicher Autor, insbesondere von wissenschaftlichen Werken für den öffentlichen Gebrauch, und bemühte sich in diesen Werken, die wesentliche Harmonie zwischen Wissenschaft und christlichem Dogma aufzuzeigen. Damit leistete er die Arbeit eines Friedensstifters in einem seit langem hitzigen Konflikt.

Nathaniel Bowditch (1773–1838) war ein Pionier im Studium der Astronomie und Mathematik in Amerika. Zunächst war er Böttcher und dann Schiffsausrüster, war fleißig und lernte Latein, um Newtons „Principia" lesen zu können. Als Supercargo auf einem Handelsschiff während mehrerer Reisen wurde er Experte für die Theorie der Navigation und veröffentlichte 1802 „The New American Practical Navigator", der in überarbeiteter Form vom United States Hydrographic Office herausgegeben wird und das Standardkompendium für Navigatoren darstellt . 1829 übersetzte er Laplaces „Méchanique céleste" und fügte wertvolle Anmerkungen hinzu.

Benjamin Peirce. – In den Annalen der Mathematik und Astronomie nimmt der Name Benjamin Peirce (1809–1880) einen herausragenden Platz ein. Er wurde in Salem, Massachusetts, geboren, wurde Schüler von Bowditch und schloss 1829 sein Studium in Harvard in der Klasse von

Holmes ab. Er wurde 1831 Tutor in Harvard, 1833 Professor für Mathematik und Physik und neun Jahre später Perkins-Professor für Mathematik und Astronomie, den er bis zu seinem Tod innehatte. Von 1867 bis 1874 war er als Nachfolger von Dallas Bache Leiter der Küstenvermessung. Er schrieb eine wichtige Reihe mathematischer Lehrbücher; „System der Analytischen Mechanik" (1857); „Linear Associative Algebra" (Mitteilungen an die National Academy of Sciences, zusammengestellt 1870); und Vorlesungen des Lowell Institute über „Idealität in den Naturwissenschaften" (1881). Es heißt, er erlangte gleichermaßen herausragende Leistungen in Mathematik, Physik, Astronomie, Mechanik und Navigation.

Die Sillimans. – In den Annalen der amerikanischen Wissenschaft ist kein anderer Name so lange und wohlbekannt wie der der Sillimans. Benjamin Silliman (1779–1864) war ab 1802 fünfzig Jahre lang Professor für Chemie am Yale College und gründete (1818) *das American Journal of Science and Arts*, das er achtundzwanzig Jahre lang herausgab. Sein Sohn Benjamin Jr. (1816–1885) lehrte und studierte Chemie, Mineralogie und Geologie in Yale und war Mitherausgeber (1838–1846) des *Journals* seines Vaters. Für den Rest seines Lebens war er Professor für Chemie, zunächst an der heutigen Sheffield Scientific School in Yale, dann an der Louisville University und später in den akademischen und medizinischen Abteilungen von Yale. 1858 veröffentlichte er „Erste Prinzipien der Naturphilosophie oder Physik"; und er war Autor zahlreicher wissenschaftlicher Memoiren, Ansprachen und Berichte. Er war einer der Pioniere des naturwissenschaftlichen Unterrichts in Amerika und sein Einfluss auf die naturwissenschaftliche Bildung war tiefgreifend und nachhaltig.

Joseph Heinrich. —Joseph Henry (1797–1878) war einer der berühmtesten Physiker seiner Zeit. Geboren und ausgebildet in Albany, New York, begann er (1827) mit Forschungen, die zu wichtigen Entdeckungen auf dem Gebiet des Elektromagnetismus führten, von denen eine den Telegraphen ermöglichte. Von 1832 bis 1846 war er Professor für Naturphilosophie am College of New Jersey (Princeton) und von 1846 bis zu seinem Tod Sekretär der Smithsonian Institution, an deren Organisation er beteiligt war. Er veröffentlichte „Contributions to Electricity and Magnetism" (1839) und viele Aufsätze, insbesondere in den Smithsonian-Berichten. Als brillanter und profunder Forscher leistete er bei der Organisation großer wissenschaftlicher Unternehmungen außerordentlich wichtige Dienste. „Henry", sagt Dr. Woodward, „muss mehr als jedem anderen Mann der Aufstieg und das Wachstum der gegenwärtigen öffentlichen Wertschätzung der wissenschaftlichen Arbeit, die mit staatlicher Hilfe geleistet wird, in Amerika zugeschrieben werden."

Alexander Dallas Bache. – Alexander Dallas Bache (1806–1867), ein Urenkel von Benjamin Franklin, legte nach seinem Abschluss 1825 in West

Point als Klassenbester mit 22 Jahren sein Leutnantamt nieder, um Professor für Naturphilosophie und Chemie zu werden der University of Pennsylvania. Nachdem er sich durch seine Forschungen zu Dampf, Magnetismus usw. einen Namen gemacht hatte, wurde er 1843 zum Superintendenten der United States Coast Survey berufen und übte seine Aufgaben mit bemerkenswerter Effizienz aus. Er war mit schneller Auffassungsgabe und umfassender Intelligenz ausgestattet und verfügte über große Führungsqualitäten. Er veröffentlichte fast zweihundert wissenschaftliche Arbeiten, Memoiren und Berichte. „Ihm", erklärte sein Lobredner Benjamin Gould, „verdankte der wissenschaftliche Fortschritt der Nation mehr als jedem anderen Mann, der ihren Boden betreten hatte."

Matthew Fontaine Maury. —Matthew F. Maury (1806–1873) ist Studenten der Meteorologie und auch der Bildungswelt gut bekannt. Er war ein Virginianer mit Hugenotten-Abstammung, der mit neunzehn Jahren zur See ging und nicht nur ein guter Seemann, sondern auch eine Autorität in der Schifffahrt wurde. Seine „Abhandlung über die Navigation" (1835) wurde im Ausland positiv aufgenommen und als Lehrbuch in der Marine der Vereinigten Staaten verwendet. Als „Harry Bluff" veröffentlichte er um 1840 im *Southern Literary Messenger* unter dem Titel „Scraps from the Lucky-Bag" eine Reihe von Artikeln über nautische Themen, die ihm Ruhm einbrachten und dazu führten, dass ihm die Leitung übertragen wurde Depot für Karten und Instrumente in Washington, ein Büro, das später zum Naval Observatory and Hydrographical Department wurde. Eine seiner ersten Aufgaben bestand darin, einige Wind- und Strömungskarten zu erstellen. Diese Karten erwiesen sich als äußerst wertvoll, da sie die Reisen verkürzten und die Handelskosten senkten. Seine „Physikalische Geographie des Meeres und seine Meteorologie" (1855) nahm sofort den höchsten Rang auf seinem Gebiet ein, und die geographischen Lehrbücher, die er in seinen späteren Jahren verfasste, haben der Bildung große Dienste geleistet und sind in überarbeiteter Form noch immer zufriedenstellend den Bedürfnissen vieler Schulen. Er war auch Autor zahlreicher Broschüren und offizieller Dokumente.

Josiah Parsons Cooke. —Josiah Parsons Cooke (1827–1894), ein Pionier der Chemieausbildung, wurde in Boston geboren und schloss 1844 sein Studium in Harvard ab. 1851 wurde er Professor für Chemie und Mineralogie in Harvard. Er trug wesentlich zur Förderung des Chemiestudiums an Hochschulen bei und war einer der ersten, der die Laborunterrichtsmethode forderte. Er veröffentlichte unter anderem „Chemical Problems and Reactions" (1853), „Religion and Chemistry" (1864), „The New Chemistry" (1871) und „The Credentials of Science the Warrant of Faith" (1888).

John William Draper. —John W. Draper (1811–1882) ist in den Annalen der Wissenschaft als Chemiker und Physiologe bekannt; er erlangte auch als Historiker herausragende Bedeutung. Er wurde in St. Helens in der Nähe von Liverpool als Sohn eines Pfarrers der Wesleyanischen Methodisten geboren, studierte Chemie bei Turner in London und kam 1833 nach Amerika, wo er 1836 sein Medizinstudium an der University of Pennsylvania abschloss. Nun begann er, die chemische Wirkung zu untersuchen des Lichts und veröffentlichte 1844 eine „Abhandlung über die Kräfte, die die Organisation der Pflanzen bewirken". Seine Memoiren „Über die Erzeugung von Licht durch Wärme" (1847), ein wertvoller Beitrag zum Thema der Spektralanalyse, erschienen dreizehn Jahre vor Kirchoffs berühmten Memoiren, die früher als Beginn der Spektralanalyse galten. Ihm gelang es auch als Erster (1839), das menschliche Gesicht fotografisch zu porträtieren. 1839 wurde er Professor für Chemie und 1850 auch für Physiologie an der University of New York. Seine „Abhandlung über die statische und dynamische Physiologie des Menschen" (1856) erlangte sofort seinen Platz als Standardlehrbuch. Er schrieb auch ein „Lehrbuch zur Chemie" (1846); ein „Lehrbuch zur Naturphilosophie" (1847); „Geschichte des Konflikts zwischen Religion und Wissenschaft" (1874), eine kompetente und umfassende Behandlung eines umfangreichen Themas; und „Scientific Memoirs" (1878), eine Sammlung von Artikeln über Strahlungsenergie. Zwei seiner Söhne, Henry und John Christopher, wurden ebenfalls bekannte Physiologen und Chemiker.

Charles Augustus Young. – Unter den neueren Astronomen Amerikas war Charles A. Young (1834–1908) einer der bedeutendsten. Er wurde in Hanover, New Hampshire, als Sohn von Professor Ira Young vom Dartmouth College geboren und schloss sein Studium 1853 in Dartmouth ab. Von 1856 bis 1866 war er Professor für Mathematik, Astronomie und Naturphilosophie an der Western Reserve University. Im letzten Jahr kehrte er als Professor für Naturphilosophie und Astronomie nach Dartmouth zurück und blieb dort bis 1877, als er Professor für Astronomie in Princeton wurde. Er war maßgeblich an mehreren wichtigen astronomischen Expeditionen beteiligt und brachte einige bemerkenswerte Erfindungen hervor, darunter ein automatisches Spektroskop, das von Astronomen häufig verwendet wurde. Er machte einige bedeutende Beobachtungen auf der Sonne, darunter eine experimentelle Überprüfung des Doppler-Prinzips in seiner Anwendung auf Licht, mit der er die Geschwindigkeit der Sonnenrotation messen konnte. Er entdeckte auch die dünne Sonnenhülle aus gasförmiger Materie, die „Umkehrschicht" genannt wird. Er schrieb „Die Sonne" in „The International Scientific Series" (1882), „A General Astronomy" (1889), „Elements of Astronomy" (1890) und „A Manual of Astronomy" (1902).

Robert Henry Thurston. – Robert H. Thurston (1839–1903) zeichnete sich als Pädagoge, Erfinder und Autor zu technischen Themen aus. Er wurde in Providence, Rhode Island, geboren und schloss 1859 sein Studium an der Brown University ab. Während des Bürgerkriegs diente er als Ingenieur bei der Bundesmarine; 1865 wurde er zum Assistenzprofessor für Natur- und Experimentalphilosophie an der United States Naval Academy ernannt. 1871 wurde er Professor für Ingenieurwissenschaften am Stevens Institute of Technology und blieb hier bis 1885, als er zum Direktor des Sibley College der Cornell University ernannt wurde. Seine stets klaren, genauen und maßgeblichen Schriften haben unter Ingenieuren weite Verbreitung gefunden. Dazu gehören „Eine Geschichte des Wachstums der Dampfmaschine" (1878, 1901 überarbeitet und ins Französische und Deutsche übersetzt), „Materials of Engineering" (drei Bände, 1882–1886), „Handbuch der Dampfmaschine" (1890–1891), „Handbuch der Dampfkessel" (1890), mit weiteren wertvollen Werken und etwa 250 wissenschaftlichen Arbeiten. Thurston war in mehreren wichtigen Ingenieurkommissionen der Regierung tätig. Über ihn wurde zu Recht gesagt, dass er „Ingenieure zu besseren Wissenschaftlern machte, die Ingenieurausbildung förderte, dazu beitrug, das Ingenieurwesen auf eine höhere berufliche Ebene zu heben, und ständig darauf bedacht war, die Nebel der Vorurteile mithilfe der Wahrheiten der Wissenschaft zu zerstreuen."

Die Youmans-Brüder. – Das Leben von Edward Livingston Youmans (1821–1887) war hauptsächlich der Popularisierung der Wissenschaft gewidmet. Er wurde in Albany County, New York, geboren und erbte eine starke Neigung zum wissenschaftlichen Studium. Viele Jahre lang kämpfte er mit der drohenden Blindheit und es ging ihm nie wieder gut. Sein „Klassenbuch der Chemie" (1851) war bemerkenswert erfolgreich. „Es gab", sagt Herr Fiske darüber, „ein festes Verständnis der philosophischen Prinzipien, die chemischen Phänomenen zugrunde liegen, und die Bedeutung und Funktionen der Wissenschaft wurden auf eine Weise dargelegt, die den Studenten bezauberte und ihn dazu brachte, sich mehr zu wünschen." ." Er verbrachte viele Jahre damit, Vorlesungen am Lyzeum zu halten, wofür er gut geeignet war. Sein „Handbook of Household Science" (1857) war eine sorgfältig verfasste Abhandlung über die Anwendung der Wissenschaft auf die Probleme Ernährung, Licht, Wärme und Hygiene. Seine Popularität veranlasste ihn, eine umfassende „Haushaltszyklopädie" zu planen, deren Fertigstellung er jedoch nicht mehr erlebte. Neben der Herausgabe von „The Correlation and Conservation of Forces" (1864), einer Reihe von Ausstellungen von Grove, Helmholtz, Mayer, Faraday, Liebig und Carpenter, und „The Culture Demanded by Modern Life" (1867), einer Sammlung von Adressen und Als Argumente für die wissenschaftliche Ausbildung veröffentlichte Youmans mehrere Ansprachen und Aufsätze und trug viel dazu bei, dass die Ansichten von Darwin und Spencer in Amerika wohlwollend aufgenommen wurden. Er war der Begründer und Hauptherausgeber der „International Scientific Series", von der zu seinen Lebzeiten 57 Bände erschienen. Es war eine schwierige, aber überaus nützliche Aufgabe, populärwissenschaftliche Bücher von Meistern zu bekommen; und die Reihe von neunundsiebzig Bänden hat viel zur Bildung beigetragen. Youmans war auch der Gründer von *The Popular Science Monthly* (seit 1872) und gab die ersten 28 Bände heraus.

Während es seine Hauptabsicht war [um noch einmal Herrn Fiske zu zitieren], in populärer Form einen Bericht über den Fortschritt der verschiedenen Wissenschaftsbereiche zu geben, verlor er nie das Ziel aus den Augen, zu zeigen, inwieweit die wissenschaftliche Methode auf die größeren Fragen anwendbar ist des Lebens – von Bildung, sozialen Beziehungen, Moral, Regierung und Religion.

William Jay Youmans (1838–1901) studierte zunächst Chemie in Columbia und Yale sowie privat bei seinem Bruder Edward und belegte dann einen Medizinkurs an der New York University. Nachdem er etwa drei Jahre lang als Arzt gearbeitet hatte, knüpfte er Kontakte zu *The Popular Science Monthly*, das er von 1887 bis 1900 herausgab. Er schrieb „Pioneers of Science in America" (1895).

Henry Carrington Bolton. —Henry Carrington Bolton (1843–1903) hat viel für die Bibliographie der Chemie getan; seine „Select Bibliography of Chemistry, 1492–1892" (1893–1905) umfasst über 12.000 Titel in vierundzwanzig Sprachen. Er verfasste auch zahlreiche Aufsätze zur Geschichte der Chemie. Seine „Counting-out Rhymes of Children" (1888) machten ihn als Folkloristen bekannt und er veröffentlichte auch einige wichtige Aufsätze zu verschiedenen anderen Themen der Folklore.

VII. DIE PERIODIKA.

Ihre Bedeutung. – Es bedarf keiner Entschuldigung dafür, dass in diesen Band ein Abschnitt über die Geschichte amerikanischer Zeitschriften aufgenommen wurde. Wie Professor Smyth treffend gesagt hat, als er über die frühen Zeitschriften Philadelphias sprach, trägt eine solche Unterteilung dazu bei, „den Prozess der amerikanischen Literatur als eine Entwicklung darzustellen". Ein Großteil unserer besten Literatur erschien erstmals in Zeitschriften; und die Vergütung, die Autoren aus dieser Quelle erhalten, ist für die Literaturökonomie von großer Bedeutung. Ebenso erschien ein Großteil unserer besten und eindringlichsten Kritiken, ob nachgedruckt oder nicht, ursprünglich in Zeitungen und Zeitschriften, die somit eine herausragende Rolle bei der Entstehung amerikanischer Literatur gespielt haben. Im Jahr 1810 gab es insgesamt nur etwa dreißig Zeitschriften; Im Jahr 1900 gab es 239 Exemplare, die als allgemeine und literarische Exemplare eingestuft waren, von denen einige eine beträchtliche Verbreitung auf der anderen Seite des Atlantiks hatten. In dem kurzen Raum, der diesem Abschnitt gewidmet ist, wird es unmöglich sein, mehr zu tun, als einige der wichtigsten literarischen Zeitschriften zu erwähnen; Das volle Ausmaß der journalistischen Tätigkeit der Vereinigten Staaten lässt sich aus der Tatsache ableiten, dass im Jahr 1900 über acht Milliarden Exemplare von Zeitschriften im Umlauf waren, die einen Marktwert von fast 225.000.000 US-Dollar hatten.

Das achtzehnte Jahrhundert. – Das 18. Jahrhundert wird uns nicht lange aufhalten. Nur zehn Jahre nachdem Edward Cave *das Gentleman's Magazine in London (1731)* gegründet hatte , gründeten Andrew Bradford und Benjamin Franklin in Philadelphia die ersten Monatsmagazine in Amerika. Von Bradfords Projekt *The American Magazine* , herausgegeben von John Webbe, erschienen nur drei Nummern; während Franklin nur sechs Nummern des *General Magazine veröffentlichte* . Im Laufe des Jahrhunderts erschienen mehrere andere, darunter *The American Magazine und Historical Chronicle* (Boston, 1743–1746); *The Independent Reflector* (New York, 1752–1753), zu dessen Mitwirkenden Gouverneur William Livingston, John Morin Scott und Aaron Burr gehörten; *Das American Magazine* (Philadelphia, 1757–1758, wiederbelebt 1769), das Professor Tyler als „das mit Abstand bewundernswerteste Beispiel unserer literarischen Zeitschriften in der Kolonialzeit" bezeichnet, herausgegeben von Rev. William Smith, dem ersten Rektor des College of Philadelphia ; *The New American Magazine* (Woodbridge, New Jersey, 1758–1760), herausgegeben von S. Nevil; *Das Royal American Magazine* (Boston, 1774–1775); *Das Pennsylvania Magazine* (Philadelphia, 1775–1776), herausgegeben von Thomas Paine, an das Artikel von Francis Hopkinson, John Witherspoon und William Smith geschickt wurden; *The Columbian Magazine* (Philadelphia, 1786–1790), zunächst herausgegeben von Matthew Carey und später von Alexander J. Dallas, und 1790 geändert in *The Universal Asylum* (1790–1792; Benjamin Rush war ein treuer Mitwirkender); *Das American Museum* (Philadelphia, 1787–1792, 1798), für das Carey *The Columbian aufgab* und das „das erste wirklich erfolgreiche literarische Unternehmen dieser Art in Amerika" war; *Das Massachusetts Magazine* (Boston, 1789–1796); *Das New York Magazine* (1790–1797); *Das Farmers' Museum* (Walpole, New Hampshire, 1793–1799), dessen Herausgeber Joseph Dennie von 1796 bis 1799 war, prahlte: „Es wird von mehr als zweitausend Menschen gelesen und hat seine Gönner in Europa und an den Ufern." des Ohio"; und *The Monthly Magazine and American Review (New York, 1799–1800), gegründet von Charles Brockden Brown und 1801–1802 als The American Review and Literary Journal* weitergeführt . Aber das Lesepublikum war damals klein, und andere Bedingungen waren für die Verleger ungünstig; Infolgedessen überlebte fast keine dieser Veröffentlichungen das nächste Jahrhundert.

Das neunzehnte Jahrhundert. —Von den vor 1850 gegründeten Literaturzeitschriften sind nur noch ein oder zwei erhalten. Doch jetzt sehen wir, dass die Zeitschriften eine größere Vitalität an den Tag legen; und nach und nach beschäftigen sie sich mehr und mehr mit einheimischer Literatur und zeigen eine größere Selbstständigkeit amerikanischer Schriftsteller. Die erste Hälfte des Jahrhunderts war die Zeit, in der der Nationalgeist tiefe Wurzeln schlug und rasch wuchs; und dieser Nationalgeist spiegelt sich vollständig in der damaligen Literatur wider.

Im Jahr 1801 begannen Joseph Dennie und John Dickins in Philadelphia mit der Veröffentlichung *von „The Port Folio"*, das 26 Jahre lang bestehen sollte. Zu seinen Mitwirkenden gehörten John Blair Linn, Autor von „The Powers of Genius", „The Death of Washington" usw.; Robert H. Rose, Autor von „Sketches in Verse"; John Sanderson, der ein Buch mit Pariser Skizzen mit dem Titel „The American in Paris" schrieb; Alexander Graydon; Gouverneur Morris; Joseph Hopkinson, Autor von „Hail, Columbia" und von Artikeln über Shakespeare; und Alexander Wilson, Dichter und Ornithologe, dessen Werke von Alexander B. Grosart (Paisley, Schottland, 1876) herausgegeben wurden.

Von 1803 bis 1811 unterhielt der Anthology Club in Boston eine lebhafte Zeitschrift mit dem Titel *The Anthology and Boston Review* . Die besten Köpfe Bostons haben dazu beigetragen; darunter George Ticknor, William Tudor, Joseph Buckminster, John Quincy Adams, Dr. John Sylvester, Edward Everett und John Gardiner. Die Zeitschrift hat nie die Kosten übernommen; aber die Mitwirkenden zahlten freudig für ihr Vergnügen. Der Club trug viel dazu bei, Boston sein literarisches Ansehen zu verleihen, und war der Vorläufer des berühmten Boston Athenæum.

Das Literary Magazine and American Register (Philadelphia, 1803–1808) wurde ebenfalls vom Schriftsteller Brown gegründet, der darin unter anderem seine „Memoirs of Carwin, the Biloquist" veröffentlichte.

Washington Irving begann seine literarische Karriere mit der Veröffentlichung von *Salmagundi* , die er 1807 in New York zusammen mit seinem Bruder William und James Kirke Paulding gründete. Das kleine Blatt mit gelbem Einband wurde von einem exzentrischen Verleger, David Longworth, herausgegeben, dessen Hausfassade vollständig von einem kolossalen Gemälde der Krönung Shakespeares verdeckt war. Das Magazin wurde nach dem Vorbild von Addisons *Spectator gestaltet* . Paulding war Launcelot Langstaff und Irving war Pindar Cockloft, der Dichter. „Unsere Absicht", schrieben die Herausgeber, „besteht einfach darin, die Jugend zu belehren, die Alten zu reformieren, die Stadt zu korrigieren und das Zeitalter zu geißeln; Das ist eine mühsame Aufgabe, und deshalb gehen wir sie mit Zuversicht an." Das Werk erfreute sich wegen seiner geschickten Wiedergabe gesellschaftlicher Schwächen bald in den gesamten Vereinigten Staaten großer Beliebtheit. Nach zwanzig Nummern wurde die Veröffentlichung jedoch eingestellt, weil, wie Paulding sagte, „der Verleger es mit der für diese modernen Mæcenas so charakteristischen Großzügigkeit ablehnte, uns einen Teil des Gewinns zu überlassen, der beträchtlich geworden war." Zwölf Jahre später, als Irving gerade in Europa war, versuchte Paulding eine zweite Serie (Philadelphia, Mai bis August 1820), die zwar schlechter als die erste Serie war, aber immer noch einige interessante Seiten enthielt.

von Samuel Ewing in Philadelphia begonnenen „ *Select Reviews"* und *„Spirit of the Foreign Magazines" (1809) wurden später zu „The Analectic Magazine"* (1812–1821). In den Jahren 1813–1814 war Irving der Herausgeber und steuerte einige Biografien von Helden des Krieges von 1812 sowie einige der später im „Skizzenbuch" gesammelten Aufsätze bei. Weitere Mitwirkende waren Gulian C. Verplanck, James K. Paulding, Alexander Wilson und William Darlington. *The Analectic* veröffentlichte im Juli 1819 die erste in Amerika hergestellte Lithographie.

The Portico (Baltimore, 1815–1819) zählte John Neal, dessen ausführliche Rezension über Byron als Fortsetzungsbuch erschien. Neal schrieb weiter für *The Portico,* „bis er es vermutlich durch einen Artikel über Free Agency auf den Kopf stellte."

The Idle Man (New York, 1821–1822) wurde von Richard H. Dana the Elder herausgegeben; darin waren seine Romane „Tom Thornton" und „Paul Felton" sowie einige Beiträge von Bryant und Washington Allston abgedruckt.

Der New York Mirror, eine Wochenzeitschrift, wurde 1823 von General George P. Morris und Samuel Woodworth, dem Autor von „The Old Oaken Bucket", ins Leben gerufen. Woodworth wich bald Theodore S. Fay und dieser wiederum (1831) Nathaniel P. Willis. Morris und Willis führten es bis 1842 mit großem Erfolg durch. Fay steuerte „The Little Genius" bei, satirische Briefe über die New Yorker Gesellschaft, und „The Minute Book", Briefe aus Europa. Willis verbrachte einige Jahre im Ausland als Auslandskorrespondent der Zeitung (1832–1836), seine Briefe wurden eifrig gelesen und weithin kopiert. Anschließend dirigierten Morris und Willis *The New Mirror* (New York, 1843–1844), das im Oktober 1844 eine Tageszeitung wurde, und *The Home Journal* (New York, ab 1846), das als *Town and Country* noch immer besteht.

Das Atlantic Magazine (New York, 1824–1825), herausgegeben von Robert C. Sands, wurde bis 1826 als The New York Review und Athenæum Magazine weitergeführt. In seiner späteren Form wurde es von Henry J. Anderson und William Cullen Bryant herausgegeben. Darin erschienen viele von Bryants Gedichten und einige seiner Prosa sowie Beiträge von Longfellow, Dana, Willis, Bancroft und Caleb Cushing. Im März 1826 wurde die *Review mit der New York Literary Gazette* zusammengelegt. Im Juli wurde diese wiederum mit der 1825 in Boston gegründeten und von Theophilus Parsons herausgegebenen *The United States Literary Gazette zusammengelegt, der neue Titel lautete The United States Review and Literary Gazette*. James G. Carter und später Charles Folsom waren die Herausgeber in Boston und Bryant war der Herausgeber in New York. Die Zeitschrift überlebte nicht lange.

Das American Monthly Magazine (New York, 1829–1831) wurde von Nathaniel P. Willis gegründet und herausgegeben, der eine Reihe jüngerer Schriftsteller wie Richard Hildreth, Park Benjamin, Isaac McLellan und Albert Pike („Hymns to the Gods") engagierte.), Rufus Dawes und Frau Sigourney. Im Jahr 1831 wurde das *Magazin von The New York Mirror* übernommen, dessen Mitherausgeber Willis nun wurde.

Das Illinois Monthly Magazine (Vandalia, Illinois, 1830–1832), herausgegeben und hauptsächlich von James Hall geschrieben, war die früheste literarische Veröffentlichung im Westen; Es wurde durch *das Western Monthly Magazine* (Cincinnati, 1833–1836) abgelöst, herausgegeben von Timothy Flint.

Eines der beliebtesten Magazine in Philadelphia war *Godeys Lady's Book* (1830–1877), das bereits 1859 eine Auflage von 98.500 Exemplaren hatte und Kompositionen von Paulding, Park Benjamin, Holmes, Irving, Poe, Bayard Taylor, Longfellow und Harriet veröffentlichte Beecher Stowe, Simms, Willis, Buchanan Read, Thomas Dunn English und Lydia H. Sigourney. Poes Beitrag über „The Literati of New York", der 1846 in seinen Kolumnen veröffentlicht wurde, sorgte damals für großes Aufsehen. *Godey's wurde* mehr als dreißig Jahre lang von Frau Sarah J. Hale herausgegeben, die auch als Autorin von „Mary had a little lamb" bekannt ist und durch deren Bemühungen unser landesweiter Erntedankfest gesichert wurde.

Das 1831 von Joseph T. und Edwin Buckingham in Boston gegründete New England Magazine veröffentlichte Beiträge von Hildreth, Park Benjamin, Whittier und Holmes (der hier die ersten beiden Artikel seiner „Autocrat"-Reihe veröffentlichte, die nie offiziell nachgedruckt wurden). , Longfellow, William und Andrew Peabody, George S. Hillard („Literary Portraits" und „Selections from the Papers of an Idler") und andere bedeutende Schriftsteller. 1835 brachte Park Benjamin es nach New York und führte es bis 1838 als *The American Monthly Magazine weiter*.

Das North American Quarterly Magazine (Philadelphia, 1833–1838) wurde von Sumner Lincoln Fairfield geleitet, Autor von „The Cities of the Plain" und eines unveröffentlichten Gedichts, „The Last Night of Pompeii" (abgeschlossen 1830), aus dem Er behauptete, Bulwer, dem er das Manuskript schickte, habe die Handlung seiner „Letzten Tage von Pompeji" gestohlen.

Wesentlich erfolgreicher war das im selben Jahr gegründete *The Knickerbacker oder New-York Monthly Magazine , das sich mit der siebten Nummer stillschweigend in The Knickerbocker verwandelte* . Der Gründer war Charles Fenno Hoffman, der drei Nummern herausgab. Einige Mitwirkende waren Harry Franco, Bryant, Irving („Crayon Papers"), Longfellow, Lewis Gaylord Clark (zeitweise Herausgeber), William L. Stone, die Brüder Duyckinck, Frederick S. Cozzens, Simms, Park Benjamin, John L . Stephens (Briefe aus Ägypten) und Parkman („The Oregon Trail"). Mit einigen Ausnahmen muss man sagen, dass der Inhalt von „ *The Knickerbocker"* nicht besonders wertvoll war; und in den späteren Jahren gab es zu viele Geschichten in der Art von „Carl Almendingers Büro oder Die Geheimnisse von Chicago", das 1862 als Fortsetzungsserie erschien. 1864 lautete der Titel „ *The American Monthly Knickerbocker* ", und zwar von Juli bis Oktober 1865, als die Veröffentlichung eingestellt wurde, lautete der Titel *The Fœderal American* .

Der Southern Literary Messenger , der zwischen 1834 und 1864 monatlich in Richmond, Virginia, erschien, übte einen deutlichen Einfluss auf den literarischen Geschmack des gesamten Südens aus. Darin wurden erstmals viele von Poes Geschichten und Kritiken veröffentlicht, und er war der Herausgeber des zweiten Bandes. Weitere Mitwirkende waren Paulding, Park Benjamin, John W. Draper, Willis, Henry C. Lea, R. H. Stoddard, Simms, John B. Dabney, Matthew F. Maury, Philip Pendleton und John Esten Cooke, Henry Timrod, Paul H. Hayne , Aldrich, Moncure D. Conway, Thomas Dunn English, John P. Kennedy, James Barron Hope („Henry Ellen") und W. Gordon McCabe.

Im Jahr 1837 gründete der Komiker William E. Burton in Philadelphia *das Gentleman's Magazine ,* um für sein Geschlecht das zu tun, was *Godey's* für die Damen tat. Ab Juli 1839 wurde Poe Mitherausgeber. Im nächsten Jahr wurde Burton an George R. Graham verkauft, der die Zeitschrift mit *The Casket* (1827 von Samuel Coate Atkinson begonnen) kombinierte, um *Graham's Lady's and Gentleman's Magazine zu gründen . Graham's war* jahrelang die berühmteste und wahrhaft überregionalste Zeitschrift in Amerika. Graham verstand das Lesepublikum wie kaum ein anderer Mann. Er entlohnte seine Mitwirkenden für diese Tage großzügig und stellte eine brillante Liste von Schriftstellern zusammen, darunter alle Namen, die damals in Briefen bekannt waren, mit Ausnahme von Irving, der sich auf „ *The Knickerbocker" beschränkte* . Zu *Grahams* Werk steuerte Longfellow

„Spanish Student", „Childhood", „The Builders", „The Belfry of Bruges", „The Arsenal at Springfield", „Nuremberg" usw. bei. Poe steuerte „The Mask of the Red Death" bei. „Die Morde in der Rue Morgue", „Der Wurm des Eroberers", „Leben im Tod" und einige kleinere Stücke. Hier wurden auch viele von Hawthornes „Twice-Told Tales" erstmals veröffentlicht. Simms, Paulding, Geo. H. Boker, Henry W. Herbert, Robert T. Conrad, E. P. Whipple und John G. Saxe waren „Hauptmitwirkende". Lowell und Bayard Taylor waren Leitartikelautoren. Cooper erhielt 1800 Dollar, damals ein sehr hoher Preis, für „The Islets of the Gulf, or Rose Budd", das später als „Jack Tier, or The Florida Reefs" neu veröffentlicht wurde, und 1000 Dollar für eine Reihe von Biografien angesehener Marinekommandanten. Nathaniel P. Willis schrieb zwischen 1843 und 1851 viel. Im Jahr 1852 prahlte Graham damit, dass er im Jahrzehnt zuvor amerikanischen Spendern zwischen 80.000 und 90.000 Dollar gezahlt hatte. Die Auflage der Zeitschrift betrug lange Zeit 40.000 Exemplare. Um 1854 war Graham ausverkauft. Im Wettbewerb mit *Harper's* und *Putnam's* verlor *Graham's* bald an Bedeutung. 1859 wurde der Name in *The American Monthly geändert* und die Zeitschrift verschwand schnell.

im Keller des Astor House in New York die Wochenzeitung „*The Corsair*" herauszugeben . Willis war der Hauptautor und schrieb romantische Geschichten, dramatische Kritik, Briefe aus Europa mit dem Titel „Notizen in London" und Klatsch. Während seines Aufenthalts in England traf er Thackeray, den er dazu überredete, acht Briefe beizusteuern. Insgesamt wurden zweiundfünfzig Nummern gedruckt, die letzte datiert vom 7. März 1840.

Die Transzendentale Bewegung, die an anderer Stelle besprochen wird, fand 1840 in einer Bostoner Vierteljahresschrift mit dem Titel „ *The Dial*" *ihren Ausdruck* , die bis 1844 florierte und nacheinander von George Ripley, Margaret Fuller und Emerson herausgegeben wurde. Letzterer schrieb mehr als dreißig Prosaartikel und Gedichte, darunter „The Conservative", „Chardon Street and Bible Convention", „The Transcendentalist" und in Versen „The Problem", „The Sphinx" und „Woodnotes". Bronson Alcott schickte seine „Orphischen Sprüche", deren Geheimnis teilweise nie ergründet wurde. Weitere Autoren waren Theodore Parker, George Ripley, Thoreau, James Freeman Clarke, William H. und William Ellery Channing, Eliot Cabot, John S. Dwight, Christopher P. Cranch, Mrs. Ellen Hooper und Charles A. Dana. „Erdacht und weitergeführt im Geiste grenzenloser Hoffnung und Begeisterung", stieß die Zeitschrift bei den Philistern auf viel Spott. *Der Knickerbocker* sagte über die erste Nummer:

Es ist der Verfeinerung der Literatur des gesunden Menschenverstandes gewidmet, die gerade im Osten so sehr in Mode ist; die, wie die denkwürdige Wissenschaft von Sir Piercie Shafton, die Dummen an Intellektualität, die

Vulgären an Adel indoktrinieren und ihnen die „unaussprechliche Vollkommenheit menschlicher Äußerung" verleihen soll; diese Beredsamkeit, die keine andere Beredsamkeit zu loben ausreicht; diese Kunst, der wir, wenn wir sie *literarischen Euphuismus nennen* , ihr die reichste Lobrede verleihen.

Doch trotz dieser Einschränkungen ist der Inhalt von *The Dial* heute von enormer Bedeutung für die damalige soziale Unruhe in Neuengland; und viele seiner Themen sind Teil unserer ständigen Literatur geworden.

„*The New World*", eine große Wochenzeitschrift, die von Park Benjamin (1840–1845) in New York gegründet wurde, druckte einen Großteil der englischen Zeitschriften nach, enthielt aber auch Beiträge von Epes und John Osborne Sargent, James Aldrich, Herbert, Charles Lanman und Edward S. Gould , Charles Eames (zeitweise Herausgeber) und John Jay. George P. Putnam, der Herausgeber, war einige Jahre lang sein Londoner Korrespondent.

Im *Peterson's Ladies' National Magazine* (einer Modezeitschrift, die 1841 in Philadelphia gegründet wurde) veröffentlichte Frances Hodgson Burnett ihre erste Geschichte, „Ethel's Sir Lancelot" (November 1868). Das bei Lesern leichter Literatur seit langem beliebte Magazin wurde vor einigen Jahren mit *The Argosy fusioniert* .

Das Union Magazine (New York, 1847–1848), herausgegeben von Frau Caroline M. Kirkland, wurde von John Sartain, dem Kupferstecher, und William Sloanaker, der sich aus der Leitung von *Graham's zurückgezogen hatte* , gekauft und erschien in Philadelphia (1849–1848). 1852) als *Sartain's Union Magazine of Literature and Art veröffentlicht* und erlangte große Popularität. Es wurden Werke von Longfellow („Das blinde Mädchen von Castel Cuillé", „Resignation"), Boker, Mrs. Sigourney, Lucy Larcom, Henry T. Tuckerman, Poe („The Bells"), Park Benjamin, R. H. Stoddard und Charles veröffentlicht G. Leland.

Harper's New Monthly Magazine (New York), im Juni 1850 von den Herren Harper gegründet, erfreut sich seit langem einer verdientermaßen großen Auflage. Lange Zeit enthielt es hauptsächlich Artikel, insbesondere Belletristik, die aus englischen Zeitschriften nachgedruckt waren. In späteren Jahren wurden viel mehr Werke amerikanischer Autoren in das Buch aufgenommen, und sein Inhalt war im Allgemeinen von hohem Wert. Seine Aufzeichnungen über Reisen und den wissenschaftlichen Fortschritt waren wertvoll. Der „Easy Chair" unter der Leitung von George William Curtis und später von William D. Howells war viele Jahre lang ein interessantes Stück. Bei *Harper's* erschienen erstmals Howells' „Annie Kilburn" und „Their Silver Wedding Journey", Warners „Studies of the Great West" und „A Little Journey in the World", Constance F. Woolsons „Jupiter Lights",

„East Angels", und „Anne", Poulteney Bigelows „White Man's Africa", Stocktons „Bicycle of Cathay" und „The Great Stone of Sardes", John Fox, Jr.s „Kentuckians", Stephen Cranes „Whilomville Stories", Mark Twains „Personal Erinnerungen an Jeanne d'Arc", „Colonies and Nation" von Woodrow Wilson, „Portion of Labor" von Mary E. Wilkins, „Sir Mortimer" von Mary Johnston und „Das Erwachen der Helena Richie" von Margaret Deland. *Das* 1850 von Rufus W. Griswold in New York gegründete International Magazine wurde zwei Jahre später mit *Harper's fusioniert*.

Putnam's Monthly Magazine erschien 1853 in New York. Seine früheren Herausgeber waren Charles F. Briggs (dessen Pseudonym „Harry Franco" war), Parke Godwin, George W. Curtis und George P. Putnam. Zu den wichtigeren frühen Beiträgen zählen „Shakespeare's Scholar" von Richard Grant White, „Early Years in Europe" von George H. Calvert, „The Potiphar Papers" und „Prue and I" von George W. Curtis, a Reihe politischer Essays von Parke Godwin, „Fireside Travels" und „A Moosehead Journal" von James Russell Lowell, die „Sparrowgrass Papers" von Frederick S. Cozzens, „Cape Cod" von Henry W. Thoreau, „Wensley" von Edmund Quincy und „Israel Potter" von Herman Melville. *Putnam's* war eines der ersten amerikanischen Magazine, das seine Seiten auf Originalbeiträge beschränkte und besonderes Augenmerk auf die Förderung der Arbeit amerikanischer Schriftsteller legte. Es erschien bis 1857 und von 1868 bis 1870 und wurde 1906 als *Putnam's Monthly* unter der redaktionellen Leitung von Joseph B. Gilder und George H. Putnam wiederbelebt. *Putnam's* ist immer noch als Literaturmagazin zu bezeichnen, obwohl auch illustrierten Artikeln zu populären Themen Raum eingeräumt wird. *Putnam's* vereinbart mit einigen englischen Magazinen wie *The Cornhill Magazine* und *The Fortnightly Review* die gemeinsame Nutzung englischer und amerikanischer Mitwirkender. Die Aufsätze von Frau Richmond Ritchie (Thackerays Tochter) und Herrn Arthur C. Benson beispielsweise wurden im Rahmen einer solchen Vereinbarung gleichzeitig in *The Cornhill* und in *Putnam's* *veröffentlicht*.

Das Jahr 1857 ist denkwürdig für die Gründung von *The Atlantic Monthly* durch den Verlag Phillips & Sampson aus Boston. James Russell Lowell wurde der erste Redakteur und nahm die Stelle unter der Bedingung an, dass Dr. Holmes, der den Namen vorgeschlagen hatte, als erster Mitwirkender engagiert werden sollte. Zu denjenigen, die für die erste Nummer schrieben, gehörten Longfellow, Lowell, Emerson, Motley, Holmes (der „The Autocrat" begann), Whittier, Charles Eliot Norton, J. T. Trowbridge, Harriet Beecher Stowe und Parke Godwin. Die meisten davon waren bereits bekannte Autoren. Die Liste der Mitwirkenden von *The Atlantic* im Laufe des halben Jahrhunderts seines Bestehens umfasst alle der berühmtesten amerikanischen Schriftsteller – nicht nur aus Neuengland, sondern aus allen

Teilen des Landes. Im religiösen Denken war seine Haltung ehrfürchtig, aber liberal. Die Errungenschaften der Wissenschaft wurden von Männern wie Agassiz, Percival Lowell, Simon Newcomb, John Trowbridge, George F. Wright und George H. Darwin dargelegt. Die neuen politischen und wirtschaftlichen Fragen wurden von Männern wie Präsident Roosevelt, dem ehemaligen Präsidenten Cleveland, Richard Olney, Woodrow Wilson, Carl Schurz, John W. Foster, Henry Loomis Nelson, Edward M. Shepard, Benjamin Kidd, John Jay Chapman, und Thomas Nelson Page. Die Fiktion von „*The Atlantic*" wurde hauptsächlich von amerikanischen Schriftstellern verfasst – Hawthorne („Septimius Felton"), Henry James Jr. („Roderick Hudson", „Das Porträt einer Dame"), Aldrich („Die Stillwater-Tragödie", „ Prudence Palfrey"), Bret Harte, Howells („Their Wedding Journey", „A Chance Acquaintance", „The Lady of the Aroostook"), Mark Twain, Marion Crawford („A Roman Singer", „Paul Patoff", „Don Orsino"), Stockton („The House of Martha"), S. Weir Mitchell („In War Time"), Hopkinson Smith („Caleb West"), Cable („Bylow Hill"), Paul Leicester Ford („The Story of an Untold Love"), Mary Johnston („To Have and to Hold", „Audrey"), Sarah Orne Jewett („The Tory Lover"), Margaret Deland („Sidney", „Philip and His Wife"), Kate Douglas Wiggin („Penelope's Progress") und viele andere. Eine ebenso brillante Liste könnte mit den Essayisten erstellt werden, deren beste Werke erstmals in Form von *Atlantic- Artikeln* erschienen sind . Die Herausgeber waren Lowell (1857–1861), James T. Fields von der Firma Ticknor & Fields, dann die Verleger (1861–1871), William Dean Howells (1871–1880), Thomas Bailey Aldrich (1880–1890). , Horace E. Scudder (1890–1897), Walter H. Page (1897–1899) und Bliss Perry – eine illustre Rolle. *Der Atlantik* hat seinen ursprünglichen Zweck nie geändert.

Es ist immer noch [um einen neueren Autor zu zitieren] eine amerikanische Zeitschrift für amerikanische Leser ... Der wichtigste Dienst, den eine amerikanische Zeitschrift leisten kann, ist die Interpretation dieses Landes für sich selbst durch die Förderung der Sympathie zwischen den verschiedenen Teile unserer vielfältigen Bevölkerung, die offene Untersuchung unserer nationalen Besonderheiten, das Studium unserer verwirrenden Probleme, die Förderung unserer Kunst und Literatur und die Stärkung jener moralischen und religiösen Überzeugungen, von denen der Erfolg unseres Experiments zur Selbstverwaltung abhängt .

Diese Ideale erklären weitgehend den Erfolg und die Beständigkeit von *The Atlantic* . *The Galaxy* wurde 1866 in New York gegründet, nachdem es mehrere Jahre lang eine unterhaltsame literarische und wissenschaftliche Sammlung geliefert hatte, und wurde 1878 in *The Atlantic eingegliedert* .

Lippincott's Magazine widmet sich weiterhin hauptsächlich der Belletristik, hat aber auch einige bemerkenswerte Gedichte veröffentlicht.

Hier erschienen Laniers „Corn", Edward Kearsleys „CampFire Lyrics" und einige Verse von Emma Lazarus, Maurice Thompson, Paul H. Hayne, Celia Thaxter und Philip Bourke Marston.

Das Overland Monthly (San Francisco, 1868–1875, 1883 bis heute) hat das malerische und aufregende Leben im Fernen Westen getreu widergespiegelt. Es übernahm *The Californian* (1880–1882). Die ersten fünf Bände wurden von Bret Harte herausgegeben, und viele seiner Geschichten, die wahrscheinlich sein bestes literarisches Werk darstellen, erschienen erstmals in seinen Kolumnen.

Old and New (Boston, 1870–1875) wurde von Edward Everett Hale mit der Absicht dirigiert, „aus dem Alten seine Lehren für das Neue herauszuholen" und amüsante mit lehrreicher Literatur nach dem Vorbild der *Revue des Deux Mondes zu verbinden* .

Im Jahr 1870 projizierten Dr. Josiah G. Holland und Roswell B. Smith *Scribner's Monthly* (New York) und Dr. Holland war elf Jahre lang dessen Herausgeber. Im Jahr 1881 wurde es in *The Century Magazine* umbenannt und unter der Herausgeberschaft von Richard Watson erlangte Gilder einen hohen Stellenwert als ausgesprochen beliebte Zeitschrift. Besonderes Augenmerk wurde auf die Populärgeschichte gelegt, und seine im Allgemeinen umfangreichen und verdienstvollen literarischen, historischen und wissenschaftlichen Artikel haben ein breites Spektrum von Lesern angesprochen. Wie *bei Harper* wurden alle führenden Autoren herangezogen, zum Beispiel Harte („Gabriel Conroy"), Cable („The Grandissimes", „Dr. Sevier"), Howells („A Modern Instance", „A Woman's Reason"). „Silas Lapham"), Stockton („Rudder Grange", „The Merry Chanter", „The Hundredth Man"), Boyesen („Falconberg"), John Hay („The Bread-Winners"), Henry James, Jr. („Confidence", „The Bostonians"), Eugene Schuyler („Peter der Große"), Joel Chandler Harris („Onkel Remus"), Hamlin Garland („Her Mountain Lover"), Mary Hallock Foote („The Led-Horse Claim", „Cœur d'Alene"), Marion Crawford („Via Crucis"), Mark Twain („Pudd'nhead Wilson"), S. Weir Mitchell („Characteristics", „Hugh Wynne"). Viele Verdienstgedichte wurden auch in *The Century abgedruckt* .

Im Jahr 1887 wurde *Scribner's Magazine* von Charles Scribner's Sons gegründet und gilt seitdem als eine der ersten amerikanischen Monatszeitschriften. Es widmet der Literatur verhältnismäßig mehr Raum als sein Konkurrent *The Century Magazine* und schenkt sogenannten populären Themen weniger Aufmerksamkeit. Es enthält wie „*The Century*" Illustrationen, die sich durch einen hohen künstlerischen Anspruch auszeichnen. *Scribner's* steht unter der redaktionellen Leitung von Herrn Edward L. Burlingame. Wie *The Century* erscheint es sowohl in London als auch in New York.

Zu den anderen Literaturzeitschriften, die im letzten Vierteljahrhundert gegründet wurden, gehören *The Bay State Monthly* (Boston, 1884–1885), das 1886 *zum New England Magazine wurde* und sich hauptsächlich auf die Geschichte und Literatur Neuenglands beschränkt; *Das Forum* (New York, seit 1886), das sich der Diskussion aktueller Fragen widmet; *The Cosmopolitan* (New York, seit 1886), ein typisches, beliebtes Monatsheft; *The Arena* (New York, seit 1889), ein furchtloser Vertreter fortschrittlichen liberalen Denkens; *Munsey's Magazine* (New York, seit 1891), gut illustriert und mit einer Auflage von über 600.000 Exemplaren; *McClure's Magazine* , 1893 von S. S. McClure in New York gegründet, verkaufte am Ende seines ersten Jahres 150.000 Exemplare; *The Bookman* (New York), herausgegeben seit 1895 von Harry Thurston Peck; und *The Reader* (Indianapolis, Indiana, 1902), jetzt zusammengeführt in *Putnam's Monthly* .

Die Jahrbücher. – Auch in den zwanziger und dreißiger Jahren des letzten Jahrhunderts waren die Einjährigen in Amerika wie in England beliebt. Fast alle führenden Autoren haben dazu beigetragen. Zu den besten gehörten *The Talisman* (New York, 1828–1830), geschrieben von Bryant, Verplanck und Sands und illustriert von Inman, Samuel F. B. Morse und anderen; und *The Token* (Boston, 1828–1842), herausgegeben von S. G. Goodrich („Peter Parley") und (1829) N. P. Willis, in dem Beiträge von Longfellow, Hawthorne (einige „Twice-Told Tales") und Mrs. Child erschienen , Frau Sigourney und Frau Hale. Im Allgemeinen enthielten die amerikanischen Jahrbücher jedoch ebenso wie die britischen Jahrbücher eine große Menge mittelmäßiger Schriften.

Die Rezensionen. —Die amerikanischen Rezensionen beginnen mit *The American Review of History and Politics* , gegründet von Robert Walsh (Philadelphia, 1811–1813). *Das North American Review and Miscellaneous Journal wurde* 1815 in Boston gegründet und hat daher die längste Lebensdauer aller heute existierenden Zeitschriften. Sein Gründer, William Tudor, war, wie wir gesehen haben, Mitglied des Anthology Club und ein Schriftsteller mit gutem Geschmack, der sich später in einer diplomatischen Karriere in Südamerika gute Dienste leistete. Die *Rezension* erschien zunächst alle zwei Monate im Umfang von jeweils 150 Seiten; Nach dem siebten Band erschien es vierteljährlich in einem Umfang von jeweils 250 Seiten und veröffentlichte gleichzeitig keine Gedichte und allgemeinen Nachrichten mehr, wodurch es sich stärker an die Leitlinie zeitgenössischer britischer Rezensionen anlehnte. Die umfangreichsten Mitwirkenden an den ersten sechzig Bänden waren Richter Willard Phillips (Herausgeber 1817), Tudor, Edward und Alexander Everett (Herausgeber 1819–1822 bzw. 1830–1836), Jared Sparks (Herausgeber 1822–1830), Bancroft, Francis Bowen (Herausgeber 1843–1853), Nathan Hale, George S. Hillard, John G. Palfrey (Herausgeber 1836–1843), Oliver, William und Andrew Peabody, Caleb Cushing, Cornelius C.

Felton, William H. Prescott , und Charles Francis Adams. Ein Großteil von Whipples Kritik erschien ursprünglich hier. Zu den jüngsten Herausgebern gehörten Lowell, Charles Eliot Norton, Henry Adams und Henry Cabot Lodge. Bryants „Thanatopsis" erschien hier erstmals im September 1817. Die Buchrezensionen, insbesondere zwischen 1850 und 1870, waren wahrscheinlich besser als die, die normalerweise in anderen amerikanischen Zeitschriften zu finden sind. In den letzten Jahren hat sich der Charakter von *The North American* stark verändert. Mittlerweile bietet es monatlich eine Sammlung signierter Artikel vor allem zu aktuellen politischen und gesellschaftlichen Problemen.

Weitere frühe Rezensionen waren *The Christian Examiner und Theological Review* (Boston, 1824–1869, 1870 fusioniert mit *Old and New*), in denen einige der heftigsten Kritiken der Zeit erschienen; *The American Quarterly Review* (Philadelphia, 1827–1837), ein weiteres Projekt von Walsh und eine verdienstvolle Vierteljahresschrift; *The Southern Review* (Charleston, 1828–1832, wiederbelebt 1842–1855), begonnen von William Elliott und Hugh S. Legare; *The Western Review* (Cincinnati, 1828–1830), gegründet von Timothy Flint; *The New York Review* (1837–1842), gegründet von Francis L. Hawks und später herausgegeben von Joseph G. Cogswell und Caleb S. Henry; *The Boston Quarterly Review* (1838–1842), herausgegeben von Orestes A. Brownson, fusioniert mit *The United States Magazine und Democratic Review* (Washington und New York, 1837–1852), das zu *The United States Review* (1853–1859) wurde; *The New Englander* (New Haven, Connecticut, 1843–1892), für religiöse, historische und literarische Artikel; *The American Whig Review* (New York, 1845–1852), begonnen von George H. Colton und später herausgegeben von Dr. James D. Whelpley; *The Literary World* (New York, 1847–1853), geschickt herausgegeben von Evart A. Duyckinck; *The Massachusetts Quarterly Review* (Boston, 1847–1850), herausgegeben von Theodore Parker; *Der New York Quarterly Review* (1852–1853); und *The National Quarterly Review* (New York, 1860–1880).

The Nation wurde 1865 von Edwin Lawrence Godkin als Wochenzeitschrift in New York gegründet, der ein Dritteljahrhundert lang ihr Herausgeber blieb. Seit 1881, als Herr Godkin die redaktionelle Leitung der New York Evening Post übernahm , erscheint *The Nation als wöchentliche Ausgabe der Evening Post* . In den 43 Jahren seines Bestehens nahm *The Nation* eine führende Position in der amerikanischen Kritik und auch als Vertreter amerikanischer Politik aus unabhängiger Sicht ein. Von 1881 bis 1905 stand *The Nation* unter der redaktionellen Leitung des verstorbenen Wendell Phillips Garrison. Es steht jetzt unter der Leitung von Herrn Hammond Lamont. Die Literaturabteilung wird von Herrn Paul E. More geleitet, der sich vor der Übernahme dieses Redaktionspostens einen Namen in der Literaturkritik gemacht hatte.

Die International Review (New York, 1874–1883) veröffentlichte viele Artikel von großem Wert. Das halbmonatlich erscheinende *Dial wurde 1880 von Francis F. Browne in Chicago gegründet.* Es hat sich durch sein hohes Niveau amerikanischer Kritik einen bemerkenswerten Ruf erworben und die Dienste einiger der fähigsten amerikanischen Rezensenten in Anspruch genommen. *The Critic* wurde 1881 von Jeannette L. Gilder und Joseph B. Gilder als wöchentliche Literaturzeitschrift in New York gegründet. Es leistete fünfundzwanzig Jahre lang gute Arbeit in der Literaturkritik und bei der Präsentation literarischer Nachrichten, bevor es von *Putnam's Monthly übernommen wurde* . *The Sewanee Review* , eine vierteljährlich erscheinende Zeitschrift, die 1892 an der University of the South, Sewanee, Tennessee, gegründet wurde, und *The South Atlantic Quarterly* , gegründet 1902 in Durham, North Carolina, veröffentlichen heute die beste Literaturkritik des Südens.

Zeitungen. – Der Plan dieses Handbuchs erlaubt nur einen kurzen Hinweis auf die wichtigeren Zeitungen, die den Interessen der Literatur Aufmerksamkeit geschenkt haben. Die New York *Evening Post* wurde 1801 gegründet und zweiundfünfzig Jahre lang (1828–1880) von Bryant herausgegeben. Im Jahr 1819 wurden die bekannten „Croaker Papers" von Drake und Halleck gedruckt. James K. Paulding war ein gelegentlicher Autor, und Whitman war einer der Washingtoner Schriftsteller im ersten Jahr des Bürgerkriegs, 1861. Bret Harte gehörte eine Zeit lang zur Redaktion, und die Liste der Literaturkritiker enthält die Namen von John R. Thompson und John Bigelow. In den Jahren 1881–1902 stand *die Evening Post* unter der redaktionellen Leitung von Edwin L. Godkin, der gebürtiger Ire, gebildeter Engländer und aufgrund einer sogenannten natürlichen Auslese Amerikaner war. Seine Leitartikel in *der Evening Post* stellen einen äußerst wichtigen Beitrag zur journalistischen Literatur dar, oder genauer gesagt zum Literaturjournalismus. Sie waren eindringlich, witzig und prägnant und repräsentierten stets die ernsthaften Überzeugungen des Schriftstellers. *Die Evening Post* , die der Literatur immer noch ein umfassendes Maß an würdevoller und wirksamer Betrachtung schenkt, steht jetzt unter der redaktionellen Leitung der Herren Rollo Ogden und Oswald G. Villard. Die Literaturabteilung wird von Paul E. More geleitet.

Die New York Tribune wurde 1841 von Horace Greeley gegründet, der ebenfalls zu den bemerkenswertesten amerikanischen Herausgebern zählt. Einunddreißig Jahre lang trug George Ripley die Hauptverantwortung für die Literaturabteilung, und zu seinen Mitarbeitern gehörten Bayard Taylor und Margaret Fuller. Einige der wichtigeren Rezensionen, insbesondere solche, die sich mit englischer Kritik und Poesie befassten, stammten von Edmund C. Stedman. Miss Ellen Hutchinson, die später mit Mr. Stedman bei der Redaktion der „Library of American Literature" zusammenarbeitete, war viele Jahre lang Mitarbeiterin der Literaturabteilung von *The Tribune* .

The Sun wurde 1833 gegründet und viele Jahre lang von einem dritten großen amerikanischen Herausgeber, Charles A. Dana, geleitet. Die prägnante Kraft und der mitreißende Witz von Danas Leitartikeln wurden im amerikanischen Journalismus wahrscheinlich nie erreicht, außer in den Kolumnen von Godkin's Post. *The Sun* hat der Literatur schon immer große Aufmerksamkeit gewidmet, und die wöchentlichen Beiträge von Herrn Mayo W. Hazeltine nehmen seit vielen Jahren den ersten Platz unter den kritischen literarischen Essays der Zeit ein.

Die Times wurde 1851 von Henry J. Raymond, einem frühen Mitarbeiter von Horace Greeley, gegründet. In den letzten zwölf Jahren hat *The Times* der Literatur mehr Aufmerksamkeit geschenkt als jede andere Zeitung im Land. Die Literaturabteilung erlangte schließlich so große Bedeutung, dass eine gesonderte Auflage erforderlich wurde, und sie erscheint nun als wöchentliche Literaturbeilage. Der derzeitige Herausgeber der Beilage, die eine praktische und umfassende Zusammenfassung der Veröffentlichungen jeder Woche bietet, ist Herr William Bayard Hale. Die Literaturbeilage hat für ihre regelmäßigen Mitwirkenden eine Reihe der fähigsten Kritiker der damaligen Zeit gewonnen, darunter Herrn Edward Cary, Frau Elizabeth Luther Cary, Frau Hildegarde Hawthorne und Herrn Montgomery Schuyler.

Von den anderen New Yorker Zeitungen wurde *The World* 1860 gegründet und war in den Jahren 1862–1876 mit dem Namen Manton Marble verbunden, einem der wissenschaftlichen Herausgeber seiner Zeit. Es wird jetzt von Herrn Joseph Pulitzer kontrolliert. *The Express* , gegründet 1836 und mehrere Jahre lang die Organisation der bemerkenswerten Brüder James und Erastus Brooks, wurde um 1880 mit *The Mail* , ebenfalls gegründet 1836, fusioniert . *The Commercial Advertiser* , gegründet Anfang des 19. Jahrhunderts, wurde etwa 1890 zu „*The Commercial Advertiser and the Globe*" und später zu „*The Globe*". *Der Herald* wurde 1831 vom älteren James Gordon Bennett gegründet und steht immer noch unter der Kontrolle der Familie Bennett. Es ist für die Community vor allem durch die Präsentation von Nachrichten wertvoll, zeichnet sich jedoch nicht durch seine literarische Seite aus. *The Eagle* , herausgegeben im heutigen Borough of Brooklyn, wurde um 1850 gegründet. Es genoss seit jeher einen hohen Stellenwert für die Unabhängigkeit von politischen Überzeugungen und auch für die hervorragende literarische Qualität seiner Leitartikel und Rezensionen. Es steht seit vielen Jahren unter der redaktionellen Leitung von St. Clair McKelway.

In Neuengland widmet das 1830 gegründete *Boston Transcript viel Raum den Rezensionen und Diskussionen über Literatur und steht für seine Katholizität im*

Urteil und seinen anspruchsvollen Geschmack. Unter den Zeitungen in den kleineren Städten Neuenglands ist „*The Republican*" aus Springfield, Massachusetts, hervorzuheben, das 1824 gegründet wurde und seit drei Generationen im Besitz der Familie Bowles ist. Zu seinen Mitwirkenden zählen einige der fähigsten Schriftsteller Neuenglands. *Der Courant* aus Hartford, Connecticut, profitierte viele Jahre lang von der Herausgeberschaft von Charles Dudley Warner.

Im Mittleren Westen ist die 1847 gegründete Chicago *Tribune* wegen ihrer Verbindung zum Lebenswerk eines der fähigsten amerikanischen Journalisten, Joseph Medill, in Erinnerung geblieben. In Cincinnati hatte *The Commercial* viele Jahre lang den Vorteil der redaktionellen Leitung von Murat Halsted. Im Südwesten wird das 1830 gegründete Louisville (Kentucky) *Journal* immer mit dem Namen George D. Prentice verbunden sein. *Das Journal* wurde 1868 mit *The Courier fusioniert* und steht seitdem als *The Courier-Journal* unter der Leitung von Herrn Henry Watterson, einem Überlebenden der Art des „anstrengenden" Südstaatenjournalismus.

Es ist erwähnenswert, dass das Buch „Washington *National Era*", *das zwischen 1847 und 1860 veröffentlicht wurde, der Welt „Onkel Toms Hütte" präsentierte.* Im Kampf um die Abschaffung, den dieses Buch so triumphal zu Ende brachte, waren *The Liberator* (1831–1866), geführt von William Lloyd Garrison, und *The National Anti-Slavery Standard* (1840–1872), geleitet von Wendell Phillips, vertreten , sollte ebenfalls erwähnt werden. Diese beiden Männer unterschieden sich von Zeit zu Zeit stark in den Methoden, die sie verfolgen sollten, waren sich aber einig in ihrer erbitterten Feindschaft gegen die Sklaverei und in ihrer Bereitschaft, notfalls ihr Leben für ihre Ausrottung zu opfern.

FUSSNOTEN

1 „Es gibt eine zweifache Freiheit, eine natürliche und eine bürgerliche oder föderale Freiheit. Das erste ist dem Menschen gemeinsam mit Tieren und anderen Geschöpfen. Dadurch hat der Mensch, so wie er im Verhältnis zum Menschen steht, die Freiheit, das zu tun, was er will; es ist eine Freiheit sowohl zum Bösen als auch zum Guten. Diese Freiheit ist mit der Autorität unvereinbar und unvereinbar und kann nicht die geringste Einschränkung der gerechtesten Autorität ertragen. Die Ausübung und Aufrechterhaltung dieser Freiheit führt dazu, dass die Menschen immer böser werden und mit der Zeit schlimmer werden als rohe Tiere. Das ist der große Feind der Wahrheit und des Friedens, dieses wilde Tier, gegen das sich alle Gebote Gottes richten, um es zu bändigen und zu unterwerfen. Die andere Art von Freiheit nenne ich bürgerliche oder föderale Freiheit; Es kann auch als moralisch bezeichnet werden, in Bezug auf den Bund zwischen Gott und dem Menschen, im Moralgesetz und auf die politischen Bündnisse und Verfassungen zwischen den Menschen selbst. Diese Freiheit ist das eigentliche Ziel und Ziel der Autorität und kann ohne sie nicht bestehen; und es ist eine Freiheit nur für das, was gut, gerecht und ehrlich ist. Für diese Freiheit müssen Sie eintreten, und zwar unter Gefahr nicht nur Ihrer Güter, sondern, wenn nötig, auch Ihres Lebens. Was auch immer dies kreuzt, ist keine Autorität, sondern deren Verunglimpfung. Diese Freiheit wird in einer Weise der Unterwerfung unter die Autorität gewahrt und ausgeübt ... So sollen Ihre Freiheiten gewahrt bleiben, indem Sie die Ehre und Macht der Autorität unter Ihnen wahren." – *History of New England*, ii., 279–282.

2 Siehe „The Indian Death-Dirge", in *The Poems and Ballads of Schiller*, von Bulwer Lytton, Tauchnitz Edition, S. 26–27.

3 In ihrer wertvollen Studie über „The Early American Novel", New York, 1907 (veröffentlicht, nachdem diese Seiten in Druckschrift erschienen waren), bemerkt Miss Lillie Deming Loshe: „Es ist eine bedeutsame Tatsache, dass fast alle direkt didaktischen Romane von bekannten Schriftstellern stammen." – Autoren von literarischer oder pädagogischer Bedeutung zu ihrer Zeit –, während andererseits die Geschichten, die hauptsächlich der Unterhaltung dienen, aber durch Ähnlichkeit in Gefühl und Art mit ihren didaktischen Zeitgenossen in Verbindung stehen, fast ausnahmslos von unbekannten Autoren stammen." Miss Loshe zählt nur fünfunddreißig Romane auf, die vor 1801 veröffentlicht wurden.

4 *Das Century Magazine*, xxvi. 289.

5 Siehe die Anmerkung von Herrn Edward B. Reed in *The Nation*, 8. Dezember 1904, lxxix. 458.

6 In einer Notiz im Boston *Yankee* vom September 1829.

7 „Nathaniel Hawthorne", Boston, 1902 („American Men of Letters"), S. 124–58.

8 *Scribner's Magazine*, Januar 1908, xliii. 84.

9 „Charles Sealsfield (Carl Postl), Materialien für eine Biographie; eine Studie seines Stils; sein Einfluss auf die amerikanische Literatur", Baltimore, 1892.

10 Es wurde behauptet, dass Kennedy auf Einladung das vierte Kapitel des zweiten Bandes von Thackerays „Virginians" (1857–1859; Tauchnitz-Ausgabe, Bde. 425, 441) schrieb. Mrs. Ritchie, Thackerays Tochter, glaubt jedoch, dass Kennedy ihrem Vater nur viele Hinweise und Fakten gegeben habe.

11 Siehe Professor Trents Biographie, Reihe „American Men of Letters", 1892.

12 Siehe Émile Lauvrière, „Edgar Poe, sa vie et son œuvre, étude de psychologie pathologique", Paris, 1904.

13 Siehe Louis P. Betz, „Edgar Poe in der französischen Literatur", in seinen „Studien zur vergleichenden Literaturgeschichte der neueren Zeit", Frankfurt a. M., 1902; „Edgar Poe in Deutschland", *Die Zeit*, xxxv. 8–9, 21–23, Wien, 1903.

14 In seinem „George William Curtis" („American Men of Letters"), Boston, 1894, S. 124.

15 Siehe Higginsons „Cheerful Yesterdays", S. 107–111.

16 *Scribner's Magazine*, Oktober 1904, xxxvi. 399.

17 *Vgl.* „Bekenntnisse und Kritik" (1886), S. 15–16.

18 Siehe Professor T. Frederick Cranes Studie darüber in *The Popular Science Monthly*, April 1881, xviii. 824–833.

19 *The Atlantic Monthly*, Juli 1886, lviii. 133.

20 Zitiert von Professor C. F. Richardson, „American Literature", ii. 448–449.

21 In dieser Skizze amerikanischer Poesie habe ich offensichtlich nicht nur bei wichtigen Autoren auf die Standardausgaben und Biografien zurückgegriffen, sondern bei diesen, aber auch bei kleineren Autoren, in gewissem Maße auf eine Reihe von Handbücher und andere Zusammenstellungen; darunter die bekannten Werke zur amerikanischen Literatur von Bronson, Hart, Richardson und Onderdonk sowie die im Text

erwähnten Anthologien von Stedman und Page. Ich möchte meine Verpflichtung gegenüber diesen Quellen frei zum Ausdruck bringen. – L. C.

22 In neun Bänden, New York, 1857–1869. Für den Abschnitt „The Orators and the Divines" wurden unter anderem auch folgende Werke herangezogen: „American Eloquence, a Collection of Speeches and Addresses by the Most Eminent Orators of America" usw. von Frank Moore, zwei Bände, New York, 1895 (veröffentlicht 1857); „American Orations" usw., herausgegeben von Alexander Johnston, neu herausgegeben von J. A. Woodburn, vier Bände, 1896–1897; „The Clergy in American Life and Letters", von D. D. Addison, 1900; „A Manual of American Literature" von John S. Hart, 1878.

23 *The Atlantic Monthly*, September 1898, lxxxii. 319.

24 *Wissenschaft*, 7. Mai 1897, nsv 717.